KB069612

2판 머리말

　'학습사회의 교육행정 및 교육경영'이라는 제목으로 3년 반이라는 시간이 지났다. 그동안 새로운 정부가 들어섰고, 이에 따라 이 교재에서 정책, 제도, 법규와 관련된 내용이 바뀌어 수정이 불가피하게 되었다. 아울러 교재 전반에 걸쳐서 초판이 나온 지 4년이 경과하면서 현실과 다소 거리가 있는 내용이나 강의와 연결 짓기 힘든 부분은 수정하거나 삭제하자는 의견에 따라 당초 단순보완 계획을 넘어 개정판을 내자는 필자 간 합의에 도달하게 되었다. 이와 같이 본 서의 개정판은 이러한 저간의 사정에 의해서 비롯되었다.

　그럼에도 불구하고 '학습사회'의 교육행정 및 교육경영이라는 기조는 유지한 채 광범위한 개정을 추진하여 본 교재의 색깔은 유지하고자 하였다. 이 시대의 교직과목은 단순히 임용고사의 과목을 넘어 개방체제 속에서 존재하는 학교의 현실을 충실히 반영하고 양성교육에서 나타나는 이론과 실제의 괴리를 극복하여 예비교사 교육의 과정(the process of education)과 학교 실제(practices in schools)를 유기적으로 연결하는 통로 역할을 해야 한다. 이 둘은 공간적으로 분리되어 있는 것처럼 보이지만 사실은 장소만 다를 뿐 학습이 이루어지는 동일한 의미의 공간이다. 이렇게 연결된 의미의 학습 공간에서 양성단계의 예비교사와 학교 현장의 현직 교사는 신분의 차이는 있을지 모르지만 동일한 학습자이고, 미래의 학습자를 길러내는 선행 학습자들이다. 이 지점에서 우리는 이 교재가 선행 학습자들의 학습 지식 보고(寶庫; thesaurus)의 역할 내지는 지침서의 역할을 할 수 있기를 기대한다.

　물론, 이러한 기대를 충족시킨다는 것이 얼마나 지난한 것인 줄 알기에 우리의 교재 개정·개정 노력은 계속될 것이라는 것을 말씀드리고 싶다. 아마도 다음 개정이 이어지는 3판에서는 보다 '학습사회'의 교육행정 및 교육경영에 부합하는 전면 개정이 될 것이다. 이러한 교재의 개정 방향은 이 책의 전통으로 자리 잡을 것이며, 필자들이 항상 학습자들의 목소리에 귀 기울이고 이를 담아내려는 노력을 게을리하지 않게 하는 자극제로 작용하게 될 것이다.

이 개정판이 출간되기까지 수고를 아끼지 않은 필진에게 감사드리고, 필자들과 출판사 사이에서 중간 역할을 하는 수고를 마다하지 않은 안선회 교수에게 특별한 감사를 드린다. 마지막으로, 개정판을 준비하는 과정에서 꼼꼼하게 헌신적으로 도움을 주신 학지사 임직원 여러분께 심심한 감사의 말씀을 전하고 싶다.

2015년 3월
저자들을 대표하여
신현석 씀

21세기의 첫 10년이 마무리되는 시점에서 우리나라의 교육행정은 중대한 전환점의 기로에 서 있다. 교육환경이 사회변화에 예민하게 반응하면서 교육체제는 정치적·경제적·사회적·문화적으로 민감한 개방체제의 성격이 두드러지게 되었다. 이제 더 이상 교원과 학생들은 지역사회와 격리된 폐쇄적인 공간 속에 존재하지 않는다. 그들은 이제 더 이상 바깥세상의 변화에 애써 초연해하지도 않으며, 영향을 주고 받으며 상호작용하는 관계로 존재한다. 교육의 핵심 요체인 교수-학습도 이제 교실이라는 시공간적 한계를 뛰어넘어서 행해진다. 교수-학습의 매개체인 교육내용은 교과서의 한정된 페이지에 갇혀 있지 않고, 지식기반의 창출을 통해 융합과 통섭을 지향한다. 이처럼 교육의 환경이 시시각각 변함에 따라 교육 인사의 행태가 개방적이고, 교육의 형식이 탈경계적이며, 교육의 내용이 창발적으로 확산되는 현실 속에서, 우리의 교육행정은 패러다임의 전환이 필요한 시점에 놓여 있다.

우리 교육행정의 현실은 어떠한가? 정부의 국정운영 방향에 영향을 받은 교육정책의 기조에 따라 우리나라의 교육행정은 합리적이기보다는 정치적으로, 행정행위적이라기 보다는 법규해석적으로, 교육중심적이기보다는 행정중심적으로 이루어져 왔다. 이러한 현상은 교육행정이 학교행정을 중심으로 형성되지 않고 정부정책을 중심으로 교육행정이 이루어져 온 독특한 국가 중심적 교육행정 전통에서 비롯된 필연적인 결과다. 교육청과 학교에서는 여전히 정부의 교육정책에 따라 지방교육행정과 학교행정이 진행되는 것으로 알고 있고, 또한 여전히 그렇게 기대하고 있다. 그러면서도 한편에서는 민선 교육감의 지방교육 재량권에 대한 요구와 정부 정책에 대한 반발에 의해 지방교육행정의 다양성이 나타나고 있기도 하다. 이런 상황에서 정부는 지방교육행정체제에 자율권을 타율적으로 부여하면서 여전히 범국가적인 교육정책을 정권적 차원에서 추진하고자 하기 때문에 여전히 위계적인 교육행정 관리를 고수하고자 한다. 이와 같이 우리의 교육행정 실제는 정부의 정책주도형 행정과 지방교육행정체제의 정체성 갈등 그리고 학교행정의 여전한 상위체제에 대한 종속성 등이 중첩적으로 나타나면서 한마디로 혼란스럽다.

이러한 교육행정의 현실 속에서 교육행정은 이렇게 해야 하고 저렇게 해서는 안 된다고 가르치기란 쉽지 않다. 그렇다고 있는 그대로의 현실을 중심으로 가치판단을 배제한 채 이것이 바로 '우리의 모습'이라고 가르치기란 더더욱 쉽지 않다. 이런 현실에서 교육행정 현상을 탐구하는 학자들의 고민과 교육행정을 가르치는 대학 교수들의 근심은 깊어질 수밖에 없다. 교직과목에서 가르치는 '교육행정 및 교육경영'은 여전히 미국식 교육행정의 원리와 이론을 중심으로 구성되어 있고, 우리의 교육행정 실제는 몇몇 장에서 사실적으로 기술되어 있을 뿐이다. 교육행정 교육 장면에서 교육행정의 이론과 실제의 부조화가 여전히 유지되고 있는 가운데 우리의 교육행정 실제에 대한 문제의식과 개선을 위한 사고의 기반 마련이 결여되어 있는 것이 우리의 현실이다. 기존의 미국 편향적 교육행정학 지식과 이론이 얼마나 우리의 현실과 동떨어져 있는지, 그리고 우리의 실제를 그 이론에 적용하여 실제 사례를 드는 것이 얼마나 생경한지를 우리는 알고 있으면서도 그냥 지나쳐 온 것은 아닌지 반성해야 할 시점에 이르렀다.

이 책은 우리의 교육행정·교육현실에 대한 이러한 최소한의 반성으로부터 비롯되었다. 이 책은 원래 교육행정에 실제 경험이 별로 없는 현직 교수들 중심으로 기획되었으나 나중에 현직에 있으면서 대학원과 학문의 장에서 교육 및 연구 경험이 있는 학문적 실천가들(scholarly practitioners)이 대거 참여하면서 본격화되었다. 이 책의 공저자들은 평소에 교육학 전공과목 혹은 교직과목으로서 '교육행정학' 혹은 '교육행정 및 교육경영' 교과를 강의해 오면서 기존의 교육행정 이론과 우리의 교육행정 실제 간의 괴리를 누구보다도 많이 느껴 왔다. 저자들의 학문적 경륜이 고매해서라기보다는 교육행정 현장에서의 오랜 경험과 더불어 학위과정에서의 공부와 학위취득 후 연구경험을 통해 실질적으로 느낀 것이다. 이후 이러한 개인적인 느낌이 학문공동체 속에서 보편적인 '우리의' 문제의식으로 공유되고, 이론과 실제의 괴리감을 그냥 방치할 것이 아니라 보태고 채우는 공동의 노력이 필요하다는 합일된 의견에 이르게 되었다. 이러한 노력의 일환으로 우선 교육행정 교재를 집필하는 것이 우선이라는 데 의견을 모았다. 이후 이 책의 내용 구성과 관련된 수차례의 논의과정에서, 각자 교육행정 교육 실천을 통해 교육행정 이론과 실제의 정합성 확보와 우리 교육행정 탐구의 기반을 구축하는 데 기여하자는 공동의 문제의식과 사명감을 확인할 수 있었다.

이 책은 모두 5부, 16장으로 구성되었다. 제1부 '교육행정 및 교육경영 입문'에서는 교육행정의 개념과 영역에 대한 기초적 이해와 교육행정 이론의 발달을 역사적 관점에서 조망하였다. 제2부 '교육행정의 주요 이론'에서는 조직론, 동기이론, 지도성이론 및 의사결정이론의 개념과 내용을 면밀하게 살펴보았다. 제3부 '교육행정의 실제'에서는 교육정책, 교육법규, 교육제도 및 교육행정조직, 교육인사행정, 교육재정 및 교육경제에 대한 기초 개념과 제도적 실제를 살펴보았다. 제4부 '교육경영의 실제'에서는 학교행정에서 행해지는 주요 활동인 자율 장학, 혁신전략, 갈등관리, 학교·학급 경영의 개념과 사례들을 제시하였다. 제5부 '교육행정의 과제'에서는 사회변화 추세를 다섯 가지로 요약하고, 그에 따른 변화, 우리나라 교육행정의 과제를 조망하였다.

이 책의 각 장은 각기 다른 저자에 의해 책임 집필되었다. 구체적으로 각 장별 집필자는 다음과 같다. 제1장 '교육행정 및 교육경영의 기초'는 김동석, 제2장 '교육행정 이론의 발달'은 양성관, 제3장 '조직론'은 조홍순, 제4장 '동기이론'은 이일권, 제5장 '지도성이론'은 이정진, 제6장 '의사결정이론'은 엄준용, 제7장 '교육정책'은 변기용, 제8장 '교육법규'는 김보엽, 제9장 '교육제도 및 교육행정조직'은 이강, 제10장 '교육인사행정'은 안선회, 제11장 '교육재정 및 교육경제'는 반상진, 제12장 '자율 장학'은 박정주, 제13장 '혁신전략'은 전상훈, 제14장 '갈등관리'는 박균열, 제15장 '학교 및 학급 경영'은 이경호, 그리고 제16장 '사회변화와 한국 교육행정의 과제'는 신현석이 집필하였다. 각 장의 집필자들은 해당 분야의 이론적 탐구와 실제적 경험을 겸비한 전문가로 이론의 실제 적용(theory into practice)을 위한 사례 발굴과 교육적 논의를 위해 필요한 논점을 제시하는 데 역량을 발휘하였다. 특별히 이 책이 교육행정 교육의 입장에서 주의를 기울인 것은 각 장을 시작하면서 학습목표를 제시한 것과 마무리 단계에서 내용 정리하는 공간을 할애한 것이다. 이를 통해 학생들은 각 장의 학습의 시작과 끝을 분명히 할 수 있을 것이다. 향후 필자들은 지속적인 수정·보완 작업을 통해 이 책이 우리의 현실에 부합되는 훌륭한 교재가 될 수 있도록 계속 노력할 것이다.

이 책이 출간되기까지 무엇보다도 집필자들의 수고가 많았음을 먼저 말하지 않을 수 없다. 특별히 이 책의 원고를 수합·정리하고 논리적 흐름의 중심을 잡는 데 기여한 안선회 박사의 노고에 감사를 드린다. 그동안 교육행정 강의를 하면서 느꼈던 문제의식을 바쁜 일상 중 별도로 시간을 내어 글로 담아낸다는 것은 생각만큼 쉬운 일이 아니라는 것을 우리는 잘 알고 있다. 이 책을 집필하면서 우리는 우리 학생들에게 교육행정에 대한 이해의 지평을 넓히고 창의적 문제의식을 갖도록 하는 데 주안점을 두었다. 그리고 우리에게 이러한 교육적 안목을 가질 수 있도록 지도해 준 우리의 스승에게 감사드린다. 마지막으로, 좋은 교육행정 교재를 발간하도록 오랜 기다림 속에서도 묵묵히 지원과 격려를 아끼지 않은 학지사의 김진환 사장님과 직원들에게 심심한 사의를 표한다.

2011년 9월
저자들을 대표하여
신현석

제2부 교육행정의 주요 이론

제3장 조직론   89

제3부 교육행정의 실제

제9장   교육제도 및 교육행정조직   269

제10장   교육인사행정   301

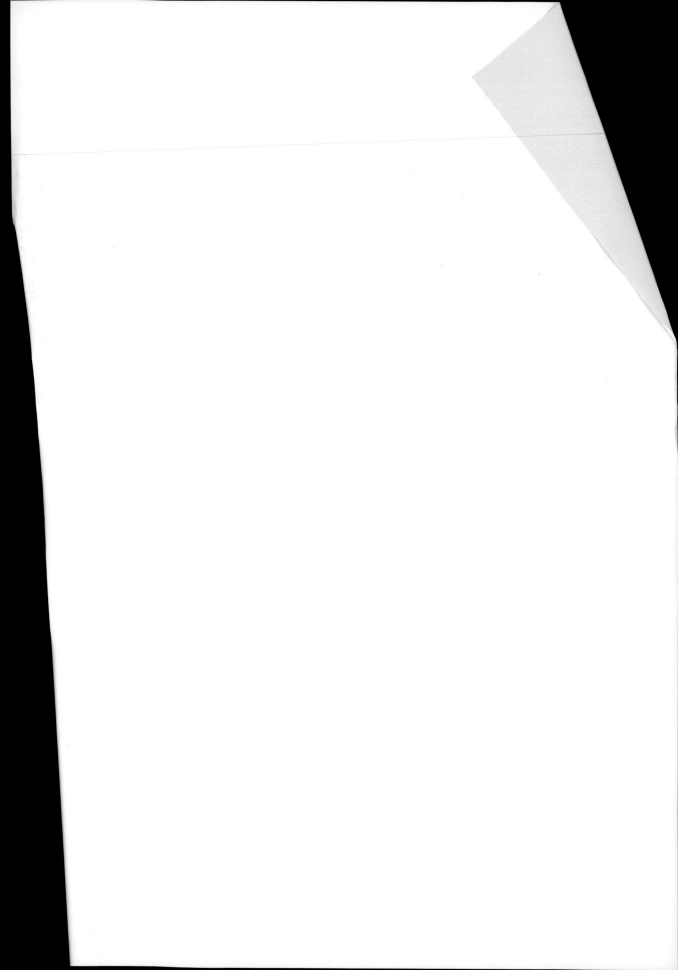

제5부 교육행정의 과제

제1부

교육행정 및 교육경영 입문

제1장

교육행정 및 교육경영 기초

1. 교육행정 및 교육경영의 개념
2. 교육행정의 영역
3. 교육행정의 특성

● 학습 목표

- 교육과 행정의 개념에 비추어 교육행정에 대한 자신의 창의적 개념을 구안하여 설명할 수 있다.
- 교육과 행정의 관계를 설정하고 교육행정을 보는 관점을 비교하여 설명할 수 있다.
- 교육경영의 개념과 성격, 교육경영에서 중시하는 가치를 설명할 수 있다.
- 교육행정의 실체적 내용이 무엇인지 교육행정의 하위기능 중심으로 설명할 수 있다.
- 행정단위로서 중앙교육행정, 지방교육행정 및 학교교육행정의 특징과 상호관계를 사례를 들어 설명할 수 있다.
- 교육행정이 포괄하고 있는 제 영역을 행정기능, 행정단위 및 교육대상 등 3차원으로 나누어 설명할 수 있다.
- 교육행정의 성격을 일반적 성격과 독자적 성격으로 구분하여 설명할 수 있다.
- 교육행정의 원리를 이념적 측면과 운영 측면으로 나누어 사례를 들어 설명할 수 있다.
- 교육행정을 공부하는 이유와 교육행정학의 실제적 유용성에 대해 설명할 수 있다.

1. 교육행정 및 교육경영의 개념

1) 교육행정의 개념

교육행정의 개념을 어떻게 규정하는가에 따라 교육행정 현상과 실체가 달리 구성될 수 있다. 교육과 행정을 이해하는 방식에 따라, 그리고 양자의 관계를 어떻게 규정하는가에 따라 교육행정의 개념과 성격을 다르게 볼 수 있을 것이다. 여러 학자들의 개념 규정 방식을 설명의 편의상 다음과 같이 범주화할 수 있다.

(1) 교육과 행정의 관계

정범모(1968: 18)는 교육의 개념을 "인간 행동의 계획적인 변화"라고 정의하였다. 하지만 신현석과 안선회 등(2011: 300)은 교육을 "학습자(학생)의 학습과 성장이 올바른 방향으로 보다 효과적으로 이루어지도록 지원, 지도, 관리, 조장, 촉진하는 활동"으로 정의하며, 교육의 학습자 지향성, 학습 지향성을 강조하였다.

교육행정은 교육과 행정의 관계 설정에서 어디에 우선적 가치를 두느냐에 따라 교육에 관한 행정과 교육을 위한 행정으로 구분할 수 있다. 교육행정을 교육을 '위한 행정'으로 보는 입장에서는 교육활동이 노른자위의 위상을 지닌다. 이 입장에서는 행정은 교육행위와 제도운영이 잘 수행될 수 있도록 봉사하며 도와주는 입장에 있어야 한다고 본다. 여기서 행정은 본질적으로 수단적 봉사활동(service activity)으로서 의의를 지닌다. 한편, 교육행정을 교육에 '관한 행정'으로 보는 입장에서는 국가가 통치 작용을 펴나가는 데 있어 단지 하나의 하위영역인 교육 분야에 적용된 행정이 교육행정이라고 본다. 따라서 이 입장에 따르면 행정의 통합성과 효율성을 중시하게 된다. 우리나라의 교육현실은 교육의 양적 성장을 추진하는 과정에서 관료제적 원리가 적용되고 교육에 관한 행정의 관점이 만연되었으며, 이에 대한 반작용으로 교육을 위한 행정이 점차 요구되어 온 것으로 이해할 수 있다. 교육과 행정 간의 관계를 요약하여 설명하면 〈표 1-1〉과 같다.

표 1-1   교육과 행정의 관계 설정

개념모형	eA(正)	Ea(反)	EA(合)
내용	A about e	a for E	EA(ideal type)
내용	교육에 관한 행정	교육을 위한 행정	교육행정 (이상형)
장점	• 행정의 '통합성' 강조 • 효율주의 논리 • 행정적 능률성 추구	• 교육의 '독자성' 강조 • 교육의 자주성, 전문성, 정치적 중립성 추구 • 학교의 자율성 존중	• 교육적 가치 + 행정적 가치 • 교육적 논리(자주성)와 행정적 통합성(행정능률)의 조화추구

단점	• 행정편의주의 문제
	• 관리 · 통제 위주 행정
	• 교육이 중시하는 다양성, 수월성, 개별성, 자율성 경시
	• 교육의 장기적 특성 경시
		• 제도의 비능률성 문제
		• 행정적 가치 경시
		• 인적 · 물적 자원의 비능률
		• 통합성, 책무성, 생산성 경시
			• ea 지양, EA 지향
			• 교육적 가치와 행정적 논리의 결합
			
			* E: Education
			  A: Administration
			  EA: Educational Administration

(2) 교육행정의 개념규정 방식

여러 학자들은 다양한 방식으로 교육행정 개념을 규정하고 있다. 여기서는 협동행위론, 행정과정론, 조건정비론 및 국가통치권론의 핵심 주장을 소개하고자 한다.

① **협동행위론**: 행정의 본질을 집단적 협동행위로 본다. 이 관점에서의 교육행정은 교육목적을 효과적으로 달성하기 위해 합리성을 기초로 제반 조직과 조건을 체계적으로 정비 · 조성하는 협동적 활동이라고 할 수 있다.

② **행정과정론**: 순환적인 행정과정의 경로 속에서 행정가가 실제 수행하는 일련의 기능적인 행정행위 요소에 주목한다. 이 관점에서의 교육행정은 교육기획, 조직, 장학, 교육인사와 재정, 시설관리 등 교육목적 달성을 위한 일련의 순환적인 조직운영 활동으로 정의될 수 있다.

③ **조건정비론**: 교육을 위한 행정의 관점을 잘 반영하고 있으며, 이 관점에서의 교육행정은 교육목표를 효율적으로 달성하기 위한 수단적 봉사적 활동이다. 이러한 견해의 대표적인 학자는 Moehlman이다. Moehlman은 수업(instruction)이 학교의 근본적인 목적이며, 행정의 조직과 과정은 이 목적을 달성하기 위한 수단이라고 보았다. 즉, Moehlman은 교육행정은 교육목표를 보다 효율적

으로 달성하기 위한 일련의 봉사활동이며 작용이라고 하여, 교육행정이 교육을 위한 수단적 · 봉사적 기능을 수행하는 활동임을 주장하였다(Moehlman, 1951: ix, 윤정일 외, 2009: 16 재인용).

④ **국가통치권론:** 교육에 관한 행정의 관점을 잘 반영하고 있으며, 행정을 국가의 권력 작용으로 보고, 교육행정은 교육에 관한 국가의 행정작용이라고 정의한다. 국가의 교육통치행위는 현재, 교육부를 통해 이루어지므로 교육행정은 교육부가 수행하는 법적 기능 혹은 행정 작용이라고 법규 해석적으로 정의할 수 있다. 국가통치권을 정부조직의 기능 측면에서 분류하고, 행정 작용을 법규적 차원에서 분류하고 있다는 측면에서 분류체계론 혹은 교육행정 영역 구분론(김윤태, 2001: 5)이라고 할 수 있다. 이 관점에서 볼 때, 교육행정은 국가의 수많은 행정 영역 중에서 교육을 대상으로 하는 일반행정 작용으로 인식된다. 교육행정에 대한 이러한 방식의 개념 정의는 법규 해석적 교육행정에 치중하여 권력적 · 강제적 요소를 강조하고 있으며, 교육행정의 특수성과 전문성을 소홀히 취급하는 입장(김윤태, 2006: 11)이라고 할 수 있다.

2) 교육경영의 개념

교육경영은 교육행정과 추구하는 가치와 행위의 속성 면에서 구별되는 측면이 있다. 따라서 개념을 구별하여 사용할 필요가 있으며, 교육조직이나 학교조직 운영에 경영 개념을 실제적으로 적용할 경우에는 경영적 가치 실현을 지향하여 그 특성을 살리는 방향에서 접근하여야 한다.

(1) 교육경영의 개념과 성격

① **경영의 개념:** 안영진 등(1995)에 따르면, 광의의 경영은 조직이 목적 달성을 위해 인적 · 물적 자원을 활용할 수 있도록 내부 · 외부 환경을 설계하고 유지하는 것이라 규정한다. 협의의 경영은 기업이 이윤을 극대화하기 위하여 생산에서 판매에 이르는 활동을 효율적 · 효과적으로 운영 · 관리할 수 있도록 환경을 조성하는 일이라고 규정하고 있다. Drucker(1989)는 경영을 지식의 적용과 기업의 성과로 압축하여 정의하고 있으며, 경영의 기본적인 역할은 공통의 목표와 가치관, 적절한 조직 구조, 그리고 성과를 올리고 변화에 대응하기 위한 훈련과 개발에 의해서 사람이

무엇을 달성할 수 있도록 하는 일이라고 하였다.

　행정 영역을 기능 · 단위 · 대상으로 나누어 세 가지 차원에서 그 실체적 내용을 파악하는 경우와 관련지어 볼 때, 전자의 경영개념은 경영이 적용되는 대상 부문과 관련되며, 후자의 경영개념은 경영행위의 하위기능 차원과 연결시켜 볼 수 있다.

　② 경영의 성격: 일반적으로 조직을 경영한다거나, 경영 마인드(mind)를 적용한다고 할 때, 그 말에는 다음과 같은 의미들이 내포되어 있는 것으로 이해할 수 있다.

- 시장개념의 적용: 조직을 경영한다는 것은 시장 경쟁의 상황 속에서 시장의 변화에 민감하게 반응하며, 시장원리에 충실한 방식으로 조직을 운영한다는 것이다.
- 생산적 시스템 유지: 경영 마인드를 가지고 조직을 운영한다는 것은 조직의 구조와 운영체제에서 생산성 제고를 지향한다는 의미가 내포되어 있다.
- 과학적 관리: 조직을 경영한다는 것은 인적 · 물적 · 환경 자원을 과학적으로 관리하고 효율성을 추구함으로써 이윤을 극대화한다는 것이다.
- 서비스 활동: 경영은 고객지향의 고객 만족을 창출하는 봉사활동의 속성을 지닌다.
- 경쟁력 제고: 경쟁력 제고는 경영 대상이 되는 조직의 목표 달성을 위한 필수조건이자 조직의 생존전략이다.
- 기업윤리에 따라 운영: 경영은 사회적으로 유용한 재화와 용역의 산출과 관련되는 활동이며, 기업윤리에 따라 조직의 사회적 책무를 이행해야 한다.

　한편, 윤정일 등(2009:20을 재구성)은 박동서, Carlson 등의 설명을 바탕으로 경영의 성격을 행정과 대비시켜 다음과 같이 설명하고 있다.

- 경영은 이윤 극대화를 추구하며, 행정은 공익을 추구한다.
- 경영은 정치적 권력에 의존하지 않으나, 행정은 공권력에 기초하고 있어 강제적이다.
- 경영은 경쟁성이 높아 능률적이며, 행정은 독점성을 지니고 있어 경쟁력이 낮다.
- 경영은 법률적 제약을 덜 받으며, 행정은 법적 구속을 받는다.

학자들의 견해에 따르면, 이러한 차이점 외에도 경영은 행정에 비해 기술변화에
보다 민감하며, 윤리성이 상대적으로 약하며, 덜 공개적인 것으로 설명되고 있다.

③ **교육행정과 교육경영**: 교육경영의 개념적 특성은 교육행정과의 대비적 관계 속
에서 보다 잘 밝혀질 수 있다.

먼저, 교육행정의 개념을 이해하기 위해, 행정의 개념적 중핵을 추출하면 다음과
같다(김인철; 오석홍 편저, 2005:120-123을 재구성).

- 공공적 가치 추구활동: 공공행정은 일반행정과 달리 공공성(公共性)을 띠고 있다.
- 협동적 행위: 고도의 합리성을 수반한 협동적 노력의 한 형태다.
- 관리기술이자 과학: 행정이란 국가업무에 적용되는 관리기술이자 과학이다. 행정
  이란 정부의 목표를 달성하기 위해 인력과 자원을 조직하고 관리하는 것이다.
- 합리적 행위: 공공목표(public goal)를 달성하기 위해 기회비용을 최소화시키면
  서 그 목표와 관련된 적정 수단을 정확히 선택하는 계산된 행동을 합리적 행위
  라 할 때, 이러한 합리적 행동이 행정의 요체다.

이러한 행정의 개념요소를 바탕으로 학습, 학습자 지향의 교육 개념을 반영하여
학습사회 교육행정의 개념을 정의하면 다음과 같다.

- 교육행정이란 "국민 의지에 따라 형성된 국가교육목표 달성을 위하여, 공식적
  인 권위를 바탕으로, 교육정책을 형성하고 집행하며, 학습자의 학습과 성장을
  위한 교육활동을 과학적으로 관리하고, 지원, 조장, 촉진하는 협동적인 집단행
  위"라고 할 수 있다.

다음으로, 교육경영의 개념적 특성을 이해하기 위해, 경영의 개념적 중핵을 살펴
볼 필요가 있다. 경영의 어원, 개념, 성격에 대한 논의를 기초로 경영의 개념적 중
핵을 추출하면 다음과 같다.

- 성과와 이윤 극대화: 경영은 생산성 제고를 통해 기업의 성과와 이윤 극대화를 추
  구한다.
- 과학적 관리: 경영은 조직 목표 달성을 위한 사람과 기능의 과학적 관리활동이다.

- 서비스 활동: 경영은 고객 지향의 서비스 활동으로 고객의 요구에 민감해야 한다.
- 시장적 경쟁: 경영은 경쟁적 시장 맥락에서 이루어지는 경제적 활동이다.

한편, 여러 학자들의 교육경영에 대한 개념 정의를 소개하면 다음과 같다.

장래찬(2009: 22)에 따르면, 상대적으로 교육행정은 수단적인 활동인 반면에, 교육경영은 교육목표 달성도를 높이기 위한 창의적·목표지향적인 활동이다. 김윤태(2006: 18-19)에 따르면, 교육행정의 개념을 교육목표를 달성하기 위한 수단적·지원적 활동으로서 강조할 때, 교육행정과 교육경영은 유사개념으로 간주될 수 있다. 그는 이러한 관점에서 교육경영은 교육행정에 대하여 경영학적 접근을 시도하는 것이라고 주장하고 있다. 행정과 경영을 유사개념으로 보는 이유는 양자가 모두 어떤 목표달성을 위한 수단으로서 대규모 조직체 또는 관료제적 성격을 지니고 있기 때문이다. 그러나 양자가 차이가 있게 되는 근본적인 원인은 행정이 지니고 있는 정치성에 있다(김윤태, 2006: 17).

이와 같은 내용을 종합하여 경영의 개념과 교육경영의 개념을 다음과 같이 정의할 수 있다.

- 경영이란 조직목표 달성을 위한 전략을 수립하고, 사람과 기능과 생산요소들을 효율적으로 관리하며, 조직의 생산성을 높임으로써 조직성과와 이윤을 극대화하는 과학적 관리행위다.
- 교육경영이란 교육 가치와 목표달성을 위한 조직운영의 전략을 수립하고, 지식과 사람과 과업의 효율적 관리와 경쟁력 제고를 통해 학습자(학생)의 학습과 성장이라는 교육성과를 극대화하는 봉사활동이다.

(2) 교육경영 개념 적용의 배경

교육실제에서 국가 교육경영과 교육행정, 학교수준의 행정과 학교경영, 학교운영 등의 용어를 특별히 구분하지 않고 사용하는 경우가 많다. 그러나 엄격한 개념 구분을 하지 않더라도 경영 개념을 적용하는 이면에는 교육현실에 대한 문제의식과 변화에 대한 요구가 반영되어 있음을 이해해야 한다. 특히, 공교육 위기 상황의 극복과 국가교육 경쟁력 확보를 위한 개혁 추진 과정에서 관료적 교육운영을 극복하고 학교의 책무성을 강화하고자 할 경우 이러한 경향이 나타난다. 교육부문에 경영의 개념이 적용된 배경을 다음과 같이 네 가지로 설명할 수 있다.

① **교육경쟁력 강화 요구**: 국가교육경영, 대학경영, 학교경영 등의 개념 속에는 교육의 경쟁력을 확보해야 한다는 인식이 깔려 있다. 국가 간의 경쟁이 치열해지고, 교육이 국가 경쟁력을 뒷받침하는 중요한 요소라고 인식될 때, 교육도 변해야 하며 지금까지와 다른 방식으로 학교를 '경영'해야 한다는 생각이 확산될 수 있다.

대학경영이 좋은 보기가 된다. 고등교육은 전통적으로 학문적 수월성이 강조되는 부문이어서 기업경영 방식이 적용되기 어려운 측면이 많다. 그러나 학생 수가 급감하고, 고등교육에 대한 정부의 재정지원이 감소되고, 대학평가가 강화되는 등 학교를 둘러싼 환경이 급변하고 있다. 이처럼 대학의 환경변화와 경쟁이 치열해지는 상황은 대학도 이제 경영을 해야 한다는 생각이 확산되는 하나의 배경으로 작용하였다. 대학의 구조조정, 학부제 시행, 대학 간 통합, 국립대학의 법인화 등의 변화도 행정이 아닌 경영의 맥락에서 야기된 변화로 볼 수 있다.

② **자율과 분권에 대한 요구**: 전통적으로 학교는 중앙 교육행정기관 – 지방 교육행정기관(시·도 교육청과 지역 교육지원청) – 단위학교로 이어지는 관료제적 통치구조 속에서 라인조직(line-organization)의 최하위 기관으로서 위치에 있었다. 그러나 교육자치제도의 시행과 지속적인 교육자율화 추진 과정에서, '관료적 학교운영 체제'에 대한 변화 요구가 확산되었다.

자율과 분권에 대한 요구, 관료적 학교운영체제의 변화, 교육개혁 맥락에서 추진된 교육 자율화와 지방으로의 권한 위양 등은 공교육체제 운영에서도 '경영적 운영원리'를 적용해야 한다는 생각을 확산시키는 하나의 배경이 될 수 있다. 교육조직의 경영적 운영원리는 관료제적 운영의 역기능을 보완해 줄 수 있기 때문이다.

③ **학교의 책무성 요구**: 책무성(accountability)을 요구한다는 것은, "누가 누구에게 무엇에 대하여 어떠한 방식으로 책무를 묻는 행위"(김규태, 2005: 13)를 말한다. 공교육체제로서 학교에 대해 책무성을 요구한다는 것은 학교가 사회적으로 수행해야 할 공적인 책무를 제대로 이행하도록 촉구한다는 의미다. 이에 대해 학교는 공적인 역할과 기능을 잘 수행했다고 설명(account)할 수 있어야 한다.

학교가 책무를 수행하고 있다고 학부모와 국민을 설득하기 위해서는, 학생을 전인적으로 성장시키거나, 우리 사회가 정의로운 사회(just society)가 될 수 있도록 구성원의 합리적 자율성(rational autonomy)을 개발하고, 정의의 관점을 형성하며, 시민성(citizenship)을 증진시키는 공적인 일을 해야 한다.[1] 그러나 우리 교육의 현실은 입시교육의 사슬에 묶여 있으며, 사교육의 범홍으로 공교육의 기능이 저하되어 있다. 학교가 공공적 가치를 추구하지 못하고, 생산적인 교육체제로 평가받지 못함으로써 책무성이 문제가 되고 있다.

따라서 어떠한 형태로든 학교가 책무성을 이행하도록 촉구하는 제도적·정책적 노력이 이루어져야 한다. 이러한 방법 중의 하나가 평가제도[2]다. 단위학교의 자율성 신장, 학교유형의 다양화도 같은 맥락에서 이해될 수 있다. 그런데 여기서 책무성을 요구하기 위해 선행되어야 할 조건이 있다. 학교가 공적인 책무를 수행할 수 있도록 권한을 위임하고, 자율재량을 확대하며, 창의적 학교운영의 기반을 제공해 주어야 한다는 점이다. 국가 교육의 운영이나 학교나 대학운영, 교육개혁 추진 과정에서 경영개념과 원리를 적용하는 것은 그것이 책무성을 요구하기 위한 전제로서 창의적 학교운영의 기반을 제공하는 것과 밀접하게 연결되어 있기 때문이다. 경영은 획일적 통제, 관료제적 조직운영과 양립할 수 없다.

④ 교육의 다양화 요구: '교육'은 개별성과 다양성에 부응하는 활동이다. 학생은 개성을 지닌 존재이며 다양한 성장 가능성과 가소성(可塑性, plasticity)을 지닌 존재다. 성장방향, 성장속도, 성장의지 그리고 성장의 패턴이 다르다. 한편, '경영'의 핵심은 고객이다. 학생을 고객으로 보고, 학습자의 다양한 교육적 요구를 파악하며, 학생의 만족을 극대화하는 방식으로 학생중심의 학교조직을 운영하는 것이 경영 개념과 원리를 교육에 적용하고자 하는 사람들의 기본 인식이다. 이런 관점에서 볼 때, 다양한 개별적 속성을 중시하는 교육과 고객들의 다양한 욕구(needs)에 민감하게 부응하고자 하는 경영적 가치는 결합 가능성을 지닌다.

입시중심의 획일적인 교육과정 운영, 효율주의에 기초를 둔 관료적 학교운영으로 초래된 교육의 획일화를 탈피하여 다양한 교수학습방법의 적용, 교육과정 운영의 다양성, 학교유형의 다양화를 추진하는 과정에서 교육경영의 개념과 원리들이 자연스럽게 반영된 것으로 볼 수 있다.

---

1) Strike는 자신의 저서 『*Educational Policy and the Just Society*』에서 이러한 관점을 개진하였다. 그에 따르면, 자유주의 사회의 학교가 추구해야 할 핵심적인 기능은 공공적 가치로서 '합리성을 민주적으로 배분하는 일'이다.

2) 학교평가, 대학평가, 초·중등학교 종합평가, 교육청평가 등 교육기관평가와 교사평가, 학교장평가, 교육프로그램평가 등 다양한 평가제도가 시행되고 있는 것도 책무성 맥락에서 이해할 수 있다.

(3) 교육경영에서 중시하는 가치

"교육경쟁력이 강화되어야 한다. 관료적 운영에서 자율적 운영으로 바뀌어야 한다. 학교가 책무성을 이행해야 한다. 교육이 다양화되어야 한다." 등의 교육경영 개념의 적용 배경은 교육경영에서 추구하는 가치와 밀접한 관계를 지닌다. 경영의 개념과 성격, 교육경영의 정의, 교육경영 개념 적용의 배경에 대한 논의에서 이끌어 낼 수 있는 경영적 가치를 요약하면 다음과 같다.

- 교육을 위한 경영적 안목이다.
- 시장적 신념 체제다.
- 학생 중심적 교육조직 운영이다.
- 전략적 사고에 의한 교육경영을 중시한다.
- 경영혁신을 추구한다.

요약하면, 교육경영에서는 교육적 가치 실현을 중심적 위상으로 설정하고 이를 달성하기 위한 경영원리와 기법을 적용해야 한다. 교육경영의 주체는 시장적 신념 체제에 기초하여 교육적 성과와 수익 창출을 지향한다. 학생 중심의 사고를 실천하며 학생의 권리와 자유, 교육적 복지가 극대화되도록 조건을 정비한다. 교육조직 운영에서 지속적으로 경영혁신을 추구한다.

경영적 전략과 경영 원리를 학교운영에 실제적으로 적용할 경우, [그림 1-1]과 같은 형태로 학교운영이 이루어질 것이다.

- 학교경영의 주체는 경영의 비전을 제시하고 거시적 안목에서 학교를 경영한다.
- 경영전략을 수립한다.
- 목표와 자원 등 학교경영에 투입되는 요소(input)를 확인한다.
- 경영조직을 구조화한다.
- 사람을 관리한다.
- 기능을 관리한다.
- 이를 통하여 학교경영의 성과(output)를 극대화한다.
- 학교경영의 모든 하위요소들이 교수-학습 활동과 교육과정을 지향하도록 경영의 구심점을 설정하고 조정한다.

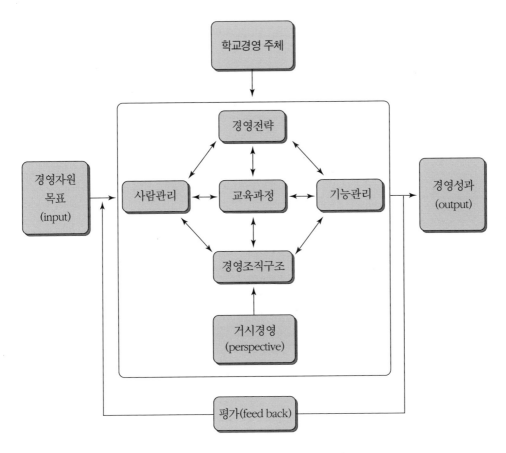

[그림 1-1] 학교경영의 체제적 개념 모형

출처: 신유근(2002). 경영학 원론 – 시스템적 접근, p. 15의 그림을 재구성함.

2. 교육행정의 영역

　교육행정의 영역 속에서 그 개념적 내포를 구성하는 활동들은 무엇인가? 교육행정은 [그림 1-2]와 같이 행정의 기능, 단위 및 대상이라는 세 가지 차원을 통하여 내용과 실체를 파악해 볼 수 있다.

　첫째, 교육행정의 주체들이 일상적으로 수행하는 행위들은 무엇인가와 관련된 차원이다. 이는 교육행정의 주체들이 조직 속에서 수행하는 행정직무와 작용에 내포된 기능적 측면이다.

　둘째, 교육행정이 이루어지는 행정체계, 즉 관료제적 조직의 수직적 수준과 수평

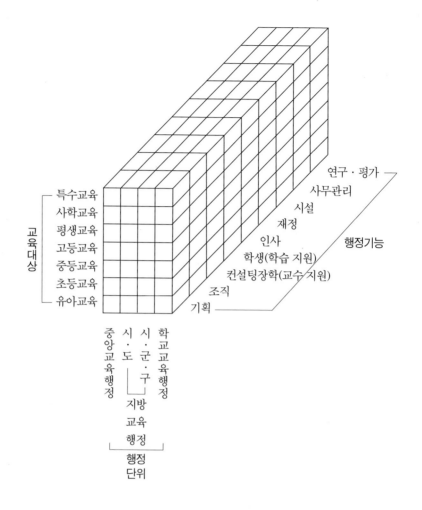

[그림 1-2] 교육행정의 영역 구분

출처: 윤정일 외(2009). 교육행정학원론, p. 26의 표를 일부 용어 수정함.

적 단위와 관련된 차원이다. 이는 교육행정이 이루어지는 관료제적 행정조직의 구조와 관련된 측면이다.

셋째, 교육행정이 목표로 하고 있는 교육대상과 관련된 것으로, 교육행정이 적용되거나 구현되고 있는 교육의 제 부문과 관련된 차원이다.

1) 교육행정의 기능

교육행정의 틀 속에서 이루어지는 기능적 측면의 일들은 일반적으로 기획에 관한 행정업무에서 출발하여 조직, 장학, 인사 및 재정 등으로 구분해 볼 수 있다.

① 기획(planning): 학교행정의 맥락에서 이루어지는 기획업무의 전형적인 보기는 학교경영계획서에 잘 나타난다. 학교경영계획서는 한 학년도 단위로 이루어지는 학교경영기획의 결과로서 교무부 · 연구부 · 학생생활지도부 · 교육정보부 · 진로상담부 등 각 부서별 활동의 목표와 내용, 목표달성을 위한 구체적인 행동경로를 제시한 것이다. 특성화고의 경우는 일반고와 달리 특성화된 부문의 전문적 직업교육과정을 운영해야 하므로 별도의 직업교육운영기획이 이루어진다. 학교교육행정의 실제에서 학교운영을 위한 교무분장조직[3]과 관련지어볼 때 이러한 기획 기능은 교육 본연의 활동인 가르치는 일보다 교수-학습 활동을 지원하기 위한 일반적 행정업무, 즉 교무분장조직에서 잘 나타난다. 예를 들면, 교무부, 연구부, 학생부 등 주요 부서의 부장교사를 보좌하며 행정적 제반 업무를 추진하는 기획담당 교사들(예: 교무기획, 연구기획, 학생기획, 실과기획)의 행정적 과업은 기획 기능과 밀접하게 관련되어 있다. 교무기획의 경우, 한 학년도 동안의 학교교육과정운영, 학사행정, 일과운영, 학교중점사업, 학교행사운영과 계기교육 등 학교운영과 학사, 교무행정 전반에 관한 기획업무를 추진한다.

② 조직(organizing): 조직활동의 전형적인 보기는 학교와 학급, 교육청, 교육과학기술부 등 상이한 수준에서 이루어지는 부서조직이다. 조직이란 목표달성을 위해 필요한 업무와 그 업무를 잘 수행할 수 있는 사람을 긴밀히 연결시켜 단위화한 것을 말한다. 요약하면, 사람과 일을 연결시켜 적절히 단위화한 것을 조직이라고 할 수 있다.[4] 단위학교 수준에서는 업무분장을 위한 조직, 학년편성과 학급편성 등 교육활동을 위한 조직, 교육과정과 직업교육과정 편성운영을 위한 조직, 방과후 프로그램 운영을 위한 조직 등 다양한 형태의 교육활동과 그 지원을 위한 조직 행위가 이

---

3) 교무분장: 학교운영계획서나 공식적인 교무분장 조직도에 나타나는 교사들의 직무분장은 교육과학기술부-교육청-단위학교로 이어지는 관료제의 라인조직으로서 일반 행정조직, 즉 행정실과 행정직원들을 통해 수행되는 행정기능과 구분된다. 즉, 교수학습활동, 학교교육과정운영, 학생생활지도와 긴밀히 연결되어 교육에 수반되는 행정기능으로 인식하여 교사가 수업 및 학급운영에 부가하여 담당하고 있는 교무행정업무를 말한다.

4) 교육조직의 경우 중핵적인 체제적 하위요소의 하나가 교육과정, 지식의 구조이므로 교육과정을 교과 혹은 교육프로그램의 형태로 잘 구조화하여 적절히 구획하여 표준화하는 활동, 즉 공식적인 교육과정의 편성과 교과 외 교육프로그램의 구성도 교육내용의 조직에 해당하므로 광의의 조직 활동 영역에 포함시킬 수 있다.

루어진다. 아울러 학교운영위원회, 기획위원회, 교육과정운영위원회, 인사자문위원회, 교과연구위원회 등 학교운영을 위한 각종 위원회를 구성·운영하는 것도 조직 기능의 적용 사례에 해당된다.

③ 장학(supervision): 장학활동은 단위학교, 교육청, 정부 차원에서 교육행정의 중요한 기능적 영역에 속한다. 그중에서도 특히 광역 교육자치단체인 시·도 교육청과 기초 단체인 지역 교육지원청의 중핵적인 기능이 장학행정이라고 볼 수 있다. 교육청의 장학행정은 장학전문직인 장학사나 장학관 중심으로 이루어지고 있다.

교육행정을 편의상 일반행정과 장학행정으로 구분할 때, 일반행정은 관료제적 원리에 따라 조직을 운영·관리하는 기능을 수행하며, 장학행정은 본연의 교육활동을 전문적으로 지원·조장하는 기능을 수행한다. 따라서 장학행정은 교육행정과 동심원적 관계 속에서 중심적 위상을 지니고 있다. 단위학교 수준의 장학행정 기능은 교장 중심으로 이루어진다. 교장은 학교경영을 위한 관리적 리더십을 발휘해야 할 뿐만 아니라 학교의 존재 이유가 되는 학생의 전인적 성장을 위한 교육활동과 수업에 대한 영향력을 행사해야 한다. 이 부분에 대한 리더십이 장학기능과 관련된다. 요약하면, 교장은 학교공동체 구성원들의 전문적 역량 개발, 창의적인 교육과정 운영과 학교책무성 제고, 교수학습 중심의 진정한 과업의 촉진, 역동적인 학습문화의 조성과 학생복지 증진, 지속적인 수업개선 노력, 상호 신뢰와 존중의 수평적인 인간관계 촉진 등을 통해 학교단위의 자율장학을 수행해야 한다. 최근에는 기존의 장학이 학교경영, 교수학습 지원을 위한 컨설팅장학 형태로 발전하고 있다.

학교장의 장학적 역할과 기능은 학교공동체의 구성원으로 하여금 지식을 다루고, 직무수행에서 일상성을 거부하고 도전적으로 임하게 하며, 예술적 감수성과 창의적 노력으로 직무에 헌신하도록 고무시키는 일에 초점을 두게 된다. 교장 중심으로 이루어지는 단위학교의 자율적 장학기능은 학교의 자생적 개선 노력을 조장한다는 차원에서 매우 중요한 의의를 지니고 있으며, 교육청 중심으로 이루어지는 관료적 장학과 구분된다.

④ 인사(staffing): 기획, 조직, 장학과 함께 인사와 재정 역시 교육행정의 중요한 기능적 영역이다. 인사행정은 사람을 관리하는 일과 관련되며, 재정은 물적 자원을 관리하는 일이다. 인사와 재정은 교육조직이 원활히 운영될 수 있도록 뒷받침하는 두 레일(rail)의 기능에 비유된다. 시·도 교육청 수준에서 인사행정의 전형적인 사례는 우수하고 헌신적인 교원을 선발·임용하여 학교현장에 적시에 배치하여 교육

활동이 원활히 이루어지도록 하는 일이다. 전직교육에 이어 임용 이후에도 교직생애에 걸쳐서 전문성을 신장할 수 있도록 다양한 연수기회를 제공함으로써 교원의 능력을 개발해야 한다. 정기적으로 인사를 단행하여 교원들을 다른 학교로 전보시키거나 유능한 교원을 교육전문직(장학사, 장학관)으로 전직시킴으로써 직업적 성장기회를 제공하는 일도 중요한 인사행정 기능에 속한다.

　　학교수준의 인사행정은 교장과 교감 중심으로 이루어지고 있다. 교장은 교감의 보좌를 받아 교사의 전공과 교육경력, 나이와 성별, 전문적 역량과 헌신도 등을 고려하여 교사를 적재적소에 배치하고 가르치는 일과 이에 수반되는 제반 업무를 분장한다. 교장은 학년 초에는 부장교사들을 보직·임용하며 교사들이 가르칠 학년과 학급을 적절히 배정하여 교과운영과 학급경영이 원활히 이루어질 수 있도록 인사를 단행하고, 학년 말에는 정기적인 근무평정을 한다.

　　한편, 국가수준의 교원인사행정은 의무교육과 공교육 체제를 운영하는 데 수반되는 교원수급정책을 수립하고, 사범대학·교육대학원·일반대학 교직과정 등 교원양성체제가 충실히 운영되도록 지원·조성·평가 시스템을 구축하는 것이 대표적인 보기가 될 수 있다. 그 밖에 교원 자격제도를 운영함으로써 국가수준의 교원의 질을 관리하고, 교원평가제도와 성과급제 시행, 교장초빙제도 운영을 통해 교직사회에 경쟁과 활력을 부여하며, 교원인사제도의 개혁을 추진하는 일도 인사행정에 속한다.

　　이러한 인사행정 작용을 통해 교원의 전문성을 개발하고 교육활동을 촉진시키며 교원이 교직에 헌신하도록 동기를 유발하는 기능을 수행한다. 교육부, 교육청 및 단위학교에서 이루어지는 인사행정의 기능은 범위와 수준에 따라 그 내용이 달라지면서도 상호 긴밀한 연계 속에서 이루어진다.

　　⑤ 재정(budgeting): 교육재정의 대표적인 사례는 국가, 교육청 및 단위학교 수준에서 교육활동과 기관운영에 소요되는 교육재정을 안정적으로 확보하고, 예산을 편성하며 이미 편성된 예산을 효율적으로 집행함으로써 교육조직과 학교교육 활동이 실제적으로 운영되게 지원·조성하는 일이다. 국가수준에서는 내국세와 교육세 등을 통해 확보한 교육재정을 지방교육재정교부금법에 따라 전국의 17개 시·도 교육청에 교부함으로써 지역 특성에 따라 독자적으로 학교를 운영할 수 있는 물적 기반을 제공한다. 교육청에서는 국가로부터 지원받은 지방교육재정교부금과 일반 자치단체로부터 넘겨 받은 전입금 및 자체수입을 재원으로 하여 관할 학교운영과 학교신설, 교육청의 제반 교육시책과 사업을 실현하기 위한 재정활동을 수행한다.

단위학교에서는 교육청으로부터의 전입금, 학부모가 부담하는 경비 및 학교발전기금 등을 재원으로 학교회계를 운영함으로써 단위 학교조직의 운영과 학생생활지도 및 교육활동이 원활히 이루어질 수 있도록 한다. 이러한 재정 기능을 통해 국가수준의 공교육 체제 및 교육행정조직과 단위 학교들이 안정적인 물적 기반 위에서 원활하게 운영된다.

교육행정 작용이 무엇을 의미하는지 그 실체를 파악하기 위한 노력의 일환으로 교육행정 영역을 기능별로 구분할 경우 대표적인 행정작용과 행위의 요소로는 앞서 소개한 것처럼 기획, 조직, 장학, 인사와 재정 등을 대표적인 예로 들 수 있다. 그 밖에 학생의 복지와 권익을 위한 학생 행정, 시설 및 사무관리 행정, 평가 및 연구 행정, 홍보 행정 등 다양한 행정기능이 있다. 이러한 방식으로 행정 기능을 분류할 경우, 교육조직의 수준에 따라 강조되는 기능이 달라진다. 행정의 하위 기능 요소들은 행정행위의 요소들과 일치되는 부분도 있지만 일련의 행정과정을 구성하는 행정행위들과 구별될 수도 있다. 예를 들면, 행정기능과 행위의 요소는 Gulick이 최고 행정가가 수행하는 일을 일곱 가지의 하위요소(POSDCoRB)로 압축하여 제시한 것처럼 기획, 조직, 인사, 지시, 조정, 보고 및 재정으로 나누어 단위화해 볼 수 있다. 한편, 행정 직무의 영역과 내용에 따라 교무·학무·학사 행정, 연구 행정, 학생 행정, 장학과 편수, 교육과정과 교육내용에 관한 행정, 재무 행정, 사무관리 및 시설 행정 등으로 나누어 볼 수도 있다. 일반적으로는 이들 행정작용의 기능적 측면과 행정적 직무 요소들을 묶어서 논의하는 경우가 많다.

2) 교육행정의 단위

교육행정의 기능적 영역 구분과 함께 교육행정조직의 단위와 학교교육의 단계별 부문과 관련지어 교육행정의 영역을 구분해 볼 필요가 있다. 먼저, 교육행정이 이루어지는 행정단위에 주목할 경우, 중앙교육행정, 지방교육행정 및 학교교육행정으로 크게 세 부분으로 나누어 볼 수 있다. 이 경우, 중앙교육행정은 교육부를 중심으로 중앙정부 수준에서 이루어지는 국가의 교육행정 작용을 의미한다. 그러나 교육부는 헌법 및 정부조직법에서 규정한 국가 행정기구의 하나로 이해할 수 있으므로 중앙교육행정은 통치자로서 대통령-국무총리-국무회의-교육부로 이어지는 일련의 교육통치구조 속에서 이루어지는 통치행위 및 협의의 교육행정작용을 두루 포괄하는 것으로 보아야 할 것이다. 요약하면, 정치적 맥락에서 입법·사법·행정작용을 포괄하여 국가통치의 맥락에서 대통령을 정점으로 한 정치적 힘을 가진 통치세력(ruling party)에 의해 이루어지는 교육 통치행위(educational governance)로서 교육행정 작용과 관료제적 운영원리에 따른 교육행정 작용(educational administration)을 포괄하는 것으로 이해 할 수 있다. 이러한 이유로 중앙교육행정은 교육적 요구와 함께 정치적 요구가 함께 반영되는 경우가 많으므로 정치적 속성을 지니게 된다. 국가수준의 교육행정 작용으로서 교육정책과 교육개혁 방안의 추진, 교육제도 변경이 사회적·정치적 쟁점화되는 이유는 이러한 배경에서 이해할 수 있을 것이다.

중앙교육행정조직은 광복 이후 현재까지 문교부-교육부-교육인적자원부-교육과학기술부-교육부로 거듭된 변천을 해 왔는데, 정부조직의 변화에 따라 중앙수준의 교육행정의 영역과 업무가 달라져 왔다. 문교부와 교육부의 경우 전통적으로 학교 장학행정을 중시하고(장학편수실, 편수국, 장학실), 교원행정을 별도의 부서(교직국)에서 관장하였다. 교육인적자원부로 전환(2007년 1월)되면서 국가인적자원개발행정이 강화(인적자원정책국)되고, 평생교육행정이 중시(평생학습국)되었다. 현재의 교육부(2015년 1월)는 교육행정과 과학기술행정을 통합 운영하던 교육과학기술부 체제에서 다시 분리 독립된 교육부 체제로 개편하여, 기획조정실, 학교정책실, 대학정책실, 정책기획관, 국제협력관, 학교정책관, 교육과정정책관, 학생복지정책관, 대학정책관, 대학지원과, 학술장학지원관, 지방교육지원국, 평생직업교육국, 교육안전정보국 등 3실, 3국·11관, 49과(담당관)로 조직되어 있다.

정부조직법(제28조)을 보면, "교육부 장관은 인적자원개발정책, 학교교육·평생교육, 학술활동에 관한 사무를 관장한다."라고 규정되어 있다.

지방교육행정은 교육자치단체인 전국의 17개 시·도 교육청[5](교육감)과, 기초자치단체에 설치된 교육지원청(교육장)을 중심으로 이루어지고 있다. 중앙교육행정이 정책기능에 비중이 두어진다면 지방교육행정은 학무행정, 장학행정, 인사행정, 재정, 시설행정 등의 교육청 직제에 반영되어 있는 것과 같이 상대적으로 장학기능에 비중이 두어져 있는 것으로 이해할 수 있다.

---

5) 서울특별시, 부산·대구·인천·광주·대전·울산광역시, 세종특별자치시, 경기도, 강원도, 충남, 충북, 전남, 전북, 경남, 경북, 제주특별자치도 등 17개 광역시·도 교육청이 있다.

한편, 학교교육행정은 교장을 중심으로 이루어지는 학교경영 활동과 관련된다. 학교조직은 전문직으로서의 특성과 아울러 관료제적 특성을 지닌 전문적 관료조직의 성격을 띠고 있어 단위학교가 중앙교육행정조직-시 · 도 교육청-시 · 군 · 구 교육지원청-단위학교(교장-교감-부장교사-교사)로 이어지는 라인조직의 최일선에 있는 조직이다. 가정이 사회의 버팀목이 되듯이, 학교는 국가수준의 교육조직의 가장 중요한 단위조직으로서 교육의 줄기세포와 같은 중요성을 지니고 있다. 국가수준의 교육정책과 행정은 '지금 여기'에서 교육이 이루어지는 현장인 단위학교 행정으로 구현된다. 학교교육행정이 원만하게 이루어지지 않을 경우 교육행정은 현장에 뿌리내리지 못하게 되므로 학교행정은 교육행정의 중심적 위상을 지니는 것으

뉴스 따라잡기

[부총리 겸 교육부장관 신년사]

교육부장관은 교육 · 사회 · 문화 정책을 총괄 · 조정하는 부총리직 겸직

(…중략) 2015년에는 교육정책이 현장에 뿌리를 내리고, 국민들이 체감할 수 있는 결과를 만들어내도록 모든 노력을 다하겠습니다. 첫째, 바른 인성을 갖춘 창의적 인재 양성에 역량을 집중하겠습니다. 둘째, 안전한 학교와 고른 교육기회 제공을 위해서도 노력하겠습니다. 셋째, 대학의 글로벌 경쟁력을 높이는 데 힘쓰겠습니다. 넷째, 학습과 일이 연계된 직업 · 평생 교육체제를 확대해 나가겠습니다.

존경하는 국민여러분! 그리고 사랑하는 교육가족 여러분! 올해부터 교육부장관은 교육뿐 아니라 교육 · 사회 · 문화 정책을 총괄 · 조정하는 부총리직을 겸하게 됩니다. 저출산 극복, 능력중심사회 구현, 사회 안전망 구축, 일 · 가정 양립 등 사회관련 부처에 폭넓게 관련되어 있는 의제에 대해 개별 부처의 입장을 넘어 고용노동부, 문화체육관광부, 여성가족부, 보건복지부 등과 함께 장기적 안목에서 종합적으로 검토 · 조정하고, 현장 및 다양한 이해관계자와의 끊임없는 소통을 통해 해결책을 모색하도록 하겠습니다. 교육 · 사회 · 문화 부총리제 도입으로 우리 사회가 더 성숙하고 발전된 미래상을 보일 수 있도록 국민여러분께서도 많은 성원 부탁드립니다. 교육부도 열심히 노력하겠습니다. (…중략)

〈세종=뉴시스 2014. 12. 31 기사등록〉

로 이해해야 한다. 교장이 주체가 되는 학교행정은 일반행정 직원에 의한 관료적 행정과 함께 부장교사를 중심으로 이루어지는 교무행정, 연구행정, 학생행정 및 교육과정에 관한 행정으로 구현되고 있으며, 궁극적으로 학생의 전인적 성장을 지향하고 있다.

3) 교육행정의 대상

　교육행정의 영역을 구분하는 세 번째 차원은 학교 급별, 교육대상별로 교육행정의 개념적 내포를 파악하는 것이다. 이는 교육의 실제에서 교육행정이 구체적으로 적용되는 학교 급별 교육대상별 특성을 고려한 행정영역 구분이라고 할 수 있다. 이러한 구분에 따르면 교육행정은 초등교육행정과 중등교육행정, 고등교육행정, 평생교육행정, 유아교육행정, 특수교육행정, 사학행정 등으로 분류하여 범주화할 수 있다. 근래에 이르러 의무교육 체제가 정비되고 무상의무 교육기간을 중학교 단계까지 연장함으로써 초등교육과 중학교교육을 묶어 의무교육행정으로 볼 수 있다. 학교교육보다 낮은 위상을 지닌 사회교육 부문이 평생교육법의 정비로 요람에서 무덤까지 시간과 공간을 초월한 개념의 평생교육과 평생학습으로 그 내용과 위상이 강화되고 중요한 행정영역으로 대두되었다. 근래에는 고령화 사회로의 진입으로 평생학습의 중요성이 증가하고 있으며 국가와 지방자치단체에 평생교육을 진흥할 의무를 부과하고 있어 각 지방자치단체에서는 성인을 대상으로 한 다양한 교육프로그램을 운영하고 있다. 각 대학의 평생교육원에서도 학점은행제와 관련한 프로그램 및 교양프로그램 운영 등 활발한 교육활동이 이루어지고 있다.

3. 교육행정의 특성

1) 교육행정의 성격

　교육행정을 교육을 위한 행정의 관점에서 보면 일반 행정과 구별되는 성격이 잘 드러난다. 교육은 본질적으로 인간형성 작용이다. 교육은 존엄한 존재로서 자유로운 삶을 구가하는 사람을 가르치고, 보지 못하는 상태에서 볼 수 있는 상태로 빛을 비추는 행위(enlightenment)로서 중요한 의의를 지니고 있다. 따라서 이러한 교육활동을 대상으로 하는 행정은 관리적 수준을 넘어서야 한다. 한편, 행정은 조직 목표 달성을 위한 원활한 움직임을 창출하는 행위로 효율주의에 근거하고 있다. 이 두 속성이 조화를 이루는 지점에서 교육행정의 성격을 규명해 볼 수 있다.

(1) 교육행정의 일반적 성격

① **봉사적 성격**: 안민(安民)·이민(利民)·위민(爲民) 정신은 행정을 맡은 목민관의 마음을 잘 반영하고 있다. 교사의 심장이 학생의 가슴 속에서 뛰듯 행정을 담당하는 사람의 마음은 국민에게 가 있어야 한다. 원래, 행정(administration)이라는 말은 어원적으로 봉사활동(service activity)에 뿌리를 두고 있다. 그럼에도 불구하고, 국가의 행정작용이 통치의 맥락에서 공권력에 기초하여 이루어지는 속성에 의해 관행적으로 관(官) 주도, 행정 우위의 관료적 풍토가 자연스럽게 형성되어 왔다. 이러한 풍토를 극복할 때 관료주의적 역기능을 극소화하고 행정적 가치를 실현할 수 있다. 교육행정은 사회적 조직적 활동으로서 교육을 전제로 하고 있기 때문에 국민의 공공적 관심사(public affairs)를 추구한다. 이러한 속성에 따라 교육행정은 국민 모두의 교육복지 실현을 지향하여, 교사와 학생의 교수학습 활동을 조력하고 교육행위와 제도운영을 전문적으로 지원·조장하는 봉사행정으로서 기능을 수행해야 한다.

교육목표를 효율적으로 달성하기 위해 필요한 인적·물적 제 조건을 정비·확립하는 수단적·봉사적 활동을 교육행정(윤정일 외, 2009: 16)이라고 보는 조건정비론의 견해는 교육행정의 봉사적 성격을 잘 반영하고 있다.

② **정치적 성격**: 국가의 활동 중 입법과 사법 작용을 제외한 나머지 작용(삼권분립적 공제설)을 행정으로 볼 수 있고, 국가가 법질서 아래서 국가목적을 실현하기 위하여 행하는 작용(국가목적실현설)을 행정으로 볼 수도 있다(신두범, 1985: 5). 이와 같이 행정개념을 소극적으로 보든 적극적으로 보든 간에 행정작용은 국가의 통치행위와 긴밀하게 관련되어 있다. 뿐만 아니라 교육행정체제 내에서 추진되는 교육정책과 교육개혁정책들은 다양한 이해 관련 집단 간에 밀고 당기는 역동적 과정에서 결정되는 것이 대부분이다. 교육의 실제에서 무상급식의 시행, 고교평준화의 유지와 해제, 학업성취도 평가를 위한 일제고사 시행, 입시제도의 폐지 등 사회적 이슈가 되는 교육현안들은 교육적 가치와 교육논리만으로 해결하기 어려워 정치적

결정에 의지하는 경우가 많다. 어떤 학교가 좋은 학교이며, 어떤 교육이 좋은 교육인가, 누가 훌륭한 교사인가 등 교육적 가치에 관해서 사회구성원들은 다양한 관점을 지니고 있으므로 교육문제는 사회적 합의를 도출하기 어려운 특성을 지니고 있다. 교육과 행정이 지닌 이러한 속성 때문에 교육행정 작용에서 현실적으로 정치적 고려를 배제하기가 어렵고, 교육행정은 정치적 속성을 드러내게 된다. 그러나 교육행정에 내재된 이러한 정치적 성격에 의해 교육이 파당적으로 운영되거나 교육의 독자성과 정치적 중립성이 훼손되는 일은 경계되어야 한다.

③ 민주적 성격: 이념적으로 볼 때 민주주의 국가운영에서 모든 권력은 국민으로부터 나온다. 민주주의는 인간존중과 상호신뢰를 기반으로 하며, 민주사회는 구성원이 합리적 자율성에 따라 스스로 문제를 결정하고 책임을 지는 사회다. 민주사회의 구성원은 국민으로서 자신의 권리와 자유를 향유하며, 주권을 가진 개인으로 존중받고, 능력에 따라 균등한 기회를 보장받는다. 자신의 권리와 직접적으로 관련되는 사안에 대해서는 이해 당사자의 기대이익이 보호될 수 있도록 참여기회가 보장되고 적정절차(due process)에 따른 합리적 의사결정이 이루어져야 한다. 이해가 상충되는 문제에 대해서는 행정과 정책 관련 당사자들의 권리가 더 잘 보호될 수 있도록 설득과 실험의 절차를 거쳐야 한다. 선호되는 사회적 가치는 공정한 경쟁과 불평등의 보정을 통해 공유되어야 한다. 이러한 내용들이 참여적 민주주의, 절차로서의 민주주의, 공유(share)로서의 민주주의의 기본정신이다.

교육행정에서도 이러한 민주주의 원리가 충실히 적용되어야 한다. 교육행정의 민주적 성격은 다음과 같은 형태로 구현될 수 있다.

- 교육이념과 목표: 자유민주주의 사회의 교육행정은 학교가 사회구성원들의 합리적 자율성을 개발하도록 지원·조장해야 한다. 교육기회의 평등을 실현하기 위해 교육에서 공정한 경쟁과 함께 차등적 보상원리를 조화시켜야 하며, 교육 양극화 극복을 위해 노력해야 한다.
- 교육과정과 내용: 학교 교육과정 운영에서 다양성이 추구되어야 한다. 학교유형을 다양화하고 학교선택권과 함께 교육프로그램과 내용의 선택권이 확대되어야 하며, 획일적인 가치에서 벗어나 다양한 교육적 가치가 존중되어야 한다.
- 교육제도와 정책: 자유민주주의적 정책이념과 정책논리를 개발하고, 법치주의 원리에 따라 교육제도를 운영해야 한다. 정책과 의사결정에서 구성원의 참여

를 확대해야 한다.

- **교육통치 모형**: 교육통치모형은 관료적 통제, 전문적 통제, 시장통제 및 주민통제로 구분할 수 있다. 교육행정의 작용과정에서는 사회구성원의 교육주권을 실현하기 위해 주민통제를 확대해 나가야 한다. 학교장학에서는 관료적 장학의 틀을 벗어나 민주적 장학으로 패러다임을 전환할 필요가 있다.
- **학교조직운영**: 국가사업으로 공교육체제를 운영하는 데에서 민주적 조직운영 원리를 근간으로 삼아야 한다. 오늘날 학교가 국가적 중요 사업으로 대규모로 운영되는 과정에서 불가피하게 관료제적 운영원리가 적용되지만, 학교교육 조직 운영에서 관료적 역기능을 최소화하고 분권적 제도 운영과 하부단위로 권한을 위양해 나갈 필요가 있다. 학교 단위 책임경영제도가 정착될 수 있도록 지원·조장하며, 교육자치제 확립과 아울러 궁극적으로 학교자치가 이루어질 수 있도록 자율역량을 증진시켜 나가야 할 것이다.

(2) 교육행정의 독자적 성격

Campbell 등(1968: 87-92; 윤정일 외, 2009: 23에서 재인용)은 교육행정이 지닌 독자적 성격을 중요성, 공개성, 복잡성, 친밀성, 전문성, 평가의 난해성 등의 개념을 중심으로 기술하고 있다.

- 조직이 제공하는 서비스는 중요성과 공개성을 지닌다.
- 조직이 서비스를 제공하기 위해 수행하는 활동의 특성은 복잡성과 친밀성을 지닌다.
- 조직에서 일하는 사람들의 특성은 전문성을 지니고 있다.
- 조직의 활동에 대한 평가가 어렵다.

한편, 이형행과 고전(1998: 17-20)은 교육행정이 조성적·봉사적 성격, 수단적·기술적 성격, 민주적·중립적 성격, 전문적 성격을 지닌 것으로 보고, 거기에 더하여 교육행정의 특수한 성격으로 다음 세 가지를 추가하고 있다.

- 교육은 장기적 투자이며, 그 성과의 평가가 지극히 어렵다.
- 교육에 관여하는 사회집단의 특성은 독자적이다. 교사는 전문가 집단이며 학

생은 성장과정에 있는 세대다.

- 교육은 전 사회적 관심사로서 이질적인 사회집단의 요구를 수용해야 하고, 다양한 관련 주체들의 노력을 조정해 나가는 일이 어렵다는 속성을 지닌다.

이와 같이 교육행정의 독자적 성격에 대한 여러 학자들의 설명은 교육서비스가 지닌 자체적 특성에서 찾고 있다. 교육행정은 본연의 교육활동을 지원하는 봉사적 활동으로서 교육을 위한 행정이라는 입장에 뿌리를 두고 있다. 이들의 설명을 바탕으로 사회의 제 부문의 행정과 구별되는 교육행정의 독자적 성격을 다음과 같이 정리해 볼 수 있다.

① 인격성의 중시: 교육행정은 인격성(personal)을 중시한다. 이는 교육이 추구하는 중핵적 가치에서 도출되는 교육행정의 성격이며, 효율주의 논리에 기초한 관료적 행정의 몰인정성(沒人情性, impersonal)과 대비되는 특성이다. 교육은 나–너(人對人, ich-dich)의 친밀한 인격적 관계 속에서 이루어지는 활동이다. 물대물(物對物, das-das)의 관계 혹은 인대물(人對物, ich-das)의 비인격적 관계 속에서는 진정한 교육적 성장을 이루어 내기 어렵다. 따라서 교육행위와 제도운영을 지원·조성하는 교육행정은 교육적 경험과 전인적 성장의 바탕이 되는 이러한 친밀한 인격적 관계를 중시하는 전제 위에서 이루어져야 한다.

② 전문적 성격: 교육행정은 전문적(professional) 성격을 지닌다. 교육은 지적·정서적·도덕적·신체적 성장을 포함한 인간의 '전인적 성장'과 '인격형성'을 추구하는 활동이다. 따라서 교직에 헌신할 교사는 학문으로서 교과에 대한 전문성과 함께 교육의 방법적 전문성을 겸비할 것을 요구받고 있다. 뿐만 아니라 교직은 인간과 진리를 다루며, 인간의 잠재 가능성과 성장의 결정적 계기를 포착하는 '심미적 감수성'을 요하는 고도의 전문직이다. 따라서 이러한 교육활동을 지원하고 조장하는 교육행정은 관료적 맥락의 행정보다 높은 수준의 전문성과 인간과 교육에 대한 심층적 이해를 요구하고 있다.

③ 장기적 특성: 교육행정은 장기적(long-term, life-long) 특성을 지닌다. 교육은 요람에서 무덤까지 삶의 전 과정 속에서 이루어지는 활동으로, 본질적으로 삶과 분리될 수 없는 속성을 지닌다. 삶의 과정이 곧 교육의 과정이며, 삶의 모든 공간이 교육의 장(場)이 될 수 있다. 그리고 교육의 효과와 영향은 장기적으로 나타나는 경우

가 많다. 따라서 이러한 교육활동을 대상으로 하는 교육행정은 장기적 안목에서 시행되어야 하며, 전 생애적 맥락에서 고려될 필요가 있다. 특히, 국가교육의 방향과 기본 틀을 설정하고 교육행위와 제도운영의 큰 흐름을 조성하는 행정작용과 정책은 백년대계로 논리적 일관성을 유지하고 안정적으로 이루어져야 할 것이다.

④ **평가의 난해성**: 교육행정 부문에서의 평가는 난해성(difficult evaluating)을 지니고 있다. 교육행정의 독자적 성격으로서 평가의 난해성은 교육의 속성에서 비롯되는 것이다. 교육은 인간을 대상으로 하는 활동이기 때문에 인간성장과 잠재 가능성, 교육적 성취에 대한 평가는 객관적인 척도나 양적 지표로 평가하기 곤란한 속성을 지니고 있다.

이러한 교육의 특성과 교육행정의 성격에 의해 현장에서는 다양한 제도운영, 교육개선과 교육문제 해결을 위한 대안의 마련과 정책추진 과정에서 합의도출의 곤란성(difficult consensus)에 직면하게 된다.

(3) 교육행정 성격 규정의 대안적 관점

윤정일 등(2009: 15-20)은 여러 학자들의 견해를 분석하여 교육행정에 대한 정의를 국가통치권론, 조건정비론, 행정과정론, 협동행위론, 교육지도성론으로 분류하여 설명하고 있으며, 많은 학자들도 비슷한 방식으로 교육행정의 개념과 성격에 관한 관점을 소개하고 있다. 여기에는 이러한 개념과 성격 규정을 수용하면서 추가적으로 학습과 학습자를 강조하는 입장에서 '학습조장설(성장지원론)'의 입장을 제시하고자 한다.

교육행정에 대한 학습조장설적 관점은 교육행정의 궁극 지향점을 '학습자의 학습활동'에 두고, 학습동기를 유발하고 활발한 학습활동을 유지·조장함으로써 교육적 성장을 달성할 수 있도록 제반 조건과 환경을 정비하는 활동을 교육행정으로 본다. 학습조장설은 교육을 중심적 위상에 두고 행정을 수단적 봉사활동으로 본다는 점에서 조건정비론 및 교육지도성론과 공통 맥락성을 지닌다. 그러나 이러한 입장이 교육행정 작용의 본질을 조건정비 혹은 지도성으로 보고, 교육활동의 제반 조건 정비와 교육목적 달성을 위한 지도성 발휘를 강조하는 데 비해, 학습조장설은 학습주체와 학습활동 그 자체를 중시한다는 점에서 구별된다. 학습조장설의 관점은 교육의 중심성에서 한걸음 더 나아가 학습의 중핵성(中核性)을 강조하고, 행정적 지도력에서 학습자의 주도력으로 행정의 초점을 전환시키는 전략을 지니고 있다.

교육조건을 정비하고 교육적 지도력을 발휘할지라도 궁극적으로 학습동기를 이끌어 내어 교육적 성장으로 연결시키지 못한다면 행정적 가치를 충분히 달성했다고 보기 어렵다. 이러한 관점에서 학습조장설은 교육행정의 개념을 매우 엄격하게 규정하는 적극적 입장이라고 볼 수 있다. 행정에서 교육으로 다시 교육에서 학습으로 초점을 이동시키고, 행정가 주도에서 교사주도로, 다시 학습자 주도로 행정적 가치지향과 행정작용의 전략적 변화를 요구하고 있다.

교육행정은 하드웨어(시설 · 제도 · 체제) 중심의 행정에서 소프트웨어(교육과정 · 프로그램 · 내용) 중심의 행정으로, 다시 휴먼웨어(사람 · 학습자 · 교사) 중심의 행정으로 구조변화를 요구하고 있다. 교육행정에서는 인간적 얼굴(human face of management)이 강조되며, 교육행정은 인간정서와 발달적 심리를 다루는 특수한 행정영역이기 때문이다.

비유하자면, 배춧잎들이 중심을 향해 겹겹이 에워쌈으로서 알 배추가 만들어지듯, 다양한 입장과 이해관계를 지닌 교육 관련 주체들이 학습자의 성장의지를 구심점으로 교사와 학교공동체를 지원하기 위한 협력적 연결망을 형성할 때 교육의 성과가 기대될 수 있다. 이 때 교육행정은 학습자를 중심 지향점으로 다양한 교육 관련 주체들의 유대를 강화하고 역량을 결집해 내는 역할을 수행해야 한다. 교육행정의 성격과 개념 규정에 관한 이러한 학습조장설의 입장은 현대 학습사회 교육행정이 추구하는 가치에 부합하는 관점이라고 볼 수 있다.

2) 교육행정의 규범적 원리

교육과 행정이 추구하는 이념적 가치, 그리고 교육행정의 개념과 성격에서 도출되는 규범적 원리에 따라 교육행정이 운영될 때, 교육이 본래 실현하고자 하는 전인적 성장을 지원 조성하고 나아가 사회발전을 견인할 국가 인적자원개발을 도모할 수 있게 될 것이다.

교육행정의 원리는 교육행정의 이념적 지향과 실제적 운영 지침이 되는 준거라고 볼 수 있다. 김종철과 이종재(1994: 62-68)는 교육행정의 원리를 두 차원으로 나누고 있다. 법제 면에서 본 우리나라 교육행정의 기본원리로 법치행정의 원리, 기회균등의 원리, 적도집권(適度集權, optimum centralization)의 원리, 자주성 존중의 원리를 제시하고 있다. 그리고 운영 면에서 본 기본원리로 타당성의 원리, 민주성의 원리, 능률성의 원리, 적응성의 원리, 안정성의 원리, 균형성의 원리를 제시하고 있다. 진동섭, 이윤식과 김재웅(2007: 33-38)은 교육행정이 추구하는 가치를 서로 갈등관계에 있는 형평(equity), 효율성(efficiency), 자유(liberty) 및 수월성(excellence)으로 구분하여 이들 가치와 교육행정의 관계를 논의하고 있다. 한편, 윤정일 등(2009: 27-32)은 교육행정학자들이 주장하는 교육행정의 원리를 분석하여 공통적 원리로서 민주성, 자주성, 타당성, 효율성, 안정성 및 합법성의 요소를 추출하고 있다.

여기서 제시된 민주성 · 기회균등 · 자주성의 원리는 교육행정이 지향할 이념적 방향을 제시한 것으로 볼 수 있고, 합법성 · 전문성 · 지방분권 · 타당성 · 효율성 · 안정성 · 적응성의 원리는 교육행정의 운영상 지표가 될 수 있는 원리로 이해할 수 있다. 그러나 이러한 교육행정의 원리들은 독자성과 전문성의 원리를 제외하면 행정의 일반적 원리와 크게 구별되지 않는 경향이 있다. 따라서 교육의 독자적 특성과 전문적 속성을 살리고, 생애에 걸친 평생학습 전략 및 시공을 초월한 개방된 교육체제를 필요로 하는 현대사회의 요구에 부응하기 위해서는, 학습과 학습자를 중심적 위상으로 고려하는 방향으로 교육행정 원리를 재설정할 필요가 있다. 이런 맥락에서 다음과 같은 이념적 원리와 운영상의 원리를 제시하고자 한다.

(1) 교육행정의 이념적 준거 원리

① 학습자 권리와 복지추구 원리: 현대사회는 복지국가를 지향하여 행정이 강화되는 경향을 보이고 있다. 이러한 복지행정의 이념은 국민주권 사상에 뿌리를 두고 있으며, 인간존엄의 실현과 다른 사람에게 양도할 수 없는 개인의 자유와 권리, 행복추구권의 실현을 지향하고 있다. 이는 국가 행정이 국민통치의 맥락에서 국민복지 실현의 맥락으로 전환되었음을 의미한다. 이러한 내용은 국민의 권리보장과 이를 위한 국가통치 구조를 규정하고 있는 헌법에도 잘 반영되어 있다.

한편, 교육은 인간다운 삶을 가능하게 해 주는 중요한 요건이 된다. 사회구성원들이 각자의 '좋은 삶(good life)'을 설정하고 그러한 삶을 실현하기 위해 요구되는 인지적 안목과 사회적 · 정치적 · 경제적 · 직업적 능력과 기술을 습득하기 위해서는 균등한 교육기회와 구성원들이 선호하는 높은 수준의 좋은 교육을 받을 권리를 향유해야 한다. 교육에 관한 이러한 권리는 기본권의 중요한 내포가 되며, 국민주권의 교육적 적용으로 이해할 수 있다. 국가교육권이 아닌 국민교육권의 맥락에서 볼 때, 국가의 교육을 위한 행정작용의 대상이 되는 국민은 수동적 위치가 아니라 권리 향유의 주체로서 적극적 위치에 있어야 진정한 교육주권을 실현할 수 있다는 것이다. 특히, 생애적 학습과 평생교육이 강조되는 현대사회에서 학습자는 미성숙한 학생만을 의미하는 것이 아니라 직업 부문의 성인을 포함하여 전 국민이 대상이 될 수 있다. 동시에 학습자는 가르침을 받는 수동적 위치가 아니라 주도적으로 학습하는 배움의 주체로서 위상이 재설정되고 있다. 이러한 맥락에서 국민의 교육주권은 학습자 주권으로 보다 적극적으로 이해될 필요가 있으며, '학습자의 권리와 복지'를 고려하는 것이 교육행위와 제도운영의 제1준칙이 되어야 한다.

② 교수-학습 중심의 지원 원리: 교육행정 체제에서 교수-학습은 중심적 위상에 놓여 있다. 교육행정의 원리로서 '교수-학습 중심의 지원원리'는 학교와 교육조직을 보는 '체제적 사고'에 뿌리를 두고 있다. 교육행정은 교육의 실제에서 학교행정으로 구현되는 경우가 많다. 가정이 사회의 버팀목이 되듯, 단위학교는 행정작용의 일선 현장이 되는 공교육 체제의 줄기세포로서 중요성을 지닌다. 학교는 사회적 진공상태에서 운영되는 것이 아니라 사회적 환경과 긴밀한 상호작용을 하며 개방체제로 존재한다.

이와 같이 개방체제로서 학교를 사회체제(super system)의 하나로 인식할 때, 학교체제(school-system)를 구성하는 하위요소(sub-system)로는 개인체제, 구조체제, 문화체제 및 정치체제[6]를 들 수 있다(Hoy & Miskel, 2001: 429, 김형관·신현석 외 공역, 2008: 600 참조). 이러한 하위요소들이 학교체제의 과정요소(process)를 구성하며 전환과정(through-put)으로서 기능을 수행하고 있다. 이들 과정요소는 환경적 제약 속에서 인적·물적 자원, 학교의 사명과 정책, 교수장비와 자료·방법 등의 투입(in-put) 요소와 긴밀한 연계 속에서 교육적 성취를 산출(out-put)해 내는 것이다.

여기서 교수학습 행위는 중핵적(core) 요소로서 학교와 교육조직 운영에서 정책, 제도와 법규운영, 교육개혁을 포괄하여 전인적 성장을 지원·조성하는 행정작용의

---

6) 여기서 '개인체제'는 학교조직을 구성하는 인적 구조로서 학교 교육공동체 구성원들이 지니고 있는 개인들의 인지와 동기체제를 의미한다. '구조체제'는 과업 구조와 관계되는 관료조직의 요소와 관료제적 기대를 의미한다. '문화체제'는 구성원들이 공유하는 가치와 이념적 지향을 포함한 총체적 문화를 의미하며, '정치체제'는 학교공동체 내의 사회적 권력관계를 의미한다.

이념적 목표가 된다. 요약하면, 학교행정의 수준에서 학교행정의 책임을 수행하는 교장은 학교운영계획, 교육과정 편성·운영, 의사결정, 의사소통, 리더십, 동기유발 등 일련의 행정행위와 행정과정에서 활발한 교수학습 행위(active learning)가 일어나도록 영향력을 행사해야 한다. 국가수준의 행정작용도 같은 맥락에서 이해할 수 있다. 국가수준의 교육정책의 형성과 정책결정, 정책의 집행과 정책평가에서도 교육주체로서 교사의 가르침과 학습주체로서 학습자의 배움에서 진정한 교육적 변화(authentic change)가 일어나도록 교수학습의 맥락을 고려해야 한다.

(2) 교육행정의 운영상 준거 원리

교육행정의 운영상의 원리는 교육행정의 이념적 원리와 긴밀한 연계 속에서 교육과 행정적 작용에서 준거가 될 접근의 방법과 절차를 규율하는 원리로 볼 수 있다. 이러한 교육행정의 운영 원리로는 교육조직과 제도운영에서의 다양성 추구와 선택권의 존중, 단위학교의 현실상황과 개별적 특성 존중, 학교교육 현장의 요구 수렴, 그리고 교육주체로서 교원존중의 원리를 들 수 있다.

① 교육의 다양성 추구 원리: 교육현실에서 행정은 공권력에 기초하여 관료제적 맥락에서 운영된다. 공교육체제로서 학교교육은 대규모 국가사업으로 운영되며, 다양한 교육제도 운영과 국가 기간학제를 운영하는 과정에서 불가피하게 관료조직 운영 원리가 적용되고, 효율주의에 기초한 교육조직 운영이 이루어질 수 있다. 이러한 연유로 학교조직은 전문직적 특성을 지닐 뿐만 아니라 관료제적 특성을 동시에 지니게 된다.

이러한 속성에 의해 교육행정의 작용과정에서 교육의 본래 특성의 실현을 제약하는 관료적 역기능을 초래하기 쉽다. 교육은 학생의 개별적 요구에 부응하는 활동이며, 학습자들은 똑같은 상황과 비슷한 교육의 조건 속에서도 다른 형태와 다른 속도로 성장하게 된다. 따라서 교육을 위한 행정의 맥락에서는 효율주의에 기초한 관료제적 역기능을 최소화하고, 교육 본연의 특성을 최대한 실현할 수 있도록 개성을 중시하며 교육의 다양성을 추구하는 원리가 적용되어야 한다.

② 교육 선택권 존중의 원리: 교육활동과 제도운영에서 관료제적 획일주의를 극복하고 교육의 다양성을 조장해야 한다는 원리는 교육 선택권의 존중과 단위학교 특성의 존중 원리와 밀접하게 연결된다. 학교선택이나 교육내용의 선택은 다른 사람

과 구별되는 교육적 필요와 요구를 충족시킬 수 있는 중요한 수단이 된다. 교육의 다양성이 실현되지 않은 상태에서의 선택은 의미가 상실되므로 이 두 가지 원리는 내적으로 긴밀한 연결고리를 지니고 있는 것으로 이해해야 한다.

③ 단위학교 특성 존중의 원리: 일반적으로 단위학교 조직의 규모, 인적 구성, 교육적 역량과 환경여건은 각기 다르며, 학생들의 학습준비도, 학습동기체제 및 이들의 학습을 지원하는 부모와 가정의 사회경제적 배경도 다르다. 이처럼 상황조건이 다른 만 개 이상이나 되는 전국의 초 · 중등학교를 대상으로 하는 학교정책이나 교육행정 과정에서 대도시 학교를 상정하고 획일적으로 시행할 경우, 중앙교육행정조직-시 · 도 교육청-시 · 군 · 구 교육지원청-단위학교에 이르는 관료적 위계조직(line-organization)을 지나는 동안 단위학교 특성에 전혀 부합되지 않는 형태로 시행될 우려가 있다. 따라서 학교 급별 · 설립별 · 규모별 · 지역별로 각기 다른 학교를 대상으로 하는 학교행정이나 교육행정은 개별학교의 특성을 존중하는 방식으로 시행되어야 한다.

④ 학교현장 요구 수렴의 원리: 권위주의적 국가체제하에서 교육행정이 관료적으로 시행되는 경우나 교육개혁과 정책추진이 정치적 · 경제적 필요에서 출발할 경우, 학교현장의 교육적 요구가 충분히 반영되지 못하고 위로부터의 관(官) 주도 교육개혁과 정책추진이 이루어지게 된다. 이러한 상명하달식의 교육행정과 정책추진 관행은 아직도 완전히 해소되었다고 보기 힘들다.

교육행정과 학교개혁을 위한 정책이 권위주의적 방식으로 추진될 경우, 학교의 진정한 교육적 필요와 혁신요구에 부합되지 않을 뿐만 아니라 학교현장의 현실적인 상황조건과 유리되어 개혁방안이 현장에 뿌리내리지 못하고 악순환될 가능성이 높다. 따라서 교육을 위한 행정과 정책추진은 학교에서 교사들의 교육활동과 학교행정 책임자들이 학습자(학생)를 위한 교육의 과정에서 직면하는 교육적 문제를 해결하고 지원하는 방향으로 추진되어야 한다. 그래야 현장적합성이 높은 제도와 정책 추진이 가능하며, 이를 통해 진정한 교육적 변화를 이끌어 낼 수 있다. 이것이 교육행정의 원리로서 '학교현장 요구수렴의 원리'가 중요성을 갖는 이유가 된다.

⑤ 교직과 교원존중의 원리: '교원 친화적 행정의 원리'도 학교현장 요구 수렴의 원리와 밀접한 관계에 놓여 있다. 교육행정이나 교육제도의 시행, 교원정책과 교육개혁정책 추진과정에서 교육주체로서 교원을 개혁의 대상으로 상정하고 참여를 배제함으로써 교원들을 소외시킬 경우, 교육개혁의 주체로서 교원들의 적극적 역할 수

행을 기대할 수 없게 된다.

교육개혁이 교육 본연의 가치를 지향하여 교육을 제자리 매김하는 활동으로 의미를 지닌다고 할 때, 교육개혁정책의 본질은 교사로 하여금 '교육을 제대로 하도록' 지원·조장하는 활동으로 그 성격을 규정할 수 있다(김동석, 2006: 324). 이러한 맥락에서 교육행정의 과정과 정책추진에서 교직과 교원 존중의 행정 원리가 설정될 수 있을 것이다.

3) 교육행정학 학습의 유용성

(1) 교육행정학을 공부하는 이유

① **교육의 구조적 이해**: 인류의 문화적 유산으로서의 교육은 하나하나의 타일로 이루어진 '거대 벽화'로 존재한다. 사회구성원으로서 개인들은 나-너의 인격적 만남을 통해 가르치고 배우는 과정에서 상호 간의 성장(教學相長)을 이루어 내고, 이러한 성장의 결실은 교육적 성과로서 시공과 문화를 초월해서 인류사회가 공유하게 된다.

교육행정은 체제, 구조, 조직(관료제), 제도와 정책, 법규 등의 개념적 도구를 제공함으로써, 가르치고 배우는 수많은 개인들이 이루어 내는 교육의 숲과 장대한 산맥, 그 속에서 형성된 교육의 큰 흐름을 이해할 수 있게 해 준다. 인간의 발달적 속성과 학습이 일어나는 섬세한 과정은 현미경과 같은 미시적 관점과 도구로 파악할 수 있다. 그러나 그러한 학습의 결과와 사회적 성장을 이끌어 내려는 교육적 노력은 일반적으로 조직적 활동과 협동적 노력으로 이루어지므로 교육을 거시적으로 조망하는 행정이론과 관점이 유용한 인지적 전망을 제공해 줄 수 있다.

② **교육행위의 조직적 맥락의 이해**: 교육행위에는 사회적 도장이 뚜렷이 찍혀 있고, 개인의 요구와 신념을 넘어서는 조직적·정치적·문화적 의미가 내포되어 있다. 조직 속에서 개인의 행동(social Behavior)은 개인의 인성적 특성(Personality)과 사회적 역할기대(Role) 간의 상호작용($B = f(P \cdot R)$)으로 유출된다고 보는 사회과정론의 관점도 이를 반영하고 있다. 같은 맥락에서, 교사와 학생 간에 이루어지는 교수-학습 행위, 교장과 교사 간에 이루어지는 학교조직 경영을 위한 리더십 행위도 사회적·조직적 행위로 이해할 수 있다. 학생들의 학습행위나 교사의 교수행위는 개인이 지닌 욕구와 동기체제, 의지와 정서의 산물일 뿐만 아니라, 행위자의 인식체

계에 구속적 영향을 행사하는 제도와 법규, 문화적 상징체계 등 사회적 제도적 요소의 산물이기도 하다.

이러한 점을 고려할 때, 교육행정학은 동기이론, 지도성이론, 조직이론, 의사소통과 정책결정이론 등의 이론적 지반을 제공함으로써 학교나 교실에서 일어나는 교육현상과 조직행위를 합리적으로 이해할 수 있게 해 준다. 학습과 인간성장에 대한 심리적 분석, 교육현상에 대한 해석적 접근, 교육행위와 교육적 가치에 대한 사변적(思辨的, speculative) 논의와 함께, 교육에 대한 이러한 제도적·행정적 접근은 교육의 사회적·조직적 측면에 대한 중요한 속성을 밝혀 줄 수 있다.

③ 교육이 이루어지는 '현장'에 대한 이해: '지금 여기(here and now)' 교육이 이루어지는 현장은 교육활동에서 매우 중요한 의미를 지니고 있다. 인간의 육체가 정신과 영혼을 담는 그릇이듯, 학교와 교실은 학생들의 개성과 성장의지와 교육적 소망을 담고 있는 몸이다. 육체가 정신과 분리될 수 없듯이 학교와 교실은 학생과 운명을 같이 한다.

이런 관점에서 볼 때, 교장이 '학교라고 불리는 곳(the place called school)'을 어떻게 보고 있는가, 교사가 학급을 어떻게 생각하고 있는가, 교사의 직무로서 한 학생의 학급담임이 된다는 것을 어떻게 인식하는가와 같은 수업이나 학급경영과 교육이 이루어지는 현장을 보는 관점과 인식의 문제는 학교·학급의 경영과 교육의 실재(reality)에 직접적이고 결정적인 영향을 미치는 요소다. 교실을 단순한 물리적 공간으로 인식하는 교사와 달리, 교실을 학생의 삶과 성장의 지반으로서 학습자와 뗄 수 없는 유기적 조직으로 보는 교사는 교육전략과 생활지도 전략에서 차이가 날 수밖에 없다. 교육행정학은 다양한 행정이론을 담고 있을 뿐만 아니라, 교육행정과 학교·학급 경영, 장학과 인사 등 실제적 교육운영 전략, 학교·학급 조직운영의 원리와 기법을 개발해 주는 실제적 지식과 안목을 제공하고 있다.

④ 교육행정학의 실제적 유용성: 교장이 창의적 구상과 실천계획을 세워 학교를 운영한다고 할 때, 교육행정학은 다양하게 활용될 수 있다. 교장의 학교경영 철학과 학교경영계획의 수립(교육기획, 학교경영론), 학교공동체 구성원들의 역량 결집을 위한 리더십과 동기유발(리더십이론, 동기이론), 학교 특성을 고려한 창의적 교육과정 운영과 수업장학(장학행정), 역할 과업의 구조화와 조직관리(조직론), 예산운영과 자원관리(교육재정), 학교공동체 구성원들의 인적자원개발과 교직생애에 걸친 전문성 신장(HRD, 인사행정), 학교의 갈등 및 교육문제 해결과 학교혁신의 추구

(체제이론, 교육개혁론) 등 학교경영의 제 부문에서 교육행정학 이론과 실제적 내용이 적용될 수 있을 것이다.

교육행정학에 대한 체계적 학습은 교사에게도 유용한 행동전략과 교육실천을 위한 인지적 전망과 기술습득을 가능하게 해 준다. 예를 들면, 학급경영계획의 수립과 학급운영(교육기획, 학급경영론, 리더십이론), 전인적 성장을 위한 생활지도와 학생상담(의사소통론), 자기장학과 동료장학을 통한 수업개선 노력(장학행정), 교과수업운영 · 교육과정의 재편성 · 체제적 교수설계(체제적 사고), 수업에 대한 리더십과 수업효능감 제고(의사소통론, 리더십이론), 교직 수행과정에서 직면하는 갈등과 문제해결(의사결정론)에서 교육행정학이론이 광범위하게 활용될 수 있을 것이다.

 정리하기

- 교육행정은 교육과 행정의 개념 정의 방식에 따라 그 개념적 내포가 달라지며, 양자 간의 관계를 어떻게 설정하는가에 따라 다양하게 정의될 수 있다.
- '조건정비론'은 교육을 위한 행정의 관점을 잘 반영하고 있다. 이 관점에서의 교육행정이란 교육목표를 효율적으로 달성하기 위한 수단적 · 봉사적 활동이라고 정의할 수 있다.
- '국가통치권론'은 행정을 국가의 권력 작용으로 본다. 이 관점에서의 교육행정이란 교육에 관한 국가의 행정작용이라고 정의한다. 국가의 교육통치행위는 현재, 교육과학기술부를 통해 이루어지므로 교육행정은 교과부가 수행하는 법적 기능 혹은 행정 작용이라고 법규 해석적으로 정의할 수 있다.
- '협동행위론'은 행정의 본질을 집단적 협동행위로 본다. 교육행정이란 교육목적을 효과적으로 달성하기 위해 합리성을 기초로 제반 조직과 조건을 체계적으로 정비 · 조성하는 협동적 활동이라고 할 수 있다.
- '행정과정론'은 순환적인 행정과정의 경로 속에서 행정가가 실제 수행하는 일련의 기능적인 행정행위 요소에 주목한다. 이 관점에서의 교육행정이란 교육기획, 조직, 장학, 교육인사와 재정, 시설관리 등 교육목적 달성을 위한 일련의 순환적인 조직운영 활동으로 정의할 수 있다.

- 교육행정 작용의 범위와 그 실체적 내용을 파악하기 위해 교육행정의 영역을 구분한 다고 할 때 행정기능, 행정단위 그리고 교육대상의 차원을 설정할 수 있다.
- 교육행정의 기능은 교육행정 주체들이 일상적으로 수행하는 기능적 행위들이 무엇인 가를 밝혀 주는 차원이다. 이는 행정직무와 작용에 내포된 기능적 차원이다. 교육기획, 조직, 장학, 교육인사, 교육재정, 시설관리 그리고 연구와 평가 등이 교육행정의 대표 적인 기능적 영역에 해당된다.
- 행정단위는 교육행정이 이루어지는 관료제적 행정조직의 구조와 관련된 차원이다. 이 차원에서 교육행정은 중앙교육행정과 지방교육행정 및 학교교육행정으로 그 영역을 구분할 수 있다.
- 교육대상은 교육행정이 적용되는 교육의 부문을 의미한다. 이 차원에서 교육행정은 초등교육, 중등교육, 고등교육, 유아교육, 평생교육, 사학교육 및 특수교육 행정으로 구분된다.
- 교육행정을 교육을 위한 행정의 관점에서 볼 때 일반행정과 구별되는 성격이 잘 드러 난다. 교육을 위한 행정은 관리적(management) 수준을 넘어 인간형성의 창의적 감수 성을 요하는 기예적(art) 수준에서 이루어져야 한다.
- 교육행정은 일반행정과 동일한 맥락에서 행정적 통합성과 효율성을 강조하며, 봉사 적 · 정치적 · 민주적 성격을 지닌다.
- 교육행정은 친밀한 인격적 관계와 인격성을 중시하는 전제하에서 이루어지며, 교육의 특성에 따라 전문적 · 장기적 특성, 평가의 난해성 등 일반 행정과 구별되는 독자적 성 격을 지닌다.
- 학자들은 교육행정의 준거 원리로 민주성, 자주성, 타당성, 효율성, 안정성, 합법성의 원리를 중시하고 있다. 한편, 김동석은 학습과 학습자를 중심적 위상으로 고려하는 방 향에서 교육행정의 이념적 원리로 학습자의 권리와 복지추구원리, 교수학습 중심의 지원 원리를 들고 있다. 운영상의 준거 원리로 교육조직과 제도운영에서 교육의 다양 성 추구와 선택권의 존중, 교육주체로서 교원존중, 학교현장의 요구 수렴, 단위학교 특성 존중의 원리를 제시하고 있다.

적용하기

1. 교육부의 홈페이지(www.moe.go.kr)를 방문하여 국가수준의 교육행정체제의 구조

와 기능, 운영체제와 실제수행 과업, 교육행정의 현실적 쟁점이 무엇인지 조사해 보고 느낀 점을 토론해 보자.

2. 교육이 추구하는 이상(理想)이 무엇인지, 행정이 지향해야 할 궁극적 가치가 무엇인지, 교육과 행정에 관한 각자의 창의적 개념을 구상해 보고, 이러한 교육과 행정의 원형에 비추어 우리 사회의 교육과 행정의 변형된 현 실태에 대해 비판적으로 논의해 보자.

3. 현재 자신이 속해 있는 대학이나 인근의 초·중등학교 하나를 선정하여, 교육행정의 가장 기본적인 세포단위라고 할 수 있는 학교 수준에서 실제 이루어지고 있는 '학교 행정'의 구체적인 모습을 파악해 보자. 이를 한 장의 도식화된 그림으로 표현해 보고, 자신의 그림과 다른 사람들의 그림을 비교하여 가장 잘 그려진 작품을 선정해 보자.

4. 내가 살고 있는 지역의 시청이나 구청을 찾아 자료를 수집하고 행정직원들을 면담 조사하여, 지방수준의 자치행정이 이루어지는 조직의 구조와 기능, 실제 수행하고 있는 과업, 추구하는 가치와 일상적인 직무수행 과정에서 직면하는 어려움이 무엇인지 파악해 보자. 이를 바탕으로 시청이나 구청의 행정(일반행정)이 학교행정(교육행정)과 어떻게 다른지 그 차이점에 대해 토론해 보자.

5. 광복 이후부터 지금까지, 국가의 교육행정 담당 부처가 '문교부-교육부-교육인적자원부-교육과학기술부-교육부'로 그 명칭과 조직 구조가 변경된 이유와 배경이 무엇인지 탐구해 보자. 이를 바탕으로 국가 교육행정 작용의 실체적 내용의 변화 경향과 거기에 작용하는 힘에 대해 토론해 보자. 그리고 교육부의 명칭과 조직 구조를 바꾼다고 할 때, 어떤 형태로 가야 할지 답을 찾아보자.

제2장

교육행정 이론의 발달

1. 고전이론

2. 인간관계론

3. 행동과학론

4. 대안적 관점: 전문적 학습 공동체

학습 목표

- 과학적 관리론의 형성 배경을 이해하고 과학적 관리의 원리를 교육행정 현상에 적용할 수 있다.
- 행정가 관리론을 적용하여 학교장의 주요 행정기능을 설명할 수 있다.
- 관료제의 주요 특징들을 적용하여 학교조직의 관료적 성격을 파악할 수 있다.
- 인간관계론에 중요한 계기가 된 호손실험의 의미를 설명할 수 있다.
- 과학적 관리론과 인간관계론의 유사점과 차이점을 설명할 수 있다.
- 행동과학론의 대표적 이론들이 교육행정에 기여한 사례를 제시할 수 있다.
- 체계이론의 주요 개념을 학교체계에 적용하여 설명할 수 있다.
- 학교조직을 규범적, 개인적, 정치적, 문화적 차원으로 나누어 설명할 수 있다.
- 학교 문화와 관련하여 교사와 학생들의 학습을 강조하는 동향을 설명할 수 있다.
- 전문가 학습 공동체 이론을 설명할 수 있다.

전통적으로 교육행정학을 이해하는 방식은 크게 두 가지로 나뉜다. 한 가지는 교육학을 위주로 하면서 행정학에 대한 이해를 넓혀 가는 방식이고, 다른 하나는 행정학에 대한 이해를 바탕으로 교육현상을 설명하고자 하는 방식이다. 교육학자들은 주로 '교육(학)'에 강조점을 두는 반면, 일반행정을 담당하는 사람들은 행정학을 기초로 교육행정 현상이나 이론에 접근하는 경향을 보인다.

이 책에서는 교육학과 행정학을 분리하여 경중을 가리는 방식이 아니라 학교나 시 · 도 교육청과 지역교육청, 교육과학기술부와 같은 기관에서 교육행정가 역할을 담당하고 있는 교장과 교감, 장학사와 장학관, 교육연구사와 교육연구관 그리고 교육정책 입안자와 같은 사람들이 자신이 담당하고 있는 교육행정 업무를 수행하고, 교육행정 현상을 이해하고, 설명하고, 예측할 수 있는 도구로서 '교육행정학'의 이론들을 탐색하고자 한다.

학교관리자로 불리는 교장과 교감이 학교조직과 함께 학교에서 근무하는 교직원들의 행동을 이해하고, 보다 나은 교육을 위해 학교조직과 학교구성원들의 변화를 이끌기 위해 도움이 되는 이론에는 어떤 것이 있는가? 시 · 도 차원의 교육정책이나 국가 수준의 교육정책을 입안하고 집행하는 데 필요한 이론적 근거는 무엇이며, 그와 같은 교육정책 실행을 평가하기 위해서는 어떤 방법을 사용해야 하는가? 이와 같은 질문에 대한 해답을 다음에 설명하고 있는 교육행정학 이론의 발달과정에서 찾아보고자 한다.

1. 고전이론

1) 과학적 관리론

과학적 관리론은 대량생산체계를 중심으로 자본주의가 발전하기 시작한 19세기 후반과 20세기 초에 형성된 관리사상으로, 산업조직뿐만 아니라 일반 사회조직에서 시간과 자원의 효과적 활용의 필요성을 제기한 이론이다.

과학적 관리론이 출현할 당시 각 국가들은 세계적 현상으로 대불황(1850~1870년대)을 겪고 있었다. 대불황은 경제발전의 한 단계를 마무리하고 다음 단계의 시작을 의미한다. Talyor는 이와 같은 전환기에 미국에서의 대불황을 해결할 수 있는 방안으로 '과학적 관리론'을 주창하였다. Taylor는 도제에서 출발하여 강철회사의 수석 기술자가 되었으며, 미국기계공학협회의 회장을 역임하기도 하였다. 그는 1889년에 자신의 회사를 창설하여 자신이 평소에 갖고 있던 관리의 기법과 개념을 적용해 보았으며, 『과학적 관리의 원칙(*The principles of scientific management*)』(1911)이라는 책을 내놓았다. 그는 이 책의 목적을 서문에 다음과 같이 밝히고 있다.

- 우리의 일상생활에서 비효율에 의해 얼마나 많은 손실이 있는지를 다양한 사례를 통해 지적하고자 한다.
- 그와 같은 비효율에 의한 손실을 특별한 사람에 의존하기보다는 관리시스템을 통해 고칠 수 있다는 점을 사람들에게 확신시키고자 한다.
- 관리시스템의 개선은 법칙, 규칙, 원리를 바탕으로 한 '과학적' 방식으로 가능하다는 것을 강조하고자 한다.

Taylor의 관심은 일상생활뿐만 아니라 산업현장에서 발생하는 비효율성에 의한 손실을 관리 시스템의 개선을 통해 어떻게 줄일 것인가 하는 데 있었다. Taylor가 일의 효율성을 증대하기 위한 방안으로 소개한 과학적 관리 방식의 주요 원리는 다음과 같다.

① **과학적 직무 분석**: 과거에 주먹구구식으로 이루어지던 노동자의 작업을 과학적으로 분석하는 것을 의미한다. 과학적으로 분석한다는 말은 노동자가 완수해야 하는 일은 어떤 일이어야 하고, 그 일을 완수하는 방법은 어떠해야 하며, 그 일을 완수하는 데 걸리는 시간도 정해져야 한다는 말이다.

② **과학적 선발 및 교육 훈련**: 예전에는 노동자가 자기가 하고 싶은 일을 선택해서 자기가 할 수 있는 최선을 다하는 방식으로 일이 이루어졌다. 그러나 과학적 관리에서는 가장 능력 있는 노동자를 선발하여 그가 하는 방식을 연구하여 다른 노동자들에게 교육, 훈련시키는 방식을 강조한다.

③ **협력을 중시하는 관리방식**: 과학적 관리의 원칙을 따르는 조직에는 다음과 같은 사람들이 서로 협력하면서 조직을 운영하고 있다. 직무를 시간연구(time study)와 동작연구(motion study)를 통해 과학적으로 분석하는 기술자도 있고, 특정 직무를 가장 효율적으로 잘 할 줄 아는 전문가가 다른 노동자를 훈련시

키기도 한다. 그리고 과학적 관리가 잘 이루어지도록 시설을 마련해 주는 사람과 계획대로 일이 진행될 수 있도록 사전에 작업계획을 세우는 관리자들이 서로 협력하고 있다.

④ 관리자와 노동자의 역할 분화: 과거에는 노동자가 자신의 일을 계획하여 직접 실행하는 방식이었으나 과학적 관리에서는 일을 효율적으로 할 수 있도록 계획을 수립하는 관리자의 역할과 그 계획을 충실히 이행하는 노동자의 역할로 나누고 있다.

Taylor의 과학적 관리는 곧 작업에 대한 시간과 동작의 연구를 통한 작업관리라 할 수 있다. 과학적 관리기법은 작업의 각 동작들을 가장 작고 단순한 구성요소로 분해하여 노동자의 작업을 개선함으로써 생산성을 높이기 위한 목적으로 행해졌다.

핫이슈 따라잡기

Taylor의 문제의식

Taylor는 다음 두 가지 문제점에 의해 기업의 발전이 저해된다고 보았다. 그는 먼저 '조직적 태업'이라 부를 수 있는 노동자들의 태도와 행동, 무관심, 나태함을 심각하게 인식하였다. 그가 보기에 작업현장에서 노동자들의 태업 행위가 너무 보편화되어 있어서 능력 있는 노동자를 발견하기도 쉽지 않고 어느 누구도 자신이 얼마나 일을 천천히 하고 있는지 분석도 하지 않고, 자신이 얼마나 열심히 일하고 있는지를 고용주에게 알리려 하지 않고 있다고 하였다.

두 번째로, Taylor는 공장을 운영하는 데 효과적인 감독 절차가 없고, 표준화된 생산방법도 없으며 작업현장에서 노동자와 노동기술체계가 통합되지 못하고 있다고 보았다. 그는 관리자들은 작업현장에서 질서와 규율을 세우는 데 필요한 통제기제도 개발하지 못해 관리에 실패하고 있다고 진단하였다. 결국 모든 회사의 생산성과 관리의 효율성은 관리자의 계획에 의해 이루어지기보다 노동자들의 태도에 의해 결정되는 것이 문제라고 지적하였다(Taylor, 1911: 21–53).

2) 과학적 관리론과 교육행정

Taylor의 과학적 관리론에서 강조한 원리들을 교육행정에 적용한 사례는 다음과 같다. Bobbit(1913)은 도시에 소재한 학교를 감독하는 데 필요한 원칙을 과학적 관리론에서 강조한 원리를 중심으로 제시하였다.

- 조직의 관리자는 그 조직이 추구해야 할 목표를 분명히 설정해야 한다.
- 관리자들은 그 목표를 달성하기 위해 모든 노동자들과 협력해야 한다.
- 관리자들은 특정 직무와 관련하여 최선의 방법을 찾아내야 하며, 노동자들은 그 방법을 숙지해야만 한다.
- 관리자들은 노동자들에게 필요한 자격 기준을 마련해야 하며, 노동자들은 그 자격 기준을 따라야 하며 그에 부합하지 않을 경우 조직에서 떠나야 한다.
- 노동자들은 자신의 직무를 수행하기에 앞서 그에 합당한 준비 교육과 훈련을 받을 책임이 있다.
- 관리자들은 노동자들이 수행할 직무와 관련된 자세한 지침을 제공할 뿐만 아니라 도달해야 할 목표와 정해진 작업방법과 제공된 자원을 충분히 활용하고 있는지를 점검해야 한다.
- 관리자들은 노동자들의 작업동기를 증진하기 위한 성과급을 제공해야 한다.
- 어떤 조직이라 하더라도 그 조직이 효과적으로 운영되기 위해서는 관리자의 감독이 반드시 필요하다.

Bobbit이 제시한 과학적 관리론에 입각한 교육행정의 원리를 현재의 시점에서 재구성하면 다음과 같이 진술할 수 있다.

- 교육감이나 학교장은 자신의 교육청이나 단위학교에서의 교육목표를 분명히 설정해야 한다.
- 단위학교에서는 학교장을 중심으로 교감과 부장교사, 교사, 그리고 기타 직원들과 협력하여 학교의 교육목표 달성을 위해 노력한다.
- 학교관리자들은 최선의 교수방법을 탐색해야 하며, 교사들은 최선의 교수방법을 숙지하여 교육에 임해야 한다.

- 교사의 자질과 자격에 관한 기준이 명확하게 마련되어야 한다.
- 교사가 되기 위한 사전교육은 물론, 교사된 이후에도 각종 연수를 충실히 이수해야 한다.
- 최상의 수업을 위해 명확한 교육과정의 내용과 교수방법과 관련된 지침 그리고 다양한 인적 · 물적 자원이 제공되어야 하며, 교사들은 이를 충실히 활용해야 한다.
- 교사들의 동기를 증진시키기 위해 성과급과 같은 각종 보상체계를 마련해야 한다.
- 효과적인 학교 운영에 학교관리자의 리더십은 필수불가결한 요소다.

3) 행정가 관리론[1]

Taylor의 과학적 관리론에서 시작한 효율성 강조 이론들은 1910년대에서 1950년대에 걸쳐 미국과 유럽에서 조직과 행정을 연구한 학자들 사이에 널리 퍼져 나갔다. Fayol은 Taylor보다 약간 늦은 1916년에 『산업관리 및 일반관리(*Administration Industrielle et Generale*)』라는 책을 출간하였다. Fayol의 주된 관심은 노동자가 아닌 관리자의 효율적 조직관리에 있었다. 그래서 Fayol은 Taylor가 과학적 관리의 원리를 세운 것과 유사한 방식으로 경영자를 위한 원리를 제시하였다(Sergiovanni, Kelleher, McCarthy, & Fowler, 2009: 107-108에서 재인용).

- 분업(division of work): 작업을 작은 부분으로 나누어 소수의 사람들이 그 부분을 담당하게 만든다.
- 권위(authority): 조직 구성원들의 책임과 권한이 상 · 하 관계로 분명히 규정되어야 한다.
- 규율(discipline): 부하가 상관에게 복종할 장치가 마련되어야 한다.
- 명령의 통일성(unity of command): 명령은 한 사람의 상관으로부터 나와야 하며,

---

1) 흔히 행정과정론 또는 행정관리론으로 알려져 있으나 여기서는 Taylor의 과학적 관리론이 주로 노동자의 작업관리에 초점을 두고 있는 반면, Fayol, Urwick 및 Gulick의 관리론은 주로 조직의 관리자 또는 최고경영자를 분석 대상으로 한다는 점에서 행정가를 위한 관리론으로 명명하고자 한다.

부하는 그 상관에게 그 명령에 대한 이행정도를 보고해야 한다.

- 지휘의 통일성(unity of direction): 조직의 목표는 그 목표달성에 책임을 맡고 있는 사람들이 세운 계획에 따라 달성되어야 한다.
- 조직의 이익 중시(subordination of individual interest): 개인의 이익보다 조직의 이익 또는 작업집단의 이익을 더 중시한다.
- 보상(remuneration): 보수는 공정하며 일관성 있게 제공되어야 한다.
- 집중(centralization): 의사결정 권한은 집중되어야 한다. 그래야만 적절한 조정도 가능하다. 분권화는 적정한 통제권하에서 실시되어야 한다.
- 명령의 계통(scalar chain): 조직에서 명령이 최상부에서 최하위로 흐르도록 계통이 확립되어야 한다.
- 질서(order): 모든 물적 · 인적 자원이 적재적소에 배치되어야 한다.
- 형평성(equity): 관리자의 행정행위는 형평성을 유지해야 한다.
- 안정성(stability): 직업의 안정성을 보장해야 한다.
- 주도성(initiative): 조직 내 모든 구성원이 자신의 일에 주도적으로 임해야 한다.
- 단체정신(esprit): 조직 구성원들은 단결심을 가지면서도 서로 조화를 이루어야 한다.

　Fayol에 따르면 행정가의 행동에는 주로 어떤 일을 '계획'하고, 그 일과 관련된 인적, 물적 자원을 '조직'하며, 그 조직 속의 사람들에게 '명령'을 내리고, 그 명령에 따른 구성원들의 다양한 활동을 '조정'하기도 하고 '통제'하기도 하는 5가지 기능이 포함되어 있다(Urwick, 1937: 119). Gulick(1937)은 후에 "최고 경영자는 무슨 일을 하는가?"라는 질문에 Fayol의 다섯 기능을 확대하여 'POSDCoRB'라는 일곱 가지 기능을 제시하였는데 이 단어는 계획(P), 조직(O), 인사(S), 지시(D), 조정(Co), 보고(R), 예산편성(B)의 앞 글자를 종합한 것이다.

　결과적으로, Taylor가 과학적 관리론을 통해 노동현장의 합리화를 추구하였다면, Fayol, Urwick과 Gulick에 의한 행정가 관리론은 기업 전체의 합리화를 추구함으로써 상호보완적 성격을 띠게 되었다.

4) 행정가 관리론과 교육행정

Fayol이 제시한 행정가를 위한 관리의 원칙의 일부를 학교관리자인 교장, 교감을 중심으로 적용하면 다음과 같다.

- 우리나라의 초 · 중등학교는 학교의 행정기능을 수행하는 교무분장 조직으로 서 교무부, 연구부, 학생부 등의 각종 업무를 담당하는 구조로 이루어져 있다 (분업).
- 단위학교에서 책임과 권한은 교장-교감-부장교사-교사로 이어지는 구조로 이 루어져 있다(권위, 명령의 계통).
- 초 · 중등교육법 제20조 1항에 "교장은 교무를 통할하고, 소속 교직원을 지도, 감독하며, 학생을 교육한다."라는 규정을 명시함으로써 교장의 권한을 분명히 하고 있다(규율).
- 교원의 보수는 호봉제에 따라 공정하고 일관성 있게 제공된다(보상).
- 상급기관으로부터의 지시나 명령, 타 기관으로부터의 협조사항 등을 교장이 중간적 입장에서 직원회를 통해 전달하고 교장으로서 필요한 지시나 명령을 전달한다(명령의 통일성).

Faylor, Urwick과 Gulick이 강조한 행정가의 다섯 가지 또는 일곱 가지 주요 기능 가운데 일부를 학교장에 적용해 보면 다음과 같다.

학교경영의 주요 영역은 학생관리, 교직원 관리, 교육시설 및 환경관리, 교육재정 관리, 교육과정 관리 등을 들 수 있는데, 이 가운데 교육과정 관리는 가장 핵심적인 교육활동으로 볼 수 있다(주삼환 · 신재흡, 2006: 291). 학교장이 교육과정을 관리하는 과정을 세분화하면 다음과 같이 기술할 수 있다. 학교교육과정은 학교 교육목표를 '계획'하고, 그 계획에 따른 교육내용을 선정하여 '조직'하며, 그 내용을 담당할 교사를 '배치'하여 교수-학습 활동이 이루어지게 한다. 또한 그 교육활동을 교사로부터 '보고' 받고, '평가'하여, 차년도에 계속할지를 결정하여 그 결과를 '예산'에 반영할 수 있다.

5) 관료제론

관료제에 대한 논의는 Weber(1948)가 20세기 초에 쓴 저작보다 더 먼저 시작되었다. Albrow(1970)는 그 단어를 만들어 낸 사람이 1745년 de Gournay라고 하였는데, Gournay는 책상과 사무실을 의미하는 'bureau'라는 단어에 '통치(rule)'를 뜻하는 그리스어의 접미사를 붙여 관료제(bureaucracy)란 말로 관리들의 통치를 나타내었다. 그 이후 독일 기원의 용어로 널리 퍼지게 되었는데, 그 이유는 1806년 나폴레옹에 패배한 후 프로이센 국가가 겪었던 변화 속에서 관료제는 국가의 보편적 이익과 시민사회의 특수한 이익을 중재하는 역할을 담당하는 매체로 간주되었다 (Clegg & Dunkerley, 1980, 김진균 · 허석렬, 1987: 85에서 재인용).

조직이론의 1세대에 해당하는 고전이론의 세 번째로서 관료제론은 Weber에 의해 발전되었다. Weber는 관료제가 개인의 기본적 자유를 위협할 수는 있지만 가장 효율적인 조직화 시스템이라는 것을 인식하였다. 그는 관료제가 정부와 기업에서 모두 조직이 효율적으로 기능할 수 있는 능력을 보유하고 있다는 점에서 관료제의 성공을 예견했다.

Weber는 조직의 구성원들이 행동할 때 지향하는 규칙이 있음을 간파했다. 그는 이를 '질서'라 불렀으며, 이런 질서는 관습의 형태나 집단적 내규의 형태로 존재하고 있다고 주장했다. 그리고 이와 같은 질서는 조직의 통치 유형에 따라 서로 다른 규칙으로 나타나며, 그 규칙에 대한 복종을 '권위(authority)'라고 불렀다.

Weber(1947)는 권위의 유형을 다음 세 가지로 나누었다.

- 카리스마적 권위: 조직의 질서를 제공하는 인물이 지닌 신성한 또는 비범한 특징에 대한 믿음 때문에 복종하게 된다.
- 전통적 권위: 어떤 명령은 전통에 대한 존경의 무게 때문에 복종하게 될 수 있다.
- 합법적 권위: 질서를 부여하는 인물이 내리는 명령은 명문화된 합법적 규칙에 따른 것이기에 이에 복종하게 된다.

Weber는 이 가운데 합법적 권위에 따라 조직이 운영되어야 한다고 보았다. 합법적 권위를 중심으로 한 조직의 특징은 다음과 같다.

- 조직의 구성원은 자신의 직책에 따른 비인격적 의무만 준수하고 개인적으로 자유롭다.
- 직책은 분명한 위계구조를 이룬다.
- 각 직책의 기능은 명백하게 전문화되어 있다.
- 관리자는 계약을 기초로 임명된다.
- 관리자들은 전문자격을 기초로 선발되며, 그 자격은 이상적으로 시험을 거쳐 획득한 자격증에 의해 구체화된다.
- 관리자들은 봉급과 연금을 받을 권리가 있다. 봉급은 위계구조에 따라 등급화된다.
- 승진은 연공서열, 공적, 상급자의 판단에 따라 이루어진다.
- 관리자는 직위나 그 직위에 수반되는 자원을 전용할 수 없다.
- 조직구성원은 통제 및 규율의 체계에 복종해야 한다(Albrow, 1970: 44-45).

합리적 권위를 바탕으로 한 관료조직은 분업에 따라 조직의 전문성을 증진시킬 수 있으며, 종업원을 고용할 때 연고나 개인적 친분관계가 아니라 기술적 능력을 중시함으로써 합리성을 강화한다. 조직의 위계구조가 명백하게 설정되어 명령과 지시가 신속하게 전달될 수 있었으며, 규칙과 규정의 제정으로 일의 연속성과 함께 통일성을 확보할 수도 있다. 그리고 경력에 따른 승진제도는 구성원들의 동기를 유발시킨다.

한편, 극단적 관료주의에 의해 다음과 같은 역기능이 지적되기도 한다. 분업이 오히려 직무에 대한 권태감을 불러오고, 일을 지나치게 비정하게 처리하다보면 구성원들의 사기가 저하되기도 한다. 위계구조에 의해 상향적 의사소통이 원활하지 못하며, 규칙과 규정을 너무 강조하다보면 일의 목적과 수단이 바뀌는 경우도 있다. 그리고 승진 기준을 연공서열로 할 것인지 능력으로 할 것인지 갈등을 불러오는 경우도 있다.

6) 관료제론과 교육행정

관료제의 특징을 학교조직에 적용해 보면 다음과 같다.

- 업무의 기능적 분업: 학교의 업무는 크게 교수-학습 활동을 중심으로 한 수업과 이를 지원하기 위한 각종 행정업무로 나누어진다.
- 공식적 직무로서의 교직원 역할의 정의: 초·중등교육법 제20조에는 교장과 교감, 교사, 행정직원과 같은 직원의 역할이 명확하게 규정되어 있다. 부장교사와 같은 학교의 보직교사의 경우, 그 명칭은 관할 지역교육청이 정하고 업무분장은 학교장이 정하도록 규정하고 있다.
- 절차 규정에 따른 운영: 공식적 행위의 목적과 형태를 상술하여 교사의 재량에 제한을 두는 절차가 존재한다.
- 직책의 위계구조: 학교조직은 직제표에 따라 명확하고 엄격한 위계구조를 지니고 있다. 예를 들면, 교장-교감-학급담임의 구조, 교장-교감-교과담임의 구조, 교장-교감-부장교사-교사의 구조 등이 있다.
- 승진구조: 교사는 전문적 능력에 따라 채용되고, 승진은 연공서열과 업적에 따라 결정된다.

핫이슈 따라잡기

지금도 살아 있는 고전이론

학교조직을 포함한 다양한 조직들을 어떻게 구성하고 관리해야 하는가에 관심을 가진 Taylor, Fayol과 Weber와 같은 고전이론가들의 사상이 1930년대를 기점으로 사라졌다고 이해해서는 안 된다. 관리자와 노동자들의 관리행동과 노동행동을 과학적으로 분석하고 합리적 권위를 바탕으로 조직을 운영하여 조직의 효과성과 효율성을 극대화하고자 하는 노력은 지금도 계속되고 있다.

1980년대 미국을 중심으로 교육개혁의 방향이나 1995년 이후의 우리나라의 교육개혁의 방향 속에는 고전주의 이론의 핵심이라 할 수 있는 '효율성 증진'의 요소를 발견할 수 있다. 예를 들면, 교육과정 목표와 교수방법의 일치를 강조하는 경향, 교수방법에 대한 장학과 평가를 엄격히 하려는 경향, 학업성취도 평가를 강조하는 경향 등이 이에 속한다. 미국 연방정부 수준의 아동낙오방지법(No Child Left Behind)과 주정부 차원의 교육책무성 시스템 속에는 연방정부와 주정부 수준에서 교육에 관한 표준화를 추구한다는 점에서 과학적 관리론의 특징이 내포되어 있다고 볼 수 있다. 우리나라에서 진행되고 있는 학업성취도 평가의 확대, 교원평가의 확대 정책 속에는 교육의 내용을 측정 가능한 방식으로 전환하고, 이를 향상시키기 위한 교사의 직무를 표준화하고, 인정에 치우치지 않은 평가를 할 수 있는 체계를 확립하고자 하는 노력도 과학적 관리론이나 관료제론의 요소를 포함하고 있다고 해석할 수 있다.

2. 인간관계론

과학적 관리론, 행정가 관리론 및 관료제론으로 대표되는 고전이론이 조직의 효율성 증진을 위해 초점을 둔 부분은 관리자와 노동자의 행동과 이런 행동을 최적화하려는 조직의 합리적인 특징들이었다. 문제는 사람들이 항상 합리적으로 행동하지도 않고, 경제적 보상이 주어진다고 해서 더 열심히 일하지 않는 데 있었다. 1930년대 이후에 인간관계론이 발전하게 된 계기는 이와 같은 문제 때문이었다.

기계적 효율성이 강조하던 시대에 왜 결근이 높아지는 것일까? 사람들은 왜 이직을 하고 경우에 따라서 파업을 하게 되는 것일까? 이와 같은 질문에 대한 답은 고전이론에서 찾기 힘들었다. 이제 노동자들은 표준화된 기준에 따라 선발되고 훈련받은 대로 움직이는 것이 아니라 '생각하고, 느끼고, 다른 사람들과 협력하는 사람'으로 보아야 한다는 새로운 시각이 관리자들에게 형성되기 시작했다.

1) Follet의 조직심리연구

Mary Parker Follett는 기존의 고전이론 학자들과 다른 방식의 연구결과를 내놓았다. 그녀의 연구는 과학적 관리론과 초기 산업심리학의 중간 정도에 위치한다. Follett의 첫 번째 조직연구는 미국 하원의장에 대한 분석연구였다. 그 이후 그녀는 보스턴에서 가출 학생을 돕는 프로그램 관리를 자원봉사하였다. 당시에는 주로 대규모 주식회사의 경영자들이 사회봉사 프로그램을 재정지원하였다. Follett은 그들의 도움을 받으면서 점차 미국의 주식회사가 어떻게 경영되고 있으며 경영자들이 자신의 기업과 노동자를 어떻게 생각하고 있는가를 알 수 있었다. 1929년 대공황에 이어 주식붕괴 현상을 보면서 Follett은 사회적 기관으로서의 대규모의 주식회사가 가진 권력집중 현상을 문제시하였다(Owens, 2004: 90).

Follett은 행정을 사회적 과정으로 인식하였고 그 사회적 과정은 특수한 상황과 밀접한 관련이 있음을 강조하여 이후의 상황이론(contingency theory)에 영향을 주기도 하였다.

1932년 Follett은 올바른 조직관리를 위해서 권위의 위계질서만 강조할 것이 아니라 경우에 따라서는 일을 맡고 있는 부하를 직접 만나 조정할 필요가 있다는 관리의 원칙을 제시하였다. 그리고 그와 같은 조정은 초기에 진행되어야 하고, 그 조직이 처해 있는 상황을 고려해야 한다고 역설하였다. 이는 조직 내에서 하위에 속하는 사람들이 상황에 적응할 수 있는 자유재량을 허용한 것으로 볼 수 있다. 끝으로, 그녀는 그와 같은 조정은 지속적인 과정으로 보아야 한다고 주장하였다. 관리는 항상 변화하고, 서로 다른 상황에 역동적으로 대처하는 과정으로 인식됨으로써 고전이론과 대조를 이루었다.

2) Mayo와 Roethlisberger의 호손실험

Mayo의 전쟁 중의 결근과 이직에 관한 연구는 인간관계론의 시작이 되었다. 1943년 초 일반인의 관심이 '결근' 현상에 집중되었다. 노동자들의 결근으로 전시생산이 낮아지면서 그 결근의 원인에 대한 분석이 필요하게 되었다. 질병, 교통난, 가정불화, 쇼핑문제, 소득증대에 따른 주말휴가의 증대 등이 결근의 원인으로 지목되었지만, Mayo는 그 원인을 '짜임새 있는 인간집단'의 결여라고 결론지었다.

Mayo는 모든 사회는 사회의 개인 또는 구성원을 위해 물질적·경제적 수요의 충족과 조직 전체의 협력 유지를 반드시 필요로 한다고 보았다. 그는 기존의 관리방식은 물질적·경제적 수요 충족에만 관심을 가졌고 조직의 협력 유지에 무관심하다고 지적하면서, 결근이나 이직은 결국 협력을 유지하는 방법을 모르기 때문이라고 주장하였다. 협력을 유지한다는 말은 곧 노동자의 사회적 기능, 협동적 기능을 의미하는데, 일상적 표현으로는 '좋은 친구가 되는 법'을 익힌다거나 '자신의 동료와 좋게 지내는 법'을 터득한다는 의미다(Clegg & Dunkerley, 1980, 김진균·허석렬, 1987: 132-137). 즉, 조직 내에서 인간관계의 중요성을 강조하기 시작한 것이다.

인간관계론 발전은 보통 시카고에 있는 Western Electronic Company의 호손(Hawthorne) 공장에서 수행된 연구에서 시작되었다고 알려져 있다. 이 연구들은 비공식 집단에 관한 연구물의 기초가 되었으며, 비공식 집단 연구는 다시 학교조직을 분석하는 기초가 되었다. 호손 연구(Roethlisberger & Dickson, 1939)는 생산현장에서 조명의 질과 양이 효율성과 어떤 관계가 있는지를 분석한 조명실험, 다양한 작업조건과 생산량의 관계를 분석한 전화계전기(telephone relays) 조립실험, 그리고 비공식 조직이 정한 각종 규범이 생산성에 미치는 영향력을 분석한 건반배선 조립실험을 통해 이루어졌다.

조명실험에서 첫 번째 실험으로 각 부서마다 조명의 강도를 일정한 간격으로 증가시켜 생산성과 관계를 분석한 결과, 조명강도를 높인다고 해서 반드시 생산성이 높아지지도 않았고 조명강도를 낮춘다고 해서 생산성이 반드시 떨어지지도 않았다. 두 번째 실험은 조명강도를 변화시킨 실험집단과 조명강도에 변화를 주지 않은 통제집단의 생산성을 비교하는 것이었는데, 두 집단 모두 생산성이 비슷하게 증가한 것으로 나타났다. 마지막 세 번째 실험에서는 실험집단은 조명강도를 줄이고 통제집단은 조명강도를 일정하게 하여 생산성을 비교하는 것이었는데, 두 집단의 생산성이 증가하는 것으로 나타났다. 더구나 실험집단의 경우 조명이 너무 어두워 작업에 지장이 있다는 불만이 나올 때까지 생산성이 증가하는 경향을 보였다. 조명실험의 결론은 노동자의 생산성은 기본적으로 조명과 상관이 없다고 볼 수도 있고, 아니면 많은 변인을 통제하지 못한 결과로 볼 수도 있다.

전화계전기 조립실험도 다음 세 단계에 걸쳐 이루어졌다. 첫 번째 실험은 전화계전기를 조립하는 6명의 여성을 별도의 팀으로 구성하여 2년 동안 작업조건을 개선하면서 그들의 생산량을 측정하였는데, 생산성이 증가하였다. 다른 사람들은 100명의 노동자의 평균 산출량에 따라 급료를 지급받은 반면, 이들은 6명의 평균산출량에 따라 급여를 지급받았으며, 휴식시간의 변화, 무료간식 제공, 노동시간 단축 등과 같은 방안이 적용되었다. 두 번째 실험은 1차 실험이 진행되는 중간에 또 다른 5명으로 구성된 집단의 생산성을 분석하였는데, 이들은 통상적인 원래 부서에 그대로 남아 있었고 아무런 감독의 변화도 없었다. 이들의 생산량은 개인당 13% 향상되었으나 다른 노동자들이 그들도 동일한 급여체계를 요구했기에 9주일 만에 실험이 종료되었다. 그러자 산출량은 16% 저하했다. 세 번째 실험은 2차 연구보다 3개월 전에 다시 5명의 노동자들을 다시 동일한 부서에서 차출하여 1차 실험과 유사한 조건을 제시했다. 1차 실험과 다른 점은 급여체계로 개인별 성과상여금에 기초하여 급여를 제공한 것이다. 산출량은 첫해에는 15% 상승했으나, 평균적으로 보면 14개월 동안 산출량은 전혀 향상되지 않았다. Roethlisberger와 Dickson은 노동자는 일차적으로 경제적 이해관계에 의해 움직인다는 이론에 추호의 실제적 증거를 제시하지 못했다고 결론 내렸다. 대신 그들은 상사의 감독과 사회적 요소들이 가장 중요하다고 결론지었다.

건반배선 조립실험은 14명의 남성 노동자로 구성된 집단의 상호작용을 관찰한 실험이다. 이 집단은 하루에 적정하게 생산할 수 있는 양을 정해 놓고 이 기준생산량을 초과하거나 이에 못 미치는 노동자들에게 제재를 가한 것이다. 이 실험을 통해 인간관계 연구자들은 공식적 조직구조와 비공식적 조직구조를 구별하는 개념틀을 발전시켰다.

하버드대학교의 산업심리학자인 Mayo와 사회심리학자인 Roethlisberger는 생산성과 물리적 작업환경 간의 관계를 지속적으로 연구하면서, 생리적 요소와 심리적 요소가 생산성에 관련이 있을 것이라는 가정을 갖게 되었다. 이 두 연구자들은 1927년에서 1932년에 걸쳐 사회과학분야의 고전이 된 호손 연구를 수행하였다. 한 가지 분명한 일반화는 노동자의 행동이 회사에서 정한 공식적 직무규정과 일치하지 않았다는 점이다. 대신 노동자의 행동에 영향을 주는 요인 가운데 비공식조직의 효과가 부가되었다. 비공식 조직(informal organization)은 조직 내에서 나타나는 비공식적 사회구조로서 비공식적 규범, 가치, 정서 그리고 의사소통의 패턴은 물론이고 비공식적 지도자도 가지고 있었다.

연구에 따르면, 노동자들이 일을 하기 위해 한 장소에 모이는 순간부터 비공식적인 상호작용 유형이 시작된다는 것이다. 그들 간에 우정이 싹트고, 뚜렷이 구분되는 집단들이 형성된다. 비공식 집단의 구성원 간 상호작용 패턴이 다르다는 점보다 더 중요한 것은 구성원의 행동을 통제하기도 하고 통합해 주는 비공식적 규범이 존재한다는 점이다. 너무 많은 일을 한 사람은 속도를 어긴 자로 간주되었고, 너무 일을 적게 하여 (모두가) 똑같이 심각한 상황이 되면 그는 잔꾀를 부린 것에 대한 비공식적인 제재를 받았다. 밀고를 하지 않는 규범도 나타났다. 누구도 동료들을 험담해서도 안 된다는 규범, 참견하거나 주제넘게 행동해서는 안 된다는 규범도 있었다. 누구나 튀지 않는 '보통사람'이 되어 직장 상사들의 관심을 받는 일이 없도록 주의하라는 식의 규범도 존재하였다.

비공식 집단 내 많은 행위들은 공식적인 역할 규정에는 반대되는 것이었다. 노동자들은 직무를 규정에서 정한대로 수행하지 않고 때때로 다른 사람의 일을 하기도 하고, 공식적으로 경쟁하거나 아니면 서로 돕기도 한다. 또한 작업집단은 생산성을 일부러 제한하기도 하는데, 가령 관리자가 기대하는 것보다 낮고 허용될 수 있는 최소한의 수준보다는 높은 정도의 일일 생산성을 작업집단의 규범으로 정하는 것이다. 그래서 일은 대부분 오전에 끝내는 경우도 있고, 작업속도가 빠른 노동자들은 일찌감치 작업 속도를 줄이거나 또는 다음의 필요에 대비하여 성취한 작업 결과를 줄여서 보고하는 경우도 있었다. 더 많은 생산을 할 수 있음에도 불구하고, 비공식적 생산 수준은 일관되게 유지되었다. 이 집단은 성과급제를 채택하고 있었으므로, 성과가 많을수록 임금이 많다는 것을 의미했다. 따라서 노동자들의 이러한 행동은 경제적 인센티브가 아니라 작업집단의 비공식적 규범에 따라 이루어지고 있었다. 호손 공장의 실험연구는 인체공학자와 과학적 관리론자의 기본 가정에 최초로 의문을 제기한 연구로 볼 수 있다. 그 이후 여러 연구자들이 비공식 조직의 중요성을 인정하고 더욱 강조하게 되었다(Hoy & Miskel, 2008: 14-16).

3) 인간관계론과 교육행정

호손 연구가 학교에 준 영향은 민주적인 행정에 관한 저술과 권고에서 분명히 찾아 볼 수 있다. 당시 불명확한 슬로건 중 하나는 민주적 행정, 민주적 장학, 민주적 의사결정, 그리고 민주적 교수 등에서 볼 수 있는 것처럼, '민주적'이라는 단어였다. Campbell(1971)이 지적하였듯이, 인간관계와 민주적 행정을 강조한다는 의미는 근무조건은 이래야 하며 조직구성원들의 행동은 저래야만 한다는 일종의 당위적인 규정 같은 것이었다. '행정의 원리들'이 많이 있었지만, 이 원리들은 성공한 행정가들을 관찰한 결과에서 나온 것이거나 대학 교수들이 내세우는 민주주의적 이념에 불과한 것이었다. 1940년대와 1950년대 초, 교육행정에 대한 민주적 접근은 수사적 표현으로는 오랫동안 지속되었지만 그에 대한 연구나 실질적인 적용은 그렇게 오래 지속되지 않았다(Campbell, 1971).

⟨표 2-1⟩에 제시하였듯이, 인간관계론이 교육행정 현상을 설명하는 데 도움을 준 분야는 교사의 동기에 관한 내용이나, 교사들의 비공식조직에 관한 내용 등이다. 고전이론에서는 교사가 학생을 열심히 가르치기 위한 조건으로 교사의 직무를

표 2-1	인간관계론적 접근의 교육행정

사람에 대한 태도

1. 교장을 비롯하여 교사는 소속의 욕구, 사랑과 존경의 욕구를 지니고 있다.
2. 교사는 타인으로부터 인정을 받고 싶어 한다. 그러나 더 중요한 것은 학교나 자신이 속한 집단에서 자신이 필요한 존재임을 인정받는 일이다.
3. 교사는 소속의 욕구, 사랑과 존경의 욕구가 충족되면 학교에서 다른 교사들과 더욱 협력하고자 한다.

참여의 종류와 정도

1. 학교행정가의 일은 교사가 학교에서 아주 중요한 사람이라고 믿도록 하는 것이다.
2. 학교행정가는 자신의 결정을 설명할 필요가 있으며, 만약 교사가 그 결정에 반대할 경우 이를 충분히 토론해야 한다.
3. 제한된 범위 안에서 교사가 학교의 목표를 달성하는 과정에서 자유재량을 허용해야 한다.

기 대

1. 학교행정가는 교사와 의견을 공유하고, 교사를 의사결정과정에 참여시킴으로써 교사의 소속의 욕구와 인정의 욕구를 충족시키는 일이 필요하다.
2. 교사의 욕구 충족은 교원의 사기를 높임과 동시에 공식적 권위에 대한 저항을 줄여 준다.
3. 교원의 사기 증진과 공식적 권위에 대한 저항 감소는 학생들의 학업성취도 증진에 도움을 준다.

출처: Miles(1965). *Harvard Business Review, 43*(4). p.151의 내용을 일부 수정함.

표준화하고, 그 기준과 관련된 다양한 연수를 제공하고 각종 보상과 제재를 부여하는 것을 강조하였다면, 인간관계론적 접근에서는 교사의 내면적 동기에 해당하는 소속의 욕구나 인정과 존경의 욕구 충족을 통한 직무만족감 증진에 이은 수업의 질 향상을 강조하고 있다. 고전이론의 하나인 관료제론이 주로 합리성을 기초로 한 학교조직의 공식적 차원을 강조하였다면, 인간관계론은 교사들 사이에 존재하는 비공식 조직의 역할과 규범, 기능을 부각시켰다.

3. 행동과학론

고전이론에서 강조한 공식조직의 '효율성의 논리'와 인간관계론에서 강조한 비공식조직의 '감정의 논리'는 분명히 달랐지만, 고전이론과 인간관계론 모두 관리자가 그와 같은 효율성의 논리와 감정의 논리를 잘 활용하여 조직의 생산성을 높이고자 하는 데는 차이가 없었다. 공식조직과 비공식조직, 관료적 행정가와 전문가, 구조와 개인, 경제와 심리라는 이분법적 구조가 통합되기 시작한 것은 1940~1950년 대에 접어들면서였다. 심리학, 사회학, 정치학, 경영학과 같은 학문 분야에서 사람들의 행동을 '조직구조의 특성'과 '조직구성원 개인으로서의 특징' 간의 상호작용으로 이해하게 된 것이다.

1) 조직이론화 운동

1938년에서 1947년 동안 새로운 조직이론을 확립하는 세 권의 중요한 책이 출간 되었다. 첫 번째로 Barnard의 『행정가의 기능(The function of the executive)』(1938) 이 발간되었다. 뉴저지 벨 전화회사의 부회장이었던 Barnard는 이 책을 통해 공식 조직과 비공식조직의 관계성을 명확히 하였다. 그는 행정가가 조직을 관리할 때 공식적이고 구조적 측면에만 초점을 맞추지 말고 노동자의 열망과 기대와 상호작용하면서 동시에 조직의 목적과 요구를 충족시켜야 한다고 주장했다.

두 번째로 Roethlisberger와 Dickson의 『관리와 노동자(Management and the workers)』(1939)가 발간되었는데, 저자들은 공식조직과 비공식조직 사이의 상호관계에 대한 역동적인 관점을 제시하였다. 그들은 호손 공장에서 실시한 연구에서 얻은 각종 자료를 중심으로 비공식 조직의 권한이 노동자의 행동에 영향을 미칠 뿐만 아니라 노동자를 통제하고 있는 관리자의 행동에도 영향을 준다고 보고하였다.

세 번째로 Simon의 『행정가 행동(Administrative behavior)』(1947)이 발간되었는데, Simon은 행정가가 의사결정 과정에서 보이는 행동의 중요성을 제시하였다. 정치학, 심리학, 경영학에 조예가 깊었던 Simon의 연구도 다른 사회과학 분야와 마찬가지로 다양한 영역에서 발전하기 시작한 행동과학을 중시하는 풍조가 담겨져 있다(Owens, 2004).

이와 같이 조직의 구조와 조직 내 개인을 동시에 강조하면서 조직 구성원의 행동을 분석하고자 한 이론적 경향은 교육행정 분야에서도 '이론화 운동(theory movement)' 또는 '새로운 운동(new movement)'이라고 하여 1950년대와 1960년대에 걸쳐 철학과 과학, 가치와 사실을 엄격히 구분하는 논리실증주의의 입각한 교육행정의 이론화 작업이 활발히 전개되었다. 교육행정의 이론화 운동은 실제적 처방 중심의 교육행정학을 다른 사회과학처럼 이론 중심의 학문으로 발전시키기 위한 노력이었다. 그리하여 이 운동에 참여한 연구자들은 교육행정 연구에 과학적 방법을 적용하고 현장 중심의 사실 그대로의 관찰을 통해 교육행정이론의 개발을 모색하였다(남정걸, 2006; 윤정일, 송기창, 조동섭, 김병주, 2008). 특히 교육행정에 대한 접근방법으로 개인을 강조한 학자로 알려진 Greenfield는 교육행정에 대한 과학적 또는 합리적 접근 방법에 대해 비판적 고찰을 시도함으로써 교육행정학에 대한 인식론을 확대 발전시켰다.

조직 이론화 운동은 결국 교육행정을 바라보는 두 가지 관점, 즉 '조직의 구조'를 강조하는 관점과 '조직의 개인'을 강조하는 관점을 종합하기 위한 시도였으며, 실증주의 패러다임을 바탕으로 한 과학적 연구방법과 해석학적 패러다임을 바탕으로 한 현상학적 연구방법이 대결하는 장이기도 했다.

조직과 개인을 종합한 조직이론가는 앞에서 설명한 Barnard와 Argyris가 있다. Barnard는 협동적 관계를 지속하기 위해서는 효과성과 효율성이 필요하다고 보았다. 효과성은 협동적 목표의 달성과 관련이 있는 지표이며, 효율성은 개인적 동기의 만족도와 관련이 있는 지표라고 하면서 Taylor가 강조한 생산성과 Mayo가 강조한 인간관계를 연결시켰다. Argyris도 『인성과 조직(Personality and Organization』(1957)'이라는 저서에서 건강한 인성이 갖는 특징과 공식 조직의 요구는 기본적으로 모순관계가 있다고 주장했다. 그는 인간과 조직 간의 불일치를 줄일 수 있는 방법으로 직무확대와 실재적 리더십 같은 방법을 제시하였다.

이런 경향은 교육계로 이어져 Halpin의 리더십 연구에서 구조주도(initiating structure)와 배려(consideration)가 지도자 행동을 분석하는 두 가지 중요한 차원으로 간주되었다. Getzels와 Guba 역시 사회적 행동을 '체제의 목적을 달성하기 위한 역할 및 기대와 관련된 제도'와 '체제 내에서 생활하면서 인성 및 욕구 성향을 가진 개인'의 상호작용으로 봄으로써 구조와 개인을 통합하려 하였다.

교육행정에 관한 새로운 연구동향도 이어졌다. Greenfield가 강조한 현상학, 정책형성 과정에서 가치가 중요한 역할을 한다는 것을 강조한 Hodgkinson의 주장, 정책 분석 방법을 통해 행정 이론을 통합하여 했던 Boyd와 Immergart의 주장, 조직에서 주된 동기 요인은 개인의 이익이라고 한 Michaelsen의 주장, Wolcott의 연구에 의해 확대된 조직문화에 대한 개념 등을 들 수 있다(Ronald Campbell et al., 1987).

2) 사회체제이론

조직의 구성원들의 행동을 조직의 구조적 차원과 개인적 차원으로 이해하고자 하는 노력은 생물학에서 발전한 체제이론을 사회조직에 적용한 사회체제이론으로 이어졌다. 사회를 이루고 있는 모든 요소를 분석하기 위해 일반체제이론을 구성하려고 노력한 Parsons(1956)는 모든 조직은 다음 세 가지 기능으로 되어 있다고 주장하였다.

- 조직은 개인, 집단, 부문과 같은 여러 하위단위로 구성되어 있으며, 그 조직 자체도 상위의 어떤 영역의 하위단위로 인식될 수 있다.
- 조직은 특정 목표를 달성하고자 한다.
- 조직은 주위 환경과 관계에서 자신의 정체성을 유지할 수 있는 체제(mechanism) 갖고 있다.

Parsons는 조직을 분석하기 위해 가장 먼저 해야 할 일은 그 조직의 가치와 목표가 무엇인지를 밝히는 일이라고 하였다. 조직의 목표는 조직의 가치에 의해 정당화되어야 하며, 그 조직의 가치는 사회 전체의 가치와 부합해야 한다. 따라서 조직목표의 정당성은 사회체제(사회)의 기능적 요구를 충족시키는 데 얼마나 기여하느냐에 달려 있다.

사회체제이론에서 체제의 개념은 각 조직이 특정 목적을 성취하기 위해 의도적으로 설계한 구조적 배열로 보거나 그 조직이 특정 상황에 적용하고 생존하기 위해 노력하는 상호의존 방식의 구조적 배열로 본다(Hoy & Miskel, 2008: 20). 체제이론은 다음과 같은 특징을 갖고 있다.

- 복잡한 체제는 그 안에 하위체제를 포함하고 있다.
- 하위체제 내에는 상호작용하는 체제의 구성요소들이 있다. 체제의 구성요소에는 투입, 과정, 산출 및 피드백이 있다.
- 체제는 환경과 상호작용하며 환경 내에 존재한다.
- 환경과 상호작용하는 방식에 따라 폐쇄체제와 개방체제로 나누어진다.

여기서 폐쇄체제적 시각은 조직이 환경으로부터 독립되어 작동하고 있다고 본다. 조직은 합리성에 따라 운영되고, 모든 자원은 적합한 자원이며, 그 자원의 배분도 완벽한 계획에 따라 이루어지며, 그 조직 안에서의 모든 행위는 적합한 행위이며, 그 결과도 예측 가능하다고 본다(Thompson, 1967: 6).

그러나 사회체제에서는 이런 조직은 너무 이상적이기 때문에 어느 정도 그 합리성의 수준을 낮추어야 한다는 주장(March & Simon, 1958), 그리고 특정 결과가 나오는 과정이 꼭 최적의 하나의 길만 있는 것이 아니라는 주장(Katz & Kahn, 1966) 등은 개방체제이론으로 연결된다.

Gouldner(1959)는 Weber의 관료제가 폐쇄체제적 접근을 한 합리적 모형이라면, Comte에서 시작하여 Parsons에 이르는 연구에서 설명한 자연체제 모형은 개방체제적 접근을 띠고 있다고 보았다.

- 개방체제 시각에서 조직은 자연적 전체 혹은 체제라 할 수 있다.
- 조직의 구조는 조직 구성원의 다양한 욕구와 연계하여 생성된다.
- 조직은 생존하고 균형을 유지하려고 노력한다. 그리고 이러한 노력은 조직의 목표가 달성된 이후에도 계속된다.
- 생존을 향한 노력 때문에 종종 조직의 목표가 무시되거나 왜곡되기도 한다.
- 조직이 만들어질 당시의 계획과 달리 그 조직 자체가 목적이 되기도 한다.

3) 개방체제와 교육행정

개방체제 모형에서는 조직이 환경에 영향을 받을 뿐만 아니라 환경에 의존하는 것으로 본다. 조직은 환경으로부터 투입이 이루어지고 그 투입된 요소가 변형되어 어떤 결과물을 내놓는다([그림 2-1] 참조). 예를 들면, 학교는 환경으로부터 교직원, 학생, 재정과 같은 자원을 받아들여 이러한 투입들을 교육적 변형과정(transformational process)을 거쳐 교육받은 학생과 졸업생을 배출하는 사회체제다.

개방체제로서의 학교조직의 특징은 다음과 같다(Hoy & Miskel, 2008: 20-22).

- 학교는 여러 요소들이 서로 상호작용하여 외부로부터 투입물을 획득하고, 투입된 것을 변형시키며, 환경에 산출물을 내놓는다. 교실, 책, 컴퓨터, 교수자

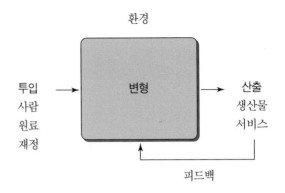

[그림 2-1] 피드백 고리가 있는 개방체제

출처: Hoy, & Miskel(2008). *Educational administration: Theory, research, and practice(8th ed.)*. p. 18.

료, 교사, 학생은 학교에서 중요한 투입요소라 할 수 있다. 이상적으로 학생들은 학교교육 체제를 거쳐 교육받은 졸업생으로 전환되어 환경이라 할 수 있는 사회에 기여하게 된다.

- 체제가 가지는 피드백 능력은 '투입-변형-산출'의 반복적·순환적 패턴을 촉진한다. 학교운영위원회와 같은 공식적 의사소통 구조와 정치적 성격을 지닌 비공식적인 활동을 통해 학교 내외에서 피드백을 제공한다.
- 체제는 경계(boundary)를 가지고 있다. 체제는 경계를 통해 환경과 구별된다. 개방체제는 폐쇄체제처럼 경계가 분명하지는 않지만 그렇다고 없는 것은 아니다.
- 환경은 체제를 구성하는 내적 요소들에 영향을 주거나 사회체제 그 자체에 의해 변화되는 체제 밖의 어떤 것이다. 학교체제를 예로 들면, 교육청의 정책, 교육청에 근무하는 교육행정가, 다른 학교, 지역사회 등이 환경이 될 수 있다.
- 체제를 구성하는 요소 간에 평형을 유지하기 위하여 일단의 조절장치가 작동하는 과정을 항상성(homeostasis)이라고 한다. 학교에서는 중요한 요소와 활동은 보호되고, 그렇게 함으로써 전반적인 안정이 유지된다.
- 체제가 소멸되어 가는 경향성을 엔트로피(entropy)라고 한다. 개방체제는 환경에서 에너지를 유입하여 엔트로피를 극복할 수 있다. 예를 들면, 조직은 변화해 가는 환경의 요구에 적응함으로써 환경에 대해 호의적인 입장을 유지하려고 노력한다. 새로운 교육 프로그램을 실시하라는 상부기관의 압력은 체제를 지원하기 위해 설사 더 많은 세금과 자원이 필요하다 하더라도 이러한 요구를

수용하게 된다.

- 이인동과성(equifinality)의 원리는 서로 다른 지점에서 시작하여 서로 다른 통로를 거치더라도 체제는 동일한 결과에 도달할 수 있다는 것을 의미한다. 따라서 조직을 구성하는 데에서 유일한 최선의 방식이란 있을 수 없고, 마찬가지로 동일한 결과에 도달하는 데도 한 가지 방법만 있는 것은 아니다. 예를 들면, 학교가 학생들의 비판적 사고방식을 증진시키는 데는 여러 가지 방법들(발견학습, 개별과제, 상호작용 기술 등)을 선택하여 사용할 수도 있다.

4) 사회체제이론과 학교조직

Hoy와 Miskel(2008)이 제시한 학교조직 분석모형은 과거의 사회체제이론들을 종합·발전시킨 결과라 할 수 있다. 그들은 학교조직을 분석하기 위한 기준으로 구조, 개인, 정치, 문화의 개념을 사용하였다. 이 개념들은 다음과 같은 단계로 발전되었다.

- 1단계: Lewin(1935)은 집단역동이론을 전개하면서 인간의 행동은 인성과 환경의 상호작용의 결과라고 하였다. 이를 공식으로 표현하면 사회체제 안에서의 인간의 행동(Behavior)은 인성(Personality)과 환경(Environment)의 함수관계(function)에 의한 결과라는 의미로 B=f(P·E)가 된다.

"사람의 행동은 인성과 환경(제도, 또는 역할)에 따라 달라진다."
"군대와 같은 조직에서는 개인의 성향(인성)보다는 규율(역할)에 따라 움직여야 한다."

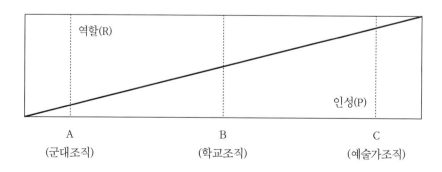

[그림 2-2] 역할과 인성의 상호작용 모형

"예술을 하는 사람들은 조직은 신경쓰지 않고 자신이 하고 싶은 일만 한다."

- 2단계: Getzels와 Guba(1957)는 사회체제 안에서 인간의 행동은 규범적 차원 과 개인의 심리적 차원의 상호작용으로 보았다. 규범적 차원에는 제도, 역할, 역할 기대의 개념을 포함시켰고, 개인의 심리적 차원 안에는 개인, 인성, 욕구 성향의 개념을 포함시켰다. Getzels와 Thelen은 그 모형을 더 발전시켜 사회 적 행동은 기존의 규범적 차원, 개인적 차원 외에 조직풍토 차원, 인류학적 차 원, 생물학적 차원의 상호작용의 결과로 인식하였다.

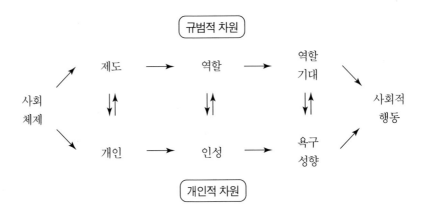

[그림 2-3] Getzels와 Guba의 사회과정 모형

- 3단계: Hoy와 Miskel(2008)은 이와 같은 모형들을 정교화하여 [그림 2-4]와 같 은 분석틀을 제시하였다. 이 그림에 따르면, 학교조직에서 행동은 구조적 · 개 인적 요소들의 영향을 받을 뿐만 아니라 문화적 · 정치적 요소들의 영향도 받 는다. 구조는 학교조직의 목적 달성을 위해서 설계되고 조직된 공식적 · 관료 적 기대라 할 수 있다. 개인은 학교 구성원들의 욕구, 목적, 신념 그리고 역할 에 대한 인지적 이해의 관점에서 파악된다. 문화는 학교관리자, 교사를 비롯한 교직원들이 일에 대해 공유하고 있는 지향점이라 할 수 있다. 따라서 문화는 학교조직에게 특별한 정체감을 제공한다. 정치는 학교구조에서 교장이나 교감 과 교사, 교사와 교사 간의 권력관계를 의미한다.

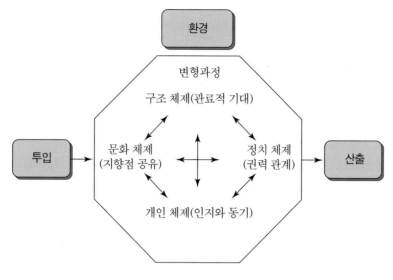

[그림 2-4] 학교체제의 내부 요소

출처: Hoy & Miskel(2008). *Educational administration: Theory, research, and practice(8th ed.)*. p. 24.

4. 대안적 관점: 전문적 학습 공동체[2]

학교를 비롯한 모든 조직에서 그 조직의 문화는 조직 내의 개개인 및 이들의 개인적·집단적 생산성에 상당한 영향을 미친다. 문화란 무엇인가? Harris(1968)는 가장 일반적인 정의를 제시하고 있는데, 그는 "문화의 개념은 '관습' 또는 개인의 '삶의 방식'과 같은 특정 집단과 관련된 행동 유형에서 기인한다."라고 정의하고 있다. 인류학자인 Spradley(1979)는 "문화는 경험을 해석하고 사회적 행위를 불러일으키기 위해 사용하는 습득된 지식을 의미한다."라고 정의를 내리고 있다. Schein(1992)은 "한 집단의 문화는 집단의 문제를 해결하는 과정에서 학습하고, 타당한 것으로 생각되고, 따라서 이들 문제를 지각하며 생각하고 느끼는 정확한 방법으로 새로운 구성원들에게 가르칠 정도로 충분히 효과적으로 작용하는 공유하고 있는 기본 가정

---

2) 다른 교육행정개론서에서 다루고 있는 대안적 관점 및 이론에 해당하는 해석적 관점, 비판론, 포스트모더니즘, 페미니즘과 같은 내용의 성격이 다소 포괄적이면서 실제로 이후의 장에서 논의되고 있는 다양한 교육행정 현상을 설명하는 비중이 낮기 때문에, 이 절에서는 최근 국내에서 많은 관심을 받고 있는 전문적 학습 공동체 접근을 대안적 관점으로 다루기로 한다.

의 형태로 정의할 수 있다."라고 하였다. Schein에 따르면, 집단은 업무를 수행할 때 달성하고자 하는 공동의 목표, 비전과 사명을 가지고 있다. 이러한 집단의 공유된 가정은 자신의 지식과 경험에 의해 영향을 받는다.

문화에 대한 이해는 조직을 이끌고자 하는 지도자에게는 필수적 사항임에도 아직까지 문화의 안내(guiding), 지도(leading) 또는 관리는 아직 충분히 이해되지 않고 있다. 문화를 관리할 수 있는지 그리고 어떻게 그렇게 할 수 있는지를 이해할 수 있도록 오늘날 학교와 기업체에서 더 많은 연구가 이루어질 필요가 있다. 이 절에서는 최근에 연구되고 있는 학교문화이론 가운데 전문적 학습 공동체론을 살펴보고자 한다.

1) 학습조직과 배움의 공동체

학교는 교수(teaching)와 학습(learning)을 위한 봉사조직이다. 학교의 궁극적 목적은 학생의 학습에 있다. 실제로, 학교의 존재는 이러한 행위에 근거하고 있다. 학교는 다른 어떤 조직보다도 더 학습이 이루어지는 조직(learning organization)이어야 한다. 학교는 학교구성원들이 창조하고 성취하는 능력을 지속적으로 넓히고, 새로운 사고패턴이 권장되며, 집단적 포부가 길러지고, 구성원들이 함께 학습하는 방법을 배우며, 혁신과 문제해결의 능력이 확대되는 장소이어야 한다(Senge, 1990). 학습조직은 참여자가 공통목적의 가치를 정기적으로 평가하고, 필요 시에 그 목적을 수정하며, 목적을 성취하기 위하여 더 효과적이고 효율적인 방법을 끊임없이 개발하는 데에 집단적으로 헌신하는 조직이다(Hoy & Miskel, 2008: 33).

최근 국내에서 활발하게 논의되고 있는 학습조직의 사례로 일본 동경대학교의 사토 마나부 교수(1999; 2000)의 배움의 공동체론이 있다. 사토 마나부는 교사들이 전문가로서 서로 배우는 동료성을 구축해야 하며, 이를 위해서 서로 들어주는 관계와 거기에서 생기는 대화의 관계를 구축할 것을 제안하고 있다. 또한 교사 간의 협력적 활동은 교사에게 아이디어를 공유하게 하고, 교수전략을 토의하게 하고, 계획과 교수 그리고 조언의 과정에서 함께 일하게 함으로써 교사의 고립을 줄이고 보다 강한 전문적 결합을 촉진시킨다(전현곤·한대동, 2007).

'배움의 공동체'로서의 학교는 아이들이 서로 배우는 장소일 뿐만 아니라 교사들도 서로 배우면서 성장하는 장소이며 보호자나 시민도 서로 배우는 장소다. 21세의 학교를 지역 문화와 교육의 센터로서 구상한다면 '배움의 공동체'로 학교를 재조직하지 않으면 안 된다(사토 마나부, 2000: 216).

그는 배움의 공동체를 위한 학교개혁의 과제를 다음과 같이 제시하였다(사토 마나부, 1999: 112-123).

- 학교개혁은 내부 개혁에서부터 이루어져야 한다.
- 배움의 공동체로서의 학교는 수업 창조를 기본적 축으로 전개되어야 한다.
- 수업 창조는 교사들이 서로 수업을 공개하고 전문가로서 서로 배우면서 성장하는 연대의 구축에서 비롯된다.
- 교사들을 분열시키는 교실의 장벽과 교과의 장벽을 허물어야 한다.
- 교육과정과 교사조직을 단순화한다.
- 학교를 개방하여 가정과 지역의 연대를 도모한다.
- 교사의 창조적 자율성과 전문성을 보장하는 교직의 전문직화를 구축한다.

2) 전문적 학습 공동체

전문적 학습 공동체(professional learning community)는 교사들이 함께 일하는 것에 가치를 두며 이 협조를 통해 교사의 교수활동과 학습활동을 개선하는 데 지속적인 노력을 기울이는 것에 초점을 두고 있다. 또한 이 공동체는 다양한 실증적 자료를 사용하여 수업개선을 위한 노력에 정보를 제공하기도 하고, 학교의 문제를 해결하는 데 도움을 주는 것을 강조한다. McLaughlin과 Talbert(2001)는 학교와 각 부서에 관한 연구에서 전문적 학습 공동체의 특징을 다음과 같이 제시하였다.

- 전문적 학습 공동체는 학생에게 초점을 두고 있으며, 교육과정상 학생이 이수해야 할 내용과 진도에 대한 책임을 공유한다.
- 전문적 학습 공동체는 새로운 교수법 개발에 힘쓴다.
- 학생이 배워야 할 개념에 기초하여 학생에게 가장 알맞은 교육과정을 편성한다.
- 전문적 학습 공동체에서는 학업성취도와 관련된 정보를 활용하여 성적이 낮은 교사를 지원하고 개선을 위한 협력활동을 조장하는 경향이 있다.

- 전문적 학습 공동체는 서로의 사정을 배려해 주는 문화와 결합됨과 동시에 보다 장기적인 신뢰, 안전성, 타인에 대한 배려를 기꺼이 하는 마음 등이 바탕이 되는 경우 그 공동체가 원활하게 작동된다.

교사가 스스로 결정하고 자신이 해야 할 일을 스스로 찾아서 하는 경향을 제한하는 표준중심 교육개혁(standard based school reform) 체제하에서는 전문적 학습 공동체가 번성하지 못한다. 일정 기간 교사로 근무하는 기간제 교사에게서도 이와 같은 전문적 학습 공동체가 형성되기는 어렵다. 교사가 시험에 나오는 내용만 가르치고 그 결과를 바탕으로 정해진 문해교육을 비롯한 여러 교육과정 프로그램을 운영하는 식의 교육개혁 속에서는 교사가 장기적인 전망 속에서 자신의 능력을 개발하거나 교사로서의 자신감을 증진하는 일을 제대로 할 수 없게 된다. 표준중심 교육개혁 방안들은 전문적 학습 공동체를 성장시키기보다는 오히려 방해하고 있다. McLaughlin과 Talbert는 다음과 같이 지적하였다.

> 학생들의 학업성취도 결과를 바탕으로 교사나 학교에 제재를 가하면 교사들은 그런 시험준비 중심의 학습이 제한된 인내심을 기르는 가치가 있다고 믿고 있거나 그런 수업이 교육적으로 바람직하지 않다고 믿고 있을 때조차 학생들이 시험에 통과할 수 있도록 문제풀이 중심의 수업을 하게 된다(Mclaughlin & Talbert, 2001: 129).

강력한 전문적 학습 공동체를 형성하기 위해서 이들이 강조하는 것은 표준중심의 교육활동을 바탕으로 하는 교육개혁 정책보다는 교사의 판단과 학습의 기회를 강화하는 방식의 교육개혁 정책이 더 필요하다는 것이다. 이와 같은 변화는 점차 현실에서 확인되고 있는데, Hargreaves(2003)는 학생들의 학업성취도가 3년간 지속적으로 향상된 교육청 5곳을 분석한 결과를 바탕으로 전문적 학습 공동체의 특성을 발견하였다.

- 교사를 위한 연수는 지속적이면서도 서로 공유되어야 하며, 교수와 학습이라는 교사 본연의 업무와 밀접한 연관이 있어야 한다.
- 학교장의 수업리더십은 강력한 훈련과 함께 관찰과 코칭 등의 활동을 통해 강화될 수 있다.

- 다양한 실증적 자료를 바탕으로 학교발전을 위한 의사결정을 해야 한다. 이 때 각종 자료들은 무비판적으로 수용되는 것이 아니라 세밀하게 분석될 필요가 있다.
- 분산적 리더십을 통한 학교발전은 참여와 책임을 서로 공유하는 방식을 의미한다.
- 학교중심의 창의성과 유연성을 강조하여 학업성취도 증진을 위한 최선의 방안은 각 단위학교 수준에서 나올 수 있어야 한다.

Hargreaves는 이 연구결과 속에서 전문적 학습 공동체를 지원하는 데 반드시 필요한 세 가지 조건을 역설하였다.

- 현재의 재정 지원만으로는 전문적 학습 공동체를 지속적으로 유지하는 데 부족하므로 이를 보충해 줄 수 있는 외부자원 확보 기회가 필요하다. 예를 들면, 성공적인 연구보고서 작성법 등이다.
- 단기적 차원의 교육개혁보다는 장기적 차원의 학교발전을 위해서는 교육청의 지도자들이 지속적으로 근무하는 안정성이 필요하다.
- 학생들의 학업성취도의 성패를 한 가지 기준으로 하기보다는 다양한 교육책무성 지표를 설정하여 학생 성장을 다양한 방식으로 나타낼 필요가 있다.

학교 안팎에서 강력한 전문적 학습 공동체를 형성할 수 있는 몇 가지 정책은 다음과 같다(Hargreaves, 2003: 136-138).

- 지도성 개발: 학교행정가들에게 전문적 학습 공동체의 중요성을 강조하고 그 공동체를 형성할 수 있는 구체적 기술을 개발토록 한다.
- 학교 장학 및 승인: 학교 장학과 인증평가 과정을 통해 전문적 학습 공동체 관련 지표를 형성한다. 예를 들면, 전문적 학습 공동체에 교직원이 모두 포함해야 하는지, 학교개선의 기초로 교사들이 자료를 활용할 것인지, 교내 의사결정에 학교행정가를 비롯한 일부 교사만 참여하는 것이 아니라 관련 경험과 관심 있는 교사를 참여시킬 수 있는지 하는 물음에 대한 답이 정해져야 한다.
- 자격재발급과 학업성취도 관리: 전문적 학습 공동체의 헌신과 그 결과에 따른 보

상이 직결되어야 하며, 일정 시간이 지난 다음 교사의 자격 재발급과 관련된 측정기준이 마련되어야 한다. 과거의 연수에서는 교사가 그리 내키지 않으면서도 가산점을 쌓기 위해 그냥 앉아서 교육받는 형태였다면, 자격-전문가로서의 기준-수행평가를 기초로 한 보수를 지급하는 방식의 연수활동은 동료들과 함께 교사들의 학습경험과 직접 관련을 맺고 있으면서 단위학교 중심의 교사의 연구활동을 통한 교사의 교수와 학습을 개선하고, 신임교사에게는 동료교사의 지도조언이 제공되고, 교사학습 팀에 적극적인 참여가 이루어지는 방식을 말한다.

- 자율학습을 위한 재정보조: 교사가 자신의 수업 가운데 교수-학습활동을 개선할 목적의 교사학습활동을 지원하기 위해 중앙정부나 지방정부 차원에서 교사 개인이나 학교에 소규모의 재정을 지원하는 것을 의미한다. 여기에는 결과를 엄격하게 관리하지 않고 지원과 책무성[3] 차원에서 이루어지게 된다.
- 전문가로서의 자정기능: 교사조직이 전문가로서의 자기 규제를 확립해서 강화하는 내용에는 모든 교사가 포함된다.
- 교사전문가들의 연결망: 교사 전문가로 구성된 연결망은 전문적 학습 공동체를 구성해서 유지하는 데 필요한 최초 재정적 지원과 기타 물리적 지원을 제공한다. 이 전문가 조직은 학교관리자나 연수 프로그램 개발자 등과 같은 회원제 중심의 조직 이상의 모임을 의미한다. 이 연결망은 아주 다양하여 교육과정, 리더십, 교육학 이론 및 기타 제반 영역에서 교사들의 학습의 기회를 향상시키는 데 도움을 제공한다.
- 교원연수와 지원기관의 광역화: 광역 단위에서 교사연수센터를 설치하여 연수프로그램 제공자와 수혜자를 연결시켜 주어 진정한 의미의 연수를 받거나 보다 장기적으로 공동의 관심을 가진 자들이 함께 하면서 학습과 지원이 이루어지도록 한다.
- 전문적 학습 공동체의 성숙된 규범: 규범의식은 전문적 학습 공동체가 서로 공유해야 할 광범위한 목표가 교사들의 교수활동 개선, 학습활동 및 상호 간의 배려에 초점을 맞추고 있다. 여기에 교사 간에 이견이 있는 경우 서로 존중하면서

---

3) 재정지원을 받아 이루어진 개인적 차원의 교사연수 활동내역을 교사들이 보고하고 설명하는 방식을 의미한다.

도 열띤 비판이 허용되는 분위기도 이 규범은 담고 있다.

이러한 정책들은 가르치는 교사가 학습을 잘하는 전문가이어야 한다는 사실을 다시 한 번 더 일깨워 주고 있다. 교사는 성숙된 규범을 바탕으로 자신의 학생에게 헌신하는 일은 곧 동료 교사들과 함께 함으로써 가능하다는 사실을 인정하고 있다. 즉, 학생을 책임지기 위해서는 교사가 전문가로서의 학습을 개인적 노력과 함께 집단적 노력을 통해 획득해야 한다. 이와 동시에 보다 지속적이고 상호 연결된 교사들의 학습활동은 기관의 차원에서 일종의 정부에 대한 권리로 행사될 수도 있다. 다시 말해, 정부로부터 시간과 지원을 더 요구할 수도 있고 정부의 규정을 좀 유연하게 적용할 수 있는 권한을 요청할 수도 있다.

 ## 정리하기

- 과학적 관리론은 노동자의 작업에 대한 시간과 동작의 과학적 분석을 통한 작업관리에 관한 이론이다.
- 과학적 관리론을 교육행정에 적용시킨 대표적 사례로 교사의 직무를 표준화하여 이를 교원평가에 반영하고 보상과 제재를 통해 교원의 전문성을 증진시키고자 한 노력을 들수 있다.
- 행정가 관리론은 관리자가 조직을 효율적으로 관리하기 위한 경영방식을 다루고 있다.
- 관료제론은 합리적 권위를 바탕으로 조직의 효과성을 극대화하기 위한 조직운영 방식을 다루고 있다.
- 학교업무가 교사의 수업을 중심으로 한 교수-학습활동 조직과 이를 지원하는 행정조직으로 분화되어 있으며, 각종 규칙과 규정에 따라 학교행정이 이루어지고, 권위의 위계가 확립된 상태에서 의사소통이 이루어지며, 경력과 업적에 따라 승진이 이루어지는 체제 등은 학교가 관료적 조직이라는 점을 보여 준다.
- 인간관계론은 조직구성원의 심리적 측면, 구성원 간의 인간관계를 바탕으로 한 정치적 측면 등을 고려한 조직이론으로, 인간을 기계처럼 생각했던 기존의 고전이론과 차이를 나타낸다.
- 경제적 보상이나 제재가 아니라 소속, 인정, 존경에 대한 욕구를 충족하기 위해 조직

구성원들이 더욱 열심히 일을 한다거나 조직 내 비공식조직이 존재하여 공식조직의 규칙이나 문화 이상의 역할을 담당하는 사례, 그리고 조직 구성원의 참여를 바탕으로 한 민주적 경영방식 등이 인간관계론을 적용한 사례로 볼 수 있다.

• 행동과학론은 고전이론이 주로 다룬 조직의 공식적 측면과 인간관계론이 다룬 비공식적 측면을 종합하여 조직 구성원의 사회적 행동을 이해하고 이를 관리하고자 한 행정이론의 경향을 말한다.

• 사회적 체제이론은 조직 구성원의 행동을 규범적 차원 또는 구조적 차원과 인성적 차원 또는 개인적 차원으로 나누어 이해하고자 한 이론에서 출발하여 최근에는 구조적 차원과 개인적 차원 외에 정치적 · 문화적 차원의 시각을 활용하여 조직을 이해하고 있다.

• 전문적 학습 공동체는 교사들이 함께 일하는 것에 가치를 두고 교사들이 교수활동과 학습활동 개선을 위해 지속적인 노력을 기울이는 데 초점을 두고 있다. 이를 지원하기 위해서는 교사의 판단과 학습의 기회를 강화하는 방식의 교육정책이 필요하다.

 적용하기

1. 교원능력개발평가, 학업성취도 평가, 학교평가와 교육지원청 평가와 같은 일련의 움직임을 과학적 관리론의 원리들로 설명해 보자.
2. 현재 교육현장에서 찾아볼 수 있는 인간관계론의 원리에 대해 토론해 보자.
3. 교사의 자율성과 교장의 리더십, 단위학교의 자율성과 교육청의 리더십, 교육청의 자율성과 교육과학기술부의 리더십 간의 관계를 전문적 학습 공동체의 관점에서 토론해 보자.

제2부

교육행정의 주요 이론

제**3**장

조직론

• 학습 목표

- 조직의 개념과 특성, 조직의 구성요소와 형태를 이해하고, 조직연구가 어떻게 이루어지고 있는지 설명할 수 있다.
- 조직의 다양한 유형을 이해하고 학교조직이 어떠한 유형에 해당되는지를 안다.
- 조직은 공식적으로 어떻게 구조화되며, 통제와 조정은 어떻게 이루어지는지를 이해한다.
- 조직 문화와 풍토의 개념을 이해하고, 그것이 조직의 성장과 쇠퇴에 어떻게 영향을 미치는지를 이해한다.
- 학교조직이 다른 조직과 같은 점은 무엇이고, 다른 점은 무엇인지 말할 수 있다.

1. 조직 이해의 기초

1) 조직의 개념과 특성

Presthus(1962)가 현대사회를 조직의 사회(organizational society)라고 표현한 것처럼, 현대인은 태어나면서부터 죽을 때까지 조직이라는 사회적 상황 속에서 살아간다. 병원이라는 조직의 힘을 빌려 태어나고, 학교라는 조직을 통해 학습하며, 기업이나 여러 공공조직, 혹은 사회조직에서 일하거나 그 도움을 받고 살아간다. 학생회, 동호회, 친목회, 봉사단체, 이익단체, 정치단체 등에 참여하여 활동하기도 하며, 스스로 조직을 만들고 운영하기도 한다. 이러한 조직생활을 통하여 개인은 주어진 역할과 책임을 수행하면서 자신의 욕구를 충족시키고 조직의 목표를 성취하는 한편, 조직으로부터 행동의 제약과 심리적 억압을 경험하기도 한다.

교육행정은 학교와 교육행정기관과 같은 조직을 통해서 또는 조직과 조직의 관계 속에서 이루어진다. 조직은 교육행정을 담는 그릇에 비유된다. 따라서 교육행정 현상을 이해하기 위해서는 조직에 대한 바른 이해가 필수적이다.

조직에 관한 개념 정의는 학자들마다 강조점에 따라 차이를 보인다. 여러 학자들이 내린 조직에 대한 개념 정의를 살펴보면 다음과 같다.

- Weber(1947)는 "조직이란 협동집단(corporate group)으로서 계속적이고 의도적인 특정한 종류의 활동체제" 라 하였다.
- Barnard(1938)는 "조직이란 두 사람 이상의 힘 또는 활동이 의식적으로 조정되는 체제" 라고 하였다.
- Selznick(1957)은 "조직이란 인간의 힘을 동원하여 특정한 목적을 지향하게 하는 기술적 도구이며, 조직 구성원과는 별개의 생명을 지닌 존재" 라고 하였다.
- Etzioni(1964)는 "조직이란 특정한 목표를 추구하기 위하여 의식적으로 구성되고, 재구성되는 사회적 단위" 라고 하였다.
- Hall(1991)은 "조직이란 비교적 뚜렷한 경계선, 규범적 질서, 권위 계층, 의사전달체제, 구성원 간 조정체제를 가지고 일정한 환경 내에 비교적 지속적으로 존재하면서 하나 혹은 일련의 목적에 관련한 활동에 종사하는 인간의 집합체"

라 하였다.

- Katz와 Khan(1978)은 "조직은 사회적 조직(social organization)이며, 생산구조와 생산 지원 및 유지 구조, 공식적 역할 구조, 통제 및 관리구조 등을 가진 사회적 체제"라고 정의하였다.
- 오석홍(2009: 70)은 통합적 관점의 중요성을 강조하면서, 조직이란 "인간의 집합체로서 일정한 공동목표의 추구를 위하여 의식적으로 구성한 사회적 체제"라고 정의하였다.

이와 같은 정의를 참고하여 조직의 개념을 정의해 보면, "조직이란 둘 이상의 사람들이 '공유한 목표를 달성하기 위해' 과업과 역할 및 권한 관계 등을 구조화한 사회체제"라고 할 수 있다. 이러한 개념에 포함되어 있는 조직의 특성을 구체적으로 살펴보면 다음과 같다.

- 특정 목표를 갖고 있고, 의도적으로 만들어진 것이다.
- 둘 이상의 사람으로 구성되며, 구성원 간에는 서로 알거나 같은 구성원이라는 인식이 공유된다.
- 역할과 협력, 권한, 의사소통, 지원에 관한 공식구조와 규범을 갖고 있다.
- 환경과 구분되는 경계가 있으며, 경계 내에서 뿐만 아니라 경계 밖의 환경과 지속적인 상호작용을 통해 적응하고 발전한다.

2) 조직의 주요 요소

조직은 대체로 규모가 크고 구성이 복잡하며 다양한 형태와 기능을 가지고 있다(오석홍, 2009: 71). 이러한 복잡한 조직에서 공유되는 주요 요소들을 살펴보는 것은 조직을 총체적으로 이해하는 데 도움을 준다. Hoy와 Miskel(2005)은 학교조직을 사회체제라는 관점에서, 공식적 구조, 개인, 문화, 정치, 핵심기술, 환경 등을 체제의 주요 요소로 제시하고 있다. 이를 바탕으로 조직의 요소들을 세부적으로 살펴보면 다음과 같다.

(1) 공식구조

조직은 목적을 가지며, 그 목적을 달성하기 위해 설계된 공식화된 구조를 가진다. 과업을 어떻게 수행하는 것이 바람직한가에 대한 공식적인 관료적 기대(formal bureaucratic expectations)가 내포된 역할(role)이 있고, 역할분담 체계로서 부서가 있으며, 권한체계로서 위계화 된 지위가 존재한다. 조직 내 역할과 지위는 개인의 전문성을 바탕으로 형성된다. 이러한 것들은 조직의 규칙과 규정으로 공식화되며, 모든 구성원들에게 강제된다. 따라서 공식 구조의 핵심 구성요소는 목적, 역할, 부서와 지위의 위계, 규칙과 규정 및 전문화다.

(2) 개인

조직에 참여하고 있는 사람을 뜻한다. 각 개인들은 조직의 공식 구조 속에서 행동하고 상호작용한다. 그러나 이들의 행동과 상호작용은 공식적 요구와 항상 일치하지 않는다. 개인은 각기 다른 욕구, 목적, 신념, 선호를 가지며, 맡은 일에 대한 이해의 정도도 다르기 때문이다. 이러한 개인적 요인들은 구성원의 동기(motivation)와 인지(cognition)적 측면에 작용하여 조직 성과에 영향을 미친다. 조직 내 개인의 행동(behavior)은 조직의 관료적 역할기대와 조직 구성원의 적절한 작업 성향과의 상호작용의 결과로 나타나게 된다.

(3) 문화

조직의 공식적 역할과 개인의 욕구 사이에는 역동적 상호작용이 일어나는데, 여기서 생겨나는 것이 조직의 문화다. 문화는 문서화되어 있지 않은 조직의 정의적 부분이다. 모든 조직은 각기 독특한 조직문화를 갖고 있다. 조직문화는 해당 조직의 구성원만이 특별하게 공유하는 규범, 신념, 사고방식 같은 것이다. 이러한 조직문화는 구성원에게 정체감을 갖게 하며, 조직을 다른 조직과 구별하게 한다. 조직문화는 구성원의 응집력, 개인적 성실성, 자존심, 소속감을 유발하여 조직 헌신을 촉진하기도 하고, 개인의 행동을 통제하는 작용을 하기도 한다.

(4) 정치

조직 내에는 공식적인 통제체제에 저항하기 위한 비공식적인 권력관계가 형성된다. 개인 또는 집단화된 구성원들이 계획된 행동을 통하여 사적인 이익을 추구한다. 그 과정에서 구성원 간에 반목과 분열, 대립과 충돌이 발생하기도 한다. 조직은 자신의 집단 이익이나 자신들이 해석한 조직의 이익을 위해 서로 경쟁하는 권력집단의 모임으로 간주될 수 있다. 또한 조직에는 다양한 정치적 전술과 게임, 협상과 갈등해결 방식이 동원된다. 조직 내의 정치적 측면은 구성원의 행동과 조직성과에 중요한 영향을 미치는 요인이다.

(5) 핵심기술

모든 조직에는 목적달성을 위한 핵심기술이 있다. 예를 들어, 학교조직의 핵심기술은 교수-학습 과정이라 할 수 있는데, 학교조직에는 교수-학습과 관련된 다양한 이론체계가 존재한다. 조직 내 구성원의 상호작용은 이러한 핵심기술을 중심으로 일어난다. 또 핵심기술은 조직 의사결정의 준거가 되고, 구성원에 대한 역할 기대 및 조직과 개인의 전문적 권위 형성의 토대가 된다.

(6) 환경

조직은 조직 밖의 다양한 환경과 상호작용한다. 이는 조직과 환경을 구분하는 경계가 있음을 전제로 하지만, 최근의 조직이론들은 조직을 개방체제로 보아 경계의 유연성을 강조한다. 조직은 환경으로부터 체제가 필요로 하는 에너지와 자원, 가치, 기술, 수요를 투입받고 이를 조직 내에서 전환하여 새로운 상품, 가치 등을 산출하여 환경으로 내보낸다.

3) 조직의 형태

(1) 공식조직과 비공식조직

공식조직(formal organization)은 조직의 목적 달성을 위해 의도적으로 설계된 조직으로서 조직도나 기구표 상에 나타나는 조직이다. 비공식조직(informal organization)은 공식조직 내에서 구성원들이 개인의 욕구충족을 위해 자발적으로 구성한 집단을 의미한다. 공식조직은 구조나 형태가 전체적으로 드러나 있는 데 반해, 비공식조직은 일반적으로 외부에서는 쉽게 파악하기 어려운 은밀한 소집단의 형태를 띤다. 공식조직은 공적 목표와 효율성의 원리로 운영되는 반면, 비공식조직은 정서적 감성의 논리에 의해 움직이는 경향이 있다.

공식조직은 공적 목표를 추구하기 위한 제도화된 공식 규범을 바탕으로 성립하며, 권한의 위계, 분명한 책임 분담, 표준화된 업무 수행, 비인정적인 인간관계 등을 특징으로 한다. 반면 비공식조직은 혈연, 지연, 학연, 취미, 종교, 이해관계 등을 바탕으로 형성된 된 비공식 규범과 권위 위계 속에서 활동한다.

비공식조직은 공식조직의 활동에 긍정적 또는 부정적인 영향을 미치기 때문에 행정 영역에서 매우 중요하게 인식되고 있다. Barnard(1938)는 비공식조직의 긍정적 기능에 대해, 구성원의 태도, 이해, 관습, 습관, 제도를 형성하고, 공식조직에서 필요로 하는 조건을 형성하며, 공식조직 내 의사소통을 원활하게 하고, 조직의 응집성을 높여 주며, 인간적 성실성, 자존감을 유지시켜 준다는 사실을 들었다. 그러나 Mayo와 그의 동료들이 수행한 호손 연구에서 밝혔듯이, 비공식조직은 때로는 공식조직의 생산성을 약화시키는 부정적 영향을 미친다. 파벌을 조성하여 공식조직의 목표달성을 저해하고, 공식조직의 의사소통을 차단하거나 왜곡하여 비합리적 의사결정이나 편파적 행정행위 등을 초래해 조직의 혼란을 가중시킬 수 있다. 공식조직과 비공식조직의 주요한 특징을 비교하면 〈표 3-1〉과 같다(윤정일 외, 2009: 125-126; 진동섭 외, 2008: 146-147; Hoy & Miskel, 2005: 90-94).

표 3-1 공식조직과 비공식조직의 비교

구 분	공식조직	비공식조직
발생	인위적	자연발생적
성격	공적	사적
존재 형태	외면적 · 가시적	내면적 · 비가시적
구성원	전체	일부(소집단)
강조점	조직의 공식적 측면	구성원의 사회심리적 측면
운영원리	합리성 또는 능률의 논리	비합리적 감정의 논리

(2) 계선조직, 참모조직 및 보조조직

보통의 조직도에는 수직적인 라인에 있는 부서와 수평적 라인에 있는 부서들이 있다. 수직적 라인에 있는 조직을 계선조직(line organization)이라 하고, 수평적 라인에 있는 조직을 참모조직(staff organization)이라 한다. 현대의 대부분의 조직은 계선조직과 참모조직이 혼합된 형태를 취하고 있다.

계선조직은 상하 위계 속에서 지휘와 명령 계통에 따라 업무를 직접 수행하는 조직이다. 이는 명령 일원화의 원칙에 따라 직속 상사의 명령에 따라 행동하고, 이에 대해 책임을 지는 조직이다. 따라서 구성원 상호 간의 권한과 책임의 한계가 명백하고, 조직의 간결화로 의사결정이 신속하게 이루어지며, 경비절감의 효과를 가져올 수 있다. 계선조직의 예로는 행정관료 조직, 군대의 지휘명령 계통, 학교의 교무분장 조직 등을 들 수 있다. 그러나 조직 내에서 계선 부분이 지나치게 강조되면 최고 관리자에게 권한이 집중되어 업무량이 과중되고, 하의상달이나 부서 간 의사소통이 제한되며, 전문가의 지식이나 경험이 활용되지 못해 독단적인 의사결정이 이루어져 조직의 경직성이 초래될 수 있다.

참모조직은 막료조직이라고도 하며, 계선조직이 의사결정이나 업무를 원활히 수행할 수 있도록 전문적인 자문이나 조언을 하는 조직이다. 따라서 전문성의 원리가 중시된다. 주로 기획, 자문, 협의, 정보수집, 통제, 인사, 조사, 연구 등의 역할을 수행하며, 계선조직에서처럼 명령, 집행, 결정을 직접 하지는 않는다. 참모조직은 조직의 합리적 의사결정을 촉진하고, 조직의 신축적 운영 및 업무조정 등을 통해 조직의 효율적 업무수행을 가능하게 한다. 그러나 과도하게 활용될 경우, 계선부서와 참모부서 간 책임전가와 갈등 초래, 일의 지연, 과도한 비용부담을 초래할 수 있다.

대규모의 조직에서는 계선조직과 참모조직 이외에 어느 정도 독립성을 지닌 지원 조직을 운영하는 경우가 있는데, 이를 보조조직(auxiliary organization)이라 한다. 보조조직은 조직의 내부나 외곽에 설치되며, 계선조직의 기능을 부분적으로 심화, 보조하기 위한 역할을 수행한다. 조직의 부설로 된 연구소나 실험실 등이 좋은 예이다(윤정일 외, 2009: 126-127).

표 3-2 계선조직과 참모조직의 비교

구 분	계선조직	참모조직
형태	계층적, 수직적	수평적
기능	목적 수행, 실제 집행	전문적 권고, 지원, 보조
권한과 책임	직접적인 지시와 명령권, 결과에 대한 책임	간접적인 권한 행사와 책임
업무 강조점	통일성, 능률성, 책임성	전문성, 개혁성

2. 조직유형론

조직을 어떤 기준에 따라 분류하는 유형론(typology)은 조직의 기능과 특성을 이해하는 데 도움을 줄 뿐 아니라 조직의 비교연구의 길잡이 역할을 한다. 조직의 유형은 목표, 구조와 과정의 특성, 기술, 구성원 또는 고객, 환경과 조직 관계, 조직문화의 특성 등을 기준으로 다양하게 분류되고 있다(오석홍, 2009: 75-78).

1) Blau와 Scott의 수혜자 유형

Blau와 Scott(1962: 42-58)은 조직의 활동으로 주된 수혜를 받는 사람이 누구냐를 기준으로 조직의 유형을 분류하였다. 여기서 '주된 수혜자'라는 의미는 단지 그들만이 혜택을 독점한다는 것이 아니라 조직에 관여하는 다른 집단이나 개인보다 우선하여 보상을 받는다는 뜻이다. 이들은 조직의 주된 수혜자를 조직 구성원 또는 하급 참여자, 조직의 소유주 또는 관리자, 고객, 국민 일반으로 분류하고, 이에 따라 조직을 유형화하였다.

① 호혜조직(mutual benefit association): 주된 수혜자가 조직의 구성원인 조직이다. 이러한 조직에서는 구성원의 참여와 운영의 민주적 절차가 중요시된다. 노동조합, 정당, 전문 직업단체, 종교단체 등이 여기에 속한다.

② 사업조직(business concern): 소유자가 우선적인 수혜자인 조직이다. 이러한 조직의 주된 목적은 이윤추구이며, 운영의 능률이 강조된다. 제조회사, 은행, 보험회사, 도매상, 소매상 등이 여기에 속한다.

③ 봉사조직(service organization): 조직과 직접적으로 접촉하는 일반 대중, 즉 고객이 주된 수혜자다. 이 조직의 주 목적은 고객에게 서비스를 제공하는 것이다. 학교, 병원, 사회사업기관 등이 여기에 속한다.

④ 공공조직(commonwealth organization): 조직의 우선적인 수혜자가 그 구성원이 아니라 일반 국민인 조직이다. 군대, 경찰, 소방서 등의 조직이 여기에 속한다.

2) Parsons의 사회적 기능 유형

Parsons(1960: 16-58)는 조직이 수행하는 대 사회적 목표 또는 사회적 기능을 적응, 목표성취, 통합, 체제유지로 구분하고, 이에 따라 조직의 네 가지 유형을 구분하였다.

① 경제적 생산조직(organanization oriented to economic production): 사회를 유지하기 위해 필요한 재화나 용역을 생산함으로써 사회의 적응 기능을 돕는 조직이다. 사기업체가 여기에 속한다.
② 정치적 목표지향 조직(political goal oriented organization): 사회의 공동목표를 설정하고 달성하는 기능을 수행하는 조직이다. 사회 내에서 권력을 창출하고 배분함으로써 사회의 바람직한 목표를 달성할 수 있도록 보장하려는 조직이다. 정부 기관이나 은행 등이 여기에 속한다.
③ 통합조직(intergrative organization): 사회 내의 갈등을 해결하고 사회 구성 부분들이 공존ㆍ협동할 수 있도록 사회구성원들의 동기를 유발시키는 기능을 수행하는 조직이다. 법원, 정당 등이 여기에 속한다.
④ 체제유지 조직(pattern maintenance organization): 교육이나 문화 등의 활동을 통해 사회의 지속성을 유지하려는 조직이다. 교육기관, 종교단체, 박물관 등이 여기에 속한다.

3) Carlson의 봉사조직 유형

Carlson(1964: 262-278)은 조직과 고객이 서로를 선택할 수 있는 정도에 따라 봉사조직을 구분하였다. 즉, 고객의 참여결정권과 조직의 고객선택권 여부에 따라 네 가지 유형이 가능하다고 보았다.

① 유형 Ⅰ: 조직과 고객이 각기 선택권을 가지고 있는 조직이다. 우리나라 비평준화 지역의 고등학교, 선발권이 부여된 자율형 학교, 대학교, 개인병원, 공공복지기관 등이 여기에 속한다. 생존을 위해서는 경쟁이 불가피하기 때문에 야생조직(wild organization)이라고도 한다.

② 유형 Ⅱ: 조직이 고객을 선발할 수는 없고, 고객이 조직을 선택할 권리는 있는 조직으로, 미국의 주립대학교들이 여기에 속한다.

③ 유형 Ⅲ: 조직은 고객선발권을 가지나 고객은 조직선택권을 갖지 못하는 경우이다. 이러한 유형은 봉사조직으로서는 존재하기 어렵기 때문에 이론적으로는 가능하나 실제로는 존재하지 않는다.

④ 유형 Ⅳ: 조직이나 고객 모두 선택권이 없는 조직이다. 의무교육 단계의 공립학교, 평준화 지역의 고등학교, 정신병원, 교도소 등이 여기에 속한다. 이 조직은 생존경쟁이 불필요한 법적으로 보장된 조직이라는 점에서 사육조직(domesticated organization)이라고도 한다.

고객의 참여결정권

		유	무
조직의 고객선택권	유	유형 Ⅰ 야생조직 (사립학교, 개인병원, 공공복지기관 등)	유형 Ⅲ (이론적으로는 가능하나 실제는 없음)
	무	유형 Ⅱ (주립대학교)	유형 Ⅳ 사육조직 (공립학교, 정신병원, 교도소 등)

[그림 3-1] 선택권에 따른 봉사조직의 유형

4) Etzioni의 순응 유형

Etzioni(1961: 12-67)는 순응의 구조(compliance structure)를 기준으로 조직을 분류하였다. 순응이란 부하를 통제하기 위해 상급자가 행사하는 권한과 이에 대한 부하의 참여 태도 사이에 형성되는 관계를 말한다. 그는 행사권력과 참여 태도를 각각 강제적·보상적·규범적 권력과 소외적·타산적·헌신적 참여로 설정하여 총아홉 가지의 조직유형이 가능하다고 보았으나, 성격이 일치하는 세 가지 유형만이효과적인 조직유형이라고 하였다.

① 강제조직(coercive organization): 구성원에 대한 통제수단으로 물리적 제재나 위

참여수준

	소외적	타산적	헌신적
강제적	1 강제조직	2	3
보상적	4	5 공리조직	6
규범적	7	8	9 규범조직

(행사권력)

[그림 3-2] Etzioni의 순응 유형

협이 사용되며, 구성원들은 억지로 참여하는 형태다. 교도소, 정신병원 같은
조직이 여기에 해당하며, 질서유지를 가장 중시하는 조직이다.

② **공리조직**(utilitarian organization): 지배적인 권력수단은 물질적 보상이며, 이에
대해 구성원들은 이해타산적으로 참여하는 형태다. 대부분의 기업이 여기에
해당하며, 이윤추구를 주 목적으로 한다.

③ **규범조직**(normative organization): 법규나 사회적 규범이 권력의 원천으로 사용되
어 구성원들의 헌신적인 참여를 유도하는 조직이다. 종교단체, 학교, 종합병
원 등이 여기에 해당하며, 새로운 문화의 창출과 계승 및 활용을 중시하는 조
직이다.

3. 조직구조론

조직의 구조는 건물의 설계도와 같이 조직의 목표달성을 위해 구성원들의 역할
과 권위가 배분되고 연계되어 있는 조직운용의 상호작용의 틀이다(오영재, 2006:
13). 조직구조이론은 조직의 구조적 이해와 바람직한 조직설계를 위한 지식을 제공
한다.

1) Weber의 관료제이론

관료제(bureaucracy)와 관련해서는 다양한 말이 쓰이고 있다. 정부 조직을 관료 조직이라고 하기도 하고, 정부의 고위 직업공무원을 관료라 부르기도 한다. 한편 관료화, 관료주의 등의 말은 지나치게 권위적이고 형식화된 조직의 병폐나 문제점을 지적하는 의미로도 많이 쓰이고 있다. 그러나 Weber(1946, 1947)가 애초에 제시한 관료제는 조직의 목표달성을 위한 합리적 수단으로서 가장 이상적인 모형(ideal type)으로 구상된 것이다.

Weber가 관료제를 창안하게 된 것은 조직에서 소수가 어떻게 다수를 지배하는가에 대한 관심에서 비롯되었다. 그는 정당성(legitimacy)을 바탕으로 구성원의 자발적인 복종을 이끌어내는 힘을 권위(authority)라고 보고, 다음과 같은 세 가지의 권위를 유형화하였다.

- 카리스마적 권위(charismatic authority)로, 지도자의 개인적 매력과 특성에서 비롯되는 권위다. 간디의 대중적 영향력을 예로 들 수 있다.
- 전통적 권위(traditional authority)로, 세대 간 개인의 지위가 이전됨으로써 나타나는 영향력이다. 왕, 부모, 스승 등의 권위가 여기에 속한다.
- 합법적 권위(rational-legal authority)로, 법적 지위에 따라 부여된 힘을 의미한다. Weber는 이를 근대 시민사회의 특징으로 보고, 현대조직에서의 지배 원리는 여기에서 도출된다고 보았다.

그는 이러한 합법적 권위를 바탕으로 조직의 생산성을 가장 높게 해줄 것이라고 생각되는 요소를 추상하여 관료제라는 조직의 모형을 설계하였다. 따라서 Weber의 관료제는 정당성(legitimacy)이라는 기초 위에 능률성(efficiency)과 합리성(rationality)를 추구하는 이상적인 조직구조 모형이라고 말할 수 있다. 이러한 그의 구상은 합법적 권위를 바탕으로 한 조직은 카리스마적 권위나 전통적 권위를 기초로 하고 있는 조직보다 더 능률적이고 합리적이며, 순수한 관료제에 근접한 조직일수록 더 능률적이고 합리적일 것이라는 가정에서 출발하였음을 의미한다.

Hoy와 Miskel(2005: 83-85)은 현대 대부분의 조직은 많건 적건 간에 Weber가 제시한 관료제로서의 속성을 일정 부분 포함하고 있기 때문에, 현대 조직구조 이해와 논의에서 관료제는 그 이론적 기초가 된다고 하면서, 그 주요 특징을 다음과 같이 제시하고 있다.

① **분업과 전문화**(division of labor and specialization): 조직의 목적달성을 위한 과업이 구성원에게 공식적으로 배분된다. 이는 조직의 전문가 양성과 전문적 관리를 촉진하게 한다.

② **비정성**(impersonal orientation): 조직의 행위가 인정이나 감정에 지배되지 않고 엄정한 공적 정신에 의해 통제된다. 이것은 사실에 근거한 의사결정과 공평한 대우 및 합리성을 강화시켜 준다.

③ **권위의 위계**(hierarchy of authority): 부서가 수직적으로 배치되고 하위 부서는 상위 부서의 통제와 감독을 받는다. 조직의 다양한 업무의 원활한 수행을 가능하게 하고, 하위자가 상사의 지시에 순응하게 한다.

④ **규정과 규칙**(rules and regulation): 의도적으로 확립된 규정과 규칙을 통해 활동이 일관성 있게 규제된다. 이것은 조직 운영의 계속성, 안정성 및 통일성을 높여준다.

⑤ **경력지향성**(career orientation): 연공이나 업적 혹은 양자를 조합한 승진 및 보수 체계를 갖고 있으며, 경력이 많을수록 우대된다. 이것은 조직에 대한 구성원의 충성심을 유발시킨다.

Weber는 이러한 특성들이 최대화된 조직을 이상적인 조직으로 보았지만, 그 역기능을 고려하지 않았다는 점에서 비판을 받아 왔다. Hoy와 Miskel(2005: 87)은 관료제 모형의 순기능과 역기능을 〈표 3-3〉과 같이 설명하고 있다.

표 3-3   Weber의 관료제 모형의 순기능과 역기능

관료제의 특성	순기능	역기능
분업과 전문화	전문성	권태감
비정성	합리성	사기저하
권위의 위계	복종 및 조정	의사소통 단절
규칙과 규정	계속성 · 통일성	경직성과 목표 전치
경력 지향성	유인책	업적과 연공서열 간의 갈등

그 밖에 관료제는 공식조직 내의 비공식적 인간관계를 충분히 고려하지 못하였으며, 관료제 원리들 간에 내적 모순이 있다는 비판을 받고 있다. 즉, Weber는 관료적 지위에서 나오는 합법적 권위와 전문성에서 나오는 전문적 권위가 일치하는 것으로 가정하였지만, 학교의 경우에서처럼 교장의 관료적 권위와 전문적 권위가 실제로는 일치하지 않을 수 있다는 것이다. 즉, 전문성 면에서 교장보다 뛰어난 교사도 있을 수 있다. 또 관료제는 페미니즘의 비판도 받고 있다. 경력과 전문적 훈련, 직무 전념을 강조하는 관료제는 출산과 가사에 신경 써야 하는 여성에게는 불리한 조직구조이며, 조직에서 권위, 규칙, 규정과 합리성의 강조는 가부장적 지배문화를 재창출하는 작용을 한다는 것이다.

한편 이러한 비판에도 불구하고, Weber의 관료제는 공식조직이 얼마나 관료화되어 있는지를 살펴보는 기준으로 활용되어 왔다. 공식조직이 관료제의 속성인 공식화, 집권화, 전문화를 어느 수준으로 반영하고 있는지, 이런 특성들이 어떤 상황과 연결될 때 최대의 능률성을 달성할 수 있으며, 어떤 상황에서 능률성이 저해되는지 등에 대한 다양한 조직분석 연구가 Weber의 관료제라는 틀을 기초로 하여 이루어져 왔다(진동섭 외, 2005: 43-46; Hoy & Miskel, 2005: 97-105).

2) Mintzberg의 구조이론

Mintzberg(1979)는 조직구조의 핵심 부분을 다섯 가지로 제시하고, 이들 간의 업무조정 방식을 기준으로 조직유형을 구분하였다. 다섯 가지의 핵심 부분은 다음과 같다.

① 현업핵심층(operating core): 조직구조의 하부에 위치하며, 고객에게 제품이나 서비스를 생산하거나 제공하는 인력이다. 공장의 조립라인 근로자, 병원의 의사와 간호사, 항공기의 승무원, 학교의 교사 등이 여기에 속한다.

② 중간관리층(administrative component): 현업핵심계층의 바로 위에 자리하고 있으며, 감독 및 통제와 현업 근로자에게 필요한 자원의 제공을 담당하는 관리계층을 말한다. 공장의 감독자, 학교의 교장, 중간관리자 계층이 해당된다.

③ 전략상층부(strategic apex): 조직의 제일 상층부에 위치하며, 외부 환경에 주목하면서 조직의 비전 설정과 구조설계를 담당한다. 기업의 임원, 학교의 경우

교육감이나 교육장, 학교법인의 이사회 등이 여기에 속한다.

④ 전문기술 부문(technostructure): 중간관리계층의 한쪽에 위치하며, 조직의 산출물과 프로세스에 대한 표준화, 측정 및 검사, 조직활동 설계 및 계획, 직원훈련 등을 담당한다. 기업의 회계나 품질관리 부서, 정부의 감사 부서 등이 여기에 속한다.

⑤ 지원 부문(support staff): 중간관리계층의 다른 한쪽에 위치하며, 다른 부문의 과업수행을 지원하거나 촉진시키는 역할을 한다. 학교의 경우 학교식당 종사자, 수위, 시설담당 직원, 버스 운전기사 등이 여기에 속한다.

Mintzberg(1983)는 이러한 조직의 핵심 부분들을 통제하고 감독하는 조정기제 (coordinating mechanism)를 상호조절, 직접적인 감독, 작업과정의 표준화, 결과의 표준화, 기술의 표준화 등 다섯 가지로 구분하고, 이에 따라 다섯 가지의 조직유형이 나타난다고 보았다.

① 단순구조(simple structure): 소규모의 전략상층부에 의해 직접 감독이 이루어지며, 중간관리계층이나 기술 및 지원 부문이 없는 정교화되지 못한 조직이다. 영세 소규모 기업, 도서벽지 소규모 학교 등이 이에 속한다.

② 기계식관료제(machine bureaucracy): 표준화된 작업과정을 통해 조정되는 조직이다. 표준화를 주도하는 기술구조층이 핵심 부문이 되며, 규칙과 규정의 적용, 공식적 의사소통, 위계적인 의사결정이 이루어지는 Weber형 관료제 조직

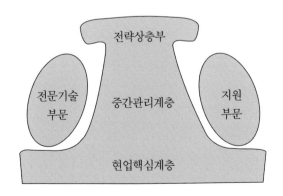

[그림 3-3] Mintzberg의 구조 모형(1979: 20)

과 같다.

③ 전문관료제(professional bureaucracy): 기술의 표준화를 조정기제로 하는 조직이다. 현업핵심계층이 조직의 핵심적인 부분이 되며, 실무전문가들의 기술과 지식에 의존하는 조직이다. 전문가 스스로 자신을 통제하고 작업기준을 개발하기 때문에 별도의 전문기술 부문은 크게 필요하지 않으며, 분권화되고 이완된 형태를 띤다. 전문가 조직이나 체계화된 대규모 학교 등에서 나타난다.

④ 사업부제(divisionalized form): 비교적 자율성이 높은 중간관리계층이 대부분의 과업을 수행하는 구조이며, 산출의 표준화가 핵심 조정기제다. 종합대학교의 각 단과대학, 종합병원의 각 전공분과, 대기업의 각 사업부 등이 여기에 속한다.

⑤ 임의구조(adhocracy): 수평적인 상호조절을 통해 통합을 이루는 조직이다. 모호한 권한체계, 불명확한 목표, 상호모순적 책임 배분 등을 특징으로 하는 신축적인 조직형태. 역동적이고 급변하는 환경에서 흔히 나타나며, 광고회사, 컨설팅회사 등이 여기에 해당된다.

4. 조직 문화 · 풍토론

1) 조직 문화 및 풍토의 개념과 의의

조직문화(organizational culture)와 조직풍토(organizational climate)에 대한 연구는 조직을 자연적 · 자발적 · 인간적 측면에서 이해하고자 하는 차원으로, 조직구조의 틀 속에서 구성원들이 지속적이고 다양한 역동적인 상호작용을 통해 만들어낸 조직의 정서적 · 인지적 측면을 다룬다.

조직문화의 개념에 대해 Ouchi(1981: 41)는 "조직의 내재적인 가치와 신념을 그 구성원들에게 전달하는 상징, 의식 및 신화"라고 정의하였으며, Robbins(1998: 595)는 "다른 조직과 구별되는 그 조직 구성원만이 공유하고 있는 하나의 의미체계"라고 정의하였고, Schwartz 등(1981: 31)은 "조직에서 개인과 집단의 행동을 규제하는 표준을 만들어 내는 구성원이 공유하는 신념과 기대의 형태"라고 정의하였다. 이러한 개념을 종합해 보면, 조직문화는 "조직 구성원들이 공유하는 철학, 신넘, 이데올로기, 감정, 가정, 기대, 태도, 기준, 가치관 등"이라고 할 수 있다. 이러한 조직문화는 조직을 다른 조직과 구별하게 하며, 구성원들에게 일체감을 제공하고, 조직의 안정감을 부여한다. Hoy와 Miskel(2005: 166-170)은 조직문화를 구체성과 추상성 및 심층성의 정도에 따라 3단계의 수준으로 구분하여 설명하고 있다. 가장 구체적인 수준은 '공유된 규범으로서의 문화'로서, 구성원들의 행동에 직접적 영향을 주는 비공식적 기대를 의미하며, 대화나 의식을 통해 구성원들에게 전달된다. 그 다음 수준은 중간 정도로서 '공유된 신념과 가치로서의 문화'인데, 조직의 기본 특성을 규정하는 중핵적 가치를 의미하며, 무엇이 바람직한가에 대한 집단의 판단을 의미한다. 이를 공유함으로써 구성원들은 일체감을 느끼며 조직의 의미를 이해하게 된다. 가장 추상적이고 심층적인 단계는 '암묵적 가정으로서의 문화'다. 이는 구성원들이 오랜 조직생활을 통해 습득한 것으로, 인간관계의 본질, 인간의 본성, 진리, 실재 및 환경 등에 대한 지극히 당연시되는 추상적 전제를 의미한다. 이러한 문화는 변화에 대해 강한 저항성을 띤다.

한편 조직풍토는 조직 구성원이 조직 내에서 경험하는 총체적 조직 환경의 질을 의미한다(Tagiuri & Litwin, 1968: 26). 조직을 다른 조직과 구별해 주고, 구성원들의 행동에 영향을 미치는 일련의 내적 특징으로서 조직의 독특한 분위기라 할 수 있다. 학교풍토는 학교 구성원 간의 상호작용 과정에 의해 조성되는 의식적·무의식적인 심리적 유대관계를 뜻하며, 비교적 장기간 지속되면서 구성원의 사고, 감정, 행위에 영향을 미치는 요인이다.

조직문화와 조직풍토는 현상적으로 볼 때 일치하는 측면이 있지만, 조직문화가 사회학과 문화인류학적 개념으로서 암묵적 가정, 공유된 가치관과 규범 등을 강조하는 반면 조직풍토는 심리학적 개념으로서 공유된 지각(집단 인지)을 강조하는 차이가 있다.

2) Ouchi의 Z이론

Ouchi(1981)는 고생산 기업들이 가지고 있는 공통점을 발견하기 위한 목적으로 미국과 일본의 기업들을 비교연구하였는데, 효과적인 기업의 성공을 설명하는 과정에서 Z이론을 발전시켰다. 그는 효과적으로 성공한 기업에는 인간 중심의 공유된 가치를 특징으로 하는 독특한 기업문화를 가지고 있는데, 이러한 문화는 그 기업의 여러 가지 속성에 의해 촉진되고 있다고 주장하였다. 즉, 성공적인 기업에는 친밀성, 신뢰, 협동과 팀워크, 평등주의 같은 공유된 가치가 있는데, 이는 장기적 고용, 점진적인 승진 비율, 참여적 의사결정, 집단결정에 대한 개인의 책무성, 전체 지향과 같은 조직 특성에서 촉진된다고 하였다. 그는 이러한 특성을 가진 미국의 성공한 기업조직을 Z이론 문화라고 명명하였다.

장기 고용은 종업원들에게 안정감과 헌신감을 형성하여 조직에 몰입하게 하며, 완만한 승진은 종업원들에게 다양한 역할과 기능을 수행하도록 함으로써 많은 경험과 숙련의 기회를 가져다준다. 집단 결정에 대한 개인 책임은 신뢰와 상호 지원의 분위기를 제공하며, 전체 지향은 평등주의 분위기를 형성해 준다.

이렇게 형성된 조직문화의 중핵적 가치들은 대부분 구성원들에게 수용되고 공유되는 지배적 가치로 자리 잡고 실제의 조직 활동의 모든 측면에서 긍정적인 영향을 미치게 된다는 것이다(Hoy & Miskel, 2005: 167-189).

표 3-4 Z이론의 조직문화 특성

조직특성		중핵가치
장기적 고용	→	조직적 헌신
점진적 승진비율	→	경력성향
참여적 의사결정	→	협동과 협력
집단 의사결정에 대한 개인적 책무성	→	신뢰와 집단 충성심
전체적 성향	→	평등주의

출처: Hoy & Miskel(2005), p. 168.

3) Steinhoff와 Owens의 학교문화 유형론

Steinhoff와 Owens(1976: 17-23)는 공립학교의 문화를 은유(metaphor)로 된 네 가지 형질의 문화로 분류하고, 학교문화평가척도를 개발해 조사하였다. 그 결과는 가족문화와 기계문화의 학교가 많고, 공연문화와 공포문화의 학교는 비교적 적은 것으로 나타났다. 네 가지 형질의 문화와 그 특징을 간단히 정리하면 〈표 3-5〉와 같다.

표 3-5   Steinhoff와 Owens의 문화유형

문화유형	특징
가족문화	• 학생에 대한 의무 이상의 헌신, 서로에 대한 관심이 중요 • 모든 사람은 가족의 한 구성원이며, 애정, 우정, 협동적, 보호적
기계문화	• 학교를 순전히 기계적인 것으로 간주, 조직 구조가 원동력 • 행정가는 조직유지를 위한 투입을 제공하기 위해 시시각각 노력
공연문화	• 학교는 브로드웨이 쇼, 연회 등 공연장으로 간주, 청중의 반응에 초점 • 명지휘자의 감독하에 교수의 예술적 질을 강조
공포문화	• 학교가 전쟁지역과 같은 긴장의 장으로 은유되는 문화 • 학교는 폐쇄상자, 교도소, 고립된 생활공간으로 묘사, 직원 간 비난, 적대적

4) Sethia와 Glinow의 문화유형론

Sethia와 Glinow(1985)는 조직의 주된 관심이 사람에 있느냐, 성과에 있느냐에 따라 조직문화의 유형을 네 가지로 나누었다. 사람에 대한 관심(concern for people)은 구성원의 복지와 만족을 위한 노력을 의미하며, 성과에 대한 관심(concern for performance)은 구성원의 직무 전념을 통한 성과 거양에 대한 기대를 의미한다. 이 두 요인의 높고 낮음에 따라 보호문화, 냉담문화, 실적문화 및 통합문화로 구분한다.

• 보호문화: 구성원의 복지를 강조하면서도 높은 성과를 요구하지 않는 온정주의적 문화다. 구성원은 조직의 지도자에게 순응하는 경향을 보이고, 충성심과 애정이 있어 조직의 생존과 번영이 이루어진다. 협력과 협동, 상사에 대한 복종 등이 중요한 가치로 여겨진다.
• 냉담문화: 인간에 대한 관심과 성과에 대한 관심이 모두 부족한 조직이다. 음모, 파당, 분열로 사기 저하와 냉소주의가 만연하여 특별한 상황과 환경의 보호 없이는 생존이 어려운 조직이다. 지도자의 방임적 리더십에 의해 조장되며, 조직의 효과성과 능률성에 대한 관심보다 기득권과 이해관계에 의해 조직이 운영된다.
• 실적문화: 구성원의 복지를 소홀히 하는 반면 높은 성과를 요구하는 조직이다. 실적을 지나치게 강조하여 구성원을 성취의 도구적 존재로 여기며, 높은 성과를 낼 경우에만 보상이 따른다. 성취, 경쟁, 적극성 등이 주요한 가치가 된다.

성과에 대한 관심

	낮음	높음
높음	보호문화	통합문화
낮음	냉담문화	실적문화

인간에 대한 관심

[그림 3-4] Sethia와 Glinow의 조직문화 유형

• 통합문화: 성과와 사람 모두에 높은 관심을 두는 조직이다. 구성원은 온정적 시혜의 대상이기보다는 인격적 존재로 여겨지고, 조직발전에 공헌할 수 있는 자원으로서 스스로 잠재력을 최대한 계발하고 발휘하도록 기대된다. 협동, 창의성, 자율 등이 주요 가치다.

5) Halpin과 Croft의 학교풍토론

(1) Halpin과 Croft의 초기의 학교풍토론

Halpin과 Croft(1962)는 학교의 조직풍토를 설명하고 기술할 수 있는 조직풍토기술질문지(Organizational Climate Description Questionnaire: OCDQ)를 개발하여 적용하였다. OCDQ는 교사와 교사, 교사와 학교장 간 사이에 어떤 행동들이 얼마나 자주 발생하는지에 대해 교사들의 지각을 묻는 것으로, 교사 집단의 특성과 교장의 행동 특성을 발견해 학교풍토를 설명하고자 하였다.

교사 집단과 교장의 행동 특성을 각각 4개의 하위 변인으로 구성하고, 각 8개 문항씩 64개 문항으로 구성하였다. 교사의 행동특성은 장애, 친밀, 방임, 사기로 구분되고, 교장의 행동 특성은 과업, 냉담, 인화, 추진으로 구분된다.

Halpin과 Croft는 이러한 OCDQ 측정 점수를 통해 개방풍토에서 폐쇄풍토의 연속선 상에서 여섯 가지 풍토를 구분하여 설명하였다.

• 개방적 풍토: 목표성취와 구성원의 사회적 욕구가 충족되는 활력 있는 풍토
• 자율적 풍토: 교사들의 자율적 분위기 조성과 사회적 욕구 충족을 지원하는 자유 보장적 풍토

교사 행동 특성

- 장애(hindrance): 교사가 교장을 자기 일을 방해하는 사람으로 지각하는 정도
- 친밀(intimacy): 교사 간 업무 외의 우호적 인간관계 유지 및 사회적 욕구 충족 정도
- 방임(disengagement): 교사가 주어진 업무를 이탈하려 하는 정도
- 사기(esprit): 교사가 일에 대한 욕구 충족과 성취감을 느끼는 정도

교장 행동 특성

- 과업(production emphasis): 일에 대한 철저한 지시와 감독의 정도
- 냉담(coldness): 공식적이고 엄정한 행동의 정도
- 인화(consideration): 배려와 친절한 행동의 정도
- 추진(thrust): 역동적인 학교운영 정도

- 통제적 풍토: 과업수행이 강조되는 반면 교사의 사회적 욕구 충족은 소홀히 되는 풍토
- 친교적 풍토: 교장과 교사 간 우호적이고 사회적 욕구는 충족되나 목표성취 활동은 부족한 풍토
- 간섭적 풍토: 교사에게 과업을 강조하지만 공정성이 결여되어 과업성취나 욕구 충족 모두에 부적합한 풍토
- 폐쇄적 풍토: 일상적이고 불필요한 일을 강조하며, 교사의 불만이 고조된 비효율적 풍토

　　Halpin과 Croft의 OCDQ와 학교풍토 구분은, 교장 행동 특성 중 과업의 개념이 높은 생산 표준을 강조하는 것이 아니라 독선적 행동에 대한 의미를 내포하는 등 틀 자체가 논리적이지 못하고 정밀함이 부족하다는 비판을 받아 왔다(윤정일, 2009: 134).
　　이런 점을 수렴해 Hoy 등(Hoy & Tarter, 1997; Hoy, Tarter & Kottkamp, 1991)은 이를 개정한 초등학교용 OCDQ-RE를 구안하여 연구를 수행하였다.

(2) Hoy 등의 OCDQ-RE에 의한 학교풍토론

Hoy 등(2005: 184-189)이 Halpin과 Croft의 OCDQ를 개정하여 활용한 OCDQ-RE는 교사 행동 특성을, 동료적(collegial), 친밀한(intimate), 일탈적(disengaged)으로 구분하고, 교장 행동 특성을 지원적(supportive), 지시적(directive), 제한적(restrictive)으로 하여 하위변인을 6개로 줄이고, 문항도 42개로 축소하였다. 이를 통해 조사된 점수를 바탕으로 학교풍토를 4가지로 구분하였다.

① 개방풍토(open climate): 학교 구성원 간 협동, 존경, 신뢰가 형성되고, 교장은 교사의 의견과 전문성을 존중하며, 교사는 과업에 헌신하는 풍토

② 몰입풍토(engaged climate): 교장은 비효과적인 통제를 시도하지만, 교사는 이와는 별개로 높은 전문적 업무수행을 하는 풍토

③ 일탈풍토(disengaged climate): 몰입풍토와 반대로, 교장은 개방적이고 지원적인데 반해 교사는 학교장을 무시하거나 무력화하려 하고, 교사 간 불화와 편견이 심하고 헌신적이지 못한 풍토

④ 폐쇄풍토(closed climate): 개방풍토와 반대로, 교장은 일상적이거나 불필요한 잡무만을 강요하고 엄격한 통제를 시도하는 반면, 교사는 교장과 불화하고 업무에 대한 관심과 책임감이 결여된 헌신적이지 못한 풍토

		교장의 행동	
		개 방	폐 쇄
교사의 행동	개 방	개방풍토	몰입풍토
	폐 쇄	일탈풍토	폐쇄풍토

[그림 3-5] Hoy 등의 OCDQ-RE에 의한 학교풍토 유형

6) Willower 등의 학교풍토론

학교풍토는 교장과 교사 간의 행위와 태도를 통해서뿐 아니라 교사가 학생을 통제하는 태도와 행위를 통해서도 규명될 수 있다. Willower 등(1967)은 학교에서 행

하는 학생 통제방식에 따라 학교풍토가 어떻게 조성되는지를 밝히고자 하였다. 이
들은 학생에 대한 통제방식을 인간적-보호적 방식의 연속선으로 가정하고, 20개
항목의 Likert 유형척도로 된 학생통제이념질문지(Pupil Control Ideology: PCI)를 개
발하여 학교풍토를 조사하였고, 이를 바탕으로 학교풍토를 인간주의적 학교와 보
호지향적 학교로 구분하였다.

- 인간주의적 학교: 학생들의 협동적인 상호작용과 경험을 통해 학습이 이루어지
  는 교육공동체로서의 학교를 의미한다. 엄격한 교사의 통제보다는 스스로의
  자제가 중요시되며, 교사는 민주적인 통제방식을 추구한다. 교사와 학생 모
  두 자신의 의지에 따른 행동을 선호하고 행동에 대해 책임을 지려는 분위기
  를 띤다.
- 보호지향적 학교: 학교의 질서유지를 위해 엄격하고 통제된 상황을 조장하는 전
  통적 학교풍토다. 교사는 학교를 학생과 교사의 지위체계가 잘 서 있는 권위적
  조직으로 인식하는 경향을 띤다. 교사는 학생들의 행동을 이해하기보다는 도
  덕적 차원에서 판단하려 하며, 무책임하고 훈련되지 않은 존재로 보고 엄격한
  규율과 체벌에 의한 통제가 필요하다고 인식한다.

7) Miles의 조직건강론

조직건강은 인간의 건강에 대비되는 개념이다. 인간과 같이 건강한 조직도 있고
그렇지 못한 조직이 있다는 것이다. 건강한 조직은 높은 생산성을 유지하고 변화하
는 환경에 적절히 대응하면서 발전을 모색하게 된다. 그러나 건강하지 못한 조직은
생산성이 낮아지고 환경변화에 적응하지 못해 쇠퇴의 길로 들어서게 된다.
Miles(1965: 18-21)가 말하는 건강한 조직의 개념은 조직의 기능을 효과적으로 수행
하고, 보다 완전하게 그 기능을 수행할 수 있는 체제로 발전과 성장을 도모하는 노
력을 지속하는 조직이다.

Miles는 조직건강의 개념을 최초로 학교에 적용하였으며, 조직건강 측정도구로
조직건강목록(Organizational Health Inventory: OHI)을 개발하여 활용하였다. 그는
학교 조직의 건강 측정변인을 세 가지 변인, 즉 과업달성 변인, 조직유지 변인, 성장
발전 변인으로 구분하였다. 과업달성 변인에는 목표에 대한 관심 · 의사소통의 적

절성 · 권력의 적절한 분산으로, 조직유지 변인에는 자원의 활용 · 응집력 · 사기로, 성장발전 변인에는 혁신성 · 자율성 · 적응력 · 문제해결력으로 구분하였다.

5. 조직 성장 · 개발론

형성된 조직은 변화하는 요구와 환경에 대응하여 추종, 적응 및 변화하면서 생존과 성장을 도모하게 된다. 조직이 어떤 과정을 거쳐 소멸 또는 성장해 가는지를 분석하고, 어떻게 하면 조직이 쇠퇴하지 않고 발전해 갈 것인지에 대한 다양한 이론들과 기법들이 연구되어 왔다. 여기서는 Greiner의 조직성장론, Owens와 Steinhoff의 조직개발론을 살펴본다.

1) Greiner의 조직성장론

Greiner(1972: 37-46)는 조직은 생성한 이후 5단계의 성장단계를 거쳐 진화하고 혁신해 간다고 설명하였다.

제1단계는 창설자의 창의성과 헌신성에 의해 성장하는 단계로서, 상품을 만들고 이를 판매하는 일에 몰두하는 단계다. 창설자는 기술자 지향이거나 기업가적인 성향을 띠며, 경영가적 지향은 아니다. 그러나 점차 조직이 커짐에 따라 창설자에 의존하는 의사소통 및 헌신구조로는 해결하기 어려운 다양한 경영문제가 야기됨으로써 창설자는 경영인의 역할을 떠안게 되는데, 여기서 조직은 리더십의 위기를 맞게 되고 첫 번째 혁신기가 도래한다. 강력한 경영자를 배치함으로써 다음 단계의 성장을 도모하게 된다.

제2단계는 지시에 의한 성장단계다. 새 경영자와 간부가 조직의 진로에 대한 책임을 지는 반면, 하위층의 감독자는 여전히 기능적 전문가로 남아 있는 형태다. 점차 경영자의 지시를 통해 배운 하위층 감독자들이 자율성을 요구하게 됨에 따라 자율성의 위기가 나타나게되고, 이에 따라 권한의 위임 등을 통한 해결책이 강구되게 된다.

제3단계는 위임을 통한 성장단계로서, 분권화된 조직구조를 개발함으로써 하위층의 의욕을 증진시켜 가는 단계다. 그러나 분권화는 경영자로 하여금 다양화된 전문적 영역에 대한 통제력을 상실하게 함으로써 통제의 위기를 조성하게 된다. 이에 따라 나타나게 되는 집권으로의 회귀 경향은 자율권을 상실한 직원들의 반감을 불러오게 됨에 따라, 집권보다는 조정을 통해 조직을 체계화하는 해결책이 모색된다.

제4단계는 조정을 통한 성장단계다. 공식적인 체제를 활용하여 광범한 조정을 도모하게 되는 단계다. 그러나 그 조정체계는 결국 형식적이고 경직화되어 형식주의의 위기를 초래하게 된다. 조직의 거대화와 복잡화는 이를 더욱 촉진하는 요인이다.

제5단계는 협동을 통한 성장단계다. 조정단계에서는 공식적 체제와 절차를 통해 성장을 도모하지만 이 단계에서는 협력을 통한 성장을 추구하게 된다. 자발성이 강조되고 사회적 통제와 자율이 공식적 통제를 대신하게 된다.

2) Owens와 Steinhoff의 조직개발론

조직개발론(organization development: OD)은 조직 구성원의 지식, 기술, 태도, 구조 등을 발전 · 변화시키기 위해 구안된 다양한 기법을 사용하여, 현재 또는 미래의 변화에 잘 적응할 수 있도록 조직 경영자들에 의해 조직개조가 시도되는 계획적이며 체계적인 프로그램이다(신중식 · 강영삼, 2004: 211). Owens와 Steinhoff(1976: 142-148)는 조직개발을 학교혁신의 핵심적 과정으로 보고 다음과 같은 열 가지의 개념을 통해 이론을 전개하고 있다.

- 발전목표: 조직개발의 주된 목표는 조직의 생산성과 효과성을 향상시키고자 하는 것이다. 업무에 관한 효과적 의사결정을 할 수 있도록 조직의 능력을 효율화할 수 있는 풍토의 개선, 의사결정의 참여 확대, 새로운 프로그램의 고안, 조직의 재구조화 등을 구체적 목표로 설정하여 추진해야 한다.
- 체제의 혁신: 조직개발은 조직은 결국 소멸하는 것이라는 소멸 지향성(entropy)의 불가피성을 수용하지 않는다. 조직은 자신의 능력을 신장시키고 변화에 적응하며, 목표성취를 증대시킬 수 있다는 자기 갱신의 특성을 가진 것으로 본다.
- 체제적 접근: 조직개발은 조직을 복잡한 사회기술적 체제로 개념화한다. 따라서 조직체제 전체를 강조하고, 하위체제 구성요소인 인간, 구조, 기술, 과업 간의

역동적 상호관련성을 강조한다. 변화가 장기간 지속되기 위해서는 체제 전체의 변화가 필요하다고 본다.

- 인간 중시: 조직개발의 핵심은 과업, 기술, 구조적 차원이 아니라 인간적 차원이다. 구성원의 행동에 영향을 미치는 신념의 체계라 할 수 있는 조직문화에 초점이 두어지며, 태도, 가치관, 감정, 개방적 의사소통 등이 주요 관심사다.
- 교육을 통한 변화: 조직개발은 교육을 통해서 구성원들의 행동을 의미 있게 변화시킴으로써 조직의 자아갱신을 촉진시킨다. 조직의 풍토와 문화를 형성하는데 영향을 미치는 요인에 교육전략의 초점이 두어진다.
- 경험을 통한 학습: 조직개발에서 학습은 '행함에 의해서 배운다' 는 원리가 적용되는 실천학습이다. 구성원들이 조직의 기능과 관련해 거리낌 없이 질문하고 문제 제기를 하도록 요청받게 되며, 그 과정을 통해 경험의 공유와 재검토가 촉진된다.
- 실제 문제에 대한 관심: 조직개발은 현존하는 시급한 문제해결을 위해 적용된다. 가상적 문제나 보편적 문제는 조직개발의 대상이 아니며, 지도성의 위기, 조직효과의 저하, 갈등의 심화 여건의 급격한 변화 등 실제적인 문제 상황이 대상이 된다.
- 체계적인 계획: 조직개발은 체계적으로 계획된 변화의 형태이어야 한다. 계획은 대상, 일정, 소요자원 등을 고려한 구체적인 것이어야 한다.
- 변화촉진자: 조직개발은 변화 노력의 초기단계에서 변화촉진자의 역할이 중요하다. 조직변화의 청사진을 마련하고 개발 프로그램을 설계하고 수행하는 데 도움을 주는 사람을 '상담자(consultant)' 라 한다. 상담자의 자질과 능력, 역할과 기능, 구성원들과의 관계가 중요하며, 이들은 외부에서 올 수도 있고, 내부에서 임명될 수도 있다.
- 최고 관리층의 참여: 최고 경영층이 변화의 과정에 참여하지 않고서는 조직 전체를 변화시킬 수는 없다. 최고 경영자가 조직발전에 관심을 갖고 헌신적으로 참여할 때 구성원들의 참여 동기가 높아지고 변화의 성공 가능성이 높아진다.

6. 학교조직의 특성

우선 앞서 논의한 조직의 유형론에서 학교조직의 특성을 유추해 볼 수 있다. 학교조직은 수혜자를 기준으로 분류할 때 학생의 교육에 봉사하는 봉사조직이며, 기능 면에서는 사회의 지속성을 유지하는 체제 유지적 조직의 특성을 갖고 있다. 반면에 학교의 선택권을 중심으로 볼 때는 대체로 평준화 체제에서 학생이나 학교 모두 선택권을 갖지 못하는 사육조직으로서의 특성이 있고, 순응 구조적 차원에서는 법규나 규범이 구성원의 헌신적 참여를 유도하는 규범조직으로서의 특성을 갖고 있다. 이러한 유형적 분류는 학교조직의 목적과 기능을 보다 분명히 해 주는 측면이 있다.

그러나 학교조직을 좀 더 깊이 들여다보면 간단히 이해하기 어려운 복잡한 양상에 직면하게 된다. 학교조직은 기업이나 다른 공공조직과 공통되는 측면도 있고 전혀 다른 측면도 갖고 있다. 이 때문에 학교조직을 연구해 온 학자들은 조직의 일반 이론을 활용하기도 하고, 학교조직만을 설명하기 위한 독특한 관점과 개념적 틀을 발전시켜 왔다. 학교조직을 깊이 이해하기 위해서는 이러한 두 가지 접근방식이 상보적으로 활용되어야 함은 두말할 나위가 없다.

1) 사회체제로서의 학교

사회체제이론은 조직이 환경과의 개방적인 상호작용 속에서 여러 가지 인적 · 물적 · 제도적 투입을 받아들이고, 이것을 조직 내의 역동적인 작용을 거쳐 산출물로 전환시켜 환경으로 내보내고, 피드백을 얻는 순환과정을 통해 생존하고 발전해 간다고 보는 현대의 주류적 조직이론이다. 학교 역시 이러한 사회체제로서의 특성을 많이 지니고 있다. 학교조직에는 다양한 인적 · 물적 자원이 투입되는데, 이러한 자원들은 교육의 목적과 학교 규범 속에서 교수와 학습이라는 전문적인 기술을 중심으로 상호작용함으로써 학생의 성장과 발전, 교원의 성취와 만족, 학교의 교육성과 등의 산출물을 만들어 내어 외부 환경으로 내보낸다.

학교조직의 환경에는 국가차원의 사회적 · 법적 · 경제적 · 정치적 · 인구학적 변수와 교육이론의 경향 등 광의의 환경요소들과, 학부모 · 학교운영위원회 · 교육위원회 · 교육 관련 단체 · 지역사회 등의 협의의 환경요인들이 망라된다. 이러한 환경으로부터 학교는 교육정책, 교육재정과 시설 등의 물적 자원, 학생과 교사 등의 인적 자원, 교육이론, 교육 요구 등을 투입받고, 이를 바탕으로 교수-학습활동을 수행하며, 그 결과로서 이루어진 학생의 성취, 결석과 중퇴율, 교사의 직무만족, 교육의 전반적 질 등을 환경으로 내보내고, 이것은 다시 학교교육활동에 피드백이 되는 순환과정을 거치는 것이다.

　학교를 사회체제로 보는 관점은 학교조직을 부분이 아니라 전체로 바라보며 환경과의 개방적인 상호작용을 강조하는 것이다. 지금 우리의 학교는 교육정보화가 촉진되고, 수요자 중심의 교육이 강조되고 있으며, 학교운영에 대한 학부모의 관심과 참여가 증가하는 등 환경에 대한 개방성이 날로 증가하고 있다. 학교교육은 이제 교원들만이 수행하고, 학교 담장 안에서만 이루어지지 않는다. 적극적인 자세로 환경과 소통하고 상호작용하는 노력이 학교행정가들에게 더욱 강조되고 있다.

2) 전문관료제로서의 학교

　학교는 다른 모든 조직과 마찬가지로 관료제로서의 속성을 갖고 있다. 초 · 중등학교가 분리되어 운영되고 있고, 각 교과별로 교육목표와 과정이 짜여진다. 가르치는 교수활동과 학교의 행정을 다루는 일이 분리되어 있다. 또한 교무부, 학생부, 행정실 등으로 여러 부서를 두어 직무를 분담하고 있다. 이것은 관료제의 원리인 분업과 전문화에 해당하는 것이다. 학교에는 관료제의 또 다른 원리인 권한과 책임에 관한 명확한 서열적 위계가 존재한다. 밖으로는 교육감과 교육장, 안으로는 교장, 교감, 부장교사, 교사 등의 순으로 위계를 이룬다. 또 학교의 모든 활동은 각종 법률이나 규정과 규칙에 근거하여 수행되며, 경력이 많은 교원이 보수와 승진 등에서 유리한 경력 지향성을 갖고 있고, 교육활동이나 행정업무는 사사로운 감정에 치우치지 않는 비인정성을 띤다. 이렇게 보면 학교도 Weber가 말하는 관료제로서의 모든 속성을 그대로 갖고 있는 셈이다.

　그러나 학교조직은 구성원인 교사가 고도의 교육을 받은 전문가라는 점에서 일반적인 관료제로 보기는 어려운 측면이 존재한다. 즉, 교사는 교육에 관한 전문성을 근거로 하여 독립적인 교실에서 상당한 자유재량권을 가지고 학생을 가르치기 때문에, 교장의 지시나 통제가 교사의 개별적인 교육활동에 영향을 미치는 데는 한계가 있다. 또한 교사는 학교의 전문적인 교육활동에 관한 의사의 결정에 깊이 참여하기 때문에 어느 정도 분권화된 조직의 특성을 지닐 수밖에 없다. 또 학교에는 교육목표가 있지만 대개 추상적 표현으로 모호하게 되어 있어 직무수행의 통일된 표준을 설정하기도 어렵고, 이에 근거해 교사들을 감독하는 것도 쉽지 않다.

Hoy와 Miskel(2005: 116)은 학교에서 관료지향적 행정가들과 교육전문가인 교사들의 행동특성의 차이를 다음과 같이 설명하였다. 즉, 행정가들은 조직의 이익을 위해 행동하도록 기대되는 반면 교육전문가인 교사들은 고객인 학생과 학부모의 이익을 위해 행동하도록 기대된다. 또 관료적 행정가들은 위계를 강조하고, 훈련된 복종과 조직에의 종속을 강조하는 반면, 전문가들은 행동의 준거를 동료로부터 찾고 의사결정의 자율권 행사와 자율적 기준에 의한 통제를 강조하는 경향에서 차이점이 있다.

이처럼 학교는 관료제가 갖는 여러 가지 특성을 갖고 있는 것이 사실이지만, 관료제화를 억제하는 전문조직으로서의 상반된 가치가 강력히 작용함으로써 관료적 요구와 전문적 가치 간에 긴장과 갈등이 불가피하게 일어나는 곳이라고 할 수 있다. 따라서 학교는 순수한 관료제라 하기는 어려우며, Mintzberg가 제시한 것처럼 교육에 대한 전문성과 기술이 조직활동을 통제하고 조정하는 기제로 작용하는 전문 관료제에 가깝다고 볼 수 있다.

3) 조직화된 무정부로서의 학교

Cohen, March와 Olsen(1972, 1976)은 학교조직을 '조직화된 무정부 조직(organizational anarchies)'으로 개념화하여 매우 혼란스럽고 통제되지 않는 학교조직의 특성을 부각시켰다. '무정부'라는 의미는 조직은 되어 있지만 덜 구조화되어 있고, 합리적·과학적·논리적으로 파악되기 어려운 측면이 있으며, 목표나 기술 또는 구성원 관계가 기능적이지 못한 측면이 있음을 강조하는 것이다. 학교는 분업과 전문화에 기초한 역할분담, 권한과 책임의 위계구조, 교육목적과 그 실현을 위한 전문지식과 기술의 적용 등 공식구조로서의 외형을 갖추고 있지만, 실제에서는 그 관계가 명확하지 못하고 매우 모호하고 혼란스러운 양상을 띤다.

Cohen, March와 Olsen은 그 이유를 학교가 갖고 있는 불분명한 목표, 불확실한 기술, 유동적 참여를 들었다. 그들에 따르면, 학교는 교육목표 그리고 교육과정의

틀 속에서 운영되지만 이것은 계량화하여 측정하기 어려운 매우 추상적인 용어로
되어 있으며, 세부적인 내용을 들여다보면 상충되는 면도 적지 않다. 또 학교에서
교육활동 및 행정과 관련된 많은 지식과 기술이 활용되지만 그것이 명확하지 못한
측면이 많다. 예를 들어, 교수-학습과 관련된 많은 이론과 방법들이 있지만 유동적
이고 상황적인 실제의 수업에 있어 꼭 들어맞는 이론과 방법이라고 확신할 수 있는
것은 별로 없다. 이 때문에 구성원 간에 전문성과 기술에 대한 합의가 되어 있지 못
해 교사들마다 가르치는 방법과 기술이 다르고 각자의 경험에 기초한 기술에 의존
하는 경향이 있다. 이 때문에 교육목표와 기술이 학습자에 미친 영향도 알기 어렵
게 된다. 또 학교에 많은 구성원들이 있지만, 이들은 모두 일정 기간이 지나면 떠나
가게 된다. 학생은 입학했다가 일정한 기간이 지나면 졸업하고, 교사와 교장도 일
정 기간이 지나면 다른 학교로 전보되는 등 이동하며, 또한 학부모와 지역사회 관
계자도 자녀가 학교에 재학하는 기간 동안만 관심을 갖고 참여하거나 필요 시에만
학교와 관계를 형성하는 특성이 있다. 이런 점들은 잦은 구성원의 변화로 의사결정
및 교육운영의 일관성과 지속성을 갖기 어렵게 만들고, 구성원의 책임성을 약화시
키며, 전문성의 축적과 활용을 어렵게 하는 요인이 된다. 나아가 학교교육의 성취
를 약화시키고 교육활동의 전문성과 책무성에 대한 신뢰를 어렵게 한다. 이 때문에
최근에 들어 학교의 교육적 책무성을 높이려는 많은 정책적 노력들이 이루어지고
있다. 학교 교육과정의 자율적 운영 범위를 확대하고, 교장공모제의 도입과 학교단
위 교사 임용방안이 모색되고 있으며, 학교운영위원회의 활성화와 학교정보공시제
강화 그리고 학교 평가와 학생의 학업성취도 평가 실시 등을 통해 학교 운영에 대한
책무성과 교육성취를 높이려 하고 있다.

4) 이완결합체제로서의 학교

Weick(1976: 5)는 학교조직의 특성을 이완결합체제(loosely coupled system)라는
개념으로 설명하였다. 모든 조직은 목표를 효과적으로 달성하기 위해 과업, 역할,
권한과 책임 관계, 부서 등 설계된 공식구조를 갖고 있으며, 공식구조의 긴밀한 상
호의존적 연계망 속에서 구성원들은 배치된 역할과 기능을 수행하게 된다. 하지만
학교조직은 질서정연하게 구조화되거나 기능적으로 분명하게 연결되어 있지 않다.
각 부서별 또는 상하위계적 지위 관계는 관련성을 갖고 연결되어 있지만, 기업이나

군대 등에서 볼 수 있는 일사불란함이나 긴밀한 상호의존성이 드러나지 않는다. 즉, 학교조직의 각 역할 및 권한 단위는 상당한 자율성과 개별성을 유지하는 특성이 있다. 학교조직의 내적 구조는 서로 연결은 되어 있으나 각자가 독자성을 유지하면서 어느 정도 분리되어 있는 모습이 드러나는데, Weick는 이를 '이완결합체제'로 명명한 것이다. '이완결합'이란 느슨하게 결합되어 있다는 뜻이며, 연결된 각 구조적 요소들이 각기 자체의 정체성을 보존하면서 물리적 · 논리적 독립성을 갖는다는 의미다. 학교에서 교사들은 교실에서 혼자 일하고, 동료나 행정가들에 의해 비교적 잘 관찰되지 않으며, 학급의 학생들에게는 상당한 자율권을 행사하고 있다. Meyer와 Rowen(1983: 71)도 교사는 일반적으로 조직구조를 수업활동 및 결과와 분리시켜 생각하며, 관료적 규범이 아니라 신뢰의 논리(logic of confidence)에 따라 활동한다고 주장하였다.

5) 이중조직으로서의 학교

또 다른 학자들은 '이완결합'이라는 개념만으로 학교조직의 특성을 충분히 설명하기는 어렵다고 주장하면서 '이중조직'이라는 개념을 제시하였다. 학교는 느슨하게 결합된 측면도 있지만, 한편으로 엄격한 관료제적 특성이 분명히 존재하고 있다는 것이다. 즉, 학교에는 교수-학습과정과 관련된 전문적 영역과 제도의 운영 및 관리와 관련된 관료적 영역이 공존하는데, 관료적 영역은 일반 조직과 마찬가지로 엄격하게 연계되어 있고 응집력 있는 구조를 가지고 있다는 것이다(Hoy & Miskel, 2005: 116). 즉, 교사의 수업활동에서 학교행정가와 교사는 느슨한 결합의 관계를 보이지만, 수업시간 운영과 학습집단 구성, 인적 · 물적 자원의 활용 등에서 교사와 학교행정가는 엄격한 결합 관계를 보인다. 또 교사가 수행하는 수업 외적 활동, 즉 인사관리, 학생관리, 시설관리, 재무관리 등에서는 학교행정가와 교사가 보다 엄격한 결합을 맺고 있다. 따라서 학교는 수업과 관련해서는 느슨한 결합구조를 갖지만, 행정관리라는 보편적 조직관리 측면에서는 엄격한 결합구조를 갖는 이중적 측면이 있다. 따라서 학교행정가는 학교의 이러한 이중적 조직특성을 잘 살려 행정관리 차원의 조직관리는 관료적 엄격함을 유지하되, 교육활동과 관련된 전문영역에서는 자율성 및 권한과 책임의 부여 등 이원적 차원에서 지도성을 발휘할 필요가 있다(윤정일 외, 2009: 163-164).

6) 학습조직으로서의 학교

학교는 교수와 학습을 주요 과업으로 삼는 봉사조직으로서, 궁극적 목적은 학생의 학습에 있다. 이러한 학교의 본질적 기능에 주목하여 학교를 학습조직(learning organization)이라는 개념으로 이론화하려는 노력이 있어 왔다. 학습조직의 개념화를 최초로 시도한 Senge(1990)는 학습조직을 "구성원들이 진정으로 원하는 성과를 달성할 수 있도록 지속적으로 역량을 확대시키고, 새롭고 포용력 있는 사고능력을 함양하며, 학습방법을 서로 공유하면서 지속적으로 배우는 조직"이라고 정의하였다. Leithwood와 Louis(1998)는 학습조직에 대해, "참여자가 공통 목적의 가치를 정기적으로 평가하고, 필요 시에 그 목적을 수정하며, 목적을 성취하기 위해 더 효과적이고 효율적인 방법을 끊임없이 개발하는 데 집단적으로 헌신하는 조직"이라고 설명하였다.

학교는 다른 어느 조직보다 학습조직이 되어야 할 필요가 있다. Hoy와 Miskel (2005)은 그 이유로, 학교는 참여자들이 창조하고 성취하는 능력을 지속적으로 넓히고, 새로운 사고패턴이 권장되며, 집단적 포부가 길러지고, 참여자들이 함께 학습하는 방법을 배우며, 혁신과 문제해결의 능력이 확대되는 장소이어야 하기 때문이라고 하였다. 학교의 학습조직화의 필요성은 시대적 맥락도 주요한 배경이 되고 있다. 지식정보화 사회의 도래로 지식 수명이 단축되고, 급격한 외부환경 변화에 따른 교육 수요와 기대가 급변하고 있고, 불확실한 미래에 대한 전문적이고도 자율적인 대응 역량을 학교가 갖출 필요가 있기 때문이다(김희규·조홍순, 2008).

학습조직은 구성원의 학습 자발성, 지식 및 학습 정보의 공유, 협력적인 학습활동, 새로운 지식의 창출과 활용, 개인과 집단 및 조직 전체가 유기적으로 상호작용하는 체제를 강조한다. Senge(1990)는 전통적인 관료적 조직과 근본적으로 다른 학습조직을 구현해 주는 다섯 가지 원리를 다음과 같이 제시하였다.

- 개인적 숙련(personal mastery): 지식과 기술 등에 대한 개인적 역량을 지속적으로 키우는 학습활동
- 정신적 모형(mental model): 주변에서 발생하는 현상들을 이해하는 인식체계
- 비전의 공유(shared vision): 조직이 추구하는 방향과 그 중요성에 대한 공감대

형성

- **팀 학습(team learning):** 구성원들이 팀을 이루어 학습하는 것으로 개인 학습을 증진하고 조직학습을 유도
- **체제 사고(system thinking):** 조직의 다양한 사건이나 활동을 부분이 아니라 조직 전체의 역동적인 상호작용 차원에서 인지하고 이해하는 접근방식

　학교는 근본적으로 지식체계에 기반하여 학습을 주 목적으로 삼는 조직이기 때문에 학습조직으로서의 기본적 속성을 갖고 있을 뿐 아니라 그 당위성이 다른 어떤 조직보다 크다고 할 수 있다. 또한 지식정보화 사회로의 급변과 국가의 인적 역량 강화의 필요성에 따른 교육개혁의 요구, 불확실한 미래의 교육환경에 대한 효과적인 대응의 필요성 등 시대적 환경 면에서도 학습조직화의 필요성이 커지고 있다. 학교의 학습조직화는 학교정책적 차원의 노력과 학교행정가들의 효과적인 리더십이 발휘됨으로써 가능해질 수 있다.

 정리하기

- 조직의 개념에 포함되는 공통적 속성은, 특정한 목표, 둘 이상의 구성원, 의도성, 구성원 간 공유된 인식, 역할과 협력체계·권한·의사소통·지원 등에 관한 공식구조와 규범, 환경과의 상호작용 등이다.
- 조직의 주요 요소는 공식구조, 개인, 문화, 정치, 핵심기술, 환경 등이다.
- 조직에는 조직 목적 수행을 위해 설계된 공식조직이 있지만, 그 속에는 개인 간의 선호에 따라 형성된 비공식적 조직이 존재하며, 조직의 역할 수행에 긍정적 또는 부정적 영향을 미친다.
- 보통의 조직에는 수직적 업무수행 중심의 계선조직과 상층부의 의사결정을 돕는 수평적인 참모조직이 있으며, 조직을 지원하기 위한 외곽의 보조조직을 두는 경우도 있다. 어느 쪽을 더 강조할 것인가는 조직의 성격과 목적에 따라 다르다.
- 조직의 유형 구분은 수혜자, 사회적 기능, 조직 및 고객의 선택권, 순응형태 등에 따라 다양하게 이루어져 왔으며, 학교조직은 각각 봉사조직, 체제유지적 조직, 사육조직, 규범조직으로서의 특성을 지니고 있다.

- Weber의 관료제는 분업과 전문화, 비정성, 권위의 위계, 규칙과 규정, 경력지향성을 핵심적인 특징으로 하며, 현대 모든 조직은 일정 부분 관료제의 속성을 지니고 있다. 그러나 Weber의 관료제는 그 역기능을 고려하지 않았고, 비공식적 조직을 간과했으며, 내적 논리의 모순과 성차별적 요소가 있다는 점 등에서 비판을 받고 있다.
- 조직구조를 구성하는 기본적 요인들은 전략상층부, 중간관리계층, 현업핵심계층, 지원부문 및 전문기술부문이며, 조직은 상호조정, 직접적인 감독, 작업 표준화, 결과 및 기술 표준화 등을 통해 작업을 감독하고 통제한다.
- 조직문화는 사회학과 문화인류학적 개념으로, 조직이 갖는 비공식적 규범, 가치와 신념, 암묵적 가정을 말하며, 조직풍토는 구성원의 심리적 유대관계 속에서 지각되는 조직의 분위기다. 효과적으로 성공한 조직은 신뢰, 평등, 협동 등의 중핵적 가치를 공유한 문화를 갖고 있으며, 이러한 가치들은 조직의 특성에 의해 형성된다. 조직풍토와 조직건강을 측정하기 위한 다양한 도구들이 개발·활용되어 왔으며, 개방적인 풍토와 건강한 조직을 만드는 다양한 요인들에 대한 연구가 지속되고 있다.
- 조직은 환경과 요구의 변화에 적응하면서 성장하고 발전을 도모한다. 조직의 지속적 성장을 위한 다양한 개발 전략과 기법이 연구되고 있다.
- 학교조직은 개방적인 사회체제, 관료적 요구와 전문적 가치가 공존하는 전문관료제, 모호한 교육목표, 불확실한 기술, 유동적 참여가 만들어 낸 혼란스러운 측면의 조직화된 무정부 조직, 느슨하게 결합된 이완결합조직, 행정업무 위주의 관료조직과 교육 중심의 전문조직이 결합된 이중조직, 개인과 집단, 조직 전체가 유기적인 학습체제를 형성하고 지식정보를 공유하며 재생산하는 학습조직으로서의 특성을 갖고 있다.

적용하기

1. 조직의 개념에 비추어, 월드컵 축구의 응원을 위해 광장에 모인 사람은 단순한 군중인지 조직인지 토론해 보자.
2. 우리 학교 내에는 어떠한 비공식조직이 존재하는지 살펴보자.
3. 우리의 학교조직도에서 계선조직과 참모조직을 구별해 보자.
4. 특정한 기업조직을 대상으로 관료제의 적용 정도가 어떠한지, 그 순기능 및 역기능은 어떻게 나타나고 있는지 조사해 보자.
5. 우리 학교 또는 졸업한 고등학교를 떠올려 어떤 문화적 특성들이 있었으며, 어떤 풍토

에 가까웠는지 생각해 보자.

6. 우리의 학교조직이 지식정보화의 시대변화와 수요자인 국민의 교육요구에 부응하기 위해서는 어떤 방향에서 조직개발이 필요한지 논의해 보자.

제**4**장

동기이론

1. 동기의 개념

2. 동기의 내용이론

3. 동기의 과정이론

4. 동기이론의 시사점

● 학습 목표

- 동기란 자기 스스로 추구하고자 하는 목표에 이르게 하는 욕구로, 이러한 동기가 있어야만 사기가 유발 되고 조직의 효과성을 달성할 수 있음을 알 수 있다.
- 동기의 내용이론을 이해하고 설명할 수 있다.
- 동기의 과정이론을 이해하고 설명할 수 있다.
- 동기이론이 학교조직에 주는 시사점을 이해하고 설명할 수 있다.

1. 동기의 개념

동기는 자기가 추구하고자 하는 목표에 이르게 하는 욕구로, 동기가 있어야 사기가 유발되며 이것이 과업성과를 결정한다. 이러한 동기는 개인의 욕구나 성격과 밀접한 관계가 있다. 동기(motive)라는 용어는 사람으로 하여금 어떤 행동을 일으키게 하는 내적인 요인 또는 마음의 상태를 의미한다. 동기는 그 자체가 행동이 아니기 때문에 직접 관찰할 수는 없지만, 관찰되는 행동을 통해서 유추해 볼 수 있다. 동기는 어떠한 행동을 하도록 유도하는 요인이다. 그것은 개인의 활동을 유발하고 유지시키며, 행동의 방향을 결정한다. 그래서 동기는 '다양한 형태의 자발적인 활동 가운데 개인적인 선택을 통제하는 과정'으로 정의하기도 하고, '인간의 행동을 유발하고 그 행동을 유지시키며, 그들을 일정한 방향으로 유도하는 과정'이라고 정의하기도 한다. 즉, 동기는 인간 행동의 활성화(active), 행동의 방향 제시(direct), 행동의 지속 및 유지(maintain)라는 세 가지 요소를 기본적인 개념으로 포함하고 있다. 동기는 개인의 내부에 존재하는 욕구(needs), 필요(wants), 충동(impulse), 추진력(drive) 등과 같이 행동을 활성화하는 힘을 통해 개인이 어떠한 형태로 행동하도록 안내하며, 행동의 방향, 즉 목표를 지향하도록 하고, 그 행동을 지속하거나 유지하도록 이끈다. 인간의 행동은 개인의 욕구에 대한 반응이며 욕구가 그렇게 행동하도록 동기부여를 한다. 즉, 동기는 인간의 욕구와 행동 사이의 매개변인이 되어, 개인의 욕구에 따라 행동하도록 동기를 유발하므로, 조직의 행동을 통제하려면 조직 구성원의 동기를 이해해야 하고, 조직의 동기를 이해하려면 조직 구성원의 행동을 일으키게 하는 욕구를 이해해야 한다.

인간은 본래 결핍된 욕구를 충족하려는 경향이 강하며, 따라서 욕구가 충족되지 않을 경우 그 욕구결핍을 줄이기 위해 여러 가지 방안을 탐색하게 된다. 이때 하나의 행동안이 선택되면 목표지향적인 행동이 발생하게 되고, 이 행동으로 나타난 성과는 일정 기간이 지난 후 관리자로부터 평가를 받는다. 이 평가를 바탕으로 보상 또는 벌이 주어지며, 이에 준하여 개인은 욕구결핍을 재평가하게 된다. 또한 이런 동기화 과정은 순환·반복되어 일어난다.

동기와 관련되는 이론은 내용이론(content theories)과 과정이론(process theories)으로 구분된다. 내용이론은 동기를 유발하는 내용, 즉 동기를 유발시키는 것이 '무엇' 인가에 초점을 두고 있다. 사람이 가지고 있는 욕구가 무엇이며, 그것의 우선 순위가 어떤가에 관심을 둔다. 대표적으로 욕구위계이론, 생존 · 관계 · 성장이론, 동기-위생이론, X-Y이론, 미성숙–성숙이론 등이 있다.

과정이론은 동기가 유발되는 과정, 즉 '어떻게' 동기가 유발되는가에 초점을 두고 있다. 어떤 과정을 거쳐 동기가 유발되는지에 관심이 있기 때문에 인간이 목표를 달성하기 위하여 노력하는 행동 과정에 관계되는 요인이 무엇이며, 그들이 어떻게 상호관계 되는가에 관심을 둔다. 대표적으로 기대이론, 공정성이론, 목표설정이론 등이 있다.

2. 동기의 내용이론

1) 욕구위계이론

교육행정학에서 동기에 대한 이론은 초점에 따라 내용이론과 과정이론으로 나누어진다. 내용이론은 동기를 유발하는 요인의 내용을 설명하는 이론으로, 무엇이 개인의 행동을 유지 또는 활성화시키는지, 환경 속의 어떤 요인이 사람의 행동을 움직이게 하는가에 초점을 두고 있다. 과정이론은 동기유발의 과정을 설명하는 이론으로, 정보처리나 인식 또는 직무환경요인과 상황 등의 요인들이 서로 어떻게 관련되어 있는 가를 분석하는 데 초점을 두고 있다(장원동 · 문도연, 2004).

인간은 욕구를 충족시키기 위해 동기부여되기 때문에 내용이론을 다른 말로 욕구이론(need theory)이라고도 하는데, Maslow의 욕구위계이론(need hierarchy theory)이 여기에 속한다. 간단히 말하면, Maslow의 욕구위계이론은 인간은 충족되지 못한 욕구 때문에 항상 동기화되어 있으며, 욕구는 만족해야 할 순서대로 위계화 되어 있다는 이론이다. 즉, 특정 시점에서의 개인의 행동은 강한 욕구 또는 중요한 욕구에 의하여 결정된다고 본다. Maslow의 욕구위계는 다음과 같다.

① 생리적 욕구(physiological needs): 생존과 직결된 욕구로서, 배고픔, 갈증, 배설, 잠 등이 있다. 어느 하나라도 채워지지 않으면 그 욕구를 충족시키려는 동기에 의해 지배당한다. 생리적 욕구는 가장 강력하다.

② 안전 욕구(safety needs): 물리적·심리적 안전을 모두 지칭한다. 따라서 물리적 침입이나 공격으로부터의 안전뿐만 아니라 심리적인 안정감을 추구하게 된다.

③ 소속·애정 욕구(social needs): 타인과의 접촉, 모임, 사랑 등에 대한 욕구다. 이 욕구는 생리적 욕구와 안전 욕구가 어느 정도 충족되어야 그 중요성이 느껴진다. 사랑하고 싶어지고 사랑받고 싶어지며, 어딘가 소속되어 친밀한 관계를 추구하려한다.

④ 자존 욕구(esteem needs): 자기 자신을 긍정적으로 평가하려는 욕망을 나타낸다. 자기가 능력 있는 사람이며 타인에게 인정받는 위치에 있다는 것을 느낀다.

⑤ 자아실현 욕구(self-actualization needs): 자아실현은 매우 광범위한 의미를 지니고 있는 것으로서, 교육 내지는 그 자체로 삶의 목적이라고 할 수 있다. Maslow는 질병, 기본적 인간능력의 상실 등이 가장 적게 존재하는 상태에서, 자신의 잠재적 능력 및 가능성을 완전히 발휘하는 것이라고 하였다.

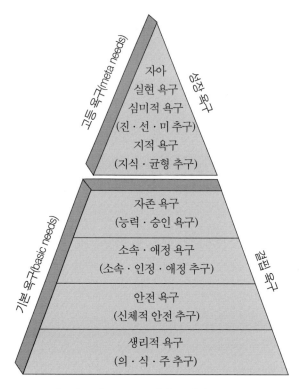

[그림 4-1] Maslow의 욕구위계

이와 같이 욕구에는 순서가 있으며, 이는 우선 하위의 욕구가 충족됨으로써 상위의 욕구를 자유롭게 추구하게 되고 궁극적으로 자아실현까지 이르게 된다는 방향성을 보여 준다.

Maslow의 욕구위계이론은 연구 자료가 통계적으로 신뢰도가 낮고, 일반화시키기에는 많은 문제점이 있다고 비판받기도 하지만, 인간의 기본 본성을 더욱 이해시키고, 인간 내면의 기능적인 면을 연구하여 새로운 관점에서 인간의 행동을 분석했다는 점은 높은 평가를 받고 있다.

2) 생존 · 관계 · 성장이론

Alderfer(1972)의 생존 · 관계 · 성장이론은 Maslow의 욕구위계이론이 직면한 문제를 극복하고 보다 현실에 맞게 수정된 이론이라고 할 수 있다. Alderfer는 Maslow의 5단계의 욕구를 3단계로 축약하여 인간의 욕구를 생존(existence)욕구, 관계(relatedness)욕구, 성장(growth)욕구로 구분했다.

생존욕구란 생존에 필요한 물질적인 자원의 확보와 신체의 보호, 생활의 복지 등을 해결하려는 욕구다. 조직에서의 보수, 직업안정성, 근무조건 등이 여기에 포함된다. 이는 Maslow 이론의 생리적 욕구와 안전의 욕구에 대응되는 욕구다.

관계욕구는 사회에 포함되어 타인과의 대인관계에서 존경을 받고, 일반 사회생활에서 고립되지 않고, 자율적으로 활동함으로써 심리적 안정을 추구하는 소속의 욕구, 그리고 안전한 대인관계를 갖고 싶어 하는 욕구를 의미한다. 관계욕구는 Maslow의 안전의 욕구의 일부와 소속감과 애정욕구 그리고 존경욕구의 일부를 포함한다고 볼 수 있다.

성장욕구는 개인의 창조적 성장, 잠재력의 극대화 등과 관련된 모든 욕구를 가리킨다. 이러한 욕구는 한 개인이 자기 능력을 극대화할 뿐만 아니라 능력개발을 필요로 하는 일에 종사함으로써 욕구충족이 가능한 것이다. 이 성장욕구는 Maslow의 존경욕구와 자아실현욕구에 해당한다고 할 수 있다.

Alderfer 이론의 기본원리는 다음과 같은 욕구좌절, 욕구강도, 욕구만족으로 설명된다.

• 욕구좌절(needs frustration): 고차 욕구인 성장욕구가 어떤 상황에 의해 실현이

좌절되면 저차 욕구인 관계의 욕구에서 이를 보상받으려고 한다. Maslow의 욕구위계이론과 달리, 생존·관계·성장이론은 여기에 좌절-퇴행(frustration-regression)요소를 통해 설명한다. 이 이론에 따르면, 만약 고차욕구가 충족되지 않았을 때, 좌절-퇴행이 나타나 오히려 저차욕구의 중요성이 커지고 그에 따라 바라는 바도 커진다.

- 욕구강도(needs strength): 저차욕구인 존재욕구가 충족될수록 고차욕구인 관계욕구에 대한 바람이 커진다.
- 욕구만족(needs satisfaction): 각 수준의 욕구가 충족되지 않을수록 그 욕구에 대한 바람은 더욱 커진다.

Alderfer는 인간의 욕구를 계층화하고 계층에 따라 욕구의 발로가 이루어진다고 규정한 점에서는 Maslow와 공통된 견해를 지니고 있다. 그러나 생존·관계·성장이론의 성립 자체가 Maslow의 욕구위계이론이 지니고 있는 문제점 및 한계점을 극복하고 보완해 보고자 하는 노력의 결과이므로 다음과 같은 차이점을 가지고 있다.

첫째, Maslow가 욕구에 부여하는 중요성과 추구의 순서를 기준으로 하여 생리적 욕구, 안전 욕구, 소속·애정 욕구, 자존 욕구, 자아실현 욕구 등의 다섯 가지로 분류한 반면, 생존·관계·성장이론은 욕구를 충족시키기 위해 취하는 행동이 얼마나 추상적인가를 기준으로 하여 생존욕구, 관계욕구, 성장욕구 등의 세 가지로 분류하였다.

둘째, Maslow는 다섯 가지 욕구 중에서 가장 우세한 하나의 욕구에 의해서 하나의 행동이 유발된다고 보았지만, Alderfer는 두 가지 이상의 욕구가 동시에 작용하여 복합적으로 하나의 행동을 유발한다고 주장하여 개인행동을 더욱 현실적으로 설명하였다.

셋째, Maslow가 욕구충족 시 욕구가 최하급의 생리적 욕구에서 자아실현의 욕구까지 진행되어 가는 과정만을 제시한 반면, Alderfer는 욕구만족 시 욕구발로의 전진적 상향적 진행뿐만 아니라 욕구좌절에 따른 욕구발로의 후진적·하향적 퇴행(좌절, 퇴행의 원리)을 제시하였다. 예를 들어, Maslow는 자아실현 욕구가 충족되지 않았을 때 행동에 가장 큰 영향을 주는 욕구는 자아실현 욕구라고 가정하였다. 반면에 Alderfer는 성장욕구가 충족되지 않았을 때, 인간은 욕구좌절에 따른 내면적 긴장상태를 오래 지속시키려 하지 않기 때문에 성장욕구 대신에 욕구계층상 하위

욕구인 대인관계 유지 욕구를 더 중요시 하여 만족시키려 한다고 주장하였다. 즉, Maslow의 욕구 계층 간의 만족-진행의 요소만을 중시하는 반면, Alderfer의 생존·관계·성장이론은 이것과 더불어 좌절-퇴행의 요소도 함께 포함해서 인간 욕구의 발로를 설명하고 있다.

넷째, Alderfer는 욕구의 인식 측면에서 볼 때 우세한 욕구는 인간이 인식할 수 있으므로 인간의 욕구를 설문지나 면접을 통해 실증적으로 연구할 수 있다고 주장하였다.

Alderfer의 이론을 Maslow의 이론과 대비하여 〈표 4-1〉과 같다.

표 4-1 Maslow 이론과 Alderfer 이론의 관계

이론＼욕구	저차원의 욕구		고차원의 욕구
Maslow 이론	생리적 욕구, 물리적 측면의 안전 욕구	대인관계 측면의 안전욕구, 소속 및 애정욕구, 존경욕구	자아실현의 욕구
Alderfer 이론	존재	관계	성장

3) 동기-위생이론

Herzberg(1959)의 동기-위생이론(motivation-hygiene theory)은 다음과 같이 연구의 배경으로 출발하였다. Herzberg는 피츠버그에서 11개 산업체, 203명의 기술자와 회계사들을 대상으로 직무수행 시 가장 만족했고 가장 불만족했던 사건이 무엇이었는지에 대한 두 가지 질문으로 면접을 시행하였다. 이 면접을 바탕으로 연구를 한 결과, 직무에 관련하여 동기화시키는 데에는 두 가지의 독립 변인이 있음을 알아내었다. 즉, 사람들에게는 만족을 주는 직무요인과 불만족을 주는 직무요인이 별개로 존재한다는 사실을 발견하였다. 그런 이유로 이 이론을 이 요인설(two-factor theory)이라고 말하기도 한다.

이를 기초로 Herzberg는 직무 만족을 가져다는 요인들은 동기요인(motivatiors) 또는 만족요인(satisfiers)이라고 부르고, 불만족을 가져다주는 요인들은 위생요인(hygiene factors) 또는 불만족요인(dissatisfaction factors)이라고 이름 붙였다. 여기에서 중요한 것은 만족과 불만족을 반대의 개념이 아닌 별개의 개념이라는 것이다.

즉, 만족의 반대는 '무만족(no satisfaction)'이며, 불만족의 반대는 '무불만족(no dissatisfaction)'이라는 것이다. Herzberg는 이 두 가지 요인이 인간행동에 각각 다른 방법으로 영향을 미친다고 결론을 내렸다.

사람들은 자기가 하는 일에 불만을 느끼게 되면 자기가 일하는 환경에 관심을 갖게 된다. 그래서 위생요인은 주로 직무의 환경과 관련된 요인을 말한다. 주로 급여, 안정된 고용, 지위, 정책과 경영, 감독기술, 대인관계 등 외적 요인이 포함된다. 이러한 위생요인이 충족되지 않는 경우에는 직무에 대한 불만족을 가져와 조직의 성과에 부작용을 일으키나, 반대로 이들 요인이 잘 갖춰졌을 경우에도 강한 동기부여는 가져오지 못한다.

그에 반해 동기 요인은 개개인 자체로 하여금 직무에 대해 만족감과 성취감을 느끼도록 하는 내적 요인을 말한다. 주로 달성, 승인, 일 자체, 책임, 승진 등 내적 요인을 말하고 있다. 이러한 동기 요인은 충족되지 않는 것으로 큰 불만족을 가져오지는 않으나, 충족이 될 경우 강력한 동기를 개인에게 부여하며 적극적인 영향을 주어 직무에 대한 긍정적인 태도를 유도하게 된다.

이 이론을 학교조직에 적용해 보면, 산업체 집단과 교육 집단의 차이점에 따라 몇 가지 요소에서 다른 점이 나타남을 알 수 있다. 작업 자체와 승진 등은 교사들에게 동기요인으로는 크게 중요하지 않으며, 산업체에서 나타나는 상사와 고용인들과의 갈등관계와는 다르게 학생들과의 인간관계에 더 많은 문제가 있다는 점이다. 즉, 동기-위생이론과 관련하여, 교사로 하여금 권한과 자유 재량권을 부여하여 자신의 능력을 발휘할 수 있는 기회를 주고 직무 속에서 도전, 보람, 흥미, 심리적 보상 등 개인적, 전문적 목표를 성취할 수 있도록 해 주어야 한다는 것이다.

다음은 위생요인 추구자(hygiene seeker)와 동기요인 추구자(motivator seeker)의 특징이다.

① 위생요인 추구자의 특징
• 환경적 요인에 의하여 동기가 부여된다.
• 보수, 감독, 작업조건 등 모든 면에 대해 약간씩의 불만을 가진다.
• 위생요인의 개선에 대해 만족감의 과잉반응을 보인다.
• 위생요인의 개선에서 얻은 만족은 장기적이다.
• 위생요인이 개선되지 않는 데 대해서 불만의 과잉반응을 보인다.

• 업적성취에서 얻은 만족을 거의 인식하지 못한다.

• 담당 직무의 종류의 특질에 대해서 관심을 보이지 않는다.

• 직무와 인생 전반에 긍정적인 가치에 대해 냉소적이다.

• 직무상의 경험으로부터 성장에 필요한 도움을 얻지 못한다.

• 외적 풍조에 말려들기 쉽다.

• 재능 때문에 직업생활에서 성공할 수도 있다.

② 동기요인 추구자의 특징

• 직무요인에 의하여 동기가 부여된다.

• 불만 야기요인에 대해 높은 관용성을 보인다.

• 동기요인의 개선에 대해 비교적 작은 반응을 보인다.

• 동기요인의 개선에서 얻은 만족은 단기적이다.

• 동기요인의 개선에서 얻은 불만은 필요한 경우에 비교적 가벼운 편이다.

• 업적 성취에서 커다란 만족을 얻는다.

• 담당직무를 즐길 수 있는 능력을 나타낸다.

• 직무와 인생 전반에 대해 긍정적인 자세를 갖는다.

• 직무상의 경험을 통하여 직업인으로서의 성장에 필요한 도움을 얻는다.

• 사려 깊고 신념체계가 진지하다.

• 초과 성취자가 될 수도 있다.

동기-위생이론에 대한 비판은 다음과 같다(Stephen, 1988).

• Herzberg의 연구절차는 방법론상으로 제약적인 면접법 사용하여 알아낸 결과
이므로 신뢰성이 약하며 주관적이다.

• 직무만족에 대한 전반적인 측정이 시도되지 않았으며, 구체적 수치로 측정 불
가하며 상황 변인들을 무시하고 있다.

• Herzberg는 만족과 생산성 간에 상관관계가 있다고 가정하고 있으나 그가 사
용한 연구방법으로 보아 만족의 측면만을 보았지 생산성의 측면은 소홀히 하
고 있다.

한편, 동기-위생이론에 대한 긍정적인 평가는 동기부여의 연구에 새로운 장을 열게 해주었다는 점이다(윤종건, 2006). 대부분의 경영자들은 일반적으로 위생요인에만 관심을 집중하는 경향이 있다. 그러나 Herzberg에 따르면, 위생요인만으로는 종업원들에게 적극적인 동기를 주지 못하며, 오직 동기요인만이 적극적인 만족을 유도하고 그럼으로써 동기를 줄 수 있다. 그런데 기존의 일에서는 동기요인이 나오기 어려우므로 경영자는 일 자체의 내용을 개편하는 작업, 즉 직무의 재설계작업이 필요하다. Herzberg는 조직원들의 동기를 유발하기 위한 방법으로 직무풍요화(job enrichment)를 권하였다. 직무풍요화란 조직원들로 하여금 자기가 맡은 일에 관련된 권한을 확충하여 줌으로써 책임감을 높이고, 동시에 심리적으로 성장감(psycholigical growth)을 느끼게 한다는 것이다.

Herzberg는 직권확충을 할 수 있는 직무재설계 사례로 최소한 다음과 같은 여섯 가지가 있다고 하였다.

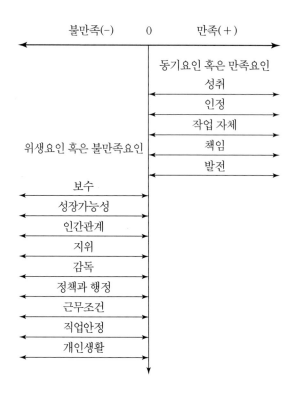

[그림 4-2] 동기-위생 요인

- 고객에 대한 봉사를 위주로 하는 업무체계
- 작업결과를 담당자에게 알려 주는 환류(feedback)
- 부단한 연찬을 통한 새로운 지식과 기술의 습득 기회 제공
- 업무수행에 필요한 자원들을 스스로 통제할 수 있는 재량권 부여
- 작업수행에 필요한 정보원에 직접 연결되도록 의사소통체계 개선
- 결과에 대해 스스로 책임을 질 수 있는 체제 마련

Sergiovanni(1967)의 연구와 Schmidt(1976)의 연구에 따르면, 교사에게는 작업 자체와 승진은 동기부여요인으로서 그렇게 중요하지 않았으며, 교사에게는 출석부 정리, 시간표작성, 점심시간에 학생지도업무, 복도생활지도업무 등이 불만족 요인으로 작용하고 있었다. 그리고 교사는 상사와의 인간관계가 학생들과의 인간관계보다 더 많은 문제를 지니고 있으며, 학교행정가는 교사들보다 부하직원들과의 인간관계를 포함한 더 많은 문제점을 갖고 있는 것으로 나타났다.

결론적으로, Herzberg의 이론은 동기요인의 중요성과 이를 경영에 실천할 수 있는 현실적 방안을 소개하고 있다는 점에서 의미를 지닌다.

4) X-Y이론

McGregor는 경영을 하는 데에서의 결정과 행위에 영향을 주는 인간행동에 관한 두 가지 가정을 X이론과 Y이론이라고 하였다. 즉, 경영자가 'X이론적 관점을 가지고 있느냐 Y이론적 관점을 가지고 있느냐'에 따라 현장에서 종업원을 대하는 방식이 달라진다.

X이론은 조직의 목표에 인간의 에너지를 이용하려는 매니지먼트의 전통적인 사고방식이다. X이론의 인간에 대한 가정은 다음과 같다.

- 사람들은 선천적으로 일하기를 싫어하며, 돈을 벌기 위해 어쩔 수 없이 일을 하며, 명령이나 지시받은 일 외에는 하려고 하지 않는다. 때문에 조직목표를 달성하도록 하려면 구성원들에게 처벌에 대한 위험, 강압, 통제, 지시를 사용해야 하며, 전통적인 권위주의 경영관리방식인 엄격한 감독, 상세한 명령 및 지시, 위로부터 아래로의 지배 중시, 금전적 자극 등을 특징으로 하는 관리 및 조

직이 나타난다.

- 대부분의 인간은 지시받기를 좋아하고, 책임을 맡으려 하지 않으며, 야망이 없고 무엇보다도 안정을 바란다.
- 직장인들에게 동기를 부여할 수 있는 유일한 수단은 돈이다. 일에 대한 만족감이나 보람이 돈보다 우선시되는 경우는 없다.

X이론의 관리전략은 당근(경제적 보상)과 채찍(억압, 통제)을 적절하게 사용하는 것이다. 관리는 구성원들에게 임금을 지급하고 그들의 과업수행을 감독하며, 잘못되었을 경우 수정하도록 하는 데 있다.

반면에, Y이론에서는 인간을 자아실현적인 존재로 본다. 즉, 일이란 작업조건이 정신적, 신체적으로 만족하기만 하면 놀이와 마찬가지로 즐거운 것이며, 보통의 인간은 본질적으로 일을 싫어하지 않는다. Y이론의 인간에 대한 가정은 다음과 같다.

- 인간은 일을 싫어하지 않고 자연스러운 것으로 받아들인다.
- 보통의 인간은 적절한 조건하에서 책임을 맡아 일을 하는 것을 좋아하며, 책임지는 일을 추구하기도 한다.
- 조직목표달성을 위한 행동은 수동적이지만, 자기지향적이며 자기통제적으로 봉사한다.
- 목표에 대한 헌신은 보상의 기능이므로, 최상의 보상은 자기실현을 통해 얻어진다.
- 보통의 인간은 적절하게 동기부여가 되면 일에 자율적이고 창의적이다.
- 보통의 인간은 무한한 잠재능력을 가지고 있으나 부분적으로 이용될 뿐이다.

Y이론에서 관리의 본질은 개인의 잠재능력을 유발시킬 수 있는 것이어야 한다. 그러기 위해서는 지시, 명령, 통제를 줄이고 개개인의 자율적 근무의욕과 동기가 발생하도록 유인해야 한다. 적절히 동기부여 된 사람은 자신의 노력을 조직목표 달성에 기울임으로써 개인목표와 조직목표의 통합을 이루려 한다.

5) 미성숙-성숙이론

Argyris의 미성숙-성숙이론은 McGregor의 X-Y이론과 밀접한 연관성을 가진다. McGregor는 인간 본성에 대해 두 가지 기본 가정에 기초하여 조직문화와 경영이론을 전개하였다. 전통적 경영이론에 바탕을 두고 있는 것이 바로 X이론으로, X이론의 행정가는 적극적인 개입이 없으면 사람은 조직의 필요에 대하여 저항적이 되거나 수동적이 된다고 보았다. 따라서 X이론에서 사람은 외적인 보상이나 체벌을 통해 통제된다. 이에 비해 Y이론은 새로운 경영이론에 근거를 둔 것으로 인간은 본질적으로 게으르거나 수동적이지 않고, 일에 대한 동기와 잠재력, 책임감, 목표 성취의지 등을 가지고 있다. 따라서 Y이론에서 사람은 자율적으로 자신을 통제할 수 있고 조직목표를 향한 내적 동기도 가지고 있다.

X이론의 가정에 바탕을 둔 행정은 바람직하지 않다고 여겨지지만 실제로는 아직도 널리 적용되고 있다. 대부분의 조직에서는 아직도 관료적 가치체제, 즉 X이론의 인간 본성 가정에 기초한 조직이 지배적인데, Argyris는 당시 새롭게 부각되고 있던 인간적 가치체제, 즉 Y이론의 인간 본성 가정에 기초한 조직을 비교 연구하였다.

미성숙-성숙이론은 기본적으로 X-Y이론과 연결되는 것으로, X이론적 바탕의 관료적 가치체제에서는 인간은 미성숙한 인간으로 취급된다. 관료적 가치체제하의 조직에서 사람은 피상적으로 관계를 맺고 서로 불신하게 되는데, 이러한 위선적인 인간관계는 결국 대인관계 능력을 저하시킨다. 대인관계 능력은 다시 불신을 야기하고 집단 간 갈등을 불러일으켜 조직의 문제해결력을 저하시키게 된다. 모든 문제의 원인이 관료적 가치체제하에서 인간은 미성숙한 인간으로 취급받기 때문이고, 그렇게 되면 사람들은 공격적이거나 냉담한 반응을 나타내게 된다. 그에 따라 관리자는 더욱 통제를 가하게 되어 결과적으로 조직의 효율성이 저하되는 것이다.

반면 Y이론에 바탕을 둔 것으로 인간이 자발적으로 책임감, 동기, 목표지향성 등을 갖는 성숙한 인간으로 취급되는 경우가 바로 이 인간적 가치체제다. 조직 내에 인간적 혹은 민주적 가치가 지배적이므로, 신뢰를 바탕으로 대인관계가 형성된다. 따라서 대인관계 능력, 집단 간 협동, 융통성이 증가되고 결과적으로 조직의 효과성이 증대된다. 이러한 환경에서 조직 구성원과 조직은 잠재력을 최대한으로 계발할 수 있는 기회를 갖게 된다.

미성숙한 인간과 조직은 성숙한 인간과 조직으로 연속적으로 변화한다. 요약하면, Argyris에 따르면 이러한 성숙의 상태 자체가 조직의 인사관리 방법에 영향을 받는다. 인간을 미성숙한 개체로 보는 조직에서는 기업의 관리방법 자체가 개인의 성숙을 방해하고 개인은 환경에 대하여 최저한의 영향력 밖에 행사하지 못하므로 수동적, 의존적인 행동이 장려되어 미성숙한 존재로 남게 되는 것이다. 산업조직에서 흔히 볼 수 있는 근로자의 미성숙한 행동은 조직의 문화에 의하여 기대되는 것이나 마찬가지다. 결과적으로 조직의 효율성을 저하시키는 결론을 가져오는 이러한 가치체제는 지양되어야 할 것이며, 조직 관리자는 조직 구성원을 성숙한 인간으로 취급하고 그러한 문화풍토를 조성하는 데 최선의 노력을 기울여야 할 것이다.

3. 동기의 과정이론

1) 기대이론

Vroom의 기대이론(expentancy theory)은 조직 구성원이 특정 행동을 수행할 것을 결정하는 결과물에 대한 유인성, 투입하는 노력의 양 및 조직구성원의 인지선택이 조직구성원을 동기화한다는 것을 제시하였다. 기대이론은 조직구성원의 행복추구라는 질과 작업수행을 위한 정보의 사용에 관한 다음과 같은 두 가지 가정을 전제로 한다.

- 쾌락성: 조직 구성원은 본질적으로 쾌락 또는 행복을 추구한다. 조직구성원은 긍정적인 결과물(주당 임금, 보너스, 상)을 받기 원하고, 부정적 결과물(견책, 해고, 강등)을 받기를 원하지 않는다.
- 합리성: 조직구성원은 합리적이고, 조심스럽게 정보를 전달하며, 작업에 관한 정보, 능력, 희망사항을 사용하여 작업상 수행할 것과 얼마나 열심히 할 것인가를 결정한다(박정애, 2004).

이러한 두 가지 가정을 전제로 한 기대이론의 네 가지 동기결정요소는 다음과 같다.

- 유인가(valence): 유인가란 어느 개인이 특정 결과에 대해 갖는 선호의 정도 (degree of preference)를 뜻한다. 사람이 어떤 일을 함으로써 얻어지는 결과가 여러 가지가 있을 수 있는데, 사람은 그 결과들 중 특정한 것에 더욱 매력을 느끼고 선호하며, 거기에 상대적 가치를 부여한다. 어떤 결과를 얻는 것을 선호할 때는 정(+)의 유인가를, 무관심할 때는 영(0)이고, 얻지 않는 것을 더 좋아할 때는 부(-)의 값을 갖게 된다.

- 기대감(expectancy, 성과기대): 기대감(또는 성과기대)이란 어느 개인이 특정 행위를 할 경우, 특정 성과가 나오리라는 가능성 혹은 그렇게 생각하는 주관적 확률과 관련된 믿음이다. 그 확률은 완전한 의심(불확실성)인 0부터 완전한 신뢰 (확실성)인 1까지를 가리킨다.

- 성과(outcome): 성과는 말 그대로 행위를 하고 나서 얻을 수 있는 결과다. 성과는 1차 수준의 성과와 2차 수준의 성과로 나눌 수 있다. 1차 수준의 성과는 사람이 어떤 일을 해서 직접적으로 또는 즉시 얻어진 결과로, 직무성과 생산성, 노동이동 등이 있다. 2차 수준의 성과는 1차 수준의 성과가 가져올 보상으로, 금전, 승진, 휴가, 인정 등과 같은 것이다(김창걸, 2001). 1차수준의 성과 이후에 2차 수준의 성과가 따라오게 되므로 1차 수준의 성과가 좋고 나쁨에 따라서 2차 수준의 결과가 결정된다.

- 수단성(instrumentality, 보상기대): 수단성은 보상기대라는 용어로 쓰이기도 한다. 수단성이란 1차 수준의 성과가 2차 수준의 성과를 가져오게 되리라는 주관적인 확률치다(김정한 외, 2004). 즉, 1차 수준의 성과는 2차 수준의 성과를 가져

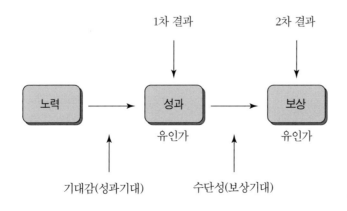

[그림 4-3] 기대이론 모형

오는 필요충분조건인가, 혹은 다만 필요한 조건인가 등에 관한 주관적인 확률
관계를 인지하는 것을 말한다. 수단성은 −1과 ＋1 사이의 값을 가지게 된다.

Vroom은 이와 같은 네 가지 요소를 가지고 동기부여에 대한 공식을 '동기부여
＝유인가 기대'로 정의하였다. 즉, 동기부여란 어떤 사람이 선호하고 가치를 부여
하는 결과를 의미하는 유인가와 자신이 어떤 행위를 하면 결과를 가져올 것이라고
믿는 기대를 곱한 총계다.

기대이론은 학교현장에서 교직원의 동기를 설명하는 데 매우 신뢰성이 있다고
인정되고 있다. 교사와 학생이 노력을 한다고 할지라도 성취도가 향상되지 않을 것
이라고 생각하는 경우, 작업동기 수준이 낮은 환경에서 교육 지도자는 교직원으로
하여금 노력만 한다면 높은 수준에서 작업을 성취할 수 있다고 확신을 갖게 해야 한
다. 조직은 산출물을 향상시키기 위하여 작업자의 기술과 능력을 향상시키도록 도
와야 한다(박정애, 2004).

2) 성취-만족이론

Porter와 Lawler(1975)는 Vroom의 기대이론을 발전시켜 직무성취와 직무만족의
관계를 다룬 성취-만족이론(performance-satisfaction theory)을 제시하였다. Vroom은
기대이론에서 과업성과와 만족의 연결 관계에 대해서 직접적으로 다루지 않았다.
만족은 유인가의 투입의 결과이며 성과는 과업 수행 결과라고 말했을 뿐, 만족과
유인가 그리고 성과와 과업 수행 관계의 복합적인 면을 나타내지 못했다.

Porter와 Lawler의 성취-만족이론은 능력이나 성격특성과 역할지각이 노력과 과
업수행을 연결시켜 주고 과업수행 후에 따라오는 보상과 이 보상을 어떻게 지각하
느냐가 만족을 결정한다는 것을 보여 준다([그림4-3] 참조).

① 보상의 가치: Vroom의 이론에서 유인가(유의성)와 같은 개념으로, 어떤 결과가
  어느 정도 매력적인가 하는 것이다.
② 노력 대 보상의 확률에 대한 지각: Vroom의 이론에서 성과기대와 보상기대의 개
  념을 합한 것이다. 이것은 '노력 → 성과'와 '성과 → 보상' 요소로 구분될 수
  있다.

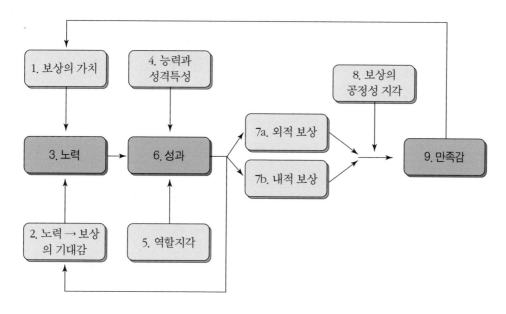

[그림 4-4] Porter와 Lawler의 성취-만족이론

③ 노력: 어떤 과업 수행에 개인이 얼마만큼 열심히 하느냐, 즉 과업수행에 대한 에너지를 말하는 것으로, 보상의 가치와 노력 대 보상의 확률에 대한 지각에 의해 노력의 강도가 결정된다.

④ 능력과 성격특성: 비교적 장기적이고 안정된 개인의 특징으로 과업 수행을 위해 현재 개인이 갖추고 있는 것을 말한다.

⑤ 역할지각: 효과적인 직무수행을 위해 요구되는 자신의 역할에 대한 인식을 말한다.

⑥ 성과: 과업을 완성한 정도나 노력의 결과로 나타난 생산성을 말하는 것으로, 능력과 성격특성 및 역할지각에 의해 영향을 받는다.

⑦ 보상(내적 · 외적): 내적인 심리 보상과 외적인 물질 보상이 있으며, 이러한 보상은 과업수행을 바람직하게 이루었을 때 파생되는 것이다.

⑧ 보상과 공정성 지각: 개인이 과업을 성취한 수준에 따라 마땅히 받아야 한다고 생각하는 수준이나 양의 보상을 말하며, 이것은 과업의 성취와 만족의 관계를 결정한다.

⑨ 만족: 받을 보상이 지각된 공정성 수준에 부합되거나 아니면 이를 초과하는 정도를 의미한다.

여기서 ①~③은 Vroom의 기대이론과 거의 비슷하지만, ④~⑨는 Porter와 Lawler의 성취-만족이론이 갖는 독특한 특징이다. 그 특징은 첫째, 직무수행 노력은 과업성취와 거기에 결부된 보상에 부여하는 가치와 노력이 보상을 가져다 줄 것이라는 기대에 의해 달라진다. 둘째, 노력에 의한 성과는 개인에게 만족을 줄 수 있는데, 성과에 만족하느냐는 내재적 보상과 외재적 보상에 의하여 강화된다. 셋째, 내재적 보상과 외재적 보상이 있다고 하더라도 그것이 공정하다고 지각되어야만 만족을 줄 수 있다.

Porter와 Lawler의 성취-만족이론은 인간이 일을 열심히 하면 보상을 얻을 수 있을 것이라고 생각할 때, 더 열심히 일을 한다고 본다. 이러한 내용은 교육기관을 대상으로 실시된 연구결과에서도 일치되는 경향이 있으며, 성취-만족이론의 타당성을 증명하고 있다.

성취-만족이론은 산출로부터 기대되는 결과와 그 결과에 의한 만족감이 동기에 작용하는 역할을 중요시함으로써, 동기에 대한 이해를 증진시켰다. 그리고 행정에서 성과 및 보상에 대한 기대감을 중심으로 적절한 인센티브의 중요성을 강조하고, 노력과 성과에 대한 기대감을 중심으로 구성원의 능력 및 기술 개발을 강조함으로써 동기유발의 실제에 많은 도움을 제공하였다.

그러나 이 이론은 다음과 같은 문제를 갖고 있다. 즉, 매우 복잡하여 적절하게 그 타당성이 완벽하게 검증되지 못하고 있다. 개인이 어느 단계에서 어떤 일을 수행할 것인가를 결정하기 이전에 인지적 계산을 실시한다는 관점을 연구들이 증명하지 못하고 있다(조남두 외, 2006).

3) 공정성이론

Adams의 공정성이론(equity theory)은 노력과 직무만족은 업무상황의 지각된 공정성에 의해서 결정된다고 보는 이론이다. 이 이론은 기본적으로 사회적 비교이론(social comparison theory)의 하나라고 할 수 있는데, 사회적 비교이론은 한 개인이 타인에 비해 얼마나 공정한 대우를 받고 있다고 느끼는가에 초점을 두고 정립된 이론이다.

사람은 자신이 수행한 일로 받은 성과(outcomes)와 이를 얻기 위해 자신이 투자한 투입(inputs)에 대한 특정한 신념을 가지고 있다. 이때 성과란 과업을 수행한 결과로서 특정인이 받게 되는 보수, 승진, 직업 안정, 부가적 혜택, 근무조건, 인정 등을 말한다. 투입이란 과업을 수행하기 위하여 특정인이 기여하는 모든 것을 말하는데, 여기에는 교육, 경험, 능력, 훈련, 개인적 특성, 노력, 태도 등이 포함된다. 대체로 사람은 이 투입에 대한 성과의 비율이 공평하거나 공정하기를 기대한다. 그래서 사람은 다음과 같은 자신의 투입-성과의 비율을 타인(예, 동료나 집단)의 투입-성과의 비율과 비교한다.

이 비율이 동등할 때(A=B) 사람은 고용자와 공정한 거래를 하고 있다고 느끼게 되며, 직무에 대한 만족을 느끼게 된다. 반대로 불공정하다고 느낄 경우에는(A<B, A>B) 직무에 대하여 불만을 갖거나 불안을 느끼게 된다. 불공정이 어느 방향으로 되든 간에 불안과 긴장을 유발하게 되는데, 이때 사람은 긴장을 감소시키고 공정성을 회복하도록 동기화하며, 이를 위하여 대체로 다음 여섯 가지 행동 중 하나를 선택하게 된다.

① 투입 조정: 비교 대상과 비교하여 낮은 봉급을 받고 있다고 느끼면 직무에 대한 시간/노력을 감소시키거나 봉급 인상을 요구함. 과대 보상을 받는다고 느끼면 직무수행의 양/질을 높임

② 성과 조정: 노력이나 투입의 증가 없이 보수, 근무조건, 노동시간의 개선을 요구함

③ 투입과 성과에 대한 인지적 왜곡: 타인이 자신보다 불균형하게 높은 성과를 받을 경우, 타인이 자신보다 많은 직무 지식/지능을 가지고 있다고 추론함으로써 자신의 지각을 왜곡함. 자신이 불균형하게 많이 받을 경우, 자신이 타인보다 많은 경험/지식을 가지고 있다고 그 자신을 확신시킴으로써 이를 정당화함(인지적 불협화이론)

④ 비교대상의 투입과 성과의 변경: 비교 대상이 되는 동료에게 투입을 감소시키도록 혹은 조직을 떠나도록 압력을 넣을 수 있음. 혹은 비교 대상이 실제로 자신보다 열심히 일을 하므로 보다 큰 성과나 보상을 받을 만하다고 믿음

⑤ 비교 대상의 변경: 자신의 투입-성과 비율이 타인의 그것에 비하여 불공정하다고 느낄 때 공정성을 회복하기 위해 비교 대상을 변경함

⑥ 조직 이탈(퇴직): 전보를 요청하여 부서를 옮기거나 조직을 완전히 떠남

공정성이론의 문제점은 공정성에 대한 판단이 주관적이며, 덜 받는 것보다는 더 받는 것을 합리화하기 쉬우므로 균형적 판단에 문제가 있다는 것이다. 공평성과 정의가 많은 사람에게 중요한 동기가 되므로, 오히려 공정성을 높이는 방향으로 행동이 집중될 수 있다는 것이다.

공정성이론이 학교조직에 주는 시사점은 다음과 같다.

- 학교경영자는 조직에서의 사회적 비교과정에 주의를 기울여야 할 필요성이 있다. 즉, 교사를 공정하게 대우하도록 노력해야 한다.
- 학교경영자는 교사의 동기유발 시 지각의 중요성을 인식해야 한다.
- 공정성 또는 불공정성에 관한 결정은 개인적 차원에서만 이루어지는 것은 아니고, 조직 안팎의 다른 작업자와의 비교가 포함된다.

4) 목표설정이론

Locke 등의 목표설정이론(goal-setting theory)은 1968년에 처음으로 목표이론 혹은 목표설정기법이라고 명명된 이래, 동기에 대한 인지적 접근 방법의 하나로 널리 알려지게 되었다. 목표설정이론은 처음에는 하나의 이론으로 출발한 것이 아니다. 이는 목표설정의 중요성을 탐색하는 과정에서 이론적 가치가 확인됨에 따라 체계를 갖추게 된 이론이다. 점차적으로 목표관리(MBO), 기획예산제도(PPBS), 경영정보관리는 물론 체제분석, 전략적 기획 등과 같은 경영기법에 광범하게 적용되어 오면서 발전되어 왔다.

목표는 개인이 의식적으로 성취하려고 하는 것으로, 내용과 강도가 매우 중요한 요인이 된다. 목표의 내용은 하려고 하는 활동이나 얻고자 하는 성과와 관련을 가지며, 목표의 강도는 개인이 목표에 대해서 부여하는 중요성의 정도와 관련을 갖는다. 그러므로 이 이론에서는 목표의 내용과 강도가 동기 유발을 위한 중요한 기제가 된다고 주장한다. 하지만 목표설정이론에서는 목표가 가져야 하는 속성에 대한 답은 주지 못하고 있다. 이러한 점은 Steers(1984)가 제시한 다음과 같은 6가지 과업목표의 속성을 참고할 만하다.

① **목표의 구체성**: 막연한 목표보다는 구체적인 목표가 성과를 높일 수 있는 행동

을 불러일으킨다.

② 목표의 곤란성: 쉬운 목표보다는 다소 어려운 목표가 동기를 유발시킨다. 도전 감이 문제해결에 많은 노력을 집중하도록 자극하기 때문이다.

③ 목표설정에의 참여: 구성원들이 목표설정과정에 참여함으로써 성과가 향상될 수 있다.

④ 노력에 대한 피드백: 노력에 대하여 피드백이 주어질 때 성과가 향상될 수 있다.

⑤ 목표달성에 대한 동료들 간의 경쟁: 동료들 간의 경쟁이 성과를 높일 수 있다.

⑥ 목표의 수용성: 일방적으로 강요된 목표보다는 구성원이 자발적으로 수용한 목 표가 더 큰 동기를 유발시킬 수 있다.

그렇다면 목표설정은 왜 과업수행을 향상시키는가? 연구결과에 따르면, 목표는 개인의 동기와 과업수행을 높이는 결정적인 동인이 된다. 목표는 개인의 정신적·신체적 행동을 지배한다. 자세히 말하면, 목표는 개인의 과업에 대한 주의력을 증가시키며, 행동에 투입하는 노력을 증진시키고, 일단 목표가 명료하게 확립된 후에는 포기하려는 유혹을 줄여 주기 때문에 지속성을 증대시키며, 구체적인 과업 추진 전력의 개발, 즉 과업을 수행하는 방법을 효율화함으로써 동기와 과업 수행력을 증진시키는 기제가 된다. 따라서 성공적인 과업수행을 위해서는 성공적인 목표설정이 필요하다.

Locke의 모델을 요약해서 설명하면, 대부분의 인간 행동은 유목적적이며, 행위는 목표와 의도에 의하여 통제되고 유지된다는 것이다. 정신적·신체적 활동에 대한 목표의 가장 기본적인 영향은 생각과 행위를 한쪽 방향으로 지향하도록 지시하는 것이다. 이러한 과정에서 목표는 에너지의 사용도 역시 통제하게 된다.

목표설정이론은 다음과 같은 이유로 많은 연구자의 지지를 받고 있다.

• 어려운 목표라 하더라도 그것이 수용되기만 한다면 쉬운 목표보다 높은 수준의 과업수행을 가져온다.

• 구체적이고 어려운 목표는 애매하거나 명료하지 않은 목표보다 더 높은 수준의 과업수행을 가져온다.

• 목표는 자신이 선택하거나, 다른 사람과 함께 선택하거나, 다른 사람에 의해 부여되거나 하는 근원에 관계없이 강한 동기 유발의 요인이 된다.

목표설정이론의 한계점은 목표의 어려움, 다른 여러 변인들이 결합하여 노력을 결정하는 방법에 대한 설명이 부족하다는 것이다. 그리고 과업이 복잡한 경우에는 효과가 적게 나타나며, 목표 갈등의 문제를 설명하지 못하고 있다. 무엇보다 가장 큰 결점은 목표를 수용하게 되는 과정과 노력을 결정하는 요소가 무엇인가를 설명하지 못한다는 것이다.

4. 동기이론의 시사점

동기가 없이는 유목적적이고 활성화되고 체계적인 행동이 일어나기 어렵다. 교육현장에서 교사들의 직무에 대한 태도, 학생의 학습에 대한 태도도 자신의 동기 여하에 따라 달라질 수밖에 없다. 동기가 높은 교사는 학생과 더 많은 시간을 보내고 더 열심히 근무하고 새롭게 변화시키려고 노력하고 새로운 아이디어를 만들어내려고 한다. 동기화된 교사는 일의 의미와 중요성을 찾아서 과업을 열심히 수행하고 과업성취를 통하여 만족을 얻게 되므로 조직의 효과성도 따라서 높아지게 된다. 반면, 동기 수준이 낮은 교사는 직무에 관심이 적고 열성이 없으며, 새로운 변화에 대하여 부담을 가지며 적극적인 자세로 문제를 해결해 보려고 시도하지 않는다.

학습동기가 높은 학생은 학습활동에 관심을 갖고 적극적으로 참여하며 주의를 집중시킴으로써 학습활동에 관심을 갖고 적극적으로 참여하며 주의를 집중시킴으로써 학습효과를 높인다. 그러나 학습동기가 낮은 학생은 학습효과를 거두기 어렵다. 말하자면, 공부할 마음이나 의욕이 없는 학생은 공부를 열심히 그리고 잘 하기 어렵다는 것이다. 또한 학습동기는 문제행동과도 연관된다. 학습동기가 높은 학생은 학습활동에 적극적일 뿐만 아니라 바람직한 행동을 할 가능성이 높지만, 학습동기가 결여된 학생은 학습활동에 소극적이며 훈육문제를 일으킬 가능성이 높다.

따라서 교사와 학생의 동기와 행동 간의 상호관련성의 이해와 동기의 유발과 지속은 학교 교육 현장에서 매우 중요한 사항이라 할 수 있다. 교사와 학생의 동기를 유발할 수 있는 이론에 대한 이해와 교사와 학생이 어떤 일을 하도록 유도해 주는 동기에 대한 기본적 이해는 교사의 교실 행위를 해석하고, 장학의 방향을 설정하고, 교수-학습 개선을 유도하고 학교경영의 효율성을 높이는 데 크게 도움을 줄 수 있으며, 교사가 학생에게서 올바른 학습을 이끌어 내도록 하는 데 도움을 줄 수 있다.

　인간이 그러한 행동을 하고, 인간으로 하여금 그러한 행동을 하도록 유도하는 요인을 인간의 동기라고 할 때, 인간 행동은 동기를 이해함으로써 설명할 수 있을 것이며, 조직의 지도자는 구성원들의 동기를 전제로 효과성을 높일 수 있는 경영철학을 세울 수 있을 것이다. 여기서 지도자는 한 반을 책임지는 담임교사 혹은 학교를 운영하는 교장으로 보고, 구성원들을 학생과 교사들이라 볼 때, 여러 가지 동기론들은 구성원들의 동기를 전제로 효과성을 높이는 교육철학을 세울 수 있게 된다.

　앞서 언급하였듯이, 동기에 관련되는 이론은 크게 내용이론(content theories)과 과정이론(process theories)으로 구분된다. 내용이론은 동기를 유발하는 내용, 즉 동기를 유발시키는 것이 '무엇'인가에 초점을 두고 있다. 사람이 가지고 있는 욕구가 무엇이며 그것의 우선순위가 어떤가에 관심을 둔다. 과정이론은 동기가 유발되는 과정, 즉 '어떻게' 동기가 유발되는가에 초점을 두고 있다. 어떤 과정을 거쳐 동기가 유발되는지에 관심이 있기 때문에 인간이 목표를 달성하기 위하여 노력하는 행동 과정에 관계되는 요인이 무엇이며, 그들이 어떻게 상호관계 되는가에 관심을 둔다.

　내용이론과 과정이론에 속한 각각의 동기이론들이 교장이 교사에게, 교사가 학생에게 어떻게 동기를 이끌어 낼 수 있는지에 대한 세부적인 방법은 다음과 같다.

　첫째, 욕구위계이론에서 교원들은 경제적 안정과 같은 기본적인 욕구보다는 사회로부터의 존경과 대우를 중요시한다. 따라서 교육행정가는 교원의 동기유발을 위해서 충분한 보수를 넘어서 교원의 자존심을 유지시키고 교원의 사기를 고취시키며 교원 각자가 스스로의 능력을 최대한 발휘할 수 있는 여건을 만들어 주어야 한다. 결국 교육행정가는 Maslow가 말하는 제 욕구를 교원들이 각기 다양한 형태로 지니고 있다는 것을 이해하고 그 욕구와 동기유발과의 관계를 이해하여야 한다.

　둘째, Herzberg의 동기-위생이론에서는 단순히 불만족 요인을 없앴다고 동기가 상승하지는 않는다. 학생의 태도와 행동의 경향을 가지고 동기요인 추구자, 위생요인 추구자로 구분하여, 동기요인 추구자인 학생에게는 성취, 인정, 책임 등의 측면에서 만족 요인을 높이고, 위생요인 추구자인 학생에게는 학습요건, 지위 등의 측면에서 불만족 요인을 없애 주어야 학습 동기가 상승한다.

　셋째, 생존ㆍ관계ㆍ성장이론에서는 성장욕구가 완전히 충족되지 않았다고 하더라도 일 자체를 흥미롭고 도전감이 유발되게 만들어 성장욕구가 충족될 수 있는 기회를 마련함으로서 또 다른 동기부여가 가능하다. 또 존재욕구나 관계욕구를 충족시켜 줄 수 있는 요인들이 성장욕구를 대처할 수 있다.

넷째, 기대이론은 동기부여가 기대감, 수단성, 보상의 유인가의 곱으로 나타난다는 이론이다. 이 이론에 따르면, 학습자의 동기는 긍정적 유인가, 높은 성과기대, 높은 보상기대를 통해 유발된다. 따라서 교사는 학생의 올바른 학습을 유도하기 위해서 학생에게 학습을 통해 얻게 될 성과에 관해 알려 주고, 그에 따른 보상을 해 주어야 한다. 학교행정가는 교사의 기대치, 즉 학생을 열심히 가르치기만 하면 성과를 얻을 수 있다는 믿음을 주어야 하고 보상해 주도록 노력해야 한다.

다섯째, 공정성이론에서 교장은 교사의 동기 유발을 위해 교사를 공정하게 대우하도록 노력해야 하며, 지각의 중요성을 인식해야 한다. 또한 공정성, 불공정성에 관한 결정은 개인적 차원에서만 이루어지는 것이 아니라 조직 안팎의 다른 작업자와의 비교를 통하여 이루어진다는 점을 분명히 인지해야 한다.

여섯째, 목표설정이론은 조직의 구성원이 직무 수행 시 달성해야 할 목표를 분명히 하고 그 목표가 수용 가능한 것이라면 동기가 유발된다는 이론이다. 교사가 학생들에게 학습의 목표를 구체적이고 어느 정도 난이도가 있으며, 자발적으로 목표를 설정하게 하여 학생 집단 간 선의의 경쟁을 유발하면, 학생들에게 동기부여가 되어 올바른 학습이 일어나게 된다.

정리하기

- 동기란 자기 스스로 추구하고자 하는 목표에 이르게 하는 욕구다. 이러한 동기가 있어야만 사기가 유발되며 이것에 의하여 과업성과를 달성할 수 있다.
- 동기의 내용이론은 동기를 유발하는 것이 무엇인지에 관련된 이론으로서 동기를 유발하는 요인을 식별하는 데 초점을 둔다. 내용이론은 욕구위계이론, 동기-위생이론, 생존·관계·성장이론, X-Y이론 그리고 미성숙-성숙이론이다.
- 동기의 과정이론은 동기가 유발되는 과정, 즉 어떻게 동기가 유발되는지에 초점을 두고 있다. 그러므로 인간이 목표를 달성하기 위하여 노력하는 행동과정에 관계되는 요인들과 그것들이 어떤 방식으로 상호관계를 가지는지에 관심을 둔다. 과정이론으로는 기대이론, 공정성이론 및 목표설정이론 등이 있다.

적용하기

1. 교원 성과급 제도가 교원의 직무동기를 촉진시킬 수 있는지 토론해 보자.
2. 현직 교원의 동기유발 방안에 대하여 토론해 보자.
3. 공정성이론에 해당하는 학교현장사례에 대하여 예를 들어 설명해 보자.

제5장

지도성이론

• 학습 목표

- 지도성의 개념을 이해하고, 각자의 관점에서 지도성을 정의할 수 있다.
- 지도성의 특성이론을 이해하고, 지도자와 비지도자를 구분할 수 있다.
- 지도성의 행동이론을 이해하고, 효과적인 지도자의 행동유형을 설명할 수 있다.
- 지도성의 상황이론을 이해하고, 지도자의 특성과 행동 그리고 상황과의 관계 속에서 효과적인 지도성을 설명할 수 있다.
- 변혁적 지도성이 주어진 상황을 변화시킬 수 있는 지도성임을 알 수 있다.
- 분산적 지도성이 지도성이 조직의 맥락에서 공유, 분산되어 실행됨을 알 수 있다.
- 수업지도성이 학교장을 중심으로 수업의 질을 향상하기 위한 지도성임을 알 수 있다.

1. 지도성의 개념

1) 지도성의 정의

'지도성(leadership)이 무엇인가?' 라는 질문에 대해서 그동안 지도성을 연구한 학자들은 그 의미를 함축적으로 정의해 왔지만, 지도성을 정의하려는 학자들의 수만큼 많은 서로 다른 지도성의 정의가 있음을 볼 수 있다. 이는 지도성이란 용어가 일상적으로 널리 사용되고 있다고 하더라도 그 의미가 지도성을 보는 시각에 따라 다양하게 이해되고 있음을 뜻한다.[1]

대표적인 몇몇 학자들의 지도성에 대한 정의를 통해 지도성을 개념화해 보면 〈표 5-1〉과 같다.

표 5-1   지도성의 정의

- Hemphill과 Coons(1957): 집단의 활동들을 공유목표로 향하게 하는 개인의 행동
- Stogdill(1974): 집단 구성원들 간의 차등적 권력관계, 영향력 관계의 한 형태
- Katz와 Kahn(1978): 조직의 일상적인 지시에 기계적인 순응하는 것 이상의 영향력
- Rauch와 Behling(1984): 목표달성을 위해 조직화된 집단 활동에 영향을 행사하는 과정
- Rechards와 Engle(1986): 일의 성취를 위한 비전의 명료성과 가치구현 그리고 환경 조성
- Jacobs와 Jacobs(1990): 집합적 노력에 목적을 두고 의미있는 방향을 부여하는 과정, 의욕을 확장시켜 나가는 노력의 과정
- House 외(1999): 조직의 효과성과 성공을 향해 타인이 공헌토록 하고 영향을 주며 동기를 부여하는 개인의 능력
- Northouse(2007): 공동목표의 달성을 위하여 한 개인이 집단 구성원들에게 영향을 미치는 과정

출처: Stogdill(1974). *Handbook of Leadership: A Survey of Theory and Research.* p. 259; Yukl(2002). *Leadership in Organizations(5th ed.).* p. 3; Northouse(2007). *Leadership: Theory and Practice(4th ed.).* p. 3.

이와 같은 학자들의 지도성에 대한 정의를 살펴보면, 지도성의 정의에서 나타난 몇 가지 개념요소를 찾아볼 수 있다. 즉, ① 개인의 행동 및 능력, ② 집단상황에서

---

[1] 지도성의 정의가 다양한 이유는 다학문적 접근 혹은 학문 간 협동적 접근에 의해 개념의 다양성과 혼란, 그리고 시대적 상황의 변천에 따른 과정의 변화 등에 기인한다고 볼 수 있다(신현석, 1995: 173).

일어나는 현상, ③ 목표달성을 위한 과정, ④ 권력관계의 형태 그리고 ⑤ 영향력 행사의 과정 등이다.

또한 이러한 지도성의 정의에 대한 학자들의 견해는 지도성을 개인의 속성(전문적 역할)과 사회적 과정(영향력 공유 과정)이라는 두 가지 측면에서 논의될 수 있다.[2]

- 개인의 속성의 측면에서 지도성을 보면, 지도자가 특정한 직책에 임명되거나 그 역할을 수행하는 과정에서 지도성이 발휘된다.
- 사회적 과정의 측면에서 지도성을 보면, 지도자는 사회체제 내에서 집단구성원과의 영향력 과정에서 지도성이 수행된다.

이와 같은 두 가지 측면에서, 지도성은 지도자와 추종자 또는 부하 간에 권력 관계 그리고 영향력 관계로 이해할 수 있다. 권력 관계가 지도자가 소유한 권력을 구성원에게 행사하여 조직의 목적을 달성하도록 구성원들을 이끌어 가는 것이라면, 영향력 관계는 어느 한 사람이 주어진 사회적 맥락 속에서 타인에게 영향력을 행사하는 과정에서 지도자와 추종자의 관계가 결정됨을 의미한다.

이러한 논의를 통해 지도성의 다양한 개념에 대해 다음과 같은 이유에서 합의점을 도출해 낼 수 있다. 첫째, 지도성이 권력의 직위에 있는 개인으로부터 발생하기 때문에 직책에 임명된 자는 지도자라고 할 수 있지만, 상황에 따라서 추종자가 영향력(influence)을 행사할 수 있다면 추종자도 지도자가 될 수 있다는 점이다. 즉, 지도성은 반드시 지위나 권력으로부터 생겨나는 것이 아니라 상황에 따라 다를 수 있다. 둘째, 지도성의 핵심 용어인 권력과 영향력의 관계에서 권력을 영향력을 행사하는 수단의 한 가지로 본다면 광의적으로 영향력은 권력의 의미를 내포한다고 볼 수 있다.[3] 이러한 면에서 지도성의 공통적 개념은 영향력 행사과정으로 이해하는 것이 바람직하다.

그러면 어떤 방식으로 지도성을 정의할 것인가? 지도성의 적절한 정의에 관한 논

---

2) Yukl(2002). *Leadership in Organizations(5th ed.)*, p. 3-4.
3) 영향력의 하위 요소에 대한 한 예로 들 수 있는 French와 Raven(1959)이 제시한 권력유형의 다섯 가지는 보상적 권력(reward power), 강제적 권력(coercive power), 합법적 권력(legitimate power), 전문적 권력(expert power) 및 준거적 권력(referent power)이다. 각각의 권력 유형은 다른 사람의 태도, 가치관 및 행동에 영향을 미치는 리더의 영향력을 증대시킨다(Northouse, 2007: 7-8).

쟁을 해결하기 위해서 여러 가지 개념들을 복합적이고 다면적인 현상으로부터 나오는 정의들에서 상호공유적이고 포괄적인 의미로 지도성의 정의를 내려 보는 것은 어느 정도 가능할 것이다. 따라서 지금까지 지도성에 대한 학자들의 다의적인 개념 정의와 논의를 통해서 지도성을 정의해 본다면, "지도성이란 한 개인이 조직의 목적을 달성하기 위해 구성원에게 영향력을 행사하는 과정이다."라고 할 수 있다.

2) 지도성연구에 대한 접근방법

지도성연구에 대한 접근방법은 지도성연구의 역사적 변천과정과 더불어 지도성 정의의 초점을 통해 그 접근방법이 구분된다. 즉, 그동안 연구결과들을 바탕으로 이론의 발달을 몇 단계의 시대 구분에 따라 지도성 이론의 전개과정을 역사적인 관점에서 살펴보는 것이다. 그러므로 지도성연구에 대한 접근방법은 특성적 접근(traits approach), 행동적 접근(behavioral approach) 그리고 상황적 접근(situational approach)으로 구분된다. 이에 덧붙여 최근의 지도성이론으로 변혁적 지도성(transformational leadership)과 분산적 지도성(distributed leadership) 그리고 수업지도성(instructional leadership) 등이 있다.

이 장에서는 지도성의 특성이론, 행동이론, 상황이론과 최근의 지도성이론으로 변혁적 지도성과 분산적 지도성, 수업지도성 그리고 그 외의 지도성들을 소개하고자 한다.

리더와 관리자의 차이점 이해

이끌어가는 것과 관리하는 것

모든 조직은 리더는 물론 관리자도 필요로 한다. 강한 관리자들이 없으면, 조직은 혼란 속에 빠질 위험이 있다. 그러나 유능한 리더가 없다면, 조직은 무기력해지고 발전하지 못할 것이다. 불행하게도 최상의 조직을 제외한 모든 조직은 필요한 것보다 더 적은(그리고 가지고 있다고 믿는 것보다 더 적은) 리더십을 가지고 있다.

적절한 직함이나 직위를 가진 덕분으로 리더가 되는 것이 당연시되는 일이 많다. 이들이 이끌어야만 하는 곳에서 관리만 한다면, 그 결과 조직은 기껏해야 이류가 될 뿐이다.

그러므로 대부분 조직에서 참된 리더의 중요한 과업은 리더를 키우는 것 이다. 그렇게 함으로써만 조직은 성공은 말할 것도 없고 생존을 기대할 수 있다.

관리자	리더
일을 올바르게 한다.	올바른 일을 한다.
현재, 단기, 최종 결과에 집중한다.	미래, 장기, 전망에 집중한다.
질서를 추구한다.	변화를 즐긴다.
위험을 수용한다.	위험을 취한다.
감정보다 이성에 더욱 호소한다.	감정과 이성에 동시에 호소한다.

출처: Max Landberg (2002). *The Toos of Lerdership*

2. 지도성 특성이론

지도성 특성이론(traits theory)은 1900년대 초반에 학자들이 관심을 갖고 연구가 이루어져 왔다. 이는 지도성연구를 위한 최초의 시도였고, 연구를 통해 지도자에게서 타고난 선천적인 자질이나 특성을 알아보면서 지도자와 비지도자를 구별하려는 노력이었다. 즉, 지도성 특성이론은 지도자와 추종자들에서 구별되는 특성이 무엇인가에 관심을 갖고 있다. 또한 지도성 특성이론은 자질론 또는 위인이론(greatman theory)이라고 부르고 있는데, 이 이론에서는 지도자란 평범한 사람과 구별되는 특별한 특성을 지니고 있다고 본다. 〈표 5-2〉는 학자들의 지도성 특성연구를 통해서 지도자에게 드러난 여러 특성을 보여 주고 있다.

〈표 5-2〉는 학자들에 의해 확인된 지도자의 특성을 종합적으로 잘 나타낸 것으로써 그 의미가 있다. 이와 같이 지도자에게 지닌 여러 특성들이 있지만, Northouse(2007)는 지도자에게 요구되는 주요 특성 요인으로 지능, 자신감, 결단력, 성실성, 사교성 등 다섯 가지를 들고 있다.

이러한 특성이론이 주는 시사점은 지도자를 위한 개발훈련이란 무가치한 것이라고 생각하며, 지도성 훈련이 필요하다면 선천적으로 지도자가 될 수 있는 특성을 가진 사람들에게만 지도성 훈련이 도움이 된다는 점이다.

표 5-2   지도자의 특성

Stogdill (1948)	Mann (1959)	Stogdill (1974)	Lord 외 (1986)	Kirpatrick과 Locke(1991)
지능 민감성 통찰력 책임감 주도권 인내심 지속성 자신감 사교성	지능 남성적 기질 적응성 지배성 외향성 보수적 경향	성취감 인내력 통찰력 진취성 자신감 책임감 협동성 포용력 영향력 사교성	지능 남성적 기질 지배성	추진력 동기부여 성실성 신뢰감 인지적 능력 과업지식

출처: Northouse(2007). *Leadership: Theory and Practice(4th ed.)*. p. 18.

그러나 지도성 특성이론에 대한 연구들의 결과를 보면, 지도자의 특성의 규명에 일관성이 결여되어 있었으며, 오직 지도자에만 초점을 두었을 뿐, 추종자들이나 상황을 고려하지 못하였다는 한계성을 드러냈다.

3. 지도성 행동이론

1) 아이오와대학교 연구

지도성 특성이론은 지도자의 특성을 강조한 반면, 지도성 행동이론(behavior theory)은 지도성 유형에 따른 지도자의 행동을 강조한다. 즉, 효과적인 지도자는 어떤 특성 또는 자질을 갖고 있느냐로 부터 어떠한 행동을 보이는가로 초점이 바뀌게 된 것이다. 그러므로 지도성을 이해하는 또 다른 방법은 성공적인 지도자가 보이는 행동을 알기 위해 효과적인 지도자와 비효과적인 지도자의 행동을 비교하는 것이다(Lunenburg & Ornstein, 2008: 124).

1930년대 말엽에는 지도성 특성이론에 대한 연구결과가 성과가 없는 것으로 보았기 때문에, 아이오와대학교에서 Lewin 등이 지도성에 대한 새로운 연구를 수행하게 되었다. 지도성 행동이론의 효시가 되는 아이오와대학교의 지도성 연구는

10대 아동들을 대상으로 하였으며, 교사들의 민주적·권위적·자유방임적 지도성 유형이 아동에게 미치는 영향을 알아보는 실험연구이었다. 연구결과에 따르면, 아동은 민주적 지도성 유형을 가장 선호하였고, 권위적 지도성 유형을 가장 싫어하였다. 또한 권위적 지도성 유형보다 자유방임적 지도성 유형을 좋아하였다(박내회, 1996: 102-103).

아이오와대학교의 연구결과에서 주는 시사점은 동일한 집단에서도 지도성 유형에 따라 서로 다른 반응을 보일 수 있다는 것이다. 그러나 이 연구의 제한점은 미국이라는 지역의 제한된 아동을 대상으로 한 연구결과를 성인의 조직에 적용하는 데 일반화하기가 어렵다는 것이다.

2) 오하이오주립대학교 연구

1940년대 말에 Halpin 등에 의해 실시된 오하이오주립대학교의 지도성연구는 지도성의 행동적 접근의 연구가 본격화되는 계기가 되었고, 지도자 행동의 여러 차원을 확인하려는 연구였다. 연구결과에 따르면, 조직 구성원들의 지도자 행동은 구조성(initiating structure)과 배려성(consideration)이라는 두 차원으로 분류되어 [그림 5-1]에 나타난 모형으로 제시되었다. 여기서 구조성은 지도자가 직접적으로 조직의 수행목표에 초점을 두고, 과업의 조직화, 작업할당, 의사소통의 경로설정, 하위자(subordinates)와의 관계 명료화, 그리고 작업집단의 성과평가를 하는 정도를 말한다. 배려성은 지도자가 하위자에게 신뢰, 존경, 온정, 복지를 위한 관심을 보이는 정도를 말한다(Lunenburg & Ornstein, 2008: 126-127).

연구에서 사용된 지도자 행동기술 질문지(Leader Behavior Description Questionnaire: LBDQ)[4]를 적용한 결과, 4간표 모형에서 높은 구조성과 높은 배려성의 지도성 유형(Ⅰ)이 가장 효과적인 유형임이 밝혀졌다. 반면, 효과적이지 못한 지도성유형은 구조성과 배려성에서 모두 평균 이하의 낮은 점수에 속하였다. 하지만 조직의 특성에 따라 교육감과 공군지휘관의 비교에서 나타난 강조점에는 각기 다른 결과를 보여 주었다. 즉, 교육감은 공군지휘관에 비해 배려성을 보다 강조하고 구조성

---

4) LBDQ는 Hempill과 Coons가 제작하였고, 구조성 15문항과 배려성 15문항을 포함하여 총 30문항으로 구성되어 있으며 5점 척도로 되어 있다. 후에 Halpin 등에 의해 그 내용이 개선되었다.

은 덜 강조하였다. 이는 두 조직 간에 지도자의 지도성은 차이가 있음을 나타낸 것이라 할 수 있다.

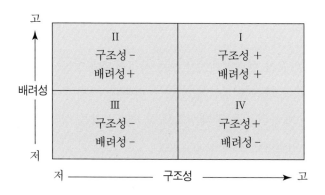

[그림 5-1] 구조성과 배려성 차원에 따른 지도성 유형

오하이오주립대학교의 지도성 연구는 지도성 유형이 조직효과성에 미치는 영향을 실증적으로 밝혔지만, 지도성 유형이 조직 효과성에 어떻게 영향을 미치는지에 대한 상황요인들의 중요성을 간과하였다는 한계점이 있다.

3) 관리망

Blake와 Mouton의 관리망(managerial grid)이란 오하이오주립대학교의 지도성 연구의 것을 확대한 모형이다. 1960년대 초에 Blake와 Mouton에 의해 연구된 관리망은 지도성 유형을 탐색하기 위한 준거 틀로서 생산에 대한 관심(concern for results)과 인간에 대한 관심(concern for people)의 두 개의 차원으로 구성되어 있다. [그림 5-2]에 나타난 것처럼, 이 관리망에서는 81개의 유형이 나타나 있으나 상호 결합관계를 통해 최종적으로 양 차원을 결합한 다섯 가지의 가능한 행동유형을 보여 주고 있다. 즉, 태만형(impoverished management), 권위형(authority-obedience), 사교형(country club management), 중도형(organization-man management), 팀형(team management)이다.[5]

---

5) • 태만형은 지도자가 조직에 계속 고용될 수 있을 정도의 최소한으로 요구되는 과업만을 수행한다.

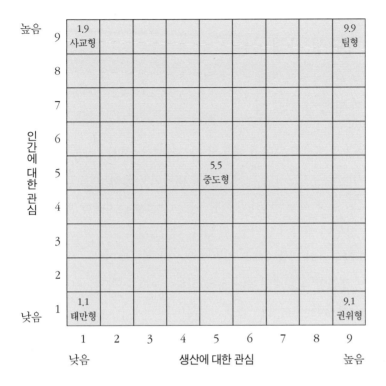

[그림 5-2] Blake와 Mouton의 관리망

출처: 윤정일 외(2008). 교육행정학원론, p. 100.

Blake와 Mouton은 관리망의 우측 상단에 있는 9·9형의 지도성 행동유형을 가장 이상적이라고 주장하였다. 즉, 생산에 대한 관심과 인간에 대한 관심 양쪽에 모두 가장 높은 관심을 갖고 있는 지도자가 바로 효과적인 지도자라는 것이다.

그러나 Blake와 Mouton의 관리망 연구는 지도성연구에서 오하이오주립대학교의 연구처럼 행동적 접근이 갖고 있는 한계점이 있다. 즉, 몇 개의 지도성 유형을 확인하고 그중에서 효과적인 지도성 유형을 제시하고 있지만, 구체적인 적절한 상황과 연계하지 못하는 지도성이론에 머물고 있다.

• 권위형은 지도자가 권력, 권위, 통제를 통하여 생산을 극대화하는 데 관심을 쏟는다.
• 사교형은 지도자가 결과 생산성이 저하되는 일이 있어도 동료 간에, 부하직원 간에 호감을 유지하는 데 관심을 쏟는다.
• 중도형은 지도자가 현상에 순응하고 중도를 유지하거나 그럭저럭 잘해 나가는 데 집중한다.
• 팀형은 지도자가 집단 구성원의 광범위한 참여를 통하여 양적, 질적 개선을 꾀하기 위한 목표중심적 접근방법을 활용한다(윤정일 외, 2008: 100-101).

4. 지도성 상황이론

1) 상황적합적 지도성

지도성 연구의 특성적 그리고 행동적 접근들에서 나타난 공통점은 상황과 관계없이 최선의 지도성은 지도자의 특성과 행동 내에서 가능하였다. 그러나 Fiedler(1967)가 처음으로 주장한 지도성의 상황적합이론(contingency theory)에 따르면, 효과적인 지도성이란 상황에 따라서 달라질 수 있다. 즉, 상황적합적 지도성은 지도자의 특성이나 행동과 상황과의 적합관계를 명확히 하고자 시도하였다.

Fiedler는 과업의 성공적인 성취를 중시하는 과업지향형(task motivated) 지도성과 좋은 인간관계를 중시하는 관계지향형(relationship motivated) 지도성을 [그림 5-3]과 같이 제시하였다. 이러한 지도성 유형은 지도자의 동기체제에 의해서 결정되며, 조직의 효과성은 지도자와 그가 지도성을 발휘하는 데 상황의 호의성(situation favorableness)여부가 어떻게 결합되느냐에 따라 좌우된다.

두 가지 지도성 유형 중 어느 것이 효과적인가 하는 것은 지도자가 지도성을 발휘하게 되는 상황에 달려 있다. 지도성을 발휘하는 상황은 지도자가 지도성을 발휘하기에 유리한가 혹은 불리한가를 의미하는 상황의 호의성 정도가 중요하다. 상황의

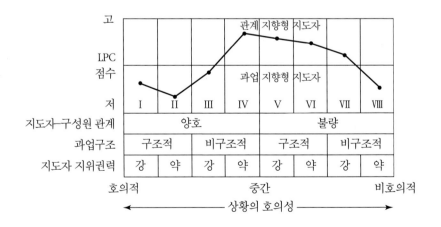

[그림 5-3] Fiedler의 상황에 따른 효과적인 지도성 유형

출처: Silver(1983). *Educational Administration*. p. 158.

호의성은 기본적으로 지도자가 조직 구성원들을 통제하고 영향력을 발휘할 수 있는 정도를 나타낸다.

상황의 호의성은 지도자-구성원 관계(leader-member relation), 과업구조화(task structure), 지도자 지위권력(position power) 등 세 가지 요인[6]에 의해 영향을 받는다. 이 지도성 결정요인들이 어떻게 결합되느냐에 따라서 지도성을 발휘하는 상황은 지도자에게 호의적일 수도 있고, 반대로 비호의적일 수도 있다.

Fiedler는 지도성유형을 측정하기 위하여 가장 싫어하는 동료(Least Preferred Coworker: LPC)척도를 개발하였다. 여기서 LPC 점수의 의미는 지도자의 동기부여 위계를 나타내며, LPC 점수의 낮고 높음에 따라서 지도자들을 낮은 LPC 지도자 집단과 높은 LPC 지도자 집단으로 2개로 범주화하고 있다(Hughes et al., 2006: 373). 즉, LPC 점수가 높으면 관계지향형(motivated by the task)이고, LPC 점수가 낮으면 과업지향형(motivated by the relationships)이다. 그동안의 연구에 따르면, 학교조직 상황에서는 이 이론이 학교장의 지도성을 설명하는 데 효과적인 모형으로 확인되었다.

그러나 Fiedler의 상황적합적 지도성이론은 특정한 상황에 적합한 지도성유형이 어떠한 것인지를 설명하고 있지만, 상황의 호의성과 LPC 점수 간에 함수관계가 성립될 수 없다는 비판과 함께 지도자와 구성원 간의 상호작용의 과정을 분석하고 있지 못함이 한계점으로 드러났다.

2) 경로-목표이론

House 등에 의해 1970년 초반에 개발된 경로-목표이론(path-goal theory)은 지도성의 상황적합적 접근 이론들 중의 하나다. 이 이론은 동기부여의 과정이론들 중 기대이론(expectancy theory)에 근거하고 있다. 경로-목표이론은 지도자의 행동이 하위자들의 기대에 영향을 줄 수 있는 범위 내에서 그들을 동기부여시킬 수 있다는 것이다. 이 이론은 지도자가 하위자의 작업목적의 인식, 개인적 목적, 그리고 목적에 도달하는 경로에 어떻게 영향을 주는가를 설명함으로써 경로-목표이론이라고

6) 지도자와 구성원 관계는 집단 구성원들이 지도자를 받아들이고 존경하는 정도를 의미한다. 과업구조는 과업의 목적, 방법, 수행표준을 분명하게 규정한 정도다. 그리고 지도자의 지위권력은 직무를 수행할 목적으로 조직이 지도자에 부여한 권력이다.

이름을 부르고 있다.

경로-목표이론은 지도자가 상황적 요인을 고려하여 바람직한 보상(목표)을 받게 되는 하위자의 행동(경로)을 명확히 해 줌으로써 하위자가 그것을 어떻게 지각하느냐에 따라 효과성이 달라진다는 것이다. 다시 말하면, 경로-목표이론은 지도자의 행동에 초점을 두고 있으며, 또한 지도자 효과성에 영향을 주는 상황적 요인들을 고찰하고 있으나 효과성을 과업성취의 관점이 아닌 하위자의 심리적 상태에서 정의하고 있다. 즉, 지도자 행동과 상황의 호의성을 효과성의 개념으로 통합하고 있다(신현석, 1995: 203).

지금까지 연구를 통해 검증되고 있는 지도자의 지도성 행동[7]에는 지시적 지도성(directive leadership), 지원적 지도성(supportive leadership), 참여적 지도성(participative leadership), 성취지향적 지도성(achievement-oriented leadership)이 있다(Northouse, 2007: 129). 또한 상황의 요인으로는 두 가지 유형의 상황적 변인들인, 하위자의 개인적 특성(personal characteristics of subordinates)과 직무환경의 특성(characteristics of work environment)을 고려하고 있다. 결과적으로, 지도자의 효과성(신현석, 1995: 206)은 과업성취가 아닌 하위자의 심리적 상태의 관점에서 정의됨에 따라 지도자의 행동은 하위자의 직무만족을 개선하고 지도자의 수용을 증진시키며 하위자의 동기화를 향상시키는 정도에서 효과적이다. 이 이론이 지도자들에게 주는 도전(Northouse, 2007: 127)은 하위자들의 동기유발을 위해 그들의 욕구에 가장 적합한 지도성 유형을 활용하라는 것이다.

경로-목표이론은 실증적 연구를 통해 매우 타당성 있는 연구로 증명되어 왔으나, 이론 자체에 대한 개념적 혼란과 함께 하위자의 행동을 배제하고 있다고 비판을 받고 있다.

---

7) 지도자의 네 가지 지도성 행동은 다음과 같이 정의 된다(Yukl, 2002: 213).
- 지시적 지도성은 하위자에게 그들이 무엇을 해야 하는지를 알려 주고 구체적으로 지도하고, 규칙과 절차를 따르도록 요구하며, 업무에 대한 일정을 수립하고 조정한다.
- 지원적 지도성은 하위자들의 욕구를 배려하고, 부하들의 복지에 관심을 나타내며, 작업단위에 우호적인 풍토를 조성한다.
- 참여적 지도성은 추종자들과 협의하며, 그들의 의견과 제안을 고려해 준다.
- 성취지향적 지도성은 도전적 목표를 설정하고, 성과개선을 모색하고, 탁월한 수행을 강조하며, 하위자들이 높은 기준을 달성할 것이라는 자신감을 심어 준다.

3) 3차원 지도성 효과이론

Reddin(1971)은 학교행정가가 활용할 수 있는 3차원 지도성 효과이론(3-D Theory of Leadership Effectiveness) 또는 3차원 경영유형 이론(3-D Management Style Theory)이라 불리는 지도성 모형을 개발하였다.

이 이론은 오하이오주립대학교의 지도성연구에서 구조성과 배려성의 4간표를 기본 유형으로 효과성 차원을 추가하여 삼차원적인 지도성 모형을 제시하였다 ([그림 5-4] 참조).

여기서 나타난 기본 지도성 유형은 통합형, 관계형, 분리형 및 헌신형으로, 상황에 따라 효과적인 유형과 비효과적인 유형으로 구분된다. 즉, 네 가지 유형의 지도성 효과는 그것이 어떤 상황—적절 또는 부적절—에서 행사되었느냐에 따라 효과적이기도 하고 비효과적이기도 하다는 것이다. 효과적인 지도성 유형은 경영자형·개발자형·행정관료형·선한 군주형으로, 비효과적인 지도성 유형은 타협자형·선동자형·도망자형·독재자형으로 분류하였다.

Reddin의 모형에서 효과적인 지도자란 상황에 적합하게 자신의 지도성 유형을 바꾸어 나간다고 하지만, 이 모형이 지닌 한계는 개인차를 고려하지 않았으며, 효과적인 지도자에게 적합한 적절한 상황이 무엇인지에 대해 명확하지 못하는 점이다.

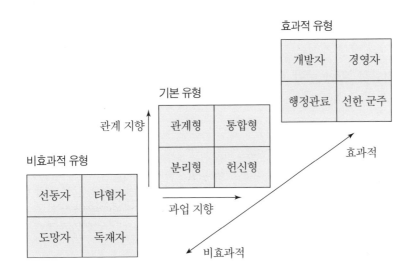

[그림 5-4] Reddin의 3차원 지도성 모형

출처: 윤정일 외(2008). 교육행정학원론. p. 106.

4) 상황적 지도성이론

Hersey와 Blanchard(1977)는 Reddin의 3차원 지도성 효과이론을 확장하여 새로운 상황적 지도성이론(situational leadership)을 개발하였다. 이 이론에서는 조직구성원의 성숙 수준을 고려하여 효과적인 지도성 유형을 제시하였다. 상황적 지도성 이론에서는 지도자의 과업행동(task behavior), 지도자의 관계행동(relationship behavior) 그리고 조직구성원들의 성숙(maturity) 수준들 간의 상호작용관계에서 효과적인 지도성 유형을 설명한다(이윤식, 2008: 375).

Hersey와 Blanchard는 과업행동과 관계행동이 어떠한 상황에 적합한지 보여 주며, 지도자 행동의 효과성에 영향을 주는 상황을 구성원의 과업과 관련된 성숙도[8]인 직무 성숙도(job maturity)와 심리적 성숙도(psychological maturity)로 구분하였다. 이 모형에서 지도성의 효과성을 좌우하는 것은 상황과 적절한 지도성 유형의 결합에 따른다. 기본적인 지도성 행동에는 성숙도의 수준에 따라서 지시형(directing), 지도형(coaching), 지원형(supporting) 그리고 위임형(delegating) 등이 있다([그림 5-5] 참조).[9] 즉, 구성원의 성숙도가 가장 낮은 상태(M_1: 낮은 능력과 낮은 동기)에 있을 때에 지도자는 구성원에게 지시적인 행동(Q_1)을 보이는 것이 효과적이다. 하지만 구성원의 성숙도가 낮은 상태(M_2: 낮은 능력과 높은 동기)일 경우, 지도자는 약간의 방향을 제시하면서 구성원들이 지도자의 결정과 방향에 수용하는 지도적 행동(Q_2)을 하는 것이 효과적이다. 또한 구성원들의 성숙도가 높은 상태(M_3: 높은 능력과 낮은 동기)일 때, 지도자의 방향 제시는 하지 않지만 구성원들이 동기화되도록 의사결정에 참여하도록 지원적 행동(Q_3)이 효과적이다. 그리고 구성원의 성숙도가 대단히 높은 상

---

8) 직무성숙도란 교육과 경험에 의하여 영향을 받게 되는 개인적 직무수행 능력을 말하며, 심리적 성숙도란 성취 욕구와 책임을 지려는 의지를 반영한 개인적 동기 수준을 의미 한다(윤정일 외, 2008: 108).

9) • 지시형은 높은 과업중심 행동, 낮은 관계중심 행동을 보이는 유형으로, 구성원의 동기와 능력이 낮을 때 효과적이다.
  • 지도형은 높은 과업중심 행동, 높은 관계중심 행동을 보이는 유형으로, 구성원이 적절한 동기를 갖되 낮은 능력을 가지고 있는 경우에 효과적이다.
  • 지원형은 낮은 과업 중심 행동, 높은 관계중심 행동을 보이는 유형으로, 구성원이 적절한 능력을 갖되 낮은 동기를 가지고 있는 경우에 효과적이다.
  • 위임형은 낮은 과업중심 행동, 낮은 관계중심 행동을 보이는 유형으로, 구성원이 높은 능력과 동기를 가지고 있는 경우에 효과적이다(윤정일 외, 2008: 109).

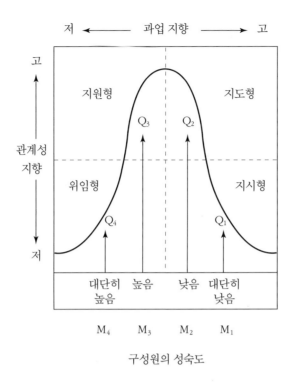

[그림 5-5] Hersey와 Blanchard의 상황적 지도성 모형

출처: 윤정일 외(2008). 교육행정학원론. p. 109의 내용을 수정함.

태(M_4: 높은 능력과 높은 동기)일 경우에, 지도자는 구성원들에게 과업을 위임하는 위임적 행동(Q_4)이 효과적이다.

　Hersey와 Blanchard의 상황적 지도성은 이 이론을 규명하기 위하여 성숙도를 상황조절 변수로 하는 실증연구가 이루어졌으나, 성숙도 등의 개념이 애매하며 하나의 상황변수만 사용하였다는 것은 이론의 타당성을 약화시키는 취약점이다.

　또한 지도성 상황이론에 대한 전체적인 비판은 상황을 고정적으로만 해석하고 있다는 점이다. 즉, 지도자가 상황변화에 대처하여 어떻게 조직의 효과성을 높일 것인가를 명확하게 설명해 주지 못하고 있다. 이러한 한계점은 지도자로 하여금 지도자가 자신의 특성과 행동유형에 적합하도록 상황 자체를 변화시키려는 데 관심을 갖는 계기가 되었다.

5. 최근의 지도성이론

1) 변혁적 지도성

지도성연구에 대한 접근방법의 구분에 따라 전개된 지도성의 특성이론, 행동이론, 상황이론의 맥락에서 탈피하여, 1970년대 말에 미국의 정치학자 Burns(1978)[10]는 새로운 지도성(new leadership)이론이라는 이름으로 변혁[11]적 지도성(transforming leadership)이라는 개념을 주창하였다. Burns(1978)에 따르면, 거래적 지도성은 추종자의 개인적 이익에 호소함으로써 추종자를 동기부여하지만, 변혁적 지도성은 추종자의 도덕적 가치에 호소함으로써 윤리적 쟁점에 대한 인식을 높이며 조직을 개혁할 활력과 자원을 동원한다(Yukl, 2002: 295). 그러므로 거래적 지도성은 지도자가 원하는 것을 추종자들이 수행할 때, 그에 대한 교환으로 추종자들이 원하는 보상을 하여 준다는 상호교환적인 관계에서 성립된다. 반면에, 변혁적 지도성은 지도자가 원하는 것의 대가로 추종자들에게 인센티브를 제공한다는 단순한 상호교환적인 차원을 뛰어 넘어선다.

또한 Avolio와 Bass(1995: 203)는 변혁적 리더십과 거래적 리더십의 차이점을 다음과 같이 설명하였다.

> 변혁적 리더들이 자기규제적(self-defining)으로 묘사되는 반면에, 거래적 리더들은 더욱 규정과 규정적용에 동조하거나 외부의 우발적 상황(external contingencies)에 따라가게 되며, 변혁적 리더들은 더욱 내적 지향적이나 거래적 리더들은 보다 외적 지향적이다. 그리고 거래적 리더는 조직문화의 관례 범위 내에서 움직이나, 변혁적 리더는 좀 더 만족스러운 대안적 미래 상태의 비전에 기초하여 조직문화의 관례를 재규정하거나 변화시킨다.

요약하면, 변혁적 지도성은 구성원의 성장욕구를 자극하여 동기화시킴으로써 구

---

10) Burns(1978)는 종래의 지도성 이론을 통칭하여 거래적 지도성(transactional leadership)이라고 하고, 이에 대조된 새로운 지도성을 변혁적 지도성(transforming leadership)이라고 구분하여 제시하였다.

11) 변혁이란 한 상황 혹은 한 체계로부터 다른 상황 혹은 다른 체계로 대치(변환) 작용 혹은 다른 변형(metamorphosis) 작용을 의미한다(이병진, 2006: 104).

성원의 태도와 신념을 변화시켜 자신감을 갖게 하며, 더 많은 노력과 헌신을 이끌어 내어 기대 이상의 성과를 달성하게 하는 지도성을 의미한다. 특히 변혁적 지도성은 지도성이 행사되는 과정에서 지도자의 특성과 행동 유형에 적합하도록 지도자가 상황을 변혁하고 개선시키는 것을 말한다(윤정일 외, 2008: 112).

1985년에는 Bass가 보다 정교한 변혁적 지도성(transformational leadership)을 전개하면서 보다 많은 후속연구가 이루어져 왔다. Bass(1985)는 변혁적 지도성을 측정하기 위해 다요인 지도성 질문지(Multifactor Leadership Questionnaire: MLQ)를 개발하였다. MLQ에서 변혁적 지도성을 측정하는 세 가지 요인은 카리스마(charisma), 개별적 배려(individual consideration) 그리고 지적 자극(intellectual stimulation)이다.[12]

- 카리스마: 변혁적 지도성의 핵심요인으로, 구성원이 지도자에 대해 어떻게 인식하고 행동하는가 하는 측면에서 정의된다. 즉, 구성원은 지도자를 신뢰하고 지도자의 가치관과 비전을 수용하고 지원하며 지도자와 강한 감정적 유대를 형성하는데, 지도자는 이를 통해 구성원을 자극한다.
- 개별적 배려: 구성원을 일대일에 기초하여 개별적으로 다루며, 구성원의 개인적 욕구에 관심을 기울이고 멘터링이나 코칭을 통해 구성원의 욕구를 자극하고 높임으로써 구성원을 개발하고자 한다.
- 지적 자극: 구성원으로 하여금 업무수행의 낡은 방식에 대해 의문을 제기하고 새로운 방식을 사용하도록 도와주며, 구성원 자신의 가치관, 믿음, 기대뿐만 아니라 지도자나 조직의 그러한 개념에 대해서도 적절하지 못하면 의문을 제기하도록 지원해 준다.

---

12) Bass(1985)는 변혁적 지도성의 핵심적 요소를 초기에 세 가지 요인으로 구성하였으나, 후에 이를 보완하여 다음과 같이 네 가지 요인을 제시하였다(이윤식, 2008: 380-381).
- 이상화된 영향력(idealized influence): 구성원으로부터 신뢰와 존경을 받고 동일시와 모방의 대상이 되어 이상적인 영향력을 행사한다.
- 영감적 동기화(inspirational motivation): 구성원들로 하여금 조직의 과업이 달성되고 발전할 수 있다는 기대와 도전감을 갖도록 하며, 비전을 공유하도록 구성원을 동기화 시킨다.
- 지적 자극(intellectual stimulation): 기존 상황에 대해 새롭고 개방적인 방식으로 접근함으로써 구성원들이 혁신적이 되고 창의적이 되도록 자극한다.
- 개별화된 배려(individualized consideration): 구성원들의 개인적 성장 욕구에 관심을 보이며, 지원적 분위기에서 학습기회를 제공하여 그들의 잠재력을 발전시키고자 한다.

변혁적 지도성은 지도자와 구성원이 상호작용하는 가운데 만족을 느낄 수 있으며 새로운 비전과 함께 구조를 변화시킬 수 있는 새로운 지도성이론이다. 오늘날과 같이 학교의 재구조화(restructuring)가 요청되는 시대에 급격한 사회변화에 적극적으로 대응하며 교육의 질을 높이기 위해서는 학교장도 교사와의 상호신뢰를 바탕으로 변혁적 지도성의 발휘가 요청된다.

변혁적 지도성이론은 여러 실증적 연구를 통해서 종래의 거래적 지도성보다 효과적임이 증명되었으며, 최근 주류를 이루는 지도성이론으로 자리를 잡고 있다. 그러나 이 이론은 지도자의 강력한 지도성을 강조하여 지도자의 특성과 행동 유형에 적합하도록 상황을 변혁한다는 점에서 오히려 상황의 중요성을 경시하였다는 비판을 받고 있다.

2) 분산적 지도성

최근 학계의 주목을 받고 있는 분산적 지도성(distributed leadership)은 지도성에 대한 중앙집권적 사고를 부정하는 것으로 부터 출발한다. 분산적 지도성이란 지도성 과업이 개별 지도자의 능력에 의해 성취되는 것이 아니라 다중적인 환경적 요인과 상황, 환경 내의 인공적 장치들에 의해서 분산적으로 이루어진다는 것이다. 그러므로 분산적 지도성 이론을 주장하는 학자들(Evers & Lakomski, 2000, 2001; Gronn, 1999, 2000)은 지도자의 개인적 특성은 지도성을 구성하는 한 부분일 뿐 지도성 자체를 결정하는 필요충분조건이 아니라고 본다(박선형, 2003: 188).

이러한 점에서 분산적 지도성 이전의 전통적 지도성[13]은 공식적 권위, 영웅적이고 카리스마적인 특성을 지닌 지도자에 초점을 두는 반면, 분산적 지도성은 조직 내 공식적, 비공식적 지도자들이 조직의 상황과 맥락에서 조직의 목표와 직면한 문제 및 이슈에 대한 의사결정의 공유를 통하여 조직효과성과 개인의 전문성 및 역량을 극대화하고자 지도성의 분산과 실행에 초점을 맞춘 지도성이론이다(주영효 외, 2009: 35).

학교 차원에서 보면, 분산적 지도성은 학교장과 학교 구성원 모두가 공동의 지도

---

13) Gronn(2002)과 Leithwood 등(2007)은 지도자의 역할, 지위, 권위에 초점을 맞춘 지도성 연구를 분산적 지도성 이론과 비교하여 '집중된 지도성(focused lesdership)'이라고 명명하면서, 이처럼 지도자 개인에게 초점을 맞춘 지도성 연구를 분산적 지도성과 비교하여 '전통적 지도성' 이론을 표현하였다(주영효 외, 2009: 41).

성을 실행하며, 그에 대한 공동 책임을 수행하면서 조직의 효과성을 극대화하는 것을 목표로 하는 지도성 실행에 초점을 둔 새로운 형태의 지도성 이론이다. 분산적 지도성의 중요한 특징으로는 지도성의 영역이 구성원까지 확대되고 지도성 실행이 학교조직의 상황 속에서 어떻게 공유되고 분산되고 있는가하는 점이다.

이런 점에서 분산적 지도성이론은 학교 운영과 교수-학습 개선, 학생의 학업성취도 향상에 기여할 수 있으며, 학교 내 지도성 실행에서 새로운 방식과 함께 학교 지도성 실행을 개선할 수 있는 강력한 도구를 제공해 줄 수 있다고 본다.

그러나 분산적 지도성이론의 한계점(주영효 외, 2009: 46)으로는 분산적 지도성 개념의 정체성이 시급하다는 점, 누구의 관심이 분산되고 어떠한 특정한 목표를 위해 활용되는가에 대한 고려가 필요하다는 점, 민주적 의사결정 과정이 오히려 교사들에게 스트레스를 줄 수 있을 뿐만 아니라 더 좋은 티칭 실행 및 조직의 혜택을 도모하지 못할 수 있다는 점, 이와 관련하여 책임과 권력 분산이 조직경영의 효과성을 오히려 저해할 수 있다는 점을 제시할 수 있다.

3) 수업지도성

1980년대 들어 등장한 대표적인 교육지도성 이론(educational leadership theory)으로는 효과적인 학교를 위한 수업지도성(instructional leadership)을 들 수 있다. 수업지도성이란 학교의 기술적인 핵심영역(technical core)인 교수와 학습(teaching and learning)의 증진을 강조하는 특별한 형태의 지도성을 말한다(Hoy & Miskel, 2008: 433).[14] 이러한 수업지도성은 학교장이 교육활동의 본질적인 요소인 수업과 관련하여 지도성을 행사하는 것이 중요하다는 인식이 높아지면서 '수업지도성'이라는 용어가 일반화되어 쓰이고 있다. 특히 1980년대에 미국의 '효과적인 학교운동(effective school movement)'과 관련하여 교장의 수업지도성이 강조되었고, 효과적인 학교의 가장 중요한 특징이 학교장의 강력한 수업지도성이라고 지적되었다(이윤식, 2002: 31).

학교장들은 학교 교육의 핵심이라 할 수 있는 수업―조직이론의 측면에서 조직

---

14) 보다 구체적으로 수업지도성은 교육과정 내용, 교수방법, 평가전략 그리고 학업성취를 위한 문화규범과 같은 요인들을 변화시키려는 노력이다.

의 기술적 핵심에 해당— 의 영역에서 전문가로서의 지도성을 발휘해야 한다. 이 기술적 영역에서 학교장이 수행해야 할 구체적인 과업(신현석, 1995: 224-225)은 다음과 같다.

- 수업 향상을 위해 교내 자율장학을 주도하고 그에 따른 성과를 분석, 평가한다.
- 수업 개선을 통해 학생들의 인지적·정의적 성과들을 향상시키고 수시로 점검한다.
- 효과적인 교육 프로그램들을 자체적으로 개발하여 실행에 옮기고 확인한다.
- 학생들에 대한 포괄적인 서비스 프로그램들을 정비, 조정하는 일들을 교사들과 협동적으로 수행한다.

이와 같이 학교장의 수업지도성은 학교장의 여러 가지 역할 중에서 교육목표를 효과적으로 달성하기 위하여 수업활동의 개선에 관련된 역할에 초점을 두고 있음을 알 수 있다(이윤식, 2002: 35). 최근의 성공적인 학교장의 지도성에 있어서 수업지도자로서 학교장의 지도성에 대한 연구가 활발히 이루어지고 있다. 이는 교육 지도자의 다양한 역할 가운데 교육목표의 달성을 위한 교수와 학습의 개선은 가장 핵심적인 과제이기 때문이다(이병진, 2003: 174).

우리나라에서는 1990년대 중반에 이르러서야 수업지도성에 대한 체계적인 연구가 시작되면서 현재까지 적은 수의 연구가 수행되었다. 연구결과는 대체적으로 학교장의 수업지도성이 학교교육의 효과성과 학업성취도에 영향을 미치고 있음을 나타내고 있다.

4) 그 외의 지도성

앞에서 언급한 지도성 이외에도 최근의 지도성이론으로는 여러 측면의 다양한 지도성이 있을 수 있지만, 여기서는 대표적인 지도성으로 카리스마적 지도성(charismatic leadership), 문화적 지도성(cultural leadership), 도덕적 지도성(moral leadership), 슈퍼 지도성(super leadership)에 대한 내용을 간략히 소개하면 다음과 같다.

① 카리스마적 지도성: 카리스마[15]는 기적을 행하거나 미래의 사건을 예언할 수 있는 능력과 같이 하늘이 부여한 재능이라는 의미를 가진 희랍어다(Yukl, 2002: 241). 카리스마에 대한 연구는 최초로 Weber(1947)로부터 시작되었다. Weber는 카리스마를 지도자가 발휘하는 비범한 특징에 대하여 추종자가 인식하는 지도자의 영향력의 형태로 보았다(이윤식, 2008: 378).

요약하면, 카리스마적 지도성은 탁월한 비전, 압도하는 인간적 매력 등을 소유한 지도자가 구성원의 헌신적인 복종과 충성을 이끌어 내게 하는 지도성을 말한다. 이러한 의미의 카리스마적 지도성은 변혁적 지도성과 유사한 개념으로 사용되기도 한다. 하지만 어떤 경우에는 변혁적 리더십의 하위 개념으로 포함되기도 한다. 즉, 카리스마적 지도성은 변혁적 지도성의 필수조건은 되지만 충분조건은 되지 못한다고 본다.

② 문화적 지도성: 지도자가 조직문화에 관심을 가지고 조직문화에 변화를 꾀하여 조직의 효과성을 개선해 나가려는 지도성이다. 왜냐하면 조직의 구조적 접근의 변화만으로는 조직효과성을 높이기에 한계가 있기 때문이다(윤정일 외, 2008: 117). 학교차원에서 문화적 지도성은 독특한 학교 문화를 창출하는 데에서 나오는 지도성이다.

따라서 학교장은 각 교사들이 새롭게 창출된 문화의 수용을 통하여 학교의 주역이 되게 하고, 조직의 제도적 통합을 이루어 나감으로써 학교조직의 효과성을 추구함과 함께 학교발전을 위한 교육개혁을 성공적으로 추진해 갈 수 있다.

③ 도덕적 지도성: 지도자의 개인적인 자질에 기반을 둔 영향력으로 타인으로부터의 존경이나 동일시 대상으로서 구성원에게 영향을 미치게 되는 지도성을 말한다. 또한 조직 구성원들이 과업을 수행하는 데 요구되는 규범이나 가치 등을 조직문화 차원에서 내면화해 가는 영향력이라고 할 수 있다(이병진, 2003: 116). 그러므로 도덕적 지도성의 권위와 영향력은 무엇이 옳으며 좋은가 하는 개념에서부터 나온다.

학교의 교육상황에서 도덕적 지도성의 발휘는 학교장을 비롯한 교사들이 학생들에게 먼저 도덕적인 모범을 보임으로써 학생의 행동에 자연스럽게 영향을 줄 수 있어야 한다. 특히, 학교장은 학교경영의 지도자로서 모든 영역에서 도덕적인 행위자

---

15) Weber(1947)는 전통이나 공식적인 권위가 아니라 비범한 자질을 부여받았다는 부하의 인식에 바탕을 둔 영향력 형태를 기술하기 위해서 이 용어를 사용하였다.

의 역할을 다함으로써 도덕적인 학교를 만들어 나갈 수 있다.

④ **슈퍼 지도성**: 조직의 지도자가 구성원 개개인을 지도자로 성장·변화시키는 지도성이다(윤정일 외, 2008: 115). 또한, 슈퍼 지도성은 조직 구성원 각자가 스스로를 통제하고 자신의 삶에 진정한 주인이 될 수 있도록 자율적 지도성을 계발는 데 중점을 두는 지도성의 개념이라 할 수 있다(주삼환 외, 2003: 103). 그래서 슈퍼 지도성은 흔히 지도자의 지도자를 만드는 지도성으로 이해되기도 한다. 즉, 조직의 지도자가 구성원들의 셀프 지도성(self leadership)을 개발하여 셀프 지도자(self leader)로 만들어 주는 지도성이다. 이 이론은 지도자만의 독특한 특성이나 능력보다는 구성원들이 스스로 지도자로서의 능력을 계발, 활용할 수 있도록 하는 지도자의 능력에 초점을 맞추고 있다.

따라서 학교장은 교사들이 전문가 집단으로서 일상적인 업무에서 자율성이 요구되기 때문에 이러한 자율성을 교사 각자가 스스로를 지도할 수 있는 능력을 갖도록 슈퍼 지도성을 발휘할 수 있어야 한다.

 정리하기

- 지도성이란 한 개인이 조직의 목적 달성하기 위해 구성원에게 영향력을 행사하는 과정이다.
- 지도성연구에 대한 접근방법은 특성적 접근, 행동적 접근 그리고 상황적 접근으로 구분된다.
- 지도성 특성이론은 지도자가 타고난 선천적인 자질이나 특성을 알아보면서 지도자 와 비지도자를 구별하려는 데 있다.
- 지도성 행동이론은 효과적인 지도자와 비효과적인 지도자의 지도성 행동유형을 밝히려는 데 있다.
- 지도성 상황이론은 지도자의 특성 및 행동 유형뿐만 아니라 상황요인에 따라서 지도성의 효과성이 달라질 수 있음을 강조한다.
- 변혁적 지도성은 상황의 고정성에서 벗어나 상황을 변화시킬 수 있는 지도자의 능력을 중시한다.
- 분산적 지도성이란 조직 내의 지도성이 개별 지도자의 능력에 의해 성취되는 것이 아

니라 조직의 맥락에서 분산적으로 발휘된다는 것이다.

• 수업지도성은 주로 학교장이 중심이 되어 학교 내에서 수업의 질을 향상하기 위한 지
도성을 말한다.

 적용하기

1. 자신의 관점에서 지도성을 정의해 보자.
2. 교육훈련에 의해서 지도성의 기술이 어느 정도 향상될 수 있는지를 토의해 보자.
3. 지도성에 대한 특성이론, 행동이론, 상황이론의 차이를 비교해 보고, 각 이론의 강점
   및 취약점을 정리해 보자.
4. 변혁적 지도성이 발휘되기에 적합한 요건을 알아보자.
5. 분산적 지도성이 교육현장에서 적용되고 있는 사례를 찾아보자.
6. 우리나라 학교장들이 수업지도성을 발휘하기에 어떠한 어려움이 있을 수 있는지를 토
   의해 보자.

제6장

의사결정이론

● 학습 목표

• 의사결정의 개념과 중요성, 특징을 이해할 수 있다.

• 의사결정 모형의 특징을 이해하고 실제 상황에 적용할 수 있다.

• 의사결정의 주요 참여 모형을 살펴보고, 실제 의사결정 과정에서 누구를 언제 어떻게 참여시키는 것이
바람직한지, 그리고 어떠한 의사결정 유형이 효과적인지 이해할 수 있다.

• 의사소통의 의미와 과정을 이해한다.

1. 의사결정의 개념

1) 의사결정의 개념 및 의의

일주일 남은 기말고사를 준비하기 위해 계획을 세워 본 적이 있을 것이다. 시험 일정이 정해지면 그 일주일 동안 사전에 계획되어 있던 일정들(약속이나 모임, 여행 등), 그리고 각각의 과목을 준비하는 데 소요될 것으로 예상되는 시간 등 다양한 변수들을 고려하여 최적의 일정을 짜기 위해 노력할 것이다. 모든 일이 순조롭게 진행된다면 계획에 따라 차근차근 시험 준비를 할 수 있지만, 우리의 인생은 우리가 계획한대로 그리 쉽게 진행될 만큼 호락호락하지가 않다. 빡빡하게 짜여진 계획표대로 따른다면 내일 있을 시험을 위해서는 저녁을 먹고 도서관에서 꼼짝도 하지 말아야 하지만, 함께 저녁을 먹던 친구들로부터 자신이 제일 좋아하는 연예인이 오늘 저녁 학교 강당에서 공연을 한다는 소식을 듣게 된다면, 어떠한 선택을 하게 될 것인가? 전혀 예상하지 못했던 문제상황이 발생하면, 우리는 몇 가지 선택의 기로에 놓이게 된다. 시험을 포기하고 공연을 보러 갈 것인가? 아니면 공연 보는 것을 포기하고 기존의 계획대로 도서관으로 향할 것인가? 아니면 이 두 가지 선택 상황의 중간 지점에서 적절히 타협할 것인가?

삶을 살아나가는 과정에서 개인은 이와 유사한 수많은 과제들에 직면하게 되고, 이러한 과제들을 해결하기 위한 대안들을 심사숙고하고 선택해야 하는 상황에 끊임없이 놓이게 된다. 이러한 상황에서 보편적인 인간은 문제해결을 위한 다양한 대안들을 고려하고, 그 상황에 가장 알맞은 혹은 만족스러운 선택을 행함으로써 자신의 의사를 최종적으로 결정해 나가게 된다. 인생을 의사결정의 연속이라고 하는 것도 바로 이러한 맥락에서 이해할 수 있으며, 의사결정의 중요성은 아무리 강조해도 지나치지 않는다.

의사결정이란 '문제해결 상황 속에서 고려할 수 있는 다양한 대안들 가운데 가장 알맞은 대안을 선택하고 결정해 나가는 행위'라 할 수 있다. 의사결정은 좁은 의미에서 '조직의 문제해결과 관련된 미래의 행동 대안 중에서 최선의 대안을 선택하고 결정하는 행위'를 뜻하며, 넓은 의미에서는 '선택된 최선의 대안을 실행에 옮기고, 그 결과를 평가하고 환류하는 과정'까지 포함한다. 최근 교육에 대한 사회적 요구가 복잡·다양화되어 감에 따라 의사결정의 문제는 학교조직의 경영부터 교육부처의 교육정책 결정에 이르기까지 수많은 영역에서 중요한 기능을 담당하고 있으며, 바람직한 혹은 효과적인 의사결정을 위한 다양한 논의와 연구들이 수행되고 있다.

2) 의사결정의 유형

(1) 정형적 결정과 비정형적 결정

정형적 결정은 반복적이며 일상화된 결정으로 의사결정을 하는 것을 말한다. 정형적 결정은 과거에 했던 선례와 절차를 통해 이루어지기 때문에 창의력이나 판단력이 요구되지 않으며, 그만큼 위험도가 낮은 의사결정의 방식이다. 예를 들어, 입학식, 소풍, 체육대회, 졸업식 등 관례적으로 수행하고 있는 활동들에 대한 의사결정들이 여기에 속한다.

비정형적 결정은 일상적이지 않으며 중요하거나 긴급한 문제가 생겼을 때 내리는 의사결정을 말한다. 비정형적 결정은 과거에 선례가 명확하지 않기 때문에 대안의 탐색과 결과를 예상하기가 매우 어렵고 복잡하며, 고도의 판단력과 창의력이 요구된다. 교원의 정년을 단축하는 일이나 소규모 학교를 통폐합하는 일, 학교에서 예측하지 못했던 특수한 문제 등은 대표적인 비정형적 의사결정의 예다.

(2) 개인적 결정과 집단적 결정

개인적 결정은 최고경영자나 관리자가 혼자서 결정하는 방법으로 신속한 결정을 요하는 경우나 결정에 따른 이의나 논쟁이 없는 경우, 또는 결정에 비밀을 요하는 경우에 일어난다. 집단적 결정은 공동의 의견을 수렴하여 결정하는 방법으로써 고도의 기술성과 전문성이 요구되거나 구성원들의 참여의식을 높이고자 하는 경우에 일어난다.

집단적 결정은 대체로 위원회의 성격을 갖고 이루어지기 때문에 단독결정에 비해 신속하지 못한 경우가 많다. 하지만 전문성이나 이해관계에 대한 충분한 논의를 거치기 때문에 오류를 줄일 가능성이 높고, 다른 사람의 수용도가 높다.

최근의 의사결정은 단독결정에 의해 이루어지기보다는 위원회 등 집단적 결정을 활용하는 추세다. 대부분의 조직들이 위원회의 형태를 이용하여 전문적 지식이나 정보 또는 자료를 바탕으로 의사결정을 해 나가고, 계층별로 의사가 반영되어서 최종적인 의사결정이 이루어지고 있다.

3) 의사결정의 과정

의사결정의 과정은 의사결정이 이루어지는 일련의 단계와 그 내용을 구체화하는 것으로 의사결정 자체를 이해하는 데 중요한 역할을 한다. 이러한 의사결정의 과정은 의사결정 단계의 다양성과 상호관련성과 밀접한 관계가 있다. 〈표 6-1〉은 의사결정의 과정에 관하여 여러 학자들이 제시하고 있는 단계와 그 내용을 보여 주고 있다. 〈표 6-1〉에 제시된 여러 학자들의 논의들을 종합해 보면, 의사결정은 크게 문제를 인식하고 발견하는 단계, 문제를 확인하고 이를 분석하는 단계, 해결방안을 탐색하는 단계, 해결방안을 평가하고 최종적으로 선택하는 단계, 그리고 해결방안을 실행하는 단계 등 다섯 단계를 거쳐 이루어지고 있음을 알 수 있다.

표 6-1 의사결의 과정에 관한 제 접근

학 자	의사결정의 과정
Dewey(1933)	① 제안 ② 문제인식 ③ 가설설정 ④ 합리화 ⑤ 검증
Gore(1956)	① 지각 ② 해석 ③ 권력투쟁 ④ 행동화
Taylor(1965)	① 탐색과정 ② 목적설정 ③ 대안의 선택 ④ 결과의 평가
Simon(1965)	① 탐지 ② 입안 ③ 선택
Katz & Kahn (1978)	① 문제해결의 압력 ② 문제 확인 및 분석 ③ 해결방안 탐색 ④ 시행결과 예측
Mckinney & Howard(1979)	① 문제의 진단 ② 대안의 입안 ③ 대안의 선택 ④ 실시 확인
Mintzberg(1976)	① 문제지각 ② 결정상황 진단 ③ 탐색 ④ 입안 ⑤ 선별 ⑥ 평가와 선정
Drucker(2001)	① 문제의 정의 ② 문제의 분석 ③ 대안해결책의 개발 ④ 최선의 대안 선택 ⑤ 최선안의 실행
Hoy & Miskel (2007)	① 문제·쟁점의 인식 및 정의 ② 문제 분석 ③ 해결기준 설정 ④ 행동계획 및 전략 개발 ⑤ 행동계획의 실행

출처: 김명한, 박종렬(2001). 교육경영 및 학교경영. p. 221의 내용을 수정·보완함.

(1) 문제의 인식 및 정의

의사결정 과정의 첫 단계는 조직 혹은 체제가 그 기능을 수행해 나가는 과정에서 발생되는 어려움이나 곤란함 등을 인식하는 것으로, 조직 혹은 체제에서 발생된 문제점들을 어떻게 인식하고 정의 내리는가는 올바른 의사결정을 내리는 데에서 가장 중요한 역할을 담당하고 있다. 문제의 인식 및 정의 단계는 의사결정자가 해당 문제에 대한 내용과 성격을 단기적 혹은 장기적인 관점에서 인식하고 규정하는 단계로 이해할 수 있다.

(2) 문제의 확인 및 분석

문제를 인식한 이후에는 문제상황에 대한 올바른 정보와 이해가 필요하다. 문제의 확인 및 분석 단계는 인식된 문제에 대한 해결책을 모색하기 위해 필요한 자료·정보·지식 등을 수집하고 과학적으로 분석하는 과정이다. 이 단계에서는 해당 문제의 내용과 성격을 분류하기도 하는데, 기존에 발생된 문제와 유사한 것인가 아니면 새롭게 발생된 문제인 것인가, 적절한 규칙, 원리 또는 정책을 적용하여 해결할 수 있는 것인가 아니면 조직의 근본적인 변화나 보다 혁신적이고 창의적인 절차가 요구되는 문제인가, 그리고 문제를 둘러싸고 있는 다양한 요인들은 무엇이 있는가 등이 이 단계에서의 주요 고려사항이 될 수 있다.

(3) 해결방안의 탐색

문제에 대한 확인과 분석이 이루어진 이후에는 문제를 해결하기 위한 다양한 방안을 탐색하고 고려하게 된다. 이 단계에서 의사결정자는 앞선 단계에서 수집되고 분석된 자료에 기초하여 만족스러운 문제해결을 위한 적절한 기준을 설정하고, 조직의 목적이나 발전에 부합하는 방향에서의 해결방안들을 고려하고 구체화해 나가게 된다.

(4) 해결방안의 평가 및 선택

다양한 대안들이 모색되고 구체화된 이후에 의사결정자는 조직이 처한 상황과 다양한 변수들을 바탕으로 각각의 대안들이 가져오게 될 결과를 예측하면서 우선순위를 결정하게 된다. 각각의 대안이 가져올 수 있는 결과들을 평가해 나가는 과정에서 집단적인 의사결정은 지식과 경험을 공유할 수 있기 때문에 매우 유용한 수단이 될 수 있다. 이러한 대안들이 가져올 결과에 대한 면밀한 분석, 비교, 검토 그리고 평가가 이루어진 후 '최상' 혹은 '최선'의 대안에 대한 최종적인 선택이 이루어진다.

(5) 대안의 실행

여러 대안들 가운데 실천 가능한 최종 대안이 선택된 이후에는 그 대안을 실행하기 위한 실행전략이나 계획을 수립하여야 한다. 대안의 실행과정은 대안을 실행하기 위한 구체적인 활동계획(programming)을 세우는 수립 단계, 계획을 통합·조정·지원하는 의사소통체계의 정립(communication) 단계, 활동계획의 실행 상황을 통제하고 확인하는 감독(monitoring) 단계, 그리고 활동계획을 바탕으로 실행된 대안이 가져온 결과, 즉 의도했던 성과가 얼마나 실현되었는지를 평가하는 평가(appraising)단계 등을 포함하고 있다.

2. 의사결정의 주요 모형

의사결정의 이론적 모형은 학자에 따라 다양한 모형들이 제시되고 있지만, 크게 다섯 가지 모형으로 정리해 볼 수 있다. 이 절에서는 의사결정의 주요 모형들을 살펴보고, 그 특징들을 이해하기로 한다.

1) 합리모형

합리모형(rational model)은 인간의 이성과 합리성에 입각하여 결정을 내리는 것으로, 주로 경제학이나 경영학을 중심으로 논의되어 왔다. 이 모형은 의사결정자가 전지전능하다는 가정하에서 최적화된 기준에 따라 문제를 완전히 이해하고, 고려할 수 있는 모든 대안을 포괄적으로 탐색·평가하여 조직의 목표와 목적의 달성을 극대화할 수 있는 가장 합리적인 대안을 선택할 수 있다고 보는 입장이다. 이러한 입장에서는 자원, 정보, 지식 등이 충분하고 이를 바탕으로 합리적으로 최선의 대안을 선택할 수 있다는 것을 전제하고 있다(정정길 외, 2004: 473-485).

합리모형에 근거한 의사결정은 문제의 확인, 목적과 세부목표의 설정, 모든 가능한 대안 정립, 각 대안의 결과 고려, 모든 대안을 목적과 세부목표에 의거하여 평가, 최적의 대안 선택, 결정된 사항의 실행 및 평가 등의 과정을 거친다. 합리적 모형은 대부분의 의사결정자가 이러한 과정을 통하여 객관적이며 합리적인 선택이 이루어진다고 보고, 목표달성을 위한 최적의 대안을 선정하기 위한 자료 분석 및 종합 과정에서 계량적 방법이 강조된다.

그러나 이 모형은 인간의 완전한 합리성, 즉 인간은 문제상황의 모든 측면을 이해하고 있고, 이를 해결할 수 있는 모든 대안과 그 결과를 고려할 수 있으며, 그 가운데 최고의 대안을 선택해 낼 수 있다는 것을 전제로 하고 있기 때문에 이상적이고 비현실적인 모형이라고 평가받고 있으며, 현실에 적용하는 데에 한계를 갖는다.

2) 만족모형

만족모형(satisfying model)은 합리모형이 가지고 있는 제약을 극복하기 위하여 인간의 제한된 합리성(bounded rationality), 즉 인간이 가지는 한계를 인식하고 인간의 사회심리적인 측면을 고려하여 의사결정 시 최적의 대안을 선택하기보다는 만족할 만한 대안을 선택한다는 것을 강조하는 모형이다(Simon, 1957: 25). 합리모형과는 달리 만족모형은 인간이 지니고 있는 문제해결 능력이 제한되어 있고, 시간·자원·비용 등도 제한되어 있다고 보기 때문에 최적의 선택은 이론적으로만 가능할 뿐이며 인간은 제한된 범위 내에서만 합리성을 추구할 수밖에 없다고 보는 입장이다(정정길 외, 2004: 486-489).

이 모형은 객관적인 자료를 바탕으로 인간은 모든 대안들 가운데 일부 고려 가능한 대안들만을 모색하게 되고, 그러한 대안을 선택했을 때 나타나는 결과 역시 일부만을 예측할 수 있다고 본다. 따라서 인간은 이러한 능력의 한계로 말미암아 최적의 대안을 선택하기보다는 일정 수준의 만족할 만한 기준을 정해 놓고 여러 가지 대안을 탐색해 나가는 과정에서 '이 정도면 만족스럽다 또는 이 정도면 충분하다'는 주관적·현실적인 수준에서 의사결정을 내리게 된다. 만족모형에 근거한 의사결정은 ① 문제의 인식, ② 만족수준의 설정, ③ 만족수준 이상의 대안 모색, ④ 준거대안으로 설정, ⑤ 제약조건하에서 다른 대안을 준거대안과 비교, ⑥ 최종 대안의 채택 등의 과정을 거치게 된다.

만족모형은 만족화 기준을 형성하는 척도가 의사결정자의 주관에 의존하고 있기 때문에 현실에 안주하는 보수적인 관점의 모형이라 할 수 있으며, 혁신 또는 창의적인 문제해결방안을 기대하기가 어렵고, 조직의 차원보다는 개인의 차원에서 의사결정의 과정을 이해하는 데 적합한 모형이라 할 수 있다.

3) 점증모형

점증모형(incremental model)은 기존의 합리모형이 가진 비현실성을 비판하고, 실제 의사결정의 과정에서 나타나고 있는 현상을 설명하고자 Lindblom(1965)이 제시한 전략이다. 이 모형은 의사결정 시 현실을 긍정하고 이전의 상태보다 다소 향상된 대안을 추구하는 모형으로, 치명적인 결함이나 근본적인 문제점이 발견되지 않는 한 이전의 전략이나 결정을 획기적으로 바꾸기보다 기존의 틀 혹은 정책의 기조는 견지한 상태에서 한 걸음 혹은 한 단계 수정하여 이전보다 향상된 혹은 개선된 수준에서의 대안을 선택해 나가는 방식이다.

점증모형의 특징은 다음과 같다(Lindblom, 1965: 144-148).

- 대안의 탐색에서 기존의 정책과 크게 다르지 않고 조금 향상된 소수의 대안을 비교함
- 대안의 분석, 결과의 분석에서도 분석이 가능한 대안만을 대상으로 함
- 설정된 목표는 대안의 선택과정에서 재조정 또는 수정함
- 기본 목표는 그대로 두고 현재보다 조금 나은 한계적 차이만을 검토함
- 올바른 대안이 나타나지 않으면 계속적인 분석과 평가를 통하여 당면 문제를 검토함

이 모형은 과거의 관례나 기존의 정책을 바탕으로 하여 구체적이고 실제적인 소수의 대안들을 계속해서 비교해 나가는 과정을 거쳐 최종적인 대안을 선택해 나가는 방식이기 때문에 다소 보수적이고 소극적이라는 비판을 받고 있다. 그러나 실제 교육조직이 처한 상황이나 여건을 충분히 고려해 기존 정책과의 일관성을 찾고, 변화에 따른 충격을 최소화할 수 있으며, 현재의 수준보다는 더 나은 개선책을 모색할 수 있다는 점에서 현실적으로 가장 많이 활용되는 의사결정모형이라 할 수 있다.

4) 혼합모형

혼합모형은 합리모형과 점증모형의 약점을 보완하여 전자의 이성적 요소와 후자의 현실적 · 보수적 특성을 적절히 혼합해 의사결정이 이루어진다고 보는 입장으로 Etzioni(Etzioni, 1967: 385-392)에 의해 제안되었다. 이 모형은 기본적인 방향의 설정과 전체의 윤곽은 광범위하게 포괄적으로 검토하면서, 그 가운데 특별한 관심을 기울여야 할 부분에 대해선 면밀한 검토과정을 거쳐 결정하는 방식, 즉 합리모형과 점증모형의 장점을 혼합하는 대표적인 방식이다.

그러나 혼합모형은 의사결증의 과정이 다소 불분명하고, 합리모형과 점증모형을 절충한 모형이라고 하지만, 의사결정자의 기본 방향에 대한 통제의식을 제외하면

표 6-2　합리, 만족, 점증 및 혼합 의사결정모형 비교

구 분	합리모형 (고전모형)	만족모형 (행정가모형)	점증모형	혼합모형
목표- 대안 관계	목표가 대안의 개발 전에 설정	목표는 보통 대안 개발 전에 설정	목표 설정과 대안 개발이 혼재	광범위한 정책 지침이 대안 개발 전에 설정
의사결정	의사결정은 수단-목표의 분석. 먼저 목적이 정해지고 그 다음 목표 달성을 위한 수단 추구	의사결정은 전형적으로 수단-목표의 분석. 그러나 분석결과에 따라 목표가 변하기도 함	수단-목표는 분리할 수 없기 때문에 수단-목표 분석은 부적절	의사결정은 광범위한 목표와 잠정적 수단에 초점을 둠
의사결정의 준거	좋은 결정은 목표달성을 위한 최상의 수단을 제시해 주는 것 (최적화)	좋은 결정은 목표달성을 위한 만족할 만한 수단을 제시해 주는 것 (만족화)	현재의 과정이 잘못된 것으로 밝혀졌을 때, 그 대안이 올바른 방향에 있음을 의사결정자들이 동의하는가 (계속적 비교)	조직의 정책에 부합하는 만족스러운 의사결정을 이끌어 낼 수 있는가 (적응적 만족)
대안 탐색	포괄적 분석. 모든 대안과 결과를 고려	합리적인 대안이 확인될 때까지 문제 탐색	탐색과 분석을 극도로 제한. 현 상태와 유사한 대안에 초점을 두며, 많은 대안과 중요한 결과가 무시됨	탐색과 분석을 문제와 직접 관련된 대안으로 제한. 그러나 광범위한 정책의 관점에서 잠정적 대안을 평가.
이론 의존도	이론에 크게 의존	이론과 경험에 의존	계속적 비교가 이론의 필요성을 줄이거나 불필요하게 함	이론, 경험 및 계속적 비교를 함께 사용

출처: 오영재 외(2009). 교육행정: 이론, 연구, 실제. p. 357을 일부 수정함.

점증모형과 크게 다를 것이 없으며, 현실적으로 의사결정과정에서 혼합모형의 방식을 순서적으로 따르는 데 한계가 있다는 비판이 가해지고 있다(김창걸, 2001: 210; 교육문제연구소, 2007: 466).

5) 쓰레기통모형

쓰레기통모형은 보다 복잡하고 혼란한 상황, 즉 조직화된 무정부 상태나 느슨한 조직에서 의사결정이 이루어지는 행태를 설명하기 위해 Cohen, March와 Olsen(1972)이 제안한 모형이다. 학교조직은 다른 조직과 달리 목표가 불명확하고 구성원의 참여가 유동적이며 불분명한 기술을 가지고 있다는 특징이 있으며, 이러한 유형의 조직에서 의사결정의 각 단계는 모호성을 수반하고, 조직 내에서 이루어지는 원인과 결과 간의 관계도 사실상 확인하기가 쉽지 않다.

이 모형은 완전한 정보를 바탕으로 다양한 대안을 검토하고 그중에서 가장 알맞은 것을 선택해 나가는 일련의 보편적인 조직의 의사결정 행태와는 다르게, 조직화된 무정부 조직 상태에서 문제, 해결책, 선택기회 및 참여자라는 4요소가 독자적으로 움직이다가 어떤 우연한 사건을 계기로 교차하여 결합하게 될 때 결정이 이루어지는 상황을 설명하는 모형이다. 여기서 '문제'는 일상생활에서 주의를 필요로 하거나 불만족되고 있는 요소로 해결책을 이끌어 낼 수도 있고 그렇지 않을 수도 있으며, 해결책이 선택되었다고 문제가 반드시 해결되는 것은 아니다. '해결책'은 채택을 위해 이미 제안되어 있는 것으로 문제와는 별개로 존재할 수 있으며, 어떤 경우엔 해결책이 먼저 발견되고 이것이 오히려 해결해야 할 문제를 찾는 경우도 있다. '선택기회'는 특정 개인이나 조직이 의사결정을 하리라 기대하는 경우를 말하며, 참여자에 의해 우연히 특정 시간에 여러 가지 문제와 해결책들이 뒤섞이는 과정에서 문제와 해결책이 서로 결합하는 상태를 말한다. '참여자'는 문제를 알건 모르건, 해결책을 알건 모르건 간에 결정에 관여하는 모든 사람을 의미하며, 결정의 전 과정에 걸쳐 유동적이기 때문에 문제 및 해결책이 빠르게 변할 수 있다.

쓰레기통모형의 기본적인 특징은 의사결정의 과정이 특정 문제에서 시작하지도 않고 해결책으로도 끝나지 않는다는 것이며, 조직에서 일어나는 의사결정은 일련의 상호 독립적인 사건들의 산물로 보고 있다(오영재 외, 2009: 359). 즉, 마치 여러 종류의 쓰레기가 우연히 한 쓰레기 통에 모여지듯이 문제, 해결책, 선택기회 그리

고 참여자라는 개별적인 구성요소가 시간의 흐름에 따라 서로 다른 통 안으로 들어
와서 우연히 한 곳에서 결합하게 될 때 의사결정이 이루어진다는 것이다.

이러한 쓰레기통모형의 특징은 다음과 같다.

- 조직의 목적은 사전에 설정되는 것이 아니라 자연스럽게 나타난다.
- 수단과 목적은 독립적으로 존재하며, 우연 또는 생각지 못했던 기회에 서로 연
  결된다.
- 문제와 해결책이 조화를 이룰 때 좋은 의사결정이 이루어진다.
- 의사결정은 합리성보다는 우연성에 기초하여 이루어진다.
- 의사결정자들은 조화를 이루는 것을 찾기 위해 기존의 해결책, 문제, 참여자
  및 기회를 탐색한다.

쓰레기통모형은 존재하지도 않은 문제에 대해 해결책이 제안될 수 있는 이유, 문
제를 해결하지 않으면서도 선택이 이루어지는 이유, 그리고 해결되는 문제가 거의
없는 이유를 설명하는 데 도움을 준다. 그러나 이 모형이 전제하고 있는 조직화된
혼란 상태가 조직의 모든 결정형태에서 발견되는 것이 아니라는 점에서 모든 조직
에서 일어나는 보편적인 의사결정의 행태를 설명하기에 한계성을 보인다.

3. 의사결정과 참여

1) 의사결정에서의 참여

조직 내 구성원들은 관리자나 지도자들의 조직 운영에 직간접적으로 영향을 받
고 있기 때문에 조직의 운영이나 자신들의 이해관계와 밀접한 관련이 있는 중대한
의사결정에 참여하는 것을 중요하게 생각하는 경향이 있다. 따라서 구성원들의 참
여 또는 의사가 반영되지 않은 결정은 구성원들의 불만이나 저항을 불러일으키기
도 하고, 조직에 헌신하는 풍토에 저해요인으로 작용하여 조직의 효율성이나 효과
성에 부정적인 영향을 미치는 경우가 많다. 이러한 이유로 의사결정 과정에서 참여
의 문제, 즉 누구를 언제, 어떻게 참여시킬 것인가, 그리고 그러한 과정에서 의사결

정자는 어떠한 형태로 의사결정을 해야 바람직할 것인가 하는 문제들은 의사결정자들이 반드시 풀어야 할 오랜 과제 가운데 하나다(주삼환 외, 2007: 154).

의사결정에 구성원들을 참여시키면 불만을 해소시키고, 개인으로 하여금 조직과의 일체감을 증대시키며, 과업과 관련하여 사명감과 책임감을 더 쉽게 느끼도록 하는 장점이 있다. Vroom과 Jago(1988: 151-162)는 참여의 성과로 참여는 직무만족과 사기를 제고시키는 데 효과적이고, 결정에 대한 반감을 줄이고 공감을 얻으며, 보다 순조로운 수행을 보장하며, 의사결정에의 참여는 구성원들의 발전에 기여하고, 결정이 실천될 경우 조직의 목적 달성이 용이해진다고 보았다. 또한 의사결정에 영향을 미칠 수 있는 참여의 조건으로 참여의 목표, 참여자의 지식, 집단의 규모, 참여자의 불일치, 문제 자체의 성격 등을 들었다.

2) 의사결정의 참여 모형

(1) Bridges의 참여적 의사결정

Bridges(1967)는 의사결정에 구성원을 참여시키는 기준을 제시하였다. 참여의 문제는 어떤 문제에 대한 의사결정이 조직 구성원들에 의해 기꺼이 받아들이는 '수용영역'에 있느냐 아니면 수용용역 밖에 있느냐와 밀접한 관련이 있다. 따라서 조직구성원을 참여시킬 것이냐의 여부는 '적절성'(구성원들이 그 결정에 대하여 높은 개인적 이해관계를 가지고 있는가)과 '전문성'(구성원들이 문제를 규명하고 해결하는데 있어 어느 정도 유용하게 기여할 수 있는가)의 두 가지 준거를 기초로 결정되며, 적절성과 전문성 기준에 따라 구성원들의 참여 여부를 결정하는 네 가지 의사결정 상황이 나타난다고 보고 있다(Bridges, 1967: 49-61). 이러한 네 가지 상황에 다른 참여적 의사결정의 형태는 [그림 6-1]과 같다.

① 상황 1: 구성원이 결과에 대해 전문성과 개인적 이해관계를 모두 가지게 될 때 의사결정은 수용영역 밖에 있다. 자주 참여, 참여단계도 초기단계인 문제의 인지부터 적극적으로 참여시킨다. 의사결정방식은 의회식이 바람직하다. 의회식이란 다수결의 원칙에 따르는 방법으로, 행정가도 다른 참여자와 동등한 입장에서 한 표의 권리를 행사하는 방식이다. 행정가의 역할은 소수의 의견도 잘 반영하는 데 역점을 두고 있다.

② **상황 2:** 구성원이 결과에 대해 이해관계는 가지고 있으나 전문성이 없을 경우, 의사결정은 수용영역의 한계조건에 있게 된다. 이때 구성원들을 가끔 참여시키며, 참여단계도 최종 대안을 선택할 때 제한적으로 참여시킨다. 참여의 목적은 이해를 구하고 설득·합의를 도출하여 저항을 최소화하기 위해서다. 의사결정의 참여방식은 민주적-중앙집권주의적 방식이 바람직하다. 이 방식은 구성원의 의견과 아이디어를 청취하고 최대한 반영하되 최종결정은 행정가가 내리는 방식이다. 행정가의 역할은 문제해결, 통합, 의견일치, 그리고 저항을 줄이는 데 역점을 두어야 한다는 것이다.

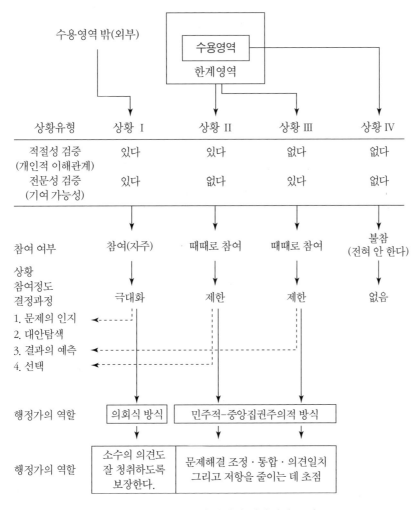

[그림 6-1] Bridges의 참여적 의사결정 모형

출처: 주삼환 외(2007). 교육행정 및 교육경영. p. 155 참조.

③ 상황 3: 구성원이 이해관계는 가지고 있지 않고 전문성이 있는 경우다. 한계조건에 있으며, 구성원을 제한적으로 참여시키는 것이 바람직하다. 이때 참여의 목적은 질 높은 아이디어나 정보를 얻기 위해서이며 대안의 제시나 결과의 평가 단계에서 참여시킨다. 상황 2처럼 민주적-중앙집권주의적 방식이 바람직하고 행정가의 역할은 상황 2와 같다.

④ 상황 4: 구성원이 전문성도 없고 이해관계도 없을 경우, 의사결정은 수용영역 내부에 있게 된다. 이런 경우에는 구성원을 참여시킬 필요가 없다.

(2) Vroom과 Yetton의 의사결정방법

Vroom과 Yetton(1973)은 의사결정시 지도자가 구성원들을 어느 정도까지 참여시킬 것인지를 상황에 비추어 결정해야 한다고 주장하면서, 상황에 따른 지도자의 의사결정 유형을 다음과 같이 다섯 가지로 제시하였다(Vroom & Yetton, 1988: 151-162).

① A1형(autocratic 1, 독재1형 또는 순수독재형): 지도자가 자신이 가진 정보를 이용하여 단독으로 결정하거나 문제를 해결하는 유형이다.

② A2형(autocratic 2, 독재2형, 또는 참고독재형): 지도자가 구성원들로부터 얻는 정보를 바탕으로 단독으로 결정하거나 문제를 해결하는 유형이다.

③ C1형(consultative 1, 자문1형 또는 개별협의형): 지도자가 구성원과 일대일의 관계에서 문제를 공유하고 의견을 들은 후 결정한다. 최종 결정에는 구성원의 의견이 반영될 수도 있고 그렇지 않을 수도 있다.

④ C2형(consultative 2, 자문2형 또는 집단협의형): 지도자가 집단토론을 통해 아이디어나 제안을 얻고 문제를 공유하지만, 결정은 지도자가 단독으로 행하는 경우다. 최종결정에는 부하의 의견이 반영될 수도 있고 반영되지 않을 수도 있다.

⑤ G2형(group 2, 집단2형 또는 위임형): 지도자가 구성원 집단과 문제를 공유하고 모든 토론자는 대안을 제시하고 평가할 수 있다. 지도자는 압력을 가하지 않으며, 공동 결정된 사항을 이행한다.

이러한 지도자 유형은 문제나 상황에 따라 효과적일 수도 있고 그렇지 않을 수도 있는데, 상황 진단과 관련하여 2개 기준, 7개 규칙으로 측정이 가능하다. 첫 번째 기준은 의사결정의 질과 관련된 속성으로 의사결정의 중요성, 지도자의 정보수준,

문제의 구조화 여부 등과 관계된다. 두 번째 기준은 의사결정의 수용과 관련된 속성으로 구성원들의 수용의 필요성, 지도자 결정의 수용 가능성, 구성원들의 조직목표 공유, 구성원들 간 갈등 등으로 구성된다.

표 6-3　최적의 의사결정을 위한 상황 속성과 진단 규칙

관련성		상황 속성들	질문형식[나=리더]	응답 형식
의사결정의 질과 관련된 속성들	A	의사결정의 질의 중요성	의사결정의 질이 중요한 사안인가? (아닌 경우, G2 제외)	예 / 아니요
	B	문제와 관련된 지도자의 정보수준	내가 혼자 의사결정을 내리기에 충분한 정보나 지식을 갖고 있는가? (아닌 경우, A1 제외)	예 / 아니요
	C	문제의 구조화 여부	문제가 구조화되어 있는가? (아닌 경우, A1, A2, C1 제외)	예 / 아니요
의사결정의 수용도와 관련된 속성들	D	구성원 수용의 필요성	결정사항의 효과적 실천을 위해서 구성원들의 결정사항 수용이 필요한가? (아닌 경우, A1, A2, C1 제외)	예 / 아니요
	E	지도자의 독단적 결정의 수용 가능성	나의 독단적 결정을 구성원들이 수용할 가능성이 있는가? (아닌 경우, A1, A2, C1, C2 제외)	예 / 아니요
	F	구성원들의 조직목표 공유여부	구성원들이 조직의 목표를 공유하는가? (아닌 경우, A1, A2, C1, C2 제외)	예 / 아니요
	G	구성원들간에 갈등 존재 여부	제시된 대안들에 대하여 구성원들 간에 갈등이나 의견의 불일치가 존재하는가? (아닌 경우, A1, A2, C1 제외)	예 / 아니요

- 속성 A: 리더가 처리해야 하는 사안 자체가 대안을 잘못 선택했을 때 조직이나 집단에 큰 손실이나 불이익을 가져오게 되는 사안
- 속성 B: 리더가 특정 사안을 처리하는 데에서 관련된 정보나 지식을 충분히 갖고 있는가를 묻는 것
- 속성 C: 리더가 현 상태와 바람직한 상태, 그리고 현 상태를 바람직한 상태로 전환할 수 있는 방법에 대해 잘 알고 있을 때
- 속성 D: 결정사항의 성공적 실행이 실행담당자들의 성취집념에 달려있는 문제에 대하여 '하급자 수용이 중요한 문제'라고 정의
- 속성 E: 리더가 혼자 독단적으로 결정을 내려 하급자들에게 결정사항을 통보하여 실행하도록 했을 때 하급자들이 그 지시된 결정사항을 수행할 가능성
- 속성 F: 하급자들이 자신이나 리더 또는 조직 내 특정인의 목표달성을 추구하는지 아니면 공동목표 달성을 우선하는 가치관을 가지고 있는지의 여부
- 속성 G: 바람직한 대안이 무엇인가에 대하여 하급자들 간에 의견불일치 또는 갈등이 존재하는지의 여부

출처: 주삼환 외(2007). 교육행정 및 학교경영. p. 158; 김명한, 박종렬(2001). 교육행정 및 학교경영. pp. 232-233을 참조하여 재구성함.

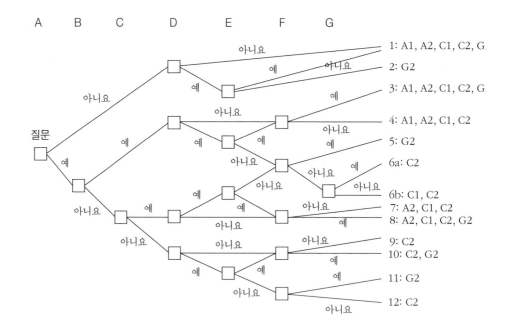

[그림 6-2] Vroom과 Yetton 모형의 의사결정 흐름표

Vroom과 Yetton은 다섯 가지 의사결정의 유형과 일곱 가지 상황진단 규칙을 종합적으로 적용하여 지도자의 일반적인 의사결정의 과정도를 [그림 6-2]와 같이 제시하였다. 즉, 지도자는 A~G의 상황 속에서 나타나는 각각의 질문에 대하여 순차적으로 '예' 또는 '아니요'로 응답해 나가면서 상황을 분석한 뒤, 이에 따라 해당 상황에서 가장 적합한 의사결정의 유형을 선택할 수 있게 된다.

(3) Hoy와 Tarter의 참여적 의사결정

Hoy와 Tarter(2003)는 Bridges의 참여적 의사결정 모형을 발전시켜 관련성 검증과 전문성 검증 그리고 구성원들의 헌신에 대한 검증에 따라 수용영역의 한계 범위인 경계적 상황을 다음과 같은 다섯 가지로 제시하였다(오영재 외, 2009: 366-368).

- 민주적 상황: 의사결정이 수용영역 밖에 있고 구성원들의 헌신이 있다면 그들을 광범위하게 참여시켜야 한다. 이 상황에서 유일한 쟁점은 의사결정을 합의로 할 것이냐 혹은 다수결로 할 것인가의 문제다.
- 갈등적 상황: 의사결정이 수용영역 밖에 있고 구성원의 헌신이 없다면 발생되는

상황으로, 조직의 복지와 일치하지 않는 방향으로도 나아가게 하기 때문에 참여가 제한되어야 한다.

- 이해관계자 상황: 구성원들이 쟁점에 대해 개인적인 이해관계를 가지고 있지만 전문성이 부족하면 발생하는 상황으로, 구성원들의 참여는 제한되어야 하고 가끔씩 참여가 이루어져야 한다.
- 전문가 상황: 구성원들이 결정에 대해 아무런 개인적인 이해관계를 가지고 있지 않지만 전문성을 가지면 발생하는 상황이다. 이때 참여는 가끔 제한적으로 이루어져야 하며, 이 상황에서 행정가들은 질 높은 결정을 할 수 있는 기회는 많아지지만 구성원들을 무차별적으로 참가시키면 소외감이 증대될 수 있다.
- 비협력적 상황: 결정 사항이 구성원들과 관련성이 없고 전문성을 가지고 있지 않다면, 의사결정은 수용영역에 포함되어 참여를 피해야 한다. 이러한 상황에서 구성원들은 일반적으로 관심이 없기 때문에 참가하는 것에 불쾌감을 나타낼 수 있다.

이와 같은 상황에서 지도자가 구성원들을 의사결정에 참여시키기로 결정을 하였다면, 그 다음은 어떻게 참여시킬 것인가 하는 문제를 고려하게 된다. 이를 의사결정의 구조라고 하며, Hoy와 Tarter(2003)는 다음의 다섯 가지 의사결정의 구조를 제시하였다(오영재 외, 2007: 368-369).

- 합의: 행정가는 구성원들을 의사결정에 참여시킨 다음 집단이 결정한다. 모든 집단의 구성원들은 결정을 하고 평가할 때 똑같이 참여하나 전체 합의가 있어야만 결정이 이루어질 수 있다.
- 다수결: 행정가는 구성원들을 의사결정에 참여시키고 집단이 다수결의 원리로 결정한다.
- 집단 자문: 행정가는 전체 집단의 의견을 경청하고, 집단 제안들의 함의를 논한 후 구성원들의 욕구를 반영하거나 반영하지 않겠다는 결정을 한다.
- 개별적 자문: 행정가는 결정 사안에 대해 잘 알 수 있는 구성원들과 개별적으로 상의한 다음에 그들의 의견을 반영하거나 반영하지 않겠다는 결정을 한다.
- 일방적 결정: 행정가는 구성원의 자문이나 참여 없이 결정한다.

효과적인 의사결정이 이루어지기 위해 지도자는 주어진 상황과 의사결정의 구조를 종합적으로 고려해 나가면서 자신의 역할을 수행해 나가야 한다. 참여적 의사결정을 위해 지도자는 다음과 같은 역할을 수행하게 된다.

- 통합자(intergrator): 의사결정의 합의를 얻기 위하여 구성원들을 불러 모아서 다양한 의견과 관점을 조화시킨다.
- 의회인(paliamentarian): 소수의 의견을 보호함으로서 개방적 의사소통을 촉진하고 민주적 과정을 통해 참여자들을 집단결정을 이끌어 내기 위해 지도한다.
- 교육자(educator): 결정의 쟁점과 그 제약요인을 집단 구성원에게 설명하고 그들과 협의함으로서 변화에 대한 저항을 줄이고 결정을 수용하도록 한다.

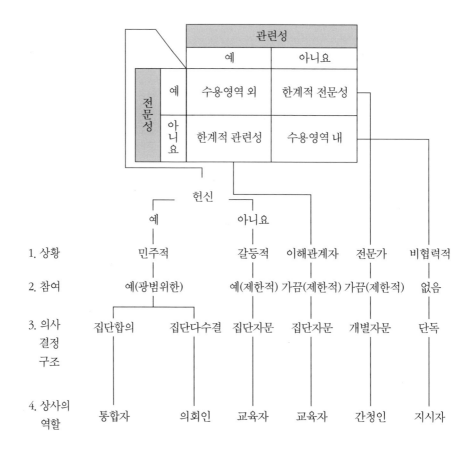

[그림 6-3] Hoy와 Tarter의 참여적 의사결정 모형

출처: 오영재 외(2007). 교육행정: 이론, 연구, 실제. p. 372 참조.

- 간청인(solicitor): 전문가인 구성원들로부터 조언을 구한다. 행정가가 관련 정보의 산출을 인도할 때 결정의 질은 향상된다.
- 지시자(director): 구성원들이 전문지식이나 개인적 이해관계가 없는 경우에 단독으로 의사결정을 한다.

지도자는 이와 같은 준거들을 바탕으로 구성원의 의사결정의 참여여부를 결정하게 된다. 만약 구성원이 의사결정 내용에 대해 개인적 이해관계를 가지고 있고 의미있는 공헌을 할 수 있는 전문적 지식을 가지고 있으며, 조직에 가장 이익이 되는 결정을 할 수 있을 것으로 생각된다면, 지도자는 이러한 구성원을 적절히 참여시켜야 한다. 반면, 대다수의 구성원들이 이해관계가 없고, 전문적 지식이 없다면, 참여를 배제시키고 단독 결정을 내리는 것이 효과적일 수 있다.

4. 의사소통

1) 의사소통의 개념 및 기능

의사소통(communication)이란 생각이나 아이디어, 감정 등 의도하는 것을 다른 사람(들)과 교환해 나가는 과정이다. 의사소통은 어느 곳에서나 일어나고 있으며, 조직관리의 과정에서 계획과 지시, 통제, 보고부터 효율적인 업무의 수행을 위한 각종 전달, 건의 등에 이르기까지 거의 모든 활동을 해 나가는 데에서 의사소통은 필수적인 요소다. 구성원들 간의 원활한 의사소통은 의사결정을 합리화하고 과업을 효율적으로 집행하게 해 준다.

원활한 의사소통은 효과적이고 성공적인 의사결정에 기초가 된다. 특히, 문제의 인지를 가져오는 자극을 탐지할 때, 문제의 진단에 필요한 정보와 대안탐색에 필요한 정보를 구할 때, 의사결정의 결과를 보고하고 전파시킬 때, 그리고 의사결정 과정 자체의 진행을 통제할 때에는 의사소통 과정에 절대적으로 의존하게 된다(주삼환 외, 2007: 160).

의사소통은 다음과 같은 네 가지 중요한 기능을 수행한다(윤정일 외, 2008: 166-167).

- 조정 및 통제: 의사소통은 구성원의 행동을 일사분란하게 하고 질서를 확보하는 수단으로, 구성원의 직무와 관련하여 책임과 권한의 소재를 명확하게 규정하는 것과 관련되어 있다.
- 합리적 의사결정: 의사소통의 내용이 정확하고 신속·적절하며, 그 정보의 질이 우수할 경우, 의사결정의 질을 높일 수 있다.
- 조직통솔 및 리더십: 구성원을 통솔하고 조직목표에의 공헌과 추종을 유도할 수 있다.
- 사기앙양 및 동기유발: 구성원을 자극하고 격려함으로써 구성원의 동기유발과 사기를 높일 수 있고, 조직목표 달성을 위한 구성원 간 협동과 몰입을 불러올 수 있다.

결국 의사소통은 발신자와 수신자 사이에 이해의 정도를 가져오는 메시지, 아이디어 혹은 태도를 함께 나누는 것을 의미한다(Lewis, 1975). 학교조직에 초점을 두어 정의하자면, 메시지, 아이디어 혹은 태도의 공유가 학교행정가, 교사, 학생, 학부모, 기타 관련 후원자 간에 발생하는 교류과정이다(오영재 외, 2007: 386). 의사소통은 정보의 상호교류과정으로, 발신자와 수신자 간의 사실이나 의견이 전달되어 상호 간의 행동이나 의사결정에 영향을 미치는 것으로 마치 인체의 혈액 순환이나 신경계의 작용과 유사하다. 정보의 정확한 전달과 원활한 교류에 의하여 조직의 구성원은 조직목표를 명확하게 인식하게 되고 조직은 활기를 띠게 된다(오영재 외, 2007: 386 윤정일 외, 2008: 166).

2) 의사소통의 과정, 유형 및 형태

(1) 의사소통의 과정 및 구성요소

일반적으로 의사소통은 둘 이상의 사람들 간에 의미 있는 정보들이 교환되는 과정을 거치게 된다. 의사소통의 과정은 일련의 연속적인 과정을 통하여 이루어지므로 개념적으로 하나의 흐름 또는 과정으로 이해할 수 있다. 의사소통의 핵심은 이러한 과정에서 누가 어떻게 개입하는가의 문제라기보다는 얼마나 효과적이고 정확하게 의사소통이 이루어질 수 있는가의 문제다. 효과적인 의사소통을 위해서는 의사소통에 관계된 사람들 간에 공동의 노력이 요구된다. 즉, 발신자는 정보와 의미를 효과적인 수단을 통하여 전달해야 하고, 수신자는 발신자의 의도를 정확하게 이해할 필요가 있다. 이러한 과정에서 발신자와 수신자는 의사소통을 위한 중요한 개념들을 공유하게 되는데, 메시지, 통로, 수신자, 발신자, 전달, 기호화, 해독, 피드백 등이 그것이다(오영재 외, 2007: 385-386).

- 메시지(message): 일반적으로 의사소통자가 전달하고자 하는 언어적 또는 비언어적 신호 또는 상징
- 통로(channel): 메시지가 이동하는 수단, 매체 또는 형태
- 발신자(sender): 메시지를 보내는 사람 또는 조직
- 수신자(receiver): 메시지의 최종목적지 또는 이를 해석하는 사람
- 전달(transmission): 지정된 통로 또는 매체를 통해 실제 메시지를 보내고 받는 것
- 기호화(encoding) · 해독(decoding): 메시지를 만들고, 변환하며, 해독하는 인지적 구조 및 과정. 기호화는 발신자가 의도한 메시지를 상징적인 형태로 전환하는 것이며, 해독은 수신자가 메시지를 재번역하는 것임. 기호화와 해독과정을 통해 메시지를 해석하고 이해하게 되며, 개인은 이를 통해 의미(meanings)를 조직함
- 피드백(feedback): 처음의 메시지에 대한 반응으로 피드백을 통해 메시지의 해석을 쉽게 할 수 있음

발신자는 어떠한 목적을 가지고 메시지를 기호화하여 특정 통로를 거쳐 수신자에게 전달한다. 이때 수신자는 메시지를 해독하고 발신자에게 피드백을 제공한다. 이러한 과정을 통해 발신자와 수신자는 상호교환적인 의사소통을 하게 된다. 이렇듯 의사소통은 의도한 것과 비슷하게 수신자들이 이해할 수 있게 정보를 전달할 수 있도록 상징, 기호 및 상황적 단서 등을 활용하여 의미를 표현하기 위해 메시지를 보내는 교환적 과정이며, 이러한 과정을 통해 의사소통자에게 일어나는 변화, 즉 지식의 전이, 태도나 감정의 변화 등은 의사소통의 결과로 나타나는 효과다.

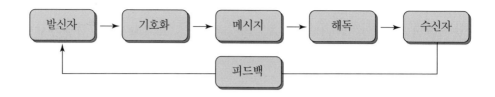

[그림 6-4] 의사소통 과정의 일반적 모형

(2) 의사소통의 유형

의사소통은 의사소통이 이루어지는 방향, 방법, 형식 등에 따라 다음과 같이 다양한 양태로 나타난다.

① 의사소통의 방향에 따른 분류: 의사소통의 방향에 따라 일방적 의사소통과 쌍방적 의사소통, 그리고 하향적 · 상향적 · 수평적 의사소통으로 분류해 볼 수 있다. '일방적 의사소통'은 지시, 명령, 공문하달과 같이 주로 상위에서 하위로의 일방적인 의사소통을 의미한다. '쌍방적 의사소통'은 송신자와 수신자 간에 피드백이 가능하게 하는 의사소통을 말하며, 대화, 질의, 토론, 수업 등이 이에 해당한다. '하향적 의사소통'은 조직 내의 지휘, 명령 계통에 따라 상사가 부하에게 메시지를 전달하는 상의하달식 의사소통이 대표적이다. '상향적 의사소통'은 부하가 상사에게 메시지를 전달하는 하의상달식 의사소통을 말한다. '수평적 의사소통'은 조직 내에서 같은 계층에 있는 개인 또는 부서 간에 이루어지는 상호 작용적 의사소통을 말한다.

② 의사소통의 방법에 의한 분류: 의사소통의 방법에 따라 의사소통은 언어적 의사소통과 비언어적 의사소통으로 분류할 수 있다. '언어적 의사소통'은 구두에 의한 의사소통과 문서에 의한 의사소통으로 구분된다. 구두 의사소통은 즉시성과 대면성을 특징으로 하는 반면, 문서 의사소통은 정확성과 보존성을 그 특징으로 한다. '비언어적 의사소통'은 자세, 몸짓, 얼굴표정, 복장 등을 통한 의사소통방식이다. 침묵, 복장 모양과 색상, 사무실의 위치나 크기 및 집기의 배열, 청결, 실내 장식 등도 이에 해당한다.

③ 공식적 의사소통과 비공식적 의사소통: '공식적 의사소통'은 공식적인 구조와 채널을 통해 이루어지는 의사소통이다. 공식적 의사소통은 권한관계가 명확해

지고 의사소통이 편리해지며, 발신자와 수신자가 명확하여 책임 소재가 분명해진다는 장점이 있지만, 융통성이 없고, 의사소통의 속도가 느리며, 직원들의 복잡한 욕구나 감정을 전달할 수 없다는 단점도 지니고 있다. '비공식적 의사소통'은 자연발생적으로 형성된 인간관계와 사회관계를 중심으로 이루어지는 의사소통이다. 비교적 솔직하게 전달할 수 있으므로 지도자에게 유익한 정보를 전달하는 수단이 되며, 공식적 의사소통으로 전달할 수 없는 감정 등을 표현할 수 있으므로 조직구성원들의 만족감을 높여 주는 장점이 있다. 그러나 통제하기 어렵고, 경우에 따라서는 왜곡되고 정확하지 못한 정보를 유통시키기도 하는 단점이 있다. 따라서 공식적 의사소통과 비공식적 의사소통이 적절히 상호보완적으로 이루어질 필요가 있다.

(3) 의사소통의 형태(망)

조직구성원은 자신의 과업과 규범, 그리고 작업조건과 개인적 특성을 중심으로 자신에게 가장 적합한 의사소통의 형태를 구성하게 되는데, 이를 의사소통의 망이라 한다. 의사소통망은 정보의 흐름을 연결하는 개인으로 구성된 의사소통의 상호연결구조로 의사소통의 집중 또는 분산과 밀접한 관련이 있다.

의사소통의 망은 일반적으로 바퀴형, 연쇄형, Y자형, 원형 그리고 완전연결형으로 나누어 볼 수 있다(김명한·박종렬: 256-257; 윤정일 외, 2008: 177-178).

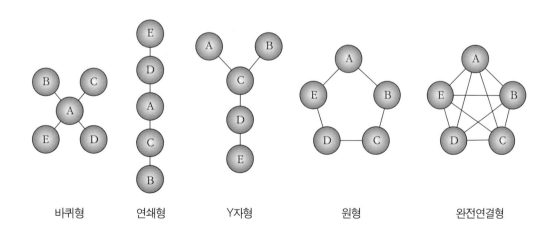

바퀴형　　연쇄형　　Y자형　　원형　　완전연결형

[그림 6-5] 의사소통의 형태

- 바퀴형: 구성원들 간에 중심인물이 있어 그에게 모든 정보가 집중되는 형태로, 중심인물로 하여금 정보획득을 용이하게는 하지만 업무가 복잡할 때는 효과를 기대하기 어렵다.
- 연쇄형: 발신자와 수신자가 일직선으로 연결된 형태로 종형와 횡형으로 구분된다. 횡형은 정보전달방법에 따라서 중간에 위치한 구성원이 중심적인 역할을 수행하는 반면, 종형은 정보가 단계적으로 최종 중심인물에 집결되는 경우에 구성원들 간의 엄격한 서열관계가 존재할 수 있다. 이 형태는 효율성의 정도가 낮은 편이며, 중심인물을 제외한 구성원의 직무만족도 역시 비교적 낮은 편에 해당한다.
- Y자형: 두 사람 이상의 직접적인 의사소통의 경로가 있는 사람과 그렇지 않은 사람들이 섞여 있는 원형과 같이 뚜렷한 중심인물은 존재하지 않는다. 그러나 대다수 구성원의 대표적인 지도자가 존재하는 경우에 나타나는 형태다. 이 유형에서 지도자에 대한 집중도는 중간 정도이며, 계선과 참모의 혼합집단에서 자주 보인다.

표 6-4   의사소통의 형태별 특징

형 태	내용 및 특징
바퀴형	조직 내에 중심적인 인물이 존재하여 다른 구성원들의 정보전달이 한 사람에게 집중되고 있는 형태다. 가장 구조화가 잘되고 집권적인 형태다.
연쇄형	의사소통이 공식적인 명령계통에 따라 위-아래로, 즉 수직적으로 흐르는 집권적 형태다. 여기서는 오직 직속 상관과 부하 사이에서만 의사소통이 이루어진다.
Y자형	두 사람이 고리 밖으로 나가 있는 것 외에는 연쇄형과 유사하다. 조직 내에 확고한 지도자나 중심적 인물이 있지는 않지만 비교적 다수의 구성원들을 대표할 수 있는 인물이 있는 경우에 나타나는 형태다.
원형	계층관계가 형성되어 있지 않고, 중심인물도 없는 상황에서 나타날 수 있는 의사소통망이다. 수평적이고 분권적으로 의사소통이 이루어지는 형태로서 공식적 리더가 있기는 하지만 이 사람에게만 정보가 집중되지 않으며, 조직구성원들 간에 거의 동등한 입장에서 의사소통을 하는 경우에 형성되는 의사소통 형태다. 태스크포스(task-force)나 위원회를 구성하는 사람들 사이에서는 원형의 의사소통망이 형성된다.
완전연결형	원형이 확장된 형태로, 비공식적 의사소통과 같이 모든 구성원들이 다른 구성원들과 자유롭게 정보를 교환하고 의사소통을 하는 형태다.

- 원형: 의사소통의 목적과 방향이 없고 개방적인 형태로 모든 사람이 동일한 수의 직접적인 의사소통의 경로를 가지고 있다. 이는 문제가 복잡하고 목적이 분명할수록 효율성과 만족도가 높게 나타나지만, 정보전달과 수집, 상황의 종합적인 파악 및 문제해결이 더디다는 단점이 있다.
- 완전연결형: 비공식적 의사소통에서 형성되는 의사소통의 형태로 특정한 중심인물이 없고, 개개인 모두가 의사소통을 주도한다. 따라서 문제해결에 시간이 많이 걸리나 구성원의 만족도는 높다.

각각의 의사소통의 망은 상황에 따라 그 효과가 달라진다. 의사소통이 집중되는 정도는 바퀴형과 연쇄형이며, 의사소통이 가장 분산되어 있는 구조는 상호연결형과 원형이다. 따라서 집중형이 단순 과업수행에 보다 효과적인 반면, 분산형들은 복잡한 과업수행에 효과적이다. 구성원의 만족도는 집중형보다 분산형이 상대적으로 높다.

표 6-5 의사소통의 유형별 특성

특 성	집중형		분산형	
	바퀴형	연쇄형	원형	완전연결형
속도	매우 빠름	빠름	느림	느림 / 빠름
정확성	양호	양호	빈약	빈약 / 매우 높음
사기	매우 낮음	낮음	높음	매우 높음
지도성	매우 뚜렷함	뚜렷함	없음	없음
조직	매우 안정	안정	불안정	불안정
융통성	낮음	낮음	높음	높음

3) 의사소통의 주요 기법: 조하리의 창

조하리의 창(Johari Window)은 자아개방(self-disclosure)과 피드백이라는 두 가지 개념을 설명하기 위해 Luft와 Ingham에 의해 고안된 의사소통 기법이다. 자아개방이란 자신의 입장을 분명하게 보여 주고 남에게 자신을 보여 줌으로써 타인으로 하여금 나를 알 수 있도록 하는 행위를 말하며, 피드백은 나에 대한 정보를 타인을 통해 얻게 되는 행위를 뜻한다. 인간은 누구나 자기 자신에 대한 정보를 알고 있는 부분도 있고 그렇지 못한 부분도 있다. 또한 자신에 대한 정보가 타인에게 잘 알려져 있는 부분도 있고 그렇지 못한 부분도 있다. 이들의 결합관계에 따라 인간은 다른 사람과 의사소통을 할 때 영향을 주는 자신에 관한 네 가지 종류의 정보에 대해 알 수 있다. 구체적으로, 조하리의 창을 통해 인간은 자기 인식의 수준과 타인으로부터의 수용의 정도를 알 수 있다.

조하리의 창은 개방의 영역(민주형), 미지의 영역(독단형), 비밀의 영역(과묵형) 그리고 무지의 영역(폐쇄형)으로 구성되어 있다(luft, 1969: 177).

① 개방의 영역: 자신에 관한 정보가 본인과 타인이 모두 잘 알고 있는 영역이다. 다른 사람과의 인간관계가 성숙해지면 이 영역이 커지면서 효과적인 의사소통이 가능해지며, 민주형에 가까운 영역이다.

② 미지의 영역: 자신에 대하여 남들은 알고 있는데 정작 본인은 모르고 있는 정보로 구성되어 있다. 예를 들면, 다른 사람은 자신을 거만하고 비사교적인 사람으로 인식하고 있는데 당사자는 자신을 친절하고 개방적인 사람으로 인식하고 있는 독단형이 이에 해당한다. 이러한 독단형은 의사소통에서 자기 이야기는 많이 하면서 상대방의 이야기에 귀를 기울이지 않는다. 즉, 자기 주장은 강하게 하면서 상대방의 의견에 대해서는 불신하고 비판적이며 수용하지 않으려 한다.

③ 비밀의 영역: 자기 자신에 대해 다른 사람들은 전혀 모르고 있고 본인만이 알고 있는 정보로 구성되어 있다. 마음의 문을 닫고 자기에 관해서 남에게 내보이지 않는 과묵형이 이에 해당한다. 과묵형은 자기의 생각이나 감정은 표출시키지 않으면서 상대방으로부터 정보를 얻기만 하려고 한다.

④ 무지의 영역: 나에 대해서 자기 자신은 물론 타인도 모르는 정보로 구성되어 있으며, 자신을 포함해서 어느 누구도 특정 개인을 완전히 알 수 없기 때문에 이 영역은 결코 없어지지 않는다. 만약 어떤 사람이 자기노출과 피드백을 최소로 사용한다면 그 사람의 의사소통은 폐쇄형이 된다. 폐쇄형은 자기의 의견을 노출시키지도 않으며, 상대방으로부터 의견을 들으려고 하지도 않는다.

효과적인 의사소통을 위해서는 자아개방이 매우 중요하다. 자아개방은 의사소통

에서 전달자가 과업을 추진하는 데 꼭 필요하고, 또한 마음을 열고 의사소통을 할
수 있는 느낌을 주기 위해 필요한 정보를 우선적으로 제공해 주는 것을 말한다. 그
리고 피드백은 자신이 전달한 정보를 정확하게 전달받고 이해했는가를 보여 주는
신호라는 측면에서 필수적이다. 결국, 효과적인 의사소통을 위해서는 자아개방과
피드백이 활성화되어 있는 개방의 영역을 넓혀 가는 것이 바람직하다.

표 6-6   조하리의 창

피드백 자아개방	타인의 정보가 자신에게 알려짐	정보가 자신에게 알려지지 않음
정보가 타인에게 알려짐	개방(open)	미지(blind)
정보가 타인에게 알려지지 않음	비밀(hidden)	무지(unknown)

4) 의사소통의 장애요인 및 개선방안

의사소통과정에서 예상했던 목표나 효과를 얻지 못하는 경우가 있는데, 이러한
의사소통과정에서 발생하는 장애요인을 명확하게 파악하고 해결하지 않고서는 효
과적인 의사소통을 통해 조직의 목표달성이나 효과성 향상을 기대하기 어렵다. 의
사소통의 장애는 의사소통 과정을 간섭, 훼방, 왜곡, 변화시키는 모든 것을 말한다
(윤정일 외, 2008: 186-189). 여기서는 의사소통 과정에서 발생될 수 있는 장애요인
들과 이를 극복하기 위한 방안을 살펴보기로 한다.

(1) 의사소통의 장애요인

의사소통 과정에 있어 발신자는 전달하고자 하는 목표와 내용을 분명하게 하여
수신자가 이해하기 쉽도록 전달해야 할 책임이 있고, 수신자는 발신자의 메시지를
정확하게 수용하고 이에 대해 적절하게 반응을 보이려는 노력을 기울여야 한다. 이
것이 제대로 잘 이루어지지 않을 때 여러 가지 장애요인이 발생하게 된다. 의사소
통이 효과적으로 이루어지는 것을 방해하는 대표적인 장애요인들은 요약해 보면
다음과 같다(김명한 · 박종렬, 2001: 257-258; 윤정일 외, 2008: 186-187).

① **목표나 기술의 결여 및 부족**: 가장 기본적으로 메시지의 기초가 되는 의사소통의

목표가 확립되어 있어야 하는데, 이것이 확립되어 있지 못할 경우에 장애가 발생한다. 또한 부정확한 절차나 발음, 앞뒤가 맞지 않는 단어의 배열이나 문장구성 등은 정확한 의사소통의 기본적인 장애요인이 된다.

② 준거체계의 차이: 준거체계의 차이, 즉 가치판단의 기준이 다름으로써 각 개인끼리 동일한 의사소통을 다르게 해석 수용하게 되는 경우가 있다. 이는 발신자와 수신자 사이에 서로 다른 준거체계가 존재함을 의미하고, 기호화와 해독의 과정에서 왜곡을 불러일으키는 경향이 있다.

③ 언어상의 문제: 발신자와 수신자가 사용하는 언어의 의미를 같은 뜻으로 받아들이지 못할 때 의사소통에 장애가 일어난다. 발신자가 애매모호한 말이나 글을 사용한다든지 또는 수신자가 이해하기 어려운 전문 용어를 사용하면 효과적인 의사소통이 이루어지기 어렵다.

④ 선택적 지각: 선택적 지각(selective perception)은 인간이 지닌 인지적 특성 가운데 하나로, 자신에게 주어지는 정보 가운데 자신이 선호하거나 믿고 있는 일부 정보만을 선택해서 받아들이는 경향을 의미한다. 수신자는 발신자가 보내는 모든 정보를 수용하는 것은 아니다. 수신자는 자신의 요구, 동기, 과거 경험, 개인적 특성 등에 기인하여 선택적으로 보고 듣는 경향이 있으며, 이는 의사소통의 장애요인으로 작용한다.

⑤ 여과: 메시지가 몇 사람을 거쳐 전달되는 과정에서 일어나는 장애가 여과작용(filtering)이다. 발신자가 고의로 의사소통의 내용을 일부 여과하거나 생략하는 경우가 있으며, 발신자가 전체 내용을 파악하지 못함으로써 수신자에게 정보가 충분하게 전달되지 못하기도 한다. 또한, 지위상의 격차가 심한 경우 여러 간계를 거치면서 의사소통의 내용이 왜곡되기도 한다.

⑥ 수용거부: 수신자가 발신자의 메시지를 수용하려 하지 않을 때 의사소통이 원활하게 이루어지기 어렵다. 수용거부는 수신자가 발신자의 말이나 행동에 대하여 신뢰성을 갖지 못할 때 일어난다. 많은 경우 수용거부는 수신자의 편견에서 기인하는 경우가 많다.

⑦ 과중한 양의 정보: 인간의 능력에는 한계가 있기 때문에 수신자가 너무 많은 정보를 한꺼번에 받게 되면 메시지의 내용을 충분히 소화하지 못하게 된다. 따라서 발신자는 너무 많은 정보를 일시에 전달하는 것을 가능한 삼가해야 한다.

(2) 의사소통의 개선을 위한 방안

효과적인 의사소통을 이루기 위한 방안은 다음과 같다(김녕한·박종렬, 2001: 257-259; 박종복, 2007: 323-325; 윤정일 외, 2008: 187-189).

첫째, 발신자의 측면에서 효과적인 의사소통을 이루기 위해서는 우선 의사소통의 목표가 명확하게 설정되어야 한다. 그리고 나서 전달하려는 메시지가 의도하는 목적을 달성하기에 적합한 여러 가지 후속조치가 뒤따라야 한다. 이를 위해서는 메시지의 내용을 분명히 파악하여 거기에 알맞은 적절한 언어를 사용해야 하고, 수신자들의 신념이나 태도 등을 파악하는 것이 필요하며, 전달자의 신뢰성을 증진시켜야 한다. 또한, 수신자로부터 적절한 피드백을 받을 수 있도록 풍토를 마련하고, 개방적이고 신뢰성 높은 분위기의 조성에 힘써야 한다.

둘째, 발신자뿐만 아니라 수신자의 쪽에서도 의사소통의 내용을 신중하게 받아들여야만 효과적인 의사소통이 이루어질 수 있다. 이를 위해서는 발신자에 대한 평가적인 판단이나 선입견, 개인적 편견 등을 가능한 최소화하고, 보다 객관적인 입장에 서고자 노력해야 한다. 메시지의 내용에 관심을 가지고 발신자의 준거체계를 이해하기 위해 능동적으로 주의 깊게 경청하고 주시해야 한다. 특히 선택적 지각이 아닌 전체적이고 종합적인 경청이 요구된다. 수신자들은 전달받은 메시지에 대한 반응을 보여 줌으로써 발신자에게 전달 결과를 피드백해 주어야 한다. 이를 통해 쌍방향 의사소통이 될 수 있도록 노력해야 한다.

셋째, 지리적 격차에 의한 의사소통 방해 현상을 최소화하기 위해서는 의문이 나는 점을 상세히 질의해 본다거나, 때에 따라서 중요한 사안에 대해서는 면담을 요청할 수도 있다. 많은 의사소통의 문제들이 오해와 몰이해에서 비롯되는 경우가 많다. 또한, 전달수단인 언어와 문자를 명확히 하고, 정보통로를 다원화시키며, 효율적인 관리정보체제를 확립하는 것이 필요하다. 동시에 계층제를 완화하고 조직을 분권화시키는 것이 요구된다. 개인적으로는 계층제 내에서의 지위상의 차이에 따른 발신자와 수신자의 자기방어적 태도 등과 같은 이기적인 태도를 지양하고, 성실한 자세로 임하는 것이 중요하다.

뉴스 따라잡기

학업성취도평가 학생 선택권 보장해야

초중고교 학생들을 상대로 치르는 국가수준 학업성취도평가에 대해 진보 성향의 교육 감을 비롯해 전국교직원노동조합과 일부 시민단체의 반대 움직임이 거세지고 있다.

김상곤 경기도교육감은 다음 달 13, 14일 치르는 학업성취도평가에 대해 학생 학부모의 선택권을 보장해야 한다고 주장하고 나섰다. 김 교육감은 24일 발표한 '국가수준 학업성 취도평가에 대한 입장'에서 "(이번 시험이) 의무적인 국가 위임사무이기 때문에 수용하겠 지만 정부는 학생 및 학부모가 (시험 참여를 결정할 수 있도록) 선택권을 주고 평가결과 공 개도 신중히 해야 한다"고 밝혔다. 김 교육감은 "국가 주도의 일제식 평가는 지역 및 학교 간 서열화와 교육과정 파행, 사교육 유발 등의 부작용이 크다"며 "향후 교육감이 주관하는 평가는 서술 및 논술 중심의 표집시험(표본으로 뽑힌 일부 학생을 대상으로 실시하는 시험) 으로 실시하겠다"라고 말했다. 곽노현 서울시교육감 당선자도 최근 "학생 학부모에게는 원하지 않으면 시험을 보지 않을 수 있는 기본권이 있다"는 의견을 냈다.

이처럼 현직 교육감들이 학업성취도평가에 공개적으로 반대 의사를 표명한 것은 다른 시 도 교육감은 물론 전교조 시민단체들의 반대 움직임에도 큰 영향을 미치고 있다. '일제고사 반대시민모임'은 시험을 거부하는 학생들이 참여하는 체험학습 프로그램을 전국 9곳에서 참가자 330명을 대상으로 진행할 계획이다. 체험학습이 계획된 곳은 서울 마포·상계, 경기 광명·과천·의왕 등 서울·경기 일원이다. 또 전교조는 시험 당일 오전 7시, 오후 9시 광 화문광장에서 학업성취도평가를 거부하는 집회를 하겠다고 서울 종로경찰서에 신고했다.

기존에 벌어진 학업성취도평가 거부 체험학습 규모는 50명 이하였다. 지난해 12월에는 시험 대신 서울 광화문스케이트장에서 체험학습을 진행했고, 올해 3월에는 서울 중구 정동 프란치스코 교육회관에서 실내 교육을 진행했지만 참가자는 많지 않았다. 전교조가 주축 이 된 '일제고사 반대' 집회도 별다른 충돌 없이 15분여 만에 끝났다.

문제는 개별 학생이 시험 당일 결석하는 것을 넘어서 교사가 학생들을 인솔하고 체험학 습을 하러 가는 경우다. 교육과학기술부는 교사가 시험 날 체험학습에 가는 행위를 복무 위 반으로 규정하고 엄격히 징계하겠다고 여러 차례 밝혔다. 지금까지 서울에서 시험 대신 체 험학습에 간 교사 8명이 중징계, 5명이 경징계를 받았다. 올 들어 '일제고사 반대' 움직임 이 축소된 이유도 교사들이 징계를 부담스러워했기 때문이었다. 하지만 진보 성향 교육감 이 당선된 지역에서는 징계 수위가 낮을 수 있다는 예상도 나온다. 교과부가 징계 요청을 해도 최종 징계는 교육감의 몫이다 교사가 무단으로 체험학습에 가는 것은 명백한 위법이지만 교육감이 학교에 체험학습을 승인하도록 지침을 내린다면 위법 논란을 벗어날 수도 있다.

[생각해 보기] 여러분이 교육감이라면 어떠한 의사결정을 하겠는가? 또, 그러한 결정을 내리기 위한 행동 전략은 어떻게 짤 것인가? 이 문제는 참여적 의사결정의 문제인가, 교육감 단독 결정의 사안인가? 또한, 의사소통의 관점에서 교육과학기술부와 교육감 그리고 교사(단체)간 이루어지는 의사소통의 유형은 무엇이고, 어떠한 장애요인 그리고 개선방안이 있을 수 있을지 논의해 보자.

〈동아일보, 2010. 6. 25〉

 정리하기

- '의사결정' 은 문제해결 상황 속에서 고려할 수 있는 다양한 대안들 가운데 가장 알맞은 대안을 선택하고 결정해 나가는 행위다. 의사결정은 좁은 의미에서 '조직의 문제해결과 관련된 미래의 행동 대안 중에서 최선의 대안을 선택하고 결정하는 행위', 넓은 의미에서는 '선택된 최선의 대안을 실행에 옮기고, 그 결과를 평가하고 환류하는 과정' 까지 포함한다.
- '의사결정의 과정' 은 일반적으로 문제의 인식 및 정의, 문제의 확인 및 분석, 해결방안의 탐색, 해결방안의 평가 및 선택 그리고 대안의 실행 등 다섯 단계로 이루어진다.
- '의사결정의 모형' 은 목표와 대안과의 관계, 결정의 방법 및 준거, 대안 탐색 방법 등 다양한 특징들에 따라 크게 합리모형, 만족모형, 점증모형, 혼합모형 및 쓰레기통모형으로 구분된다.
- '합리모형' 은 의사결정자가 전지전능하다는 가정하에서 최적화된 기준에 따라 문제를 완전히 이해하고, 고려할 수 있는 모든 대안을 포괄적으로 탐색·평가하여 조직의 목표와 목적의 달성을 극대화할 수 있는 가장 합리적인 대안을 선택할 수 있다고 보는 입장이다.
- '만족모형' 은 인간이 지니고 있는 능력이 제한되어 있고, 시간·자원·비용 등도 제한되어 있다고 보기 때문에 의사결정시 최적의 대안을 선택하기 보다는 만족할 만한

대안을 선택한다는 것을 강조하는 모형이다.

- '점증모형'은 의사결정시 현실을 긍정하고 이전의 상태보다 다소 향상된 대안을 추구하는 모형으로, 치명적인 결함이나 근본적인 문제점이 발견되지 않는 한 이전의 전략이나 결정을 획기적으로 바꾸기보다 기존의 틀 혹은 정책의 기조는 견지한 상태에서 이전보다 향상된 혹은 개선된 수준에서의 대안을 선택해 나가는 관점이다.

- '혼합모형'은 합리모형과 점증모형의 약점을 보완하여 전자의 이성적 요소와 후자의 현실적 보수적 장점을 적절히 혼합해 의사결정이 이루어진다고 보는 입장이다. 기본적인 방향의 설정과 전체의 윤곽은 광범위하게 포괄적으로 검토하면서, 그 가운데 특별한 관심을 기울여야 할 부분에 대해선 면밀한 검토과정을 거쳐 결정해야 한다는 관점이다.

- '쓰레기통모형'은 조직화된 무정부 조직 상태에서 문제, 해결책, 선택기회, 참여자라는 4요소가 독자적으로 움직이다가 어떤 우연한 사건을 계기로 교차하여 결합하게 될 때 결정이 이루어지는 상황을 설명하는 모형이다.

- '의사결정의 참여 모형'은 의사결정의 과정에 누구를 언제 어떻게 참여시킬 것인가 그리고 그러한 과정에서 의사결정자는 어떠한 형태로 의사결정을 해야 바람직할 것인가를 설명하고자 하는 관점들을 말한다. 참여적 의사결정의 모형에는 대표적으로 Bridges의 모형, Vroom과 Yetton의 모형 그리고 Hoy와 Tarter의 모형 등이 있다.

- '의사소통'은 생각이나 아이디어, 감정 등 의도하는 것을 다른 사람(들)과 교환해 나가는 과정으로 구성원들 간의 원활한 의사소통은 의사결정을 합리화하고 과업을 효율적으로 집행하는 데 필수적인 요소다.

- 의사소통 과정에서 나타나는 주요 '장애요인'에는 목표나 기술의 결여 및 부족, 준거체계의 차이, 언어상의 문제, 선택적 지각, 여과, 수용거부, 과중한 양의 정보 등이 있다. 효과적인 의사소통이 이루어지기 위해서 발신자는 전달하고자 하는 목표와 내용을 분명하게 하여 수신자가 이해하기 쉽도록 전달해야 하고, 수신자는 발신자의 메시지를 정확하게 수용하고 이에 대해 적절하게 반응을 보이려는 노력을 기울여야 한다.

적용하기

1. 최근에 실행된 교육정책 가운데 하나를 선정하고 이 정책이 실행되기까지 이루어졌던 의사결정의 과정을 조사해 보도록 하자. 이 장에서 제시한 의사결정의 모형에서 이러

한 과정을 가장 잘 설명할 수 있는 의사결정 모형을 선정하고 그 이유를 설명해 보자.

2. 최근에 교육계에 이슈로 떠오르고 있는 문제를 한 가지 선택해 보자. 의사결정권자라고 가정하고, 이 장에서 제시한 의사결정의 과정 다섯 단계를 적용하여 문제해결을 위한 대안이나 전략을 개발하고 그 과정을 기술해 보자.

3. 최근 학교나 가정에서 일어난 의사결정의 사례를 기술하고, 그 사례에서 나타난 의사소통의 장애요인과 그 극복 방안을 기술해 보자.

4. 최근 카페, 블로그, 싸이월드, 미투데이, 트위터, 커넥트 등 소셜네트워크서비스(Social Network Service: SNS)가 일상화되고, 그 역할과 기능이 점차 확대되어 나가는 추세에 있다. 학교에서 이루어지는 의사결정이나 의사소통의 측면에서 이러한 SNS가 가져다준 다양한 순기능과 역기능에 대해 논의해 보고, 효과적인 활용방안에 대하여 토론해 보자.

제3부

교육행정의 실제

제7장

교육정책

● 학습 목표

- 교육정책의 개념과 특성을 이해하고, 교육정책의 유형을 구분할 수 있다.
- 교육정책의 생성과 발달, 변화과정을 교육정책 과정모형에 따라 이해하고, 실제 교육정책의 발달과정을 분석하는 데 이 모형을 적용할 수 있다.
- 교육정책과정에 공식적 · 비공식적으로 참여하는 이해당사자를 파악하고, 이들 중 누가 핵심적 역할을 수행하고 있는지 알 수 있다.
- 최근에 시행된 실제 교육정책 사례 분석을 통해 우리나라의 교육정책과정의 특징을 이해하고, 이에 대한 자신의 의견을 비판적으로 말할 수 있다.
- 학교행정가에게 교육정책에 대한 지식이 왜 필요한지에 대해 학교행정가의 변화된 역할과 관련하여 설명할 수 있다.

1. 교육정책의 이해

1) 교육정책의 개념과 특성

행정은 정치체제에서 결정한 기본방침(정책)을 집행할 뿐이라는 과거의 정치행정이원론의 이분법적 사고에서와는 달리, 정치와 행정은 불가분의 관계에 있다는 것을 전제하는 것이 최근 행정학의 주된 흐름이다. 이러한 관점에서 보면 정책도 행정의 중요한 일부분이 된다. 따라서 행정을 전반적으로 이해하기 위해서는 정책에 대한 기본적 이해가 필수적이다. 그렇다면 '정책'이란 무엇인가? '정책'이 무엇인지 이해하는 것은 '교육정책'이 무엇인지 제대로 알기 위한 선결조건이라는 점에서 매우 중요하다. 쉽게 말해서, 정책이란 개인 혹은 민간부문에 그냥 맡겨 놓았을 경우에 생길 수 있는 여러 가지 사회적 문제들을 해결하기 위해, 정부가 어떤 수준과 범위로 개입할 것인가에 대해 정부가 결정한 공식적 기본방침이다. 예를 들면, 과외 등 사교육비를 얼마나 지출할 것인지의 문제는 기본적으로 개인의 판단에 달려 있는 문제이지만 그 부작용이 너무 심각해서 사회적으로 심각한 문제가 되는 경우, 정부가 이를 해결하기 위해 국어·영어·수학 중심의 대학본고사 폐지, 학원수업시간 규제 등을 하기로 결정한 경우가 그것이다.

정책학을 연구하는 학자들은 이를 보다 체계화하여 정책의 개념을 정의하려고 노력해 왔는데, 학자에 따라 강조점이 달라 하나의 합의된 정의를 제시하는 것은 매우 어렵다. 따라서 여기서는 일단 정정길 등(2010)의 정의에 따라 정책을 "바람직한 사회상태를 이룩하려는 정책목표와 이를 달성하기 위해 필요한 정책수단에 대하여 권위 있는 정부기관이 공식적으로 결정한 기본방침"으로 이해하기로 한다. 이와 같은 정책의 정의에는 기본적으로 정책목표, 정책수단, 권위 있는 정부기관에 의한 것이라는 세 가지 기본요소가 포함되어 있는 것을 알 수 있다. 앞서 살펴본 사교육비 경감 정책에 이를 적용해 본다면, 사교육비 경감이라는 '정책목표'를 정부, 즉 교육부라는 '권위 있는 정부기관'이 본고사 실시 금지 등의 '정책수단'을 써서 달성하겠다고 천명한 기본방침이 정책이라는 것을 알 수 있다. 한편 교육정책은 이러한 정책의 개념을 '교육' 분야에 적용한 것이라고 생각해 볼 수 있는데, 교육행정학 분야에서 비교적 많이 인용되는 김종철(1990)과 보다 최근의 정일환(2000)의 교육정책에 대한 정의를 인용하면 다음과 같다.

> 교육정책이란 사회적 · 공공적 · 조직적 활동으로서의 교육활동을 위하여, 국가와 공공단체가 국민 또는 관련 주민의 동의를 바탕으로 하여 공적으로 제시하며, 공권력을 배경으로 강행성을 가지는 기본방침 또는 지침을 의미한다. 그것은 교육활동의 목표 · 수단 · 방법 등에 대한 최적의 대안을 의도적 합리적으로 선택한 것이며, 교육이념을 구현하기 위한 수단인 동시에, 교육제도와 그 운영을 위한 대강을 제시하며, 협의의 교육행정에 대해서는 그 지침이 된다(김종철, 1990: 680).

> 교육정책은……공공정책으로서 교육활동을 위해 국가나 공공단체가 국민 또는 교육관련 집단 및 수혜집단을 대상으로 전개하는 교육의 지침으로 정의할 수 있다(정일환, 2000: 14).

하지만 교육정책이 다른 분야의 정책과 별로 차이가 없다면 굳이 교육정책을 '일반적 정책'과 구분하여 별개로 논의하거나 연구할 필요성은 현저히 줄어들게 된다. 그렇다면 교육정책은 다른 분야의 정책, 예를 들어 경찰정책, 경제정책, 복지정책 등과 비교할 때 어떤 고유한 특성이 있는가? 이에 대한 답을 제시하기 위해서는 교육정책의 기능이 다른 분야의 정책들과 어떻게 다른지를 살펴볼 필요가 있다.

한국교육행정학회(1990)는 교육정책기능의 특수성은 기본적으로 교육정책의 존립기반이 되는 교육활동의 특수성에서 비롯된 것이라고 보고 있는데, 이러한 견해를 참고하여 교육정책의 특수성을 정리해 보면 다음과 같다.

첫째, 교육활동은 목표와 성과가 그 특성상 장기적이고 계량적으로 측정하기 어렵다는 특성을 가진다. 따라서 이러한 특성을 감안하지 않고 교육정책을 수립하거나 평가할 때 눈에 보이는 단기적 성과만을 염두에 둔다면, 비록 단기적으로는 해당 정책이 성공했다는 착시현상이 생길지 모르지만 장기적인 측면에서 발생할 수도 있는 여러 가지 부작용들을 놓칠 가능성이 크다. 이러한 측면에서 교육정책은 단기적 · 계량적 성과를 비교적 예상할 수 있는 다른 분야의 정책들과는 구분되는 특성이 있다.

둘째, 교육활동에 참여하는 참여자들의 성격이 다른 분야와는 매우 다르다. 교육활동의 가장 핵심적 주체인 교원들은 전문적 성향을 지니고 있으며, 교육정책의 기본방향은 이에 따라 이들이 자율적으로 자신들의 업무를 수행할 수 있도록 조장하는 것이 되어야 한다. 이를 무시하고 지시와 통제 일변도로 간다면 자율성을 핵심으로 하는 교육활동이 제대로 이루어질 수 없다. 아울러 또 다른 교육활동의 주체인 학생은 미성숙한 상태에서 좀 더 성숙한 상태로의 발전가능성을 가지며 특별한 보호와 배려를 필요로 하는 특수집단이다. 독자적 책임을 가지고 자신의 판단에 따라 행동하고 그 책임도 자신이 져야 하는 일반 성인을 대상으로 하는 타분야의 정책과는 다른 접근이 요청된다.

셋째, 학교조직은 일반 행정기관과는 다르다. 공통의 교육목적을 달성하기 위해 밀접하게 상호연관되어 있으면서도 느슨하게 결합되어 독자적인 자율성이 보장되어 있는 조직적 특성을 지니고 있다는 측면에서 교육정책의 또 다른 특수성이 요청된다. 이러한 조직의 생산성을 올리기 위한 교육정책의 접근방식이 관료제적 특성을 보다 강하게 가지고 있는 일반 행정기관과 달라야 한다는 것은 당연한 귀결이라고 볼 수 있다.

넷째, 교육은 교수-학습활동과 진로·생활 지도 활동이라는 두 가지 핵심적 과제를 그 본질적 과업으로 삼고 있는데, 이 본질적 과업의 내용은 다른 분야에서 요구되는 소양과는 매우 다른 특수한 전문적 소양을 통해서만 이해될 수 있다. 따라서 이러한 전문적 소양 없이 교육정책을 결정하고 집행한다면 교육활동의 본질이 크게 왜곡될 수도 있다. '탁상공론적 교육정책' 이라는 말이 시사하듯이, 교육정책이 교육활동의 전문성·현장성에 기반하지 않은 채 시행된다면 현실과 동떨어지는 정책이 될 수 밖에 없음은 너무도 자명하다.

2) 교육정책의 유형

교육정책이라고 불리는 여러 가지 정책들을 좀 더 자세히 들여다 보면, 같은 교육정책으로 불린다 하더라도 그 성격이 매우 다르다는 것을 쉽게 알 수 있다. 다양한 특성을 지니고 있는 이러한 교육정책들을 보다 잘 이해할 수 있도록 일찍부터 이를 일정한 기준에 따라 유형화하려는 시도가 있어 왔는데, 정책의 유형에 따라 정책을 이해하는 접근방식도 달라질 수 있다는 점에서 정책유형의 분류는 매우 중요한 의미를 지닌다.

가장 상식적으로 생각할 수 있는 교육정책의 분류는 교육활동의 단계에 따라 유아교육정책, 초중등교육정책, 고등교육정책, 평생교육정책 등으로 나누는 방식이

다. 또는 교육활동의 기능별 요인에 따라서 교육재정정책, 교육인사정책, 교육과정
정책, 교육홍보정책 등으로 나누어 볼 수도 있다. 학자에 따라서는 이 요인들 중 몇
개의 기능범주를 묶어 좀 더 단순화하여 제시하기도 하고, 또 각각의 기능 범주를
보다 세분화하여 좀 더 다양하게 구분하기도 한다. 예를 들면, 한국교육행정학회
(1990)에서는 교육정책을 교육목표 정책, 교육과정정책, 교과서 정책, 장학정책, 교
직원 인사정책, 학생정책, 교육재정정책, 교육시설정책, 교육홍보정책, 교육연구정
책, 사무관리 정책 등으로 구분하고 있다. 그리고 Kerr(1976; 최희선, 2006: 18-19에
서 재인용)의 경우에는 교육정책의 구조와 유형을 체계적인 교육행위의 필요성에
따라 교육과정(curricula) 정책, 방법론적(methodological) 정책, 자원(resource) 정
책, 배분적(distributional) 정책 등 네 가지 차원의 유형으로 나누어 제시하고 있다.
하지만 구체적으로 어떻게 유형화하든지 간에 그러한 구분은 기본적으로는 교육행
정의 기능이나 과업을 중심으로 교육정책을 바라보는 시각을 반영한 것이라는 점
에서는 동일하다고 볼 수 있다.

  이렇게 교육정책 유형을 분류하는 다양한 접근방식이 있지만, 정책유형의 분류
와 관련해서는 Lowi(1972)의 분류가 가장 널리 인용되고 또 교육정책 분류에도 많
은 영향을 미쳤다고 생각되므로, 여기서는 이를 중심으로 교육정책의 유형을 살펴
보기로 한다.

① 배분정책(Distributive Policy): 국민에게 권리나 금전적 이익 등을 배분하는 것을
   주된 내용으로 하는 정책이다. 대학에 대한 재정지원 사업(예, BK 21 사업)이
   그 예라고 할 수 있는데, 정부가 가지고 있는 재원은 한정되어 있으므로 이를
   원하는 대상들 사이에 경쟁이 초래되는 것이 일반적이다. 하지만 배분정책에
   소요되는 비용은 일반 국민이 부담하는 조세로 충당되는 경우가 일반적이기
   때문에, 비용을 부담하는 국민은 정책과정에 직접적으로 개입하지 않고 권리
   나 금전적 이익을 직접적으로 배분받는 대상들만 배분과정에 적극적으로 참
   여하는 것이 특징이다.

② 규제정책(Regulatory Policy): 개인이나 일부 집단에 대해 재산권 행사나 행동의
   자유를 구속, 억제하여 반사적으로 다른 사람들을 보호하려는 정책이다. 이는
   다시 개인이나 집단의 활동을 제약하는 조건을 설정함으로써 일반 대중을 보
   호하려는 '보호적 규제정책'(예, 심야학원 교습 규제 등)과 많은 수의 경쟁자들

중에서 몇몇 개인이나 집단에게만 일정한 재화나 용역을 공급할 수 있도록 제한하는 '경쟁적 규제정책' (예, 사립학교 설립 인가 등)으로 나눌 수 있다.

③ 재분배정책(Redistributive Policy): 고소득층으로부터 저소득층으로의 부의 재분배를 목적으로 하는 정책이다. 예를 들어, 고소득자에게는 상대적으로 높은 세율을, 저소득자에게는 낮은 세율을 부과하여 마련한 조세재원을 가지고 이를 저소득층을 대상으로 하는 복지분야에 지출하는 정책이 대표적이며, 이런 의미에서 재분배 정책은 계급대립적 성격을 지닌다. 교육분야의 예를 들면, 교육여건이 열악한 촌락 지역을 중심으로 정부의 재원으로 기숙형 공립고등학교를 집중적으로 설립하거나 저소득층 학생들에게 무상급식을 제공하는 정책 등이다.

④ 구성정책(Constitutional Policy): 개념이 반드시 명확하지는 않으나 정부의 새로운 기구나 조직을 설립하거나, 공직자 보수 · 연금정책 등 정치체제의 구조와 운영에 관련된 정책이라고 볼 수 있다. 교육분야의 예를 들면, 교육과학기술부와 교육청의 조직을 규정하고 있는 정부조직법 및 관련 직제와 교육공무원 보수 및 연금과 관련한 법령 등을 들 수 있다.

이러한 Lowi의 정책분류는 정책학 전반에 걸쳐 가장 널리 인용되고 있고 교육정책의 속성을 이해하는 데도 많은 공헌을 한 것이 사실이지만, 당초 일정한 논리에 의하여 연역적으로 도출된 것이 아니므로 모든 정책을 망라적으로 포괄하지 못할 뿐만 아니라, 특히 분류된 정책의 범주들이 상호배타적이지 않아서 분류의 실효성을 떨어뜨리고 있다는 비판(정정길 외, 2010)도 있다. 예를 들어, 초 · 중등학교 무상급식 정책과 같이 국민에게 금전적 이익을 부여하는 내용을 지닌 정책의 경우라 하더라도 저소득층에게 혜택을 더 주는 것에 초점을 두면 '재분배 정책'이 되고 특정 계층에 대한 언급이 없이 추상적으로 일반 국민에게 혜택을 주는 것을 상정하는 경우에는 단순한 '배분정책'이 되기 때문이다. 이렇듯 현실의 정책을 배타적으로 분류하는 것은 매우 어려우며, 따라서 정책결정자나 연구자의 필요에 따라 다양한 분류기준을 융통성 있게 활용하는 것이 중요하다는 것을 알 수 있다.

3) 교육정책과 환경 변화

교육정책은 현실 세계와 유리된 진공 속에서 존재하는 것이 아니다. 교육정책체제를 둘러싸고 있는 정치적 · 경제적 · 사회적 · 문화적 환경 변화에 민감하게 반응하며, 지속적으로 변화해 나간다. 이러한 측면에서 교육정책 환경이란 교육정책 결정자나 조직을 둘러싸고 있는 외적인 조건과 요인으로서 교육정책과정에 영향을 주고 있는 모든 것(한국교육행정학회, 1990)이라고 말할 수 있다. 그리고 체제이론을 적용한다면, 교육정책체제를 둘러싸고 있는 모든 외부 요소들이 바로 교육정책 환경이라고 볼 수 있다. 교육정책의 환경은 교육정책의 전 과정에서 교육정책체제와 역동적인 상호작용을 하며 교육정책의 산출에 결정적인 영향을 미치게 된다. 따라서 교육정책을 논의할 때 환경적 변화와 그 영향을 고려하지 않고서는 이를 제대로 이해할 수가 없다.

1945년 대한민국 정부가 수립된 이후 우리나라의 교육정책 환경은 급격한 변화를 겪어 왔으며, 특히 최근 20년 간의 변화는 교육정책의 기본방향 설정과 관련하여 실로 엄청난 영향을 미치고 있다. 예를 들면, 민주화에 따른 교육정책 참여자와 그에 따른 의사결정구조의 변화, 경제성장에 따른 국부의 증가, 출산율의 저하 및 고령화에 따른 인구구조의 변화, 나날이 강화되고 있는 교육의 국제화 · 정보화 · 상품화 등은 교육정책의 방향 설정과 과정에 중대한 영향을 미치는 환경적 요인이다. 하지만 이 모든 요인들 중에서 최근 우리나라의 상황에서 교육정책 환경 변화와 관련하여 가장 주목할 만한 것은 선거제 민주주의에 따라 어쩔 수 없이 주기적으로 발생하는 집권세력의 교체와, 이러한 정권교체가 교육정책에 미치는 영향의 문제라고 여겨진다. 지난 20년간 우리나라에서는 '보수-진보-보수 세력'으로 정권이 빈번히 교체되었고, 이들이 가진 정치철학에 따라 동일한 사회적 문제에 접근하는 교육정책의 방향이 급변하는 현상을 빈번히 목도할 수 있었다. 예를 들어, 교육과 관련하여 국민이 가장 많은 관심을 가지고 있는 대학입시문제, 외국어고등학교 등 특수목적 중 · 고등학교 설립 등의 문제에 대해 진보성향 혹은 보수성향의 대통령(혹은 교육감) 중 어떤 사람이 선출되느냐에 따라 정책처방이 극과 극을 달리는 경우가 많았다. 지난 노무현 정부 시절에는 각 대학이 일정 수준 이상으로 내신성적의 비율을 대입전형에 반드시 반영하도록 하였고, 수능시험 성적도 9등급으로 하여 등급별 점수만 제공하는 방식의 대입정책을 역점적으로 추진했지만,

2008년 이명박 정부가 들어서면서 이러한 노무현 정부의 대입정책은 일거에 '없던 것'으로 환원되어 버렸다. 이러한 대입정책의 예에서 볼 수 있듯이, 정책결정자의 정치철학에 따라 어떠한 사회적 문제를 해결하는 데에서 그 해답이 완전히 달라질 수 있다. 물론 사회에 다양한 의견이 존재하는 것은 자연스러운 일이지만, 문제는 교육정책이 이렇게 '조변석개(朝變夕改)'해서는 교육정책 대상자들의 신뢰를 얻기가 어려우며, 한번 신뢰가 상실되면 어떠한 좋은 정책도 의도된 효과를 제대로 거두기 어렵다는 데 있다. 이러한 견지에서 선거제 민주주의 제도하에서 교육정책의 안정성과 일관성을 어떻게 확보해 나갈 것인가 하는 점은 교육정책의 성공을 위해 매우 중요한 문제다. 따라서 일부에서는 이에 대한 해법으로 교육부 장관의 임기를 대통령과 동일하게 하거나, 혹은 대법원 판사 등과 같이 정권의 교체 여부와 관계없이 임기를 장기적으로 보장받는 '국가교육위원회' 등의 현실 정치에 상대적으로 중립적인 기구를 통해 교육정책의 기본방향을 수립하도록 하는 방안을 제안하고 있다.

뉴스 따라잡기

선거 제도와 자사고 정책 갈등

조희연 교육감의 서울시교육청이 서울 시내 6개 자사고의 지정취소 처분을 무효화한 교육부장관을 대상으로 2일 대법원에 소송을 제기한다. 서울시교육청은 대법원의 판단을 통해 교육부의 잘못된 직권취소 처분을 바로잡기를 기대하며, 법적 대응에 최선을 다할 것이라고 덧붙였다. 이에 앞서 서울시교육청은 경희고, 배재고, 세화고, 우신고, 이대부고, 중앙고 등 6개 [자립형 사립고에 대해] 지정[을] 취소했으나, 교육부는 교육청이 자사고에 대한 재평가를 실시한 것은 교육감의 재량권 일탈 및 남용에 해당하고 행정절차법과 초 · 중등교육법시행령을 위반한 것이라며 지정취소 처분을 직권취소한 바 있다.

〈CBS 노컷 뉴스 2014. 12. 1.〉

2. 교육정책의 과정

1) 교육정책과정의 개관

하나의 교육정책이 만들어지기까지는 다양한 요인이 영향을 미치며, 대개 오랜 기간이 걸리는 것이 보통이다. 이러한 교육정책의 생성과 발달, 변화과정을 보다 알기 쉽게 제시하기 위해 여러 가지 시도가 있어 왔는데, 대표적인 것 중의 하나가 Lasswell(1956; 1963)이 제시한 정책과정모형이다(Nakamura, 1987: 142에서 재인용). 정책과정모형은 쉽게 말해서 정책이 형성되고 발전되었다가 소멸 혹은 변동해 나가는 과정을 개념적으로 구분되는 몇 개의 단계로 단순화하여 제시한 모형이다. 하지만 이러한 정책과정을 구성하는 구체적 단계는 학자들에 따라 상당히 다양하게 제시되고 있는데, 가장 대표적으로 인용되는 몇 가지를 살펴보면 다음과 같다.

① Lasswell(1956; 1963): 정보수집(intelligence), 동원(promotion), 처방(prescription), 행동화(invocation), 적용(application), 평가(evaluation), 종결(termination)

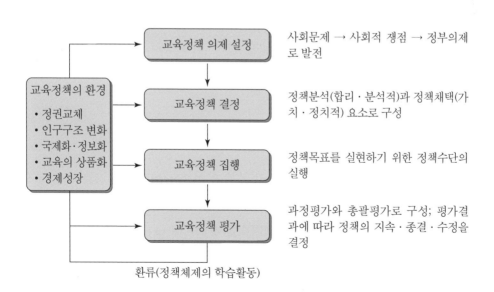

[그림 7-1] 교육정책 과정모형

② Polsby(1969): 정책발의(policy initiation), 숙성(incubation), 수정(modification), 채택(adoption), 집행(implementation), 평가(appraisal)

③ Jones(1977): 문제정의(problem identification), 프로그램 개발(program development), 프로그램 집행(program implementation), 프로그램 평가 (program evaluation), 프로그램 종결(program termination)

④ Anderson(1984): 정책의제설정(policy agenda setting), 정책형성(policy formation), 정책대안채택(policy adoption), 정책집행(policy implementation), 정책평가(policy evaluation)

⑤ 정일환(2000): 정책문제채택(의제설정), 정책결정, 정책집행, 정책평가, 정책 종결

이와 같은 교육정책과정모형은 복잡하고 상호연관되어 일어나는 현실적인 정책 과정을 지나치게 단순화함으로써 실제 정책과정이 이렇게 순차적으로 일어나는 것 처럼 오도할 가능성이 있으며, 정책이 일어나는 상황에 대한 기술은 있지만 어떠한 정책활동이 왜 일어나는지에 대한 설명이 부족하다는 등 많은 비판(예: Jenkins-Smith & Sabatier, 1993)이 제기되어 왔다. 하지만 이러한 비판에도 불구하고 교육정 책과정모형은 복잡한 정책과정을 단순화하여 제시함으로써 특히 교육정책학의 입 문자들이 정책과정을 이해하는 데 유용한 측면이 많아 그동안 많은 정책학 교과서 들에서 널리 활용되어져 왔다. 여기서도 이러한 유용성을 감안하여 교육정책과정 을 일단 4단계, 즉 교육정책의 의제설정, 결정, 집행, 평가 및 환류로 분류하고, 각 각의 단계에 대해 설명하고자 한다.

2) 교육정책 의제설정

교육정책 의제설정은 정부가 다양한 사회적 이슈를 해결하기 위해 이를 공식적 인 정책문제로 전환하는 일련의 과정이라고 볼 수 있다. 교육정책 의제설정의 첫 단계는 단순한 사회문제가 사회적 쟁점으로 발전되어 나가는 단계다. 공공이 관심 을 가지는 특정한 사회문제가 사회적 쟁점으로 부각되고, 이를 해결하기 위한 정부 의 역할과 해법을 둘러싸고 다양한 이해당사자들 간에 사회적으로 논란이 시작되 는 단계라고 볼 수 있다. 이러한 논란은 동일한 사회문제라고 하더라도 이해당사자

들의 정치철학이나 이해관계에 따라 이를 해결하기 위한 접근방식이 각기 다른 경우가 많기 때문에 생겨나는 현상이다. 예를 들어, 항상 사회에 존재하고 있던 대학입시 과열이라는 현상이 특정 시기에 사회문제로 부각되고 이를 해결하기 위해 대학별 본고사를 폐지하는 것이 바람직할 것인가에 대한 논의가 사회적 쟁점이 되는 것이 그 예라고 할 수 있다. 한편 대학입시 과열이라는 일상적인 사회문제가 특정 시기에 사회적 쟁점으로 발전하기 위해서는 이에 대한 강력한 개혁의지를 가진 정치인의 등장 등 일종의 '점화장치'가 필요하며, 때로는 돌발적 사건의 발생이 일반 대중의 관심과 주의를 환기시켜 일상적 사회문제를 사회적 쟁점으로 전환시켜 주기도 한다. 본고사 준비에 지쳐 자살한 수험생을 계기로 본고사의 폐혜가 사회적 쟁점으로 부각되는 것이 그 예라고 할 수 있다. 어떤 사회문제가 사회적 쟁점으로 발전하게 되면, 정부의 입장에서는 문제해결에 대한 정치적 부담을 보다 강하게 요구받게 된다.

정부의 문제해결에 대한 정치부담이 커지기는 하지만, 사회적 쟁점으로 부각된 사회문제가 모두 정부의제로 설정되는 것은 아니다. 정부의 조치를 기다리는 사회문제는 항상 넘쳐나기 마련이고 문제를 해결하기 위한 정부의 역량에는 한계가 있기 때문에, 정책과정에 참여하는 이해당사자들은 자신이 관심을 가지고 있는 문제들을 정부의제화하기 위해 다양한 전략을 사용한다. 여기서 정부의제란 "정부가 공식적인 의사결정과정에서 문제해결을 위해 심각하게 고려하기로 밝힌 문제"(정정길 외, 2010: 288)만을 의미한다. 이해관계자 입장에서는 특히 대중의 관심을 불러일으키기 위한 전략을 많이 사용하는데, 이는 대중의 관심이 고조될수록 정부가 정치적 부담을 느끼게 되어 사회적 쟁점을 정부의제로 채택할 확률이 높기 때문이다. 과거 노무현 정부시절에 대학총장들이 본고사로 대변되는 학생선발 자율권을 확보하기 위해 정부를 대상으로 집단적인 목소리를 표출하거나, 보수 언론이 본고사 허용을 지지하는 기사를 지속적으로 실어 이에 대한 지지여론을 확산하려고 했던 것이 그 예다. 경우에 따라서는 이해당사자들이 특정한 분야에 대해서는 정부에게 손을 떼도록 요구하는, 소위 '무의사 결정(non-decision making)'을 요구하기도 한다(권기헌, 2009). 주로 사회의 기득권층(엘리트 권력)이 자신들에게 안전한 이슈만을 논의하고 불리한 문제는 거론조차 못하게 봉쇄하는 것을 '무의사 결정'이라 하는데, 과거 우리나라의 사학법인 단체들이 설립자의 영향력을 줄이고 외부인으로 구성된 개방이사를 확대하려는 사립학교법 개정안에 대해 국회에서의 논의자체를 무산시키는 방향으로 오랫동안 노력해 왔던 것은 바로 이러한 경우에 해당된다고 볼 수 있다.

한편 Cobb과 그의 동료들(1972)은 정책의제 설정모형을 미국과 같이 다원화된 정치체제에서 주로 나타나는 '외부주도형'(예, 전교조와 같은 이해당사자 집단이 이슈를 제기하고 이것이 정부의제로 채택된 경우), 주로 후진국에서 나타나는 '동원형'(예, 정부가 정책의제를 미리 결정한 후에 국민을 이해·설득시키기 위해 공청회·홍보 등을 하는 경우), 그리고 양자의 성격이 혼합된 '내부접근형'으로 유형화하였다. 정책의제 설정 이론은 이렇게 사회문제가 사회적 쟁점으로 전환되고, 또한 정부의제로 발전하는 과정에서 발생하는 다양한 현상들을 설명하는 것이 주된 목적이라고 볼 수 있다(정정길 외, 2010).

3) 교육정책의 결정

정책결정이란 정책의제 설정단계에서 정부의제로 채택된 정책문제에 대해 이를 해결할 수 있는 대안을 개발하고 분석하는 과정을 거쳐 최종적으로 선택하는 행위다(권기헌, 2009). 따라서 정책결정과정은 본질적으로 두 가지 상반되는 성격을 동시에 가지게 되는데, 합리적·분석적 측면이 보다 강조되는 '정책분석 단계'와 가치적·정치적인 요소가 보다 강조되는 '정책채택 단계'가 결합되어 있다고 볼 수 있다. 정책결정이 합리적으로 이루어지기 위해서는 분석적인 요소가 강조되어야 하는데, 이는 정치적인 이해관계를 떠나 문제의 본질을 체계적으로 분석하고 문제해결을 위한 최적의 대안을 선택할 수 있는 논리와 방법을 적극적으로 활용해야 함을 의미한다(정정길 외, 2010). 정책분석 단계에서 사용되는 합리적·분석적 의사결정방식에 대해서는 많은 학자들이 다양한 이론모형을 제시해 왔는데, 정책결정은 반드시 합리적으로만 이루어지는 것이 아니라 사회에 존재하는 많은 제약들을 감안하여 보다 현실적인 측면에서 이루어진다. 정책분석에서 사용되는 다양한 이론모형들은 제6장에서 다루고 있는 의사결정이론모형과 유사한 측면이 많다.

한편 주요한 정책결정은 대체로 법률의 형태를 가진 경우, 그리고 법률로 입법되지 않더라도 국가예산을 필요로 하는 경우가 대부분이기 때문에 국회 등에서의 치열한 정치적 과정을 본질적으로 수반하게 된다. 이러한 정책결정과정에서는 다양한 이익집단, 언론, 정책전문가 그리고 개인으로서 국민 등이 가세하는 가운데, 정

로스쿨법 통과의 숨은 이야기와 한국의 교육정책 결정과정의 특징

6월 임시국회의 마지막 날이었던 2007년 7월 3일 오전까지도 로스쿨 법안의 국회처리는 불투명했다. 로스쿨 법안 통과의 물꼬가 트인 것은 임시국회 폐회를 7시간 남겨 두고서였다. 당시 여당인 열린우리당과 야당인 한나라당과 민주당의 원내대표가 사학법 개정안과 로스쿨 법안 통과를 교환하기로 한다는 내용의 합의를 이룬 것이다. 그러나 사학법 개정안의 본회의 통과에 반대하는 민주노동당 의원들이 교육위원회 회의장을 걸어 잠그고 법안 처리에 응하지 않는 한편 열린우리당내 일부 의원들도 사학법 개정에 반발하는 기류가 없지 않았다. 오후 7시쯤엔 의원들이 대거 본회의장을 빠져 나가면서 의결정족수가 부족해지는 상황까지 벌어졌다. 이에 장영달 열린우리당 원내대표는 오후 8시 20분 본회의 도중 의원총회를 소집, 2시간에 걸친 논란 끝에 표결을 통해 [상임위원회의 의결을 거치지 않고 국회의장의 국회본회의] '직권상정 처리'로 결론을 내게 되었다. 6월 임시국회 종료를 5분 남겨둔 11시 55분에 '로스쿨 법안'은 본회의에 직권상정되어 본회의의 의결을 거쳐 국회를 통과하였다. 자정을 넘겼다면 본회의가 국회법상 자동산회됨으로써 로스쿨법안이 다시 원점으로 돌아갈 수 있었던 순간이었다.

(정책기획위원회, 2008: 115).

부와 의회의 정책결정자들이 정책문제에 대한 해결방안을 놓고 격렬하게 토론을 하기도 하고, 은밀하게 협상을 벌이기도 한다. 이러한 정책결정의 정치적 속성은 일정 부분 피할 수 없는 부분이 있기는 하지만, 우리나라의 경우 중요한 정책결정 사례들을 살펴보면 합리성이 무시된 채 지나치게 당파적 이익에 바탕한 정치적 타협에 의존하고 있는 경향이 있다. 지난 2007년 7월 3일 논란 끝에 국회를 통과한 '법학전문대학원 설치 운영에 관한 법률(속칭 로스쿨법)'은 그 좋은 예라고 할 수 있을 것이다. '법학전문대학원이 법학교육 개선 혹은 사법서비스의 질 개선을 위해 필요한 제도인가?'라는 정책의 본질적 문제는 전혀 고려하지 않은 채 정치적으로 민감한 사립학교법 개정안 통과를 위한 여·야·정당 간 협상과정에서 일종의 거래의 대상으로 전락하고 말았다는 것은 우리나라 교육정책 결정과정의 문제점을 극명하게 보여 주는 단적인 사례라고 볼 수 있다.

4) 교육정책의 집행

교육정책의 집행은 결정된 정책의 내용을 구체적으로 실현시키는 과정을 의미한다. 앞서 살펴본 대로 정책의 내용은 크게 정책목표와 정책수단으로 이루어지는데, 정책의 내용을 실현시킨다는 것의 핵심은 정책목표를 달성하기 위해 선택된 정책수단을 구체적으로 실행한다는 것을 의미한다(Williams, 1980; 정정길 외, 2010: 511에서 재인용). 예를 들어, 교육의 질 향상이라는 정책목표를 달성하기 위해 교원평가라는 정책수단을 채택한 경우 이를 시행하는 것을 의미한다.

정책집행이 중요한 이유는 정책결정과정에서 여러 가지 이유 때문에 일반적 · 추상적으로 결정된 정책내용이 정책집행과정에서 보다 실질적이고 구체적으로 결정되는 경우가 많기 때문이다. 따라서 어떤 학자들은 집행과정을 결정과정에 포함시

핫이슈 따라잡기

정책결정과 정책집행: '로스쿨 총정원 규모' 결정의 아이러니

로스쿨 도입과 관련한 최대 쟁점은 한국사회의 사회경제적 여건을 고려할 때 향후 배출되는 '변호사 숫자'를 어느 정도로 할 것인가였으며, 이것은 로스쿨 도입과정에서는 국가가 인가하는 '로스쿨 총정원 규모'를 얼마로 할 것인가의 문제로 치환되어 입법과정 전반에 걸쳐 치열한 논란이 벌어졌다. 여건이 되는 모든 로스쿨은 국가가 인가를 해 주어야 하기 때문에 총정원을 제한하는 것에 반대하는 대학측과, 변호사의 질적 관리를 위해 지나치게 과다한 변호사 배출을 막아야 한다는 법조계 측의 의견이 워낙 첨예하게 대립되어 입법과정에서 조정하는 것이 불가능하였기 때문에 2007년 7월 로스쿨법 제정 당시에는 일단 이에 대한 명확한 방침을 결정하지 않고 정책집행단계로 그 결정을 미루게 된다. 이에 따라 로스쿨 총정원 규모의 결정은 로스쿨법 통과 이후 정책집행과정에서 비로소 '공식적'으로 논의되기 시작하는데, 대학측의 로스쿨 신청 보이콧 등 엄청난 사회적 갈등을 겪은 후 교육부 산하의 법학교육위원회에서 비로소 2,000명으로 확정되게 된다. 한편 변호사 배출숫자에 보다 직접적 영향을 미치는 로스쿨 졸업자의 변호사시험 합격률 설정도 궁극적으로 정책의 집행과정에서 이루어질 것으로 예상되어, 로스쿨에 대한 핵심적 정책결정은 어떻게 보면 모두 집행과정에서 이루어지는 아이러니를 보게 된다.

키기도 한다(정정길 외, 2010). 특히 이념에 따른 가치갈등이 큰 교육정책의 경우 합의의 어려움 때문에 정책이 애매모호하고 불합리하며 상호모순적인 내용으로 결정되는 경우가 많은데, 이러한 정책은 어떤 측면에서 보면 정책결정자들이 실질적인 결정을 의도적으로 회피하고 집행과정에 결정의 책임을 미룬 것이라고도 볼 수 있다. 이러한 경우 집행을 하기 위해서는 어쩔 수 없이 정책의 내용을 결정해야 하는데, 로스쿨 도입과 관련한 최대 쟁점이었던 '총정원 규모 결정'은 바로 이러한 경우라고 볼 수 있다.

한편 교육정책의 집행이 이루어졌다 하더라도 정책목표가 항상 달성되는 것은 아니다. 예를 들어, 교원평가제도를 실행하였는데도 불구하고 교육의 질 향상이 여전히 이루어지지 않을 수도 있다. 이렇게 정책수단이 실행되었는데도 정책목표가 달성되지 않는 경우는 ① 정책목표와 정책수단 사이에 처음부터 인과관계가 존재하지 않았거나, ② 정책집행 과정에서의 문제 때문에 의도한 정책효과가 나타나지 않는 두 가지 경우가 있다. 전자의 경우를 '정책의 실패' 그리고 후자의 경우를 '집행의 실패'라고 구분하기도 한다(정정길 외, 2010).

정책집행 단계는 1970년대 이후 학계에서 가장 왕성한 연구가 이루어지고 있는 분야 중 하나로 볼 수 있는데, 이러한 연구들은 '도입된 정책이 왜 실제 현장에서 의도한 산출과 영향을 가져오고 있지 못 하는가?'에 대한 실천적 관심에서 비롯되는 경우가 많다. 성공적인 정책집행을 위한 조건으로서는 정책 내용의 명확성 · 일관성 · 소망성, 정책집행 수단 및 자원의 확보, 정책결정자와 정책관련 집단(대중매체와 대중 등)의 지지, 집행주체의 능력과 태도 및 다양한 집행조직 간의 협력과 갈등조정, 정책대상 집단의 순응의 확보 등이 열거되고 있다(정정길 외, 2010: 531-561).

5) 교육정책의 평가 및 환류

교육정책의 평가단계에서는 어떤 정책이 의도한 '정책산출-정책성과-정책영향'을 가져왔는가 혹은 예기치 못한 부작용이나 결함은 무엇이었는가를 분석하는 데 초점을 둔다. 흔히 '정책산출(policy output)'은 측정 가능한 가시적 결과를, '정책성과(policy outcome)'는 비가시적 결과를 포함한 정책효과, '정책영향(policy impact)'은 가장 광범위한 개념으로서 정책산출이 사회에 가져오는 장기적 효과를 말한다. 앞서 살펴본 정책분석(policy analysis)이 합리적 정책결정을 위하여 정책결정과정에서 사전적으로 정책대안의 결과를 예측하고 이에 근거하여 정책대안의 타당성을 비교·평가하는 활동인 데 반하여, 정책평가(policy evaluation)는 주로 정책집행이 일어난 이후에 집행과정이나 정책결과를 사후적으로 검토하는 지적 활동을 말한다. 정책평가의 목적은 향후의 정책결정과 집행에 필요한 정보의 획득, 관련 공무원들의 책무성 확보, 이론구축을 통한 학문적 기여에 있다고 본다(정정길 외, 2010).

교육정책평가를 대상에 따라 구분하면 크게 집행과정을 대상으로 하는 과정평가(process evaluation)와 정책결과, 즉 정책이 집행된 후에 과연 의도했던 정책효과가 발생했는지를 평가하는 총괄평가(summative evaluation)가 있다. 총괄평가는 정책효과만이 아니라 부수효과나 부작용까지 포함하여 정책이 사회에 끼친 영향이나 충격을 확인하려는 사실판단 활동이라고 할 수 있다. 흔히 Dunn(1994)의 평가기준 중 소망성(desirability)에 대한 평가의 여섯 가지 기준, 즉 효과성(effectiveness: 정책목표의 달성정도), 능률성(efficiency: 정책효과 대비 투입비용의 비율), 공평성(equity: 사회집단 간 정책효과와 정책비용 배분 등에서의 형평성), 대응성(responsiveness: 특정정책이 정책수혜집단의 요구·필요를 만족시키는 정도), 적합성(appropriateness: 정책의 목표가 어느 정도 바람직한가의 정도) 그리고 적정성(adequacy: 특정정책이 정책문제를 해결한 정도)을 평가기준으로 제시하고 있다.

한편 교육정책과정에서는 끊임없이 환류가 이루어진다. [그림 7-1]에서 볼 수 있듯이, 각 단계의 활동결과로 얻게 되는 정보는 향후 바람직한 결과를 위해 다시 환류되어 전 단계의 활동을 위한 정보로 이용된다. 뿐만 아니라 동일한 정책과정 내에서도 끊임없이 환류가 일어난다. 하지만 정책과정상의 환류 중에서 가장 중요한 부분은 정책평가에서 밝혀진 정보의 환류라고 볼 수 있는데, 예를 들면 총괄평가의 결과 정책효과가 없는 것으로 밝혀지면 이것을 정책결정과정에 환류시켜 그 정책이나 사업을 수정하거나 종결시키는 결정에 이용한다. 이와 같이 환류활동은 정책활동 과정 중 얻게 되는 새로운 지식이나 정보를 바람직한 정책결정이나 집행을 위해 활용하는 것으로서 정책체제의 중요한 학습활동에 해당한다(정정길 외, 2010).

3. 교육정책의 주요 참여자

앞서 살펴본 교육정책과정의 전반에 걸쳐 공식적·비공식적으로 다양한 이해관계자들이 참여하고 있다. 이 때 공식적·비공식적 참여의 구분은 크게 보아 법령에 의하여 당연히 참여가 보장되어 있는가, 그렇지 않는가 여부에 의한 구분이라고 할 수 있을 것이다. 여기서는 이러한 구분에 따라 공식적 참여자로서 국회, 대통령, 행정부처, 사법부를, 비공식적 참여자로서는 정당, 이익집단, 비정부기구(NGO), 언론매체, 정책전문가, 일반시민 및 시민단체 등을 간략히 살펴보기로 한다.

1) 공식적 참여자

법령에 의하여 중앙부처 수준에서 교육정책과정에 대한 참여가 보장되어 있는 기관으로는 국회, 대통령과 대통령 비서실, 국무총리와 국무조정실, 교육부 및 관련 행정부처(기획재정부, 미래창조과학부, 고용노동부 등 관련 부처), 사법부 등을 들 수 있다. 이러한 공식적 참여자를 중심으로 우리나라의 교육정책이 결정되는 과정을 살펴보면 [그림 7-2]와 같다.

행정기관 중 교육정책을 주관하는 부처는 교육부라고 할 수 있는데, 교육부 내부에서의 공식적 의사결정과정은 교육부의 최하 단위조직이라고 할 수 있는 과/팀에서 정책제안이 이루어져 내부 결재 라인을 따라서 국장·실장·차관·장관(부총리)에게 보고·결재가 이루어진다([그림 7-2] 참조). 일부 정책의 경우 실·국장 수준에서 결정되는 경우도 있으나 중앙부처 수준에서 결정되는 대부분의 정책은 대개 장관·차관 수준에서 실질적 결정이 이루어지게 된다. 하지만 사회적으로 파급효과가 큰 정책사안의 경우에는 공식적으로 최종 결정권한이 장관에게 있다고 하더라도 대부분 대통령 비서실, 국무조정실, 집권당(당정협의) 등과 협의를 반드시 거쳐 결정하고, 실제 일부 교육정책의 경우에는 공식적으로 대통령이 최종적으로 결정(결재)하는 경우도 있다.

교육정책 중 타부처의 소관 업무와 관련이 있는 부분은 반드시 이를 관장하는 부처와 정책협의를 거쳐야 한다. 과거와는 달리 2000년대 이후 교육정책에서 인적 자원의 양성기능을 강조하게 됨에 따라, 교육정책도 광의에서의 경제정책의 일환이

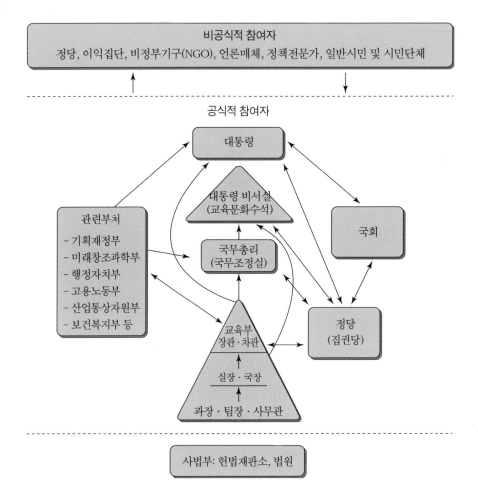

[그림 7-2] 중앙부처 수준의 교육정책 결정과정: 공식적 참여자를 중심으로

출처: 정정길 외(2010). 정책학원론. p. 112를 일부 수정하여 제시함.

라고 인식되는 경향이 강화되면서 교육정책에 대한 기획재정부 등 경제부처의 영향력이 크게 강화되고 있다. 특목고 등의 도입에 따른 고교평준화의 사실상 해체, 기여입학제 등 소위 '3불 정책'의 폐지, 영리법인 대학 설립 허용, 외국교육기관에 대한 국내교육시장 개방 등 자율과 경쟁을 강조하는 시장주의 정책기조에 바탕한 지난 20년간의 주요 교육정책의 흐름 변화는 교육정책에 대한 경제부처의 영향력 강화의 큰 흐름과 직접적 관련이 있다고 보아도 그리 틀리지 않는다고 볼 수 있다.

아울러 기획재정부, 미래창조과학부(대학의 연구 및 특허와 관련된 다양한 업무 등) 등 경제부처뿐만 아니라, 행정자치부(교원 증원 등), 보건복지부(의료인력 양성 관련), 법무부(법조인력 양성 관련), 환경부(그린벨트 내 학교설립 등), 고용노동부(직업교육

훈련 관련) 등 거의 모든 정부부처가 교육정책의 결정과 집행에 깊숙이 관련되어 있으며, 경우에 따라서는 이들 관련 부처가 교육부를 제치고 실질적인 의사결정을 하는 경우도 없지 않다. 특히 기획재정부의 경우 소관 업무와 관련한 부분에 대한 업무협의의 수준을 넘어, 경제정책 조정기능과 정부예산 배분 및 평가 기능을 최대한 활용하여 교육정책을 사실상 직접 입안하는 경우도 최근 들어서는 적지 않다고 할 수 있다. 따라서 교육정책이 교육부에 의해서만 이루어진다고 보는 것은 극히 편협한 시각이라고 볼 수 있으며, 교육정책이 제대로 수립되기 위해서는 이들 정부부처 간에 긴밀한 협조가 반드시 필요함은 두 말할 나위 없다. 하지만 실제 교육정책의 결정과정에서는 각 부처의 이해관계 등 다양한 원인으로 말미암아 원활한 정책협조에 많은 어려움을 겪고 있는 것이 사실이다. 이렇게 정부부처 간 대립이 첨예하여 조정이 필요한 사안의 경우 국무조정실이나 대통령 비서실에서의 조정을 거치게 된다. 우리나라의 경우 국무조정실과 대통령 비서실이 사실상 동일한 정부업무 조정기능을 가지고 있어 이에 대해 불필요한 중복이라는 점에서 비판이 제기되기도 한다.

한편 정책은 행정부를 거치지 않고도 공식적으로 만들어질 수 있다. 법률의 발의는 정부가 법률을 제안하는 '정부입법'의 방식과, 국회의원이 이를 제안하는 '의원입법'의 두 가지 방식이 있는데, 의원이 제출한 법안이 국회를 통과하면 법률로서 확정된다. 이러한 의원입법 방식에 의한 법률제정은 국회에 의한 정책결정의 전형적인 사례라고 볼 수 있다. 최근 시민단체 및 언론 등의 국회의원들에 대한 의정활동 감시기능이 강화됨에 따라 의원입법의 형식으로 제안되는 법안의 숫자가 크게 증가하는 경향이 있는데, 이는 국회의원의 전문성 강화와 적극적 의정활동이라는 측면에서 긍정적인 측면도 있으나, 의원입법을 정부가 입법기간을 단축하기 위한 우회로로 사용하거나, 일부 의원의 경우 의정활동 평가를 의식한 건수 채우기로 활용하는 경우도 있어 부작용도 만만치 않다는 지적이 있다. 법안제출을 위해 법령이 정한 엄격한 절차(부처협의, 입법예고, 공청회, 규제 및 환경영향 평가 등)를 거쳐야 하는 정부입법 과정과는 달리 의원입법은 이러한 절차가 대개 거의 생략되기 때문에 정부가 제출한 법안에 비해 내용상 취약점이 있는 경우가 적지 않다.

마지막으로 사법부는 판결을 통해 사후적으로 교육정책과정에 참여한다. 헌법재판소나 법원은 국가정책의 내용의 타당성이나 결정과정의 적법성 등과 관련하여 소송이 제기되면 법적 원리와 사회적 통념 등을 감안하여 판결을 하게 되는데, 이

뉴스 따라잡기

국립사범대 우선임용 위헌 판결

헌법재판소가 교사 신규임용때 국·공립 교육대 및 사범대졸업자를 우선 임용한다는 교육공무원법 제11조 1항이 헌법에 위배돼 무효라는 결정을 내림에 따라 그동안 사립 사범대학 졸업자와 일반대학에서 교직과정 이수 후 교사자격증을 취득한 사람들이 겪던 불이익이 없어지게 됐다. 이에 따라 앞으로는 국·공립과 사립대학 출신의 구분이 없이 모두 공개시험을 통해 교사를 선발토록 해야 한다. 헌법재판소의 이번 결정은 그동안 사범대를 졸업하고도 교사가 되는 길이 사실상 차단됐던 사립 사범대출신들과 교사자격을 취득하고도 임용이 불가능했던 일반대학의 교직과정 이수자들의 불만을 받아들여 국·공립대학과 사립대학 출신자 사이의 구분을 없앤 것으로 풀이된다. 교사의 신규 채용 때 국립사범대 졸업생을 우선 채용한다는 교육공무원법 규정은 수업료·입학금 면제 등 시책과 함께 교사가 부족하던 지난 1953년부터 교원양성을 위해 시행돼 왔다.

〈한국일보, 1990. 10. 9〉

러한 판결이 교육정책의 근본적 변화를 이끌어 내는 경우도 적지 않다. 미국의 경우 브라운 대 토피카 교육위원회 판결(Brown vs. Board of Education of Topeka)은 공립학교에서의 인종차별의 철폐와 관련 역사적 전환점을 가져온 중대한 사건으로 자주 인용되고 있다. 우리나라의 경우에도 지난 1988년 헌법재판소가 창설된 이후 김영삼 정부를 거치면서 위헌판결을 통해 수많은 교육정책 변동이 이루어졌다. 그 대표적인 것 중의 하나가 1990년 국립사범대학교 졸업생 우선임용 위헌판결이라고 할 수 있는데 이 판결은 우리나라의 중등교원 양성 및 임용방식에 커다란 변화를 가져온 중요한 판결로 기록되고 있다.

2) 비공식적 참여자

시민사회가 성숙되고 인터넷과 언론 등 대중매체의 영향력이 커지면서 교육정책 과정에서도 비공식 참여자의 역할이 점차 증가하고 있다. 교육정책과정의 비공식 참여자로는 정당, 이익집단, 비정부기구(NGO), 일반국민 및 시민단체, 정책전문가,

언론기관 등을 들 수 있는데, 이 중 정책과정에서의 참여자로서 전통적으로 가장 큰 주목을 받아 온 것은 이익집단이라고 볼 수 있다. 이익집단은 구성원의 이해관계와 관련된 문제를 의제화하고 실현 가능한 정책대안을 제시하는 방식으로 교육정책 의제설정에 관여하며, 정책결정·집행 과정에서도 자신들에게 유리한 방향으로 결정이 이루어지도록 다른 공식적·비공식적 참여자들과의 연합의 형성, 국회의원 및 정부관료 등 정책결정자들에 대한 적극적 로비, 지지 군중의 동원과 언론 등을 통한 여론 조성 등 다양한 방식을 통해 정책과정에 참여한다(정정길 외, 2010). 교육정책 분야의 주된 이익집단으로는 ① 전국교직원노동조합, 한국교원단체총연합회 등 교직단체, ② 참교육을 위한 전국학부모회, 인간교육실현을 위한 학부모연대 등 학부모단체, ③ 대학교육협의회, 사학법인협의회, 한국학원총연합회 등 관련기관 연합체 등이 있는데, 특히 민주화가 급격히 진전된 지난 20년 간 이들은 각종 교육정책(예, 사립학교법 개정, 교원평가제 시행, 학원교습시간 단축 등)이 결정되는 과정에서 결코 무시 할 수 없는 영향력을 행사해 왔다고 평가된다. 하지만 이익집단이 교육정책 과정에 지나친 영향력을 행사하게 될 경우 조직화되지 못해 이익을 대변할 수 없는 일반대중의 이익이 침해될 우려는 상대적으로 커진다고 할 것이다.

　한편 정당은 사회에 존재하는 각종 이슈들을 정책대안으로 전환시키는 전통적인 이익결집 기능을 통해 정책의제설정 단계에 깊숙이 관여하며 국회 내에서의 입법과정을 통해 정책결정에도 큰 영향을 미치며, 언론매체는 정확한 사실을 바탕으로 사회문제를 쟁점화하고 확산시킴으로써 정책의제를 만들어 낼 뿐만 아니라 정책결정, 정책집행, 정책평가에 여론을 형성하고 전달하는 중요한 역할을 수행하고 있다(정정길 외, 2010). 하지만 이들의 경우 보수, 진보 등 정치적 성향에 따라 동일한 교육문제에 대해서도 첨예하게 다른 진단과 해법을 내놓는 경우가 많고, 경우에 따라서는 여론의 조작을 통해 비전문가인 국민들의 판단을 오도하게 하는 측면도 없지 않다고 보인다. 이러한 측면에서 증거에 기반한 지적·분석적 작업을 통해 정책과정의 합리화에 기여할 것으로 기대되고 있는 학자 등 정책전문가들의 역할이 커지고 있다고 볼 수 있는데, 이들도 사전·사후적으로 정부정책의 정당성과 합리성을 부여하기 위한 역할을 수행하는 경우가 없지 않다. 이렇게 볼 때 교육정책이 제대로 결정·집행·평가되고 있는지를 감시하는 기능은 선거제하에서 궁극적으로는 결국 개개인의 총합으로 이루어진 건전한 시민의 이성적 판단에 맡겨질 수 밖에 없게 되는데, 이와 관련 최근 활성화되고 있는 각종 비정부기구(NGO) 및 시민단체와 인터넷 매체 등을 통한 시민의 보다 적극적인 교육정책과정 참여가 주목된다. 따라서 이러한 시민의 정책참여가 여론조작이나 절제되지 않은 단순한 감정표출로 흐르지 않고 보다 건전한 방식으로 이루어질 수 있도록 하는 제도적 장치와 문화를 정착시키는 것이 매우 중요하다고 하겠다.

4. 교육정책 사례 분석: 학급당 학생 수 감축 정책

'학급당 학생 수 감축'은 초·중등학교교육 분야에서 교육의 질 향상을 위해 해결되어야 할 가장 시급한 문제 중 하나로 흔히 지적된다. 과밀학급에서는 무엇보다 학생의 특성을 고려한 개별화된 학습이 원천적으로 불가능하기 때문이다. 2001년 당시 교육인적자원부(이하 교육부)에서는 이 문제를 해결하기 위해 이른바 '지식정보화 사회에 부응한 교육여건 개선 추진계획(속칭 '7. 20 교육여건 개선계획')'이라는 야심찬 정책을 발표하였다. 주요 내용은 "고등학교는 2002년까지, 초·중등학교는 2003년까지 학급당 최대 학생 수를 35명 이하로 감축"한다는 것이며, 이를 위해 2004년까지 전국적으로 총 1,202개교를 신설하고 16,264학급을 증설하며, 또한 적정한 교원 배치를 위해 2002년에 11,000명(초등학교 2,540명, 중학교 1,590명, 고등학교 6,870명), 2003년에 12,000명(초등학교 7,250, 중학교 5,350명) 등 총 23,600명의 초·중등 교원을 증원한다는 것이었다. 이 정책시행을 위해 투입되는 재원규모는 2001년부터 2004년까지 총 12조 47억 원에 달하고 있다. 2001년 발표 당시 교육부 총 예산규모가 23조 5천억 수준이라는 점을 감안해 보면 이는 한 해 총교육예산 규모의 반을 넘는 것으로서 교육계로 봐서는 가히 전대미문의 획기적 교육 프로젝트라고 말할 수 있다.

하지만 교육계의 오랜 숙원사업을 해결하고자 했던 이 야심찬 정책은 출범 초기부터 교육현장에서 환영을 받기보다는 많은 반발과 갈등만을 불러일으켰다. 즉, 무모할 정도로 짧은 기간 내에 군사작전을 하듯이 무조건 고등학교는 2002년까지, 초·중등학교는 2003년까지 학급당 학생 수를 35명 이하로 줄이려고 하다 보니, 절대적인 공사 기간의 부족에서 비롯된 부실시공의 문제, 동절기 공사에 의한 건축비 부담 증가의 문제가 발생했고, 나아가 신학기 초까지 학교 건물이 준공되지 않아 건물없는 학교, 교실대란 등 많은 사회적 혼란을 초래했다. 아울러 정책발표 당시

공무원 연금개편 문제로 많은 교사들이 명예퇴직을 신청하여 이미 교원수급에 어려움을 겪고 있던 초등교원의 경우, 교원 수급여건을 고려하지 않고 갑자기 단기간에 만여명의 교원을 추가로 충원하겠다는 계획을 발표함으로써 교원수급에 엄청난 차질을 가져왔으며, 결과적으로 초등교원의 질 저하 문제를 초래하게 되었다.

앞서 살펴본 합리적 의사결정이론의 원칙에 따르면 전혀 이해할 수 없는 이러한 정책결정과 집행과정을 어떻게 이해해야 할까? 당시 교육부에서는 이 정도의 문제, 얼핏 보아도 예측하기에 그렇게 어렵지 않을 것 같은 이러한 문제점들을 전혀 예측하지 못했던 것일까? 학급당 학생수 감축이라는 교육계의 숙원을 해소한다는 좋은 취지로 시작된 이 정책이 왜 교육계의 갈등을 오히려 심화시키고 학교 현장에 혼란만을 초래했는지를 분석해 보는 것은 우리 정부의 정책결정 및 집행방식의 한 단면을 특징적으로 이해하는 데 큰 도움이 될 것이다.

사실 교육부는 2001년 '7. 20 교육여건 개선계획'이라는 이름으로 학급당 학생수 감축계획을 발표하기 1년 전인 2000년 7월에 이미, 'OECD 국가수준의 교육여건 개선계획'이라는 명칭의 유사한 계획을 수립해 놓고 있었다. 이 계획에서는 2004년까지 학급당 학생수를 35명 이하로 감축하겠다는 목표를 비교적 심층적 여건분석과 검토를 통해 제시하고 있었다. 이것이 어찌된 이유인지 달성 목표년도가 1~2년 당겨진 것이고, 이에 따라 엄청난 사회적 혼란과 비용이 초래된 것이다. 당초 계획되었던 대로 1년 정도 목표달성 시기를 늦추었더라면 이러한 혼란은 대부분 피할 수 있었을지도 모른다.

'7. 20 교육여건 개선계획'으로 대변되는 2001년의 학급당 학생 수 감축사업은 세부적인 부분에서는 여러 가지 문제가 있었지만(예, 정책목표인 35명의 교육적 근거, 과밀학급 대신 과대학급 학교의 출현 문제 등), 최소한 사업 목적에 대해서는 교육계에서 전폭적인 지지를 해 왔던 정책이었던 만큼, 앞서 살펴본 성공적 정책집행의 요건 중 정책대상집단의 순응성 확보와 관련 집단의 지지형성 측면에서 상당히 유리한 조건을 확보하고 있었다고 볼 수 있다. 하지만 이러한 유리한 조건을 모두 상쇄시켜 버릴 만큼 사업추진 방식은 극히 무모하게 설계되었다. 왜 그랬을까?

학급당 학생 수 감축이 핵심이었던 '7. 20 교육여건 개선계획'은 권력의 정점에 있는 대통령의 강력한 추진의지 속에서 당시 교육부, 재정경제부, 행정자치부 등 관련부처 간의 정책조정과 타협의 산물이라고 볼 수 있다. 먼저 학급당 학생 수 감축 정책을 주도한 교육부의 입장에서 보면 평소 열세에 있던 정부부처 내의 권력 역학관계를 고려할 때, 대통령의 전폭적 지원을 받을 수 있었던 '7. 20 교육여건 개선 사업'은 교육계의 숙원사업이었던 학급당 학생 수 감축을 실현시킬 수 있는 절호의 기회였다. 학급당 학생 수 감축에는 막대한 예산이 소요되는 만큼 국가재정을 총괄하고 있는 재정경제부로서는 예전부터 절대적 반대입장을 표명해 왔고, 공무원 정원을 관리하고 있는 행정자치부에서도 평소 교육부의 교원증원 요구를 거의 묵살해 왔던 경험에 비추어 볼 때, 교육부로서는 이 기회를 놓친다면 최소한 획기적인 학급당 학생 수 감축이나 교원증원은 상당한 기간 불가능할지도 모른다는 위기감을 가졌던 것이다. 이러한 절박한 상황인식하에서 교원수급 상황 등 제반여건을 고려하여 상대적으로 합리적 정책분석 과정을 통해 마련되었던 2000년의 'OECD 국가 수준의 교육여건 개선계획'은 전혀 고려될 여지가 없었다. 결국 재정경제부(소요재원 조달), 행정자치부(교원증원), 환경부(그린벨트 내 학교설립 인가) 등 관련 부처와 정책협의 과정에서 여러 가지 난관이 있었지만, 당시 교육부총리는 대통령의 강력한 지원을 등에 업고 학급당 학생 수 감축계획의 핵심 내용을 정부안으로 확정하는 데 성공했다. 하지만 역설적이게도 정치적 힘을 동원해서 관련 부처의 합리적 반대를 극복하는 데까지는 성공했지만, 교육부는 그 반대급부로 어쩔 수 없이 2003년 2월 당시 대통령 임기가 만료되는 시점까지 사업을 종료해야 한다는 정치적 부담을 고스란히 떠안게 되었다.

문제상황을 더욱 악화된 것은 정책결정과정에서 대통령을 설득하는 데 실패한 재정경제부가 어쩔 수 없이 학급당 학생 수 감축에 대한 예산을 지원하는 대신 집행과정에서 여러 가지 조건을 붙이게 되면서 발생하게 되었다. 먼저 2002년 지방선거와 대통령 선거 등 양대 선거를 앞두고 경기부양의 필요성을 느낀 집권여당과 재정경제부를 위시한 정부는 교육과는 전혀 무관한 건설경기 부양을 통한 내수경기 진작을 위해, 교육여건 개선사업 예산의 조기집행을 위한 대책을 암묵적으로 요구하게 되었다. 이에 따라 교육부는 고등학교 학급증설을 위한 시설공사를 2001년 9월 말 착공하여 약 4개월 후인 2002년 2월초까지 완료하도록 하는 거의 무모한 사업일정을 설정하였다. 문서상에 나타난 명목상의 이유는 제7차 교육과정을 고등학교에 시행하기 위한 것이라고 말하고 있지만, 제7차 교육과정 실시는 이미 오래전부터 예정되어 있었고 어차피 일부 문제는 피할 수 없었던 만큼 이것이 공사기한을 이 정도로 단축할 만큼 결정적 이유였다고는 보기 힘들다. 재정경제부는 이에 더하여 외견상 교육여건 개선과 별반 관련이 없지만, 그동안 여러 가지 경로를 통해 줄기차게 교육부에 요구해 왔던 대학입시 완전 자율화, 자립형 사립고 설치 확대, 외국의 세계적인 대학원 유치 등과 같은 부수적 요구사항을 '7·20 교육여건 개선계획'에 담는 것으로 당시 교육부와 타협을 하게 되었다. 대통령의 결심은 얻었지만 사업의 원활한 추진을 위해 재정경제부의 협조가 절대적인 상황에서 교육부는 당시의 정책기조와 상치되는 부분이 많았지만 이를 수용하지 않을 수 없었다. 물론 이렇게 추가적으로 포함된 정책과제들은 당시 서울시 교육감의 예상치 못한 반대 등이 일부 작용하기도 했지만, 교육부로서도 애시당초 이러한 정책들을 실행할 의지가 별로 강하지 않았기 때문에 그 후 크게 진척되지 못했다. 하지만 경기부양을 위해 고등학교 학급 증설 사업기간을 크게 단축한 것은 앞서 언급한 부실공사, 공사비의 낭비, 공사소음에 의한 대입시험을 앞둔 학생들의 민원 등 많은 문제점을 낳게 되었고, 아울러 초등학교 학급당 학생 수 감축의 경우 교사부족 문제에 따라 교육부는 다시 한 번 커다란 사회적 혼란을 치르게 되었다.

이러한 2001년 교육부의 학급당 학생 수 감축 정책의 수립과 집행과정을 살펴보면 우리나라의 교육정책 결정과정이 매우 정치적이라는 것을 알 수 있는 한편, 정치논리에 따라 제반여건을 고려하지 않은 채 비합리적으로 이루어진 정책결정이 사회적으로 얼마나 많은 비용을 치르게 만들 수 있는지를 말해 주고 있다. 아울러, 이 정책은 교육정책의 수혜자가 스스로 그토록 원했던 정책이 어떤 과정을 거쳐 오히려 갈등과 혼란만을 초래하는 것으로 변할 수 있는지 그 과정을 극명하게 나타내 주는 중요한 정책사례라고 볼 수 있다. 어떻게 보면 정책과정에 참여한 각각의 참여자들(대통령과 여당, 교육부, 기획재정부 등)은 자신의 이해를 극대화하기 위해 각자 최선의 노력을 한 것이지만, 국가 혹은 공공의 이익이라는 측면에서 보면 결과적으로 많은 희생을 치르게 만든 실패한 정책사례로 해석할 수 있다. 결국 정치적인 이해관계를 떠나 문제의 본질을 체계적으로 분석하고 문제해결을 위한 최적의 대안을 선택할 수 있는 논리와 방법의 활용이 중요(정정길, 2010: 325)한 이유가 바로 여기에 있다.

5. 학교행정가와 교육정책

그렇다면 이러한 교육정책이 학교행정가에게 의미하는 것은 무엇인가? 그리고 교육정책에 대한 지식을 학교행정가가 알아야 하는 이유는 무엇인가? 이러한 질문들에 대답하기 위해서는 교육정책과 관련하여 학교 행정가들이 수행하고 있는 혹은 앞으로 수행해야 하는 역할에 대해 자세히 살펴볼 필요가 있다. Fowler(2009)에 따르면, 오늘날의 학교행정가들은 급격한 사회적 변동에 대응하여 그들이 과거에 수행해 왔던 역할과는 다른 새로운 역할을 요구받고 있으며, 이러한 새로운 역할 중의 하나는 무엇보다 학교행정가가 과거처럼 수동적인 역할에 머무르는 것이 아니라 사회를 선도하는 역할을 담당해야 한다. 하지만 이러한 새로운 역할을 수행하는 방법을 제대로 알지 못한다면 이들은 과거에 그랬던 것처럼 자신들의 요구나 특성과는 관련없이 단지 외부에서 주어지는 정책변화에 수동적으로 자신을 맞추어 나갈 수 밖에 없다. 즉, 21세기 학교가 요구하는 효과적인 학교행정가가 되기 위해서는 이들이 교육정책 전반에 대한 탄탄한 지식으로 무장할 필요가 있다는 점을 역설하고 있다. 이러한 Fowler(2009)의 주장을 우리나라의 상황에 적용하여 학교행정가에게 요구되는 새로운 역할과, 이에 따라 이들이 교육정책에 대한 관심과 지식을 가져야 하는 이유를 이 장의 결론을 대신하여 제시하면 다음과 같다.

첫째, 학교행정가는 학교 내에서 실제로 정책결정자로서의 역할을 수행한다. 대부분의 정책 영역과 마찬가지로 교육정책 영역에서도 교육부, 교육청에서는 국가 수준의 법령과 시행 기본 방침 등 전반적인 틀과 원칙만을 제공하고 그 세부적인 적용에 관한 사항은 개별 학교의 재량에 맡기는 것이 보통이다. 실제 학교를 운영하고 있는 교장이나 교감, 그리고 어떤 경우에는 학급을 경영하고 있는 교사들도 국가/지역 수준의 교육정책의 범위 내에서 학교의 특성을 반영한 구체적인 시행지침이나 규칙을 만들거나, 혹은 학교현장에서 일어나는 구체적 문제상황을 해결하기 위한 대책들을 만들어야 할 경우가 많다. 이러한 상황에서 교육정책에 관한 다양한 지식들은 학교현장 수준에서의 정책결정에 많은 도움이 될 것이다.

둘째, 학교 내에서 학교행정가는 국가나 교육청 수준에서 만들어진 새로운 교육정책을 집행해야 하는 역할을 요구받는다. 이 과정에서 학교행정가는 집행계획을 수립하고, 또한 효율적 정책집행을 위해 교사 등 주요 정책참여자들의 협력을 이끌어 내거나 경우에 따라서는 직접 필요한 재원을 동원해야 하는 경우도 있을 것이다. 아울러 이 과정에서 문제가 있을 경우 적절한 환류과정을 거쳐 집행과정을 수성할 필요도 있다. 어떤 상황에서든 새로운 변화를 만들어 내는 것은 매우 어려운 일이기 때문에 새로운 정책(특히 인기 없는 정책)을 집행하는 학교행정가는 어려움에 직면하는 경우가 많고, 특히 다수의 이해당사자가 존재하여 갈등상황이 첨예한 경우가 대부분인 교육정책의 경우 그럴 가능성이 더욱 커진다고 볼 수 있다. 이 과정에서 학교행정가가 시행착오를 최소화하기 위해서는 정책집행의 성공과 실패에 영향을 미치는 여러 가지 요소들을 충분히 숙지해야 한다. 이러한 정책집행과정에 대한 지식을 통해 학교행정가는 시행착오를 최소화할 수 있는 다양한 실천적 지식들을 획득할 수 있을 것이다.

셋째, 21세기의 학교행정가는 자신의 학교나 지역 교육청에 국한된 이슈에만 매몰되어 있어서는 곤란하다. 자신의 학교 밖에서 일어나고 있는 다양한 교육현상에 대해 폭넓은 안목을 가지지 못하는 교육행정가는 향후 일어날 수 있는 다양한 교육적 변화에 대해 제대로 대응하지 못할 가능성이 크다. 따라서 효과적인 학교행정가가 되기 위해서는 학교 내의 다양한 교육적 이슈뿐만 아니라 학교 외부에서 일어나고 있는 다양한 교육이슈의 논의상황(예, 중요한 교육이슈와 관련한 입법상황이 어떻게 진척되고 있는가)에 대해서도 적극적이고 능동적으로 인지할 필요가 있다. 더 나아가 교육문제뿐만 아니라 경제, 사회의 다양한 분야에서 일어나고 있는 사회문제가 향후 교육문제에 어떻게 영향을 미칠 것인지에도 주목해야 한다. 각종 연구소나 대학, 국제기구나 외국 정부에서 일어나고 있는 주요한 개혁동향과 새로운 접근방식에도 항상 눈을 열어 두어야 한다. 학교행정가에게 요청되는 이러한 사회변화의 동향파악에 대한 보다 적극적인 태도는 어찌보면 교육활동을 수행하는데 별로 관계없는 것으로 보일 수도 있지만, 궁극적으로 자신의 학교현장에 영향을 미치게 될 거시적인 차원의 정책적 변화에 보다 구체적 정보를 가지고 적극적으로 대처할 수 있게 해 준다는 점에서 반드시 필요한 것이다.

넷째, 최근의 여러 교육정책 결정과정에서 볼 수 있듯이, 학교행정가는 국가 및 교육청 수준의 주요한 정책결정에 다양한 방식을 통해 영향력을 행사해 오고 있다. 최근 교육부에서 추진하고 있는 초빙형·내부형 교장공모제에 대해 주로 교장들로 구성된 한국교원단체총연합회에서 적극적인 반대 목소리를 내고 있는 것은 그 단적인 예라고 할 수 있다. 과거 노무현 정부 시절에 교원평가제의 입법과정이나 교육정보시스템(NEIS) 구축과 관련한 정부 내 의사결정과정에서 교원단체가 자신들의 입장을 관철하기 위해 커다란 영향력을 행사해 온 것도 이러한 맥락에서 이해할 수 있다. 사회가 다원화될수록 정책결정과정에 다양한 이해당사자들의 참여기회가 확대되게 되고, 하나의 이해당사자로서 학교행정가들의 교육정책 결정과정에의 참여 필요성도 점점 커질 가능성이 크다. 이 과정에서 정책의제형성, 정책결정과정 등과 관련된 기본적 지식과 정보는 보다 효과적인 참여를 위해 필수적인 요건이 될 수 있을 것이다.

 정리하기

- '정책'은 바람직한 사회상태를 이룩하려는 정책목표와 이를 달성하기 위해 필요한 정책수단에 대하여 권위 있는 정부기관이 공식적으로 결정한 기본방침이며, '교육정책'은 이러한 정책의 개념을 '교육' 분야에 적용한 것이다. 교육정책의 특수성은 교육활동의 특수성에서 기인한다.
- '교육정책의 유형'에는 배분정책, 규제정책, 재분배정책 및 구성정책이 있으며, 정책의 유형에 따라 정책을 이해하는 접근방식도 달라진다.
- '교육정책 과정모형'은 정책이 형성·발전·변동해 나가는 과정을 개념적으로 구분되는 몇 개의 단계로 단순화하여 제시한 모형이다. 교육정책과정은 정책의제 설정, 정책결정, 정책집행, 정책평가 및 환류로 나뉜다.
- '교육정책 의제설정'은 특정한 교육문제가 사회적 쟁점으로 전환되고 이것이 다시 정부의제로 채택되는 일련의 과정을 말하며, 일상적인 교육문제가 사회적 쟁점으로 발전되기 위해서는 '점화장치'가 필요하다. 이해당사자들은 자신이 관심을 가지고 있는 문제들을 정부의제화하기 위해 다양한 전략들을 사용하며, 때로는 논의되기 원하지 않는 특정한 문제에 대해 정부가 손을 떼도록 하는 '무의사 결정'을 요구하기도 한다.
- '교육정책결정'이란 정책의제 설정단계에서 정부의제로 채택된 정책문제에 대해 이를 해결할 수 있는 대안을 분석·개발하고, 합법화하는 행위다. 우리나라의 경우 중요한 교육정책결정에 정치적 요소가 지나치게 많이 개입되는 경향을 보이고 있어 문제로 지적되고 있다.
- '교육정책의 집행'은 결정된 정책의 내용을 구체적으로 실현시키는 과정이며, 정책집

행이 중요한 이유는 정책결정과정에서 여러 가지 이유 때문에 일반적·추상적으로 결정된 정책내용이 정책집행과정에서 보다 실질적이고 구체적으로 결정되는 경우가 많기 때문이다.

• '교육정책의 평가'는 어떤 정책이 의도한 정책효과를 제대로 가져왔는가를 분석하는 데 초점을 두며, 크게 집행과정을 대상으로 하는 과정평가와 정책결과를 대상으로 하는 총괄평가로 나눌 수 있다. 정책평가에서 밝혀진 정보는 환류과정을 거쳐 해당 정책을 지속·종결·수정하는 결정에 활용된다.

• 교육정책의 참여자에는 법령에 의한 정책과정에의 참여보장 여부에 따라 공식적 참여자와 비공식적 참여자로 구분할 수 있다. '공식적 참여자' 중 교육정책을 주관하는 부처는 교육부이지만 최근 경제부처의 교육정책에 대한 영향력이 크게 강화되고 있다. '비공식적 참여자' 중 가장 큰 주목을 받아 온 것은 이익집단이며, 이들이 지나친 영향력을 행사하게 될 경우 조직화되지 못한 일반대중의 이익이 침해될 우려가 커진다.

• 급변하는 사회 속에서 학교행정가들이 학교 내의 정책결정자 및 정책집행자로서, 교육정책에 영향을 미치는 각종 사회변화와 관련한 능동적 이슈 탐색자로서, 정책과정에 대한 영향력 있는 참여자로서 다양한 역할을 제대로 수행하기 위해서는 교육정책과정 전반에 대한 실천적 지식을 충분히 숙지하고 있을 필요가 있다.

적용하기

1. 인터넷을 통해 현재 사회적으로 쟁점이 되고 있는 교육정책 이슈를 찾아보자. 해당 이슈에 대해 각각의 이해당사자들이 표명하고 있는 입장을 기술해 보고, 각기 다른 견해의 이면에 깔려 있는 정치철학이나 가치관이 무엇인지에 대해서 토론해 보자.

2. 해결해 보고 싶은 교육문제를 선정하고 이를 해결하기 위한 자신의 정책을 제안해 보자. 해결책을 제시할 때 고려해야 할 요소는 무엇인지에 대해서도 토론해 보자.

3. 최근에 실행된 주요 교육정책 중 하나를 선택하여 본장에서 제시된 교육정책과정모형의 각 단계에 따라 해당정책의 발전과정을 기술해 보자.

4. 최근에 실행된 주요 교육정책 중 하나를 선택하여 앞서 제시한 교육평가의 여섯 가지 평가기준에 따라 평가해 보자. 자신이 정책결정자라면 해당 정책을 지속할 것인지, 종결할 것인지 평가결과에 근거해서 토론해 보자.

5. 국회 홈페이지(www.assembly.go.kr)를 방문하여 교육정책 관련 상임위원회(교육문

화체육관광위원회)의 법안심의 진행과정을 국회방송을 통해 시청해 보고 느낀 점을 토론해 보자. 아울러 관심 있는 교육법안과 관련한 의사록을 국회회의록 시스템을 통해 검색해 보고 국회의원들이 자신의 의견을 어떻게 개진하고 있는지 알아보자.

제8장

교육법규

1. 교육행정과 교육법규

2. 교육법규의 주요 내용

3. 교육 당사자의 교육권과 의무

4. 학교사고의 책임과 구제

● 학습 목표

- 교육법규의 의미를 이해하고 법원(法源)에 따라 그 종류를 분류할 수 있으며, 교육법의 기본 원리를 세 가지 이상 제시할 수 있다.
- 교육법규의 기본법인 헌법과 교육기본법의 내용을 이해하고, 그 취지를 반영하여 제정된 주요 법률을 유형별(학교교육, 평생교육, 사립학교 교육)로 제시할 수 있다.
- 교육권의 개념을 이해하고, 교육당사자(학생, 보호자, 교사, 학교설립자 · 경영자, 국가) 간의 교육에 관한 권리와 의무의 관계를 설명할 수 있다.
- 학교사고의 개념을 이해하고, 사고의 책임과 피해자의 구제에 관하여 설명할 수 있다.

1. 교육행정과 교육법규

1) 교육법규의 의미와 성격

법치행정의 원리에 따라 교육행정도 사람이 아닌 법에 의해 규율된다. 따라서 교육행정을 올바르게 이해하기 위해서는 교육법규를 살펴볼 필요가 있다. 교육법규는 교육영역에서 지켜야 하는 기본적인 법규범으로, 교육행정 및 학교경영 활동의 기초가 된다. 교육법규는 교육과 법규의 두 개념이 합쳐진 복합적 성격을 지닌다(허재욱, 1996: 11). 교육법규는 교육의 내적 사항인 교육의 목표와 교육과정 등에 관한 기준을 설정하며, 교육행정제도와 교육기관의 기능을 규정하고, 교육주체인 학생과 교원의 역할 등에 관한 교육 외적 사항을 규제의 대상으로 한다. 일반적으로 법규범이란 사회생활의 질서를 유지하기 위하여 지켜야 할 행위규범의 하나이며, 국가권력에 의하여 강행되는 강제규범이다. 이러한 의미에서 교육법규는 사회생활에 서의 한 규범이고, 교육목표를 달성하기 위한 교육행위의 준칙이며, 국가권력에 의하여 강행되는 규범이다.

한편, 교육법규를 법률과 같은 존재형식을 묻지 않는 실질적 의미[1]로 이해한다면 다음 세 가지 내용이 포함된다(표시열, 2008: 78).

- 헌법에 규정된 교육에 관한 기본원리를 구현하기 위한 교육기본법 등 교육관계 법령이 있다.
- 교육당사자들의 권리와 의무에 관한 규범, 즉 학생의 학습권, 교사의 교육의 자유, 학부모의 교육권, 학교 설치자의 관리 권한, 국가 및 지방자치단체의 감독권한 등에 관한 법규가 있다.
- 교육제도, 교육행정 또는 교육정책에 관한 법규로 지방자치제도, 학교제도, 학교 및 교육행정조직, 교직원의 지위 및 인사, 교육재정 및 시설, 교육과정 편성, 학사관리 및 교육평가에 관한 법규가 포함된다.

---

1) 실질적 의미의 교육법이란 존재형식을 묻지 아니하고 교육영역에서 지켜야 하는 기본적인 법규범 전체를 의미한다. 이에 대하여 형식적 의미의 교육법이란 법규범의 내용을 묻지 않고 그 존재 형식을 기준으로 국회가 제정한 법률의 형식으로 되어 있는 교육과 관련된 법률을 의미한다.

이처럼 교육법규는 다양한 형태로 존재하므로 그 성격을 규명하기가 쉽지 않지만 특별법적 성격, 특수법적 성격, 사회법적 성격 그리고 비권력적·조장적 성격을 갖는데(표시열, 2008: 79; 윤정일 외, 2009: 234), 그 내용은 다음과 같다.

- 교육법규는 일반법에 대하여 특별법의 지위를 가지며, 내용이 상충되는 경우 특별법인 교육법규가 우선적 효력을 가진다. 예를 들면, 지방교육자치에 관한 법률은 지방자치법의 특별법이 된다.
- 교육법규는 공법과 사법의 구별이 불명확한 특수법적 성격을 갖는다. 교육법규 대부분의 규정이 국가나 지방자치단체의 행정작용에 의한 것으로 공법적 특성을 갖고 있지만, 사립학교의 경우 사법적 성격이 강하여 민사재판 절차를 따르는 것은 사법적 특성이 있음을 보여 준다.
- 교육법규는 사회법적 성격을 지닌다. 의무교육과 교육 기회균등이 개인의 사회경제적 지위 향상을 위한 조치라는 점, 헌법에서 국가에 대하여 평생교육 진흥의무를 부과하고 있다는 점에서 교육법규는 공법도 사법도 아닌 사회의 복지증진을 위한 사회법적 성격을 지닌다고 할 수 있다.
- 교육법규는 인간을 육성하는 교육에 관한 법규범이므로 공권력을 행사하는 지휘·복종의 관계보다는 지도·조언·육성의 비권력적 성격이 강해 전문적 기술성을 필요로 하는 조장적 성격을 지닌다.

2) 교육법규의 법원과 분류

교육법규를 찾는 일은 교육법규의 원천 또는 존재형식을 발견해 내는 일이다. 즉, 법원(法源)이란 법 규범의 원천 내지 존재 형식을 의미한다. 법의 존재형식에 따라 교육법규는 성문법과 불문법으로 나누어 볼 수 있다. 성문법주의를 기본으로 하는 우리나라 법체계에서 성문법이 불비된 한도 내에서 불문법도 법원이 된다. 성문법은 제정법이라고도 하며, 문자로 기술되고 문장의 형식을 갖추거나 일정한 절차에 따라 제정된 법들을 의미하며, 불문법은 비제정법으로 관습법이나 판례, 조리 등과 같이 문자나 문장의 형식을 빌거나 일정한 절차를 따라 제정되지 아니한 법들을 말한다(강인수 외, 1995: 8).

(1) 성문법

성문법 형태의 교육법규의 법원은 헌법, 법률, 조약, 일반적으로 승인된 국제법규, 명령, 자치법규 등이 있는데, 이들 상호 간에는 상위법 우선의 원칙, 신법우선의 원칙 그리고 특별법 우선의 원칙이 적용된다(윤정일 외, 2009: 235). 여기서 상위법 우선의 원칙이란 헌법은 법률에 우선하고, 대통령령은 부령에 우선하는 등 상위의 법령이 하위의 법령에 우선하여 적용되는 것을 의미한다. 신법우선의 원칙은 같은 법률이라도 시간적으로 나중에 제정된 것이 먼저 제정된 것보다 우선한다는 것이다. 그리고 특별법 우선의 원칙은 특별법이 일반법에 우선한다는 의미다.

① 헌법: 헌법은 최고의 기본법으로, 모든 법에 우선하는 법률이며, 교육에 관하여 직접 규정한 것은 제31조로 교육받을 권리를 비롯하여 교육제도의 법률주의 등을 규정하고 있다. 교육에 관하여 간접적으로 규정한 조항에는 제6조의 국제법규의 효력, 제7조의 공무원의 봉사와 책임을 비롯하여, 제118조 지방자치단체의 의회 등 여러 조항이 있다.

② 법률: 헌법상의 교육제도 법률주의에 따라 국회 의결을 거쳐 제정된 교육에 관한 법률에는 교육기본법, 유아교육법, 초·중등교육법, 고등교육법, 평생교육법, 사립학교법, 지방교육자치에 관한 법률, 교육공무원법 등이 있다.

③ 조약 및 국제 법규: 국제조약 및 일반적으로 승인된 국제법규는 국내 법률과 같은 효력을 가진다. 교육분야 국제조약으로는 유네스코 헌장과 유엔의 아동의 권리에 관한 협약이 있다.

④ 명령: 명령에는 대통령령, 총리령, 부령 그리고 국회 규칙과 대법원 규칙이 있다. 교육법규 관련 명령에는 대통령령과 교육과학기술부 장관이 제정하는 부령이 대부분이다. 대통령령에는 초·중등교육법 시행령, 고등교육법 시행령, 유아교육법 시행령 등, 부령에는 학교수업료 및 입학금에 관한 규칙, 사학기관재무·회계규칙 등이 있다.

⑤ 자치법규(조례, 규칙 및 교육규칙): 자치법규는 지방자치단체가 법령의 범위 안에서 제정하는 규정(헌법 제117조 제1항)으로 조례, 규칙, 교육규칙이 있다. 교육에 관한 자치법규의 대표적인 예는 시·도의 학교설치 관련 조례, 교육감이 제정하는 재무회계 교육규칙 등이 있다.

(2) 불문법

불문법에는 관습법, 판례, 조리가 있으며, 성문법이 미비되어 있는 경우 보충적인 효력을 가질 수 있다(조석훈, 2002: 21).

① 관습법: 관습법은 사회에서 일정한 관행이 반복되어 사람들이 법적 확신을 가지면서 성립된 규범으로 국가에 의하여 승인되고 강행되는 것을 말한다. 민법상 관습법은 성문법의 규정이 없을 때는 이를 보충하는 효력이 있다(민법 제1조).
② 판례: 성문법주의인 우리나라에서는 판례가 제도적으로 법원으로 인정되지 않지만, 상급법원의 판례는 사실상 하급법원을 구속하고 일단 확립된 판례는 쉽게 변경되지 않기 때문에 그 범위 내에서 규범으로서 가치를 가진다.
③ 조리(條理): 조리는 사물의 이치나 인간의 기본적 도리에 비추어 성립할 수 있는 규범을 의미하며, 공서양속(公序良俗), 신의성실, 사회 상규(常規) 등으로 표현한다. 법원(法院)은 특정한 구체적 사건에 적용할 법규가 없다는 이유로 재판을 거절할 수 없으며(헌법 제27조 제1항), 민법 제1조는 "민사에 관하여 법률에 규정이 없으면 관습법에 의하고 관습법이 없으면 조리에 의한다."고 규정하여 조리의 보충적 효력을 인정하고 있다. 우리나라 법원은 사회 상규에 위배되지 않는 한 체벌을 허용해 왔다.

3) 교육법의 기본원리

교육법이 추구하는 궁극적인 가치 내지 이념은 우리 헌법의 이념인 '인간의 존엄과 가치'의 실현 또는 '인간다운 삶의 영위'에 있다고 할 수 있다. 그리고 인간다운 삶의 구체적 지표로 평생학습 차원의 인격완성, 경제적 측면에서 생활능력 함양, 정치적 측면에서 민주시민으로서의 자질 구비를 들 수 있다. 교육법의 기본원리는 이러한 교육법의 이념을 구현시키기 위해 교육관련 법 체제 전반에 내재되어 있는 것으로, 헌법, 교육기본법, 교육철학 등을 종합적으로 고려하여 도출해야 한다. 학자들의 견해를 종합해 볼 때 교육법의 기본원리는 다음 여섯 가지로 정리할 수 있다(표시열, 2008: 90).

① 교육권 보장의 원리: 인간다운 생활을 보장하기 위한 기본권으로, 이를 보장하기 위하여 취학의무제도와 의무교육 무상제도가 있다.

② 교육제도 법정주의: 헌법 제31조 제6항은 교육제도, 교육재정, 교원의 지위에 관한 기본적인 사항을 법률로 정하도록 하고 있는데, 이를 교육제도 법정주의라고 한다. 이는 교육입법상의 법률주의 또는 법률에 의한 교육행정의 원리라고도 한다.

③ 교육의 자주성 및 중립성 원리: 교육의 자주성이란 교육내용과 교육기구가 자주적으로 결정되어야 한다는 것을 의미한다. 교육의 자주성 보장을 위한 제도적 장치로 중요한 것이 지방교육자치와 대학자치의 보장이다. 교육의 자주성 확립을 위하여 불가피하게 요청되는 것이 교육의 중립성 원리다. 교육의 중립성 원리는 교육은 정치세력과 종교집단으로부터 부당한 압력이나 영향을 받지 않으며 자주적으로 운영되어야 한다는 내용이다.

④ 교육의 전문성 원리: 헌법에서는 교육의 자주성 · 중립성과 함께 전문성도 보장하고 있다. 우리 교육관계법에서는 교육의 전문성을 보장하기 위해 교육의 자유 및 학문의 자유를 명시하고 있다.

⑤ 교육 기회균등의 원리: 헌법에는 법 앞에 평등, 사회적 신분에 의한 차별 금지, 능력에 따라 균등하게 교육받을 권리를 보장하고 있다. 그 내용에는 의무교육 무상원칙, 장학제도, 단선형학교체계 확립 등이 있다. 교육법의 복리주의원리(福利主義原理)가 여기에 포함된다.

⑥ 교육행정의 민주성 원리: 교육행정과정에서 구성원의 기본권을 존중하며, 기본권이 침해된 경우 적절한 권리구제장치가 마련되어야 함을 의미한다. 또 정책 수립과정에서 민의를 반영하기 위하여 행정이 투명하게 공개되고 구성원 내지 이해관계자의 참여를 보장하는 제도를 마련하는 것이 중요하다. 공공기관의 정보공개에 관한 법률과 행정절차법이 그 예다.

2. 교육법규의 주요 내용

1) 기본법

(1) 헌법의 교육 규정

헌법은 국가의 근본법(根本法)으로 가장 상위의 효력을 갖는 교육법의 원천이다. 헌법의 교육에 관한 직접적인 규정은 제31조의 제1항에서 제6항까지다.

① 교육을 받을 권리 및 교육기회균등의 보장: "모든 국민은 능력에 따라 균등하게 교육을 받을 권리를 가진다."(제31조 제1항)고 규정하고 있다.

② 의무교육 무상실시 및 보호자의 의무: "모든 국민은 그 보호하는 자녀에게 적어도 초등교육과 법률이 정하는 교육을 받게 할 의무를 진다."(제31조 제2항), 그리고 "의무교육은 무상으로 한다."(제31조 제3항)고 규정하여 교육을 받을 권리

뉴스 따라잡기

전국 시·도 교육감 '교육감 직선제 폐지 반대'

전국 시·도 교육감들이 최근 대통령 소속 지방자치발전위원회가 내놓은 교육자치와 지방자치 연계 통합방안에 대해 반대 입장을 분명히 밝혔다.

전국 시·도교육감협의회(회장 장휘국 광주시교육감)는 17일 오후 4시 대전에서 연 긴급 임시총회에서 "헌법에 명시된 교육의 자주성, 전문성, 정치적 중립성을 확립 발전시켜 나가야 한다."며 "직선제 폐지나 임명제, 러닝메이트제 등은 이를 크게 훼손할 수 있다."고 의견을 모았다. 장휘국 협의회장은 "교육감 선거는 간선제, 확대 간선제, 결국 주민 직선제로 발전돼 왔는데 거꾸로 가는 주민자치는 바람직하지 않다"며 "지방자치와의 연계는 강화해야 하지만 통합은 우려스러운 것"이라고 말했다.그는 "결국 교육감 직선제는 유지돼야 한다."고 강조했다. 〈연합뉴스, 2014. 12. 17〉

[생각해 보기] 교육감 직선제 폐지 논란에 대한 찬반 의견을 제시하고 그 논거를 교육의 자주성, 정치적 중립성 또는 지방자치와 관련지어 설명해 보자.

를 최저한도에서 실효성 있게 보장하도록 하고 있다.

③ 교육의 자주성, 전문성, 정치적 중립성 및 대학의 자율성 보장: "교육의 자주성·전문성·정치적 중립성 및 대학의 자율성은 법률이 정하는 바에 의하여 보장된다."(제31조 제4항)고 규정하고 있다.

④ 평생교육의 진흥: "국가는 평생교육을 진흥하여야 한다."(제31조 제5항)고 규정하고 있다.

⑤ 교육제도 법정주의: "학교교육 및 평생교육을 포함한 교육제도와 그 운영, 교육재정 및 교원의 지위에 관한 기본적인 사항은 법률로 정한다."(제31조 제6항)고 규정하고 있다.

⑥ 기타 교육에 관련된 간접 조항: 국제조약과 국제법규(제6조), 공무원의 지위와 책임(제7조), 기본적 인권 보장(제10조), 법 앞의 평등(제11조), 양심의 자유(제19조), 종교의 자유(제20조), 학문과 예술의 자유(제22조), 인간다운 생활을 할 권리(제34조), 자유와 권리의 보호(제37조), 지방자치단체(제117, 118조) 등이 있다.

(2) 교육기본법

교육기본법은 헌법상의 교육관련 규정을 바탕으로 교육에 관한 국민의 권리·의무, 국가 및 지방자치단체의 책임을 정하고 교육제도와 그 운영에 관한 기본적인 사항을 규정하고 있다. 교육기본법[2]은 종전의 교육법이 담고 있던 총칙적 내용을 분리하여 규정한 것으로 문민정부의 '5·31 교육개혁' 정신을 반영하여 학습권, 부모의 교육권 등을 새롭게 추가하여 제정한 것이 특징이다. 교육기본법은 교육법의 원칙적인 규정을 담고 있어 선언적 의미도 있으나, 교육당사자의 구체적 권리(학습권 등)도 보장하고 있고, 학력평가 및 능력인증제도 등 구체적 규정도 있어 교육에 관하여 실체적 효력도 있다(표시열, 2008: 100). 따라서 교육기본법은 모든 교육관계 법령의 기본이 될 수 있는 법률로서 법령의 해석과 적용, 교육운영의 기준이 된다. 교육기본법은 3장, 29개 조문으로 이루어져 있다.

• 제1장 총칙: 교육제도와 운영의 기본원칙을 밝히고 있다. 교육이념, 학습권, 교육의 기회균등, 교육의 자주성·전문성·중립성 및 학교운영의 자율성, 교육

---

2) 1949년 제정되었던 교육법(법률 제86호)이 1997년 12월 폐지되고, 교육기본법, 초·중등교육법, 고등교육법이 제정되면서, 우리나라 교육법 체제는 근본적인 변화를 가져 왔다.

재정, 의무교육, 학교교육, 사회교육, 학교 등의 설립에 관하여 규정하고 있다.

- 제2장: 교육당사자의 권리와 책무를 규정하고 있다. 학습자, 보호지, 교원, 교원 단체, 학교 등의 설립 · 경영자, 국가 및 지방자치단체에 관해 규정하고 있다.

- 제3장: 교육의 진흥에 관하여 규정하고 있다. 남녀평등교육의 증진, 특수교육, 영재교육, 유아교육, 직업교육, 과학 · 기술교육, 교육행정업무의 전자화, 학술문화의 진흥, 사학의 육성, 평가 및 인증제도, 보건 및 복지의 증진, 장학제도, 국제교육 등에 관한 사항을 규정하고 있다.

2) 학교교육에 관한 법

학교교육은 교육행정의 중심 영역이다. 학교교육에 관한 대표적인 법률로는 교육기본법 제9조(학교교육)에 근거하여 제정된 유아교육법, 초 · 중등교육법과 고등교육법을 들 수 있다.

(1) 초 · 중등교육법

초 · 중등교육법은 초 · 중등교육에 관한 기본적인 사항을 규정한 법률로 5장, 68조로 구성되어있다. 종전의 교육법과 다른 새로운 내용은 다음과 같다(표시열, 2008: 102).

- 교육을 받을 권리를 보장할 수 있도록 의무교육에 관한 사항(제2장)을 규정
- 학생자치활동을 보장하고 학교운영위원회에 관한 사항을 규정
- 학생 징계 시 최소한의 변론기회를 부여하는 적법절차를 규정
- 교원의 임무 중 교장의 명을 받아 학생을 지도한다는 규정을 법령이 정하는 바에 따르도록 하여 부당한 명령을 지양하도록 규정
- 초 · 중 · 고 통합운영, 산학겸임교사, 현장실습교사제 등 도입. 최근 상담교사의 도입, 교육정보시스템의 운영과 학생정보의 보호 등도 규정

(2) 고등교육법

고등교육제도와 운영에 관한 기본 사항을 규정하고 있는 고등교육법은 4장 64조로 구성되어 있다. 고등교육법은 고등교육 기회를 확대하고, 대학의 자율성 신장과

질 향상을 위하여 종전의 교육법과 다른 내용을 담고 있는데, 다음과 같다(표시열, 2008: 104).

- 산업 현장과의 연계를 강화하기 위해 현장실습수업 및 실습학기제 도입. 고등교육 기회를 확대하기 위해 국내외 타 학교에서 취득한 학점을 당해 학교 학점으로 인정할 수 있도록 규정
- 대학의 자율성을 높이기 위하여 학칙을 승인제에서 보고제로 바꿈
- 학생의 자치활동을 보장하고, 학생 징계 시 의견진술 기회를 부여하는 등 적법절차 원리 도입
- 고등교육기관 상호 간의 교원 교류와 연구 활성화를 위한 국가의 지원과 대학의 대표자로 구성된 학교협의체 운영 근거 조항 마련

(3) 유아교육법

유아교육법은 헌법 제31조(교육을 받을 권리)와 교육기본법 제9조(학교교육)에 근거하고 있다. 2004년에 제정된 유아교육법[3]은 5장, 34개 조문으로 구성되어 있으며, 만 3세부터 초등학교 취학 전까지의 유치원 교육에 관한 기본사항을 규정하고 있다. 유아교육법 제정의 의의는 초·중등교육법과 유아교육진흥법 등에 산재되어 있는 유치원 관련 법 조항을 정비하여 교육법 체계를 완성하게 한 것, 유치원 공교육체제 구축의 법적 근거를 마련한 것, 만 3~5세의 발달 특성에 맞춰 활동중심 놀이중심의 교육을 할 수 있는 법적 기반을 갖게 된 것, 취학 전 1년의 유아교육 무상원칙 규정 등을 들 수 있다. 그러나 유아교육법과 관련해서는 유아교육과 보육의 통합 여부를 둘러싼 갈등[4]을 조정하여 통합 법안을 만들어야 할 과제를 안고 있다.

(4) 기타 학교교육 관련 법

그 밖의 학교교육 관련 법률로는 교육기본법에서 교육의 진흥과 관련하여 규정

---

3) 종전의 유아교육진흥법을 발전적으로 폐지하고 유아교육법이 제정되었다.
4) 유치원 교육계에서는 만 3~5세의 발달 특성이 같기 때문에 유아교육과 보육은 유사하며, 이들 기능이 함께 제공되는 것이 효율적이라고 주장한다. 반면에 보육학계에서는 영유아의 안전·건강·위생·영양 부분이 중요하므로 유아교육과 보육은 구별되어야 한다고 주장한다. 만 0세부터 6세 미만의 영유아 보육에 관해서는 영유아보육법이 별도로 제정되어 있다.

하고 있는 제18조(특수교육), 제19조(영재교육), 제22조(과학·기술교육)에 근거한 장애인 등에 대한 특수교육법, 영재교육진흥법, 과학교육진흥법, 산업교육진흥 및 산학협력촉진에 관한 법률 등이 있다.

장애인등에 대한 특수교육법은 교육기본법 제18조에 따라 국가 및 지방자치단체가 장애인 및 특별한 교육적 요구가 있는 사람에게 통합된 교육환경을 제공하고 생애주기에 따라 장애유형·장애정도의 특성을 고려한 교육을 실시하여 이들이 자아실현과 사회통합을 하는 데 기여함을 목적으로 제정되었다.

영재교육진흥법은 교육기본법 제12조 및 제19조의 규정에 따라 재능이 뛰어난 사람을 조기에 발굴하여 타고난 잠재력을 계발할 수 있도록 능력과 소질에 맞는 교육을 실시함으로써 개인의 자아실현을 도모하고 국가 사회의 발전에 기여하게 함을 목적으로 제정되었다.

그리고 과학교육진흥법은 과학교육진흥에 필요한 사항을 정하여 국민의 과학지식·탐구능력 및 창의력을 키움으로써 국가·사회발전에 이바지하게 함을 목적으로 한다.

산업교육진흥 및 산학협력촉진에 관한 법률은 산업교육을 진흥하고 산학협력(産學協力)을 촉진하여 산업사회의 요구에 따르는 창의력 있는 산업인력을 양성하고 산업발전에 필요한 새로운 지식·기술을 개발·보급·확산하여 지역사회와 국가의 발전에 이바지함을 목적으로 제정되었다.

3) 평생교육에 관한 법

지식의 생성·소멸 주기가 짧아진 지식기반 사회에서 국민은 평생 동안 자유롭게 학습활동을 할 수 있도록 제도적으로 지원받아야 한다. 이러한 평생교육의 중요성 때문에 헌법에서는 국가로 하여금 평생교육을 진흥하도록 하고, 그 제도와 운영에 관한 기본적인 사항을 법률로 정하도록 규정하고 있다(제31조 제5항 및 제6항). 교육기본법에서도 평생교육을 위한 모든 형태의 사회교육을 장려하고, 사회교육의 이수 사항은 법령이 정하는 바에 따라 학교교육의 이수로 인정될 수 있도록 규정하고 있다(제10조). 평생교육에 관한 주요 법으로는 평생교육법, 학점 인정 등에 관한 법률, 독학에 의한 학위취득에 관한 법률이 있다.

(1) 평생교육법

1999년 평생학습기회를 확대하기 위하여 종전의 사회교육법[5]을 전면 개정하여 제정한 것이 평생교육법이다. 평생교육법은 5장, 32개 조문으로 구성되어 있다. 평생교육법에서 국가와 지방자치단체는 평생교육시설의 설치, 평생교육사 양성, 평생교육 프로그램 개발 및 평생교육기관에 대한 경비 보조 등 평생학습 기회 확대를 위해 노력할 것을 규정하고 있다. 또한 평생교육과정을 이수한 자는 학점인정 등에 관한 법률이 정하는 바에 따라 학점 또는 학력을 인정받을 수 있도록 규정하고 있다.

(2) 학점 인정 등에 관한 법률 및 독학에 의한 학위취득에 관한 법률

다양한 평생교육시설에 의한 교육과 학습경험이 공정하게 평가받아 교육기관과 연계되어야 하는데, 이를 위하여 1997년 제정된 학점인정 등에 관한 법률에서는 학점은행제를 채택하고 있다. 개인의 학습 경험은 학점화하여 등록할 수 있고, 이러한 학점들이 누적되면 대학졸업학력 또는 전문대학 졸업학력을 인정받고, 학사학위 또는 전문학사학위를 취득할 수 있게 된다.

평생교육체제의 학점 및 학력인정과 관련된 제도로는 독학학위제도가 있다. 독학에 의한 학위취득에 관한 법률은 1990년 독학자에게 학사학위 취득의 기회를 부여함으로써 평생교육의 이념을 구현하기 위해 제정되었다. 이 법에 따라 대학에 진학하지 못한 사람도 독학으로 국가에서 시행하는 시험을 단계적으로 통과하면 학사학위를 취득할 수 있게 되었다.

4) 사립학교에 관한 법

우리나라 사립학교는 역사적으로 독립운동과 국가발전에 기여하였으며, 현재 고등교육의 경우 80% 이상을 사학이 담당하고 있다. 따라서 사립학교에 관한 법[6]을 이해할 필요가 있다. 우리 헌법에는 사립학교에 관한 명문 규정은 없다. 교육기본

---

5) 1980년 헌법에서 국가의 평생교육진흥의무를 신설한 후 1982년 제정된 사회교육법은 공교육으로서의 평생교육의 위치를 법적, 제도적으로 확립한 의미가 있으나, 이수결과에 대한 평가·인정제도가 마련되지 못해 개방적 교육체제로 나가는데 한계가 있다는 지적이 있었다.

6) 원래 사립학교는 사적인 영역에 속하여 국가의 간섭을 받지 않았으나, 시민사회의 형성과 근대 국가의 출현으로 교육의 공공성이 확인되면서 사립학교에 대해서도 국가권력의 통제범위에 들어오게 되었다.

법 제25조(사학의 육성)에서는 국가 및 지방자치단체가 사립학교를 지원·육성하고, 설립 목적이 존중되도록 할 것을 규정하고 있다. 유아교육법, 초·중등교육법 및 고등교육법에서는 각각 사립의 유치원, 초·중·고등학교 및 대학의 설립과 지도·감독에 관한 규정을 두고 있다.

　사립학교에 관한 우리나라 최초의 법은 1963년 제정된 사립학교법이다. 전문 74개 조문으로 구성된 사립학교법은 사학의 특수성을 존중하고 그 자주성과 공공성을 아울러 보장할 것을 목적으로 하고 있지만, 사학에 대한 규제를 제도화한 것이라는 지적을 받고 있다. 사립학교법은 사립학교에 관한 사항, 학교법인의 설립·운영, 사학 교원의 인사, 사학행정에 관한 내용을 주로 규정하고 있어 사학의 운영구조(governing structure)에 관한 법[7]이라 할 수 있다. 사립학교법은 그 목적인 자주성과 공공성을 둘러싸고 국가와 사학(주로 학교법인), 학교법인과 구성원 간의 대립·긴장 관계 때문에 정권교체, 대규모 사건 등 계기가 있을 때마다 개정이 잦았다.[8]

5) 학교 규칙

　학교경영의 기본이 되는 학교 규칙은 학교의 자치규범으로 학교생활 지도의 법적 기초가 되며, 일종의 영조물(營造物) 규칙[9]이다(박균성, 2002: 183). 학교 규칙은 법령에 위배되거나 학교교육의 본질에 반하지 않는 한 구속력을 가진다(대법원 1998. 11. 10. 96다37268).

　초·중등학교 규칙은 학교의 장(학교를 설립하는 경우에는 학교를 설립하고자 하는 자)이 법령의 범위 안에서 학교규칙을 제정 또는 개정할 수 있다(초·중등교육법 제8조). 초·중등학교 규칙에 기재해야 하는 사항으로는 ① 수업연한·학년·학기 및 휴업일, ② 학급편제 및 학생정원, ③ 교과·수업일수 및 고사와 과정수료의 인정, ④ 입학·재입학·편입학·전학·휴학·퇴학·수료 및 졸업, ⑤ 조기진급 및 조기졸업, ⑥ 수업료·입학금 기타의 비용징수, ⑦ 학생포상 및 학생징계, ⑧ 학생자치

---

7) 교육과정, 수업, 학생선발 등 교육 일반에 관한 사항은 공사립 구분없이 유아교육법, 초·중등교육법, 고등교육법을 적용받고 있어 우리나라 사립학교는 사립으로서의 특수성이 부족하다는 지적을 받고 있다.
8) 1963년 법 제정 이래 2010년 4월 15일 법률10258호에 이르기까지 43차례의 개정이 있었다.
9) 학교는 법적으로 인격이 인정되지 않는 영조물이며, 영조물 규칙이란 영조물의 관리청이 영조물의 조직·관리 및 사용을 규율하기 위하여 제정하는 규칙을 말한다.

활동의 조직 및 운영, ⑨ 학칙개정절차, ⑩ 기타 법령에서 정하는 사항 등의 10개 항(초·중등교육법 시행령 제4조제1항)이 있다.

한편, 대학의 학교 규칙은 학교의 장(학교를 설립하는 경우에는 학교를 설립하고자 하는 자)이 법령의 범위 안에서 제정 또는 개정할 수 있다(고등교육법 제6조). 대학 의 학교규칙 기재사항으로는 ① 전공의 설치와 학생정원, ② 수업연한·재학연한, 학기와 수업일수 및 휴업일, ③ 입학, 재·편입학, 휴·복학, 모집단위 간 이동 또 는 전과·자퇴·제적·유급·수료·졸업 및 징계, ④ 학위의 종류 및 수여, ⑤ 교 육과정, 학·교과 이수단위 및 성적의 관리, ⑥ 복수전공 및 학점인정, ⑦ 등록 및 수강 신청, ⑧ 공개강좌, ⑨ 위 간 교수시간, ⑩ 학생회 등 학생자치활동, ⑪ 장학금 지급 등 학생에 설치재정보조, ⑫ 삭제〈2006. 1. 13〉, ⑬ 수업료·입학금 기타의 비 용징수, ⑭ 학칙개정절차, ⑮ 삭제〈2006. 1. 13〉, ⑯ 대학평의원회 및 교수회가 있는 경우에는 그에 관한 사항, ⑰ 기타 법령에서 정하는 사항」의 10개 항(고등교육법 시행 령 제4조 제1항)이 있다.

3. 교육 당사자의 교육권과 의무

1) 교육권의 개념

교육권의 법적 근거는 헌법 제31조 제1항의 교육을 받을 권리와 헌법의 규정을 강조하고 있는 교육기본법의 학습권(동법 제3조), 교육기회 균등(동법 제4조), 의무 교육(동법 제8조), 교육당사자에 관한 규정(동법 제2장)[10] 등을 들 수 있다. 그런데 교 육권이란 실정법상의 개념이 아닌 학문상의 개념이므로 내용이 일정하지 않지만, 강인수(1989: 23)는 교육권을 "교육에 관한 일정한 권리를 보호하고 일정한 이익을 향유하기 위한 수단으로 법이 일정한 자격이 있는 개인 또는 단체에게 주는 힘 또는 그 의사를 우선적으로 주장하고 남을 지배할 수 있는 힘"이라고 정의하였다. 한편 표시열(2008: 203)은 교육권의 개념을 다음 네 가지로 나누어 설명하고 있다.

---

10) 교육기본법 제2장에서는 교육 당사자로 학습자, 보호자, 교원, 교원단체, 학교 등의 설립·경영자, 국 가 및 지방자치단체로 규정하고 있다.

- 가장 좁은 의미의 교육권은 교육을 받을 권리를 의미하는 학생의 학습권 내지 수학권을 의미한다.
- 좁은 의미의 교육권은 가장 좁은 의미의 교육권에 교육을 시킬 또는 교육을 할 권리로 학부모의 교육권과 교사의 교육권이 포함된다.
- 넓은 의미의 교육권은 좁은 의미의 교육권에 학교설치자의 교육권, 국가의 교육권이 포함된다.
- 가장 넓은 의미의 교육권은 헌법상 인정되는 교육에 관한 국민의 기본적 인권을 말한다. 교육기본권, 교육인권, 국민교육권 개념이 여기에 속한다.

교육기본권을 주장하는 학자는 헌법 제31조 제1항의 교육의 권리, 교육받을 권리를 문헌상의 표현에 구속되지 말고 인간의 존엄과 가치, 인간다운 생활을 할 권리, 학문의 자유 등 기본권 전체와 연관하여 재해석해야 한다고 주장한다. 즉, 헌법 차원의 교육기본권이란 모든 인간의 인간적인 성장발달을 위해 필요한 교육에 관한 헌법상의 포괄적인 기본적 인권으로 규정하고, 교육권은 국민이 교육기본권을 실현하기 위해 관련 당사자가 가질 수 있는 개별적·구체적 권리를 의미하는 것으로 법적 성격을 달리 한다(신현직, 2003: 29-31).

여기서는 넓은 의미의 교육권 개념에 입각하여 교육당사자인 학생, 부모, 교사, 학교 설립·경영자, 국가의 교육권과 의무에 관해 먼저 살펴본다. 그리고 교육의 투명성를 확보하고, 교육권 행사를 도와주기 위해 도입된 교육정보 공시에 관해 알아본다.

2) 학생의 학습권과 의무

1997년 제정된 교육기본법에서는 학습자 중심의 교육이 되어야 한다는 교육개혁 철학을 담아서 학습권을 명시하였다.[11] 교육기본법 제3조(학습권)는 "모든 국민은

---

11) 교육기본법 제정 당시 기존에 사용하던 '교육권'이란 용어 대신에 '학습권'이란 말을 사용한 이유는 교육권은 교육공급자, 즉 국가나 지방자치단체 또는 교육자를 중심으로 교육하는 권리로 이해되는 경향이 짙었기 때문에 학습자 중심의 교육 및 이를 위한 제도와 운영이라는 철학을 나타내기 위해서다 (교육부 교육기본법안 설명자료 11쪽, 1997년 9월). 또한 교육권이라 하면 피교육자를 상정하고 교육의 객체로만 생각하는 소극적 인식을 갖게 되지만, 학습권은 스스로 공부한다는 의미도 포함하는 개념이다(황홍규, 2000: 327).

평생에 걸쳐 학습하고, 능력과 적성에 따라 교육을 받을 권리가 있다."고 명시하고 있어, 학습권 개념에는 일반 국민의 학습권을 포함한다고 볼 수 있지만 학습권의 대상은 주로 학생이라 할 수 있다. 그러므로 학생의 학습권은 교육권 중에서 가장 중심에 위치해 있으며, 본질적인 권리라 할 수 있다. 따라서 교육의 다른 당사자인 보호자, 교원, 학교 설립·경영자, 국가는 학생의 학습권을 보호해 주어야 한다. 교육기본법 제12조도 학생을 포함한 학습자의 기본적 인권은 학교교육 또는 사회교육의 과정에서 존중되고 보호되어야 하며, 교육내용·교육방법·교재 및 교육시설은 학습자의 인격을 존중하고 개성을 중시하며 학습자의 능력이 최대한 발휘될 수 있도록 강구되어야 한다고 명시하고 있다.

학습권은 인간적인 성장 발달을 방해받지 않을 권리로서 자유권적 성격과 함께 이러한 학습권이 적극적으로 실현되도록 국가에 교육조건의 정비를 요구할 수 있는 생존권적 기본권으로도 인정되고 있다(표시열, 2008: 205). 자유권적 성격의 구체적 내용은 학교선택권, 교육내용 선택 결정 및 참여권, 징계절차에서의 권리보호 등이다. 생존권적 기본권으로서의 구체적 내용은 무상의 의무교육제도와 교육기회의 균등, 학습권 보장을 위한 인적·물적·재정적 제도 정비 요구권 등이다.

교육기본법 제12조 제1항 및 제3항[12]은 학생의 기본적 인권 존중과 함께 학생의 의무로 '학교 규칙 준수 의무, 교원의 교육·연구 방해 금지 의무, 학내질서 문란 금지 의무'를 규정하고 있다.

 뉴스 따라잡기

학교폭력 기재, 기본권 침해? 교육적 필요?

"청구인은 중학교 2학년 학생입니다. 동급생이 수업시간 중 계속해서 자는 바람에 교사가 수업을 끝내지 않자 화가 나서 '일어나라'고 손으로 옆구리를 찔러, 올해 학교폭력자치위원회에 회부됐습니다. 서면 사과와 교내봉사 3일의 조치를 받았는데, 학생부에 기재돼 졸업 후 5년간 보존됩니다. 징계를 받았음에도 (대학까지) 앞으로 9년 동안 '학교폭력 가해

---

12) 제3항은 "학생은 학교의 규칙을 준수하여야 하며, 교원의 교육·연구활동을 방해하거나 학내의 질서를 문란하게 하여서는 안된다."고 규정하고 있다.

학생'이라는 낙인을 짊어진 채 학교생활을 해야 한다는 것은 지나치게 가혹한 일이기에 이 사건을 청구하기에 이르렀습니다."

지난 7월 헌법재판소에 제기된 헌법소원(위헌소송) 심판 청구서의 내용이다.

청구인은 학교폭력 학생부 기재 조치가 개인정보자기결정권이라는 기본권을 침해, 위헌이라는 주장을 하고 있다. 헌재 판례들은 공익보다 기본권을 필요 이상 침해하는 것을 금지하는 '과잉금지의 원칙' 등을 주요 판단 쟁점으로 삼는다.

전국교직원노동조합(전교조) 강영구 정책법률국장(변호사)은 "상담을 일상화한다든가 하는 교육적 방법이 있는데 가장 손쉬운 방법을 택했으며, 중간에 삭제할 수 있는 제도 등도 뒷받침되지 않고, 성인들의 전과기록 말소 기간보다 더 기재 기간이 길다."며 "과잉금지의 원칙에 위배된다."라고 말했다. 이에 대해 교육과학기술부 관계자는 "학생부 기재는 처벌이 아니라 인성교육의 기초자료로 사용하기 위한 것"이라며 "또 학생이 노력하고 변할 경우 그 과정도 쓰게 돼 있다."며 위헌이 아니라고 반박했다.

법률이 아닌 훈령으로 학교폭력 학생부 기재를 명시한 것이 위헌인지에 대해서 교육과학기술부는 "초 · 중등교육법에 학생부 기재 사항을 훈령으로 위임하게 돼 있다."라고 말했다. 이에 대해 강 변호사는 "훈령이 필요한 경우를 넘어서 과도하게 기본권을 제한하고 있어 위임입법의 한계를 일탈했다."라고 반박했다.

헌법재판관들이 바뀌면서 이번 위헌 소송은 내년이 되어야 결론이 날 것으로 전망된다.

〈한국일보 2011. 9. 3.〉

[생각해 보기] 학교폭력 학생부 기재 논란에 대한 자신의 입장과 그 근거는 무엇인가?

3) 부모 등 보호자의 교육권과 의무

부모는 자식에 대하여 부양의무와 교육의무를 지는데, 이러한 의무는 자식의 교육을 받을 권리에 대응하는 것이며, 권리로서의 부모의 주장은 자식의 권리의 대행이다(桑原敏雄, 1983: 13-14; 강인수 외 1995에서 재인용). 즉, 부모 등 보호자의 교육권은 자녀의 교육을 받을 권리를 보장하는 일차적 의무를 이행할 권리다(강인수 외, 1995: 88). 부모 등 보호자의 교육권 내용은 자녀 교육의 선택 및 결정권으로 학교선택권, 교육내용 결정 · 선택권, 교육조건정비 등에 대한 요구권, 학교교육에 대한 참여권 등이 있다(권대봉 외, 2004: 11). 이와 관련된 법률 규정의 내용은 다음과 같다.

헌법 제31조 제1항에서 보장하고 있는 교육을 받을 권리와 관련하여, 미성년인 자녀의 교육을 받을 권리는 부모가 대신하게 된다. 또한 부모는 제2항 규정에 따라 보호하는 자녀에게 적어도 초등교육과 법률이 정하는 교육을 받게 할 의무를 지도록 하고 있다. 교육기본법 제13조 제1항은 "부모 등 보호자는 그 보호하는 자녀 또는 아동이 올바른 인성을 가지고 건강하게 성장하도록 교육을 할 권리와 책임을 가진다."라고 하여 보호자의 교육권과 책임을 명시하고 있고, 제2항은 "부모 등 보호자는 그 보호하는 자녀 또는 아동의 교육에 관하여 학교에 의견을 제시할 수 있으며, 학교는 이를 존중하여야 한다."라고 하여 부모 등 보호자의 의견제시권을 보장하고 있다. 또한 초 · 중등교육법 제31조는 학부모 대표가 학교운영위원회에 참여할 수 있도록 규정하여 학교 참가권을 인정하고 있다.

한편 보호자의 교육권이 인정되더라도 교육과정 편성, 수업내용, 교육방법, 교재 선정, 평가 등은 교사의 전문적 결정 사항이므로 보호자의 결정적 개입은 자제되어야 한다.

4) 교사의 교육권과 의무

교사가 학생을 교육할 권리는 자연법상으로는 부모의 신탁(信託)에 의한 것이고, 실정법상으로는 국가에 의한 자격증제도나 채용 등으로 인정된다(角替弘志, 1983: 57; 강인수 외, 1995에서 재인용). 따라서 교사는 학생의 교육을 받을 권리의 직접대리자로서 학생에 대한 교육할 권리를 가지며, 교육의 기준을 지킬 의무가 있다(강인수 외, 1995: 102).

교사의 교육권은 학생교육에 관한 교육의 자유가 핵심 내용으로, 교육방법상의 자유와 수업내용 및 교재를 선택할 자유가 그 내용이다(표시열, 2008: 207). 교육기본법 제14조 제1항에서는 교원의 전문성 존중 및 경제적 보수와 사회적 지위 보장에 관해 규정하고 있고, 초 · 중등교육법 제20조 제3항에는 교사는 법령이 정하는 바에 따라 학생을 교육한다고 규정하여 교사의 교육과정 편성권, 교재 선정권, 평가권, 생활지도권, 징계권 등을 보장하고 있다(김정한 외, 2004: 187-188). 그런데 교사의 교육권은 공교육제도의 확립으로 국가가 학제, 교육과정, 교과서 검인정 등에 관한 정책을 수립, 시행함에 따라 그 범위 내에서 제한을 받게 된다.

한편 교사의 교육의 자유는 학생의 학습 권리를 보장해야 한다는 의무에 기초한 것이다. 교육기본법 제14조 제2항 및 제3항에서는 교사의 의무에 관해 규정하고 있다. 즉, 교육자로서 품성과 자질 향상 노력 의무(제2항), 특정 정당 또는 정파를 지지하거나 반대하기 위한 학생 지도 선동 금지 의무(제3항)가 그것이다. 또한, 국·공립 학교의 교사는 교육공무원이기 때문에 국가공무원법이 정하고 있는 법령 준수의 의무(제56조 전단), 성실의 의무(제56조 후단), 복종의 의무(제57조), 비밀 엄수의 의무(제60조) 등 법적 의무를 준수해야 한다. 사립학교 교사도 사립학교법 제55조의 국가공무원법 준용 규정에 따라 일반 공무원과 마찬가지로 법적 의무를 준수해야 한다.

5) 학교 설립자·경영자의 교육관리권과 의무

국가, 지방자치단체, 학교법인 및 사인(私人) 등 학교 설립자·경영자는 학생의 교육받을 권리를 보장할 수 있도록 교육조건을 정비하고 관리해야 하는데, 이를 학교 설립자·경영자의 교육관리권이라 한다. 학교 설립자·경영자는 교육시설을 설치하여 교육받을 기회를 제공한다는 의미에서 권리를 가진다기보다는 의무를 지는 입장이다(강인수 외, 1995: 90).

이와 관련하여 교육기본법 제16조 제1항은 "학교 및 사회교육시설의 설립·경영자는 법령이 정하는 바에 의하여 교육을 위한 시설·설비·재정 및 교원 등을 확보하고 이를 운영·관리한다."라고 규정하고 있다. 학교 설립자·경영자의 교육관리권의 구체적인 내용은 구체적으로 물적 시설을 설치하고 사용규칙을 제정하고 시설 이용을 인가하는 권한과 인사권 등이다.

6) 국가의 교육권과 의무

국민주권 국가에서 국가는 국민의 총체적 의사를 대표하여 각 주체들의 교육관계와 교육 관리를 감독하고, 교육조건에 대한 지원·정비의 의무를 지며, 교육의 방향과 정책을 수립한다(강인수 외, 1995: 102). 우리 헌법에서는 학교교육 및 평생교육을 포함한 학교제도와 그 운영 등에 관한 기본 사항은 법률로 정하도록 규정하고 있다(헌법 제31조 제6항). 교육기본법에서도 헌법 정신을 이어받아 교육제도와 그 운영에 관한 기본적인 사항을 규정(제1장 총칙)하고, 학교에 대한 지도·감독권

(제17조)을 규정하고 있다.

국가의 교육권은 공교육의 조직, 편성, 운영권을 말한다. 이는 교육입법, 교육 행정·재정, 교육재판의 권한으로 구체적으로 교육내용결정, 교육과정편성, 교원자격증 부여, 졸업자격증 수여, 교육공무원의 지도감독, 교육 분쟁 조정 등이다(표시열, 2008: 215).

한편 헌법 제31조 제5항은 국가의 평생교육 진흥 의무를 규정하였으며, 교육기본법 제3장(제17조의 2 내지 제29조)[13]은 국가의 교육진흥에 관한 의무를 보다 구체적으로 규정하고 있다.

국가는 학생의 교육받을 권리를 보장하기 위해 보호자, 교사, 학교 설립자·경영자 등에 대해서 지도·감독 등 권능을 갖게 되지만, 권리행사가 독점적으로 이루어지게 되면 타 주체의 교육권을 침해하거나 갈등을 빚게 될 수 있다. 따라서 국가의 교육권은 교육조건 정비와 행정적 지원을 본질로 하면서, 학생의 교육받을 권리를 보장하기 위한 적절한 감독·통제를 그 내용으로 하여야 할 것이다(강인수 외, 1995: 101).

7) 교육당사자 간 교육권의 법적 관계와 갈등 조정

교육당사자 간의 교육권의 관계는 역사적으로 관계 부재나 대립관계를 거쳐 오늘날 공교육체제에서는 대립관계를 지양하고 학생의 학습권을 보장하기 위하여 부모와 교사는 이 권리를 충족시킬 의무가 있고, 국가·사회는 편익을 제공할 의무를 지는 협력관계로 파악되고 있다. 국가는 이들 간의 관계를 법률로 정하여 서로 간에 다툼이 있을 경우 사법기능을 통해 상호 조정하는 등 사회가 제공하는 교육의 양과 질이 학생·국민의 교육을 받을 권리를 충분히 보장하기에 적절한 것인가를 감독·통제할 권리와 의무를 가진다(권대봉 외, 2004: 9).

교육당사자 간의 권리가 상호 충돌하는 경우 어떻게 조정해야 할 것인가에 대해서는 공교육법제의 기본원리와 헌법재판소의 견해를 중심으로 다음과 같이 정리할 수 있다(권대봉 외, 2004: 15-16).

---

13) 그 내용은 '남녀평등교육의 증진, 특수교육, 영재교육, 유아교육, 직업교육, 과학·기술 교육, 교육행정업무의 전자화, 학술문화의 진흥, 사학의 육성, 평가 및 인증제도, 보건 및 복지의 증진, 장학제도, 국제교육' 등이다.

- 공교육체제에서 학생교육에 대한 1차적 권리와 의무를 가진 자는 부모다. 따라서 부모는 자녀교육에 대하여 교사와 국가에 우선하여 결정권을 가진다.
- 부모와 교사의 교육권 관계는 자녀에 대한 1차적 권리와 의무라는 점에서는 원칙적으로 부모의 교육권이 우선한다. 그런데 교사의 교육권이 국가의 법률에 의한 위임에 의한 것이라는 점에서는 학교교육에서 부모와 국가의 교육권이 대등한 것과 같이 교사와 부모 간에도 원칙적으로 대등하며, 양 당사자의 교육권이 충돌할 경우에는 개별적 사항에서 법의 이익을 비교하여 판단해야 한다.
- 교사와 국가의 관계는 교사는 국민의 교육받을 권리를 보장하기 위해 국가가 임용한 관계로서 교사의 교육권은 국가에 의해 위임된 것이므로 국가의 교육권이 교사의 교육권에 우선한다.
- 국가의 교육권은 국민주권국가에서 국민의 교육권 실현으로 의제[14]된다. 부모와 국가의 교육권이 충돌할 경우 개별적 사항에 따라 공공복리, 질서유지, 안전보장 등 공익과 부모의 헌법상 기본권 간의 법적 이익을 비교하여 판단해야 한다.

8) 국민의 알 권리와 교육정보 공시

정보화 시대에서 부모가 교육권을 제대로 행사하기 위해서는 자녀 교육과 관련된 정보를 정확하게 알 필요가 있다. 교육에 관한 정보를 제대로 제공하여 국민의 알 권리를 보장하고, 교육행정의 투명성을 높이기 위하여 교육정보공시제도가 도입되었다(교육과학기술부, 2008). 학교장은 학교 홈페이지를 통해 주요 정보를 공개하게 된다(교육관련기관의 정보공개에 관한 특례법 제5조 및 동법 시행령 제3조 제1항 및 별표 1). 즉, 초·중·고등학교의 장은 학교정보공시 포털사이트인 학교알리미(www.schoolinfo.go.kr)를 통해 학교규칙 등 학교운영에 관한 규정, 교육과정 편성 및 운영 등에 관한 사항, 학생·교원 현황, 교육여건(시설·학교폭력 발생·환경위생 현황 등), 재정 및 급식 상황 등 15개 영역 39개 항목을 공개해야 한다. 학교정보 공시를 통해

---

14) 의제(擬制)란 본질은 같지 않지만 법률에서 다룰 때는 동일한 것으로 처리하여 동일한 효과를 주는 일을 의미한다. 예를 들면, 민법에서 실종 선고를 받은 사람을 사망한 것으로 보는 경우가 이에 해당한다.

초·중·고등학교에 대한 현황을 제대로 파악하게 되어 국민의 알 권리를 충족시키고 현장 상황에 맞는 적절한 지원으로 교육의 질 향상을 기대할 수 있다.

한편 대학의 장은 대학정보공시 통합시스템인 대학알리미(www.academyinfo.go.kr)를 통해 학생선발 방법 및 일정에 관한 사항, 취업률, 등록금, 장학금, 재학생 및 교원 현황 등 13개 영역, 55개 항목을 공개해야 한다(교육관련기관의 정보공개에 관한 특례법 제6조 및 동법 시행령 제4조1항 및 별표 2). 또한 대학알리미 사이트에서는 궁금한 사항을 대학별 또는 학과별로 비교 검색할 수 있도록 하고 있어 학생 및 학부모의 대학 및 학과 선택에 도움을 주고 있다. 한편 대학에서는 신입생 충원율, 취업률 등이 공개됨에 따라 교육·연구의 질 향상 등 대외적 경쟁력 확보를 위한 노력을 하지 않을 수 없게 되었다.

4. 학교사고의 책임과 구제

1) 학교사고의 개념 및 내용

학생은 안전하게 교육을 받을 권리가 있고 학교 당국은 이들을 안전하게 보호할 의무가 있으므로 사고 피해를 입은 학생은 충분한 구제를 받아야 한다. 다양한 학교사고에 대하여 어떤 법 원리를 적용하며 누가 책임을 지는가 하는 문제는 교육법에서 중요한 분야를 차지한다(표시열, 2008: 193).

학교사고란 넓은 의미에서는 문자 그대로 학교에서 일어난 사고 일반을 말하지만, 교육법적으로는 학교생활과 관련된 학생의 신체적 피해를 의미하며, 화재 도난 등 재산상 피해와 교직원의 공무 재해는 포함되지 않는다. 학교사고는 사고 발생 시간과 형태에 따라 여러 가지로 분류할 수 있지만, 법적 책임의 관점에서는 크게 학교교육활동에 동반된 사고(교육활동 사고)와 학교시설설비의 하자에 기초한 사고(학교시설 사고)로 나눌 수 있다(神田 修·兼子 仁, 1995: 121).

① **교육활동 사고**: 학교의 지도 운영 아래에서 이루어지는 교육활동에 동반되어 발생하는 사고로 세부적으로는 다음 세 가지로 구별된다. 수업·학교행사·클럽 활동에서 교사의 지도·기타 학교 운영의 준비 부족에 따른 사고, 쉬는 시

　간·방과후 등에서 학생 간의 싸움·장난 등에 의한 사고(학생 간 사고), 생활
　지도에서 체벌 사고 등이다.
　② 학교시설설비의 하자에 따른 사고: 학교건물·교정(校庭)·운동시설·놀이시설
　　 등 학교시설, 실험실습 기구·운동용구 등 비품류의 구조·기능 상의 위험상
　　 태에 따른 사고가 있다.

　미성년자인 학생은 분별력이 부족하기 때문에 보호자·감독자의 위치에 있는 교
사에게는 학생사고가 일어나지 않도록 지도하고 보호해야 할 의무가 있다. 또한 학
교 설립·경영자는 학교사고를 사전에 방지하고, 학생의 안전하게 교육받을 권리를
보장하기 위해 시설·설비 등 외적 교육조건을 정비해야 한다. 교육기본법 제16조
제1항에서 "학교 및 사회교육시설의 설립·경영자는 법령이 정하는 바에 의하여
교육을 위한 시설·설비·재정 및 교원 등을 확보하고 이를 운영·관리하여야 한
다."라고 규정한 것은 학생의 교육과정에서 시설·설비 부분에 대한 학교설립자·
경영자의 안전 배려 의무 부담을 명시한 것이다.

2) 학교사고의 배상 책임

　학교사고의 배상 책임을 판단할 때 피해학생과 학교·교사라는 특수한 관계, 단
순한 피해자와 가해자의 관계로서가 아니라 교육관계라는 특수 관계를 전제로 안
전·주의 의무 등을 고려해야 한다는 점이다. 학교사고에 따른 손해배상의 책임에
관해서는 다음 네 가지로 나누어 볼 수 있다.

(1) 교사의 보호·감독 의무와 책임
　교사는 학생을 보호할 법적 의무가 있다. 유치원생과 초등학생과 같이 미성년자로
책임능력이 없는 경우 교사가 대리 감독자로 감독책임을 지고 있다(민법 제755조).
중·고등학교 학생처럼 책임능력이 있는 경우에도 교사의 임무를 규정한 초·중등
교육법 제20조 제3항을 근거로 학생을 보호할 의무가 있다. 특히 교사는 신체접촉
이 심한 운동경기나, 체조, 수영학습 및 야외학습 같은 경우에는 '적절하고 충분한'
감독을 하여야 한다. 교사에게 요구되는 주의의무의 정도가 과실 책임을 결정하는
데 중요한 요소가 된다. 일반적으로는 보통 사람이 마땅히 해야 할 주의의무를 다하

지 않은 경우 과실이 인정되지만, 교사의 경우 전문성을 고려하는 '합리적인 보통 교사'를 기준으로 하여야 할 것이다. 과실과 손해배상 사이의 인과관계도 교사의 배상책임 결정에 중요한데, 상당인과관계설이 지배적 견해라 할 수 있다(표시열, 2008: 194). 즉, 과실과 손해발생 사이에는 상당한 또는 근접한 인과관계가 있어야 하므로, 합리적 주의의무 부족이 손해 발생의 중대한 요소가 되어야 한다.

(2) 사용자로서 학교 설립 · 경영자의 책임

교사의 불법행위가 인정되는 경우 교사 개인보다 배상 능력이 큰 사용자에게도 배상 책임을 지움으로써 피해자를 충분히 보호하고, 국공립의 경우 공무원인 교사에 대한 구상권 행사도 제한하고 있다. 사용자 책임은 교사와 학교설립자 · 경영자 간에 '사용자와 피용자의 관계'가 성립하는 경우에 한하여 인정되며, 교사의 불법행위가 '직무' 집행과 관련하여 발생한 것이어야 한다. 이 두 가지 조건 중 어느 하나라도 충족하지 못하면 사용자 책임은 발생하지 않으며 교사 개인이 책임을 져야 한다(조석훈, 2002: 378).

(3) 학교 시설물 설치 · 보존의 하자로 인한 책임

학교는 변별능력이 부족한 학생들이 생활하는 공간이므로 학교 시설물의 설치와 관리 면에서 안전에 대한 고려는 매우 중요하다. 따라서 학교의 장은 학교시설의 안전성을 점검하여 시설물 이용자를 보호해야 한다. 학교 시설물 설치 · 보존의 하자(瑕疵)로 사고가 발생하는 경우 학교 설립 · 경영자는 국가배상법 제5조(공공시설 등의 하자로 인한 책임) 또는 민법 758조(공작물 등의 점유자 · 소유자의 책임)에 따라 그 피해에 대하여 배상의 책임을 지게 된다. 여기서 하자란 결함이 있는 것으로, 시설 설비가 통상적으로 구비해야할 안전성을 갖추지 못한 구조 · 기능에 의해 물리적으로 위험한 상태에 있는 것을 의미한다. 따라서 이러한 상태에 있는 한 무과실 책임이 된다(神田 修 · 兼子 仁, 1995: 128).

(4) 가해 학생 부모의 책임

학생이 학교생활 중에 사고를 일으킨 경우 대리감독자로서 교사에게만 책임이 있고, 부모의 책임이 없다고 주장할 수 없다. 또한 민법 제753조에 따라 책임 변식(辨識) 능력이 있는 자녀의 경우 불법행위를 한 자녀가 손해배상 책임을 져야 한다.

그러나 우리나라 법원은 부모와 함께 거주하면서 부모의 전면적인 보호·감독 아래 살고 있는 자녀에 대해서는 부모의 보호·감독의무를 포괄적으로 파악하기 때문에 이 의무 위반과 사고 간에 상당한 인과관계가 성립하는 한 부모는 독자적으로 민법 제750조의 불법행위자로 판단되어 사고를 일으킨 자녀와 함께 공동으로 책임을 지도록 하고 있다(조석훈, 2002: 386).

3) 학교사고의 피해자 구제

학교에서 사고가 발생하면 사고에 따른 보상처리를 함으로써 피해자를 구제할 수밖에 없는데, 그 구제방법은 다음과 같다.

- 경미한 사고가 발생하였을 경우 당사자 간에 자체적인 합의에 의해 해결하는 방법
- 각 시·도 교육청별로 운영 중인 학교안전공제회를 통해 해결하는 방법
- 피해자가 손해배상을 제기하여 법원의 판결에 의한 해결방법(김정한 외, 2004: 208)

교사의 배상책임에 관한 사후 대책으로 학교안전공제회가 설립되었다. 학교안전공제회는 당초 민법에 따라 설립된 사단법인이었으나 학교안전사고 예방 및 보상에 관한 법률[15]이 제정·시행(2007. 1. 26 제정, 같은 해 9. 1 시행)되면서 종전보다 위상이 강화되었다. 즉, 학교안전공제회는 근거법 제정에 따라 종전의 상호부조적인 공제제도를 지양하고 사회보험수준의 공적보상제도 차원으로 국가의 책무성을 강화하였다. 이 법에 따르면, 학교사고 시 보상되는 종류에는 요양급여, 장해급여, 유족급여 등이 있다. 또한 가해자가 있는 사고, 등하교 중 학교 밖에서 발생한 사고, 위탁급식 식중독 사고 등도 보상범위에 포함되고, 간병급여와 장의비도 지급된다(표시열, 2008: 196). 한편 최근 학교폭력이 심각한 사회문제로 대두하면서 정부는

---

15) 이 법은 학교안전사고를 예방하고, 학생 교직원 및 교육활동참여자가 학교안전사고로 입은 피해를 신속 적정하게 보상하기 위한 학교안전사고보상공제 사업의 실시에 관하여 필요한 사항을 규정함을 목적으로 한다(동법 제1조).

학교폭력 예방 및 대책에 관한 법률을 개정하여 2012년 4월 1일부터 학교폭력 피해에 따른 치료비를 학교안전공제회에서 우선 지원하고, 나중에 가해 학생 측에게서 받아내는 '선 치료지원-후 처리 시스템을 도입하였다. 치료비는 2년간 지원되며 필요한 경우에는 최대 1년까지 연장할 수 있다.

정리하기

- 교육법규는 교육영역에서 지켜야 하는 기본적인 법규범으로, 교육행정 및 학교경영 활동의 기초가 된다.
- 교육법의 기본원리에는 교육권 보장의 원리, 교육제도 법정주의, 교육의 자주성 및 중립성의 원리, 교육의 전문성 원리, 교육기회균등의 원리 그리고 교육행정 민주성의 원리가 있다.
- 헌법은 가장 상위의 효력을 가지는 교육법의 원천으로 제31조에서 교육을 받을 권리를 비롯하여 교육제도 법률주의를 직접 규정하고 있다.
- 교육기본법은 헌법상의 교육관련 규정을 바탕으로 교육에 관한 국민의 권리·의무, 국가 및 지방자치단체의 책임을 정하고 교육제도와 그 운영에 관한 기본적인 사항을 규정하고 있어 모든 교육관계법령의 기본이 되는 법률이다.
- 학생의 학습권은 교육권 중에서 가장 중심에 위치해 있으며, 본질적인 권리라 할 수 있다. 따라서 교육의 다른 당사자인 보호자, 교원, 학교설립자·경영자, 국가는 학생의 학습권을 보호해 주어야 한다.
- 교육정보공시제도란 교육에 관한 정보를 제대로 제공하여 국민의 알 권리를 보장하고, 교육행정의 투명성을 높이기 위하여 도입되었으며, 초·중·고등학교의 경우 '학교알리미(www.schoolinfo.go.kr)'를 통해, 대학의 경우 '대학알리미(www.academyinfo.go.kr)'를 통해 교육정보가 제공된다.
- 학생은 안전하게 교육받을 권리가 있고 학교 당국은 이들을 안전하게 보호할 의무가 있으므로 사고피해를 입은 학생은 충분한 구제가 있어야 한다. 교사의 배상책임에 관한 사후대책으로 시·도 교육청별로 학교안전공제회를 운영하고 있다.

적용하기

1. 교육행정 혹은 학교경영을 하는 데에서 교육법규의 의미와 역할은 무엇이며, 다른 법규와 구별되는 특성에는 어떠한 것이 있는지 알아보자.

2. 국가법령정보센터 홈페이지(http://www.law.go.kr/main.html)를 방문하여 헌법 제31조 또는 교육기본법 제3장 교육진흥과 관련해 제정된 법률과 그 시행령을 찾아보자.

3. 고등학교의 학교규칙 또는 두발, 복장 징계 등 생활에 관한 규정을 5개 이상 수집하여 공통점과 차이점을 찾아보고, 각각의 장단점에 관하여 논의해 보자.

4. 대법원 홈페이지(http://www.scourt.go.kr)를 방문하여 교육을 받을 권리에 관한 판례를 찾아서 사건 경위, 판결 결과를 정리한 후 교육당사자의 권리 및 의무에 관하여 토론해 보자.

5. 교육청에서 운영하고 있는 학교안전공제회를 방문하여 최근에 발생한 학교 사고 보상 사례를 수집·분석해 본 후 학교사고에서 교사의 책임과 한계를 토의해 보자.

제9장

교육제도 및 교육행정조직

1. 학교제도

2. 중앙교육행정조직과 지방교육행정조직

3. 지방교육자치제도

● 학습 목표

- 교육제도와 학교제도의 관계를 이해하고 기본학제와 특별학제를 이해할 수 있다.
- 중앙교육행정조직과 지방행정조직의 구조와 기능을 설명할 수 있다.
- 시 · 도 교육청과 지역교육청의 관계를 이해하고 설명할 수 있다.
- 우리나라 지방교육자치제도의 구조를 이해하고, 교육감, 교육위원회의 기능을 설명할 수 있다. 그리고 현행 지방교육자치제도의 문제점을 설명할 수 있다.
- 지방교육자치제도에 대한 쟁점들을 이해하고, 이에 대한 비판적인 사고능력을 길러서 지방교육자치제도의 발전방안을 제시할 수 있다.

1. 학교제도

1) 교육제도와 학제와의 관계

교육제도란 국민교육을 가장 유효 적절하게 실시하기 위하여 마련된 교육행정 및 교육실시상의 법적 및 실제상의 기제, 즉 기구제도의 일체라고 할 수 있다. 국민 교육이란 국가적인 수준에 입각하여 국민을 형성하는 주된 목적으로 하는 교육을 뜻하며, 기구제도의 일체란 국민교육과 관련 된 조직 · 기관 · 작용 등의 법적 체제 는 물론이고, 교육이념을 실현하기 위한 수단과 사회적 전통 · 관습과 연관되는 총 체를 의미한다(김운상, 2005: 369-370).

교육제도란 교육 전반에 관한 조직, 기구와 그 기능에 관한 것으로 법제화되어 있는 것을 가리키기도 한다. 한 국가의 교육제도는 공식적 · 의도적 교육활동이 전 면에 걸쳐서 형식화되어 있고, 조직화되어 있으며, 표준화되어 있는 것이 특징이 다. 교육제도에는 교육행정제도, 학교제도, 사회교육제도 및 교육재정제도가 포함 된다. 이 중에서 학교제도(이하 학제)는 학교교육에 관한 제도로서 교육제도의 핵심 을 이루지만, 사회적 공인에 의하여 그 존속이 인정되며 법규에 기반을 두고 있다 (권건일, 2004: 342).

학제는 교육제도의 하위요소라고 할 수 있다. 다만, 학제는 교육제도의 요소 중 에서 중심적인 요소다. 학제는 교육제도의 하위체제 중의 하나이며, 교원양성제도, 교육 행정 · 재정 제도 및 사회교육제도들 간의 상호작용 속에서 유지 · 발전할 수 있으므로 교육제도와 불가분의 관계에 있다. 다만 교육을 협의의 학교교육에 국한 시킬 때 학제는 교육제도와 일치한다(윤정일 외, 2009: 244-245).

2) 학교제도의 개념

학교는 교육목표를 달성하기 위하여 의도적이고 체계적인 교육활동을 하는 기관 이다. 사회가 발달하고 복잡해지면서 학교제도를 사회구성원들의 합의를 통하여 만들고 실천하는 것은 매우 중요한 것이 되었으며, 한편으로는 교육의 정치적 중립 성 확보라는 차원과도 연결된다(윤정일 외, 2002: 398). 학교제도의 개념은 각종의 학교를 고립적으로 보는 것이 아니라 각 학교 간에 존재하는 수직적 관계와 수평적 관계를 교육목표 아래 제도화시켜 놓은 것이라고 할 수 있다.

학교제도 또는 학교교육제도를 줄여서 학제라고도 한다. 학제는 한 나라의 교육목표를 달성하기 위하여 구성된 제도다. 이는 학교를 단계별로 구분하고, 각 단계의 교육목적, 교육기간, 교육내용을 설정하여 국민교육을 제도적으로 규정한다. 우리나라의 6-3-3-4제라는 학제는 초등학교, 중학교, 고등학교, 대학교 등 4단계가 하나의 계통을 이루고 있다(김진환, 2005: 388).

학제의 구조는 각 국가마다 다양한 형태를 보이고 있는데, 그 기본적인 구성요소로서 계통성과 단계성을 들 수 있다. 계통성은 학교의 종별을 의미하는 것으로, 어떠한 교육을 목표로 하는지, 또 누구를 교육대상자로 하는가에 대한 문제다. 흔히 보통교육계통, 직업교육계통, 특수교육계통, 서민교육계통, 귀족학교계통, 또는 인문계 학교, 실업계 학교 등으로 구분할 수 있다. 단계성은 취학자의 연령층을 전제로 한 학교 차이를 의미하는 것으로, 어떠한 연령층 또는 어느 정도의 교육수준인가에 따라서 교육의 목적과 내용이 달라진다. 일반적으로 취학 전 교육, 초등교육, 중등교육, 고등교육으로 분류한다(권건일, 2004: 343).

각급 학교는 학제를 구성하는 하나의 단위라고 할 수 있는데, 수직적인 계통성과 수평적인 단계성을 구성하여 하나의 학제를 형성하게 된다. 계통성은 어떠한 교육을 하고 있는가, 또는 어떤 계층(혹은 성별이나 능력)의 취학자를 대상으로 하고 있는가를 나타내며, 단계성은 어떠한 연령층을 대상으로 하는가, 혹은 어느 정도의 교육단계인가를 나타낸다. 기본적으로 단선형인 우리나라는 6-3-3-4제는 횡적으로 구분된 초등학교, 중학교, 고등학교, 대학교라는 4가지 단계가 하나의 계통을 이루고 있다.

학제에 대한 개념을 여기서는 "국가의 교육목표를 실현하려는 제도적 장치로서의 학교교육을 단계별로 구분하고, 각 단계의 교육목적과 교육기간, 교육내용을 설정하고, 종적으로는 교육단계 간의 접속관계를, 횡적으로는 학교교육과 학교 외 교육 및 교육과정 간의 연결 관계를 규정함으로써 국민교육의 운영을 제도적으로 규정하는 역할을 담당하는 것"으로 정의하고자 한다.

3) 학제의 유형

학교제도의 유형에는 계통성을 중심으로 하는 복선형과 단계성을 중심으로 하는 단선형이 있으며, 양자를 절충한 분기형이 있다. 복선형은 상호관련을 갖지 않은 두 가지 이상의 학제가 병존하는 것이다. 이 학제들 간에는 이동을 인정하지 않으며, 입학 자격에 제한을 두는 경향이 있다. 양반계층의 자녀가 다니는 학교계통이 있고 평민들이 다니는 학교 계통이 있다면 복선형 학제라고 할 수 있다. 이러한 제도는 동양보다는 유럽에서 발달하였다.

단선형은 모든 국민이 하나의 학제를 통하여 교육을 받도록 제도화한 것으로, 보통교육과 민주교육의 실현에 적합한 학제라고 할 수 있다. 모든 국민이 능력에 따라 학교에 다니게 하고 그 기회가 동일하게 주어진다는 점에서 현대적인 학제라고 할 수 있다. 단선형은 일반적으로 미국에서 발달하여 온 학제의 유형이다.

분기형은 초등학교, 중학교, 고등학교 등 저학령기의 학교는 모두 통일된 하나의 학교계통을 두고, 그 상급학교 단계에서 복수의 학교 계통으로 나누어지는 특징을 보이고 있다. 예를 들어, 중학교 의무교육을 마친 학생이 고등학교에 진학하면서 기술교육과 직업을 선호하여 공업계 고등학교나 실업계 고등학교에 진학하는 경우가 있고, 대학을 진학하기 위해서 인문계 고등학교를 선택하는 경우 분기형 학제라고 할 수 있다.[1]

4) 현행 학제의 구조

우리나라의 학제는 기본적으로 분기형 구조다. 기본학제는 학제의 주류를 이루고 있는 것으로 그 나라의 국민의 대다수가 졸업하게 되는 것인데, 우리나라의 경우 초등학교, 중학교, 고등학교, 대학교를 기본학제라고 할 수 있다. 기본학제는 기간학제라고도 하며, 정규학교라는 의미를 내포하고 있다. 그러나 각 학교 단계별로 정규적인 학제를 이수하지 못하는 경우를 대비하여 여러 개의 우회적인 학제를 두게 되는데, 이를 특별학제[2]라고 한다. 특별학제에는 공민학교, 고등공민학교, 방송

---

1) 대학진학 시에도 직업을 선호하여 전문대학이나 기능대학, 사관학교, 경찰대학 등에 진학하는 경우와 일반대학을 진학하는 경우 분기형 학제의 성격이 있다. 고등학교 단계와 대학 단계에서 분기가 두 번 이루어지는 측면이 있다.

통신고등학교, 방송통신대학, 산업대학교, 고등기술학교 및 각종 학교들이 포함된다. 특별학제는 기본학제와 보완관계에 있으며, 방계학제라는 명칭을 사용하기도 한다. 즉, 기본학제를 이수하지 못한 학생이 방계학제에 속하는 학교를 졸업하고 상급학교에 진학하는 경우도 있고, 특별학제에 속하는 학교를 졸업하고 기본학제에 속하는 상급학교에 진학하는 경우도 있을 수 있기 때문이다. 일반적으로 기본학제와 달리 특별학제는 수업내용이 적거나 재학연한이 기본학제에 비하여 짧은 경우가 많다.

　우리나라의 기본학제는 6-3-3-4제이지만, 각 학교단계별로 특별학제를 두고 있다. 기본학제와 특별학제는 상호 이동이 가능하도록 구조화되어 있는 것이 특징이다. 먼저, 초등학교 과정에는 3년제 공민학교가 있으며, 중학교 과정에는 고등공민학교, 근로청소년을 위한 산업체 특별학급, 근로청소년을 위한 산업체 부설중학교 및 각종학교[3](중학교 과정)가 있다. 고등학교에 해당하는 학교로는 방송통신고등학교, 근로청소년을 위한 산업체 특별학급, 근로청소년을 위한 산업체 부설고등학교, 고등기술학교 및 각종 학교가 있다. 대학교 과정에 속하는 학교에는 방송통신대학교, 산업대학, 교육대학, 전문대학, 기술대학, 원격대학 그리고 각종 학교가 있다.

---

2) 특별학제는 기본학제를 이수하지 못한 사람들이 다니는 경우가 많기 때문에 상대적으로 비정규학교적인 특성이 많이 가지고 있다.

3) 각종학교(miscellaneous school)는 정규학교에서 가르칠 수 없는 내용을 가르치는 학교의 한 종류다. 각종학교는 학교의 종합이라는 개념보다는 초등학교, 중학교, 고등학교, 대학교의 형태를 갖추고 있지만 정규학교에서 교육할 수 없는 특수한 내용, 즉 간호, 미용, 양재, 속기, 타자, 통신, 편물 등을 주로 하는 직업학교의 성격을 가진 학교들이다. 다만, 이들 학교에 학력인정교의 요건을 갖출 경우 해당 급별의 학교를 졸업하는 것으로 인정한다는 점에서 차이가 있다. 현재의 각종 학교는 중학교, 고등학교, 대학교 과정이 있다.

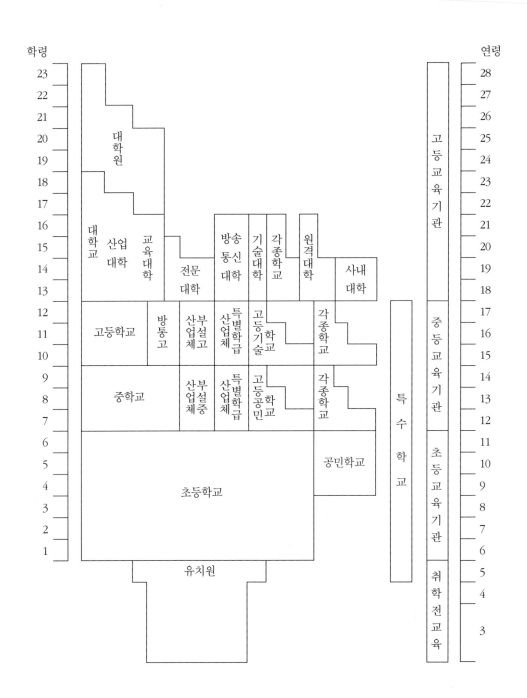

[그림 9-1] 우리나라의 학제

출처: 윤정일 외(2009). 교육행정학원론, p. 249 참조.

5) 현행 학제의 문제점과 개편방향

현대의 학교제도는 각 나라의 상황을 고려하고 시대의 변화에 따라 적절하게 변화되어 왔다. 우리나라의 학제는 1950년대 6-3-3-4제를 근간으로 확립한 후 큰 변화 없이 현재까지 이어져 오고 있다. 그동안 입시위주의 교육, 사교육비의 증가, 경직된 학제 등 많은 문제점이 존재하였지만 이에 대한 근본적인 해결책을 학제에 담아내지 못하고 있는 실정이다.

우리나라 학제 개편의 필요성은 다음과 같다(한국교육개발원, 2006).

첫째, 교육체제 내·변화에 따른 학제 보완이 필요해졌다. 현대사회는 1950년에 학제를 마련할 당시보다 사회의 급격한 변화가 이루어졌다. 당시에는 1차 산업이 주류를 이루는 농업경제체제였지만, 현재는 지식기반사회에 진입하여 학제의 개편이 필요해졌다. 교육체제도 과거의 엘리트 양성체제에서 보통교육을 지향하고 의무교육의 확대 등으로 이에 대한 학제의 변화가 요구되고 있다.

둘째, 미래사회의 변화에 적극 대응하기 위해서도 학제 개편의 필요성이 제기되고 있다. 지식기반사회의 심화는 인적 자원의 개발에 중점을 두어야 하며, 정보화사회에서 정보를 생산, 보관, 가공, 이용 할 수 있는 능력을 길러 주어야 한다. 또한 지구촌 사회에서 적응할 유능한 한국인의 육성을 위해서도 필요하다. 인구구조의 저출산·고령화로 이에 대한 대비 교육과 고용시장에서 인력수요의 변화에 대처하기 위해서 학제 개편이 요구된다.

셋째, 교육체제의 구조적 변화에 따른 학제 개편도 하나의 요인이 되고 있다. 학제의 범주가 평생학습사회로 전환되면서 학제의 구조를 대학원까지의 구조로 볼 것이 아니라 일생 동안의 교육이 가능한 학제가 마련될 필요가 있다. 수요자의 요구에 충실한 교육과 청소년의 조기성장에 따른 학제의 개편도 요구받고 있다. 이러한 요인들에 따라 현재의 학제 개편에 대한 압력이 높아지고 있다.

넷째, 현행 학제의 구조적 문제점을 개선하기 위하여 학제 개편이 요구되고 있다. 우리나라 학제의 문제점은 보는 각도에 따라 여러 가지로 해석될 수 있지만, 우선 교육제도의 경직성과 운영의 획일성을 들 수 있다. 우리나라의 학제는 기본학제와 특별학제의 연계성이 약하고, 능력이 있는 학생도 정해진 재학연한을 기다려야 상급학교에 진학하게 되고, 부진한 학생도 기계적으로 학년과 상급학교에 진학하는 문제점이 있다. 또한 단선형 학제가 고등학교까지 이어지면서 학생들이 대학을 진학하려는 과잉 수요를 불러일으키고, 개인의 능력과 적성에 따라 고등학교, 전문대학, 대학 등으로 분산되는 시스템이 부재하다. 그리고 학제가 비효율적이다. 교육연한이 탄력적이지 못하고, 사교육비의 증가로 과도한 교육비 지출이 이루어지며, 진로준비 등이 부실하다. 또한 상하 학교급별 간 연계가 부족하고, 사회교육 체제와의 연계성이 부족하며, 사회에서 요구하는 맞춤형 인재의 양성이 어렵다.

이러한 학제 개편의 필요성과 현행 학제의 문제점을 바탕으로 우리나라의 학제가 미래지향적으로 어떻게 발전해야 하는가는 당면과제이기도 하다. 앞으로 학제 개편은 각급 학교의 수업연한을 탄력적으로 적용할 수 있도록 개편되어야 한다. 학제를 다양화하고 학제 간 이동을 허용하는 구조를 갖추어야 한다. 사회교육체제와 연계하여 학제의 범주를 확대하여 평생 동안 하나의 학제로 연계되어야 한다. 사회적 요구에 반응할 수 있도록 하고 외국학제와의 융통성을 가질 수 있도록 학제의 국제적 표준화를 가져올 필요가 있다.

2. 중앙교육행정조직과 지방교육행정조직

1) 중앙교육행정조직

우리나라의 중앙교육행정조직에는 교육부가 있지만, 대통령과 국무총리도 일정 부분 중앙교육행정기관의 역할을 담당하고 있다. 대통령은 명령이나 국정지표 등을 통하여 교육정책에 영향을 주고 있으며, 국무총리도 일정 범위 내에서 교육에 관련된 역할을 하고 있다. 중앙교육행정 조직은 국가 차원의 비전과 교육목표를 수립하고 이를 달성할 수 있는 정책을 수립하고 예산을 확보하는 기능을 담당한다.

2008년 이명박 정부 출범 이후 이루어진 정부조직 개편에 따라 과거 교육행정을 총괄하던 교육과학기술부가 박근혜 정부에 와서는 교육부로 명칭이 변경되었다. 정부조직법 제28조를 보면 교육부장관은 인적자원개발정책, 학교교육·평생교육, 학술에 관한 사무를 관장하도록 하고, 교육부에 차관보 1명을 둘 수 있도록 하고 있다. 이는 교육부가 우리나라의 교육에 대한 중앙교육행정조직으로 기능하고 있

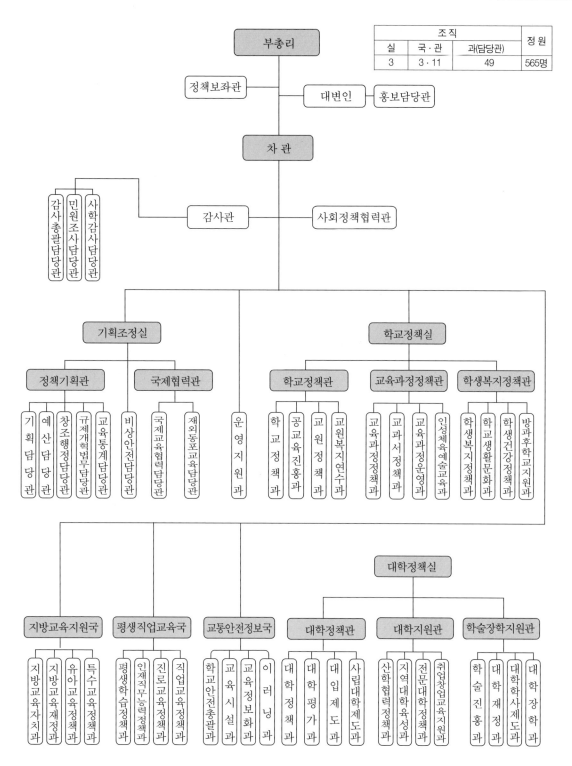

조직			정원
실	국·관	과(담당관)	
3	3·11	49	565명

부총리

정책보좌관

대변인 — 홍보담당관

차 관

감사총괄담당관 / 민원조사담당관 / 사학감사담당관

감사관

사회정책협력관

기획조정실

정책기획관 / 국제협력관

기획담당관 / 예산담당관 / 창조행정담당관 / 규제개혁법무담당관 / 교육통계담당관 / 비상안전담당관 / 국제교육협력담당관 / 재외동포교육담당관

운영지원과

학교정책실

학교정책관 / 교육과정정책관 / 학생복지정책관

학교정책과 / 공교육진흥과 / 교원정책과 / 교원복지연수과 / 교육과정정책과 / 교과서정책과 / 교육과정운영과 / 인성체육예술교육과 / 학생복지정책과 / 학교생활문화과 / 학생건강정책과 / 방과후학교지원과

대학정책실

대학정책관 / 대학지원관 / 학술장학지원관

지방교육지원국 / **평생직업교육국** / **교통안전정보국**

지방교육자치과 / 지방교육재정과 / 유아교육정책과 / 특수교육정책과 / 평생학습정책과 / 인재직무능력정책과 / 진로교육정책과 / 직업교육정책과 / 학교안전총괄과 / 교육시설과 / 교육정보화과 / 이러닝과

대학정책과 / 대학평가과 / 대입제도과 / 사립대학제도과 / 산학협력정책과 / 지역대학육성과 / 전문대학정책과 / 취업창업교육지원과 / 학술진흥과 / 대학재정과 / 대학학사제도과 / 대학장학과

[그림 9-2] 교육부 조직도(2015. 1월 기준)

출처: 교육부 홈페이지

다는 것을 의미한다. 2015년 1월 조직 개편에 따라, 교육부는 '1차관 3실 3국 11관 49과(담당관)'으로 구성되어 있다. 그 밖에 교육부의 하부 조직에는 국사편찬위원회, 교원소청심사위원회 등이 포함되어 있다.

2) 지방교육행정조직

지방교육행정조직이란 지방의 교육행정을 담당하는 조직을 지칭하는 것으로, 광역시 · 도 단위로 지방교육행정조직이 구성되어 있다. 우리나라의 지방교육행정조직은 지방교육자치제도의 시행으로 지방자치제도의 형식을 띠고 있다. 즉, 집행기관으로 교육 · 과학 · 기술 · 체육 · 기타 학예에 관한 사무를 관장하는 교육감이 주민직선으로 선출되어 지역에 맞는 교육정책을 수립하고 교육에 관한 국가 위임사무로 수행하고 있다. 지방자치의 의결기관으로 교육위원회가 구성되어 있는데, 교육 · 과학 · 기술 · 체육 · 기타 학예에 관한 사무를 의결 · 심의하는 교육위원회가 시 · 도의회의 상임위원회로 배속되어 있다.[4] 시 · 군 · 구 단위에서는 지방교육자치제도를 시행하지 않고 있어서 현재의 지역교육지원청은 시 · 도 교육청의 산하기관이다.

시 · 도 교육청은 교육감을 정점으로 부교육감, 국장, 과장, 계장 등으로 조직되어 있으며, 당해 지방자치단체의 교육 · 학예에 관한 사무를 담당한다. 교육감은 주민 직선으로 선출하고 있지만, 선거과정에서 대표성의 문제 등으로 다음 선거에서는 선출방법의 변화가 일어날 것으로 예상된다. 부교육감은 국가공무원 중에서 시 · 도 교육감이 추천한 자를 교육부 장관의 제청으로 국무총리를 거쳐 대통령이 임명한다. 조직은 서울특별시와 광역시 및 도 교육청의 조직이 다르다.

지역교육청에는 교육장을 기관장으로 두고 인구 50만 이상 또는 학생 7만 이상인 경우 2국 6과 · 담당관을 둘 수 있으며, 서울특별시 중부교육청은 4과 · 담당관을 둘 수 있다. 기타 지역교육청은 2과 · 담당관을 설치하여 운영하고 있다. 지역교육청은 시 · 도의 교육 · 학예에 관한 사무 중 ① 공 · 사립의 초등학교, 중학교, 고등기술학교, 공민학교, 고등공민학교 및 유치원과 이에 준하는 각종 학교의 운영관

---

4) 교육의 자주성, 전문성, 정치적 중립성과 관련하여 지방교육자치의 본질을 훼손한다는 주장과 일반 행정과의 통일성, 일반 행정의 협조와 지원을 고려한 적절한 조치라는 주장이 대립하고 있다.

| 표 9-1 | 지방행정기관(시·도 교육청) 실·국 및 과·담당관의 설치 범위 |

구 분		실·국의 수	과·담당관의 수
서울특별시교육청		4실·국 이내	16과·담당관 이내
부산광역시교육청		2실·국 이내	12과·담당관 이내
경기도교육청		5실·국 이내	24과·담당관 이내
광역시	인구: 800만 이상 학생: 160만 이상	3실·국 이내	13과·담당관 이내
	인구: 400만 이상 학생: 80만 이상	3실·국 이내	12과·담당관 이내
	인구: 200만 이상 학생: 40만 이상	2실·국 이내	11과·담당관 이내
	기타	2실·국 이내	10과·담당관 이내
도	인구: 600만 이상 학생: 120만 이상	3실·국 이내	13과·담당관 이내
	인구: 300만 이상 학생: 60만 이상	3실·국 이내	12과·담당관 이내
	인구: 150만 이상 학생: 30만 이상	2실·국 이내	11과·담당관 이내
	기타	2실·국 이내	10과·담당관 이내

출처: 지방교육행정기관의 기구와 정원에 관한 규정, 〈별표 1〉에서 인용.

리에 관한 지도·감독, ② 기타 시·도의 교육규칙으로 정하는 사무를 위임받아 분장한다. 지역교육청이 앞으로 장학행정에 보다 충실하기 위하여 명칭이 교육지원청으로 변경되었고, 그동안 지역교육청에서 수행해 왔던 관리·감독 성격의 업무가 대폭 줄어들게 되었다. 또한 학교에서 의무적으로 실시하던 점검 위주의 장학 대신, 교사와 학교에서 요청할 때 컨설팅을 제공하거나 전문가를 연계해 주는 컨설팅 장학이 시행된다. 그 밖에 3년 주기로 시행하던 종합감사가 도교육청으로 이관되는 등 단위학교, 학생, 학부모에 대한 지원이 강화되었다. 한편, 교육감이 장학관 중에서 교육장을 임명하던 방식에서 공모제로 임용하는 사례가 늘 것으로 보인다.

　2010년 9월 1일부터 전국 지역교육청의 명칭이 교육지원청으로 변경되었다. 교육지원청은 관리·감독 위주의 하급행정청인 지역교육청을 학생, 학부모, 단위학교에 대한 지원 기능을 중심으로 새롭게 재편한 것이다. [그림 9-3]은 개편 내용을

표 9-2	지역교육청(교육지원청)의 설치 기준

구 분	국	과 · 담당관
인구 50만 이상, 학생 7만 이상	2국 이내	6과 · 담당관 이내
서울특별시중부교육지원청		4과 · 담당관 이내
기타		2과 · 담당관 이내

출처: 지방교육행정기관의 기구와 정원에 관한 규정, 〈별표 4〉에서 인용.

반영한 지방교육자치조직도다. 다만, 시 · 도에 따라 (일반계) 고등학교에 대한 지원기능을 시 · 도교육청이 아니라 교육지원청에서도 할 수 있도록 융통성을 두고 있다.

〈표 9-3〉은 종전의 지역교육청과 교육지원청의 기능을 비교한 것이다. 교육지원청에서는 그동안 지역교육청에서 수행하던 종합감사 및 학교평가 업무를 더 이상 수행하지 않는다. 종합감사는 시 · 도 교육청(본청)에서 담당하되, 지역 여건에 맞게 축소 운영하고 대신 급식, 시설 등 취약분야에 대한 기획 · 사안감사를 상시적으로 실시하여 실질적인 감사 효과를 극대화한다. 한편, 학교평가 업무는 시 · 도

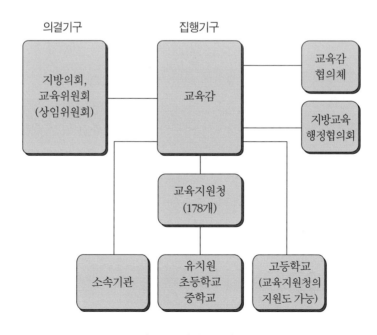

[그림 9-3] 지방교육자치 조직도

교육청의 연구·정보원 등으로 이관된다. 그 밖에 일반적인 행정관리 업무 일부를 본청으로 이관함으로써 교육지원청은 현장지원에 집중할 수 있게 되었다. 행성관리사무가 줄어드는 대신, 학교의 교육활동과 학생, 학부모 등 교육수요자에 대한 지원 기능은 강화되었다. 종전에는 학교급에 따라 교육청(본청)은 고등학교, 지역교육청은 중학교 이하 학교에 관한 사무를 획일적으로 관장해 왔으나, 이제 학교교육 활동을 지원하는 데 효과적이라고 판단되는 일이라면, 학교급에 관계없이 교육지원청에서 통합하여 수행한다(배성근, 2010).

우리나라는 지방교육자치제도가 실시되고 있으나 교육재정의 대부분을 중앙정부에 의존하고 있는 점과 교육부장관이 각 시·도 교육·학예에 관한 사무에 대하

표 9-3 지역교육청에서 교육지원청으로의 기능 변화

구분	지역교육청		교육지원청
관리·감독 성격의 업무 축소			
장학	행정적 성격의 종합장학	▶	전문성을 바탕으로 하는 컨설팅 장학
감사	3년 주기 일률적 종합감사	▶	종합감사는 축소된 형태로 본청 이관 * 기획·사안감사 등 실효성 있는 감사 실시
학교 평가	지역교육청에서 실시(학교 부담 가중)	▶	교육연구원에서 실시 * (NEIS 정보 등에 근거한 평가로 학교부담 경감)
'본청-지역청'간 합리적 기능 재배분			
행정 업무	일반 행정관리 업무* 다수 관장 * 감사, 평가, 시설, 학생수용계획 등	▶	시·도의 여건에 따라 행정관리업무는 가급적 본청 이관
관할 학교	유·초·중등학교 사무관장 (고등학교는 본청 관장)	▶	유·초·중·고등학교의 일부 사무 * 통합 지원 * 컨설팅 장학, 보건 및 급식 등
사무 범위	관할지역 내의 소관사무 수행	▶	필요시 다른 지원청 업무도 통합, 수행 * 권역별기능거점 운영
교육수요자 및 현장 지원 기능 강화			
학생	고교 심화과정 개설, Wee센터 운영, 학생진로·진학·입시 상담 등		
학부모	학부모의 학교 참여 지원, 고충상담 및 학부모 연수 등		
현장	• 학교에서 확보하기 어려운 원어민·예체능·심화과정 강사 등 지원 • 순회교사제 확대, 학교현장컨설팅단 운영, 교수학습자료실 운영, 교과협의회·학습동아리 등 학교자율장학 지원		

여 조언, 권고, 지도, 자료 제출 요구, 시정명령, 명령 또는 처분취소, 집행정지, 자치사무에 대한 감사를 할 수 있어서 완전한 지방교육자치라고 할 수 없다(주삼환 외, 2009: 246).

3. 지방교육자치제도

1) 지방교육자치의 개념

지방교육자치의 의미에는 교육행정을 일반 행정으로부터 분리 · 독립이라는 의미(교육자치)와 교육운영을 중앙의 행정통제로부터 분리 · 독립시킨다는 의미(지방분권)가 내포되어 있다(윤정일, 2003: 375). 여기서는 일반행정으로부터의 독립을 지방교육자치로 보는 입장, 중앙교육행정으로부터의 독립을 지방교육자치로 보는 입장, 교수의 자치를 지방교육자치로 보는 입장, 그리고 지방자치 개념을 교육에 적용하여 해석하려는 입장으로 범주화하여 지방교육자치의 개념을 정립하는 데 도움을 주고자 한다.

교육행정을 일반행정으로부터 독립하는 것을 지방교육자치로 이해하려는 것은 주로 교육학자들이 주장하는 것이다. 서울대학교 교육연구소(1981: 90)는 "교육자치제란 한마디로 정의하여 교육의 전문성과 중립성을 보장하고 자율적인 교육활동을 전개할 수 있도록 일반행정으로부터 분리 · 독립하여 자치적으로 교육행정을 실시하는 제도"라고 하고 있다. 김종철과 이종재(1994: 211)는 "교육행정에 있어서 지방분권의 원칙 아래 교육에 관한 의결기관으로서의 교육위원회와 교육위원회의 사무장 격으로 또는 의결된 교육정책의 집행기관으로서의 교육감을 둔다. 또한 민주적 통제와 전문적 지도 사이에 조화와 균형을 얻게 하여 인사와 재정을 비롯하여 교육행정을 일반 행정으로부터 분리, 독립시킴으로써 행정의 제도, 조직 면에서 교육의 자주성을 보장하려는 것"이라고 정의하였다. 정윤길(2000: 249-270)은 "지방교육자치란 교육의 질을 제고하기 위하여 지방자치의 범위 안에서 교육의 자주성, 전문성 그리고 정치적 중립성을 확보하고, 교육의 주체(교사, 학생, 학부모)를 중심으로 한 지역 주민의 적극적인 참여를 통하여 각 지역의 특성에 적합한 교육과 교육사무를 자율적으로 처리하도록 하는 제도"라고 정의하고 있다. 곽영우 등(1994: 99)

은 "지방교육의 특수성으로 인하여 중앙에서 지방 및 단위 학교의 수준에 이르기까지 교육행정을 일반행정으로부터 분리하여 공정한 민의에 따라 독자적으로 운영함으로써 교육의 자주성과 전문성 그리고 정치적 중립성을 보장하기 위한 기구와 제도"라고 정의하였다.

지방교육자치제도를 중앙교육행정기관으로부터 분리되는 것으로 이해하는 주장을 고찰하면 다음과 같다. 한국교육개발원(연구보고 RR99-9, 1999: 15)은 지방교육자치제도를 "지방분권의 사상과 민중통제라는 자유민주주의 이념에 기초하여 일정한 구역을 기초로 교육자치 기구를 두어 주민의 부담과 책임하에 그 지방교육의 발전사업을 실현해 나가며, 아울러 지방교육의 자주성과 전문적 관리를 위해 교육자치기구에 자주적이고 전문적인 역할과 능력을 부여하여 교육발전을 도모하는 체계"라고 정의하고 있다. 윤정일(2003: 375)은 "교육자치제도는 교육행정의 지방분권을 통해 지역주민의 교육에 대한 참여를 확대하고, 지역의 특성에 적합한 교육정책을 강구하고 실시하도록 함으로써 교육의 자주성, 전문성, 정치적 중립성을 확보하기 위한 교육제도"라고 주장하였다. 조광제(1997: 183-214)는 "지방교육자치제도는 교육행정의 지방분권을 통해서 주민의 참여의식을 높이고, 각 지역실정에 맞는 교육정책을 강구함으로써 교육의 자주성, 전문성, 정치적 중립성을 확보할 수 있도록 하는 민주적인 교육제도"라고 정의하고 있다. 그리고 김영식과 최희선(1988: 339)은 "교육활동의 특수성과 전문성에 대한 인식을 전제로 하고, 지방교육행정의 조직과 운영 면에서 교육의 자주성, 전문성, 주민자치, 지방분권의 원리를 보장하기 위한 교육의 통치제도"라고 정의하였다.

교수의 자치를 지방교육자치로 보는 입장을 고찰하면 다음과 같다. 이기우(1997: 36-37)는 교육자치에 대한 본질을 교육자치단체의 자치 못지않게 '교수의 자치'를 강조한다. 즉, 진정한 교육자치는 교육자가 교육내용, 교육방법등을 자주적으로 결정하고 수행 할 수 있는 제도적인 장치가 중요하며, 교육자치는 궁극적으로 이를 위한 수단임을 강조하고 있는 것이다. 그러나 교수의 자치도 단체자치나 주민자치가 뒷받침되어야 한다는 점에서 상호보완적 관계에 있다.

지방자치의 개념을 교육에 적용하여 해석하려는 입장은 다음과 같다. 지방자치란 "일정한 지역의 주민들이 지방공공단체를 구성하여, 국가의 일정한 감독 아래, 그 지역 안의 공동문제를, 자기부담에 의하여 스스로 처리하는 것"(최창호, 1996: 45)으로 정의되고 있다. 이러한 지방자치의 개념을 확대하여 교육자치에 적용하는 정의는 다음과 같다. 최봉기(1991: 7)는 "교육자치제는 일정한 지역과 그 지역 내의 주민을 기초로 하는 지방정부가 그 지역 내의 공공사무를 자기 사무로 하여 단체 자신의 권한과 책임하에 주민이 부담한 자주적 재원을 바탕으로 주민이 선정한 자신의 기관에 의하여 주민의 의사와 책임에 따라 결정, 집행, 실행하는 것"이라고 정의하고 있다. 서정화(1980: 72-75)는 "일정한 지역인 교육구와 교육 구내의 주민을 기초로 하는 지방교육자치단체가 교육 구내의 교육·학예에 관한 사무를 자신의 사무로 하여 스스로의 권한과 책임하에 주민이 부담한 조세를 주종으로 주민이 선정한 자신의 기관에 의하여 주민의 의사에 따라 집행하고 실현하는 것"이라고 정의하고 있다.

지방교육자치에 대한 학자들의 개념을 분석하여 보면, 지방교육자치제도는 일반행정으로부터 독립되고 중앙교육행정기관의 부당한 통제에서 벗어난 지방교육행정의 확보라는 견해가 많은 것을 알 수 있다. 일반행정과 중앙교육행정기관으로부터 분리되어 자주적인 교육행정을 구현하면 교육 외적으로는 어느 정도 지방교육자치가 실현될 구조를 갖추었다고 할 수 있다. 그러나 진정한 지방교육자치가 되려면 학교의 자치, 교수의 자치가 실현되어야 할 것이다. 이러한 네 가지의 지방교육자치에 대한 개념들을 기초로 지방교육자치에 대한 조작적인 정의를 내리면 다음과 같다.

지방교육자치제도란 "지방교육자치단체가 일반행정으로부터 분리·독립하여 지방분권의 원리에 따라 지방교육사무를 처리하기 위하여 독립적인 자치 기구를 설치하고 지역주민의 의사에 따라 운영하는 제도"다.

교육자치를 실시할 때에 지켜야 할 네 가지 원리(지방분권의 원리, 자주성 존중의 원리, 민중통제의 원리, 전문적 관리의 원리)가 있다. 교육자치를 실시하면서 원리를 지키는 것은 그 사회가 공동의 목적을 위하여 합의에 기초한 지방교육자치를 실시하는 것이고, 지방교육자치의 본질에 적합한 기본 틀을 형성하는 데 도움이 되기 때문이다. 첫째, 지방분권의 원리란 교육정책의 결정과 중요시책의 집행에서 중앙집권을 지양하고 각 지방자치단체로 권한분산과 이양을 하는 것을 말한다. 둘째, 교육행정에서 자주성 존중의 원리란 지방교육행정기구를 일반행정 기구에서 독립시키고 교육활동을 자주적으로 결정하고 실천할 수 있도록 보장하는 것이다. 셋째, 민중통제의 원리란 교육정책을 민의에 따라 결정하고 운영하는 것이다. 현행 지방교육자치제도에서 교육감과 교육의원들에게 주민소환제를 실시하고 있는 것은 주민통제와 밀접한 관계가 있다. 넷째, 전문적 관리의 원리란 지방교육행정조직에서 교육감을 비롯한 중요한 행정직 인사 시 교육 또는 교육행정의 전문성이 보장되어야 함을 의미한다(주삼환 외, 2009: 248-249).

2) 지방교육자치의 법적 근거

교육자치제의 법적 근거는 헌법과 교육기본법, 지방교육자치에 관한 법률 등에 근거하고 있다. 먼저, 헌법 제117조는 "지방자치단체는 주민의 복리에 관한 사무를 처리하고 재산을 관리하며, 법령의 범위 안에서 자치에 관한 규정을 제정할 수 있다. 그리고 지방자치단체의 종류는 법률로 정한다."고 규정하고 있으며, 제118조는 "지방자치단체에 의회를 둔다. 그리고 지방의회의 조직 권한 의원선거와 지방자치단체의 장의 선임 방법 기타 지방자치단체의 조직과 운영에 관한 사항은 법률로 정한다."고 규정하고 있다. 이 두 조항에서 지방자치제에 관한 규정만을 제정하고 있지만, 지방자치가 지방의 고유사무를 지방자치단체에 의해서 처리하는 것이 본질이라고 할 수 있다. 그러므로 교육자치는 지방사무 중 교육 · 학예에 관한 사무를 처리하는 것이므로 지방자치의 한 영역이라고 할 수 있다.

교육자치제에 대해서는 헌법 제31조 제4항에서 "교육의 자주성 · 전문성 · 정치적 중립성 및 대학의 자율성은 법률이 정하는 바에 의하여 보장된다."고 했고, 교육기본법 제6조는 "교육은 교육 본래의 목적에 따라 그 기능을 다하도록 운영되어야 하며, 어떠한 정치적 · 파당적 또는 개인적 편견의 전파를 위한 방편으로 이용되어서는 안 된다."고 규정하고 있다.

또한 교육기본법 제5조는 "국가와 지방자치단체는 교육의 자주성 및 전문성을 보장하여야 하며, 지역의 실정에 맞는 교육의 실시를 위한 시책을 수립 · 실시하여야 한다."고 규정하고 있다. 그 밖에 지방교육자치에 관한 법률 제1조는 교육의 자주성 및 전문성과 지방교육의 특수성을 살리기 위하여 지방자치제의 교육 · 과학 · 기술 · 체육 · 기타 학예에 관한 사무를 관장하는 기관의 설치와 그 조직 및 운영에 관한 사항을 규정함으로써 지방교육의 발전에 이바지함을 목적으로 한다고 규정하고 있다.

지방지방교육자치제도의 법적인 근거는 헌법 제31조 4항, 제117조, 제118조와 지방교육자치에 관한 법률에서 제시되고 있다. 또한 간접적으로 지방자치법, 교육기본법 등 관련 법률에서도 일부 다루어지고 있다. 현재 지방교육자치에 관한 법률의 시행령과 시행규칙이 마련됨으로써 지방교육자치를 위한 법적인 조건은 완비된 상태라고 할 수 있다.

헌법이 선언적, 포괄적인 규정이라면, 지방교육자치에 관한 법률은 국가나 지방자치단체가 구체적인 권리와 의무를 다해야 하는 것을 실정법으로서의 지위를 갖는다. 따라서 지방교육자치에 관한 법률에 규정한 내용대로 지방교육자치제도를 운영해야 할 책무가 있다.

3) 교육의 자주성 · 전문성 · 정치적 중립성과 교육자치

헌법 제31조 제4항은 "교육의 자주성 전문성 정치적 중립성 및 대학의 자율성은 법률이 정하는 바에 의하여 보장된다."고 명시하고 있으나, 교육자치와 직접 관계가 없는 대학의 자율성을 제외하면, 교육의 자주성 전문성 정치적 중립성이 바로 교육자치를 실시해야 한다는 중요한 논리가 되고 있다. 교육의 자주성 · 전문성 · 정치적 중립성은 교육자치를 실시해야 하는 논리를 제공할 뿐만 아니라 지방교육자치제도의 기본 구조를 결정하는 데도 중요한 쟁점이 되고 있다. 즉, 일반행정과 분리되고, 별도의 집행기관과 의결기관을 두며, 교육감과 교육위원 후보자의 정당 추천 배제, 교육경력을 요구하는 기본적인 배경이 되고 있다. 따라서 교육자치제가 실시되어야 한다는 세 가지 중요한 논리를 살펴보고자 한다.

(1) 교육의 자주성

교육의 자주성은 교육현장을 담당하는 학교와 교사의 재량 및 융통성 있는 교육활동을 하도록 보장하는 것을 의미한다. 자주성은 '제 힘으로 제 일을 처리해 나가는 성질'을 의미하므로 교육의 자주성은 교육에 대하여 교육당사자들이 교육에 대하여 처리해 가는 성질'을 의미한다고 할 것이다. 교육개혁심의회(1986: 1)는 교육의 자주성을 교육 자체가 지닌 고유한 기능이 외부의 간섭이나 통제 없이 스스로의 법칙대로 교육활동을 수행하는 것'으로 지칭하고 있다. 정윤길(2000: 261)은 교육의 자주성을 교사가 교육현장에서 피교육자에 대한 통제의 정도를 자율적으로 정하고, 학문의 자유에 기초하여 비판적인 지식을 가진 합리적 능력을 배양할 수 있도록 할 수 있는 권한이라고 강조하고 있으며, 이러한 교육의 자주성은 합리적인 권위를 갖는 규칙에만 제한을 가할 수 있다는 것을 의미한다.

그러나 교육의 자주성에 대한 논의를 분석하여 보면, 일반행정으로부터의 자주성, 중앙정부로부터의 자주성을 언급하고 있는 것을 알 수 있다. 현재 지방교육자치에 관한 법률 개정안에 대한 교육계의 반발 중의 한 가지로 언급되고 있는 교육자주성을 훼손한다는 것도 일반 행정으로 예속, 또는 정치세력으로 예속, 지방자치단체장과 지방의회로 예속을 우려한 것으로 해석되기 때문이다.

따라서 교육의 자주성은 교수의 자치, 학교 자치, 교육자치에 이르기까지 교육 전반에 걸쳐서 교육에 대하여 교육 자체가 지닌 고유한 기능이 외부의 간섭이나 통제 없이 스스로의 법칙대로 교육활동을 수행하는 것을 의미한다고 할 것이다. 교육의 자주성이 교육자치를 통해서만 실현되는 것인가 하는 의문점은 논란이 일고 있다. 교육자치를 실시해도 교육현장에서 교육의 자주성이 현재와 같이 보장되지 않는다면 교육의 자주성은 보장되기 어려울 것이다. 제도적인 틀을 떠나 교육현장에서 교육에 대한 자주성이 확보되는 것이 무엇보다 중요하기 때문이다. 교육도 제도적인 틀 안에서 이루어지는 것이므로 제도적 자주성이 확보되지 않는다면 교육의 자주성도 제약을 받을 것이다. 이러한 차원에서 보면 지방교육자치가 교육에 대한 자주성을 확보하는 외형적인 틀을 제공하는 것은 틀림이 없다. 현행 지방교육자치에 관한 법률과 같이 교육의 자주성의 확보가 미흡할 경우 교육의 자주성도 침해되기 쉬울 것이다. 정치적 이해관계에 민감한 지방의회와 통합된 교육위원회가 과연 교육의 자주성을 확보할 수 있을지 의문이다. 또한 재정지원을 해 주는 지방자치단체장이 지역행사에 학생 동원을 요청해도 교육적 판단하에 자주적으로 거부할 수 있는가도 의문시된다. 따라서 제도적인 틀(교육자치의 구현)도 교육의 자주성을 확보하는 데 직간접적으로 기여하는 것은 자명하다. 지방교육자치제도의 운영과 교육당사자들에 의한 교육의 자주성 확보는 불가분의 관계에 있다. 단지 외형적인 교육자치가 중요한 것이 아니라 실제로 교육현장에서 교육 주체들이 교육을 자주적으로 처리할 수 있는 의식의 환경을 제공하고 교육 주체들도 자주성을 확보하려는 의지가 필요하다.

(2) 교육의 전문성

교육의 전문성은 교육이 인간의 인격형성 내지 성장에 관한 정신적 활동임에 비추어 교육에 대한 전문적 지식과 능력을 갖추고, 사회적 책임을 갖춘 자가 교육을 담당해야 한다는 의미다(교육부, 1997: 78). 이를 위해서는 교육의 질적 수준의 향상을 위하여 교사의 훈련을 강화하고, 자기계발의 기회를 보다 많이 부여하며, 교육여건을 개선하고, 교육행정으로부터 교육전문가의 자율성을 확보할 수 있는 제도적·재정적 방안을 마련하도록 힘써야 한다(정윤길, 2000: 262).

교육의 전문성을 교육행정의 전문성으로 이해하는 입장에서는 "교육의 전문성은 필연적으로 교육행정의 전문성이 필요하기 때문에 교육에 대한 깊은 이해와 고도의 교육행정 식견을 갖춘 요원들에 의해서만 효율적인 관리"(최희선, 1992: 7)를 강조한다. 그러나 교육은 자격과 전문적인 지식과 기술을 가진 사람이 담당해야 한다는 것을 의미하므로 교육행정의 전문성도 교육의 전문성의 범주에 포함된다고 하겠다. 교육의 전문성은 전문적인 지식과 기술, 경력을 갖춘 사람이 전문가적인 판단 하에 결정하고 처리해야 하는 것을 의미한다. 유치원 교사가 진행하는 수업내용은 일반인도 가르칠 수 있는 초보적 내용이지만, 전문적인 교수방법과 교육내용의 재구성, 아동에 대한 이해와 교육자로서의 경험과 자세는 단순히 수업내용 이해도만을 기준으로 판단할 수 없다. 지식은 구조화되어 있으며, 또한 오랫동안 인지구조의 변화와 함께 축적되는 것이 일반적이다. 전문성을 가진 교사가 가르친 총체적 결과와 비전문가가 가르친 총체적 결과의 크기는 크게 달라질 것이다. 문제는 교육결과의 크기만을 재는 것이 아니라 아동의 성장과 자아실현, 인성 등이 달라지며 궁극적으로는 아동의 미래와 국가와 사회의 미래와도 직결된다.

교육자치를 실시하는 목적 중의 하나가 교육의 전문성이라고 한다면, 보건, 사회복지, 도시계획, 지역개발, 환경, 지역경제와 같은 분야들이 전문성을 갖추었다고 모두 별도의 자치를 실시해도 되는가에 대한 문제가 있다(정세욱, 1997: 112-113). 그러나 교육의 전문성과 교육자치는 별개라고 하기에는 무리가 따른다. 교육감과 교육위원회가 교육에 대한 전문성이 없이 교육에 대한 의사결정과 집행, 평가, 예산지원 여부를 결정한다면 교육과 거리가 있는 판단과 결정을 하기 쉽다. 이러한 이유로 교육감과 교육위원에게 일정한 교육 또는 교육행정경력을 요구하고 있다고 생각된다.

한편으로는 교육의 전문성을 교사의 전문성으로 본다면 교육은 전문성 있는 교사가 해야 한다는 것이다. 이것은 교육행정의 전문성과는 별개로 양성과정부터 재교육 또는 자기계발과 같은 맥락에서 계속적인 전문성의 확보가 필요하다. 전문성은 아는 것도 중요하지만 전문성 있는 교육을 실시하고 그 결과가 교육성과로 귀결되는 것이 중요하다.

최근에 교육은 전문가들이 담당해야 한다고 주장하는 이면에는 교사의 전문성과 교육 자체에 대한 전문성(교육행정 포함)을 강조하여 교육행정의 전문성 교사의 전문성을 갖추어 교육해야 한다는 의미가 내포되어 있다.

교육의 전문성을 고려할 때 주민(학부모)의 알 권리와 민주성, 교육공동체의 사회적 합의라는 큰 틀에서 균형과 조화를 이루는 것이 필요하다.

(3) 교육의 정치적 중립성

정치적 중립은 "정당적 정실이나 당파적 정쟁에 대한 중립"(오석홍, 1999: 277)을 의미하는 것으로, 교육의 정치적 중립성뿐만 아니라 공무원의 정치적 중립성과도 맥을 같이 하고 있다. 교육행정을 일반행정에서 분리해야 한다는 주장의 주요 논거로 교육의 정치적 중립성의 확보를 제기하고 있다. 교육은 인간의 정서나 성격형성에도 중요한 변수로 작용하게 되므로 교육이 특정한 정권, 정당, 개인을 우상화하거나 비판하는 데 이용되어서는 안 된다는 것을 의미한다. 교육은 지역주민의 중요 관심사의 하나로, 특히 우리나라에서는 자녀의 교육이 주거지를 결정할 정도로 영향력이 크다. 그러한 교육에 정당의 공천으로 당선된 정치인들로 구성된 지방자치단체장과 지방의원들이 교육행정에 관여한다면 정치인의 속성상 임기 중에 가시적인 성과를 도출하려고 하거나 지역의 이익을 먼저 고려하게 되므로 교육행정에 관여하지 않도록 해야 한다는 주장도 있다(송기창, 1997: 64). 지식교육은 교육의 자율성을 규정하는 핵심적 의미로서 정치가 관여할 수 없는 것이다. 그러나 그 밖의 교육에 대한 내용은 정치적 과정을 통하여 교육적 가치를 실현하는 것이 필요하다(정윤길, 2000: 264). 교육정책을 수립하고 교육에 관한 법령을 제정하며, 교육 투자의 방향이나 규모를 정하는 것은 고도의 정치적인 행위로서, 정치적인 타협과 의사결정이 이루어지는 영역이다. 장관이나 대통령이 바뀌면 교육에 대한 방향이나 운영이 변화가 오게 되며, 입법과정도 정치인인 국회의원들의 정치적 타협의 산물인 것이다. 교육에 대하여 거시적인 방향이나 교육제도 등은 정치적인 결정과 불가분의 관계에 있다. 이때의 거시적 방향이나 교육제도도 사회적 합의에 의한 합리적인 내용만이 설득력을 가질 뿐이다. 그러나 교육의 본질적인 내용이 정치적 개입에 의하여 침해되거나 교육현장에서 정치적 이용은 철저하게 배제해야 한다.

교육의 정치적 중립성을 이유로 교육감과 교육위원 후보의 선거일 현재 1년간 정당 활동을 한 경력이 없어야 한다는 조항을 둔 것이나 지방교육자치에 관한 법률을 제정하여 교육의 정치적 중립성을 확보하려는 것은 그만큼 정치적 영향력을 배제하려는 노력의 산물이라고 할 수 있다.

4) 지방교육자치제도의 연혁과 현행 지방교육자치제도

(1) 지방교육자치제도의 연혁

우리나라 교육자치제의 변천과정은 1945년 광복절을 기점으로 하여 네 단계로 구분(김종철, 1980: 100-101)하고 있다. 그러나 여기서는 지방교육자치의 변천을 준비기, 제1차 시행기, 시련기, 형식적 시행기 및 제2차 시행기라는 다섯 단계로 구분하였다.

지방교육자치가 우리나라에서 어떻게 형성되어 오늘날에 이르고 있는지를 분석하는 것은 현재의 지방교육자치제도를 이해하는 데 도움이 될 것이다.

① 준비기(1945. 8. 15~1952. 4. 23): 우리나라에 지방교육자치제도가 도입된 것은 미군정이 미국의 지방교육자치 모델을 이식하려는 노력의 과정으로 태동되었다. 미군정 말기에 군정장관 딘(William F. Dean) 소장의 특명에 따라 지방교육자치제도에 관한 법령이 기초되어 1948년 8월 12일 미군정령 제217호로 '교육구회의 설치에 관한 법령'이 공포되면서 지방교육자치의 시작을 모색하였으나 이 법령은 군정의 마지막 법령으로서 군정이 끝남으로써 시행되지 못했지만, 1949년의 교육법에서 교육구와 교육위원회에 관한 규정에 많은 영향을 미치게 되었다.

교육자치제의 본격적인 토대는 1949년 12월 31일 법률 제86호로 제정 공포된 최초의 교육법에 의하여 기초가 이루어졌다. 제2장에 교육구와 교육위원회에 관한 규정을 두고, 제1절에서 제4절에 이르기까지 교육구, 시교육위원회, 도교육위원회, 중앙교육위원회 등에 관하여 상세한 규정을 두고 있음을 볼 수 있다. 그러나 법률 제86호에 의한 지방교육자치제도는 시행령을 마련하지 못한 상태에서 답보상태에 있다가 한국전쟁이 발발하자 더욱 연기되었다. 그러다가 1952년 4월 3일 교육법시행령(대통령령 제633호)이 공포되고 이어 4월 25일 지방의회 의원의 선거가 실시됨으로써 교육자치제의 준비기가 완성되었다.

② 제1차 시행기(1952. 4. 23.~1960. 4. 19.): 1952년 5월 24일 시와 구 교육위원회

위원이 선출되고 동년 6월 4일 한강 이남 지역의 17개 시와 123개 군에 걸쳐 교육위원회가 개회됨으로써 우리나라의 지방교육자치제가 첫 출발을 하게 되었다. 이때의 교육자치제는 군 단위에서는 그 정형을 볼 수 있다는 점에서 흔히 군 단위 교육자치제라고 불려지고 있으나 전반적인 제도는 지역수준에 따라 매우 복잡 다양한 형태를 취하고 있었다(한경수, 1987: 591-607).

서울특별시와 일반 시에서는 시의회가 교육·학예에 관한 의결기능을 가지고 있었고, 시의회에서 선출하는 10인의 위원과 시장(당연직 위원)으로 구성되는 시 교육위원회는 합의제 집행기관이었으며, 교육감은 시교육위원회의 추천으로, 특별시교육감은 문교부장관을, 시교육감은 도지사와 문교부장관을 각각 경유하여 대통령이 임명토록 되어 특별시와 시에서의 체제는 현행 시·도 교육행정체제와 유사한 형태를 취하고 있었다.

도에서는 도 내 각 교육구(즉, 군) 및 시교육위원회에서 1인씩 선출한 위원과 도지사가 선임하는 3인의 위원으로 구성되는 도교육위원회가 있었으나 도지사의 자문기관에 지나지 않았으며, 교육행정은 내무행정과 통합되어 전적으로 도지사의 책임에 속하는 사항으로서 도청의 문교사회국에서 이를 관장함으로써 교육행정은 사실상 일반행정의 일부에 불과하였다. 군에서는 군을 단위로 법인체의 교육구를 설정하고, 교육구의 의결기관으로서 교육위원회를, 독임제 집행기관으로서 교육감을 둠으로써 교육에 관한 자체적인 의결기능과 집행기능을 갖는 거의 완전한 의미의 교육자치제가 실시되었다. 구교육위원회는 군수를 당연직 의장으로 하여 구 내 각 읍·면 의회에서 1인씩 선출한 위원으로 구성되었으며, 구 내 교육·학예에 관한 중요사항을 심의 의결하는 기능을 담당하였다. 교육감은 구교육위원회의 추천으로 도지사와 문교부장관을 경유하여 대통령이 임명하도록 하였는데, 이들은 교육구를 대표하고 구의 사무와 법령에 의하여 위임된 사항을 집행하였다.

이 시기의 교육자치제는 각 지역 수준에 따라 매우 복잡·다양한 형태를 취하고 있었을 뿐 아니라 군을 제외한 여타 지역의 제도는 엄격한 의미에서 교육자치제라 지칭하기 어려운 상황이었으므로 자연히 많은 문제점들을 내포하고 있었으며, 군에서도 군수가 군교육위원회의 당연직 의장으로 되었던 것은 교육행정의 분리·독립의 관점에서 가장 중요한 문제점의 하나였다고 볼 수 있다.

제1차 시행기의 지방교육자치제도는 안팎으로부터 여러 가지 비판을 받는 가운데 그 골격에 큰 변화 없이 5·16 군사정변 직후까지 운영되었다. 우리나라 최초의 교육자치제로서 나름대로 교육자치제의 기초를 다지는 데 크게 공헌하였을 뿐만 아니라 우리에게 귀중한 경험을 제공하였다고 볼 수 있다.

③ 시련기(1960. 4. 19 ~ 1964. 1. 6): 1961년 5월 16일 5 · 16 혁명위원회 포고 제 4호 제2항에 의한 국회 및 지방의회의 해산에 따라 동년 5월 22일 문교부가 각급 교육위원회 운영에 관한 훈령(문교부 훈령 제77호)을 시달함으로써 교육위원회의 기능이 정지되고 그 의결을 요하는 사항은 교육감이 처리하게 되었다. 이러한 조치는 동년 9월 1일 공포된 교육에 관한 임시 조치법(법률 제708호) 제8조에 의하여 법제화되었다. 1961년 10월 6일 단행된 지방행정기구 개편(각령 제223호)에 의하여 행정기구가 일원화됨으로써 교육구와 시교육위원회는 폐지되고 시장 · 군수 산하의 교육과에서 그 기능을 담당하였다. 그리고 서울시와 도에서는 특별시장과 도지사 산하의 교육국으로 각각 통합되어 교육자치제는 완전히 일반행정에 편입되었다.

1961년 12월 28일 국가재건최고회의 상임위원회에서 교육법과 교육공무원법이 개정되어 서울특별시와 각 도 및 시 · 군에 의결기관으로써 교육위원회를 두고 교육과 및 교육국에 교육공무원으로 교육(국)장을 두도록 하고, 1962년 1월에 각 도 교육국장 및 시 · 군 교육장이 임명되었으나 교육자치제는 명목에 불과하였다.

그러나 대한교육연합회 및 교육계와 사회 각계에서 교육자치제의 부활을 촉구하는 줄기찬 노력이 있어 1963년 1월 5일 당시 박정희 최고회의 의장이 발표한 1963년도 시정방침 중에 교육자치제의 부활을 제시한 후 1963년 11월 1일 법률 제1435호로 교육법이 개정 공포됨으로써 교육자치제가 부활하게 되었다.

④ 형식적 시행기(1964. 1. 6 ~ 1991. 3. 8): 형식적 시행기는 교육위원회를 시 · 도 별로 5인의 위원을 임명하고 교육위원들이 무기명으로 선임 · 추천한 자를 문교부장관이 제청하여 대통령이 임명하도록 하였다(윤정일 외, 2003: 382-383). 시 · 도 단위의 교육자치제를 실시하고, 독립형 집행기구를 설치하고, 형식적인 의결기구인 교육위원회가 설치되었다. 시 · 도 단위의 지방교육자치를 위하여 교육구를 설정하고 특별교육지방자치단체를 두는 등 외형적인 구조는 갖추었으나, 교육위원회의 독립성과 선출방법, 교육감의 선출방법 등에서 여전히 한계를 드러내었다. 의결된 1963년 11월 1일 개정 공포된 교육법에 의하여 1964년 1월 1일부터 1991년 3월 7일 지방교육자치가 실시되기 전까지를 형식적 시행기라고 할 수 있다.

1998년 4월 6일에 와서야 개정교육법(법률 제4009호)에서 교육위원회를 설치하도록 함으로써 광역자치단체 수준에서의 시 · 도 단위 교육자치제가 실시됨으로써 우리나라는 새로운 단계로 접어들었다. 그러나 지방자치가 전면적으로 실시되지 못한 시기였고 교육감도 임명제였으며, 교육위원도 임명하는 중앙집권적 지방교육 자치제도의 외모만을 갖춘 시기였다. 그렇지만 교육법에 따라 교육을 광역자치단 체 수준에서 교육과정 및 지역화 교재의 채택, 교육철학의 정립 등이 이루어졌다.

⑤ 제2차 시행기(1991. 3. 8~현재): 지방자치의 본격적인 실시와 함께 지방교육자 치에 관한 법률(1991. 3. 8. 법률 제4347호)을 제정하고, 지방의회에서 교육위원을 선 출함에 따라 본격적인 교육자치제를 시행하게 되었다(조남두 외, 2006: 360-365). 1998년 4월 6일부터 2006년 12월 20일 법률 제8069호가 제정되기까지 학교운영위 원회를 통하여 선출하는 교육감과 교육위원을 선출하였다. 이 시기에는 지방자치 가 기초자치단체까지 실시됨에 따라 과거 중앙집권적이던 지방행정과 다른 체계 내에서 지방교육자치를 실시하게 되었다. 그러나 학교운영위원회의 간선이 지역주 민의 의사를 반영한 주민자치 실시인가에 대한 논란이 제기되었으며, 선거과정에 서의 후보자의 출신학교별 파벌화, 학교급별 후보 지지도의 결집, 학교운영위원회 구성의 타당성들이 문제로 제기되기도 하였다. 형식적 시행기에 비하여 교육감(집 행기관)과 교육위원회(의결기관)를 설치하고 학교운영위원회에서 후보자를 선출함 으로써 정당성과 대표성을 갖추었지만, 여전히 교육계 내부의 운영으로 귀결되고 있었다. 또한 지방자치가 시·군·구까지 시행되고 있는 반면, 교육자치제는 광역 자차단체 수준에서만 시행되고 있어서 불균형을 이루고 있었다. 우리나라의 경제 가 국제통화기금(International Monetary Fund)의 지원을 받는 상황이 발생하자 민 주성보다는 능률성과 효율성을 추구하면서 과도기로 회귀하려는 정책의지가 반영 되어 현행의 지방교육자치에 관한 법률이 탄생하게 되었다. 현행의 지방교육자치 에 관한 법률에는 교육감과 교육의원은 주민직선제, 교육위원회를 시·도의회의 특별 상임위원회로 설치하도록 규정하고 있다.

(2) 현행 지방교육자치제도

현행 지방교육자치에 관한 법률(2014. 11. 19. 일부개정, 법률 제12844호)에서 지방 교육자치제도의 기본구조에서는 먼저 시·도 단위로 실시하는 것을 기본 골자로 하고 있다. 지방교육자치제도가 시·도 단위에서만 제한적으로 실시되고 있으며, 기본적으로 지방에 맞는 교육·학예에 관한 사무를 관장하는 집행기관인 교육감과 의결기관인 교육위원회가 분리되어 있는 구조를 갖고 있다. 지방교육자치제도는 교육·학예에 관한 사무를 별도의 집행기관과 의결기관의 독립하여 상호 견제와 균형을 맞추는 것이 이상적이다. 그러나 집행기관은 독립되어 있지만 의결기관이 지방자치의 의결기관인 시·도 의회에 예속되어 있어서 변형된 지방교육자치제도의 구조를 갖추고 있다. 그동안 시·도 의회의 협조가 잘 안 되는 상황에서 시·도 의회의 최종 의결이 필요한 부분이 많아서 교육 사무의 복잡화, 시·도 의회와 교육위원회의 갈등 등 많은 문제점이 있어 왔다. 결국 교육위원회가 시·도 의회의 상임위원회로 소속되면서 잠정적인 봉합이 이루어졌다. 그러나 지방교육자치의 본질에 비추어 볼 때 교육자치의 본질보다는 행정 편의주의 또는 효율성을 강조한 것으로 언제든지 정책 이슈로 점화될 가능성이 있다.

① 시·도의 교육·학예에 대한 집행기관으로서 교육감: 지방교육자치제도에서 집행기관인 교육감은 지방교육행정 조직의 수장이면서 집행기관의 장이다. 교육감은 시·도의 교육·학예에 관한 사무의 집행기관이이며, 교육·학예에 관한 소관 사무에 대한 소송이나 재산의 등기 등에서 당해 시·도를 대표한다. 국가 행정 사무 중 교육·학예에 관한 사무는 교육감이 위임받아 처리할 수 있다. 교육감이 시·도의 교육·학예에 관한 사무 중 관장 사무는 조례안의 작성 및 제출에 관한 사항, 예산안의 편성 및 제출에 관한 사항, 결산서의 작성 및 제출에 관한 사항, 교육규칙의 제정에 관한 사항, 학교, 그 밖의 교육기관의 설치 이전 및 폐지에 관한 사항, 교육과정의 운영에 관한 사항, 과학 기술교육의 진흥에 관한 사항, 평생교육, 그 밖의 교육 학예진흥에 관한 사항, 학교체육·보건 및 학교환경정화에 관한 사항, 학생통학구역에 관한 사항, 교육·학예의 시설 설비 및 교구(敎具)에 관한 사항, 재산의 취득 처분에 관한 사항, 특별부과금 사용료 수수료 분담금 및 가입금에 관한 사항, 기채(起債) 차입금 또는 예산 외의 의무부담에 관한 사항, 기금의 설치 운용에 관한 사항, 소속 국가공무원 및 지방공무원의 인사관리에 관한 사항, 그 밖에 당해 시·도의 교육 학예에 관한 사항과 위임된 사항이다.

교육감의 임기는 4년이며 3번까지 연임할 수 있다. 교육감은 시·도지사의 피선거권이 있는 자로서 후보자 등록신청 개시일로부터 과거 1년 간 정당의 당원이 아니어야 한다. 교육감 후보자는 교육경력 또는 교육행정경력이 3년 이상이거나, 양 경력을 합하여 3년 이상이어야 한다. 교육감은 주민의 보통·평등·직접·비밀선거에 따라 선출되고 있다. 교육감의 주민직선은 민의를 반영하고 그동안 간접선거에서 오는 문제점을 시정하는 것으로 환영할 만한 일이나 주민의 무관심과 교육감 후보자에 대한 인지도가 광역지방자치단체장 후보자보다 떨어져 후보를 선택하는 데 많은 어려움이 있는 실정이다. 다만, 교육감도 주민소환제를 실시할 수 있어서 강력한 주민통제가 가능한 상태다.

② 시·도의 교육·학예에 대한 의결기관으로 교육위원회: 교육·학예에 관한 의안과 청원 등을 심사·의결하기 위하여 상임위원회를 두고 있다(지방교육자치에 관한 법률 제4조). 다만 시·도 의회의 상임위원회로 존재하면서 시·도 의회 본회의의 의결을 최종적으로 받아야 한다는 점에서 제한적인 의결기관이다. 다만, 교육적인 특성을 살리기 위하여 과반수의 교육의원을 교육위원회 소속으로 두도록 하고 있지만 교육위원회 위원장을 시·도의원 출신들이 하고 있는 경우가 많아서 교육의 자주성과 전문성, 정치적 중립성을 살려 내기 위한 교육전문가들의 상임위원회로 보는 것은 한계가 있다.

교육위원회의 교육·학예에 관한 사무는 조례안, 예산안 및 결산, 특별부과금 사용료 수수료 분담금 및 가입금의 부과와 징수에 관한 사항, 기채안(起債案), 기금의 설치 운용에 관한 사항, 대통령령으로 정하는 중요 재산의 취득 처분에 관한 사항, 대통령령으로 공공시설의 설치 관리 및 처분에 관한 사항, 법령과 조례에 규정된 것을 제외한 예산 외의 의무부담이나 권리의 포기에 관한 사항, 청원의 수리와 처리, 외국 지방자치단체와의 교류 협력에 관한 사항, 그 밖에 법령과 시·도 조례에 따라 그 권한에 속하는 사항이다.

교육의원의 임기는 4년이며, 시·도 의원의 지위와 동일하다. 교육의원의 후보자 자격은 시·도 의회의원의 피선거권이 있는 자로서 후보자 등록신청 개시일로부터 과거 1년 동안 정당의 당원이 아니어야 한다. 교육의원 후보자는 교육경력 또는 교육행정경력이 5년 이상 이거나 양 경력을 합하여 5년 이상이어야 한다. 교육의원도 주민의 보통·평등·직접·비밀선거에 따라 선출된다. 교육위원회는 시·도에 따라 별도의 정수를 두고 있다. 교육의원이 주민소환에 관한 법률에 규정된 사유가 발생한 경우 주민은 소환을 할 수 있다. 다만 교육의원 관련 조항은 2014년 6월 30일까지만 유효하였다. 이에 따라 2014년 지방선거에서는 교육의원을 별도로 선출하지 않았다. 2015년 현행 교육위원회는 시·도 의원으로만 구성되어 있다.[5]

③ 중앙교육행정조직과의 관계: 교육행정체제는 중앙교육행정조직과 지방교육행정조직이 지휘·감독 관계로 설정되어 있다. 지방교육자치제도는 중앙교육행정기관

과 독립적으로 운영되어야 하며, 일반행정과 독립되어 운영되어야 한다. 현행 지방교육자치제도는 아직 일부 사안에 대해 중앙교육행정기관으로부터 지휘·감독을 받고 있어서 지방교육자치의 정신에 미흡한 성격이 있다.

④ 교원인사: 교원인사는 교사의 사기와 교원 가족의 삶의 터전과 밀접한 관계가 있는 것이며, 교원의 중요 관심사이기도 하다. 현행 지방교육자치제도에서의 교원인사는 교육감이 시·도의 행정구역을 기준으로 실시하고 있다.

⑤ 지방교육재정: 지방교육재정교부금법(2014. 12. 23. 일부개정, 법률 제12854호)에 따르면 지방교육재정 교부금의 재원은 당해 연도의 내국세(목적세, 종합부동산세 및 다른 법률에 의하여 특별회계의 재원으로 사용되는 세목의 당해 금액을 제외한다. 이하 같다) 총액의 1만분의 2,027에 해당하는 금액과 당해년도 교육세법에 의한 교육세 세입액 전액에 해당하는 금액의 합으로 하고 있다. 그러나 지방교육재정의 안정적 확보에는 부족한 실정이다. 지방자치단체로부터 행정·재정을 지원받는 문제는 임의조항이어서 실효성이 부족한 실정이다.

현행 지방교육자치에 관한 법률은 교육자치를 후퇴하더라도 지방자치와의 통합과 효율적인 운영, 종합행정의 구현에 초점을 맞추고 있다. 물론 지방자치단체장과

표 9-4 2014년 6월 이전 시·도별 교육의원의 정수

시·도	교육위원회 위원 정수	교육의원 정수	시·도	교육위원회 위원 정수	교육의원 정수
서울특별시	15인	8인	강원도	9인	5인
부산광역시	11인	6인	충청북도	7인	4인
대구광역시	9인	5인	충청남도	9인	5인
인천광역시	9인	5인	전라북도	9인	5인
광주광역시	7인	4인	전라남도	9인	5인
대전광역시	7인	4인	경상북도	9인	5인
울산광역시	7인	4인	경상남도	9인	5인
경기도	13인	7인	소계	139인	77인

주: 지방교육자치에 관한 법률 〈별표 1〉 각 시·도별 교육위원회 위원 및 교육의원 정수를 재구성함.

5) 주민이 지방자치체제의 행정처분이나 결정에 심각한 문제점이 있다고 판단할 경우, 단체장을 통제할 수 있는 제도다. 일정한 절차를 거쳐 해당 지역의 단체장이나 지방의회 의원을 불러 문제사안에 대한 설명을 들은 뒤 투표를 통해 단체장과 지방의원을 제재할 수 있다.

지방의회의원들의 협조 또는 책무성 강화는 가능하겠지만 교육의 자주성, 전문성, 정치적 중립성은 보장받기 어려운 상태로 운영되고 있다.

⑥ 일반행정과의 관계: 일반행정과의 관계는 지방자치단체로부터 지원을 받도록 제도적인 장치는 되어 있지만 재정자립도가 낮은 지방자치단체들이 법정전입금 외에 추가로 지방교육재정을 지원하는 것에는 한계가 있으며, 특히 지방자치단체장

표 9-5 **현행 지방교육자치제도의 구조**

구 분	요 소	현행 제도에서의 상태	비 고
교육자치의 기본구조	교육자치의 실시 여부	시 · 도 단위에서 제한적 실시	
	실시 구역	시 · 도 단위	
	교육자치의 구조	집행기관과 의결기관의 분리	
교육감	집행기관의 성격	독임제 집행기관	
	교육감 선출 방식	주민직선	
	교육감의 임기	4년(3기 연임 가능)	
	교육감의 정당 추천	정당 추천 배제	
	교육감의 주민 소환	주민소환제 실시	
	교육감의 피선 자격	교육경력자로 제한(3년) 과거 1년 간 정당의 당원이 아닌 사람	
교육위원	교육위원회의 성격	시 · 도 의회의 상임위원회	
	교육위원회의 선출 방법	주민 직선	
	교육위원의 임기	4년	
	교육위원의 정당 추천	정당 추천 배제	
	교육위원의 주민 소환	주민 소환제 실시	
	교육위원의 피선 자격	교육경력자로 제한(5년) 과거 1년간 정당의 당원이 아닌 사람	일몰 조항
교육행정체계	상급 교육행정기관과의 관계	지휘 · 감독 관계로 설정	
교원인사	교원인사	시 · 도 단위로 교원인사 시행	
교육재정	교육재정의 자립	교육재정의 대부분을 중앙정부에 의존	
일반행정관계	지방자치로부터의 지원	통합행정으로 행정적 · 재정적 지원 가능	

주: 현행 지방교육자치에 관한 법률에서는 교육위원의 명칭이 교육의원으로 개칭되고, 교육위원회의 구성은 지방의회가 50% 임명, 주민직선으로 당선된 교육의원의 수가 1명 더 많은 과반수로 구성된다(지방교육자치에 관한 법률 제5조).
교육경력자인 교육위원(교육의원) 관련 규정은 2014년 6월 30일까지만 유효(일몰조항)

은 교육정책과 직접적인 연관 관계가 약하다고 인식하는 경향이 있어서 재정적인 지원에 한계가 있다. 다만 교육위원회가 시·도 의회의 상임위원회가 되어 심의·의결사항에 대한 시·도 의회와의 협조는 개선되리라고 본다.

정리하기

- 학교제도는 국가의 교육목표를 실현하려는 제도적 장치로서의 학교교육을 단계별로 구분하고, 각 단계의 교육목적과 교육기간, 교육내용을 설정한다. 종적으로는 교육단계 간의 접속관계를, 횡적으로는 학교교육과 학교 외 교육 및 교육과정 간의 연결 관계를 규정함으로써 국민교육의 운영을 제도적으로 규정하는 역할을 담당하는 것이다.
- 기본학제는 학제의 주류를 이루고 있는 것으로 그 나라의 국민의 대대수가 이수하게 되는 것이며, 우리나라의 경우 초등학교, 중학교, 고등학교 및 대학교를 기본학제라고 할 수 있다.
- 각 학교 단계별로 정규적인 학제를 이수하지 못하는 경우를 대비하여 여러 개의 우회적인 학제를 두게 되는데, 이를 특별학제라고 한다. 특별학제에는 공민학교, 고등공민학교, 방송통신고등학교, 방송통신대학, 산업대학, 고등기술학교 및 각종 학교들이 포함된다. 특별학제는 기간학제의 보완관계에 있으며, 방계학제라는 명칭을 사용하기도 한다. 기본학제와 특별학제는 상호보완적인 관계에 있다고 할 수 있다
- 학제의 유형에는 계통성을 중심으로 하는 복선형과 단계성을 중심으로 하는 단선형이 있으며 양자를 절충한 분기형이 있다.
- 학제는 교육제도의 하위요소라고 할 수 있다. 다만, 학제는 교육제도의 요소 중에서 중심적인 요소다. 학교제도는 교육제도의 하위체제 중의 하나이며, 교원양성제도, 교육행정·재정 제도 및 사회교육제도들 간의 상호작용 속에서 유지·발전할 수 있으므로 교육제도와는 불가분의 관계에 있다. 다만 교육을 협의의 학교교육에 국한시킬 때 학교제도는 교육제도와 일치한다.
- 지방교육행정조직이란 지방의 교육행정을 담당하는 조직을 지칭하는 것으로 광역시·도 단위로 지방교육행정조직이 구성되어 있다.
- 지방교육자치제도란 "지방교육자치단체가 일반 행정으로부터 분리·독립하여 지방분권의 원리에 따라 지방교육사무를 처리하기 위하여 독립적인 자치 기구를 설치하고

지역주민의 의사에 따라 운영하는 제도"다.

- 헌법 제31조 제4항은 "교육의 자주성·전문성·정치적 중립성 및 대학의 자율성은 법률이 정하는 바에 의하여 보장된다."고 명시하고 있으나 교육자치와 직접 관계가 없는 대학의 자율성을 제외하면, 교육의 자주성·전문성·정치적 중립성이 바로 교육자치를 실시해야 한다는 중요한 논리가 되고 있다. 교육의 자주성·전문성·정치적 중립성은 교육자치를 실시해야 하는 논리를 제공할 뿐만 아니라 지방교육자치제도의 기본 구조를 결정하는 데도 중요한 쟁점이 되고 있다. 즉, 일반행정과 분리되고, 별도의 집행기관과 의결기관을 두며, 교육감과 교육위원 후보자의 정당 추천 배제, 교육경력을 요구하는 기본적인 배경이 되고 있다.

 적용하기

1. 학교제도가 인간의 성장 가능성을 최대한 신장시켜 주도록 만들어진 것인지 생각해 보고, 어떻게 하면 전인적인 인간을 길러내는 학교제도를 만들 것인지 토론해 보자.

2. 우리나라는 분기형 학제라고 할 수 있는데, 고등학교와 대학교 단계에서도 분기형의 요소가 있다. 각 단계별로 분기되는 정도를 설명하고 고등학교 단계 또는 대학 단계 중 어느 단계를 분기의 시점으로 볼 것인지 토론해 보자.

3. 우리나의 중앙교육행정조직의 문제점을 설명하고 개선점을 논의해 보자.

4. 우리나라의 지방교육행정조직은 지역적 특성에 맞는 교육정책을 수립하고 추진할 수 있는 여건을 갖추고 있는지 분석하고 토론해 보자.

5. 지방교육자치와 지방자치의 관계를 생각하고 별도로 분리 또는 통합하여 운영해야 하는 논리적 근거를 정립하고 토론해 보자.

6. 교육위원회가 시·도 의회의 상임위원회로 설치되어 있다. 이에 대한 장점은 무엇이고 단점은 무엇인지 토론해 보자.

7. 교육감을 주민 직선으로 선출하는 것과 학교운영위원회 등에 의한 간선제도는 나름대로 장단점이 존재한다. 무엇이 장점이고 단점인지 정리해 보자.

제10장

교육인사행정

1. 교육인사행정의 기초
2. 교원의 임용 직전단계 인사행정
3. 교원 현직단계 교육력 신장
4. 교원의 사기 양양

● 학습 목표

- 학습자를 중심으로 한 교육인사행정의 개념과 원리 그리고 그 중요성을 이해할 수 있다.
- 교육직원의 분류와 교원의 자격 및 양성, 선발, 신규임용 제도를 이해하고 문제점 및 대안을 제시할 수 있다.
- 학생의 학습지원을 위한 교육력 제고 방안으로서 교원의 연수, 승진, 교장공모, 전직·전보의 주요 개념과 특징을 이해하고 문제점과 대책을 분석할 수 있다.
- 교원의 교육력 신장을 위한 교원능력개발평가의 특징을 파악하고, 그 필요성 및 중요성을 말할 수 있다.
- 교원의 사기 양양을 위한 것이지만, 궁극적으로 학생의 학습권을 보장하기 위한 제도로서 교원의 권리와 의무, 보수, 단체교섭을 이해할 수 있다.

1. 교육인사행정의 기초

1) 교육인사행정의 개념 및 영역

교육은 사람을 대상으로, 사람이 행하는 활동이다. 학습자의 학습을 중심으로 교육을 정의한다면, 교육은 "학습자(학생)의 학습과 성장이 올바른 방향으로, 보다 효과적으로 이루어지도록 지원, 지도, 관리, 조장, 촉진하는 활동"이다.[1] 이렇게 학습과, 학습을 지원하는 교육이 모두 사람이 하는 활동이기에 사람을 관리하는 교육인사행정은 교육행정의 불가결하고 필수적이며 가장 중요한 기능 중 하나다. 조직의 3대 관리요소인 재정(money), 물자(material) 그리고 인력(man) 중에서 가장 중요한 것은 인력, 즉 사람이다. 조직운영에 사람이 가장 중요하듯이, 학습자의 학습과 교육활동의 성패를 가르는 것도 교원이며, 그 교원을 관리하는 것이 교육인사행정이다. 최근에는 전반적인 교육개혁흐름과 함께, 교원능력개발평가의 도입, 교원승진제도의 개선, 교원성과급제도의 개선 등과 같이 교육인사행정 영역에서의 변화가 매우 급하고 중요하게 이루어지고 있다. 그 이유는 교원이 변하지 않으면 교육이 변하지 않고, 학생의 학습에도 발전이 없을 것이라는 인식 때문이다.

인사행정이란 정부조직에 필요한 인적자원을 관리하는 작용이다. 좀 더 구체적으로 살펴보면, 인사행정은 정부조직에서 일하는 인적 자원의 획득과 유지 발전에 관한 관리기능을 수행한다(오석홍, 2008: 511). Nigro는 인사 행정을 "유능한 인력을 획득·개발하고 그들로 하여금 최선을 다할 수 있는 조직환경 내지 근무 조건을 창출하는 일련의 과정"으로 정의하고 있다. 이를 바탕으로 한다면, 인사행정은 "조

---

[1] 김신일(2009: 480)은 교육을 "학습을 간섭 조장 통제하는 행위"이며, "학습의 자유의 구체적 행사는 교육에 대한 자유로운 선택권으로 표현된다."고 주장한다. 하지만 이러한 개념 정의는 가치판단이 배제된 개념 정의이며, 학습을 중시하나 여전히 학습자를 '간섭 조장 통제의 대상'으로 보는 교육자 중심 사고가 깃들어 있다. 또한 '학습의 자유'를 '교육에 대한 자유로운 선택권'으로 해석하는 것은 학습권에 대한 소극적인 해석이다. 학습권은 '학습 선택권'과 같이 학습에 대한 국가의 간섭과 침해를 당하지 않을 권리만을 의미하는 것이 아니라 '전 생애에 걸쳐 인간다운 삶이 영위할 수 있는 학습을 하도록 국가의 지원을 요구할 수 있는 적극적 권리'로 확대 해석되어야 한다. 이에 따라 국가는 국민이 평생에 걸쳐 자기 발전을 위한 학습을 할 수 있도록 법률과 예산의 범위 내에서 적극적으로 지원해야 하는 의무를 지닌다.

직의 목표달성을 위하여 유능한 인적 자원을 확보하고, 그들의 능력을 개발하여, 조직을 위하여 최선을 다하도록 제반 여건을 조성하는 과정"이라고 할 수 있다.

따라서 교육인사행정이란 "교육조직에서 학생들의 학습과 성장이 올바른 방향으로, 보다 효과적으로 이루어지도록 지도·관리·조장·촉진할 수 있는 유능한 교직원을 확보하고, 그들이 지속적으로 교육력을 개발하며, 최선을 다하여 교육력을 발휘하도록 제반 여건을 조성하는 과정"이라고 할 수 있다. 이러한 교육인사행정의 기본 목적을 정리하면 다음과 같다.

- 교직원이 학생의 학습을 최대한 효과적으로 지원하도록 한다.
- 이를 위해 유능한 교직원을 확보하고 그들을 적재적소에 배치한다.
- 교원과 직원의 만족스러운 직업생활을 보장한다.
- 교직원 자신의 능력개발과 발전을 조장 촉진한다.

여기에서 중요한 것은, 교육의 가장 궁극적인 목적이 학습자의 학습과 성장이 듯이, 교육인사행정의 궁극적인 목적도 학습자의 효과적인 학습과 성장이라는 점이다.

교육인사행정의 정의에 기초할 때, 교육인사행정 영역은 크게 세 분야로 구분할 수 있다. 첫째 영역은 임용 직전까지의 인사행정으로, 교원수급계획, 교원 양성, 자격, 모집, 시험 및 임용이 여기에 포함된다. 둘째 영역은 현직 단계 중 교육력 신장으로, 현직연수, 근무평정과 승진, 전보·전직, 교원능력개발평가가 여기에 포함된다. 셋째 영역은 현직단계 중 교원의 근무여건 조성 및 사기 앙양으로, 교원의 권리와 의무, 보수와 근무조건, 교직단체의 발전과 단체교섭, 교원 신분보장과 징계, 교원성과급 등이 여기에 포함된다.

2) 교육인사행정의 원리

교육인사행정 과정에서 일반적으로 지켜야 할 지침이자 준거로서의 원리를 정리하면 다음과 같다. 여기서는 기존에 제기되어 왔던 원리에 학습 중시의 관점을 추가하여 새로 해석하여 정리하였다.

① 학습자의 학습 우선의 원리: 교육활동이 학습이 올바른 방향으로, 보다 효과적으로 이루어지도록 지원·지도·관리·조장·촉진하는 활동이라면, 교육인사행정은 학생의 효과적인 학습을 위하여 유능한 교육직원을 확보하고, 학습을 지원하기 위해 교육력을 개발하며, 최선을 다해 학습 효과를 높이도록 여건을 조성하고 사기를 앙양하는 것이다. 학습자의 학습으로 귀결되지 못하는 교육은 진정한 교육이라고 하기 어렵다. 교육인사행정은 학습자의 학습력 신장, 참된 학업성취를 이끌어 내기 위하여 교육직원의 인사를 관리하는 것이다. 즉, 교육직원만을 위한 교육인사행정이 아니라, 교육직원과 학습자를 모두 중시하며, 나아가 학습자의 효과적인 학습을 위한 교육인사행정이 되어야 한다.

② 교원의 전문성 확립, 즉 교육력 신장의 원리: 교직은 전문직이며, 교원은 교육전문가다. 교원의 전문성은 교육력을 의미한다. 산업사회가 아닌 지식기반사회, 평생학습사회의 교육력은 효과적인 지식 전수 능력이 아니라, 학습자의 자기주도 학습력을 신장하고, 참된 학업성취를 높여 줄 수 있는 능력이다. 따라서 교육인사행정은 교원이 단순히 교과지식의 전달이 아니라, 학습자의 자기주도 학습능력과 창의적 사고능력을 신장하고, 참된 학업성취를 높일 수 있는 능력을 개발하도록 유도·지원·촉진해야 한다. 교과지식의 전달에는 성공하였으나 학생의 학습력과 창의력을 약화시켰다면, 이는 학생이 지식기반사회, 평생학습사회의 평생학습자가 되는 것을 방해하는 것이다. 따라서 지식기반사회, 평생학습사회의 교육인사행정은 학생의 학습력과 창의력을 높이는 교육력을 확립하기 위한 노력이어야 한다.

③ 실적주의와 연공서열주의의 조화 배합 원리: 실적주의는 구성원들의 직무수행능력과 수행태세 등의 가치기준을 강조하고, 당파성, 정실이나 혈연, 지연 등이 아니라 개인의 노력, 능력, 근무성적에 입각하여 인사가 이루어지는 제도다. 연공서열주의는 근무연수, 연령, 경력, 학력 등의 기준을 중시한다. 실적주의는 구성원의 발전을 꾀하고 유능한 사람을 임용하고 우대하는 장점이 있으나, 성실한 근무보다 점수에만 관심을 갖게 하는 부작용이 나타날 수도 있다. 연공서열주의는 명백한 기준으로 객관성을 유지할 수 있으나, 유능한 인재가 사장되고, 성취동기가 저해되어 조직 전체의 침체를 초래할 수 있다. 따라서 교육조직은 직무수행능력을 중시하는 실적주의와 교육경력을 중시하는 연공서열주의가 조화롭게 반영될 필요가 있다. 하지만 전제가 되는 것은 여기서의 실

적주의가 교육행정사무 처리능력이나 관리자가 주관적으로 파악한 실적이 아니라 학생의 학습력과 학업성취, 창의력 향상도, 학생 학부모의 만족도 증대 등을 함께 중시하는 실적주의여야 한다는 것이다.

④ **교육인사행정의 공정성 확보의 원리:** 교육인사행정을 합리적으로 운용하기 위해서는 공정하고 체계적인 임용, 평가, 승진 규정을 만들어 객관성을 유지해야 한다. 학교급별, 지역별, 성별, 종교 등의 이유로 차별을 받지 않으며, 누구나 자신의 능력과 노력에 따라 동등하게 대우받고, 균등한 기회가 주어져야 한다. 다만, 기준이 되는 교원의 능력과 노력이 학습자의 학습력과 참된 학업성취를 높이기 위한 능력과 노력이어야 진정한 공정성이라고 할 수 있다.

⑤ **적재적소 배치의 원리:** 교육인사행정은 정실이나 혈연, 지연 등이 아니라 개인의 자격, 능력, 적성, 흥미, 희망 등을 고려하여 교육직원을 적절하게 배치해야 한다. 그렇게 하면 교육효과도 높일 수 있을 뿐만 아니라 교육직원의 성취동기를 유발하고, 직무만족과 사기를 높일 수 있다.

⑥ **교원 적정수급의 원리:** 출산율 변동에 따른 학교급별 학생 수 변동을 고려하여 학교급별로 교원의 수요와 공급을 적정하게 조정해야 한다. 이를 위해서는 교원 수급에 관한 중장기계획을 수립하고, 수요를 정확하게 예측하여 교원양성과정 운영과 자격 부여, 신규채용 등을 시행해야 한다. 이를 통하여 교원 과잉공급 또는 과소공급을 방지하고, 교원의 질을 유지할 수 있다.

⑦ **합법성의 원리:** 교육인사행정은 법령에 의하여 이루어진다. 헌법 제53조는 "대통령이 헌법과 법률이 정하는 바에 의하여 공무원을 임용한다."고 규정하고 있다. 자의적인 인사행정은 금지된다. 교육인사행정에서 기본이 되는 법령은 국가공무원법과 교육공무원법이다. 그 밖에 교육기본법, 초·중등교육법, 사립학교법, 교원지위 향상을 위한 특별법, 교원의 노동조합 설립 및 운영 등에 관한 법률, 그리고 이와 관계된 명령, 조례, 규칙 등이 있다. 위법한 교육인사행정은 효력 자체가 없다고 할 수 있다.

⑧ **청렴성의 원리:** 최근 우리 사회는 교육계의 고질적인 부패로 많은 충격과 실망을 경험하였다. 교육계에 대한 국민의 존경과 신뢰가 약화되었으며, 교육계 인사들의 자긍심도 낮아졌다. 교육인사행정에서의 청렴성은 앞서 제시한 모든 원리의 기본전제가 되는 원리라고 할 수 있다. 교육인사행정에서의 부패와 부정은 실적주의, 공정성, 적재적소 배치, 교육력 신장을 저해함으로써 근본

적으로는 학생의 학습을 저해하고 교육에 대한 학부모 국민의 불만·불신을 조장한다. 교육계에 대한 학부모 국민의 신뢰 회복은 교육인사행정에서의 청렴성으로부터 시작되어야 한다.

3) 교육인사행정 관계 법령과 기구

전술한 바와 같이 교육인사행정은 법령에 의하여 이루어진다. 법률에 위배되는 자의적인 인사행정은 금지되며 효력도 없다. 교육인사행정에서 가장 기본이 되는 법령은 교육공무원법이다. 교육공무원법은 "교육을 통하여 국민전체에 봉사하는 교육공무원의 직무와 책임의 특수성에 비추어 그 자격 임용 보수 연수 및 신분보장 등에 관하여 교육공무원에 적용할 국가공무원법 및 지방공무원법에 대한 특례를 규정함을 목적으로" 제정되었다.

교육공무원법 외에도 교육기본법[2], 초·중등교육법[3], 사립학교법, 교원지위 향상을 위한 특별법, 교원의 노동조합 설립 및 운영 등에 관한 법률 등이 있다. 교육기본법 제14조는 "학교교육에서 교원(敎員)의 전문성은 존중되며, 교원의 경제적 사회적 지위는 우대되고 그 신분은 보장된다."고 규정하고 있다. 초·중등교육법 제3장 제2절(교직원)은 교직원의 구분, 전문상담교사의 배치, 교직원의 임무, 교원의 자격, 산학겸임교사 등을 규정하고 있다. 사립학교법은 사립학교 교원에 대한 자격, 임명, 복무, 신분보장, 징계에 대하여 규정하고 있다. 교원지위 향상을 위한 특별법은 "교원에 대한 예우와 처우를 개선하고 신분보장을 강화함으로써 교원의

---

[2] 교육기본법 제14조(교원) ① 학교교육에서 교원(敎員)의 전문성은 존중되며, 교원의 경제적·사회적 지위는 우대되고 그 신분은 보장된다. ② 교원은 교육자로서 갖추어야 할 품성과 자질을 향상시키기 위하여 노력하여야 한다. ③ 교원은 교육자로서의 윤리의식을 확립하고, 이를 바탕으로 학생에게 학습윤리를 지도하고 지식을 습득하게 하며, 학생 개개인의 적성을 계발할 수 있도록 노력하여야 한다. ④ 교원은 특정한 정당이나 정파를 지지하거나 반대하기 위하여 학생을 지도하거나 선동하여서는 아니 된다. ⑤ 교원은 법률로 정하는 바에 따라 다른 공직에 취임할 수 있다. ⑥ 교원의 임용 복무 보수 및 연금 등에 관하여 필요한 사항은 따로 법률로 정한다.

[3] 제20조(교직원의 임무) ① 교장은 교무를 통할하고, 소속 교직원을 지도·감독하며, 학생을 교육한다. ② 교감은 교장을 보좌하여 교무를 관리하고 학생을 교육하며, 교장이 부득이한 사유로 직무를 수행할 수 없는 때에는 그 직무를 대행한다. 다만, 교감을 두지 아니하는 학교의 경우에는 교장이 미리 지명한 교사가 그 직무를 대행한다. ③ 교사는 법령이 정하는 바에 따라 학생을 교육한다. ④ 행정직원등 직원은 교장의 명을 받아 학교의 행정사무와 기타의 사무를 담당한다.

지위를 향상시키고 교육 발전을 도모하는 것을 목적으로" 제정되었다. 교원의 노동
조합 설립 및 운영 등에 관한 법률은 "교원의 노동조합 설립에 관한 사항을 정하고
교원에 적용할 노동조합 및 노동관계조정법에 대한 특례를 규정함을 목적으로" 제
정되었다.

그리고 이와 관계된 대통령령, 교육부령, 교육부훈령 등이 있다. 예를 들면, 교육
공무원 임용령, 교육공무원 승진규정, 교육공무원 인사위원회 규정, 교육공무원 징
계령, 교원 등의 연수에 관한 규정, 교원자격검정령, 교원소청에 관한 규정, 교원
예우에 관한 규정 등이 있다.

교육인사행정을 담당하는 기관으로는, 중앙에는 대통령, 교육부장관 그리고 행
정자치부장관, 지방에는 시 · 도 교육청의 교육감, 시 · 군 · 구 지역교육청의 교육
장이 있다. 이러한 계선조직 외에 참모조직으로는 ○○위원회로 불리워지는 각종
자문 · 심의 기관이 있다. 또 보조조직으로는 교사 입장에서 각급 학교 교원의 징계
처분과 그 밖의 그 의사에 반하는 불리한 처분에 대하여 소청심사를 할 수 있도록
교원소청심사위원회를 교육부에 두고 있다.

4) 교육직원의 분류

공무원은 "직접 또는 간접적으로 국민에 의하여 선출 또는 임용되어 국가나 공공
단체와 공법상의 근무관계를 맺고 공공적 업무를 담당하고 있는 자"[4]를 말한다. 공
무원은 노동의 대가로 보수, 신분보장, 연금 등을 받는 사람들이다. 국가공무원은
국가공무원법 제2조에 의하여 경력직 공무원과 특수경력직 공무원으로 구분된다.
경력직 공무원이란 실적과 자격에 따라 임용되고 그 신분이 보장되며 평생토록 공
무원으로 근무할 것이 예정되는 공무원을 말한다. 경력직 공무원은 일반직 공무원,
특정직 공무원, 기능직 공무원으로 구분되는데, 교육공무원은 경력직 중 특정직에
속한다. 특수경력직 공무원이란 경력직공무원 외의 공무원을 말하며, 정무직 공무
원, 별정직 공무원, 계약직 공무원 및 고용직 공무원이 있다. 현재 공무원의 종류는
〈표 10-1〉과 같다.

---

4) 헌법재판소결정1992. 4. 28. 90헌바27-34, 36-42, 44-46, 92헌바15(병합)

표 10-1 공무원의 종류

경력직	일반직	기술 · 연구 또는 행정 일반에 대한 업무를 담당하며, 직군(職群) · 직렬(직렬)별로 분류되는 공무원
	특정직	법관, 검사, 외무공무원, 경찰공무원, 소방공무원, **교육공무원**, 군인, 군무원, 헌법재판소 헌법연구관, 국가정보원의 직원과 특수 분야의 업무를 담당하는 공무원으로서 다른 법률에서 특정직공무원으로 지정하는 공무원
	기능직	기능적인 업무를 담당하며 그 기능별로 분류되는 공무원
특수 경력직	정무직	선거로 취임하거나 임명할 때 국회의 동의가 필요한 공무원. 고도의 정책결정 업무를 담당하거나 이러한 업무를 보조하는 공무원으로서 법률이나 대통령령(대통령실의 조직에 관한 대통령령만 해당한다)에서 정무직으로 지정하는 공무원
	별정직	특정한 업무를 담당하기 위하여 별도의 자격 기준에 따라 임용되는 공무원으로서 법령에서 별정직으로 지정하는 공무원
	계약직	국가와의 채용 계약에 따라 전문지식 · 기술이 요구되거나 임용에 신축성 등이 요구되는 업무에 일정 기간 종사하는 공무원
	고용직	단순한 노무에 종사하는 공무원

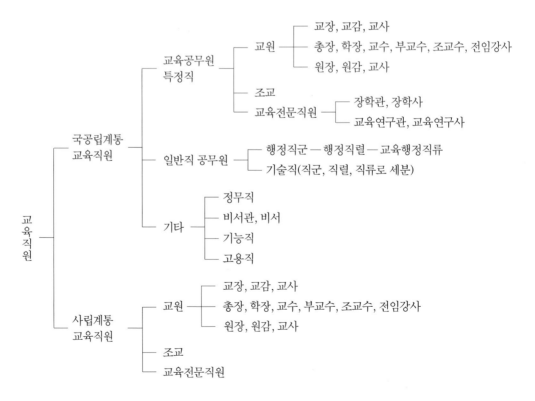

[그림 10-1] 교육공무원의 구분

교육과 관련된 직원 전체를 간단히 교육직원 또는 교직원이라 부른다. 교육직원이란 국공립·사립학교에서 교육활동 등에 종사하는 자(사무직원 포함)와 교육행정기관 교육연구기관에서 근무하는 자를 모두 포함하는 개념이다. 교원은 각급 학교에서 원아, 학생을 직접 지도 교육하는 자로서, 국공립·사립학교에서 직접 교육을 담당하고 있는 사람들(교장·교감, 원장·원감, 대학 교원 포함)이다. 사립학교에 근무하는 교원은 교육공무원이 아니다. 교육공무원은 국공립의 각급 학교에 근무하는 교원과 교육행정기관 교육연구기관에서 근무하는 교육전문직을 의미한다. 교육공무원의 구분을 도식화하면 [그림 10-1]과 같다.

2. 교원의 임용 직전단계 인사행정

1) 교원의 자격

교원은 교육전문가로서 그 직무를 효과적·효율적으로 수행하는 데 필요한 자질과 자격을 갖추어야 한다. 자질은 특정 직무를 수행하는 데 필요한 인성적 특징이나 교육과 훈련을 통해 습득되는 일반적 특질을 의미하며, 자격은 특정 직무를 수행하는 데 필요한 능력과 자질을 행정적·제도적으로 규정한 것이다. 그리고 자격검정은 어떤 개인이 행정적·제도적으로 규정된 자격기준을 지니고 있는지 여부를 확인하는 행위를 의미한다.

행정적·제도적으로 교원의 자격을 규정하고, 자격검정을 실시하는 이유는 교원이 전문적인 능력과 자질을 갖추도록 함으로써 궁극적으로 학생의 학습권을 보장하기 위한 것이다. 또한 전문직 종사자로서 교원의 신분과 사회적 지위를 보호하기 위한 것이다. 나아가 국가·사회 전체적으로 교육의 공공성과 질 향상을 도모하기 위한 것이다.

교원자격에 대한 법률 규정은 초·중등교육법 제21조, 교육공무원법 제3장, 사립학교법 제52조와 이에 근거한 관련 법령, 즉 교원자격검정령, 동령시행규칙 등에 기초하고 있다. 우선 초·중등교육법 제21조는 교장, 교감, 교사의 자격을 규정하고 있다. 먼저, 교장 및 교감은 대통령령이 정하는 바에 의하여 교육부장관이 검정·수여하는 자격증을 받은 자이어야 한다. 교사는 정교사(1급·2급) 준교사 전문상담교사(1급 · 2급), 사서교사(1급 · 2급), 실기교사 보건교사(1급 · 2급) 및 영양교사 (1급 · 2급)로 나누되, 대통령령이 정하는 바에 의하여 교육부장관이 검정 · 수여하는 자격증을 받은 자이어야 한다.

교원자격의 검정에 관한 사항을 심의하기 위하여 교육부장관 소속하에 교원자격 검정위원회를 두며, 기타 필요한 사항은 대통령령으로 정하도록 되어 있다. 다만, 교수, 부교수, 조교수, 전임강사는 자격증을 필요로 하지 않고 임용자격제도를 채택하고 있다. 초 · 중등교육법에서는 교장, 교감, 교사의 자격기준을 〈표 10-2〉, 〈표 10-3〉과 같이 규정하고 있다.

다만, 이러한 교장의 자격에도 예외가 존재한다. 초 · 중등교육법 시행령 제105조

표 10-2 교장 · 교감 자격기준

자격 학교별	교 장	교 감
중등학교	1. 중등학교의 교감 자격증을 가지고 3년 이상의 교육경력과 일정한 재교육을 받은 사람 2. 학식 · 덕망이 높은 사람으로서 대통령령으로 정하는 기준에 해당한다는 인정을 교육부장관으로부터 받은 사람 3. 교육대학 · 전문대학의 학장으로 근무한 경력이 있는 사람 4. 특수학교의 교장 자격증을 가진 사람 5. 공모 교장으로 선발된 후 교장의 직무수행에 필요한 교양과목, 교직과목 등 교육부령으로 정하는 연수과정을 이수한 사람	1. 초등학교의 교감 자격증을 가지고 3년 이상의 교육경력과 일정한 재교육을 받은 사람 2. 학식 · 덕망이 높은 사람으로서 대통령령으로 정하는 기준에 해당한다는 인정을 교육부장관으로부터 받은 사람 3. 특수학교의 교장 자격증을 가진 사람 4. 공모 교장으로 선발된 후 교장의 직무수행에 필요한 교양과목, 교직과목 등 교육부령으로 정하는 연수과정을 이수한 사람
초등학교	1. 중등학교 정교사(1급) 자격증 또는 보건교사(1급) 자격증을 가지고 3년 이상의 교육경력과 일정한 재교육을 받은 사람 2. 중등학교 정교사(2급) 자격증 또는 보건교사(2급) 자격증을 가지고 6년 이상의 교육경력과 일정한 재교육을 받은 사람 3. 교육대학의 교수 · 부교수로서 6년 이상의 교육경력이 있는 사람 4. 특수학교의 교감 자격증을 가진 사람	1. 초등학교 정교사(1급) 자격증 또는 보건교사(1급) 자격증을 가지고 3년 이상의 교육경력과 일정한 재교육을 받은 사람 2. 초등학교 정교사(2급) 자격증 또는 보건교사(2급) 자격증을 가지고 6년 이상의 교육경력과 일정한 재교육을 받은 사람 3. 특수학교의 교감 자격증을 가진 사람

출처: 초 · 중등교육법 〈별표 1〉 교장 · 교감 자격기준(제21조 1항 관련).

표 10-3　교사 자격기준

자격 학교별	정교사(1급)	정교사(2급)
중등학교	1. 중등학교의 정교사(2급) 자격증을 가지고 교육대학원 또는 교육부장관이 지정하는 대학원 교육과에서 석사학위를 받은 사람으로서 1년 이상의 교육경력이 있는 사람 2. 중등학교 정교사 자격증을 가지지 아니하고 교육대학원 또는 교육부장관이 지정하는 대학원 교육과에서 석사학위를 받은 후 교육부장관으로부터 중등학교 정교사(2급) 자격증을 받은 사람으로서 3년 이상의 교육경력이 있는 사람 3. 중등학교의 정교사(2급) 자격증을 가진 사람으로서 3년 이상의 교육경력을 가지고 일정한 재교육을 받은 사람 4. 교육대학 · 전문대학의 교수 · 부교수로서 3년 이상의 교육경력이 있는 사람	1. 사범대학을 졸업한 사람 2. 교육대학원 또는 교육부장관이 지정하는 대학원 교육과에서 석사학위를 받은 사람 3. 임시 교원양성기관을 수료한 사람 4. 대학에 설치하는 교육과를 졸업한 사람 5. 대학 · 산업대학을 졸업한 사람으로서 재학 중 일정한 교직과(敎職科) 학점을 취득한 사람 6. 중등학교 준교사 자격증을 가진 사람으로서 2년 이상의 교육경력을 가지고 일정한 재교육을 받은 사람 7. 초등학교의 준교사 이상의 자격증을 가지고 대학을 졸업한 사람 8. 교육대학 · 전문대학의 조교수로서 2년 이상의 교육경력이 있는 사람 9. 제22조에 따른 산학겸임교사 등(명예교사는 제외한다)의 자격기준을 갖춘 사람으로서 임용권자의 추천과 교육감의 전형을 거쳐 교육감이 지정하는 대학 또는 교원연수기관에서 대통령령으로 정하는 교직과목과 학점을 이수한 사람. 이 경우 임용권자의 추천 대상자 선정기준과 교육감의 전형기준에 관하여는 대통령령으로 정한다.
초등학교	1. 초등학교 정교사(2급) 자격증을 가진 사람으로서 3년 이상의 교육경력을 가지고 일정한 재교육을 받은 사람 2. 초등학교 정교사(2급) 자격증을 가진 사람으로서 교육경력이 3년 이상이고, 방송통신대학 초등교육과를 졸업한 사람 3. 초등학교 정교사(2급) 자격증을 가지고 교육대학원 또는 교육부장관이 지정하는 대학원의 교육과에서 초등교육과정을 전공하여 석사학위를 받은 사람으로서 1년 이상의 교육경력이 있는 사람	1. 교육대학을 졸업한 사람 2. 사범대학을 졸업한 사람으로서 초등교육과정을 전공한 사람 3. 교육대학원 또는 교육부장관이 지정하는 대학원의 교육과에서 초등교육과정을 전공하고 석사학위를 받은 사람 4. 초등학교 준교사 자격증을 가진 사람으로서 2년 이상의 교육경력을 가지고 일정한 재교육을 받은 사람 5. 중등학교 교사자격증을 가진 사람으로서 필요한 보수교육을 받은 사람

〈계속〉

		6. 전문대학을 졸업한 사람 또는 이와 같은 수준 이상의 학력이 있다고 인정되는 사람을 입소 자격으로 하는 임시 교원양성기관을 수료한 사람 7. 초등학교 준교사 자격증을 가진 사람으로서 교육경력이 2년 이상이고 방송통신대학 초등교육과를 졸업한 사람
특수학교	1. 특수학교 정교사(2급) 자격증을 가지고 3년 이상의 교육경력이 있는 사람으로서 일정한 재교육을 받은 사람 2. 특수학교 정교사(2급) 자격증을 가지고 1년 이상의 교육경력이 있는 사람으로서 교육대학원 또는 교육부장관이 지정하는 대학원에서 특수교육을 전공하고 석사학위를 받은 사람 3. 유치원·초등학교 또는 중등학교 정교사(1급) 자격증을 가지고 필요한 보수교육을 받은 사람 4. 유치원·초등학교 또는 중등학교 정교사(2급) 자격증을 가지고 1년 이상의 교육경력이 있는 사람으로서 교육대학원 또는 교육부장관이 지정하는 대학원에서 특수교육을 전공하고 석사학위를 받은 사람	1. 교육대학 및 사범대학의 특수교육과를 졸업한 사람 2. 대학·산업대학의 특수교육 관련 학과를 졸업한 사람으로서 재학 중 일정한 교직과정을 마친 사람 3. 대학·산업대학의 특수교육 관련 학과를 졸업한 사람으로서 교육대학원 또는 교육부장관이 지정하는 대학원에서 특수교육을 전공하고 석사학위를 받은 사람 4. 유치원·초등학교 또는 중등학교 정교사(2급) 자격증을 가지고 필요한 보수교육을 받은 사람 5. 유치원·초등학교 또는 중등학교 정교사(2급) 자격증을 가지고 교육대학원 또는 교육부장관이 지정하는 대학원에서 특수교육을 전공하고 석사학위를 받은 사람 6. 특수학교 준교사 자격증을 가지고 2년 이상의 교육경력이 있는 사람으로서 일정한 재교육을 받은 사람 7. 유치원·초등학교·중등학교 또는 특수학교 준교사 자격증을 가지고 2년 이상의 교육경력이 있는 사람으로서 교육대학원 또는 교육부장관이 지정하는 대학원에서 특수교육을 전공하고 석사학위를 받은 사람

출처: 초·중등교육법 〈별표 1〉 교사 자격기준(제21조 2항 관련).

의2는 자율학교 및 자율형 사립고등학교 공모교장의 자격을 별도로 규정하고 있다. 학습부진아 교육을 실시하는 학교, 특성화 중·고등학교와 예체능계고등학교, 자율학교로 지정된 학교의 경우에는 그 학교 교육과정에 관련된 교육기관, 교육행정기관, 교육연구기관, 국가기관, 지방자치단체, 공공단체, 국제기구, 외국기관, 산업체 등에서 3년 이상 종사한 경력이 있는 자가 교장이 될 수 있다. 이는 개방형 교장공모 제의 근거가 되고 있다.

학교 및 교육과정 운영의 특례를 규정한 초 · 중등교육법 제61조에 따라, 사립자 율학교와 자율형사립고, 자율형공립고의 공모교장 자격을 별도로 정하고 있다. 교 육공무원법 제29조의 3은 "「초 · 중등교육법」 제61조에 따른 학교의 장은 학교운 영위원회의 심의를 거쳐 해당 학교 교육과정에 관련된 교육기관, 국가기관 등에서 3년 이상 종사한 경력이 있는 사람 또는 학교에서 교원으로서 전임으로 근무한 경 력(교육전문직원으로 근무한 경력을 포함한다)이 15년 이상인 교육공무원이나 사립학 교 교원 중에서 공모를 통하여 선발된 사람을 교장으로 임용하여 줄 것을 임용제청 권자에게 요청할 수 있다."고 공모교장의 자격을 규정하고 있다.

우리나라의 교사자격은 그 효력이 종신토록 유지되기 때문에 교원양성기관 졸업 자에게 교사자격을 부여하는 신규 교사자격 검정이 매우 중요하다. 교원자격검정 령에 따르면, 교사자격검정은 무시험검정과 시험검정으로 구분되며, 원칙적으로는 무시험검정을 시행하며, 보완적으로 교원수급 계획상 필요시 시험검정을 시행하고 있다. 무시험검정은 시험을 치르지 않고, 법에 규정된 자격기준에 합당하면 서류심 사에 의하여 교원자격증을 수여하는 방법이다. 현재 교원자격 취득자 대부분이 무 시험검정으로 자격증을 획득하고 있다. 즉, 교육대학의 졸업자 및 사범대학의 졸업 자, 대학 전문대학의 교직과정 이수자에게 신규교사자격을 부여할 때, 교육대학원 및 교육부령이 지정하는 대학원 교육과에서 석사학위를 받은 때, 재교육을 통해 상

뉴스 따라잡기

日 교사자격증 갱신제 도입, 급여 삭감

일본 정부가 유치원에서 초 · 중등 교육에 이르기까지 교육의 질을 끌어올리는 데 박차 를 가하고 있다. 현지 언론에 따르면 문부과학성은 '교사 면허 갱신제'를 조만간 도입하기 로 했다. 대상은 100만여명인 전국 초 · 중 · 고교 교사 전원. 지금은 우리의 교사자격증에 해당하는 면허를 한 번 취득하면 평생 유효하다. 하지만 갱신제가 도입되면 10년마다 면허 를 다시 받게 된다. 재취득을 위해서는 정부가 지정한 대학 등에서 20~30시간 연수를 거

쳐야 한다. 문부과학성은 교사들의 반발도 예상되지만 '자질 향상'을 위해 면허 갱신제를 강행할 방침이다. 또 집권 자민당은 공립 초중학교 교사의 임금 수준을 2~4% 끌어내리기로 했다. 재정 건전화를 위해서다. 향후 5년간 수천억엔을 줄일 계획. 일본에서는 인재확보를 명분으로 교사의 임금을 다른 지방공무원에 비해 우대해 왔다. 하지만 큰 효과가 없었던 만큼 고통분담을 요구하겠다는 것이 정부의 판단이다. 〈연합뉴스, 2006. 5. 26〉

교사자격 갱신제 도입 바람직하다

　대통령자문 교육혁신위가 그제 내놓은 중·장기 교육혁신방안 중 가장 눈에 띄는 것이 교사자격 갱신제다. 초·중·고 교사로 재직 중이더라도 일정 기간마다 자질 평가에서 문제가 있다고 판단되면 교사 자격을 박탈하는 제도를 2010년부터 시범도입하고 2015년부터 시행할 것을 제안한 게 그 골자다. 전반적으로 학교교육의 질이 갈수록 떨어진다는 우려가 커지는 현실을 감안하면 꼭 필요한 제도라고 본다.

　한번 교사가 되면 범죄 등으로 인한 결정적인 결격사유가 없는 한 교단에서의 축출이 불가능하다. 그러다 보니 교수능력 등 자질 향상에 소홀하거나 부실수업을 일삼아도 제재할 방법이 마땅히 없었다. 학생지도에 열성적인 교사나 교감, 교장으로의 승진을 염두에 둔 교사들은 사정이 다르지만 승진을 아예 포기한 교사 중에는 준비 없이 수준 이하의 수업을 진행하는 일도 적지 않다. 따라서 교사자격 갱신제가 도입된다면 나태한 교사들에게 자극제가 돼 불량 수업이 훨씬 줄어들 것으로 기대된다.

　그러나 이 제도의 도입은 순탄치 않을 것으로 보인다. 교육혁신위는 공청회를 거쳐 오는 9월 최종안을 확정하겠다고 밝혔지만 정책집행기구가 아니어서 권고안의 구속력이 없는 데다 참여정부의 임기가 얼마 남지 않은 상황이어서 추진력이 떨어지기 때문이다. 또한 교원단체의 반발도 큰 장애요인이다. 승진이나 연봉에는 적용하지 않겠다는 전제로 실시하려던 교원평가제조차도 거센 반발에 부딪혀 그 시행이 유동적인데 교사자격 갱신제는 오죽 반발이 심하겠는가.

　세계화시대에 교육경쟁력은 곧 국가경쟁력이다. 능력 있는 사람을 얼마나 많이 길러내느냐가 국가 흥망을 좌우한다고 해도 과언이 아니다. 미국의 일리노이 주 등에선 5~10년 단위로 교사자격증을 갱신하며 일본도 최근 이 제도를 도입했다. 교육의 혁신은 시대적 요청이며, 교사들의 자질 검증은 불가피한 것이다. 교육의 질 향상을 위해 제도 도입은 반드시 필요하다.

〈세계일보, 2007. 8. 17〉

[생각해 보기] 교사자격 갱신제는 필요한 것인가, 어떤 장단점이 있는가?

급자격을 부여할 때, 이미 취득한 자격을 근거로 다른 급 학교 자격으로 변경하거
나 유사한 자격을 인정받을 때, 교원자격검정위원회가 추천에 의거하여 교장 또는
원장의 자격을 인가할 때 등에 무시험검정으로 자격증을 획득한다.

2) 교원 수급계획

인적자원계획이 교육인사행정의 선행과정으로서 조직행정의 전 단계에 영향을
미치듯이, 교원수급 정책은 교원정책의 최우선 과제로서 교원의 양성, 자격, 채용,
현직교육, 평가, 인사이동에 이르기까지 널리 영향을 미친다. 교원수급정책에서 우
선적으로 갖춰야 할 것은 수요와 공급의 양적 균형이지만, 정책의 마침표를 찍는 것
은 공급되는 교원의 질이 보장되어야 한다는 것이다. '질적으로 충분한 교원의 확
보'는 교육 발전의 밑거름이고 교원의 질은 필연적으로 교육의 질과 연관되어 있다
(신현석, 2001: 158). 교원수급정책이 '양질의 교원을 안정적으로 수급하기 위한 합
리적인 계획의 과정으로서 교원정책의 최우선 과제'라고 한다면, 교원수급계획은
'양질의 교원을 안정적으로 수급하기 위한 합리적인 계획'이라고 할 수 있다. 교원
수급에서 가장 중요한 것은 질 높은 교원을 안정적으로 공급하는 것이다. 즉, 교원
수급에서 수요를 정확하게 예측해서 적기에 공급하는 양적인 균형의 유지뿐 아니
라 공급되는 교원의 질적인 측면을 중시해야 한다는 것이다.

합리적이고 원활한 교원수급계획을 위해서는 교원의 수요를 예측하고 그에 맞는

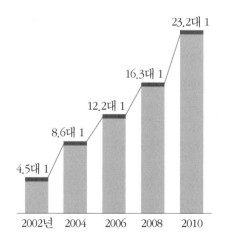

[그림 10-2] 중등교사 임용고시 경쟁률

출처: 교육과학기술부

공급계획을 세우는 것이 중요하다. 교원수급계획은 사회의 직업선호도 변화와 인구·학생 수 동향 등을 고려하여 장기적인 안목을 가지고 추진되어야 한다. 교원양성기관의 입학정원을 탄력적으로 조정하여 과소·과잉 공급이 나타나지 않도록 고려하고, 퇴직 연령의 제도적 변화도 수급 상황의 변화를 과학적으로 분석하여 결정해야 한다.

교원수요의 결정요인은 교육 내적인 요인과 교육 외적인 요인으로 구분한다. 교육 내적인 수요 요인으로는 취학률, 진급 및 진학률, 학교의 주당수업시간, 교원의 주당수업시간 및 업무량, 교과목 구성, 교사 대 학생 수, 교원의 법정 정원 충족률, 교원의 이직 및 퇴직률 등을 들 수 있다. 교육 외적인 수요 요인으로는 인구동향, 출산율, 교육 예산, 타직종의 취업 상황 및 봉급 수준, 타직종의 안정성 등이 있다. 교원 공급의 결정요인으로는 교원양성기관의 정원, 교원자격제도 및 자격증 소지자 비율, 양성기관 임용률, 임용시험제도의 변화 등을 들 수 있다(박세훈 외, 2008: 200).

3) 교원의 양성

교원수급정책에서 우선 갖춰야 할 것은 수요와 공급의 양적 균형이지만 정책의 마침표를 찍는 것은 공급되는 교원의 질이 보장되어야 한다는 것이다. '질적으로 충분한 교원의 확보' 는 교육 발전의 밑거름이고 교원의 질은 필연적으로 교육의 질로 연결된다. 따라서 교원이 학습자의 학습, 학교교육의 질을 결정하는 전문직으로서 주어지는 직무를 올바르고 효과적으로 수행하기 위해서는 교원이 되기 전에 질 높은 교육을 거쳐야 한다. 즉, 교원은 각급 학교에서 학생들을 교육하기 위하여 교과에 관한 충분한 지식, 학생을 이해하고 학습을 올바르고 효과적으로 지도하는 능력, 교직에 대한 사명감 등 교사의 자질을 충분히 갖추어야 한다. 특히, 사회 환경과 교육에 대한 사회적 요구, 교수 학습 방법 등의 변화에 대응능력을 갖춘 교원을 양성해야 한다.

교원양성제도는 흔히 두 가지로 구분된다. 교육대학교, 사범대학과 같이 교사 양성을 목적으로 설립된 교육기관에서만 교사 양성을 허용하는 폐쇄적인 목적형 교원양성체제와, 일정한 조건을 갖춘 모든 대학에 교사 양성을 허용하고, 교사자격증 취득요건을 충족하면 본인의 신청에 의해 교사자격증을 부여하는 개방형 교원양성체제가 있다. 폐쇄적인 목적형 교원양성체제는 국가 차원에서 교원양성의 양과 질을 직접 통제할 수 있어 교원 수급상의 문제를 효과적으로 해결할 수 있다. 하지만 교원양성에서의 획일성, 폐쇄성, 경직성 등의 문제가 발생한다. 개방형 교원양성체제는 목적형 교원양성체제의 통제에 따른 획일성, 폐쇄성 및 경직성을 어느 정도 극복하고 자율성에 근거하여 다양성, 개방성 및 융통성을 확보할 수 있다. 하지만 교원수급에서 자격증 소지자의 공급과잉 또는 공급부족 문제를 야기할 수 있다. 우리나라는 초등교원양성에서는 목적형 교원양성체제를, 중등교원 양성에서는 개방형 교원양성체제에 가까운 절충제를 채택하고 있다.

학교급별 양성체제를 살펴보면 다음과 같다. 먼저, 유치원 교사의 양성은 2년제 전문대학 및 4년제 대학(방송통신대학 포함)에 설치된 유아교육과, 교육대학원의 유아교육 전공과정을 통하여 이루어진다. 하지만 그 주류는 2년제 전문대학이라고 할 수 있다. 이러한 양성기관과 수학연한의 차이에도 불구하고, 2급정교사라는 동일한 자격을 부여하고 있다. 이에 따라 교사 자질의 차이, 교사 대우의 차이, 일부 교사의 사기 저하 등 문제가 발생하고 있다.

초등교원의 양성은 폐쇄적인 목적형 교원양성체제로 10개 교육대학교, 한국교원대학교, 제주대학교, 이화여자대학교 등 총 13개 교육기관에서 이루어진다. 의무교육을 달성하기 위한 목적형 체제로서의 초등교원 양성체제는 중등교원 양성체제에 비하여 비교적 통일된 교육과정을 운영하고 있으며, 목적형 양성체제에 걸맞게 교원의 질 관리도 체계화되어 있다.

중등교원 양성은 45개 사범대학과 일반대학교 교육학과 및 교직과정과 교육대학원을 망라한 개방형 양성체제에 의해서 이루어지고 있다. 중등교육은 1960년대와 1970년대의 교육인구의 급격한 팽창에 따라 양성교육기관의 지나친 난립이 초래되었고, 그 결과 교원자격증이 남발되는 등 일부 부작용도 나타나고 있는 실정이다.

이러한 부작용을 개선하기 위해 2010년부터 시작된 3주기 교원양성기관평가는 교원양성교육의 질 제고 및 교원양성 규모의 적정화를 위해 평가 기준 및 방법 등을 크게 강화해 평가결과에 따라 부실한 대학은 자율적인 개편을 유도하고, 우수한 대학은 행정적 · 재정적 지원을 통해 보다 질 높은 양성기관으로 육성하는 데 목적을 두고 실시되고 있다. 이러한 목적에 따라 우수(A) 판정을 받은 대학에는 행정적 · 재정적 지원을 하며, 미흡(C)이나 부적합(D) 판정을 받은 대학은 재평가 후 개선이 미흡할 경우 행정적 제재 조치를 취할 예정이다(교육과학기술부, 2009. 7. 17).

4) 교원의 선발과 신규채용

(1) 모집

모집이란 적합하고 유능한 후보자들이 교직에 임용되기 위하여 지원하고 경쟁하도록 유도하고 선별하는 활동이다. 모집은 유능한 인재들이 교직에 관심을 갖고 모여들게 하려는 목적을 가진 활동으로, '이끄는 기능(권유하는 기능, attracting function)'과 '선별기능(screening function)'을 동시에 수행하는 활동이다. 교사로 헌신하고자 하는 인재들을 모아들이는 이끄는 기능은 교사로 적합한 가능성이 있는 인재들을 선별하는 기능과 결합될 때 제대로 목적을 달성할 수 있다.

교원모집이 효과적으로 이루어지기 위해서는 교원수급계획과 양성이 제대로 이루어져야 한다. 효과적인 모집은 교원의 수요를 예측하고 그에 맞는 공급계획을 세우는 교원수급계획과 예비 교원들이 각급 학교에서 학생들을 교육하기 위하여 교과에 관한 충분한 지식, 학생을 이해하고 학습을 올바르고 효과적으로 지도하는 능력, 교직에 대한 사명감 등 교사의 자질을 충분히 갖추도록 지도하는 양성제도와 연계하여 이루어져야 한다. 우리나라 교원양성제도는 목적형 양성체제(초등학교)와 절충형 양성체제(중등학교)이기에 교사 자격증 소지자를 대상으로 한 모집도 중요하지만, 올바른 가치관과 뛰어난 능력을 지닌 학생들을 양성체제(교육대학, 사범대학, 교직과정 등)에 이끌고, 선별하기 위한 과정도 중요한 의미를 가진다.

교육활동의 성패는 일차적으로 모집과 선발에 달려 있다. 올바른 가치관과 교직관, 그리고 교사로서 지녀야 할 전문성을 지닌 유능한 인재를 교직으로 이끌고, 그중에서도 교직에 가장 적합한 인재를 선별하기 위해서는 가장 먼저 모집을 적극화하기 위한 여건을 조성해야 한다. 이를 위해서는 교직에 대한 사회적 평가와 신뢰를 높이기 위한 활동이 이루어져야 한다. 교직에 대한 평가와 신뢰가 약화되어 교직에 임용되는 것을 바람직하지 않은 것으로 생각한다면 모집활동이 성과를 거두기는 어렵다. 나아가 모집활동을 담당하는 시·도 교육청은 교원임용시험의 높은 경쟁률에 안주하는 소극적 모집활동을 벗어나 교육인사제도를 개선하고 적극적 모집활동으로 유능한 인재가 교직에 지망할 수 있도록 유도해야 한다. 이를 위해서는 과학적이고 적극적인 모집활동, 지역특성에 적합한 모집방안 수립, 공정하고 타당하며 신뢰성 있는 공개경쟁임용시험 실시, 신속하고 편리한 선발과 신규임용, 적정한 편익, 적절한 교육력 개발기회 제공 등을 위해 노력해야 한다.

(2) 교원의 선발

일반적으로, 선발은 모집을 한 후에 응모한 후보자들 중에서 해당 직위에 가장 적합한 사람을 선택하는 활동이다. 교원의 선발은 모집을 통해 교직에 응모한 후보자들 중에서 교직에 가장 적합한 사람을 선택하는 활동이다. 효과적인 교육활동이 유지되고 더욱 향상되기 위해서는 교직에 가장 적합한 사람이 선발되어야 하기에 선발 방법과 절차는 매우 엄격해야 한다. 모집을 해서 지원자들이 모이면 그들 가운데서 교직에 보다 적합한 사람을 선발하는 수단이 시험이다. 따라서 선발 시험은 타당성, 신뢰성 및 객관성을 갖추어야 한다.

선발시험의 타당성은 시험이 측정하려고 하는 내용을 제대로 측정하고 있느냐 하는 정도를 말한다. 일정한 교직 직무수행능력을 측정하려고 입안한 시험이 그러한 능력을 정확하게 측정하였으면 타당성이 있는 것이다. 특히 현재의 교직 수행능력만이 아니라 교직 임용 후의 교육활동과 그 성과를 측정할 수 있어야 하며, 나아가 잠재적 교직수행능력의 발전 가능성을 예측할 수 있어야 한다. 선발시험의 신뢰성은 선발시험이 능력 측정 도구로서 가지는 일관성, 즉 측정환경에 의해 영향을 받지 않는 정도를 의미한다. 즉, 동일한 응시자가 동일한 시험을 시간과 장소 등 조건 환경을 달리하여 반복 시행한 다음 시험 결과가 어떻게 나타났는가 하는 것을 의미한다. 선발시험의 객관성은 시험성적을 채점하는 데에서 채점자 개인의 편견이나 응시자의 성별, 정치성향, 학연, 지연 등 시험 외적 요인에 좌우되지 않은 공정성을 의미한다. 선발 시험은 타당성, 신뢰성 그리고 객관성을 갖추기 위해서는 시험 방법을 다양화하고 개선하기 위해 끊임없이 노력해야 한다.

특히, 교원 중 공립교사 선발시험은 임용권자인 교육감이 실시하는데, 시 · 도 교육청별로 치르는 '교사 임용후보자 선정경쟁시험'이 여기에 해당한다. 평생학습사회, 지식기반사회로의 변화를 반영하여 교사로서의 교육능력에 학습자의 학습관리능력, 자기주도학습능력과 태도를 길러주는 학습지원자 · 학습관리자로서의 능력을 함께 측정하고 판별할 수 있어야 한다. 또한 '교사 임용후보자 선정경쟁시험'에 대한 사후평가를 수행하여 유능한 인력이 선발되었는지를 검토하고 그 결과를 장래의 선발시험 개선에 반영해야 할 것이다.

(3) 교원의 신규임용

교원의 임용이란, 교원(공립학교는 공무원)의 신분을 부여(설정)하여 근무하게 하는 모든 인사활동을 의미한다. 교육공무원법 제2조는 임용을 "신규채용, 승진, 승급, 전직, 전보, 겸임, 파견, 강임, 휴직, 직위해제, 정직, 복직, 면직, 해임 및 파면을 말한다.'고 규정하고 있다. 그러나 좁은 의미의 임용은 조직의 결원을 보충하는 활동이다. 따라서 교원의 신규임용이란 교육조직의 결원을 보충하는 활동이며, 그중에서도 교사의 신규임용 또는 신규채용이 가장 대표적이며 가장 중요한 임용이라고 할 수 있다. 교사의 신규임용은 공개전형에 의하여 선발된 자로 한다. 공개전형은 당해 교사의 임용권자가 이를 실시하되, 국립학교의 장은 그 전형을 당해 학교가 소재하는 교육감에게 위탁하여 실시할 수 있다. 공개전형은 필기시험, 실기시험 및 면접시험 등의 방법에 의한다. 필기시험성적에는 우수한 교사임용후보자의 선정을 위하여 재학기간 중의 성적 등 필요하다고 인정하는 평가요소를 점수로 환산하여 가산할 수 있다.

2007년에 교육인적자원부는 교사 신규임용 시험제도를 개선하였고, 이를 반영하여 교육공무원 임용후보자 선정경쟁시험규칙을 개정하였다. 하지만 2012년에 교육과학기술부는 '교사 신규채용제도 개선방안'을 내놓아 다시 수정하였다. 개선방안에 따라 그동안 방대한 출제범위와 암기 위주의 지엽적인 문항 출제 등으로 과도한 사교육을 유발한다는 지적을 받아온 객관식 시험은 폐지하고, 시험체제가 간소화되었다. 초등교사 임용시험체제는 제1차의 객관식 시험과목을 폐지하고, 기존의 3단계 전형을 2단계로 축소하였다. 제1차 시험에서는 '교직'과 '교육과정' 과목을 각각 논술형과 서답형으로 평가하고, 제2차 시험에서는 수업 실연, 교직적성 심층면접 등이 실시된다. 이는 2013학년도 임용시험부터 적용되었다.

그리고 객관식 과목 폐지로 인해 교육학적 소양 평가 약화 등 우려되는 부분을 해소하기 위하여 교육학 논술을 신설하고, 논술형 전공과목도 서답형으로 출제방식을 개선하기로 하였다. 일부 절차를 보완하여 한국교육과정평가원에 공시된 현행 교사임용시험제도를 정리하여 제시하면 〈표 10-4〉와 같다(한국교육과정평가원 홈페이지, 2015. 1. 31).

사립학교 교사의 신규임용은 원칙적으로 국공립학교와는 달리 '교육청 주관의 공개경쟁시험'을 반드시 거쳐야 하는 것은 아니다. 사립학교법에서는 원칙적으로는 사립학교의 자율성을 보장하는 차원에서 임용권을 학교 경영자에게 부여하고 있다. 다만 교원의 신규채용은 공개전형에 의하도록 규정하고 있다(사립학교법 제53조의 2). 하지만 사립학교법시행령에서 공개전형은 교원임면권자(학교법인 또는 사립학교

구 분	유치원, 초등, 초등특수 교사	중등교사(특수학교 포함)
1차 시험	• 교직논술: 20점, 논술형 • 교육과정: 80점, 기입형, 서술형 • 한국사: 한국사능력시험으로 대체	• 1교시: 교육학(논술형) • 2교시 전공 A: 　– 교과교육학(기입형), 교과내용학(서술형) • 3교시 전공 B: 　- 교과내용학(서술형)
2차 시험	• 교직적성 심층면접 • 교수학습 지도안 작성 • 수업능력평가: 수업실연 • 영어면접 및 영어수업 실연	• 교직적성 심층면접 • 교수학습 지도안 작성 • 수업능력평가: 　– 수업실연, 실기·실험

표 10-4　현행 초·중등교육 임용시험 개요

* 자료: 한국교육과정평가원 홈페이지(2015. 1. 31 검색)

경영자)가 실시하되, 임면권자가 교육감에게 그 전형을 위탁하여 실시할 수 있다고 규정하고 있다. 공개전형은 필기시험, 실기시험 및 면접시험 등의 방법으로 하며, 그 밖에 공개전형의 시행에 관하여 필요한 사항은 교원인사위원회의 심의를 거쳐 임면권자가 정한다(사립학교법시행령 제21조).

　　교사 외 교원의 임용 방법은 다음과 같다. 먼저 교장·교감의 신규임용은 교사들의 승진임용이거나 교육전문직에서의 전직으로 이루어진다. 전직은 교육전문직 공무원으로 2년 이상 근속한 경우에 임용권자가 정하는 기준에 따라 교장 또는 교감으로 전직이 가능하다. 교육경력 10년 이상이거나 교육전문직공무원으로 10년 이상 근속한 자는 전직될 직위에 제한을 받지 않는다. 다만, 교장의 임용에서는 최근 공모제가 확대되고 있으며, 공모제 적용 비율과 공모제 유형은 교육청별로 다르게 나타나고 있다. 보직교사 임용은 학교마다 다르다. 보직교사의 종류와 업무분장을 학교장이 정할 수 있기 때문이다. 한시적으로 채용되는 기간제 교사의 임용은 임용기간 1년 이내, 필요한 경우 3년의 범위 한에서 연장 가능하다.

뉴스 따라잡기

교원임용시험 변경-한국사인증필수·객관식 폐지

　　교육과학기술부가 올해 2월 예고한 교사 신규채용제도 개선방안에 따라 내년부터 교원 임용시험이 일부 변경된다. 교원임용시험에 응시하려면 한국사능력검정시험 인증을 취득해야 하고, 교대나 사대, 교육대학원 등에 다닐 때 교직적성·인성검사를 받아야 한다. 또 올해 초등교원 임용시험에서 객관식 시험이 없어진 데 이어 내년부터는 중등교원 임용시험에서도 교육학과 전공과목 객관식 시험이 폐지된다. 교과부가 27일 안내한 교원 양성·교원임용시험 제도 변경 내용을 정리했다.

- 한국사 능력검정시험 인증 취득 필수: 2013년부터 교원임용시험에 응시하려면 국사편찬위원회에서 시행하는 한국사능력검정시험에서 3급 이상 인증을 받아야 한다. 2013년 9월 1일 이후 시행하는 교원임용시험부터 적용한다. 한국사능력검정시험 인증 취득 유효기간은 시험 시행 예정일부터 역산해 5년이 되는 해의 1월 1일 이후에 시행된 인증서라야 한다. 예를 들어, 2013년 11월 임용시험을 보는 경우 2008년 1월 1일 이후에 취득한 한국사능력검정시험 인증서를 제출해야 한다.
- 교원양성기관 재학 때 교직적성·인성검사 의무화: 교원양성대학 재학 기간에 1~2회 이상 교직적성·인성검사를 반드시 받아야 한다. 검사 결과를 교사 자격증 취득을 위한 무시험 검정평가에 반영한다. 교원양성대학의 입학생과 재학생 모두가 대학의 장이 결정한 평가방법과 시기에 맞춰 검사를 받는다.
- 교직과목 성적평가 기준 등 상향: 대학에서 교사자격증을 취득하기 위해 적용되는 교직과목 이수학점기준을 졸업 평점 환산점수 100분의 75점 이상에서 100분의 80점 이상으로 높인다. 교직과목 총 이수학점은 기존처럼 22학점을 유지하되, '교직소양' 분야 과목의 학점은 4학점에서 6학점으로 늘리고, 교직소양 분야에서 '학교폭력의 예방 및 대책'을 신설해 2학점 이상 듣도록 한다. '교직이론' 이수기준은 14학점 이상(7과목 이상)에서 12학점 이상(6과목 이상)으로 낮춘다.
- 중등 임용시험에서도 교육학 객관식 폐지: 내년부터는 중등교원 임용시험에서도 제1차에서 보던 교육학 객관식과 전공 객관식 시험을 없앤다. 대신 교육학은 논술형으로, 전공과목은 기입형이나 단답형, 서술형 등 서답형으로 바꾼다. 초등교원 임용시험에서는 올해부터 객관식이 폐지됐다. 암기 위주 출제로 과도한 사교육을 유발해 온 문제점을 없애고 수업 실연이나 심층 면접 등을 강화해 예비교사를 선발하자는 취지다.

〈연합뉴스, 2012. 12. 27.〉

[생각해 보기] 교원임용시험 변경은 어떤 장단점이 있는가?
나는 변경된 내용에 알맞은 준비를 하고 있는가?

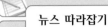

뉴스 따라잡기

충남, 전국 첫 수습교사제 실시

충남교육청이 전국에서 처음으로 올해 3월부터 초등학교 현장교육을 지원할 수습교사제를 시행한다. 2일 도교육청에 따르면 초등 수습교사제는 신규 임용 합격교사가 임용 발령 전 지역교육청에 소속을 두고 결원 교사가 발생하면 수업 및 업무를 지원하는 제도로, 일선 현장의 수업 누수를 최소화하면서 수습교사들에게 현장 경험을 쌓도록 하기 위한 것이다. 도교육청은 이를 위해 올해 9억원의 특별예산을 편성하고 모두 30명의 수습교사를 운용할 예정이다. 이들에게는 수습기간 호봉과 교육경력을 인정해 주기로 했다. 도교육청의 한 관계자는 "학교현장에서 교사의 연가, 병가, 연수 등으로 일시적인 교사 결원이 생길 때 수습교사들을 적극적으로 활용할 예정"이라며 "전국에서 처음 실시하는 만큼 효과적으로 운용해 조기에 정착되도록 하겠다"고 말했다.   〈세계일보, 2010. 2. 2〉

[생각해 보기] 수습교사제는 필요한가, 어떤 장단점이 있는가?

3. 교원 현직단계 교육력 신장

1) 교원의 연수

교육의 질을 높이기 위해서는 현직연수를 통한 교원의 전문성 신장이 필수적이다. 현직연수, 현직교육을 통해 교육현장과 괴리된 직전교육의 미비점을 보완하고, 사회변화와 교수학습방법의 변화가 반영된 새로운 지식, 기술, 태도를 습득할 수 있으며, 아울러 지속적인 자극과 연찬을 통해 교육전문가로서 자질·능력을 신장할 수 있다. 교육기본법 제14조는 "교원은 교육자로서 갖추어야 할 품성과 자질을 향상시키기 위하여 노력하여야 한다."고 규정하고 있다. 교육공무원법 제38조는 "교육공무원은 그 직책을 수행하기 위하여 부단히 연구와 수양에 노력하여야 한다."고 명시하였다. 현재 우리나라의 교원연수제도는 연수실시단위를 중심으로 분류할 때, [그림 10-3]과 같이 기관중심연수, 학교중심연수, 개인중심연수로 구분할 수 있다.

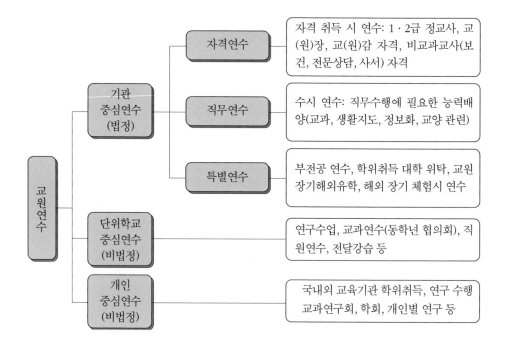

[그림 10-3] 교원연수제도의 종류와 현황

출처: 대통령자문교육혁신위원회(2006). 교육력 제고를 위한 교원정책 개선방안.

기관중심연수는 연수 내용을 중심으로 자격연수와 직무연수, 특별연수로 구분된다. 자격연수는 교원들이 상위자격, 특수자격을 취득하기 위한 연수다. 자격연수는 다른 연수에 비해 많은 시간과 경비, 노력이 필요하고, 주로 상위자격 취득을 위한 연수이기에 교원현직교육의 중심이 된다. 특히 교장·교감 자격연수는 교육행정가로서의 지도력 함양을 중시하고 있다. 직무연수는 각 교과와 직무 및 전문지식 기술을 배양하기 위해 실시되는 연수다. 교과 및 생활지도, 정보화 등 교직과 관련된 과정이 대부분이다. 특별연수는 전문지식 습득을 위한 국내외 특별연수 프로그램으로, 국가나 시·도 교육청의 정책적 필요에 의하여 실시하는 연수다. 보통 국내외 교육(연수)기관에서 학위취득 및 연구과제를 수행하는 방식으로 진행된다. 현행 '교원 등의 연수에 관한 규정'에 명시된 자격연수의 연수기간 및 이수시간은 〈표 10-5〉와 같다. 또한 2011년부터는 동 규정에 교원능력개발평가 관련 사항을 추가하여 연수 이전에 '평가'를 실시할 수 있도록 하였다.

표 10-5 자격연수의 연수기간 및 이수시간

구 분	교사 1급, 교감, 원감	교장 · 원장
연수시간	30일 이상	50일 이상
이수시간	180시간 이상	360시간 이상

2) 교원의 승진(근무평정 포함)

(1) 승진의 개념과 '교육공무원 승진규정'

승진은 하위직급에서 상위직급 또는 상위계급으로 이동하는 것을 말한다. 승진은 일반적으로 직무의 곤란도와 책임의 증대를 의미하며, 보수의 증액을 수반한다. 승진은 동일한 직급 내에서 호봉만 올라가는 승급과 구분되며, 횡적 이동인 전직 또는 전보와도 구분된다. 정부 조직 내에서의 승진은 단순한 결원 보충의 의미를 갖는 것이 아니고, 구성원의 동기를 유발하고 사기를 진작시키는 수단이 된다는 의미에서 중요성을 갖는다(강성철 외, 2008: 293-294).

교육공무원법은 "교육공무원의 승진임용은 동종의 직무에 종사하는 바로 하위직에 있는 자 중에서 대통령령이 정하는 바에 의하여 경력평정 재교육성적 근무성적 기타 능력의 실증에 의하여 행한다."고 규정하고 있다. 또한 교육공무원의 승진임용에는 승진후보자명부의 고순위자순으로 결원된 직에 대하여 3배수의 범위 안에서는 승진 · 임용하거나 승진 · 임용 · 제청하여야 한다. 이에 따라 승진임용에 있어서의 인사행정의 공정을 기하기 위하여 '교육공무원 승진규정'이 마련되어 있다. 이 규정은 교육공무원의 경력평정, 근무성적평정, 연수성적의 평정 그리고 승진후보자명부 작성 등에 관한 사항을 명시하고 있다.

2007년에 교육인적자원부는 '교육공무원 승진규정'을 개편하였다. 이 개정안은 대통령자문 교육혁신위원회의 제안에 다른 것이었다. 대통령자문 교육혁신위원회(2006)는 종전 승진제도의 문제점으로 경력 중심의 자격 요건에 의한 연공서열식 승진 구조, 관료주의 행정, 평정결과 불신, 수업 생활지도 소홀 문제 초래, 교장자질 적합성 검증과 학교 구성원 참여에 의한 임용심사 미흡, 교사들이 학생교육보다 승진 경쟁에 집착하는 풍토 초래 등을 지적하였다. 따라서 개정 취지는 지나친 연공서열 중심의 승진제도를 능력과 근무실적 중심의 제도로 개선하는 데 있었으며, 이를 통해 교직 사회에 능력과 근무실적에 따른 건전한 경쟁분위기가 조성되고 학교 교육력이 제고될 것으로 기대하였다. 그 내용은 경력평정 기간 및 점수 축소, 근무 성적평정의 반영기간 및 비중 확대, 교사에 대한 동료교원 다면평가제 도입 등을 주요 골자로 하고 있다. 교사의 승진평정 항목별 점수 및 비율 변화 내용을 보면 〈표 10-6〉과 같다.

표 10-6   교사의 승진평정 항목별 점수 및 비율 변화

| 구 분 | 합 계 | 경 력 | 근무성적 (다면평가 포함) | 연수성적 | | | 가산점 | | |
				교육성적 - 직무연수 - 자격연수	연구실적 - 연구대회 - 학위취득	합 계	공 통	선 택	합 계
개정 전	218.5점	90	80	27	3	30	3.5	15	18.5
	100%	41.2	36.6	12.3	1.4	13.7	1.6	6.9	8.5
개정 후	213점	70	100 (근무성적 70점 + 다면평가 30점)	27	3	30	3	10	13
	100%	32.9	46.9	12.7	1.4	14.1	1.4	4.7	6.1

출처: 교육인적자원부(2007. 5. 25). 개정 「교육공무원승진규정」 공포.

(2) 경력평정

교육공무원의 경력평정은 당해 교육공무원의 경력이 직위별로 담당직무수행과 관계되는 정도를 기준으로 하여야 한다(교육공무원승진규정 제3조). 경력평정은 매 년 12월 31일을 기준으로 하여 정기적으로 실시한다. 경력은 기본경력과 초과경력 으로 나눈다. 기본경력은 제9조의 규정에 의한 평정대상경력으로서 평정시기로부 터 15년을 평정기간으로 하고, 초과경력은 기본경력 전 5년을 평정기간으로 한다. 따라서 경력평정에 적용되는 경력은 총 20년이다. 기본경력과 초과경력을 구분하 는 이유는 최근 경력이 더 중요하기에 경력 단계별로 차등을 두기 위해서다. 현재 개정된 교육공무원 경력평정 방법은 〈표 10-7〉과 같다.

표 10-7　교육공무원 경력평정 방법

구 분	개정 전	개정 후	비 고
평정 기간 (제8조)	25년 (기본 20년＋초과 5년)	20년 (기본 15년＋초과 5년)	2008년부터 매해 1년씩 단축
평정 점수 (별표2)	90점 (기본: 84점, 74점, 64점)	70점 (기본: 64점, 60점, 56점)	2007년부터 시행
기간 계산 (제11조제2항)	15일 이상은 1월로 계산, 15일 미만은 미산입	1월 미만은 일단위 계산	2009년부터 시행

출처: 교육인적자원부(2007. 5. 25). 개정 「교육공무원승진규정」 공포.

(3) 근무성적평정

근무성적 평정이란 조직구성원의 개인적 능력과 가치 그리고 근무 성적을 평가하는 것을 말한다. 평가 결과는 일반적으로 보수, 승진, 배치전환, 교육훈련 등의 인사행정에 반영된다. 구성원의 근무 실적과 직무수행능력을 측정하여 인사에 반영하는 근무성적 평정제도는 피평정자의 동기 유발을 통하여 조직 전체의 생산성을 높이고자 하는 데 주된 목적이 있다. 근무성적 평정의 전통적인 목적은 직무수행능력을 측정하여 그것을 보수, 승진, 배치전환, 교육훈련 등의 결정에 활용하는 소극적 통제적인 것이었다. 근래에 와서는 근무성적 평정의 주된 목적이 피평정자의 동기 유발과 직무에 대한 헌신적인 노력 촉진, 그리고 직무수행 개선과 행정 발전에 기여하여야 한다는 적극적 발전적인 것으로 이행되어 왔다(강성철 외, 2008: 360-362).

교육공무원의 근무성적 평정은 교감·장학사 및 교육연구사(이하 교감 등)의 근무성적의 평정은 당해 교감 등의 근무실적·근무수행능력 및 근무수행태도를 평가한다. 근무성적평정자는 평정대상자로 하여금 평정대상 기간 동안의 업무수행실적에 대하여 매년 12월 31일을 기준으로 자기실적평가서를 작성하여 제출하게 하여야 한다. 근무성적평정자는 근무성적평정 시 평정대상자가 작성하여 제출한 자기실적평가서를 참작하여 평가하여야 한다. 자기실적평가서를 작성할 때는 ① 직위별로 타당한 요소의 기준에 의하여 평정하고, ② 평정자의 주관을 배제하고 객관적 근거에 의하여 평정하며, ③ 신뢰성과 타당성을 보장하도록 하고, ④ 평정대상자의 근무성적을 종합적으로 분석·평가해야 한다(교육공무원승진규정 제16조). 근무성적평정은 매년 12월 31일을 기준으로 하여 정기적으로 실시한다. 교감 등의 근무성적의 평정점은 100점을 만점으로 하되, 평정자의 평정점과 확인자의 평정점을 각각 50%로 환산한 후 그 환산된 점수를 합산하여 산출한다. 2007년에 개정된 교육공무원 승진 규정의 근무평정 개정 내용을 개정 전과 비교하면 〈표 10-8〉과 같다.

표 10-8   교감 · 장학사 및 교육연구사의 근무평정

구 분	개정 전	개정 후	비 고
평정 점수	80점	100점	2007년부터 시행
평정 결과	비공개	본인의 최종 근무성적 평정점 공개	2007년부터 시행
명부작성시 산정기간	2년(60%, 40%)	3년(50%, 30%, 20%)	2010년부터 적용

출처: 교육인적자원부(2007. 5. 25). 개정 「교육공무원승진규정」 공포.

　교사의 근무평정은 매년 12월 31일을 기준으로 하여 해당 교사의 근무실적 · 근무수행능력 및 근무수행태도에 관하여 근무성적평정과 다면평가를 정기적으로 실시하고, 각각의 결과를 합산한다. 근무성적의 평정자 및 확인자는 승진후보자명부작성권자가 정한다. 다면평가자는 근무성적의 확인자가 구성하되, 평가대상자의 근무실적 · 근무수행능력 및 근무수행태도를 잘 아는 동료교사 중에서 3인 이상으로 구성한다. 교사의 근무평정에 다면평가를 포함한 것은 관리자에 의한 현행 평가는 신뢰도와 공정성 문제가 제기되어 왔기에, 다면평가를 통해 평정의 신뢰성과 공정성을 제고하기 위한 것이었다.

　근무성적평정점과 다면평가점을 합산한 결과는 평정분포 비율에 맞아야 한다. 평정 시 분포비율은 수(95점 이상) 30%, 우(90점 이상 95점 미만) 40%, 미(85점 이상 90점 미만) 20%, 양(85점 미만) 10%로 평가한다. 근무성적의 평정점은 평정자가 100점 만점으로 평정한 점수를 30%로, 확인자가 100점 만점으로 평정한 점수를 40%로 환산한 후 그 환산된 점수를 합산하여 70점 만점으로 산출한다. 다면평가점은 다면평가자가 100점 만점으로 평정한 점수를 30%로 환산하여 30점 만점으로 산출한다. 합산점은 근무성적평정점과 다면평가점을 합산하여 100점 만점으로 산출한다. 모든 근무평정에서 평정대상자의 요구가 있는 때에는 특별한 사정이 없는 한 본인의 최종 근무성적평정점을 알려 주어야 한다. 2007년에 개정된 교육공무원 승진규정에 교사의 근무평정 개정 내용을 개정 전과 비교하면 〈표 10-9〉와 같다.

표 10-9　교사의 근무평정

구 분	개정 전	개정 후	평정사항 및 평정요소
	근무성적 평정	다면평가 도입	
평정방법	교장 50% 교감 50%	• 교사의 근무실적·근무수행능력 및 근무수행태도에 관해 실시 • 동료교사 중에서 3인 이상으로 다면평가자 구성 • 다면평가자 구성 기준, 절차 등 필요사항은 명부작성권자가 정함	• 자질 및 태도(20점) – 교육자로서의 품성(10점) – 공직자로서의 자세(10점) • 근무실적 및 근무수행능력(80점) – 교육활동 지원 및 교육연구(40점) – 교육지원(20점) – 행정·사무관리(20점)
평정 점수	80점	100점 = 근무성적 70점(교장 40, 교감 30) + 다면평가 30점(다면평가자 30)	
명부작성 시 산정기간	2년	• 근평 및 다면평가 합산점 3년 – 최근 5년 이내의 기간 중 본인에게 유리한 3년 선택반영 ※ 반영비율은 가까운 연도부터 50:30:20	평가분포 비율 수 30%(95점 이상) 우 40%(90~95점미만) 미 20%(85~90점미만) 양 10%(85점 미만)
평정 결과	비공개	본인의 최종 근평 및 다면평가 합산점 공개	

출처: 교육인적자원부(2007. 5. 25). 개정 「교육공무원승진규정」 공포.

(4) 연수성적 평정 등

　교육공무원의 연수성적평정은 교육성적평정과 연구실적평정으로 나눈다. 매년 12월 31일을 기준으로 하여 실시하거나 또는 승진후보자명부의 조정시기에 실시한다. 연수성적 평정기준점은 30점 만점으로 교육성적 27점(직무연수 18점, 자격연수 9점), 연구성적 3점으로 규정하고 있다. 가산점은 공통가산점과 선택가산점으로 구분되어 운영된다. 공통가산점은 3점, 선택가산점이 10점으로 가산점은 총 13점으로 축소되었다. 가산점 총점을 축소한 이유는 교장 승진 시 실질적인 결정 요인으로 작용하는 가산점을 획득하기 위해 교원들이 지나치게 경쟁하는 부작용을 축소하며, 선택가산점을 줄여 경쟁 요인을 줄이기 위한 것이다(대통령자문 교육혁신위원회, 2006).

　교육공무원의 임용권자 또는 임용제청권자는 제13조의 규정 및 대통령령이 정하는 바에 의하여 순위에 따라 자격별로 승진후보자명부를 작성·비치하여야 한다. 교육공무원의 승진임용에 있어서는 승진후보자명부의 고순위자순으로 결원된 직에 대하여 3배수의 범위 안에서 승진·임용하거나 승진·임용·제청하여야 한다

(교육공무원법 제14조). 승진후보자 명부는 승진될 직위별로 나누어 매년 1월 31일을 기준으로 작성한다. 승진후보자명부는 경력평정점 70점, 근무성적평정점 100점, 연수성적평정점 18점을 각각 만점으로 평정하여 그 평정점을 합산한 점수가 높은 승진후보자의 순서대로 등재한다. 그리고 명부작성권자는 명부에 등재된 교육공무원의 요구가 있는 때에는 본인의 명부 순위를 알려 주어야 한다(교육공무원 승진규정).

표 10-10 연수성적평정

구 분	개정 전	개정 후	비 고
직무 연수	• 직무연수성적 계산 - 6점 × 직무연수성적 /직무연수성적만점	• 직무연수성적 계산 - 6점 × 직무연수환산성적/직무연수성적만점 • 전직 전에 이수한 직무연수 반영 • 교육성적을 만점의 8할로 평정하는 사례에 교육성적이 없는 경우 포함	2009년부터 시행
연구 실적	–	• 연구대회 입상등급별 점수와 학위취득실적 요소별 점수 상향 조정 - 직무 관련 박사 학위 3점, 기타 박사학위 1.5점 - 직무 관련 박사 학위 1.5점, 기타 박사학위 1점	

출처: 교육인적자원부(2007. 5. 25). 개정 「교육공무원승진규정」 공포.

표 10-11 가산점

구 분	개정 전	개정 후	비 고
공통 가산점	• 총점 3.5점 - 재외국민교육기관 파견 경력: 총 1.25점 - 직무연수이수실적: 연도별 상한점 0.08점 이내	• 총점 3점 - 재외국민교육기관 파견 경력: 총 0.75점 - 직무연수이수실적: 연도별 상한점 0.12점 이내	
선택 가산점	• 총점 15점 범위 내에서 교육감이 기준 결정 • 기준은 평정기간이 시작되기 전에 공개	• 총점 10점 범위 내에서 교육감이 기준 결정 • 기준은 평정기간이 시작되기 6개월 전에 공개 • 가산점의 중복인정 기준 권한을 명부작성권자에게 위임	2009년부터 시행
기간 계산	15일 이상은 1월로 계산, 15일 미만은 미산입	1월 미만은 일단위 계산	

출처: 교육인적자원부(2007. 5. 25). 개정 「교육공무원승진규정」 공포.

교육공무원 승진규정의 개정에도 불구하고, 일부 문제점은 개선되겠지만 교장 교감으로의 승진 과열 현상이나 학생교육에 최선을 다하는 교사가 승진하기 어려운 제도적 문제점은 근본적으로 개선되지 못할 것으로 판단된다. 이러한 상태에서 최근에는 수석교사제가 운영되고 있다. 수석교사제는 현행 관리직 우위의 교단 풍토를 교단교사가 존중되는 풍토로 변화시키기 위한 취지로 시행되고 있다. 이러한 목적으로 교원자격 체계의 다층화 필요성이 제기되고 있다. 또한 학생교육에 최선을 다하는 교사가 승진할 수 있는 교단풍토를 조성하기 위하여 학생·학부모 만족도 조사 결과를 근무평정의 참고 자료로 삼거나 근무평정의 근거자료로 삼아야 한다는 논의도 제기되고 있다. 차후 교원승진제도의 개선은 교장공모제, 교원능력개발평가제와 교원성과급제도의 변화와 유기적으로 연계되어 이루어질 필요가 있다. 그리고 그 개선방향은 학생교육에 최선을 다하는 교사가 승진하고 존중받도록 지원 조장 촉진하는 것이어야 한다.

3) 교장의 임용

교장공모제는 초빙형공모제, 내부형공모제, 개방형공모제가 있다. 초빙형공모제 교장자격증을 받은 사람 중에서 공모를 통하여 선발된 사람을 교장으로 임용하는 제도다. 학교장은 학교운영위원회의 심의를 거쳐 해당 학교 교육과정에 관련된 교육기관, 국가기관 등에서 3년 이상 종사한 경력이 있는 사람 또는 학교에서 교원으로서 전임으로 근무한 경력(교육전문직원으로 근무한 경력 포함)이 15년 이상인 교육공무원이나 사립학교 교원 중에서 공모를 통하여 선발된 사람을 교장으로 임용할 수 있다. 공모로 임용되는 교장의 임기는 4년으로 하되 공모 교장으로 재직하는 횟수를 제한하지 아니한다. 해당 학교의 교육과정 분야에서 3년 이상 종사한 사람이 지원할 수 있는 유형은 개방형공모제이고, 15년 이상인 교육공무원이나 사립학교 교원 중에서 공모를 통하여 선발된 사람을 교장으로 임용하는 유형은 내부형공모제라 부른다.

첫째 유형은 '초빙형공모제'로 교장자격증 소지자가 지원하는 공모제이고, 둘째 유형은 '내부형공모제'로 '교원 등으로 근무한 경력이 20년 이상인 교원' 또는 '교원 등으로 근무한 경력이 15년 이상이며, 교감자격증을 가진 교원'이 지원하는 공모제이며, 셋째 유형은 '개방형공모제'로 해당 학교의 교육과정 분야에서 3년 이상 종사한 사람이 지원할 수 있다.

한만길 등(2005: 86)은 (내부형)교장공모제의 예상 효과로 폭 넓은 인재 발굴, 단위학교 자치역량 강화, 심사과정에서의 교육청과 단위학교 구성원 참여 증가, 적격자 선발기능 강화를 지적하였다. 예상되는 문제점으로는 경력 중시 풍토에서의 실현 가능성 부족, 학교 단위 심사기능의 한계, 능력 검증의 한계, 학교 현장에서의 갈등과 혼란 야기 가능성 등을 들고 있다.

나민주 등(2009: 316)이 학교구성원들의 인식을 바탕으로 공모로 임용된 교장의 직무수행정도를 분석한 결과, 교장공모제 시범적용학교의 공모교장은 전임교장에 비해서, 그리고 일반학교의 교장에 비해서도 더 높은 직무수행수준을 보였다. 따라서 교장공모제는 우수한 교장을 초빙하여 학교를 운영할 수 있도록 하는 데 긍정적 효과를 가져온 것으로 평가할 수 있다. 좀 더 구체적으로 보면, 공모제 시범적용학교에서 공모로 임용된 교장은 전임교장에 비해서 학교발전 비전, 교수학습 지원, 교내조직 관리, 인적 자원 관리, 물적 자원 관리, 대외협력 등 모든 직무영역에서 직무수행점수가 높았다. 또 공모교장은 일반학교교장에 비해서도 모든 직무수행영역에서 직무수행점수가 높았다. 교장공모제는 시범적용학교에 유능한 교장을 유치하는 데 긍정적으로 기여하고 있는 것으로 평가되었다.

2007년 도입된 교장공모제가 '무늬만' 남았다는 목소리가 제기됐다. 자격증 소지나 연공서열보다 능력 · 자질 · 열정을 교장 공모의 키워드로 삼으려 했던 제도의 빛이 바랬다는 것이다. 2014년 3월 1일자로 교장공모제를 실시한 256개 학교 중 245곳(95.7%)에서 교장자격증 소지자가 뽑혔다. 평교사 출신은 4명에 그쳤다(경향신문, 2014. 12. 30). 교장공모제 지원자 미달 사태도 나타나고 있다. 2015년 1월, 경기도교육청에 따르면 초 · 중 · 고 64개교를 대상으로 교장공모제를 시행하기로 하고 지난해 12월 지원자를 접수한 결과 49개교에 63명만 지원서를 제출, 평균 경쟁률이 0.98대 1에 불과했다. 이 가운데 15개교는 두 차례 연속 한 명도 지원하지 않는 바람에 관련 규정에 따라 공모제가 무산돼 종전처럼 임명제 교장이 맡게 됐다(연합뉴스, 2015. 1. 5).

4) 교원의 전직 · 전보

인사이동에는 상이한 계급 또는 직급 간의 수직적 인사이동과 동일한 계급 또는 직급 간에 이루어지는 수평적 인사이동이 있다. 동일한 계급 또는 직급 간에 이루어지는 수평적 인사이동에 해당하는 것이 전직과 전보다. 그러나 전직은 다른 직렬의 계급 또는 직급으로 수평적 이동을 하고, 전보는 동일한 직렬의 계급 또는 직급으로 수평적 이동을 한다는 것이 다르다. 교육공무원법 제2조는 전직은 교육공무원의 종별과 자격을 달리하는 임용, 전보는 교육공무원의 동일직위 및 자격 내에서의 근무기관이나 부서를 달리하는 임용으로 구분하고 있다.

전직은 다른 직렬의 계급 또는 직급으로 수평적 인사이동이다. 교육공무원의 직렬은 직무의 성질과 책임에 따라 초등교육직, 중등교육직, 장학직, 교육연구직, 교육행정직으로 구분할 수 있다. 따라서 교원이 교육전문직 공무원인 장학사(관), 연구사(관)으로 이동하거나, 장학사(관), 연구사(관)이 교원으로 이동하는 경우, 장학사 장학관과 연구사 연구관의 상호 이동인 교원·교육전문직공무원 간의 전직, 학교급 간(초등학교와 중학교) 교원 이동이 전직에 해당한다. 교육전문직공무원이 교원으로 전직할 때에는 교원에서 교육전문직공무원으로 전직할 당시의 직위로 전직하여야 한다. 다만, 교육전문직공무원으로 2년 이상 근속한 자는 임용권자가 정하는 기준에 따라 교장 또는 교감으로 전직할 수 있다. 다만, 교육경력 10년 이상이고 교육전문직공무원으로 10년 이상 근속한 자는 전직될 직위에 제한을 받지 않는다.

전보는 교육공무원의 동일 직위 및 자격 내에서의 근무기관이나 부서를 달리하는 임용이다. 달리 말하면, 교육공무원이 동일 직렬 내에서 직위를 유지하면서 근무지를 변경하는 인사이동이다. 예를 들면, 교원이 근무학교를 변경하거나 장학사·장학관과 연구사·연구관이 다른 근무 기관이나 부서로 이동하는 것이 전보에 해당된다. 임용권자는 교원의 생활근거지 근무 또는 희망 근무지 배치를 최대한으로 보장하여 사기진작 및 생활안정을 도모하고 전보임용의 공정성을 확보하기 위하여 최대한 노력하여야 한다. 교원의 학교 간 정기전보는 임용권자가 정하는 기간 동안 동일직위에 근속한 자를 대상으로 정기적으로 실시한다. 비정기전보는 학교장의 전보요청 등의 사유로 교육상 전보가 불가피하다고 인정할 때에는 동일직위 근속기간이 정기전보 기간 이내라 하더라도 임용권자는 전보할 수 있다. 학교장은 제1항과 관련하여 다음과 같은 사유에 해당하는 경우 임용권자에게 전보요청을 할 수 있다. 이 경우 임용권자는 교원운용에 지장이 없는 범위 안에서 특별한 사유가 없는 한 이에 응해야 한다. 능력 부족과 근무성적 저조가 비정기 전보 사유에 포함됨으로써 이전보다 교장의 권한이 강화되었다고 할 수 있다.

- 직무수행능력이 부족하거나 근무성적이 저조한 교원. 단, 이 경우 학교장은 전보요청 전에 당해 교원의 능력개발을 위한 직무연수를 부과하여야 한다.
- 징계처분을 받은 교원
- 교육공무원법 제10조의3제1항 각호의 사유[5]와 관련하여 징계에 이르지 않는 주의 또는 경고 처분을 받은 교원
- 당해 학교에서 재직하는 동안 3회 이상 징계에 이르지 않는 주의 또는 경고 처분을 받은 교원
- 기타 임용권자가 정하는 사유

전직과 전보는 인력을 효율적으로 활용하기 위한 배치전환으로서 다음과 같은 기능을 가진다. 전직과 전보는 직무의 부적응 해소와 적재적소 배치, 행정조직 및 관리상의 변동에 대한 적응, 능력발전과 교육훈련의 수단, 승진기회의 제공수단,

 뉴스 따라잡기

'무능력 · 업무기피' 교사 무더기 강제전보

수업 능력이 부족하거나 업무를 회피했다는 등의 이유로 서울지역 중등교사 17명이 `강제 전보`된다. 서울시교육청은 12일 발표되는 중등교사 3천947명에 대한 정기 전보인사(3월1일자) 명단에 학교장의 `경영상 판단`에 따라 비정기 전보되는 교사 17명이 포함됐다고 11일 밝혔다.

서울 시내에서 비리나 저조한 근무평정 점수 등의 이유로 1년에 한두 명의 평교사가 학교를 옮긴 적은 있지만, 무더기로 강제 전보되는 것은 이번이 처음이다. 이들의 강제 전보 사유는 '업무기피'가 9명으로 가장 많았으며, '능력 부족'과 '학생 · 학부모 민원 야기'도 각 3명이나 됐다. 수업시간에 문제를 풀지 못하거나 학생들 질문에 제대로 답을 하지 못해

---

5) 교육공무원법 제10조의3제1항은 "교원 또는 사립학교법에 따른 사립학교 교원으로 재직 중 다음 각 호의 어느 하나에 해당하는 사유로 파면해임된 자는 고등학교 이하 각급 학교의 교원으로 신규채용 또는 특별채용할 수 없다."고 규정하고 있다.
1. 미성년자에 대한 성폭력범죄의 처벌 등에 관한 특례법 제2조에 따른 성폭력범죄 행위, 2. 금품수수 행위, 3. 시험문제 유출 및 성적조작 등 학생성적 관련 비위 행위, 4. 학생에 대한 신체적 폭력 행위

학생과 학부모들의 불만을 야기한 수학교사도 포함됐다. 교내에 허위정보를 유포하거나 비리 전력이 있는 교원 각 1명도 전보된다.

이런 조치는 작년 말 행정예고를 거친 '2010학년도 중등학교 교원 및 교육전문직 인사 관리원칙'이 내달 1일부터 시행되는 데 따른 것이라고 시교육청은 설명했다. 개정안에는 정기전보 기간이 되지 않았더라도 학교장이 교사를 전보 조치할 수 있는 '특별전보 사유'가 신설됐다. '특별전보 사유'는 직무수행 능력이 부족하거나 근무성적이 저조한 교원, 미성년자 대상 성폭력행위나 금품수수, 시험문제 유출 등과 관련해 주의 또는 경고 처분을 받은 교원, 해당 학교 재직 중 3회 이상 주의 또는 경고 처분을 받은 교원 등이다. 지금까지도 학교장은 소속 교원을 특별전보할 수 있는 권한이 있었지만, 특별전보의 구체적 사유가 명문화돼 있지 않아 실제로 강제 전보가 이뤄진 적은 드물었다. 시교육청은 "학교자율화 조치에 따라 학교장 권한이 강화됐고, 능력이 부족한 교사 등은 학교장의 의지에 따라 전보 조치할 수 있다는 점을 보여주는 사례"라고 설명했다.

그러나 이번 강제전보 대상자 가운데 일부는 객관적 기준이 아닌 학교장의 주관적 평가에 따라 포함됐을 가능성도 배제할 수 없어 논란도 예상된다. 작년 말 관련 개정안이 행정예고됐을 당시에도 교사 근무평정 권한을 가진 학교장이 특별전보권까지 행사하면 교장의 독주나 횡포를 막을 장치가 거의 없다는 우려가 제기된 바 있다.   〈연합뉴스, 2010. 2. 12〉

[생각해 보기] 비정기전보 또는 특별전보 사유에서 능력 부족, 근무성적 저조 사유는 필요한가, 타당한가?

조직 침체 방지 및 근무의욕 자극 수단, 할거주의 타파와 부처간 협력 조성 등의 기능을 수행하고 있다(박천오 외, 2010: 277-278; 강성철 외, 2008: 299). 최근에 비정기전보 사유가 확대되면서 교장 권한 강화, 교원 관리 통제 수단으로도 기능하고 있다. 따라서 향후 비정기전보는 학습자의 학습권 보호와 교원 교육력 제고를 위하여 제한적으로 이루어져야 할 것이다. 비정기전보 또는 특별전보가 정실주의에 희생된 교원을 좌천시키는 수단으로 악용되지 않도록 객관화 표준화된 기준에 의해 합리적으로 이루어져야 할 것이다.

5) 교원능력개발평가

교원능력개발평가는 학교 교원의 지속적인 능력 신장을 목적으로 교원의 교육활동에 대하여 학교 구성원인 교사, 학생, 학부모의 평가 내지 만족도를 조사하는 것이다. 현재의 교원능력개발평가제도는 2003년 '교원인사제도 혁신을 위한 국민의견 수렴사업'에서 동료교사 학생 학부모가 참여하는 교원평가방안으로 제안되어 논의되기 시작하였다. 2004년 사교육비 경감정책이자, 교육력 신장방안으로 도입되어 2005년부터 시범운영을 거쳤다. 교육과학기술부에 따르면, 2005년 전국 48개교 시범운영 이후, 매년 그 규모를 확대하여 2009년에는 전국 3,164개교를 시범운영하였으며, 2010년에는 시·도 교육규칙에 의해 전국 모든 학교에서 시행되었다. 교원능력개발평가 전면시행 첫해인 2010년 99.97%의 학교가 참여하고, 교원 88.7%, 학생 80.1%, 학부모 54.2%가 참여하였고, 학교현장에서는 수업준비에 보다 충실한 교원이 늘어나는 등 긍정적인 효과가 있었다.

이러한 긍정적인 효과에도 불구하고 다음과 같은 문제가 있었다. 첫째, 전면 시행과정 중에 일부 학교가 시행을 중단(103개교)하고, 일부 교사가 미참여(11.3%)하였을 뿐만 아니라, 평가에 따른 연수 등에서 참여한 교사와 미참여 교사 간의 형평성 문제가 제기되었다. 둘째, 시행 근거인 교육규칙을 폐지하고자 하는 경우나 교과부가 개선 방안으로 제시한 전국 공통기준을 준수하지 않는 경우에도 제재하기 어려운 측면이 있었다. 셋째, 특히 교과부가 제시한 기준에 따른 장기연수 심의대상자 161명에 대한 시·도 교육청의 심의 결과, 연수지명은 62명(38.5%)에 불과하여 당초 예상보다 상당히 저조한 상황이었다. 심지어 3개 시·도의 경우는 온정적으로 심의하여 장기연수대상자를 한 명도 지명하지 않았다. 따라서 교육과학기술부는 안정적인 평가시행을 위해 상위법령인 대통령령(교원 등의 연수에 관한 규정)에 근거를 마련하였다(교육과학기술부, 2011.1).

즉, 교원 등의 연수에 관한 규정의 목적에 교원능력개발평가 관련 사항을 추가하여 연수 이전에 '평가'를 실시할 수 있는 근거를 신설하였다. 규정에 제시된 전국 공통의 기준을 살펴보면 다음과 같다. 먼저, 교육과학기술부장관과 교육감은 교원의 전문성 향상을 위하여 교원의 능력을 진단하는 교원능력개발평가를 매년 실시한다(제18조). 교원능력개발평가에는 동료교원·학생·학부모가 참여하며, 초·중등교육법 제2조의 학교 등에 근무하는 교원을 대상으로 실시한다(제19조). 평가는 교원의 학교경영·학습지도·생활지도에 대하여 정량적 측정방법으로 평가하며, 참여자의 익명성을 보장한다(제20조). 평가 결과는 개인에게 통보하고, 연수 대상자 선발·연수프로그램 및 연수지원 등 전문성 향상 자료로 활용한다(제21조). 평가를 위해 5~11인으로 평가관리위원회를 구성하여 시행계획수립 및 연수 지원에 관한 사항을 심의한다(제22조). 평가의 공정·신뢰·타당성 확보를 위한 기본 사항은 장관이, 그 외의 구체적 시행 방법은 교육감 및 학교장이 정하도록 규정하였다(제23조). 교육과학기술부가 발표한 2013년 교원능력개발평가제 시행 기본계획에 제시된 '전국공통 모형(안)'의 주요 내용은 〈표 10-12〉와 같다.

표 10-12   교원능력개발평가 주요 내용

구 분			주요 내용		
평가 목적			교원의 전문성 신장을 통한 공교육 신뢰 제고		
평가 대상			국·공·사립, 초·중·고 및 특수학교 재직 교원(계약제 교원 포함) 단, 2개월 미만 재직교원은 평가결과활용*에서 제외		
평가 종류/ 평가참여자		동료교원 평가	교장·교감 중 1인 이상, 수석교사(또는 부장교사) 1인 이상, 동료교사 등 포함 총 5인 이상		
		학생만족도조사	지도를 받는(은) 학생 → 개별교원 대상(단, 2개월 미만 재학한 학생은 참여에서 제외)		
		학부모만족도조사	지도를 받는(은) 학부모 → 개별교원 대상(단, 2개월 미만 재학 학생의 학부모는 참여에서 제외)		
평가영역·요소·지표	구 분	평가 영역	평가 요소	평가 지표	
	교사	학습지도	수업준비, 수업실행, 평가 및 활용 등	교수·학습전략수립 등 12개 지표	
		생활지도	개인생활지도, 사회생활지도 ※ 비교과교사의 경우, 담당직무를 평가영역('학생지원')으로 함	가정연계지도 등 6개 지표 (※특수·비교과교사는 별도)	
	수석교사	교수·연구 활동 지원	수업 지원, 연수?연구 활동 지원 ※ 학습지도 및 생활지도 영역은 일반교사의 요소와 지표 동일	교수·학습전략 지원 등 6개 지표	
	교장·교감	학교 경영	학교교육계획, 교내장학, 교원인사, 시설 관리 및 예산운용 ※ 교감은 시설관리 및 예산운용 지표 제외	학교경영목표관리 등 8개 지표	

〈계속〉

평가 문항	• 평가종류별 평가문항 참여자별 의견수렴 및 사전 공개 • 동료교원평가는 평가지표 중심 구성(13문항 이상) • 학생 · 학부모 만족도조사는 평가요소별 주요 평가지표 중심(5문항 이상) • 학부모만족도조사 평가문항을 평소 자녀와의 대화나 관찰을 통해 알게 된 정보를 바탕으로 응답할 수 있도록 문항 개선 • 담임교사와 교과(전담)교사의 평가문항 구성 차별화 강화 • 경력별 평가지 구성 · 적용, 개별교원 특색교육활동에 대한 문항 추가 시범 운영 • [시도 자율] 기준 문항수, 평가문항 예시안, 자유서술식 응답 양식, 자기성찰 문항 • [학교 자율] 구체적 문항 수 및 문항 내용 선정
평가 방법	• 5단척도 체크리스트와 자유서술식 응답 병행(평가결과의 객관성 확보 및 업무처리 편리성 강화) • 학부모 참여방식 선택권 보장(온라인평가시스템 및 종이설문지)
평가 주기 및 시기	매년 1회 이상 실시/[시도 자율] 평가 종료 시기/[학교 자율] 평가 실시 시기
평가 시행주체	교육부장관 및 시 · 도교육감이 평가 시행 주체 (위임에 따라 교육지원청 교육장 및 학교장이 실시)
평가관리 기구	시 · 도 교육(지원)청 및 학교에 교원능력개발평가관리위원회 설치(교원, 학부모, 외부 전문가 등 5인 이상 11인 이내로 구성), 컨설팅단체(단위학교의 경우 학부모컨설팅 위원) 구성 · 운영
결과 통보	교육감 · 학교장은 개별교원에게 평가종류별 결과표, 개인별 합산표 통보, 열람 신청 시 원자료(평가종류별 척도단위 결과 및 자유서술식 내용 포함) 열람
결과 활용	• 평가결과에 대한 객관적인 분석틀을 활용한 맞춤형 연수 선정 • 단위학교 평가결과 구성원 공유 확대 및 정보공시 • 시 · 도 교육청의 평가결과 및 기초통계자료 제출, 평가결과에 따른 맞춤형 연수 운영 계획 및 대상자 선정 및 연수 실시(학습연구년 특별연수, 평가지표별 맞춤형 자율연수, 능력향상연수), 종합보고서 등 제출 의무

출처 : 교육과학기술부(2013). 2013학년도 교원능력개발평가 시행 기본계획.

6) 수석교사제

2011년 6월에 국회에서 수석교사 제도 도입 등을 골자로 하는 초 · 중등교육법, 유아교육법, 교육공무원법 개정안이 통과되었다. 수석교사제는 수업 전문성을 가진 교사가 우대받는 교직 분위기 조성을 위해, 현행 1원화된 교원승진체제를 교수(instruction) 경로와 행정관리(management) 경로의 2원화 체제로 개편하려는 것이다. 교육과학기술부는 지난 2008년부터 시범운영을 시작하여 지속적으로 제도를 개선하고, 연차적으로 수석교사 수를 확대해 왔다.

개정된 수석교사제 관련 법안의 주요 내용을 살펴보면 다음과 같다. 먼저, 임용된 수석교사는 교사의 교수·연구 활동을 지원하며, 학생을 교육하는 역할을 하게된다. 15년 이상의 교육경력을 가진 교사가 수석교사에 지원할 수 있고, 4년마다업적평가 및 연수실적 등을 반영한 재심사를 받아야 하며, 심사기준을 충족하지 못한 경우 직무 및 수당 등을 제한할 수 있다. 교육과학기술부는 수석교사 법제화를통하여 교사 본연의 가르치는 업무가 존중되고, 그 전문성에 상응하는 동료 교사멘터링·수업 컨설팅 등의 역할을 부여함으로써, 학교 수업의 질이 개선될 것으로기대하고 있다(교육과학기술부, 2011. 6. 29).

[수석교사제 법제화 : 2011. 6. 29(수) 법률 개정]

▶ **경과 및 취지**
- 2011. 6. 29(수) 국회에서 수석교사 제도 도입 등을 골자로 하는 초·중등교육법, 교육공무원법 개정안 통과
- 현행 1원화된 교원승진체제를 교수(instruction) 경로와 행정관리(management) 경로의 2원화 체제로 개편하려는 것이다.

```
                          ┌─→ 수석교사              [수업]
2급 정교사 ┄┄▶ 1급 정교사 ┤
                          └┄▶ 교감 ┄┄▶ 교장       [관리]
```

▶ **수석교사 관련 법안의 주요 내용**
- (역할) 수석교사는 교사의 교수·연구 활동을 지원하며, 학생을 교육하는 역할을 하게 된다.
- (지원 자격) 15년 이상의 교육경력을 가진 교사는 수석교사에 지원할 수 있다.
- (임기 등) 4년마다 업적평가 및 연수실적 등을 반영한 재심사를 받아야 하며, 심사기준을 충족하지 못한 경우 직무 및 수당 등을 제한할 수 있다.
- (우대 사항) 수업부담 경감, 수당 지급 등 수석교사에 대해 우대할 수 있다.
- (교장 자격 취득 등) 수석교사는 임기 중에 교장·원장 또는 교감·원감 자격을 취득할 수 없다.
- 4년마다 대통령령으로 정하는 업적평가 및 연수실적 등을 반영한 재심사를 받아야 하며, 심사기준을 충족하지 못한 경우 대통령령으로 정하는 바에 따라 수석교사로서의 직무 및 수당 등을 제한할 수 있다.

출처: 교육과학기술부(2011. 6. 29). 30년 교육계 숙원 사업, 수석교사제 드디어.

4. 교원의 사기 양양

1) 교원의 권리와 의무

교원은 각급 학교에서 원아, 학생을 직접 지도·교육하는 자로서, 국 공 사립학교에서 직접 교육을 담당하고 있는 사람들(교장·교감, 원장·원감, 대학 교원 포함)이다. 권리는 일정한 이익을 누릴 수 있도록 헌법과 법률이 인정하는 힘을 의미한다. 의무란 본인의 의사와 관계없이 반드시 따라야 할 법적 구속을 의미한다. 법률은 적극적으로 무엇을 하지 않으면 안 된다는 작위(作爲)의 의무와 소극적으로 무엇을 해서는 안 된다는 부작위(不作爲)의 의무로 사람들을 구속한다. 따라서 교원의 권리란 헌법과 법률에 의해 교원에게 허용된 일정한 이익을 누릴 수 있는 힘을 의미한다. 교원의 의무란 교원이 본인의 의사와 관계없이 반드시 따라야 할 법적 구속이라고 할 수 있다. 이러한 교원의 권리와 의무는 궁극적으로 학습자의 학습권을 보장하기 위한 권리와 의무라고 할 수 있다.

교원의 권리는 적극적 권리와 소극적 권리로 구분할 수 있다. 적극적 권리는 자율성 신장, 교원의 사회경제적 지위 보장(생활보장, 복지 후생제도 확충 포함), 근무조건 개선 등이 있고, 소극적 권리에는 신분보장, 쟁송제기권, 불체포특권, 교직단체활동권을 들고 있다. 적극적 권리는 자율성 신장은 교원이 교육전문가로서 그 직무를 수행하는 데 자율성을 보장받아야 한다는 것을 의미한다. 헌법 제31조 제4항에서도 교육의 자주성과 전문성 보장을 명시하고 있다. 교원의 사회경제적 지위 보장은 '교원의 경제적 사회적 지위는 우대되고'라는 규정(교육기본법 제14조)과 '교육공무원의 보수는 우대되어야 한다'는 규정(교육공무원법 제34조)에 근거한 규정이다. 교원을 위한 복지·후생제도 확충도 넓게는 교원의 사회 경제적 지위 보장을 위한 방안이라고 할 수 있다. 이러한 교원의 사회경제적 지위 보장은 인간다운 생활권 이상으로 교원으로서 안정된 생활기반 위에서 학생의 학습을 위해 전념하도록 하기 위해 요구되는 권리다. 교원이 근무조건 개선을 요구할 수 있는 권리도 교원의 근무조건이 교원의 교육환경이고, 학생의 학습환경을 구성하기 때문이다. 근무조건이 개선되어야 교원이 교육활동에 전념하여 학생의 학습을 효과적으로 지도할 수 있기 때문에 보장되는 권리라고 할 수 있다.

소극적 권리 중에 교원의 신분보장은 법이 정하는 사유에 의하지 않고는 자의적으로 퇴직당하거나 신분상의 불이익을 받지 않을 권리를 의미한다. 사립학교법에 따라 사립학교 교원도 교육공무원에 준하도록 신분이 보장되고 있다. 교원의 신분을 보장하는 이유는 교원의 신분 안정을 통해서 외부의 부당한 압력으로부터 교원을 보호하고, 학생교육의 일관성·안정성·능률성을 보장하여 교육활동의 질과 효과를 높이기 위한 것이다. 신분 보장이 미흡하면 교육의 일관성·안정성·능률성을 해칠 수 있고, 신분보장의 정도가 지나치면 민주적 통제가 어려워지거나, 무사안일을 조장하고 무능한 교원을 보호하는 수단으로 작용할 수도 있기 때문에 적정한 수준의 신분보장은 교육활동에 매우 중요한 의의를 지닌다. 쟁송제기권(청구권)은 교원들이 법에 어긋나는 부당한 처분을 받았을 때 소청심사, 기타 행정상 쟁소할 수 있는 권리를 의미한다. 특히 소청심사제도는 징계처분이나 불이익처분을 받은 교원이 이에 불복하여 이의를 제기하는 경우 이를 심사하여 구제하는 제도다. 불체포특권은 교원은 현행범인 경우를 제외하고는 소속 학교장의 동의 없이 학원 안에서 체포되지 않을 권리를 의미한다. 이 역시 교원의 교육·연구 활동을 보장함으로써 학생의 학습권을 보장하기 위한 것이다. 교직단체 활동권은 교원들의 권리와 이익을 옹호하고, 교육활동을 효과적으로 수행하기 위하여 단체활동을 보장하는 권리다. 현재 교원들에게는 단결권과 단체교섭권은 보장되어 있지만, 단체행동권은 제한되어 있다. 하지만 초·중등학교 교원의 정당 가입과 정치운동은 허용되지 않고 있다.

교원의 의무도 적극적 의무와 소극적 의무로 구분할 수 있다. 적극적 의무는 교육활동을 효과적으로 수행하기 위해 교원에게 필요한 작위(作爲)의 의무이며, 소극적 의무란 올바른 교육활동과 학생의 학습권 보장을 위해 해서는 안 되는 부작위(不作爲)의 의무를 의미한다. 교원의 적극적 의무에는 교원이 공무원으로서 지니는 의무인 선서의 의무, 성실의 의무, 복종의 의무, 친절 공정의 의무, 비밀 엄수의 의무, 청렴의 의무, 품위 유지의 의무 등이 있으며, 이는 국가공무원법에 규정되어 있다. 교원은 교육전문직으로서 학생의 교육·지도, 연구활동에 최선을 다해야 하는 의무가 있다. 교원의 소극적 의무는 공무원과 교원 신분으로서 금지되는 의무로서, 직장이탈의 금지, 정치활동의 제한, 집단행위의 제한(단체행동의 금지), 영리업무 및 겸직의 금지 등이 있다. 특히 교육기본법 제6조는 "교육은 교육 본래의 목적에 따라 그 기능을 다하도록 운영되어야 하며, 정치적·파당적 또는 개인적 편견을 전파하기 위한 방편으로 이용되어서는 아니 된다."고 규정하고 있으며, 제14조는 "교원은 특정한 정당이나 정파를 지지하거나 반대하기 위하여 학생을 지도하거나 선동하여서는 아니 된다."고 규정하여 정치활동을 제한하고 있다.

2) 교원의 보수와 성과급

(1) 교원의 보수

모든 조직에서 직원들의 생활을 보장하여 노동력을 재생산하고, 직무수행 의욕과 사기를 높이기 위하여 경제적 보상체제, 즉 보수체제를 마련하고 있으며, 이 보수체제는 직원들의 최대 관심사 중 하나다. 이는 학교에서 교육활동에 종사하는 교원에게도 동일하게 해당된다. 적절한 보수를 지급하는 것은 직무수행 의욕과 사기, 나아가 생산성을 높이기 위한 핵심 요건이며, 인사행정에서도 매우 중요한 의미를 지니고 있다.

일반적으로 보수란 조직 구성원이 근로 활동을 통하여 조직의 목적달성에 기여한 대가로 받는 금전적 보상을 의미한다. 보수와 봉급 및 기타 유사 개념을 분명히 구분하기 위하여 우리나라의 '공무원 보수규정' 제4조의 용어 정의를 제시하면, 보수란 '봉급과 그 밖의 각종 수당을 합산한 금액'을 말한다. 다만, 연봉제 적용대상 공무원은 '연봉과 그 밖의 각종 수당을 합산한 금액'을 말한다. 보수의 일부인 봉급은 '직무의 곤란성과 책임의 정도에 따라 직책별로 지급되는 기본급여 또는 직무의 곤란성과 책임의 정도 및 재직기간 등에 따라 계급(직무등급이나 직위를 포함한다. 이하 같다)별, 호봉별로 지급되는 기본급여'를 말하며, 수당은 '직무여건 및 생활여건 등에 따라 지급되는 부가급여'를 말한다.

교원이 안정된 생활 보장과 이를 통한 학생의 학습권 보장을 위하여 교육기본법 제14조는 "학교교육에서 교원(敎員)의 전문성은 존중되며, 교원의 경제적 사회적 지위는 우대되고 그 신분은 보장된다."고 규정하고 있다. 교육공무원법 제34조는 "교육공무원의 보수는 우대되어야" 하며, "교육공무원의 보수는 자격 및 경력과 직무의 곤난성 및 책임의 정도에 따라 대통령령으로 정한다."고 규정하고 있다. UNESCO와 국제노동기구(ILO)에서도 '교사의 지위에 관한 권고안'을 통해서 교직은 전문직이므로 동등한 학력이나 자격을 갖춘 다른 직종 종사자들의 수준에 손색이 없는 대우를 받아야 함을 강조하고 있다.

(2) 교원의 성과급

교육공무원의 보수체계는 자격과 경력에 의한 보수지급을 원칙으로 하는 단일호봉제를 채택하고 있다. 그러나 이러한 단일보수체계는 교원의 능력개발을 통한 전문성 신장의 욕구를 약화시키고, 동기 부여나 사기 진작의 효과가 미흡하다. 이러한 문제점들을 보완하기 위한 방안으로 도입된 교원성과급(performance-based pay for teachers)이란 학교조직에 공헌할 수 있는 잠재적 능력 내지 가능성이 아니라 현실화된 공헌도인 교원의 생산량을 기준으로 결정되는 보수를 의미한다. 일반적으로 우수한 교원에 대한 보상을 통해 사기를 진작시키고 근무의욕을 고취시키는 등 교원을 동기부여하기 위한 목적으로 도입되었다.

성과급제도는 Vroom의 기대이론(expectancy theory)과 공정성이론(equity theory)에 기초하고 있다고 분석된다(조혜진, 2007: 5-6). 먼저 기대이론에 따르면, 일정한 방식으로 행동하려는 동기는 그 개인이 자기가 바라는 수준까지 수행할 능력을 가지고 있다는 높은 기대와, 행동이 예상한 성과와 보상을 가져오게 할 것이라는 높은 수단성, 그리고 이 결과들은 긍정적인 개인적 가치를 가지고 있다는 높은 유인가의 사실을 믿을 때 가장 큰데, 이 이론에서 성과급은 유인가가 있는 성과 혹은 보상으로서 작용할 수 있다. 다음으로 공정성이론은 인지된 공정성, 즉 조직 내 개인들이 공정하게 취급받고 있는지 아닌지에 대한 믿음에 초점을 맞추고 있으며, 사람들은 작업장에서의 공정성에 큰 관심을 가지고 있다고 주장한다. 사람들은 자신의 투입(조직에 기여하는 모든 것)에 대한 산출(조직으로부터 받는 모든 것)의 비율을 타인의 투입/산출 비율과 비교하며(Kulik & Ambrose, 1992), 그러한 비교의 대상으로 자신과 비슷한 사람을 선택하는데, 자신의 투입에 대한 산출 비율이 상대적으로 낮다고 판단할 경우 불공평의식을 가지게 되며, 이러한 불공평성은 사람들을 분노하게 만들고, 작업동기를 방해한다는 것이다(Hoy & Miskel, 2001에서 재인용). 이는 일한 만큼의 보상을 준다는 내용의 성과급 도입 취지를 뒷받침해 준다.

현행 교원성과급은 '공무원수당 등에 관한 규정' 제7조의2에 "공무원 중 근무성적, 업무실적 등이 우수한 사람에게 예산의 범위 내에서 성과상여금을 지급"한다는 규정에 근거하고 있다. 지급 기준기준일은 매년 12월 31일이고, 고등학교 이하 각급학교의 교(원)장, 교(원)감, 교사, 그리고 교육과학기술부 및 시·도 교육청 등에 근무하는 장학관, 교육연구관, 장학사, 교육연구사가 지급대상이다. 다만, 실제 근무한 기간이 2개월 미만인 자, 미성년자 성범죄·성적조작·학생에 대한 신체적

表 10-13　교사 성과 평가기준(예시)

분야	초등학교	중학교	고등학교
수업지도	수업시간 수	수업시간 수	수업시간 수
	수업공개 횟수 등	수업공개 여부 및 횟수	수업공개 여부 및 횟수
		계발활동지도	계발활동지도
		자치적응활동지도	자치적응활동지도
		다학년지도 및 다교과지도 등	다학년지도 및 다교과지도
			야간자율학습지도 등
생활지도	학부모 상담 실적	학부모 상담 실적	학부모 상담 실적
	선도·교통 지도 등	학생 상담 실적	학생 상담 실적
	학생 상담 실적	교문지도 및 중식지도 등	교문지도 및 중식지도 등
담당업무	담임 여부	담임 여부	담임 여부
	보직 곤란도	보직 곤란도	보직 곤란도
	업무곤란도(기피업무 담당) 여부	업무곤란도(기피업무 담당) 여부	업무곤란도(기피업무 담당) 여부
	지도 학생 수상 실적	지도 학생 수상 실적	지도 학생 수상 실적
	근무일수	근무일수	근무일수
	연구·시범학교 주무 및 운영 담당자 여부	연구·시범학교 주무 및 운영 담당자 여부	연구·시범학교 주무 및 운영 담당자 여부
	담임학년 곤란도	동아리 활동지도	동아리 활동지도
	통합학급 학생(특수아) 담임 여부 등	교과경시대회 지도	교과경시대회 지도
	수석교사 여부 등	교과 부장 여부 등	교과 부장 여부
		수석 교사 여부 등	진학·취업 지도
			수석 교사 여부 등
			학교 특성화·자율학교 업무담당 등
전문성개발	연수 이수 시간	연수 이수 시간	연수 이수 시간
	교육활동 관련 자격증 취득	교육활동 관련 자격증 취득	교육활동 관련 자격증 취득
	연구대회 입상 실적	연구대회 입상 실적	연구대회 입상 실적
	수업관련 장학 요원(연구교사, 선도 교사)	수업관련 장학 요원(연구교사, 선도 교사)	수업관련 장학 요원(연구교사, 선도 교사)
	연구 개발 실적(교과서 및 장학 자료 개발)	연구 개발 실적(교과서 및 장학 자료 개발)	연구 개발 실적(교과서 및 장학 자료 개발)
	포상 실적 등	포상 실적	포상 실적
		교과연구회 참여 실적 등	교과연구회 참여 실적 등

출처: 교육과학기술부(2012.2). 2012년도 교육공무원 성과상여금 지급 지침.

폭력 등의 사유로 성과상여금 지급 대상기간 중 직위해제를 당하거나 징계를 받은 자, 기간제 교원 등은 지급대상에서 제외된다. 2012년 현재 지급원칙은 개인성과급 차등지급률의 최저기준을 50~100% 중에서 단위기관(학교)의 장이 자율 선택하여 지급·시행하고, 평가등급은 S(30%), A(40%), B(30%) 3등급으로 구분한다. 2012년의 평가기준은 〈표 10-13〉과 같다.

2010년 이후 교원성과급 지급 지침과 이전 지침의 가장 큰 차이점은 교사성과 평가기준에 경력을 반영하지 않았다는 점이고, 개인성과급 외에도 학교단위 성과급 제도를 도입했다는 점이다. 학교단위 성과급 제도 시행을 위해 시·도교육청은 2010년 사전 예고기간 중에 학교단위 집단 성과상여금 평가기준을 상반기에 마련하고, 하반기에는 학교단위를 평가 시행한 후, 2011년도부터는 학교단위 집단 성과상여금을 지급하였다. 2012년 이후 현재까지 학교 성과상여금 지급비율은 시·도별 성과상여금 총 지급액의 20%이며, 실시 대상은 모든 초·중·고등학교다. 학교단위 집단성과 평가지표는 공통지표와 자율지표가 있다. 공통지표는 학업성취도평가 향상도(중등), 특색사업 운영, 방과후학교 학생 참여비율, 체력발달률(초등), 학업중단율(고교), 취업률(특성화고)이다. 자율지표는 시·도교육청은 여건지표(수업 시수, 학생 수, 급지) 등 특수상황을 고려하여 정한다. 공통지표와 자율지표 반영비율은 시·도교육청이 자율적으로 결정한다. 학교단위 집단 성과상여금의 차등지급률은 100%로 적용하여 '균등지급'을 적용하지 않고, 평가등급은 S(30%), A(40%), B(30%) 3등급으로 구분한다.

3) 단체교섭

우리나라는 교원의 단체결성권과 단체교섭권을 보장하고 있지만, 단체행동권은 제한하고 있다. 교직단체의 단체교섭은 한국교원단체총연합회의 '교원지위 향상을 위한 특별법'에 의한 교섭 협의와 '교원의 노동조합 설립 및 운영 등에 관한 법률'에 의한 노동조합의 단체교섭 및 협의 두 가지 형태가 있다. 교원노조법은 1999년 제정되어 교원노조 설립이 합법화되면서 전국교직원노동조합 등 교원노조가 설립되어 활동하고 있다.

교육기본법 제15조와 교원지위 향상을 위한 특별법에 의해 한국교총은 교원단체로서 교원의 전문성 신장과 지위 향상을 위하여 교육감이나 교육과학기술부장관과 교섭 협의를 진행한다. 교원지위 향상을 위한 교섭 협의에 관한 규정에 따르면 한국교총과 교육과학기술부장관 및 교육감을 각각 교섭 협의의 당사자로 하고 있다. 중앙에 조직된 교육회는 공립·사립 학교 전체 교원의 전문성 신장과 지위 향상을 위하여 교육과학기술부장관과, 시·도에 조직된 교육회는 당해 시·도의 교육감과 각각 교섭·협의를 한다. 따라서 시·군·구 지역 단위에서도 별도의 단체 교섭·협의는 인정되지 않는다. 사립학교는 학교 단위의 교섭이나 협의는 인정되지 않는다.

교원노조법에 따르면, 교원은 시·도 단위 또는 전국 단위로만 노동조합을 설립할 수 있다. 노동조합의 대표자는 교육과학기술부장관, 시·도 교육감 또는 사립학교 설립 경영자와 교섭하고 단체협약을 체결할 권한을 가진다. 이 경우 사립학교는 사립학교 설립 경영자가 전국 또는 시·도 단위로 연합하여 교섭에 응하여야 한다. 조직 대상을 같이하는 둘 이상의 노동조합이 설립되어 있는 경우에 노동조합은 교섭창구를 단일화하여 단체교섭을 요구하여야 한다. 따라서 교섭창구를 단일화하지 못하는 경우에는 단체교섭이 어려울 수 있다.

교원지위 향상을 위한 특별법에 의한 교섭 협의의 범위는 교원의 근로조건 개선에 한정되지 않고, 교원의 전문성 신장과 지위 향상에 관한 사항을 포괄적으로 포함하고 있다. 교원의 봉급 수당체계(교원성과급 등), 근로조건, 여교원 보호, 교원의 안전 보건, 교권 신장, 복지 후생, 연구활동 육성 및 지원, 전문성 신장과 연수 제도 등의 사안을 포함할 수 있다. 교원노조법에 의한 단체교섭 범위는 노동조합 또는 조합원의 임금, 근무 조건, 후생복지 등 경제적·사회적 지위 향상에 관한 사안이다. 또한 교원노동조합은 일체의 정치활동을 하여서는 아니 된다.

교원지위 향상을 위한 특별법에 의한 교섭·협의 요구가 있는 때에는 교섭 협의요구를 하고자 하는 때에는 교섭·협의 개시예정일 20일 전까지 교섭 협의내용을 상대방에게 서면으로 통보하여야 한다. 다만, 긴급한 사안이 있는 때에는 7일 전까지 통보할 수 있다. 당해 당사자는 그 소속 직원 중에서 지명한 자로 하여금 교섭·협의내용의 범위, 교섭·협의대표, 교섭·협의의 일시 및 장소 기타 교섭·협의에 필요한 사항에 관하여 미리 실무협의를 하도록 하고 그 결과를 서면으로 작성하게 하여야 한다. 교원노조법 시행령에 의하면, 노동조합의 대표자는 상대방과 단체교섭을 하고자 하는 때에는 교섭 개시 예정일 30일 전까지 상대방에게 서면으로 통보하여야 한다. 이 경우 조직대상을 같이 하는 2개 이상의 노동조합이 설립되어 있는 때에는 노동조합의 대표자는 연명으로 상대방에게 통보하여야 한다고 규정하고 있다.

　교원지위 향상을 위한 특별법은 교섭 당사자는 교섭·협의에서 합의한 사항을 성실하게 이행하여야 한다고 규정하고 있다. 이 경우 법령의 제정·개정 또는 폐지, 예산의 편성·집행 등에 의하여 이행될 수 있는 사항에 관하여는 쌍방이 적법한 절차와 방법에 의하여 그 이행을 위한 노력을 하여야 한다. 이는 합의사항에 대한 강제이행 의무가 아니라, 성실의무 노력만 부과하는 것으로 해석된다. 또한 교원노조법에서도 단체협약의 내용 중 법령 조례 및 예산에 의하여 규정되는 내용과 법령 또는 조례에 의하여 위임을 받아 규정되는 내용은 단체협약으로서의 효력을 가지지 아니 한다고 규정하였다.

　모든 단체교섭은 교원이 교원의 전문성 신장과 경제적·사회적 지위 향상을 위한 것이다. 하지만 교원의 단체교섭이 교원과 동시에 교원의 존재 근거인 학생의 학습권을 존중하고 보장하는 방향으로 이루어져야 정당성을 보장받을 수 있다. 교원노조법에서 "노동조합이 단체교섭을 하거나 단체협약을 체결하는 경우에 관계 당사자는 국민여론과 학부모의 의견을 수렴하여 성실하게 교섭하고 단체협약을 체

표 10-14　교직단체 비교

구 분	교원단체 (한국교총)	교원노조 (전교조, 한교조, 자교조, 대한교조)
설립근거	교육기본법	교원의 노동조합 설립 및 운영 등에 관한 법률(이하 "교원노조법"이라 함)
가입대상	전 교원 대상(학교장 포함)	초·중등교육법 제19조제1항에서 규정하고 있는 교원(교장·교감 등 제외)
교섭·협의 당사자	교육과학기술부장관 및 교육감	교육과학기술부장관, 교육감, 사립학교를 설립·경영하는 자
교섭·협의 구조	• 중앙: 교육과학기술부장관 • 시·도: 교육감 ※ 국립·공립·사립 구분 없음	• 국공립의 경우 − 전국: 교육과학기술부장관 − 시·도: 교육감 • 사립의 경우 − 설립·경영자가 전국 또는 시·도 단위로 연합하여 교섭
교섭·협의 대상	• 처우개선, 근무조건 및 복지후생과 전문성 신장에 관한 사항 ※ 교원지위향상을위한특별법 제12조(교섭·협의사항) 참조	• 임금·근무조건·후생복지 등 경제적·사회적 지위 향상과 관련된 사항 ※ 노동법 해석상의 단체교섭대상이 적용됨(의무적, 임의적, 교섭 제외 사항)
교섭·협의 시기	연 2회 및 특별히 필요하다고 판단된 때 당사자 협의에 의해	최소 2년에 1회

출처: 박근석(2009). 교원단체의 이해, 2009초등교육전문직직무연수 I, p. 368.

결하여야 하며, 그 권한을 남용하여서는 아니 된다."고 규정한 이유도 바로 여기에 있다. 한국교원단체총연합회와 전국교직원노동조합 등의 교원노조를 포함하여 교직단체의 특징을 종합적으로 비교하면 다음 〈표 10-14〉와 같다.

4) 교원의 휴직

휴직은 병이나 사고 따위로 인하여 공무원이나 일반 회사원 등이 그 신분과 자격을 유지하면서 일정한 기간 동안 직무를 쉬는 것을 말한다. 교원의 휴직은 교육공무원법에 근거하여 이루어진다. 교육공무원법 제44조(휴직)는 ① 교육공무원이 다음 각 호의 어느 하나에 해당하는 사유로 휴직을 원하는 경우에는 임용권자는 휴직을 명할 수 있다고 규정하고 있다. 다만, 제1호 내지 제4호 및 제11호의 경우에는 본인의 의사에 불구하고 휴직을 명하여야 하고, 제7호의 경우에는 본인이 원하는 경우 휴직을 명하여야 한다.

① 신체 · 정신상의 장애로 장기요양을 요할 때
② 병역법에 의한 병역의 복무를 위하여 징집 또는 소집된 때
③ 천재 · 지변 또는 전시 · 사변이나 기타의 사유로 인하여 생사 또는 소재가 불명하게 된 때
④ 기타 법률의 규정에 의한 의무를 수행하기 위하여 직무를 이탈하게 된 때
⑤ 학위취득을 목적으로 해외유학을 하거나 외국에서 1년 이상 연구 또는 연수하게 된 때
⑥ 국제기구, 외국기관, 국내외의 대학 · 연구기관, 다른 국가기관, 재외교육기관(재외국민의 교육지원 등에 관한 법률 제2조제2호의 재외교육기관을 말한다) 또는 대통령령으로 정하는 민간단체에 임시로 고용될 때
⑦ 자녀(만 6세 이하의 초등학교 취학 전 자녀)를 양육하기 위하여 필요하거나 여자 교육공무원이 임신 또는 출산하게 된 때
⑧ 교육부장관이 지정하는 국내의 연구기관이나 교육기관 등에서 연수하게 된 때
⑨ 사고 또는 질병 등으로 장기간의 요양을 요하는 부모, 배우자, 자녀 또는 배우자의 부모의 간호를 위하여 필요한 때
⑩ 배우자가 국외근무를 하게 되거나 제5호에 해당하게 된 때

⑪ 교원의 노동조합설립 및 운영 등에 관한 법률 제5조의 규정에 의하여 노동조
   합 전임자로 종사하게 된 때

또한 교원은 정당법의 규정에 의하여 정당의 당원이 될 수 있는 교원이 국회의원
으로 당선된 때에는 임기 중 그 교원의 직은 휴직된다. 대학에 재직 중인 교육공무
원이 교육공무원 외의 공무원으로 임용되는 사유로 휴직을 원하는 경우에는 임용
권자는 휴직을 명할 수 있다. 이 경우 휴직기간은 그 공무원의 재임기간으로 한다.
임면권자는 7호(임신 · 출산으로 인한 휴직) 규정에 의한 휴직을 이유로 인사 상 불리
한 처우를 하여서는 아니 되며, 동호의 휴직기간 중 최초 1년 이내의 기간은 근속기
간에 산입하도록 되어 있다.

정리하기

- 교육은 사람을 대상으로, 사람이 행하는 활동이다. 학습자의 학습을 중심으로 교육을
  정의한다면, 교육은 학습자(학생)의 학습과 성장이 올바른 방향으로, 보다 효과적으로
  이루어지도록 지원, 지도 · 관리 · 조장 · 촉진하는 활동이다.
- 교육인사행정이란 교육조직에서 학생들의 학습과 성장이 올바른 방향으로, 보다 효
  과적으로 이루어지도록 지도 · 관리 · 조장 · 촉진할 수 있는 유능한 교직원을 확보하
  고, 그들이 지속적으로 교육력을 개발하며, 최선을 다하여 학생의 학습을 효과적으로
  지도 · 관리 · 조장 · 촉진하는 교육력을 발휘하도록 제반 여건을 조성하는 과정이라
  고 할 수 있다.
- 교원은 각급 학교에서 원아, 학생을 직접 지도 · 교육하는 자로서, 국 공 사립학교에서
  직접 교육을 담당하고 있는 사람들(교장 · 교감, 원장 · 원감, 대학 교원 포함)이며,
  초 · 중등교원은 자격증을 취득해야 교원으로 임용될 수 있다.
- 교원 중 공립교사 선발시험은 평생학습사회, 지식기반사회로의 변화를 반영하여 교육
  능력에 학습자의 학습관리능력, 자기주도학습능력과 태도를 길러 주는 교사로서의 능
  력을 함께 측정하고 판별할 수 있어야 한다.
- 교육의 질을 높이기 위해서는 현직연수를 통한 교원의 전문성 신장이 필수적이다. 현
  직연수, 현직교육을 통해 교육현장과 괴리된 직전교육의 미비점을 보완하고, 사회변

화와 교수학습방법의 변화가 반영된 새로운 지식, 기술, 태도를 습득할 수 있으며, 아울러 지속적인 자극과 연찬을 통해 교육전문가로서 자질 능력을 신장할 수 있다.

• 교원승진제도의 개선은 교장공모제, 교원능력개발평가제와 교원성과급제도의 변화와 유기적으로 연계되어 이루어질 필요가 있다. 그리고 그 개선방향은 지나친 연공서열 중심의 승진제도를 능력과 근무실적 중심의 제도로 개선하고, 학생교육에 최선을 다하는 교사가 승진하고 존중받도록 지원·조장·촉진하는 것이어야 한다.

• 교장공모제에는 첫째, '초빙형 공모제'로 교장자격증 소지자가 지원하는 공모제, 둘째, '내부형 공모제'로 교육경력 15년 이상인 교육공무원이나 사립교원이 지원하는 공모제, 셋째, '개방형 공모제'로 해당 학교의 교육과정 분야에서 3년 이상 종사한 사람이 지원할 수 있는 유형이 있다.

• 동일한 계급 또는 직급 간에 이루어지는 수평적 인사이동에 해당하는 것이 전직과 전보다. 그러나 전직은 다른 직렬의 계급 또는 직급으로 수평적 이동을 하고, 전보는 동일한 직렬의 계급 또는 직급으로 수평적 이동을 한다는 것이 다르다.

• 교원능력개발평가는 학교 교원의 지속적인 능력 신장을 목적으로 교원의 교육활동에 대하여 학교 구성원인 교사·학생·학부모의 평가 내지 만족도를 조사하는 제도다.

• 교원의 권리는 적극적 권리와 소극적 권리로 구분할 수 있다. 적극적 권리는 자율성 신장, 교원의 사회경제적 지위 보장(생활보장, 복지 후생제도 확충 포함), 근무조건 개선 등이 있고, 소극적 권리에는 신분보장, 쟁송제기권, 불체포특권, 교직단체 활동권을 들고 있다. 신분 보장이 미흡하면 교육의 일관성, 안정성 및 능률성을 해칠 수 있고, 신분보장의 정도가 지나치면 민주적 통제가 어려워지거나, 무사안일을 조장하고 무능한 교원을 보호하는 수단으로 작용할 수도 있다.

• 교원의 적극적 의무에는 교원이 공무원으로서 지니는 의무인 선서의 의무, 성실의 의무, 복종의 의무, 친절 공정의 의무, 비밀 엄수의 의무, 청렴의 의무, 품위 유지의 의무 등이 있으며, 이는 국가공무원법에 규정되어 있다. 교원은 교육전문직으로서 학생의 교육 지도, 연구활동에 최선을 다해야 하는 의무가 있다.

• 보수란 '봉급과 그 밖의 각종 수당을 합산한 금액'을, 봉급은 '직무의 곤란성과 책임의 정도에 따라 직책별로 지급되는 기본급여'를, 수당은 '직무여건 및 생활여건 등에 따라 지급되는 부가급여'를 말한다.

• 교원성과급이란 학교조직에 공헌할 수 있는 잠재적 능력 내지 가능성이 아니라 현실화된 공헌도인 교원의 생산량을 기준으로 결정되는 보수를 의미한다. 일반적으로 우수한 교원에 대한 보상을 통해 사기를 진작시키고 근무의욕을 고취시키는 등 교원을 동기부여하기 위한 목적으로 도입되었다. 2010년에는 학교별 성과급이 도입되었다.

- 우리나라는 교원의 단체결성권, 단체교섭권을 보장하고 있지만, 단체행동권은 제한하고 있다. 교직단체의 단체교섭은 한국교원단체총연합회의 '교원지위 향상을 위한 특별법'에 의한 교섭 협의와 '교원의 노동조합 설립 및 운영 등에 관한 법률'에 의한 노동조합의 단체교섭 및 협의 두 가지 형태가 있다.
- 모든 단체교섭은 교원이 교원의 전문성 신장과 경제적·사회적 지위 향상을 위한 것이다. 하지만 교원의 단체교섭이 교원과 동시에 교원의 존재 근거인 학생의 학습권을 존중하고 보장하는 방향으로 이루어져야 정당성을 보장받을 수 있다.

 적용하기

1. 현행 교원양성체제의 주요 문제점과 개선방안을 토론해 보자.
2. 현행 교원 선발과 신규임용 방식의 주요 문제점과 개선방안을 토론해 보자.
3. 현행 교원 선발과 신규임용 방식에 근거하여 임용되기까지의 단계별 계획을 작성하여 보자.
4. 현행 교원의 승진체제의 주요 문제점과 개선방안을 토론해 보자.
5. 교장공모제의 주요 쟁점을 도출하고 토론해 보자.
6. 교원능력개발평가제의 주요 쟁점을 도출하고 토론해 보자.
7. 교원 성과급 제도의 주요 문제점과 개선방안을 토론해 보자.
8. 현직 교원의 교육력 개발을 유도하고 사기를 앙양하는 방법을 토론해 보자.

제11장
교육재정 및 교육경제

1. 교육재정
2. 교육경제

● 학습 목표

• 교육재정과 교육경제의 개념과 특성을 이해하고 경제적 관점에서의 교육관을 재정립한다.
• 국가 · 사회가 학교교육에 재정 지원을 하는 이론적 근거를 이해하고, 이를 바탕으로 우리나라 교육재
  정 확보 · 배분 현황을 올바르게 이해하고 분석한다.
• 교육재정학의 기초 이론 학습을 통해 교육재정 구조와 지원 정책을 객관적으로 분석 · 평가할 수 있는
  연구능력을 배양한다.
• 최근에 변화되고 쟁점이 되는 교육재정 정책 사례 분석을 통해 우리나라 교육재정의 특징을 이해하고,
  이에 대한 비판적 의견을 제시할 수 있다.
• 교육경제학의 기초 이론을 통해 교육과 경제와의 관련성을 이해한다.
• 교육투자의 중요성에 대한 인식을 바탕으로 교육의 경제적 가치를 실질적으로 분석할 수 있는 능력을
  배양한다.

1. 교육재정

1) 교육재정의 의미와 특성

(1) 교육재정의 의미

국가경제는 민간부문과 공공부문이 병존하는 혼합경제체제를 이루고 있으며, 정부활동의 규모 증대와 영역 확대로 공공부문이 중요한 위치를 차지하고 있다. 정부가 공공부문에 필요한 자원을 조달, 관리, 사용하는 경제행위가 공공경제, 즉 재정인 것이다. 따라서 넓은 의미에서 공공성과 공익성을 지닌 모든 경제활동은 재정활동의 범위에 속한다고 할 수 있다.

정부의 공공부문에 대한 경제활동은 민간부문의 그것과 구별된다. 민간부문의 시장경제활동에서는 반드시 급부와 반대급부가 있으며, 그들 간에는 개별적인 인과 관계가 존재한다. 그러나 정부의 경제활동에는 수입과 지출간에 직접적인 인과 관계가 존재하지 않는다(위키백과사전).

정부의 경제활동은 결국 민간부문으로부터 세금을 걷어 이를 지출하는 행위로 요약된다. 보다 구체적으로 "국가 및 지방자치단체가 공공요구를 충족하기 위하여 필요한 수단을 조달하고 관리 · 사용하는 경제활동 또는 정부의 경제활동"(차병권, 1987: 3)을 공공재정(public finance)이라고 부른다.

이와 같은 논리로 본다면, 교육재정은 국가 및 공공단체가 교육욕구를 충족하기 위하여 필요한 수단을 조달하고 관리 · 사용하는 경제활동이라고 할 수 있다. 이에 윤정일(2004: 59)은 교육재정을 국가 · 사회의 공익사업인 교육활동을 지원하기 위하여 국가나 공공단체가 필요한 재원을 확보 · 배분 · 지출 · 평가하는 일련의 경제활동으로 정의하고 있다. 따라서 교육재정이란 학교, 지방, 중앙 교육행정기관이 일정 기간 동안 수행해야 할 제반 교육행정활동과 필요한 사업을 추진하는 데 소요되는 경비의 지출과 이를 조달하기 위한 수입을 각기 항목별로 추산 · 정리 · 확정하는 과정과 그 과정을 통하여 최종적으로 얻게 되는 결과라고 할 수 있다(한국교육행정학회, 1995: 241).

결국 교육재정은 국가 및 공공단체가 학교교육의 목적을 달성하기 위해 교육서비스를 생산 · 공급하는 데 필요한 공적인 재정을 확보 · 배분 · 평가하는 일련의 경제활동을 의미한다. 이러한 교육재정의 확보, 배분의 과정이 공공절차를 통해 이루어지고, 나아가 교육재정은 학교교육의 운영방식이나 교육 생산성에 영향을 주며, 학교교육의 질적 수준을 결정해 주는 핵심적인 요인으로 작용한다.

우리나라의 경우 국가가 학교교육에 재정지원을 해야 하는 법적 근거를 가지고 있다. 헌법 제31조 제6항에 근거하여 교육기본법 제7조 제1항은 "국가 및 지방자치단체는 교육재정을 안정적으로 확보하기 위하여 필요한 시책을 수립 실시하여야 한다."라고 교육재정에 관한 1차적인 책임주체를 국가와 지방자치단체로 규정하고 있고, 사립학교법 제43조(지원) 제1항은 "국가 또는 지방자치단체는 교육의 진흥상 필요하다고 인정할 때에는 사립학교 교육의 지원을 위하여 대통령령 또는 당해 지방자치단체의 조례가 정하는 바에 따라 보조를 신청한 학교법인 또는 사학지원단체에 대하여 보조금을 교부하거나 기타의 지원을 할 수 있다."라고 규정하고 있는 등 우리나라는 국공립학교와 사립학교 재정지원의 제도적 장치를 마련하고 있다. 반면에 고등교육법 제7조 제1항은 "국가 및 지방자치단체는 학교가 그 목적을 달성하는 데 필요한 재정을 지원·보조할 수 있다."고 규정하여, 고등교육기관에 대한 국가의 재정지원을 임의 규정으로 마련해 놓고 있다. 따라서 우리나라는 교육재정 지원에 대한 최소한의 법적 장치는 마련되어 있는 셈이다(반상진, 2008).

이러한 법적 근거에 의해 우리나라는 교육재정의 확보와 지원을 법률(내국세)로 정하고 있고, 교육행정과 일반행정을 분리하기 위하여 지방교육재정을 특별회계로 활용하여 운영하고 있으며, 또한 단위학교 책임경영제 실현을 위한 학교회계제도를 도입·운영하고 있다.

이와 같이 정부가 법적 근거까지 갖추며 교육에 재정적 지원을 하는 근거는 여러 관점에서 설명될 수 있다. 하지만 국가가 교육에 대한 재정지원을 어떤 입장에서, 어떤 근거로, 왜 실제로 지원해야 있는지에 대한 질문을 논리적으로 설명함으로써 교육에 대한 공적 지원의 논리적 근거와 정당성을 확보할 수 있다. 여기서는 교육에 대한 국가지원의 논리적 근거를 '국가가 지향하는 교육관의 관점' '교육의 경제적 효과(교육의 외부효과)' '교육의 경제적 성격' 등에서 찾고자 한다.

첫째, 국가가 지향하는 교육관의 관점이다. 국가나 공공기관이 교육에 공적 지원을 하는 입장은 국가마다 지향하는 교육관, 즉 지원 목적과 철학에 그 근거를 두고 있다. 국가마다 교육에 대한 지원 목적과 철학의 차이는 공공재(public good)로 볼 것이냐, 교육을 사적재(private good) 혹은 상품(commodity)으로 볼 것이냐 하는 관점의 차이에서 출발한다. 국가마다 교육에 대한 관점의 차이는 국가 교육의 전반적인 시스템에서 다양한 형태로 나타난다. 예를 들면, 호주, 노르웨이, 프랑스, 핀란드 등 전통적인 공교육 체제를 유지하는 나라에서는 교육이 모든 사람들의 관심사인 공공재인 만큼 모든 사람들에게 골고루 혜택이 돌아가야 한다는 교육의 기회균등 차원에서 국가와 같은 공급자 주도의 교육체제의 타당성을 인정하고 있다. 한편, 잉글랜드, 웨일즈, 뉴질랜드와 같은 나라에서는 오랫동안 교육을 공공재이기보다는 상품으로 간주하여 왔기 때문에 시장경제의 원리에 따라 개인의 선택권을 존중하는 교육체제를 유지하여 왔다(Chapman, Sackney, & Aspin, 1999: 77-78). 대부분의 국가의 경우 초·중등교육은 공공재로 인식하여 교육의 기회균등 가치 구현을 위해 국가의 지원은 정당한 것으로 간주하고 있다. 다만, 국가마다 교육에 대한 관점의 차이는 고등교육에 대한 국가의 지원 차이에서 나타나는데, 일반적으로 유럽의 경우 고등교육을 외부효과가 매우 큰 공공재로 간주하여 왔고, 그에 따라 대부분이 공립 위주이고 대학 수업료 면제를 통한 고등교육 재정지원의 전통이 수립되어 왔으며, 그러한 전통 때문에 '수익자부담' 원칙이 거의 적용되지 않고 있다(반상진, 2008). 반면에 사립대학에 의존하여 고등교육이 보편화된 대만과 일본, 우리나라와 같은 아시아 국가들은 사립을 중심으로 고등교육을 확대하여 왔고, 그에 따라 수익자부담의 원칙이 강하게 적용되고 있으며, 이들 국가들은 결국 고등교육을 사적재로 인식하는 경향이 강하다는 것을 보여 준다.

둘째, 교육에 대한 재정적 지원의 정당성은 교육의 경제적 효과(교육의 외부효과)에서 그 근거를 찾을 수 있다. 교육의 역할이 일반적으로 교육의 수혜자에게 개인의 자아실현, 신분상승, 소득 보장 등 심리적·사회적·경제적 혜택을 가져다주고, 국가·사회는 그들이 필요로 하는 인적자원을 교육으로부터 충원받는다고 한다면 교육에 대한 재정지원의 주체는 교육에 혜택을 받은 개인과 국가·사회가 되어야 할 것이다. 이는 이미 인적자본론에서 제기하고 있듯이, 교육에 대한 투자를 통해 인적자본을 형성하는 것은 개인발전은 물론 국가발전에 다양한 영향을 미쳐 왔고, 그 영향은 개인소득의 향상, 소득배분의 효과, 경제성장의 효과, 인구이동의 효과, 국제무역의 효과, 노동시장의 효과, 지역발전에 미치는 효과 등 금전적 또는 비금전적인 경제적 외부효과(spillover effect)를 지니고 있으므로 그 부분에 해당하는 만큼의 국가지원은 당위성을 가진다(Kezar, Chambers, & Burkhardt, 2005: 23).

셋째, 경제학적 관점에서의 교육의 성격은 국가나 공공기관의 교육에 대한 재정적 지원의 근거를 제공한다. 기본적으로 교육은 투자적 관점에서는 투자재적 성격, 소비적 관점에서는 가치재적 성격을 띠고 있다는 점에서 국가의 재정지원은 정당화될 수 있다(윤정일, 2004). 교육이 투자재일 경우, 국가개입의 필요성은 순수한 민간기업의 투자를 촉진하기 위하여 정부가 시장에 개입하는 정책이 정당화되는 이유와 유사하다. 투자재의 투자효과는 투자한 이후 상당 기간이 지난 다음에 나타나는데, 일반적으로 각 개별 경제주체는 불확실한 미래의 소득 또는 투자의 효과에 대해 정확하게 측정하지 못하기 때문이다. 또한 투자의 위험성에 대해 각 개인이 느끼는 사적인 불확실성은 사회적 불확실성보다 큰 것이 일반적이며, 이는 사회 전체적으로 볼 때 위험이 개별 주민들에게 분산되기 때문이다. 이러한 이유로 순수한 민간의 결정에 의해 투자규모가 결정될 경우 투자량이 적게 되는 경향이 있다. 특히 교육투자의 경우 회임 기간이 길며, 투자자와 수혜자가 다를 뿐만 아니라 투자의 효과가 수혜자의 특성에 따라 다르게 나타나기 때문에 이러한 경향이 더 크게 나타난다. 그러므로 사회적 적정투자가 이루어지도록, 즉 교육에 대한 적정 투자가 이루어지도록 정부가 개입할 필요성이 생기는 것이다. 한편 소비적 관점에서 교육은 가치재(merit goods)적 성격을 띠고 있다. 개인이 스스로 시장을 통해 구입하여 소비하는 양보다도 더 많은 소비를 하는 것이 사회적으로 바람직하다는 판단 아래 정부가 공적 예산을 써서 개인들이 사적으로 소비하는 양을 초과하여 소비하도록 만드는 것을 가치재라고 부른다(소병희, 2004: 28). 정부의 입장에서는 국민들이 교육을 소비하는 것은 그 자체로서 바람직하기 때문에 교육을 직접 생산하여 공급하는 방식을 취하는 것은 정당화된다. 특히 가치재의 경우 배제의 원리가 적용되지 않는 공공재나 외부성을 지닌 사적재와는 다르게 소비자가 자신의 기호와 선호를 적절하게 판단하거나 드러내기 어렵기 때문에 국가의 개입이 필요하게 된다. 예를 들어, 국가에서 국민에게 의무교육을 제공하는 것, 가난한 학생들이 제대로 성장할 수 있도록 학교급식비를 정부가 보조하는 것 등은 이것들이 가치재적 성격을 지니고 있기 때문이다. 하지만 소병희(2004)도 지적하고 있듯이, 공공재, 가치재에 대해 국가나 지역마다 나름대로의 정책을 가지고 있어 공급수준은 달라질 수 있다.

2) 교육재정의 성격과 특성

　일반적으로 재정은 개인 가계 등 경제 주체의 재산 및 수지 관리를 포함하는 사적 재정(private finance)과 국가 및 지방공공단체의 공공요구를 충족하기 위하여 필요한 수단을 조달하고 관리ㆍ사용하는 공공재정(public finance)으로 구분된다.

　사적 재정에 비교하여 공공재정의 특징을 윤정일(2004: 61-66)은 강제적인 성격, 공공적 성격, 양출제입의 회계원칙 적용, 영속성의 특성, 무형재의 특성, 수입과 지출의 균형성 등으로 구분하고 있다. 그는 교육활동을 지원하는 교육재정도 재정의 한 분야이므로 우선 국가 및 공공단체의 경제라고 정의되고 있는 일반재정의 특성과 같은 관점에서 보고 있다.

　한편 우명동(2007: 7-16)은 재정행위를 국가의 경제행위로 규정하고, 재정의 성격과 특성을 복합성과 역사성으로 구분하여 제시하고 있다. 재정현상의 복합성은 정치적 성격과 경제적 성격을 동시에 띠면서 상호 제약적인 복합적 성격을 띠고 있다는 것을 의미한다. 재정현상의 역사성은 재정현상도 하나의 사회현상으로서 사회변화와 발전과 상호작용하면서 역사적으로 변화ㆍ발전해 나가는 것을 의미한다.

　일반적 성격을 토대로 교육재정의 성격과 특성을 살펴보면 다음과 같다.

　첫째, 재정은 가계나 민간기업과 같은 민간개별경제와는 달리 기업과 국민의 소득의 일부를 조세에 의하여 정부의 수입으로 이전시키는 강제적인 성격을 가지고 있다(윤정일, 2004). 재정은 개별경제라는 점에서는 시장경제와 같지만 국가 또는 지방공공단체라는 공권력에 의한 강제력으로 재화나 서비스를 과징하는 강제획득경제라는 면에서는 시장경제와 다르다. 정부의 경제활동 중에서 강제성이 가장 뚜렷하게 나타나는 것은 조세에 의한 수입 조달과정이다. 조세 이외의 재정수입에 있어서도 강제성 원칙이 적용되고 있는데 수수료 및 사용료, 강제공채, 재정독점에 의한 수입 등이 그 예다. 따라서 교육재정도 조세에 의해 수입이 이전되는 강제원칙이 지배하고 있다.

　둘째, 가계의 경제활동은 효용의 극대화를 기하고, 기업의 경제활동은 이윤의 극대화를 기하려는 것임에 비하여, 재정은 국가활동과 정부의 시책을 효과적으로 달성할 수 있는 방향으로 사용되어야 하는 공공성을 지니고 있다. 시장경제는 효용 또는 이윤극대화를 목적으로 하는 소비자 및 생산자인 무수한 개별경제 주체의 상호작용을 바탕으로 형성되며, 수요·공급관계가 자동적으로 조정되는 시장원리에 따라 움직인다. 이러한 시장원리는 경제사회에서 필수불가결의 조직원리이지만 국민복지를 증진시키는 데 필요한 모든 욕구를 충족시킬 수 없다(윤정일, 2004). 이러한 점에서 정부의 경제활동인 재정은 공공의 경제로서 국가의 목표 내지 정부의 시책을 효과적으로 달성하는 데 기초하여 결정된다.

셋째, 가계는 수입이 정해져 있으므로 그 수입 범위 내에서 지출을 억제하는 양입제출(量入制出)이 운영의 원칙이 되지만, 반면에 재정에서는 먼저 필요한 지출의 규모를 결정하고, 이에 상응하는 수입의 확보를 기하는 양출제입(量出制入)의 원칙이 적용된다. 그러나 현실적으로 재정에서도 수입을 확정하거나 예측하지 않고 지출을 정할 수는 없는 것이기 때문에, 양출제입의 원칙은 민간경제에 대한 상대적인 입장에서 강조한 의미로 받아들여야 한다.

넷째, 재정은 민간경제보다는 존속기간이 길다고 하는 영속성을 특징으로 한다. 이는 재정의 존속기간이 일반적으로 민간경제인 가계와 기업보다 길뿐만 아니라 무한하다는 것을 뜻한다. 그러나 존속기간의 영속성도 상대적인 특성인 것이다. 재정의 존속기간이 무한하다는 것은 무한하다는 사실 자체가 중요하다는 것이 아니라 정부가 주체가 되어 행하는 경제활동은 그 존속이 무한하다고 보는 데서 신빙성과 신뢰성이 생기게 된다는 것이며, 이것이 바로 재정의 특성이 될 수 있다는 것이다(윤정일, 2004).

다섯째, 재정은 국방·교육·치안·보건 등과 같은 무형재를 생산하는 특성을 지니고 있다. 일반적으로 공공경제는 무형재를 공급하며, 그 재화를 분할할 수가 없고, 그 효용은 측정할 수 없는 데 반하여 시장경제에서 공급되는 재화는 모두 시장가격을 가지며, 가분적이고, 그 가치는 시장가격에 의하여 평가할 수 있다는 것이다. 그러나 민간기업도 교육·운송 등과 같은 무형재를 생산하고 있으며, 정부는 담배·인삼 등과 같은 유형재를 생산하고 있고, 공적 생산에 의하여 공급되는 생산물과 사적 복지기관에 의하여 공급되는 생산물을 엄격하게 구분할 수 없다(윤정일, 2004).

여섯째, 재정은 수입과 지출의 균형성을 유지해야 한다는 특성을 지니고 있다. 재정은 반드시 예산의 집행이라는 형태로서 행해진다. 예산의 핵심은 수입과 지출에 있는데, 지출이 엄밀하게 예산대로 지출되는 것임에 비하여, 수입은 사전에 작성해 보는 예정액에 지나지 않는다. 이러한 수입과 지출과정에서 어떠한 수익과 낭비가 발생되지 않도록 균형적으로 편성해야 한다는 특성을 지니고 있다.

일곱째, 재정은 일반보상의 원칙이 지배하는 특성을 지니고 있는 반면에 민간경제는 개별보상의 원칙이 지배한다. 다시 말해 민간경제에서는 급부와 반대급부가 직접 연결되는 개별보상의 원칙에 의하여 운영되는데, 재정에서는 정부가 제공하는 봉사나 혜택의 여부에 관계없이 모든 국민이 일괄적이고 포괄적으로 대가를 지불하고, 그에 따른 희생은 공공서비스의 급부로부터 얻는 이익에 의해 보상되는 이른바 일반보상의 원칙에 의해 지배를 받는다는 것이다.

여덟째, 재정은 국가의 행위이기 때문에 정치적 행위로서의 특성적 요소를 가지고 있고, 동시에 재정은 공공수요 충족을 위한 자원배분 행위라는 점에서 경제적 행위의 특성적 요소를 지니고 있다. 나아가 재정은 궁극적으로 민간경제에도 영향을 미치고 또 영향을 받기 때문에 경제적 행위로서의 특성을 지니고 있다(우명동, 2007).

아홉째, 재정은 한 사회의 변화와 발전 속도와 상호작용하면서 역사적으로 재정 행위도 변화 · 발전하는 역사성의 특성을 지니고 있다. 재정현상은 국가의 경제행위로서 특정 사회의 구조적 특성과 민간의 경제행위에 영향을 주고받는 행위로 이해할 수 있다. 따라서 재정은 국가의 역사적 성격 변화와 경제적 현상의 역사적 성격 변화에 따라 변화 · 발전되어야 한다는 것이다(우명동, 2007).

이와 같이 사적재정과 비교하여 공공재정의 특성을 살펴보았다. 하지만 교육재정은 일반재정이 가지고 있는 이상과 같은 특성 이외에도 교육의 특수성으로 인한 비긴요성과 비생산성이라는 특성을 내포하고 있다. 교육재정은 소비적 · 투자적 성격을 동시에 지니고 있고, 교육의 결과가 장기간에 걸쳐 나타나며, 아울러 가시적으로 측정 가능하지도 않아 교육재정은 긴급한 것이 아니고, 또 비생산적인 투자로 여겨지는 경향이 있다. 그에 따라 일반적으로 교육재정을 투자 우선순위의 결정과정에서 하위로 밀려나는 경우가 많다.

한편 윤정일(2004)은 교육재정이 일반재정으로부터 분리 · 독립하게 된 이유를 다음과 같이 들고 있다. 첫째, 교육이 특정의 정치이념 혹은 정당정파의 정견에 의해서 좌우될 때 교육의 자주성을 유지할 수 없다는 이유에서 교육의 정치적 중립성을 보장하기 위한 것이다. 둘째, 민주적 교육행정체계가 발달함에 따라 교육행정의 개념이 법규해석적 견지에서 인적 · 물적 조건을 정비하는 수단적 견지로 변경되었기 때문이다. 셋째, 의무교육제도의 확립에 따라 막대한 의무교육비 확보를 위한 재정적 주치의 방안으로서 교육재정을 일반재정으로부터 분리하게 되었다. 그리고 마지막으로 교육경비의 비긴요성과 비생산성이라는 특성 때문에 일반재정에 비하여 경시되기 쉬운 위험을 미연에 방지하고자 하는 이유다.

3) 교육재정의 구조와 특징

(1) 교육재정의 구조

우리나라 교육재정은 재원에 따라 크게 국가 부담, 지방자치단체 부담, 학부모 부담, 학교법인 부담 등으로 구분할 수 있고, 교육재정의 구조는 중앙정부 지원구조와 지방정부 지원구조로 이원화되어 있다. 우선 교육재정을 재원별로 살펴보면, 우리나라 교육재정 중에서 가장 큰 비중을 차지하는 것은 국가 부담이고, 이는 기본적으로 조세수입을 바탕으로 하고 있다. 국고 부담인 중앙정부의 주요 재원은 매년 내국세 수입액의 20.27%와 국세분 교육세 수입액 전액[1]으로 확보되는 지방교육재정교부금, 국가예산편성을 통해 조세수입액을 통해 확보되는 교육과학기술부 본부 경비(인건비, 운영비, 사업비 등), 국립학교 교육비, 교육지원기관 등이다.

초·중등교육을 위한 지방자치단체 부담 재원도 조세수입을 바탕으로 하고 있다. 지방자치단체가 부담하는 재원은 법정전입금인 지방교육세 전입금, 시·도세 수입액의 일정률(특별시 10%, 광역시와 경기도 5%, 도 3.6%)인 시·도세 전입금, 특별시와 광역시의 담배소비세 수입액의 45%에 해당하는 담배소비세 전입금 등이 있고, 그 외에도 공립도서관 운영비 등 비법정전입금[2]과 지방자치단체에서 각급학교에 직접 지원하는 교육경비보조금,[3] 그리고 교육청 자체 수입인 학생 납입금과 교육청의 재산 수입 등으로 이루어진다.

---

1) 교육세는 다른 조세와는 달리 특정한 목적을 위해 특정한 조세재원으로 마련한 목적세다. 목적세의 경우에는 수익자부담자부담의 원칙에 따라 과세액이 부과되는 것이 보편적이다. 목적세로서 교육세 도입과정에서 세수의 경직성 등의 이유로 우리나라에서도 논란이 많았지만, 부족한 교육재원 확보를 위한 보정적 장치로서 효과를 얻고 있다. 우리나라 정치권에서는 국세분 교육세는 물론 지방교육세가 조세구조의 칸막이라고 비판하면서 끊임없이 폐지를 주장하고 있다. 실제로 2008년 9월에는 기획재정부가 교육세를 포함한 목적세를 본세에 포함시키고 일반재원화하는 것을 골자로 하는 세제개편안을 국회에 제출하기도 하였지만, 교육계의 반발로 기획재정부는 교육세 폐지를 3년간 유예하기로 한 사례도 있다.
2) 비법정전입금은 지방교육재정교부금법 제11조 제7항에 근거하여 시·도가 관할지역 내의 교육 학예의 진흥을 위하여 제2항(지방교육세, 시·도세 전입금) 외에 별도의 경비를 교육비특별회계로 전출할 수 있도록 되어 있다.

학부모 부담은 등록금(입학금, 수업료, 학교운영지원비), 학교발전기금, 수익자부담경비, 사용료 및 수수료 등이고, 학교법인 부담은 학교법인이 수익용기본재산을 운용하여 생긴 수익에서 학교법인이 자체 운영경비와 제세공과금, 감가상각비를 제외한 후 법정부담경비, 교육시설비, 학교운영비 등을 사립학교 교비회계로 전입하는 학교법인 전입금이다.

현행 초·중등교육을 위한 교육재정의 지원구조는 중앙정부의 교육과학기술부 예산과 시·도 교육청 교육비특별회계로 구분되어 있는데, 중앙정부의 교육부 예산은 대부분이 일반회계에 계상되어 있으나, 지방교육재정은 지방정부의 일반회계와는 별도로 중앙정부가 지원하는 지방교육재정교부금 및 보조금과 지방정부가 지원하는 전입금 등을 통해 7개 시(서울특별시, 부산·대구·인천·광주·대전·울산광역시)와 9개 도교육청이 교육비특별회계를 편성하여 운영하는 방식을 취하고 있다.

따라서 지방교육재정인 시·도 교육청 교육비특별회계의 세입 구조는 크게 국가부담수입, 지방자치단체부담수입, 시·도 교육청의 자체수입 등으로 구성된다. 이러한 지방교육재정 체제는 과세권이 없는 교육자치단체가 교육비의 집행을 담당하고, 그 재원의 대부분을 중앙정부가 조달하고 있는 형태다. 지방자치단체가 시·도 세의 일부를 전입금으로 교육비특별회계에 지원하지만 지방재정과 교육재정이 별도로 운용되는 체제이기 때문에 지방자치단체가 교육재정에 관여할 권한이 제한되어 있다.

초·중등교육을 위한 교육재정은 중앙정부와 지방자치단체 그리고 지방교육자치단체 자체에서 조달된 재원을 지방교육자치단체가 단위학교에게 표준교육비를 근거로 일정방식으로 지급하고 최종적으로는 단위학교에서 학생 교육을 위해 지출하는 구조로 되어 있다. 현재 우리나라의 교육재정 구조와 배분경로를 제시하면 [그림 11-1]과 같다. 아울러 현재 지방교육재원의 상호연계구조는 다음 [그림 11-2]와 같이 도식화할 수 있다.

3) 1996년부터 도입된 교육경비보조제도는 시·군 및 지방자치단체인 구가 특별시장·광역시장 또는 도지사의 승인을 얻어 대통령령이 정하는 바에 따라 관할구역 안에 있는 고등학교 이하 각급 학교의 교육비의 일부를 보조할 수 있었으나, 2006년 지방교육자치법 개정으로 '시·군 및 자치구의 교육경비보조에 관한 규정'이 '지방자치단체의 교육경비보조에 관한 규정'으로 변경되어 시·도가 고등학교 이하 각급학교에 교육경비(학교의 급식시설 설비사업, 학교의 교육정보화사업, 학교의 교육시설개선사업 및 환경개선사업, 학교교육과정 운영의 지원에 관한 사업 등)를 직접 보조할 수 있게 되었다.

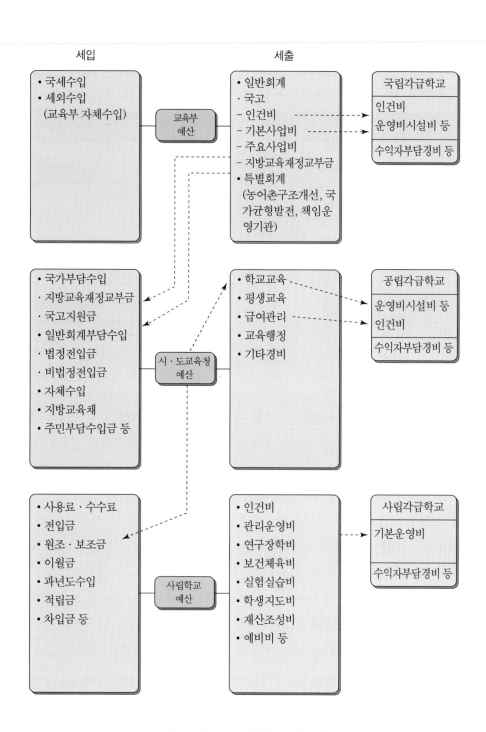

[그림 11-1] 교육재정의 구조와 배분

출처: 공은배 외(2007). 한국 교육재정 구조개편 방향 설정 연구. p.15. 일부 수정.

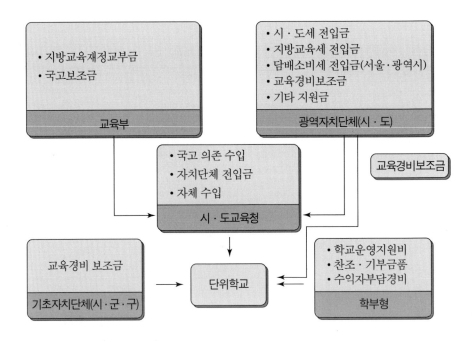

[그림 11-2] 지방교육재원의 상호 연계

　　우리나라의 경우 지방교육재정교부금 지원예산 규모가 지방교육재정 세입 재원
의 75% 이상을 차지하고 있는 만큼 초·중등교육을 위한 중앙정부의 역할이 절대
적이라고 할 수 있다. 지방교육비의 75% 이상이 중앙정부에서 교부금의 형태로 지
원되고 지방자치단체의 전입금도 대부분 법정전입금으로서 국가 차원에서 결정되
므로 교육비 조달에 대한 책임은 일차적으로 중앙정부라고 할 수 있다. 따라서 지
방교육자치단체는 안정적인 재원확보를 중앙정부로부터 보장받고 있다. 특히 지방
교육재정교부금법 제1조에 따르면, 지방교육재정교부금법은 "지방자치단체가 교
육기관 및 교육행정기관(그 소속기관을 포함)을 설치·경영함에 필요한 재원의 전부
또는 일부를 국가가 교부하여 교육의 균형있는 발전을 도모함"을 목적으로 하고 있
다. 이는 교부금의 지원주체는 '국가'이며, 지원대상은 '지방교육자치단체가 설
치·경영하는 교육기관 및 교육행정기관'이고, 지원목적은 '교육의 균형있는 발전
도모'라는 사실을 의미한다. 다시 말해, 중앙정부로부터 지원되는 지방교육재정교
부금은 지방의 재정자립도나 빈부의 격차로 발생하는 교육기회의 불균형과 교육의
질적 격차를 해소하기 위하여 국가가 지방자치단체에 교육재정을 지원하는 주요한
재원이다.

　　지방교육재정 세입 재원의 75% 이상을 차지하고 있는 지방교육재정교부금에 대해 좀더 구체적으로 살펴보면 다음과 같다. 지방교육재정교부금의 재원은 경상교부금과 특별교부금으로 구분되고, 경상교부금(보통교부금) 재원은 내국세 20.27%의 96%와 국세분 교육세 전액으로 구성된다. 보통교부금 교부방법(지방교육재정교부금법 제5조 제1항)은 기본적으로 기준재정수입액이 기준재정수요액을 미달하는 경우 그 미달액을 총액으로 지방자치단체에 교부한다. 기준재정수입액이란 지방교육재정교부금법 제11조의 규정에 의한 일반회계 전입금 등 교육·학예에 관한 지방자치단체 교육비특별회계의 수입예상액을 말하며, 이러한 수입예상액 중 지방세를 재원으로 하는 것은 지방세법 제1조 제1항 제4호의 2의 규정에 의한 표준세율에 의하여 산정한 금액으로 하되, 산정한 금액과 결산액의 차액은 다음다음 연도의 기준재정수입액을 산정하는 때에 정산하며, 그 밖의 수입예상액의 산정방법은 대통령령으로 정하도록 되어 있다. 기준재정수요액이란 각 측정항목별로 측정단위의 수치를 단위비용에 곱하여 얻은 금액을 합한 금액을 의미하며, 측정항목 및 측정단위는 대통령령에 의하고 단위비용은 대통령령이 정하는 기준의 범위 안에서 물가변동 등을 감안하여 교육과학기술부령으로 정하도록 되어 있다.

　　한편, 특별교부금의 규모는 내국세 20.27%의 4%로 정하고, 지방재정법 제58조의 규정에 의하여 전국에 걸쳐 시행하는 교육 관련 국가시책사업으로 따로 재정지원계획을 수립하여 지원하여야 할 특별한 재정수요가 있는 때(특별교구금 재원의 60/100에 해당하는 금액), 기준재정수요액의 산정방법으로 포착할 수 없는 특별한 지역교육현안수요가 있는 때(특별교부금 재원의 30/100에 해당하는 금액), 그리고 보통교부금의 산정기일후에 발생한 재해로 인하여 특별한 재정수요가 있거나 재정수입의 감소가 있을 때(특별교부금 재원의 10/100에 해당하는 금액) 교부된다.

　　결국 지방교육재정교부금은 법정교부금으로서 지역 간 재정능력의 격차를 조정함으로써 교육기회의 균등한 제공을 보장하기 위한 형평교부금이라고도 할 수 있다.

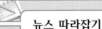
뉴스 따라잡기

여야, 교육세 폐지 공방. 세금 논쟁 2라운드

교육세 폐지 문제가 정치권의 뜨거운 감자로 등장하고 있다. 국회 기획재정위가 종합부동산세, 소득세 등 정부의 각종 감세법안을 처리하기가 무섭게 이번에는 교육세 폐지 논란이 여야 간 새로운 쟁점으로 등장, 세금 논쟁이 2라운드를 맞은 양상이다. 정부는 교육재정 확충을 목적으로 1982년 도입한 목적세인 교육세가 비효율을 초래하는 등 문제점이 있다고 판단, 2010년부터 교육세를 폐지하고 본세인 개별소비세, 주세 등에 통합하는 내용의 교육세법 개정안을 지난 10월 국회에 제출했다.

대신 정부는 교육세 폐지로 인해 지방교육재정이 줄어드는 것을 막기 위해 지방교육재정교부금의 재원인 내국세 교부율을 내국세 총액의 20%에서 20.4%로 증액 조정하는 내용의 지방교육재정교부금법 개정안을 지난 4일 제출했다. 교육세법 폐지법안은 국회 기획재정위, 지방교육재정교부금법 개정안은 국회 교육과학기술위에서 각각 심사를 담당한다.

교과위와 기획재정위는 8일 오후 각각 간사협의와 전체회의를 통해 두 법의 처리방안을 논의할 계획이지만, 여야의 입장 차이로 진통이 예상된다.

한나라당은 교육재정의 효율적 활용과 투명성 확보를 위해 두 법안을 조속히 처리하자는 입장이지만, 민주당은 교육세 폐지 시 교육재정의 안정성이 저해될 수 있다며 반대하고 있다. 교육단체들도 교육세 폐지 반대에 가세하고 있는 상태다.

교과위 소속 한나라당 임해규 의원은 이날 연합뉴스와의 통화에서 "교육세는 불안정하지만 내국세는 안정적이어서 장점이 더 있다"며 "다만 교육교부금을 더욱 안정적으로 확보하기 위한 전략으로서 교과위가 개정안을 먼저 처리할 필요가 있다"고 말했다.

민주당 김영진 의원은 "교과위 차원에서 교육세법 폐지반대 결의안까지 마련했다"며 "교육세를 내국세로 전환하면 정부가 언제든지 교육재정을 줄일 가능성이 있고, 농어촌의 예산만 줄어드는 결과가 나올 수 있다"고 반대했다.

기획재정위는 지난 5일 조세심사소위에서 교육세법 폐지법안을 처리하긴 했으나 민주당 의원들이 퇴장한 가운데 한나라당 의원들을 중심으로 처리되는 등 어려움을 겪었다.

기재위 소속 한나라당 의원들은 재정위가 교육세법 폐지법안을 먼저 처리한 뒤 교과위가 법안 폐지에 따른 대책 성격인 교부금법 개정안을 처리하는 것이 순서상 맞다는 입장에서 민주당의 협력을 요구하고 있다.

반면 민주당 의원들은 원칙론적으로 교육세 폐지 자체에 반대하면서 굳이 폐지하겠다면 교육재정 확보 전략 차원에서 교과위가 교부금법을 처리한 이후, 또는 양 상임위에서

해당 법률을 동시에 처리해야 한다는 입장이다.　〈연합뉴스, 2008. 12. 8〉

〈세제 개편〉 목적세 폐지 사실상 무산

　　정부가 조세체계 간소화 차원에서 교통세, 교육세, 농어촌특별세 등 3대 목적세를 폐지하려던 계획이 사실상 무산됐다. 기획재정부 관계자는 25일 "관련부처와 이해단체의 완강한 반대로 당초 예정대로 법안을 처리하기 어려워졌다"며 "납세제도 측면에서는 여전히 폐지가 옳지만 국회 통과가 어려워 사실상 법안을 처리할 수 없는 상황이 됐다"고 말했다.

　　정부는 지난해 세제개편안을 제출하면서 3대 목적세를 개별소비세 등 본세에 흡수 통합해 과다하고 중복된 조세체계를 간소화하고 세수 중립성을 유지하겠다고 밝힌 바 있다. 1970년대 조세의 기본체계가 갖춰진 이후 다수의 목적세가 신설되면서 세제를 복잡하게 하고 납세·징세 비용을 늘리고 있다는 판단에서다. 이들 목적세가 특정 목적에만 사용돼 재정운용의 경직성을 일으키고 예산의 낭비와 비효율도 가져온다는 점도 고려됐다.

　　이에 따라 정부는 교통세법 폐지법안을 국회에서 통과시키는 데 성공했지만 나머지 두 법률은 각종 반대에 부딪혀 현재 교육세법 폐지법안은 국회 기획재정위에, 농특세법 폐지법안은 국회 본회의에 계류 중이다. 특히 교육세법의 경우 폐지법안이 통과되면 교육재정 부실로 이어진다는 우려에 따라 교육단체의 강한 반발을 사기도 했다.

　　결국 정부는 목적세 폐지를 아예 유예하는 것을 선택했다. 정부는 이미 폐지법안이 통과된 교통세의 경우 폐지 시기를 2012년 말로 3년 연기하는 내용의 새로운 법안을 제출하고, 목적세 폐지를 전제로 국회를 통과한 조세특례제한법, 개별소비세법, 관세법 등도 원래대로 환원하기로 했다.

　　정부가 법안 폐지를 요구했다가 1년 만에 원상회복을 하기 위한 법안을 다시 제출하는 상황이 빚어진 것이다. 재정부 관계자는 "목적세 폐지 여부가 불투명한 상황에서는 9월 말까지 내년도 예산안을 편성할 수 없다"며 "국회 통과가 어렵기 때문에 일단 폐지 시기를 2012년으로 연기했지만 사실상 현 정부 임기 내 폐지는 어려워졌다"고 말했다.　〈연합뉴스, 2009. 8. 25〉

(2) 교육재정의 제도적 특징과 문제점

우리나라 교육재정제도의 중요한 특징은 우선 지원구조가 단순하고 지방교육재정을 안정적으로 지원할 수 있는 제도적 장치가 마련되어 있다는 점이다. 지방교육재정교부금이라는 국가지원금이 내국세의 20.27%로 교부율이 법제화되어 있어서 재원을 매우 안정적으로 확보할 수 있는 구조를 갖추고 있다. 현행과 같이 교부금을 내국세의 일정률로 확보하면 교부금이 총액으로 결정되기 때문에 재정운영의 자율성과 책무성을 제고하는 장점이 있다. 그리고 목적세인 교육세를 징수하여 교육재원을 확충해 왔다. 교육세는 국세 교육세와 지방교육세로 이뤄져 있고, 교육세를 통해 국민의 조세저항을 줄이면서 효과적으로 교육재원을 확충해 왔다.

둘째, 단위학교에 재정운영의 자율성을 부여하고 있는 학교회계제도를 운영하고 있다는 특징을 들 수 있다. 2001년 3월부터 국공립 초·중등학교에 도입된 학교회계제도는 단위학교의 자율적 재정 운영을 보장하여 다양한 교육활동을 효과적으로 지원하기 위하여 도입되었고, 그에 따라 학교구성원이 노력하기에 따라서는 자체수입을 확보할 수 있게 되었고, 단위학교의 특수성과 다양성을 살린 예산편성이 가능하게 되었다. 이러한 학교회계의 도입은 단위학교책임재정시스템(school based financing system)의 실현으로 평가받고 있다.

아울러 학교회계제도 도입과 동시에 학교발전기금제도를 도입하여 단위학교재정 확보를 위한 보완적 장치를 마련한 것도 특징이다. 학교발전기금제도는 학부모의 교육적 기여를 교육조직 내로 수용하는 역할을 했고, 기부금을 제도화함으로써 찬조금품을 둘러싼 비교육적 행태를 해소하는 데 기여했으며, 발전기금을 통해 학교를 특성화하고 공교육재원의 한계를 극복할 수 있었다.

이러한 교육재정 구조와 운영의 장점에도 불구하고 다음과 같은 문제점을 여전히 안고 있는 것도 사실이다.

첫째, 앞서 지방교육재정교부금은 지방교육재정을 안정적으로 지원하고, 교부금이 총액 교부됨에 따라 재정운영의 자율성과 책무성을 보장받을 수 있다고 하였지만, 한편으로 보면 중앙정부가 여전히 지방교육재정의 재원의 대부분을 책임지고 있는 상황에서 지방정부가 교육재정 확충의 자율성과 재정운영의 자율성을 확보하는 데에는 여전히 한계가 있는 것이 사실이다. 지방정부는 교육재정 세입의 대부분을 계속하여 중앙정부에 의존할 수밖에 없기 때문이다. 그리고 재원조달은 중앙정부가 부담하는 반면 지방교육재정의 집행자인 교육위원회 위원과 교육감은 주민의 직접선거로 선출되기 때문에 지방교육재정 운영의 책임 소재가 분명하지 않다는 문제점도 노정되어 있다.

둘째, 경기 침체에 따른 민간소비 축소 등 내수 부분에 대한 부가가치세와 특별소비세 등의 내국세 세수의 부진은 지방교육재정교부금의 총량 규모를 감소시키는 결과를 초래하고 있고, 그에 따른 지방교육재정의 결손액 증가와 지방교육재정의 압박을 해결할 수 있는 보완장치가 미흡하다. 경기침체 등에 따른 세수 부족은 지방교육재정 지원액의 일부를 시·도에 교부하지 못하게 되어 지방교육재정의 건전성을 저해하고 초·중등교육의 질을 제고하는 데 장애요인으로 작용하게 될 것이기 때문이다.

셋째, 중앙정부가 지방교육재정 운영에 중점을 두고 있는 기본원칙은 시·도 간 재원배분의 형평성을 유지하는 것이라 할 수 있다. 지방교육재정교부금 중 보통교부금은 기준재정수입액이 기준재정수요액을 미달하는 경우에 그 미달액을 기준으로 교부하는데 이는 보통교부금이 각 시·도별 재정격차 해소를 통하여 교육서비스의 형평성을 제고하는 데 주요 목적을 두고 있는 것이다. 하지만 학교 신축·증축, 교육정보화 시설, 교육환경 개선, 지방채 상환 등에 필요한 사업재정수요액은 서울시와 경기도 같은 인구 집중 지역에서 상대적으로 크게 나타나게 되어 오히려 지방교육자치단체의 재정자립도가 높은 시·도가 지방교육재정교부금을 상대적으로 더 지원받게 되는 역효과가 발생되기도 한다. 이러한 결과는 지역 간 교육격차를 해소하려는 지방교육재정교부금 교부원칙인 재원배분의 형평성 추진과 부합하기 어려운 측면도 있다(반상진, 2008).

4) 교육재정의 규모

(1) 교육재정의 규모와 변화

지난 40년 동안 우리나라 교육예산 규모의 변화 추이를 시계열로 살펴보면, 우리 교육의 양적 성장을 한눈에 확인할 수 있다. 〈표 11-1〉에서 보듯이, 정부로부터의 교육재정의 투자 규모는 1970년에 784.78억 원에서 1990년도에는 5조 624.3억 원이었고, 이후 꾸준히 증가하여 2000년도에는 19조 1,720억 원, 2009년도에는 38조 223억 원으로서 지난 40년 동안 규모면에서 무려 484배 정도 증가되었다.

GDP, 정부예산 대비 교육부 예산 규모를 통해 교육투자에 대한 국가의 의지를 살

| 표 11-1 | 정부예산, 국내총생산(GDP) 대비 교육예산 비교(1970~2009년) | | | (단위: 백만 원, %) | |

연 도	정부예산(A)	GDP 규모(B)	교육부예산(C)	교육부예산/ 정부예산(C/A)	교육부 예산/ GDP(C/B)
1970	446,273	2,763,900	78,478	17.6	2.84
1975	1,586,931	10,386,100	227,926	14.4	2.19
1980	5,801,061	38,774,900	1,099,159	18.9	2.83
1985	12,532,362	84,061,000	2,492,308	19.9	2.96
1990	22,689,433	186,690,900	5,062,431	22.3	2.71
1995	54,845,022	398,837,700	12,495,810	22.8	3.13
2000	93,937,057	578,664,500	19,172,027	20.4	3.31
2001	102,528,518	622,122,600	20,034,365	19.5	3.22
2002	113,898,884	684,263,500	22,278,358	19.6	3.26
2003	120,477,623	724,675,000	24,404,401	20.3	3.37
2004	126,991,802	779,380,500	26,399,680	20.8	3.39
2005	134,370,378	806,621,900	27,982,002	20.8	3.47
2006	144,807,610	847,876,400	29,127,259	20.1	3.44
2007	156,517,719	889,422,344	31,044,748	19.8	3.49
2008	183,515,764	994,109,581	35,897,425	19.6	3.61
2009	196,871,274	1,063,059,100	38,022,305	19.3	3.58
2010	200,781,500	1,060,933,900	38,250,700	19.1	3.61
평균	98,388,189	574,861,401	19,651,140	19.7	3.20

주: 1) 정부예산 = 일반회계 + 국가균형발전특별회계+책임운영기관특별회계
　　2) 교육예산: 일반회계 + 특별회계
　　3) GDP는 당해년도 기준.
출처: 교육인적자원부 · 한국교육개발원(각 연도).교육통계연보; 통계청, 국가통계포털(KOSIS).
　　　http://www.kosis.kr

펴보면, 지난 40년 동안 GDP 대비 교육예산 비율은 평균 3.17%였고, 정부예산 대비 교육예산 비율은 같은 기간 동안 평균 19.8%이었다. 정부예산 대비 교육예산의 비율은 1970년 이후 꾸준히 증가하다가 1995년에 22.8%로서 가장 높았으나, 이후 외환위기로 인해 2000년에 20.4%, 2001년 19.5%, 그리고 2002년에는 19.6%로 크게 하락하였다. 그러나 2002년 외환위기로부터 벗어난 이후 정부예산 대비 교육예산이 다소 상승하고 있지만 여전히 20% 내외를 유지하고 있다.

그리고 GDP 대비 교육예산이 차지하는 비율을 보면 전반적으로 지난 40년 동안 꾸준히 증가하고 있음을 알 수 있다. 1970년도 GDP 대비 교육예산의 비율이

부문별	'00	'01	'02	'03	'04	'05	'06	'07	'08	'09	'10	증감률
합계	19.73	21.60	22.54	24.92	26.58	27.98	29.13	30.60	35.51	37.32	38.12	5.7
초·중등교육부문	17.00 (86.2)	18.72 (86.7)	19.42 (86.2)	21.57 (86.5)	23.08 (86.8)	24.26 (86.7)	25.28 (86.8)	26.69 (87.2)	30.72 (86.5)	31.42 (84.2)	32.38 (84.9)	5.8
고등교육부문	2.42 (12.3)	2.56 (11.8)	2.78 (12.3)	3.00 (12.1)	3.18 (12.0)	3.46 (12.4)	3.57 (12.3)	3.58 (11.7)	4.41 (12.4)	5.31 (14.2)	5.08 (13.3)	5.4
평생·직업교육부문	0.31 (1.6)	0.32 (1.5)	0.34 (1.5)	0.35 (1.4)	0.31 (1.2)	0.27 (1.0)	0.27 (0.9)	0.33 (1.1)	0.38 (1.1)	0.45 (1.2)	0.53 (1.4)	△0.2

표 11-2 교육예산의 부문별 투자 추이(2000~2010년) (단위: 조 원, %)

주: 1) 인건비, 기본사업비는 고등교육부문에 포함, ( )는 구성비.
2) BTL 사업에 대한 지원은 제외하였음.
출처: 반상진 외(2006). 고등교육재정 지원제도 개선 방안 연구; 교육과학기술부(2009). 2010년도 회계연도 예산안 교육과학기술부 소관 예산안 검토보고.

2.84%이었지만, 2007년에는 3.49%, 그리고 2009년에는 3.58%를 유지하고 있다.

교육예산의 부문별 투자 추이를 보면(〈표 11-2〉 참조), 지난 11년 동안 전체 교육예산 중에서 초·중등교육분야에 84.2~87.2%, 고등교육분야에 11.7~14.2%, 그리고 평생·직업분야에 0.9~1.6% 정도 지원한 것으로 나타났다. 우리나라 부분별 교육재정의 전반적인 규모는 2000년 이후 매년 평균 5.7% 정도 증가하고 있고, 초·중등교육부문은 매년 평균 5.8% 증가하여 전체 평균을 상회하고 있지만, 고등교육부문은 매년 평균 5.4%로 전체 평균 이하이고 평생·직업교육부문은 오히려 매년 평균 0.2% 감소하고 있는 것으로 나타났다.

한편 중앙정부의 교육예산 규모를 초·중등학생 수로 나누어 초·중등학생 1인당 중앙정부 교육비를 산출해 보면 〈표 11-3〉과 같다. 명목 학생 1인당 교육예산 규모는 1970년에 10,247원이었고, 2005년 기준 소비자물가지수를 고려하여 전환한 실질 학생 1인당 중앙정부의 교육예산 규모를 보더라도 약 163,981원에 불과하였다. 그러나 그 이후 점차 증가하여 2009년도 현재 명목 학생 1인당 교육예산 규모는 5,105,612원이고, 실질 학생 1인당 교육예산 규모는 4,966,549원으로서, 학생 1인당 중앙정부의 교육예산은 1970년도와 비교해 명목 학생 1인당 교육예산은 무려 460배, 실질 학생 1인당 교육예산은 26배 이상 증가하였음을 알 수 있다. 따라서 전체 중앙정부 예산 대비 교육예산 비율로 보면 20% 전후하고 있지만 학생 수를 고려해서 살펴본 학생 1인당 교육예산은 점차적으로 증가하고 있는 상황임을 알 수 있다.

표 11-3 연도별 학생 1인당 교육예산 규모 변화 추이(1970~2009년)

연 도	중앙정부 교육예산 (백만 원)	초중등 학생수 (명)	학생 1인당 교육예산 (명목, 원)	학생 1인당 교육예산 (실질, 원)
1970	78,478	7,658,491	10,247	163,981
1975	227,926	8,748,914	26,052	204,634
1980	1,099,159	9,826,791	111,853	397,009
1985	2,492,308	9,791,727	254,532	640,864
1990	5,062,431	9,482,077	536,953	1,032,459
1995	12,495,810	8,544,891	1,462,372	2,092,900
2000	19,172,027	7,951,998	2,410,970	2,840,913
2001	20,034,365	7,831,754	2,558,094	2,896,491
2002	22,278,358	7,774,905	2,865,419	3,157,243
2003	24,404,401	7,796,796	3,130,055	3,331,760
2004	26,399,680	7,796,298	3,386,181	3,479,430
2005	27,982,002	7,796,401	3,589,092	3,589,092
2006	29,127,259	7,776,211	3,745,688	3,665,057
2007	31,044,748	7,734,531	4,013,785	3,829,948
2008	35,897,425	7,617,796	4,712,311	4,307,414
2009	38,022,305	7,447,159	5,105,612	4,966,549
평균	18,488,668	8,223,546	2,369,951	2,537,234

주: 실질 학생 1인당 중앙정부 교육예산은 통계청자료인 소비자물가지수(기준년도 2005년=100)를 고려하여
　　조정한 값임.
출처: 강성국 외(2005). 한국교육 60년 성장에 대한 교육지표 분석; 교육인적자원부 · 한국교육개발원(2006,
　　2007, 2008, 2009). 교육통계연보.

(2) 지방교육재정의 규모와 변화

　지방교육재정 규모의 변화 추이를 재원 부담별로 살펴보면, 지난 1970년 이후 지방교육재정의 대부분은 중앙정부로부터 지원되는 국고부담(평균 74.8%)에 크게 의존해 왔고, 나머지 25.2%가 지방부담이었고(〈표 11-4〉 참조), 그에 따라 안정적인 재원구조를 갖추고 있다고 할 수 있다.

　지방교육재정의 지원 내역은 역사적으로 변화가 있어 왔지만, 국고부담은 주로 교부금, 양여금, 보조금의 형태로 지원되었고, 지방부담은 주로 전입금과 자체수입의 형태로 지원되었다. 이 중에서 법정교부금인 지방교육재정교부금이 가장 규모가 큰 재원이고, 실제로 2009년 기준으로 지방교육재정교부금의 규모는 30조

표 11-4 연도별 지방교육재정 재원 내역 변화 추이(1970~2010년)　　　(단위: 억 원)

연도	합계	증감률 (단위: %)	국고부담					지방부담		
			계	교부금	지방 교육 양여금	교육환경 개선 지원금	보조금	계	자체 수입	전입금
70	824	–	633(76.8)	585	–	–	48	190(23.2)	165	25
75	2,484	201.5	1,819(73.2)	1,807	–	–	12	666(26.8)	602	64
80	10,742	332.4	8,453(78.7)	8,337	–	–	116	2,289(21.3)	2,032	256
85	26,449	146.2	19,494(73.7)	19,486	–	–	8	6,955(26.3)	6,405	550
90	50,235	89.9	37,971(75.6)	37,927	–	–	44	12,264(24.4)	8,911	3,353
95	122,514	143.9	102,694(83.8)	72,090	29,870	–	734	19,821(16.2)	12,984	6,837
00	224,402	83.2	157,774(70.3)	97,699	50,983	7,000	2,092	66,628(29.69)	54,750	11,878
01	263,779	17.6	178,835(67.8)	136,924	38,839	1,019	2,054	84,944(32.20)	46,349	38,595
02	304,897	15.6	189,853(62.3)	152,744	35,316	–	1,793	115,044(37.73)	59,331	55,713
03	323,668	6.2	210,570(65.1)	170,649	38,094	–	1,827	113,098(34.94)	51,299	61,799
04	331,435	2.4	216,874(65.4)	182,691	32,403	–	1,780	114,561(34.57)	51,096	63,465
05	344,794	4.0	238,555(69.2)	237,403	–	–	1,152	106,239(30.81)	46,452	59,787
06	347,413	0.8	248,169(71.4)	245,966	–	–	2,203	99,244(28.57)	34,751	64,493
07	387,000	11.4	272,367(70.4)	269,141	–	–	3,226	114,632(29.62)	42,770	71,862
08	378,524	-2.2	289,645(76.5)	289,571	–	–	73	88,880(23.5)	18,004	70,875
09	400,031	5.7	306,019(76.4)	305,994	–	–	25	94,012(23.6)	19,729	74,283
10	410,954	2.7	291,402(70.9)	293,394	–	–	1,992	119,552(29.1)	42,697	76,855

주: 1) 1998-2007년도는 결산 자료 기준임.
　　2) 2008, 2009, 2010년 예산 자료 기준임.
출처: 교육인적자원부 · 한국교육개발원(각 연도). 교육통계연보.

5,994억 원으로서 지방교육재정 규모의 76.4%를 차지하고 있다.

　외환위기 이후 2000년부터는 국고부담보다는 지방부담의 비율이 높았으며, 2006년 이후에는 다시 국고부담의 비율이 다소 높아지는 경향을 보이고 있다. 이는 외환위기 이후 지방교육재정 재원 확보의 효율성을 위해서는 지방정부의 일정 정도의 부담 비율의 확충이 필요했기 때문이라고 보인다.

　우리나라 교육재정 투자는 매년 총량 규모 면에서는 증가하고 있지만, 전체 중앙정부 예산 대비 교육예산 비율로 보면 20% 내외에 불과하기 때문에 여전히 국가의 적극적인 지원 노력이 요구되는 실정이다.

한편 지방교육재정을 연도별·성질별 세출 규모를 살펴보면, 지난 1970년 이후 인건비가 43.1~74%로 구성비가 가장 높게 나타났고, 다음으로 사업비(6.7~28.9%), 경상비(6.1~24.8%) 순으로 구성비가 높았다(〈표 11-5〉 참조). 특히 2000년 이후 인건비가 차지하는 비중은 지속적으로 증가하고 있다가 2008년 이후에는 다시 60%대 수준을 유지하고 있다. 그럼에도 불구하고 인건비가 교육재정에 많은 비중을 차지하고 있는 것이 사실이다. 반면에 사업비보다는 경상비가 차지하는 비중이 계속적으로 감소하다가 2008년 이후에 비중이 증가하는 추세를 보이고 있다. 하지만 지방교육재정의 성질별 세출구조를 보면, 여전히 인건비가 차지하는 비중이 가장 높고, 교육체제 운영과 관련이 있는 경상비와 사업비가 차지하는 비중은 상대적으로 적음을 알 수 있다.

표 11-5 연도별 지방교육재정의 성질별 세출예산 변화 추이(1970~2010년)　　(단위: 억 원, %)

연 도	합 계	인건비	경상비	사업비	채무상환	예비비 및 기타
1970	740(100.0)	169(22.8)	80(10.8)	2(0.3)	484(65.4)	6(0.8)
1975	2,201(100)	669(30.4)	90(4.1)	1,204(54.7)	234(10.6)	4(0.2)
1980	10,742(100)	3,567(33.2)	426(4.0)	5,469(50.9)	1,280(11.9)	-(0.0)
1985	26,449(100)	17,796(67.3)	1,992(7.5)	818(3.1)	5,284(20.0)	559(2.1)
1990	50,235(100)	37,193(74.0)	3,060(6.1)	3,344(6.7)	5,077(10.1)	1,560(3.1)
1995	122,677(100)	80,769(65.8)	9,046(7.4)	13,313(10.9)	10,568(8.6)	8,981(7.3)
2000	193,181(100)	82,557(42.7)	39,726(20.6)	36,914(19.1)	29,609(15.3)	4,375(2.3)
2001	222,026(100)	99,175(44.7)	34,197(15.4)	60,009(27.0)	25,691(11.6)	2,953(1.3)
2002	234,162(100)	100,876(43.1)	27,357(11.7)	67,629(28.9)	33,686(14.4)	4,614(2.0)
2003	258,541(100)	153,672(59.4)	62,822(24.3)	34,582(13.4)	5,751(2.2)	1,714(0.7)
2004	290,578(100)	171,019(58.9)	72,078(24.8)	39,936(13.7)	5,328(1.8)	2,218(0.8)
2005	306,370(100)	209,212(68.3)	26,497(8.6)	57,785(18.9)	10,730(3.5)	2,147(0.7)
2006	311,484(100)	230,339(73.9)	27,561(8.8)	43,552(14.0)	8,413(2.7)	1,620(0.5)
2007	336,241(100)	244,014(72.6)	29,666(8.8)	52,560(15.6)	8,169(2.4)	1,833(0.5)
2008	398,332(100)	258,333(64.9)	78,873(19.8)	49,861(12.5)	11,239(2.8)	26(0)
2009	442,773(100)	273,454(61.8)	102,183(23.1)	60,518(13.7)	6,582(1.5)	36(0)
2010	410,954(100)	205,590(50.0)	99,862(24.3)	96,441(23.5)	6,277(1.5)	2,784(0.7)

주: 2009년 교육비특별회계 세출예산 성질별 분류는 2008년도 교육비특별회계법령 개정에 의한 변경사항을 반영함.
출처: 교육인적자원부·한국교육개발원(각 연도). 교육통계연보.

(3) 교육재정 지원의 국제적 위치

우리나라가 교육재정 지원에 어느 정도 노력하고 있는지를 비교·분석하기 위하여 OECD 국가들과 비교하는 것은 의미가 있다. 우선 GDP 대비 정부 및 민간투자 교육재정 비율을 살펴보면 다음 〈표 11-6〉과 같다. 이 지표는 각 국가들이 경제규모에 비례하여 교육투자에 얼마만큼 노력하고 있는지를 보여 주고 있어서 각 국가 간에 교육에 대한 재정규모 비교를 가능하게 하는 지표라고 볼 수 있다. 우리나라의 GDP 대비 공교육비 비율은 2003년 이후 7.1~8.2%로서 같은 기간 OECD 평균 (5.5~5.9%) 보다 높게 나타났다. 하지만 이러한 결과는 정부의 노력보다는 민간으로부터의 부담이 높았기 때문이다. GDP 대비 정부부담 비율은 2003년 이후 우리

표 11-6 GDP 대비 교육단계별 교육비 구성 (단위: %)

구 분			전체 교육단계			초·중등교육단계			고등교육단계		
발표년도	기준년도	국가	정부부담	민간부담	계	정부부담	민간부담	계	정부부담	민간부담	계
2003	2000	한국	4.3	2.8	7.1	3.3	0.7	4.0	0.6	1.9	2.6
		OECD 평균	4.8	0.6	5.5	3.4	0.3	3.6	1.0	0.3	1.3
2004	2001	한국	4.8	3.4	8.2	3.5	1.0	4.6	0.4	2.3	2.7
		OECD 평균	5.0	0.7	5.6	3.5	0.3	3.8	1.0	0.3	1.4
2005	2002	한국	4.2	2.9	7.1	3.3	0.9	4.1	0.3	1.9	2.2
		OECD 평균	5.1	0.7	5.8	3.6	0.3	3.8	1.1	0.3	1.4
2006	2003	한국	4.6	2.9	7.5	3.5	0.9	4.4	0.6	2.0	2.6
		OECD 평균	5.2	0.7	5.9	3.6	0.3	3.9	1.1	0.4	1.4
2007	2004	한국	4.4	2.8	7.2	3.5	0.9	4.4	0.5	1.8	2.3
		OECD 평균	5.0	0.7	5.7	3.6	0.3	3.8	1.0	0.4	1.4
2008	2005	한국	4.3	2.9	7.2	3.4	0.9	4.3	0.6	1.8	2.4
		OECD 평균	5.0	0.8	5.8	3.5	0.3	3.8	1.1	0.4	1.5
2009	2006	한국	4.5	2.9	7.3	3.4	0.9	4.3	0.6	1.9	2.5
		OECD 평균	4.9	0.8	5.8	3.4	0.3	3.8	1.0	0.5	1.5
2010	2007	한국	4.2	2.8	7.0	3.1	0.8	4.0	0.6	1.9	2.4
		OECD 평균	4.8	0.9	5.7	3.3	0.3	3.6	1.0	0.5	1.5
2014	2011	한국	4.9	2.8	7.6	3.4	0.8	4.1	0.7	1.9	2.6
		OECD 평균	5.3	0.9	6.1	3.6	0.3	3.9	1.1	0.5	1.6

출처: OECD(각 연도). *Education at a Glance*.

나라는 4.2∼4.8% 수준이었지만 OECD 평균은 4.8∼5.2%이었다. 반면에 GDP 대비 민간부담 비율은 OECD 평균 0.6∼0.8% 수준이였지만 우리나라는 2.8∼3.4%로서 월등히 높았다.

이를 학교급별로 보면, 초·중등교육단계에서는 GDP 대비 정부부담 비율이 OECD 평균과 0.1% 정도밖에 차이가 나지 않지만, 민간부담 비율은 OECD 평균에 비해 0.6% 정도 높은 것으로 나타났다. 또한 2006년에 OECD 국가들은 평균적으로 GDP의 1.0% 정도를 고등교육비로 정부가 부담했으나, 우리나라는 0.6%에 불과했고, 지난 6년 동안 그 비율은 크게 다르지 않았다. 낮은 정부부담 비율은 곧 민간부담 교육비의 과중을 의미하는데, 이는 그동안 우리나라의 고등교육이 수익자

표 11-7　연도별 전체 교육기관의 학생 1인당 공교육비　　(단위: 미국달러의 구매력지수(PPP) 환산액/%)

구 분			초등교육		중등교육		고등교육	
발표년도	기준년도	국가	학생1인당 공교육비	국민 1인당 GDP 대비 학생1인당 공교육비 비율	학생1인당 공교육비	국민 1인당 GDP 대비 학생1인당 공교육비 비율	학생1인당 공교육비	국민 1인당 GDP 대비 학생1인당 공교육비 비율
2003	2000	한국	3,155	21	4,069	27	6,118	40
		OECD 평균	4,381	19	5,957	25	9,571	42
2004	2001	한국	3,714	23	5,159	32	6,618	42
		OECD 평균	4,850	20	6,510	26	10,052	42
2005	2002	한국	3,553	19	5,882	32	6,047	33
		OECD 평균	5,313	20	7,002	26	10,655	43
2006	2003	한국	4,098	21	6,410	33	7,089	37
		OECD 평균	5,450	20	6,962	26	11,254	43
2007	2004	한국	4,490	22	6,761	33	7,068	34
		OECD 평균	5,832	20	7,276	25	11,100	40
2008	2005	한국	4,691	22	6,645	31	7,606	36
		OECD 평균	6,252	21	7,804	26	11,512	40
2009	2006	한국	4,935	21	7,261	31	8,564	37
		OECD 평균	6,437	20	8,006	25	12,336	40
2010	2007	한국	5,437	20	7,860	30	8,920	34
		OECD 평균	6,741	20	8,267	24	12,907	40

주: 1) 학생 1인당 공교육비 = {경상비+자본비/학생수}/PPP
　　2) 국민 1인당 GDP 대비 공교육비 비율: (학생 1인당 공교육비/국민 1인당 GDP) * 100
출처: OECD(각 연도). *Education at a Glance.*

부담원칙에 크게 의존해 왔음을 보여 주는 것이다.

이처럼 민간부담 비율이 높음에도 불구하고 학생 1인당 공교육비는 낮다. 실제로 기준년도 2000년 이후 학생 1인당 공교육비 지출액은 OECD 국가평균 보다 낮아 2006년 기준 초등학생 1인당 공교육비는 4,935 달러로서 OECD 평균 6,437 달러보다 낮았고, 중등학생 1인당 교육비는 7,261 달러로서 OECD 평균 8,006 달러보다 낮았다. 그리고 대학생 1인당 교육비도 8,564 달러로서 OECD 평균 12,336 달러보다 낮은 것으로 나타났다(〈표 11-7〉 참조).

한편 〈표 11-7〉에서 보듯이, 국민 1인당 GDP 대비 학생 1인당 공교육비 비율은 전반적으로 초·중등교육은 OECD 평균보다 높았지만 고등교육의 경우에는 OECD 평균보다 낮은 것으로 나타났다. 2006년 기준으로 초등교육 21%, 중등교육 31%, 고등교육 37%로 초·중등교육의 경우 OECD 평균(초등교육 20%, 중등교육 25%)보다 높게 나타났고 고등교육(40%)은 낮은 것으로 나타났다.

결과적으로 OECD 국가의 평균(2006년 기준)과 비교했을 때 국제적으로 우리나라가 교육에 대한 투자 수준이 낮은 것을 알 수 있고, 이는 정부 차원에서의 교육재정 지원이 더욱 확대되어야 함을 시사한다.

2. 교육경제

1) 교육경제의 이론적 기초

기본적으로 교육경제학은 교육행위를 위한 투입과 이를 통한 산출물 간의 생산관계에 대한 경제적 분석을 시도한다. 따라서 교육경제학은 교육자원의 투입과 산출의 효율성과 생산성에 관심이 있고, 이를 통해 교육투자의 중요성이 제기되며, 이러한 논의의 저변에는 인적자본론(Human Capital Theory)이 이론적 근간이 되고 있다. 1950년대 이후 발전된 인적자본론에서는 교육을 경제적 투자의 대상으로 보고, 교육을 하나의 경제적 재화(economic goods)로 간주하고 있다. 즉, 미래에 보다 나은 수익을 기대하여 현재의 비용을 투자하고 이러한 투자의 결과로 얻는 것은 물적 자본과 똑같은 종류의 투자가치를 갖는 또 하나의 인적자본(human capital)인 것이다. 따라서 인적자본에서 다루는 인간의 가치는 사람이 노동시장을 통해서 형성하는 금전적 가치를 의미한다(반상진, 2008).

이를 좀더 구체적으로 살펴보면, 교육에 대한 투자는 크게 개인적 투자와 국가적·사회적 투자로 구분하여 설명할 수 있다. 개인적 교육투자는 개개인의 지식과 기술, 정보처리 능력 등이 향상이 되고, 이는 결국 높은 노동생산성을 가져오게 하고 노동시장에서는 각 개인이 자신들의 생산성만큼 대가, 즉 높은 소득을 보장받는다는 논리다. 국가적·사회적 교육투자는 개개인의 높은 소득은 결국 세금 증대로 이어지고, 동시에 사회적 자본이 증대됨으로서 국가경제발전에 기여한다는 논리다. 이러한 논리를 소위 인적자본론이라 한다(반상진, 2008).

이러한 인적자본론은 다음과 같은 몇 가지 이론적 전제를 기반으로 한다(천세영, 2001: 188; 곽영우 외, 2003).

첫째, 인적자본론에서는 개인의 소득이 인적자본의 개인적 특성에 기인하고, 동시에 노동의 한계생산성이 적용된다는 전제에서 출발한다. 노동자의 임금은 사업체의 수익에 대한 노동자의 한계 기여에 따라 결정되며, 결국 한계 기여가 많은 노동자가 높은 임금을 받을 수 있는데, 이 한계 기여는 인적자본량에 의해서 결정된다고 가정하고 있다. 그러므로 노동소득(임금)은 노동자 자신의 한계생산성과 같고, 이러한 노동의 한계생산성은 인적자본 투자량에 비례한다고 설명한다. 이러한 가정 때문에 노동시장에서 학교교육 수준의 균등한 분배는 노동자의 소득력을 균등화시킬 수 있으며, 결국 소득분배도 균등히 된다고 보고 있다. 이것을 인간자본론에서는 학교교육이 소득분배에 기여하는 효과로 간주한다.

둘째, 인적자본론은 신고전경제학에서 주장하는 근로자의 이동이 자유로운 완전경쟁 노동시장을 전제로 하고 있다. 그러나 현실적으로 완전한 경쟁이 이루어지는 노동시장은 존재할 수 없다. 즉, 취업의 과정이 개인이 지니고 있는 생산성의 정도에 따라 공정하게 경쟁되리라고 보장할 수는 없는 것이다. 또한 완전경쟁하에서 보다 높은 소득이 높은 생산성을 반영한다는 것을 가정하지만 임금은 현실적으로 노동자의 특성 외에도 노동조합의 조직, 최저임금의 설정, 관습적 전통, 이중노동시장 등의 영향을 받는다.

셋째, 인적자본론은 모든 사람은 동등한 기회를 가져야 한다는 것을 기본가정으로 한다. 즉, 지능, 기능 또는 가정 배경에서의 차이와 같은 환경적인 불균등이 없어야 하며, 모든 사람은 노동시장에 동등하게 접근할 수 있어야 한다. 이러한 가정을 고려할 때, 인적자본론에서 소득의 차이는 학교교육이든 직업 훈련이든 간에 훈련의 정도에 의존한다고 할 수 있다.

넷째, 인적자본론은 미래의 상대적으로 높은 소득을 위해 현재의 소득을 희생한 다고 하는 기본 가정에 입각해 있다. 일반적으로 개인은 평생소득 극대화를 위한 합리적인 의사결정으로서 상대적으로 낮은 현재 소득보다 상대적으로 높은 장래 소득을 위하여 현재의 긴급한 소득을 포기하고 인적자본에 투자하게 된다는 것이 다. 인적자본에의 투자비용은 즉각적인 만족을 주는 소비활동보다는 투자를 선택 함으로써 희생되는 순소득과 동일하다고 전제한다.

이러한 인적자본론은 발전교육론에 근거하고 있고, 교육의 순기능적 입장만을 강조한다는 비판도 있다. 예를 들면, 인적자본론에서 제기하듯이 교육, 생산성, 소 득 사이의 인과관계에 대한 한계와 직업 구조의 고도화로 학력이 계속 상승하는 과 잉학력에 대한 설명력 부족, 학교교육에서의 성취가 가정배경에 크게 영향을 받는 다는 Coleman(1966)의 연구 결과에 대한 인적자본론의 이론적 설명력 한계 등이 그것이다.

인적자본론에 대한 한계를 지적한 이론으로서는 선별가설이론(screening hypothesis), 직업경쟁이론(job competition model), 이중노동시장이론(dual labor market theory) 그리고 급진적 접근(radical approach) 등이 있다(Cohn & Geske, 1990:57-66). 우선, Arrow(1973), Spence(1973), Taubman과 Wales(1973) 등에 의해 이론 적으로 정립된 선별가설이론은 교육의 결과는 노동생산성의 증가에 따른 소득 증 대를 가져다주는 것이 아니라 학력과 같은 높은 자격을 제공하게 되어 이것이 높은 임금을 받을 수 있는 준거로 작용하게 된다는 것이다. 이는 다시 말해 교육 그 자체 가 노동생산성을 향상시키기보다는 노동시장에서 노동자의 잠재적 생산성의 수준 을 알려 주는 도구로서의 역할이 보다 중요하게 작용한다는 것이다.

한편 Thurow(1972, 1975)의 직업경쟁이론에 따르면, 임금은 직업의 특성 및 사 회적 습성과 제도적 요인에 의해서 정해지고, 개인은 노동자 서열에서 그의 상대적 지위와 직업 기회의 분포에 의해서 직업을 배분받게 된다. 따라서 이 이론에 따르 면, 학력이 사회적 지위획득의 수단이기 때문에 사람들이 경쟁적으로 높은 학력을 취득하려고 하며, 이에 따라 학교가 팽창하고 학력이 계속 상승되고 있다. 즉, 다른 사람보다 높은 학력을 획득하는 것이 사회적 지위 경쟁에서 결정적으로 유리하기 때문에 모든 사람들이 높은 학력 획득을 위해 경쟁한다는 것이다.

Piore(1971, 1972)와 Reich, Gordon과 Edwards(1973)에 의한 이중노동시장이론

에서는 노동시장이 1차 부문(primary sector)과 2차 부문(secondary sector)으로 구조적으로 분단되어 있다. 1차 부문의 특징은 비교적 규모가 큰 기업이며 비교적 높은 임금과 안정된 고용조건을 유지하고 있다. 반면에 2차 부문은 비교적 규모가 작은 중소기업 이하의 기업이며 고용기간이 짧고 승진가능성이 적은 불안정한 고용조건을 유지하고 있다는 특징이 있다. 문제는 노동의 수요측인 기업과 공급되는 노동력의 차이가 현저하게 존재하기 때문에 서로 다른 부문 간의 노동력 이동은 매우 드물게 되고, 2차 부문에 종사하는 노동자는 이동을 통해 1차 부문으로 진입하지 못하고 2차 부문 안에 머물게 된다고 보는 입장이다.

마지막으로 Bowles와 Gintis(1975) 등 신마르크스주의자들에 의해 설명되고 있는 급진적 접근(radical approach)은 학교교육이 소득을 결정한다는 것을 부정하면서 개인의 사회경제적 배경 특성이 소득을 결정하는 주요 요인이라는 입장을 견지하고 있다. 소득현상은 사회경제적 지위의 재생산 과정에 불과하다는 것이다. 그만큼 배경 형성의 과정, 취업의 과정, 취업 이후의 과정의 구분에서 배경 형성의 과정을 중시하는 관점이다.

인적자본론, 선별가설이론, 직업경쟁이론들은 노동시장에 관한 설명에서는 차이를 보이지만 경쟁하는 노동시장에서의 개인들 및 기업의 행동양태와 그들의 다양한 노동시장 조건에 대한 반응양태를 다루는 것은 공통적이라고 할 수 있다. 그리고 이중노동시장론과 급진적 접근은 노동시장의 특정 측면에 대해서는 각기 다른 관점을 견지하지만, 노동자와 고용주를 독립적으로 따로따로 행동하는 개인들로 파악하기보다는 집단 또는 계급으로서 파악하는 공통점이 있음을 알 수 있다(곽영우 외, 2003).

2) 교육비용의 구조

일반적으로 교육비용은 교육서비스를 생산·공급하기 위해 희생되는 비용이라고 정의한다. 교육은 비용이 수반되는 활동이고 자원의 희생이 없이는 교육이 이루어질 수 없다. 교육의 기본요소인 교수와 학생 그리고 교재, 교육시설 모두 자원이고, 이러한 시설과 기자재, 교재를 갖추려면 금전이 들고, 교사의 시간, 학생의 시간이 바로 비용이다(반상진, 2008).

교육비용이 어떤 성격을 갖고 있는 것인지를 살펴보기 위하여 비용 관련의 일반적인 개념을 살펴볼 필요가 있다. 교육비용은 비용이 갖는 성격에 따라 다양하게 분류되고 정의된다(곽영우 외, 2003: 25-37). 이를 간단히 정리하면, 교육활동에 직접 투입 여부에 따라 직접비용(실질비용)과 간접비용(기회비용)으로 구분되고, 비용 부담 주체에 따라 사적비용과 사회적 비용, 생산량의 변화에 따른 총비용의 변화 여부에 따라 고정비용(fixed costs)과 가변비용(variable costs), 비용이 객관적이고 명확하게 제시될 수 있느냐 그렇지 못하느냐에 따라 명시적 비용(explicit costs)과 잠재적 비용(implicit costs), 투입되는 비용이 화폐로 지불되느냐 지불되지 않느냐에 따라 금전적 비용(monetary costs)과 비금전적 비용(nonmonetary costs)으로 구분된다. 아울러 자본적 내구재를 위한 지출이냐 순환적 소비재를 위한 지출이냐에 따라 자본비용(capital costs)과 경상비용(recurrent costs), 교육서비스를 얻기 위해 지출한 비용의 생산성 여부에 따라 투자적 비용(investment costs)과 소비적 비용(consumption costs), 비용의 범주에 따라 총비용(total costs)과 단위비용(unit costs), 단위당 비용 산출을 어떻게 하느냐에 따라 평균비용(average costs)과 한계비용(marginal costs), 비용투입 기간에 따라 단기비용(short-run costs)과 장기비용(long-run costs) 등으로 구분된다.

이와 같이 교육의 특성에 따라 그리고 측정하고자 하는 목적에 따라 산출되는 교육비용의 유형은 다양하다. 우리나라의 경우 교육비용의 구분을 크게 직접교육비와 간접교육비로 구분하고, 직접교육비는 다시 공교육비와 사교육비로 구분되며, 다시 공교육비는 공부담 공교육비와 사부담 공교육비로 구분한다(곽영우 외, 2003; 윤정일, 2004)([그림 11-3] 참조). 이를 바탕으로 교육비용을 살펴본다.

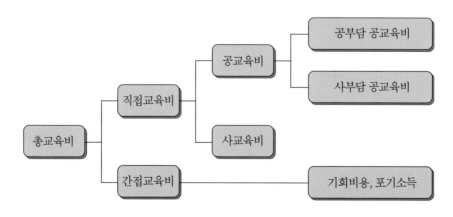

[그림 11-3] 교육비용의 분류

교육 관련 총교육비는 교육활동을 위해 지출되는 직접교육비용과 간접교육비용의 합을 의미한다. 직접교육비용은 공교육비와 사교육비로 구분되고, 이는 교육비 부담의 주체가 누구냐에 따른 구분이다. 공교육비는 재원의 확보와 배분과정이 공공회계 절차에 의해 이루어지는 교육비를 의미하는 것으로서 국가와 지방공공단체가 교육비를 부담하였을 경우다. 그리고 학부모와 학생이 지불하는 입학금, 수업료, 학교운영지원비는 부담 주체가 개인이지만 공공회계 절차에 의해 집행되기 때문에 공교육비에 포함한다. 구체적으로 공교육비에는 중앙 및 지방 정부가 부담하는 교육비, 학교법인이 부담하는 교육비, 학생 및 학부모가 부담하는 수업료, 사회 및 민간이 교육에 부담하는 경비 등이 포함된다. 따라서 공교육비는 부담 주체에 따라 정부나 재단, 사회 등 부담하고 운영하는 경우 공부담 공교육비라고 하고, 개인이나 가계가 부담하는 등록금 등은 사부담 공교육비라고 한다.

직접교육비 중 사교육비는 공공 회계절차를 거치지 않고 학부모나 학생이 사적으로 교육을 받기 위해 직접 지출하는 경비를 의미한다. 사교육비의 포함 항목은 연구자와 기관에 따라 다소 차이가 있지만, 크게 과외교육비, 전문강습비, 일반 사교육비를 구분된다. 과외교육비는 입시 및 특기재능학원, 개인 및 그룹 과외를 의미하고, 전문학습비는 직업교육, 외국어, 운전, 경영실무 등을 포함한다. 그리고 일반 사교육비는 학용품, 교재구입비, 교통비, 급식비, 하숙비, 잡비 등이 포함된다(우천식 외, 2004).

한편 교육에 대한 간접교육비용은 개인이 직접 지불하지는 않았지만 비용으로 고려될 수 있는 것으로, 개인의 기회비용 및 포기소득, 건물의 감가상각비, 임대료, 이자, 조세감면 등을 의미한다(Cohn & Geske, 1990: 76-86). 기회비용은 대학생의 경우 대학진학의 기회와 취업의 기회가 주어졌을 때 대학진학을 위해 취업의 기회를 포기한 만큼의 비용을 의미하고, 이를 소득의 입장에서 보면 대학생이 고등학교 졸업 후 벌 수 있는 소득을 포기하였기 때문에 포기소득이라고도 한다. 또한 단위 비용의 관점에서 보면 대학수업의 질 제고를 위한 투입비용은 대학에서의 연구 활동 투입비용의 희생이 따른다는 점에서 이 또한 기회비용이라고 한다(Hoenack, 1990: 129). 일반적으로 간접교육비를 산출할 경우 자료의 제약과 추정에 어려움이 따르므로 포기소득만을 고려한다.

교육서비스를 생산·공급하는 데 소요되는 비용 결정에 영향을 주는 요인은 크게 내적 요인과 외적 요인으로 구분된다. 첫째, 교육비용 결정의 내적 요인으로는 교육활동에 소요되는 인적·물적 요소의 질과 크기 등 제반 요소의 가격으로서, 작게는 교수학습활동 관련 소요비용과 크게는 학교운영 관련 전반적인 소요비용이 포함된다. 따라서 교원당 학생 수, 학급당 학생 수, 학교당 학생 수 등의 규모가 교수학습활동 관련 소요비용에 영향을 주고, 학생 수, 학급 수, 교원 및 교직원 수, 학교행정서비스 관련 비용 등이 학교운영 관련 전반적인 소요비용에 영향을 준다.

　둘째, 교육비용 결정의 외적 요인으로는 교육생산의 조건을 간접적·외부적으로 규정하는 요소로서 사회학적·인구학적·경제적 여건 등 교육환경의 제 여건이 포함된다. 이를 구체적으로 살펴보면, 물가, 임금 수준, 출생률, 사망률, 인구성장률, 취학률, 진학률, 탈락률 등 인구학적 요인, 교육에 대한 국민의식의 변화 수준, 경제적 상황에 따른 정부의 지원 규모와 의지 등의 요인이 포함된다.

　결과적으로 교육비용은 크게 직접교육비(공교육비와 사교육비)와 간접교육비(기회비용)로 구분될 수 있지만, 이러한 교육비를 산출하는 과정에서도 몇 가지 문제가 있다. 공교육비는 비교적 정확하게 산출할 수 있으나 사교육비와 기회비용의 산출은 오차가 개입될 가능성이 높다. 기회비용은 소득산출과 관련해서 제기될 수 있는 문제들, 즉 평생기대 소득 차의 추정 어려움, 횡단적 자료에의 의존 등의 문제점들을 내포하고 있다. 또한 교육비용 결정과정에서의 적정성과 효율적 운영의 문제도 있다. 교육의 질을 높이기 위해서는 그 만한 비용이 수반되지만 어느 정도가 적정한지에 대해서는 합의된 의견은 없다. 이를 위해 교육비용 중 교육에 직접적인 관련이 없는 비용, 즉 시설 및 프로그램의 중복 투자, 비효율적인 교직원 활용 등 낭비적인 재정운영요인에 관한 구체적인 분석도 요구된다(반상진, 2008).

3) 투자로서의 교육

　교육비용은 학생과 학부모 등 사적 부담과 중앙 및 지방 정부, 사회 및 기업, 학교법인 등 공적 부담이 포함된다. 교육을 위해 개인이 투자하는 것은 물론 국가·사회가 투자하는 이유는 그에 부응하는 투자가치가 있기 때문이다.

　일반적으로 투자란 자본재의 증가나 유지를 위해 실행되는 지출로서 미래 수익을 위해 현재 자금을 지출하는 것을 의미한다. 개인이 주식이나 채권 등의 유가증권을 매입하는 것이나 기업이 실물자산이나 금융자산을 구입하는 것을 투자라고 일반적으로 부르지만, 경제학에서는 기존 자산의 구입은 소유권의 이전을 의미할 뿐 사회 전체로서는 추가되는 생산가치가 없기 때문에 투자라고 보지 않는다. 투자행위 이면에는 항상 이윤 추구가 지배하고 있고, 투자로부터 기대되는 수익의 크기는 투자의 기대수입 즉, 투자의 한계효율과 투자의 비용에 의해 결정된다.

따라서 교육을 경제적 관점으로 분석할 때, 경제에서 생산되는 다른 재화나 용역과 마찬가지로 교육도 희소한 교육자원의 상당량을 투입하여 그 결과 생산된 교육산출이 사회구성원들에게 교육기회의 확대와 더불어 개인과 사회의 욕구충족에 기여하는 등 추가적인 생산가치를 창출한다는 점에 근거를 찾고 있다.

특히 1950년대 후반부터 Schultz, Denison 등에 의해 인적자본론이 대두되면서 교육으로 산출되는 인적자본이 경제성장의 중요 투자요인임이 지적되었고, 교육비를 자본으로 간주하여 그 투자효율을 산정하려 하였다. 그 이후 교육비도 자본으로 간주되어 왔고, 투자로서의 교육에 대한 실증적인 논의가 확대되어 왔으며, 오늘날에는 그 정도와 양태가 보다 다양해지는 경향을 보이고 있다.

여기서는 교육이 투자라는 인식을 전제로 개인이나 국가와 사회가 교육에 투자하는 이유와 근거를 살펴보고자 한다. 이를 위해 교육의 투입과 산출 요인을 개인적인, 국가적 · 사회적 차원에서 살펴보고, 그것이 지니고 있는 경제적 가치를 중심으로 살펴보고자 한다.

(1) 개인 투자로서의 교육

교육을 받으려는 가장 중요한 이유 중에 하나는 경제적 풍요에 대한 기대감이다. 교육투자를 통한 상급학교로의 진학이 주로 더 좋은 직장, 더 높은 소득 등 경제적인 이유에 있음은 이미 알려진 바다(Leslie, Johnson, & Carlson, 1977; Leslie & Brinkman, 1988; 배종근 외, 1988; 임연기, 1998). 실제로 통계청의 사회조사보고서(2008)에 따르면, 대학 이상 교육을 받고자 하는 이유에 대해서 응답자의 49%가 더 좋은 직업을 갖기 위해서라고 답변하였고(2004년에는 47.3%), 35.4%가 자신의 소질개발(2004년에는 25.7%), 그리고 11.4%가 학력을 차별하기 때문(2004년에는 20.1%)이라고 답변하여 고등교육으로 진학하려는 주된 이유는 결국 경제적인 요인이 가장 크고, 동시에 우리나라의 경우에는 학력차별 분위기의 극복이라는 사회심리적 요인도 작용하고 있음을 알 수 있다. 상급학교로의 진학이 지식, 인격 도야 등의 교육의 내재적 목적에 있다기보다는 사회경제적 지위 향상을 위한 교육의 수단적 목적에 있음을 알 수 있다.

이와 같이 우리의 경우 개인적으로 교육에 투자하려는 주된 이유는 신분상승, 고소득 보장 등 사회경제적인 요인임에 틀림이 없고, 아울러 학력·학벌 사회 극복이라는 사회심리적 요인도 작용하고 있다. 그리고 이러한 인식은 시대가 바뀌어도 변하지 않음을 알 수 있다.

하지만 보다 실질적이고 중요한 것은 교육에 대한 투자가 과연 어느 정도 개인에게 경제적 가치를 보장해 주느냐 하는 것이고, 이는 교육의 투자 가치에 대한 근본적인 문제이기도 하다. 교육의 투자 가치는 교육을 받기 위해 투입한 비용과 교육을 받음으로써 얻게 되는 산출 효과 등을 비교하여 분석함으로써 얻게 된다. 경제적 가치는 투입 대비 산출에 근거하여 측정될 수 있기 때문이다.

교육에 대한 개인적 투입과 산출은 경제적 가치로 환산이 가능한 경제적 요인과 경제적 가치로 환산은 불가능하지만 개인적으로 부담하고 얻게 되는 비경제적 요인으로 구분할 수 있다. 일반적으로 개인적인 교육의 투입과 산출요인에 대해서는 이미 수많은 교육경제학자들에 의해 제시되어 왔고, 이를 재구성하면 다음 〈표 11-8〉과 같다.

〈표 11-8〉에 나타나 있듯이, 교육에 대한 개인적 투입요인은 경제적 요인과 비

표 11-8   교육의 개인적 투입과 산출 요인

구 분	개인 투입 요인	개인 산출 요인
경제적 요인	• 재정적 투입: 공교육비＋사교육비 • 자본적 투입: 컴퓨터, 공부방 등 교육공간 확보를 위한 기본자산 투입 • 후생적 투입: 적금, 보험 등	• 직업 선택의 재량권 확대 • 고소득 보장 • 고용 안정성 • 저축 수준 증가 • 직무 조건 개선 및 만족 • 개인적·전문적 이동성
비경제적 요인	• 가정문화적 투입: SES, 문화자본 등 • 심리적 투입: 노력, 정열, 의욕 등 • 개인적 특성: 지능, 적성, 교육투자 시간 등	• SES 획득 • 사회적 인정 • 심리적 이득: 개인의 희망, 자신감 등 • 가정적 이득: 가족건강, 화목, 배우자 선택 • 건강 증진, 삶의 기대 수준 상승 • 합리적인 소비 의사결정 • 삶의 질 개선: 취미, 레저 활동 활성화 등 • 자녀교육(세대 간 효과)

출처: 배종근(1992); Kezar, Chambers, & Burkhardt(2005); Institute for Higher Education Policy(2005); 반상진(2008)에서 재인용.

경제적 요인으로 분류된다. 교육에 대한 경제적 투입요인으로는 크게 재정적 투입과 고정자본 구입에 투입되는 자본적 투입 그리고 후생적 투입으로 구분된다. 재정적 투입요인은 개인적으로 투입하는 공교육비와 학원비, 용돈, 교재비, 기숙사비, 식비, 개인연수 등 사교육비를 포함하고, 이러한 재정적 투입요인은 가계경제에 많은 부담을 주는 것은 주지의 사실이다. 자본적 투입으로는 컴퓨터 구입, 침대, 책상 등 연구에 필요한 교육 공간 확보를 위한 기본자산 확보에 투입되는 요인이다. 후생적 투입은 학생들의 향후 미래를 위한 투자로서 보험이나 적금 등에 소요되는 비용요인이다.

교육에 대한 비경제적 투입요인으로는 개인의 사회경제적 지위(SES), 가정이 소유하고 있는 문화자본 등 가정문화적 투입요인과 교육에 투자하려는 개인의 노력, 정열, 의욕 등 심리적 투입요인이 있다. 그리고 개인적 특성요인으로 지능, 적성, 개인이 교육에 투자하는 시간 등이 포함된다.

교육에 대한 개인적 산출요인도 경제적 요인과 비경제적 요인으로 분류된다. 교육에 대한 경제적 요인은 다음과 같다.

- 더 높은 수준의 교육을 받음으로써 직업선택의 폭이 확대되고, 그에 따른 높은 소득을 보장받을 수 있다. 고등교육을 받은 사람이 직업선택의 폭이 넓고, 높은 임금소득을 보장받으며 그에 따른 저축 수준의 증가라는 논리는 인적자본론의 근간이 되는 정형화된 사실이다. 이러한 사실은 결국 고등교육이 높은 사적 수익률을 보장한다는 의미와 같다.
- 교육을 받은 사람들은 고용이 안정된 노동시장에 진입할 수 있다. 고등교육을 받은 사람들이 주로 갖게 되는 전문직 또는 경영-관리직은 다른 직종에 비해 고용의 안정성이 상대적으로 높고, 은퇴시기도 상대적으로 늦다.
- 교육을 받은 사람일수록 높은 노동생산성에 따른 안정된 직무에 종사하는 만큼 직무조건에 대한 만족도가 높고, 근무조건의 개선효과를 기대할 수 있다. 따라서 자기가 맡은 일로부터 얻게 되는 긍지, 보람, 높은 경제적 보상에 대해 긍정적인 평가를 하게 된다.
- 교육을 받은 사람일수록 개인의 전문성에 기초하여 직종의 이동성(mobility)이 용이해진다. 지식기반사회에서는 평생직장이 아닌 평생직업이 확산되고 있고, 고등교육 이수자들이 선택하는 직업은 전문직과 경영관리직과 같은 안정된 직

업군에 소속되면서도 능력에 따라 직종의 이동성이 증가될 가능성이 높다.

교육에 대한 개인적 산출요인 중에서 비경제적 요인은 다음과 같다.

- 교육을 받음으로써 얻게 되는 SES의 획득과 사회적 인정을 얻을 수 있고, 그에 따른 개인의 희망, 기대감, 자기 효용성, 자신감 등 심리적 이득을 확보할 수 있다.
- 교육을 받을수록 가족건강, 화목, 배우자 선택의 용이성 등 가정적 이득을 얻을 수 있다. 교육을 받은 사람은 대체로 동일 수준의 학력을 갖춘 배우자를 선택하고, 이러한 가정일수록 가족의 건강관리체제 유지와 내실 있는 가족관리를 실시할 가능성이 높다.
- 교육을 받을수록 자신의 노동시장에서의 가치를 높이기 때문에 건강관리에 긍정적 영향을 주고, 동시에 개인의 삶의 기대수준을 높여 준다.
- 교육을 받을수록 합리적이고 효율적인 소비행위가 이루어지고, 이는 결국 실질소득의 증대 효과를 가져다준다.
- 교육을 받은 사람일수록 자신들의 일에서 커다란 만족을 얻고, 그에 따른 취미, 레저 활동 등 여가생활을 즐기며, 문화행사와 예술 활동에의 참여 확대와 동시에 지역사회 및 공공 자원 봉사에도 더 많이 참여함으로써 삶의 전반적인 질을 개선하고 있다.
- 교육을 받은 사람일수록 자녀교육에 더욱 많은 관심을 갖게 되고, 가정의 교육환경과 기대심리가 자녀의 학업성취에도 긍정적인 영향을 미치는 등 세대 간 효과(intergeneration effect)가 발생한다.

대부분의 교육경제학자들은 교육의 투입요인에 대한 관심보다는 교육의 산출요인에 보다 많은 관심을 가지고 있다. 교육투자가 갖는 경제적 가치는 결국 산출에서 그 근거를 찾을 수 있기 때문에 주 관심 영역은 주로 산출요인 분석에 집중되어 있다. 앞서 언급하였듯이, 개인이 교육투자를 하는 중요한 이유가 더 좋은 직장, 더 높은 소득 등 경제적인 이유에 있기 때문에, 교육투자의 산출요인으로서 소득과의 관계를 분석한 것이 대부분이다.

이와 관련하여 교육투자 수익률을 시계열로 분석한 이병희 외(2005)의 연구 결과

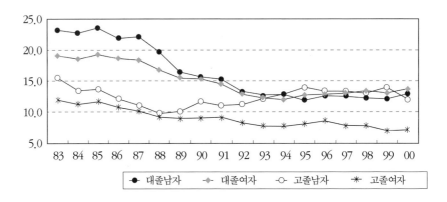

[그림 11-4] 학교급별 교육투자 수익률의 변화

주: 투자수익률 계수는 임금함수에서 추정된 교육년수의 계수
출처: 이병희 외(2005). 교육과 노동시장 연구. pp. 7-9.

가 시사하는 바가 크다. 이들의 연구결과에 따르면, 대학의 교육투자 수익률은 1990년대 중반까지 감소하다가 그 이후에는 그다지 커다란 변화가 나타나고 있지 않다([그림 11-4]). 이러한 교육투자 수익률의 변화는 1981년부터 실시된 대학 졸업 정원제와 이로 인하여 1980년대 중반 이후 급격히 증가한 대졸자 공급과 연관이 있다고 보인다. 즉, 대졸자와 고졸자가 노동시장에서 완전한 대체관계에 있지 않다면 대졸자의 상대적 노동공급 증가는 대졸자의 상대적 임금을 감소시킬 것이다. 그리고 이러한 현상은 고등교육의 공급이 증가하면 수익률은 감소한다는 Psacharopolous 와 Patrinos(2002)의 결론과도 일치한다.

다른 선진국가에서도 1980, 1990년대 급격한 소득 불평등을 경험하면서 다시 교육투자의 수익률에 상당한 관심을 갖게 된다. Psacharopoulos와 Patrinos(2002)는 23개 국가가 각자 측정한 교육투자 수익률을 가지고 지역별, 국가경제수준별 학력 간 교육투자의 수익률을 비교·분석하였다. 이들의 연구결과가 시사하는 바는 다음과 같다.

- 경제가 발전하고 국민소득이 높아질수록 교육투자 수익률은 낮아진다. 고소득 국가에서 고등교육의 평균 사회적 수익률은 단지 9.5%이며, 이는 고등교육의 급속한 팽창이 더 이상 정당화될 수 없음을 시사한다.
- 소득수준이 낮은 후진국일수록 초등교육의 투자 수익률이 중등교육이나 고등

교육에 비해 월등히 높다.

- 전반적으로 학교단계가 낮을수록 투자 수익률이 높게 나타나고 있고 사적 수익률이 사회적 수익률보다 높게 나타난다. 특히 최근에 고등교육단계에서의 사적 수익률은 증가하였다(〈표 11-9〉, 〈표 11-10〉 참조).

교육투자 수익률이 가지고 있는 한계는 비용과 수익의 평균치에 기초하여 수익률을 추정하기 때문에 현실적으로 무시할 수 없는 개인 간의 능력 차를 반영하지 못하는 한계점이 있다는 점이다. 또한 이 방법은 직업과 소득이 없는 전일제 학생을 근거로 교육비용을 산정하고, 수익률 산정과정에서 실업, 정년, 명예퇴직 등의 요인에 의해 결과가 왜곡될 수 있으며, 비금전적 수익을 고려하지 못한다는 한계를 지니고 있다(OECD, 2006). 그럼에도 불구하고, 교육투자 수익률을 지속적으로 측

표 11-9 지역 간 교육수준별 투자 수익률 (단위: %)

구 분	사회적 수익률			사적 수익률		
	초등	중등	고등	초등	중등	고등
아시아	16.2	11.1	11.0	20.0	15.8	18.2
유럽 / 중동 / 북아프리카	15.6	9.7	9.9	13.8	13.6	18.8
라틴아메리카 / 키리브 연안 국가	17.4	12.9	12.3	26.6	17.0	19.5
OECD	8.5	9.4	8.5	13.4	11.3	11.6
사하라 남부 아프리카	25.4	18.4	11.3	37.6	24.6	27.8
세계 평균	18.9	13.1	10.8	26.6	17.0	19.0

출처: Psacharopoulos & Patrinos(2002). *Returns to investment in education: a further update*. p. 12.

표 11-10 국가 경제수준별, 교육수준별 투자 수익률 (단위: %)

개인소득별 집단	개인소득 평균($)	사회적 수익률			사적 수익률		
		초등	중등	고등	초등	중등	고등
고소득(9,266 달러 이상)	22,530	13.4	10.3	9.5	25.6	12.2	12.4
저소득(755 달러 이하)	363	21.3	15.7	11.2	25.8	19.9	26.0
중간소득(755~9,265 달러)	2,996	18.8	12.9	11.3	27.4	18.0	19.3
세계 평균	7,669	18.9	13.1	10.8	26.6	17.0	19.0

출처: Psacharopoulos & Patrinos(2002). *Returns to investment in education: a further update*. p. 14.

정함으로써 교육투자와 소득과의 관계를 규명하고, 이러한 결과를 바탕으로 공평한 소득분배를 위한 정책적 시사점을 보여 준다.

(2) 국가 · 사회 투자로서의 교육

국가 · 사회가 교육에 투자하는 이유는 매우 현실적이다. 개별 기업의 입장에서는 그들이 필요로 하는 인적자원을 대학으로부터 충원받고, 국가적 · 사회적으로는 교육에 의한 민주적 시민의식 고양, 지식의 보전 및 연구를 통한 인적자원 양성과 예술, 인문, 과학 분야 등의 학문적 발전을 통한 지식발전, 기술 및 문화의 창조 · 보급, 국가경제성장, 사회통합, 사회개혁을 위한 지도력 형성 등 금전적 또는 비금전적인 경제적 외부효과 혜택을 받고 있기 때문이다.

교육에 대한 국가적 · 사회적 투자가 과연 어느 정도 경제적 가치를 창출할 수 있느냐 하는 문제 또한 국가적 · 사회가 교육에 투입한 비용과 교육에 투자함으로써 얻게 되는 산출 효과 등을 비교하여 분석함으로써 해결된다.

교육경제학자들은 이미 국가 · 사회에 의한 교육의 투입과 산출 요인에 대해 수많이 제시하여 왔고, 이를 재구성하면 〈표 11-11〉과 같다. 〈표 11-11〉에서 보여 주듯이, 교육에 대한 국가적 · 사회적 투입요인도 경제적 요인과 비경제적 요인으로 분류된다. 국가 · 사회가 교육에 투입하는 경제적 요인으로는 크게 재정적 투입, 자본적 투입, 후생적 투입 그리고 사회적 투입으로 구분된다. 국가 · 사회가 교육에게 재정적으로 투입하는 요인으로는 주로 인건비, 운영비 등의 재정적 투입이 있고, 교육재정 규모의 대부분을 차지할 정도로 재정규모가 막대하다. 자본적 투입요인에는 학교의 고정자산 확보를 위한 자본지출을 의미하는 토지 매입부터 시설투자 및 각종 기자재 확보 등을 위해 지출하는 각종 자본적 투입을 포함한다. 후생적 투입요인으로는 교사 및 교직원들을 위한 연금, 공제회 등 후생복지 관련 자본 투입이 포함된다. 그리고 국가 · 사회가 투입하는 사회적 투입요인으로는 직접적으로는 기부금, 발전기금, 후원금 등의 금전적 지원이 포함된다. 동시에 개인 간, 개인과 조직 간, 개인과 조직과 지역사회 간 신뢰, 규범, 네트워크 등으로 이루어지는 이른바 사회적 자본도 교육발전은 물론 지역발전과 국가경제성장에 영향을 미치고 있는 만큼 직간접적으로 투입되는 국가적 · 사회적 투입요인으로 간주된다.

국가 · 사회가 교육에 투입하는 비경제적 요인으로는 크게 환경적 투입요인과 심리적 투입요인으로 구분할 수 있다. 환경적 투입요인으로는 국가 · 사회가 교육에

구 분	국가 · 사회 투입 요인	국가 · 사회 산출 요인
경제적 요인	• 재정적 투입: 인건비, 운영비 등 • 자본적 투입: 시설 및 기자재 관련 고정자산 비용 투입 등 • 후생적 투입: 연금, 공제회 등 • 사회적 투입: 기부금, 사회적 자본 투입	• 지역 및 경제성장 기여 – 세수 확대 – 생산성 증대 – 소비 증대 – 사회적 네트워크 강화로 사회적 자본 증대 • 노동시장에의 파급효과 – 신기술(NT, BT, IT, ET, CT, ST, FT 등) 진화 – 산업구조의 변화(1~5차 산업) • 노동력의 유연성 확대 • 정부의 재정지원 감축
비경제적 요인	• 환경적 투입: 간접적 혜택 • 사회심리적 투입: 미래 우수 인적자원에 대한 사회적 기대	• 사회의식 변화: 환경, 정치, 질서 • 소득 불균형 완화에 대한 인식 • 사회적 통합 및 사회적 다양성 증대 • 문화적 동질성, 다양성 공존 등 • 사회적 자선 기부 증대 및 지역사회 기여 확대: 비경제적 사회적 자본 창출 • 신기술의 적용 및 사용 능력 증진 • 범죄율 감소 • 사회복지 확대: 시민의 삶의 질 개선

표 11-11　교육의 국가적 · 사회적 투입과 산출 요인

출처: 배종근(1992); Kezar, Chambers, & Burkhardt(2005); Institute for Higher Education Policy(2005); 반상진(2008)에서 재인용.

투입하는 간접적이고 비금전적인 혜택으로서 학생을 위한 할인제도 및 행사 등 사회적인 각종 혜택이 여기에 포함된다. 사회심리적 투입요인으로는 교육 이수자들이 미래 우수 인적자원으로서 국가발전을 견인하는 핵심동력으로 작용할 것이라는 사회적인 기대심리가 여기에 해당된다.

　한편 교육에 대한 국가적 · 사회적 산출요인도 경제적 요인과 비경제적 요인으로 분류되고, 대부분의 교육경제학자들은 투입요인에 대한 관심보다는 교육의 산출요인에 보다 많은 관심을 가지고 있는 것이 사실이다.

　국가 · 사회가 교육에 투입하여 얻게 되는 경제적 산출요인은 다음과 같다.

　첫째, 교육투자에 의한 지역 및 국가경제성장에의 기여 요인을 들 수 있다. 이는 인적자본론의 근간이 되는 논리로서 1960년 이후 대부분의 교육경제학자들은 교육

이 경제성장에 기여한 효과를 실증적으로 측정해 왔다. 그리고 지금까지는 교육투자가 경제성장에 긍정적으로 기여하였다는 측정 결과가 주류를 이루어 왔다. 예를 들면, Denison(1979)은 1948년부터 1973년까지 교육이 경제성장에 미친 직접적인 영향은 11%이고, 지식진보(advances in knowledge)가 미친 간접적인 영향은 29%로서 결과적으로 인적자본의 총 증가가 경제성장에 40% 기여하였음을 실증적으로 밝혔다. Pascharopolous(1985)도 29개 국가를 대상으로 교육이 경제성장에 미친 직접적인 기여도를 측정한 결과 평균 8.7%임을 밝혔으며, 최강식(1997)도 고등학교 졸업자들의 양적 기여도는 1981년에 0.81%에서 1993년에 1.87%에 이르기까지 꾸준히 경제성장에 영향을 미치고 있고, 교육의 효과인 질적 기여도 1981년 이후 0.15~0.65% 정도 영향을 미치고 있음을 보여 주었다. Gary(1999)도 캐나다 고등교육이 GDP의 1% 증가에 기여하였고, 노동생산성 향상에 0.5% 기여하였다고 분석하였다. 하지만 Vedder(2004)는 1980년부터 2000년까지 고등교육 이수자의 1% 증가가 경제성장 1.019% 증가와 관련이 있다고 밝히고 있지만, 고등교육의 투입비용이 적은 주의 경제성장이 투입비용이 많은 주의 경제성장보다 상승하였다는 사실에 주목하면서 고등교육에 경제성장에의 기여는 제한적이거나 결정적인 요인은 아니라는 결론을 내렸다. 장창원(2007)도 지난 30년간(1975~2004) 우리나라의 경제성장에 중등교육의 기여도가 87.0%로서 가장 컸고, 초등교육이 6.6%였으나, 고등교육은 -52.9%로서 오히려 후퇴되었음을 보여 주었다. 이와 같이 교육투자가 경제성장에 기여한다는 사실은 인적자본론의 오래된 명제이고, 연구방법과 연구대상에 따라 결론에서 약간의 차이가 있지만 경제발전에 대한 교육의 효과가 긍정적이라는 연구결과가 지배적이다.

둘째, 노동시장 구조변화에 미치는 파급효과다. 현재 지식기반사회에서 국가의 부가가치 창출에 핵심 분야로 부각되고 있는 신기술산업(NT, BT, IT, ET, CT, ST, FT 등)은 교육이 중심이 되어 진화되고 있다. 이러한 신기술의 진화는 시장에서 균형가격을 낮추고 균형거래량을 늘리는 긍정적 역할을 담당할 뿐만 아니라, 노동시장의 전반적인 구조 변화를 야기하고 있다. 산업사회 이후 전통적으로 분류되어 왔던 산업구조인 1차, 2차, 3차 산업에서 지식기반사회 이후 각종 신기술의 진화로 현재의 산업구조는 4차 산업(정보, 의료, 교육 서비스 등의 지식 집약형 산업), 5차 산업(취미, 오락, 패션 산업 등의 문화산업)으로, 그리고 최근에는 우주산업과 같은 6차 산업으로까지 확대되는 추세다.

셋째, 교육을 받을수록 개개인이 갖게 되는 전문적 역량은 평생직장이 아닌 평생직업을 얻을 수 있고, 이러한 역량은 역동적인 노동시장 변화에 전문화된 전문 인력들이 능력에 따라 유연하게 이동할 수 있다. 이러한 전문노동인력의 유연성 확대는 급변하는 노동시장 변화에 노동력이 효율적으로 배치됨으로써 사회적 부가가치를 지속적으로 창출시킬 수 있다는 효과가 발생된다.

넷째, 교육에 대한 투자 확대는 장기적으로는 교육에 대한 정부의 재정부담 감축 효과가 발생된다. 교육의 질적 수준과 사회발전과는 밀접한 관계가 있고, 교육에 대한 사회적 신뢰는 기업과 사회로부터의 투자를 유도할 수 있다. 이러한 현상은 선진국일수록 교육에 투자하는 총량 규모는 크지만, 정부예산 대비 교육 재정지원 비율은 낮다는 사실에서 그 근거를 찾을 수 있다.

국가 · 사회가 교육에 투입하여 얻게 되는 비경제적 산출요인은 다음과 같다.

첫째, 사회구성원이 교육을 받을수록 환경의식, 질서의식, 정치의식 등 사회적 의식 변화를 가져다준다.

둘째, 인적자본론의 이론적 근저는 교육을 받을수록 높은 소득이 보장되고, 그에 따라 교육 기회의 확대는 궁극적으로 소득분배의 균등화를 가져올 것이라는 믿음을 갖게 된다.

셋째, 많은 국민이 교육을 받을수록 사회적 인식의 변화로 사회적 통합은 물론 사회적 다양성도 확대되는 효과를 얻을 수 있다. 교육을 받은 사람일수록 관용, 포용성, 건전한 시민의식 등으로 사회적 통합을 강화시킨다. 특히 교육을 통해 국민의 인식이 개선되면 인권, 성차별, 소외계층, 인종, 국적, 종교, 이념의 차이 등과 같은 사회적 문제에 적극적으로 관여하여 해결하려는 사회적 역량을 발휘하게 한다. 동시에 급변하는 사회변화에 따른 사회의 다양화 · 다원화 현상은 물론 사회구성원의 다양한 사고방식을 차별이 아닌 차이로 인식하며 국가 · 사회가 추구하는 공동가치 획득에 효과적으로 기여한다.

넷째, 국민이 교육을 많이 받을수록 문화적 동질성이 강화되고, 동시에 다양한 문화에 대한 수용이 증대되는 등 문화적 동질성과 다양성이 공존하게 된다. 우리 사회는 학력과 학벌에 의한 차별적 의식이 심하고, 고졸과 대졸 간의 사회적 활동과 인식에 차별이 있는 것이 사실이다. 고등교육의 진학률이 82%가 넘어서고 있는 상황에서 학력에 대한 차별은 다소 완화되었지만 어느 대학 출신이냐 하는 학벌에 대한 차별은 여전히 과제로 남아 있다.

다섯째, 교육을 받을수록 사회적 참여의식이 높아져 사회적 자선 기부 증대, 지역사회 기여, 사회적 네트워크 확산 등 사회적 자본이 확대될 것이다. 사회적 자본은 경제적 효과와 무관한 비시장적 과정(non-market process)을 포함하고 있고, 이러한 사회적 자본은 지역사회의 번영과 건강성, 자기평가적 행복(self-rated happiness)에 중요한 영향을 미친다. 이는 개인 차원과 지역사회 차원에 있어서 강력한 관계 네트워크가 성공과 장수(longevity)의 유지에 영향을 미친다는 것을 의미한다. 실제로 우리 사회도 교육수준이 높아짐에 따라 정부의 견제기구로서, 정부와 국민의 원활한 의사소통기구로서 비정부기구(NGO)의 활동이 활발히 전개되고 있는 것도 이에 대한 반증이라고 할 수 있다.

여섯째, 고등교육 학력의 소지자가 많을수록 그 사회의 구성원들은 신기술의 적용 및 사용 능력이 높아져 사회적 성장잠재력을 증진시킬 수 있다. 평생학습사회에 지속적인 자기개발은 필수적이고, 그에 따라 지식정보 등 신기술에의 적용 능력은 잠재적 사회능력으로 인식되고 있으며, 이러한 노력은 고등교육을 받을수록 그 효과가 높게 나타난다.

마지막으로, 국민의 교육수준이 높아질수록 범죄율이 감소되고, 우리사회에서 자주 목격되고 있는 부패와 도덕적 해이 현상도 완화될 것이다. 그에 따른 국민 개개인의 삶의 질은 개선될 것이다.

이와 같이 교육에 대한 경제적 · 비경제적 요인의 투입을 통해 인적자본을 형성하는 것은 국가경제에 다양한 영향을 미쳐왔고, 그 영향은 경제성장의 효과, 소득분배의 효과, 인구이동의 효과, 노동시장의 효과, 지역발전에 미치는 효과 등 경제적 산출뿐만 아니라 비경제적 · 사회적 산출에 이르기까지 다양하다.

그러나 인적자본론은 기본적으로 완전 경쟁적 단일노동시장을 상정하고 있어, 우리나라와 같이 교육시장과 노동시장이 수요자에게 정확한 정보를 공개하지 않거나, 지나친 학력 · 학벌 중시 문화와 같은 비시장적 기제의 영향력이 큰 상황에서는 이 이론을 적용하는 데에는 한계가 있음도 사실이다. 또한 인적자본론에서는 교육을 독립변수로 하고 경제적 효과를 종속변수로 하여 실증적인 자료 분석을 통해 입증하지만 이러한 실증적인 자료는 반드시 양적인 자료에 의존할 수밖에 없다는 한계를 지닌다. 따라서 인적자본론은 이러한 지표들의 정확성과 신뢰성이라고 하는 한계 내에서 그 이론적 의의가 보장될 뿐이다.

이러한 한계에도 불구하고 인적자본론은 교육이 경제적 생산 가치를 창출할 수 있다는 이론적 기초를 마련하였고, 교육에 대한 국가적 · 사회적 투자가 필요하다는 정책적 당위성을 입증하고 있다.

 정리하기

- 교육재정은 국가 및 공공단체가 학교교육의 목적을 달성하기 위해 교육서비스를 생산 · 공급하는 데 필요한 공적인 재정을 확보 · 배분 · 평가하는 일련의 경제활동을 의미한다. 이러한 교육재정의 확보, 배분의 과정이 공공절차를 통해 이루어지고, 교육재정은 학교교육의 운영방식이나 교육 생산성에 영향을 주며, 학교교육의 질적 수준을 결정해 주는 핵심적인 요인으로 작용한다.

- 교육재정의 성격과 특성은 ① 국민의 소득의 일부를 조세에 의하여 정부의 수입으로 이전시키는 강제적인 성격, ② 국가활동과 정부의 교육정책을 효과적으로 달성할 수 있는 방향으로 사용되어야 하는 공공적 성격, ③ 먼저 필요한 지출의 규모를 결정하고, 이에 상응하는 수입의 확보를 기하는 양출제입(量出制入)의 원칙 적용, ④ 민간경제보다는 존속기간이 길다고 하는 영속성의 특징, ⑤ 무형재를 생산하고, ⑥ 수입과 지출의 균형성 유지, ⑦ 일반보상의 원칙 지배, ⑧ 정치적 행위로서의 특성과 공공수요 충족을 위한 자원배분 행위라는 점에서 경제적 행위의 특성적 요소, ⑨ 한 사회의 변화와 발전 속도와 상호작용하면서 변화 · 발전하는 역사성의 특성, ⑩ 교육의 특수성에 의한 비긴요성과 비생산성이라는 특성 내포, ⑪ 교육재정은 소비적 · 투자적 성격을 동시에 지니고 있고, 교육의 결과가 장기간에 걸쳐 나타나며, 가시적으로 측정 가능하지도 않아 교육재정은 긴급한 것이 아니고 또 비생산적인 투자로 여겨지는 경향이 있다.

- 우리나라 교육재정은 재원에 따라 크게 국가 부담, 지방자치단체 부담, 학부모 부담, 학교법인 부담 등으로 구분할 수 있고, 초 · 중등교육을 위한 교육재정의 지원구조는 중앙정부의 교육과학기술부 예산과 시 · 도 교육청 교육비특별회계로 구분되어 있는데, 중앙정부의 교육과학기술부 예산은 대부분이 일반회계에 계상되어 있으나, 지방교육재정은 지방정부의 일반회계와는 별도로 중앙정부가 지원하는 지방교육재정교부금 및 보조금과 지방정부가 지원하는 전입금 등을 통해 7개 시(서울특별시, 부산 · 대구 · 인천 · 광주 · 대전 · 울산광역시)와 9개 도교육청이 교육비특별회계를 편성하여

운영하는 방식을 취하고 있다.

- 우리나라 교육재정제도의 중요한 특징은 지원구조가 단순하고 지방교육재정을 안정적으로 지원할 수 있는 제도적 장치가 마련되어 있고, 단위학교에 재정운영의 자율성을 부여하고 있는 학교회계제도를 운영하고 있다는 특징이 있으나, 지방정부가 교육재정 확충의 자율성과 재정운영의 자율성을 확보하는 데에는 여전히 한계가 있고, 경기침체 등으로 인한 세수 부족은 지방교육재정교부금의 총량 규모를 감소시키는 결과를 초래하여 지방교육재정의 건전성을 저해하기도 하는 한계가 있다.

- 지난 40년 동안 GDP 대비 교육예산 비율은 평균 3.17%였고, 정부예산 대비 교육예산 비율은 같은 기간 동안 평균 19.8%이었다. 그리고 교육예산 중에서 초·중등교육분야에 84.2~87.2%, 고등교육분야에 11.7~14.2%, 그리고 평생·직업분야에 0.9~1.6% 정도 지원하고 있다.

- 지난 40년 동안 지방교육재정의 대부분은 중앙정부로부터 지원되는 국고부담(평균 74.8%)에 크게 의존해 왔고, 나머지 25.2%가 지방부담이었다. 국고부담은 주로 교부금, 양여금, 보조금의 형태로 지원되었고, 지방부담은 주로 전입금과 자체수입의 형태로 지원되었다. 이 중에서 법정교부금인 지방교육재정교부금이 가장 규모가 큰 재원이고, 실제로 2009년 기준으로 지방교육재정교부금의 규모는 30조 5,994억 원으로서 지방교육재정 규모의 76.5%를 차지하고 있다.

- 교육경제학은 교육자원의 투입과 산출의 효율성과 생산성에 관심이 있고, 인적자본론을 이론적 근간으로 하고 있다. 교육에 대한 투자는 크게 개인적 투자와 국가적·사회적 투자로 구분하여 설명할 수 있다. 개인적 교육투자는 개개인의 지식과 기술, 정보처리 능력 등이 향상이 되고, 이는 결국 높은 노동생산성을 가져오게 하고 노동시장에서는 각 개인이 자신들의 생산성만큼 대가, 즉 높은 소득을 보장받는다는 논리다. 국가적·사회적 교육투자는 개개인의 높은 소득은 결국 세금 증대로 이어지고, 동시에 사회적 자본이 증대됨으로써 국가경제발전에 기여한다는 논리다.

- 교육비용은 교육서비스를 생산·공급하기 위해 희생되는 비용이라고 정의한다. 교육은 비용이 수반되는 활동이고 자원의 희생이 없이는 교육이 이루어질 수 없다. 교육의 기본요소인 교수와 학생 그리고 교재, 교육시설 모두 자원이고, 이러한 시설과 기자재, 교재를 갖추려면 금전이 들고, 교사의 시간, 학생의 시간이 바로 비용이다. 교육비용은 크게 직접교육비와 간접교육비로 구분되고, 직접교육비는 공교육비와 사교육비로 구분되며, 다시 공교육비는 공부담 공교육비와 사부담 공교육비로 구분된다. 그리고 사교육비는 공공 회계절차를 거치지 않고 학부모나 학생이 사적으로 교육을 받기 위해 직접 지출하는 경비를 의미한다. 교육에 대한 간접교육비는 개인이 직접 지불하

지는 않았지만 비용으로 고려될 수 있는 것으로 개인의 기회비용 및 포기소득, 건물의 감가상각비, 임대료, 이자, 조세감면 등을 의미한다.

• 개인 투자로서의 교육이 갖는 의미는 교육을 통해 신분상승, 고소득 보장 등 사회경제적인 요인과 더불어 학력·학벌 사회 극복이라는 사회심리적 요인을 보장받기 위함이다. 교육에 대한 개인적 투입과 산출은 경제적 가치로 환산이 가능한 경제적 요인과 경제적 가치로 환산은 불가능하지만 개인적으로 부담하고 얻게 되는 비경제적 요인으로 구분된다.

• 국가·사회 투자로서의 교육이 갖는 의미는 교육에 의한 민주적 시민의식 고양, 지식의 보전 및 연구를 통한 인적자원 양성과 예술, 인문, 과학 분야 등의 학문적 발전을 통한 지식발전, 기술 및 문화의 창조·보급, 국가경제성장, 사회통합, 사회개혁을 위한 지도력 형성 등 금전적 또는 비금전적인 경제적 외부효과 혜택을 받는다는 것이다. 교육에 대한 국가적·사회적 투입 및 산출요인도 경제적 요인과 비경제적 요인으로 구분된다. 교육에 대한 경제적·비경제적 요인의 투입을 통해 인적자본을 형성하는 것은 국가경제에 다양한 영향을 미쳐 왔고, 그 영향은 경제성장의 효과, 소득분배의 효과, 인구이동의 효과, 노동시장의 효과, 지역발전에 미치는 효과 등 경제적 산출뿐만 아니라 비경제적·사회적 산출에 이르기까지 다양하다.

 적용하기

1. 교육재정과 교육경제의 개념과 특성을 이해하고 개인과 국가가 학교교육에 투자하는 이유와 근거를 설명해 보자.

2. 우리나라 교육재정의 확보·배분과정을 올바르게 설명하고, 그에 대한 특징과 장단점을 분석해 보자.

3. 교육재정 구조와 지원 정책을 객관적인 자료를 근거로 분석·평가해 보자.

4. 최근 쟁점이 되는 교육재정 정책 사례 분석을 통해 한국의 교육재정의 과제를 유추해 내고, 이에 대한 비판적 의견을 제시해 보자.

5. 교육투자의 중요성에 대한 인식을 바탕으로 교육의 경제적 가치를 실질적으로 분석해 보자.

제4부

학교경영의 실제

제12장

자율 장학

1. 장학의 이해
2. 자율 장학의 유형
3. 자율 장학 행정

● 학습 목표

- 시대 변화에 따른 장학 개념의 성격과 내용 변화를 이해할 수 있다.
- 교내 자율 장학과 학교 간 자율 장학의 유형과 특징을 구분할 수 있다.
- 수업 개선이라는 장학의 본질에 적합한 장학 철학과 그에 따른 장학 전략의 변화를 이해할 수 있다.

교육행정 하면 장학을 떠올릴 정도로 장학은 교육행정에서 중요한 위치를 차지하고 있다. 단위학교의 교장, 교감에서 교육감, 교육부 장관에 이르기까지 장학 담당자의 범위는 방대하며, 오늘날 무한 경쟁시대의 교육의 질 향상이라는 시대적 요청을 고려할 때 장학의 위치는 매우 중요하다 하지 않을 수 없다. 장학은 비전문가에 의한 점검, 통제의 시대를 거쳐 전문가에 의한 협동, 민주적 인간관계 장학에 이르기까지 몇 단계 발달과정을 거쳐 발전해 왔으나 학교현장에서는 여전히 장학에 대한 부정적 시각이 남아 있는 것이 현실이다. 수업의 질 향상을 통한 학교 개선, 이를 통한 경쟁력 향상이라는 장학의 본질을 실현하기 위하여 현대의 장학 패러다임의 변화에 맞춘 보다 민주적이고 전문적인 방법의 장학이 요구된다.

1. 장학의 이해

1) 장학의 정의

장학이라는 용어는 영어의 'supervision'이라는 단어를 해석한 것이다. 'supervision'의 어원을 해석해 보면, 'super'와 'vision'의 합성어로서 'super'는 '높은 곳' 혹은 '우월한'의 의미를 가진 접두어이고, 'vision'은 '본다' 혹은 '감시한다'라는 의미를 가지고 있다(정태범, 1996). 따라서 장학이란 "상위 직위의 우월한 능력을 가진 자가 하위 직위의 교사를 관찰하거나 감시한다."는 뜻을 가진 것으로 해석할 수 있다. 실제로 장학의 역사를 살펴보면 미국 식민시대에 비교육자가 학교를 직접 방문하여 법에 정해진 대로 교육활동이 이루어지고 있는지를 확인·감시하는 형태로 이루어져 어원 분석에 따른 장학 개념의 해석도 의미가 있다고 할 수 있다.

그러나 현대로 넘어오면서 장학의 패러다임 변화가 이루어져 여러 학자들이 그들 나름의 정의를 내리고 있다. Wiles와 Bondi(1980)는 장학에 대한 종합적인 분석을 바탕으로 장학의 개념이 행정(administration), 경영(management), 인간관계(human relations), 교육과정(curriculum), 수업(instruction), 지도성(leadership)이라는 다양한 의미로 활용되고 있음을 밝히면서 장학의 다의적 의미에 대해 언급하고 있다. 주삼환(2003)도 이러한 분류방식에 따라 장학의 개념을 설명하고 있다.

첫째, 행정적 측면에서 장학은 장학을 교육행정의 일부, 혹은 행정의 연장선으로 보면서 궁극적으로 두 개념은 기능적으로 분리될 수 없고 유리한 학습 조건 제공이라는 공동 목적을 위해 상보적으로 기능을 서로 분담하고 있다는 것을 강조한다.

둘째, 경영적 측면에서 장학은 학교를 하나의 생산체제로 보고 장학담당자의 역할을 조직 생산의 가장 의미 있는 결정인자로 바라보는 조직경영의 입장이다.

셋째, 인간관계 측면에서의 장학은 1930년대 인간관계론의 영향을 받아 성립된 개념으로서 장학담당자와 교사의 좋은 관계성의 확립이 장학의 원초적인 출발점이라는 것을 강조한다. 교사가 가지고 있는 능력을 최대한 발휘하도록 도와주기 위해서는 생산적인 직무 관계성의 조성(productive working relationship)이 가장 결정적인 장학사의 임무라는 점을 강조한다.

넷째, 교육과정 측면에서 장학은 1957년 '스푸트니크 쇼크' 이후 뒤처진 미국교육을 끌어올리기 위해 장학사에게 교육과정을 개발하는 업무에 전념하도록 했던 것에서 유래했다. 교육과정의 개선과 개정, 교육과정에 걸맞는 교수자료의 준비와 도구의 개발이 장학사의 주된 업무가 되었다는 사실은 장학이 보다 교실로 가까워지고 있음을 의미하기도 한다.

다섯째, 수업적 측면에서 장학은 수업과 수업 프로그램의 개선에 목적을 둔 활동으로서 교사의 전문적 성장 및 학습환경 개선을 위한 전문적 활동이다. 이러한 정의는 장학의 핵심에 가장 가까운 정의로서 장학을 수업과 밀착시키려는 노력 중의하나라고 볼 수 있다.

여섯째, 지도성 측면에서 장학은 공교육을 수행하는 데에서 교육과정, 교수, 조직 형태 등에서 전문적 지도력을 발휘하는 것(Mosher & Purpel, 1972)이다. 장학을 하나의 지도성으로서 정의하여 앞에서 제시한 행정, 경영, 인간관계, 교육과정, 수업의 모든 측면에서 지도성을 발휘하는 것으로 정의한다.

한편 김종철(1992)은 장학을 법규적 측면, 기능적 측면 그리고 이념적 측면에서 정의하였다.

첫째, 법규적 측면에서 장학은 계선 조직의 행정활동에 대한 전문적·기술적 조언을 통한 참모활동 내지 막료활동이다. 이러한 정의는 Wiles와 Bondi(1980), 주삼환(2003)의 정의에서 행정적 측면에서의 장학과 비슷한 정의로서 장학과 행정을 기능적으로 분리할 수 없는 것으로 해석하고 있다.

둘째, 기능적 측면에서 장학은 교사의 전문적 성장, 교육운영의 합리화 및 학생의 학습환경 개선을 위한 전문적·기술적 보조활동이다. 이러한 정의는 보다 교수활동에 초점을 맞추고 있으나 장학의 범위가 학교교육활동 전반에 걸쳐 그 영향을 미치는 것으로 해석한다.

셋째, 이념적 측면에서 장학은 교수(instruction), 즉 학습지도의 개선을 위해 제공되는 지도조언이다. 교사의 수업 개선에 장학의 초점을 맞춤으로서 장학의 핵심적인 측면에 충실한 정의라고 할 수 있다.

이와 같은 다양한 정의에서 알 수 있는 것은, 장학의 범위가 행정적 측면에서 수업 측면으로 그 범위와 수준이 달라진다는 것일 뿐 교육활동의 핵심인 수업을 개선하고자 한다는 목적에는 차이가 없다는 것이다. 즉, 장학의 궁극적인 목적은 수업 개선에 있으며, 이 목적을 달성하기 위하여 수업, 교육과정, 인간관계, 경영, 행정, 지도성, 이념적, 기능적 법규적 접근 등 여러 가지 접근을 하고 있는 것이다(한국교육행정학회, 1995). 가장 높은 계선 조직인 교육부는 보다 정책적인 측면에 초점을 맞춘 장학을 담당하고 학교현장에서는 보다 수업적 측면에 초점을 맞춘 장학을 함으로써 수업 개선을 통해 교육의 질을 향상시키고자 하는 것이 장학의 본질이라고 할 수 있다. 다시 말해, 장학은 '수업활동 개선을 위한 모든 지원적 활동' 이라고 정의할 수 있다. 다만 실제 교육현장에서 기존의 관료적 장학행정에서 벗어나 수업적 측면에 초점을 맞춘 장학활동을 펼칠 때 장학의 본질을 실현할 수 있을 것으로 보인다.

2) 장학 개념의 변화

장학의 개념은 시대 변화에 따라 그 성격과 내용이 달라져 왔다. 신현석(2000)은 장학은 시대 변화에 따라 달라지는 담론(discourse)의 특성을 가지며 다양한 해석을 전제로 성립되는 내러티브(narratives)의 총체라고 하면서, 다양한 장학 개념의 변화를 장학의 근본주제로서 관료성 대 전문성, 장학의 목표로서 조직발전 대 개인발전, 장학의 기능으로서 평가 대 개선, 장학의 중심기관으로서 교육행정기관 대 단위학교로 범주화하여 제시하였다. 여기서는 우리나라 장학에 가장 큰 영향을 준 미국의 각 시대별 장학 개념의 변화를 통하여 그 성격이 어떻게 변화하고 있는지 살펴보기로 한다.

(1) 관리 장학 시대(1750~1930년)

미국에서 장학은 많은 공립학교가 지어지기 시작한 18세기 이후부터 시작된 것으로 볼 수 있다. 주로 비전문가인 학교 외 인사들이 학교가 법령을 준수하면서 운영되고 있는지를 감독하는 형식으로 이루어졌다. 이후 공교육 제도가 정착되어 교육구가 점점 커지기 시작한 19세기에는 보다 효율적인 관리를 위해 시학관(inspector)을 별도로 임명하여 학교에 대한 검열을 담당하게 하였다. 이 시기의 장학은 근본적으로 행정의 연장으로 보이며, 권위주의적이고 강제적인 방법으로 장학이 이루어졌다. 20세기로 접어들면서 사회 전반에 영향을 미쳤던 과학적 관리론은 그 시기의 장학에도 엄청난 영향을 미쳤다. 과학적 관리론의 핵심은 과학적 분석에 기초한 작업체제 내에서 노동자들을 훈련시키고 노동자들이 지시받은 대로 잘 따르는지 확인·감독하는 것이었다. 당시 Bobbit은 일반 조직의 경영에 적용하는 과학적 원리를 학교에 적용하여 학교조직을 관료제의 틀 속에 넣어 통제중심의 장학을 행하였는데, 이를 관리 장학이라고 한다. 교사를 조직의 부속물로 여기며 과학적 관리의 명분하에 모든 교육활동들이 측정되고 평가되어 차등적으로 피드백되었다. 이 시기의 장학은 전문적이라기보다는 관료적이며, 단위학교보다는 교육행정기관이 주도하는 조직발전을 위한 평가활동이었다고 평가할 수 있다.

(2) 협동 장학 시대(1930~1955년)

과학적 관리론은 1930년대 인간관계론의 등장과 더불어 퇴조하게 되었다. 인간관계론의 효시인 호손 공장 실험은 노동자들의 사회적 욕구를 충족시켜 주고 의사결정에 참여할 기회를 제공함으로써 생산성을 향상시킬 수 있음을 보여 주었다. 이러한 인간관계론의 아이디어는 학교에 쉽게 적용될 수 있었다. 왜냐하면 인간을 다루는 교육에서 인간을 조직의 부속물이 아닌 인간으로 대하고 그들에게 관심을 갖는 인간관계론은 교육의 본질과 일맥상통하는 면이 있었기 때문이다. 장학사와의 원만한 인간관계를 통하여 교사가 학교에 만족감을 느끼게 하고 스스로 학교에 헌신하게 한다는 이 시기의 장학은 민주적 장학, 협동적 장학으로 불리며 큰 환영을 받았다. 특히 1930년대는 아동을 존중하는 진보주의 운동이 활발하던 시기로 장학도 장학사에서 교사로 중심이 바뀌었다. 이에 따라 장학사도 종래의 권위주의적 모습에서 벗어나 교사와 편안한 인간관계를 맺고 그들이 만족감을 느낄 수 있도록 하는 것이 그들의 핵심역할이 되었다. 그러나 진보주의 운동이 방임 교육으로 비판받는 것처럼 협동적 장학이 어떻게 실천되어야 하는가에 대한 고민이 뒤따르지 못해 인간관계의 증진이 생산성 증가로 이어지지 못하였다. 이 시기의 장학은 많은 추종자가 있음에도 불구하고 실질적 결과물은 없는 자유방임적 장학으로 비판받는다.

(3) 수업 장학 시대(1955~1970년)

1957년 옛 소련의 스푸트니크호의 충격은 미국 교육의 전반을 바꾸어 놓는 계기가 되었다. 미국 교육을 전반적으로 뜯어 고치기 위해 교육과정 개발에 박차를 가하면서 교육과정 개발자로서의 장학사의 역할이 중요시되었다. 교육과정 개발과 장학은 동일시되었고 장학 담당자는 각 과목의 전문가로서 교육과정을 편성하고 교사와 함께 새로운 교육 프로그램을 만드는 것이 주요 임무가 되었다. 이 시기를 수업장학 시대라고 하며 교육과정의 개발과 함께 장학의 초점을 수업에 맞추어 임상 장학, 현장 연구 등의 장학 기법이 등장하였다. 임상 장학은 교사-장학사 간 사전에 합의된 내용을 서로 협력하여 진행한다는 점에서 보다 민주적인 장학으로 평가받았으며, 장학의 초점이 보다 수업에 맞추어짐으로써 비디오테이프의 사용, 교사-학생 간 상호작용 평가, 새로운 교수 방법을 위한 현장 연구(action research)가 활발하게 진행되었다.

또한 이 시기는 1950년대 교육행정의 이론화 운동(theory movement)의 영향을 받아 보다 과학적인 방법으로 장학 연구가 행해지던 시기이기도 했다. 행동과학이 사회과학의 전 학문 영역에 걸쳐 보편적인 학문연구의 방법으로 자리 잡으면서 장학 연구의 과학화가 촉진되었다(김형관 외, 2000).

(4) 인간자원 장학 시대(1970년~현재)

1970년대에는 장학에서 과학적 관리론과 인간 관계론을 절충하려는 노력이 이루어졌다. 과학적 관리론에 보다 중심을 맞춘 것이 신과학적 관리 장학이라면, 인간 관계론에 보다 중심을 맞춘 것은 인간자원 장학이다. 인간자원 장학은 인간관계론의 영향을 받은 협동적 장학과 같이 교사의 만족에 깊은 관심을 보였으나 인간에 대한 기본 관점에서 큰 차이를 나타냈다. 협동적 장학이 경영자의 입장에서 조직의 목표달성을 위해 인간에 대한 관심을 가졌다면 인간자원 장학은 학교의 목표실현을 통해 교사의 만족을 추구한다. 즉, 인간에 대한 관심을 관리수단으로서가 아니라 관리목적으로 삼은 것이다. 인간자원 장학에서 장학사는 교사와 함께 의사결정

표 12-1　장학의 관점 변화

시기	장학방법	장학사의 역할	교육행정이론과의 관련
1750~1910년 1910~1920년 1920~1930년	시학 과학적 관리 장학 관료적 장학	감시자 · 확인자 감독자	과학적 관리론
1930~1955년	협동적 장학	조사자 · 지원자	인간관계론
1955~1965년 1965~1970년	교육과정개발 장학 수업 장학	교육과정 개발자 수업 전문가	행동과학, 체제론
1970~1980년 1980년~현재	인간자원 장학 신과학적 관리 장학	조력자	인간자원론

을 함으로써 학교의 효율성이 증대되고 이를 통해 교사의 만족도가 증가하여 성공적 학교로 변화할 수 있다고 본다.

　1980년대에는 학교 개혁에 대한 관심이 증대하면서 다시 과학적 관리론에 대한 관심을 가지게 되었다. 그러나 이전의 과학적 관리론과는 달리 효율을 중시하면서도 목적을 달성하기 위한 수단은 훨씬 비개인적이라고 평가할 수 있다. 예를 들면, 장학사가 교사의 교수법에 관심을 가졌다면 교실을 방문하여 관찰하기보다는 표준화된 절대평가 시험을 통해 학급별 시험점수를 공개하는 방법으로 교사를 통제 · 감독하는 것이다. 교사들에게 책무성을 물음으로써 교육의 효율성을 높일 수 있다고 보았다는 측면에서는 관리 장학과 같지만 방법 면에서 차이가 있다 하여 신과학적 관리 장학이라고 한다.

　이와 같이 시대에 따라 변화하는 장학을 바라보는 관점을 방법과 역할 면에서 정리하면 다음 〈표 12-1〉과 같다. 표를 통해 장학이 평가에 초점을 맞춘 관료적 장학으로부터 교사의 수업 개선에 초점을 맞춘 민주적 장학으로 발전되어 왔음을 알 수 있다.

2. 자율 장학의 유형

　장학은 실시 주체에 따라 중앙 장학(교육부), 지방 장학(시 · 도 교육청), 지구별 자율 장학(지구별 자율 장학 협의회), 교내 자율장학(단위학교) 등으로 구분된다. 앞서 살펴본 것처럼, 장학은 평가에 초점을 맞춘 관료적 장학으로부터 교사의 수업 개선에 초점을 맞춘 민주적 장학으로 그 초점이 바뀌어 왔고, 이에 따라 실시 주체도 교육행정기관으로부터 단위학교로 그 초점이 이동하고 있는 추세다. 따라서 현재 장학의 개념 변화에 맞추어 여러 가지 장학의 유형 중 중앙 부처나 시·도 교육청의 지도 없이 단위학교에서 이루어지고 있는 자율 장학에 초점을 맞추어 서술하고자 한다.

1) 교내 자율 장학

교내 자율 장학이란 단위학교 내에서 교사의 수업개선을 위해 교장, 교감, 부장 교사 및 동료 교사가 행하는 지도·조언 활동을 말한다. 구체적 유형으로는 임상 장학, 동료 장학, 약식 장학, 자기 장학이 있다.

(1) 임상 장학

교사의 수업 개선을 목표로 하는 지도·조언 활동이라는 장학의 정의에 비추어 볼 때 장학의 정의에 가장 부합하는 형태의 장학이 임상 장학이다. 임상 장학이란 실제적인 교수행위를 직접 관찰하여 자료를 수집하고 수업개선을 위해 장학 담당자와 교사 간의 대면적 상호작용 속에서 교사의 행위와 활동을 분석하는 수업 장학의 한 양상이다(Goldhammer et al., 1980). 의학에서 사용되는 용어인 임상(clinical)이란 단어가 의사가 환자를 다룬다는 의미에서 문제가 있는 교사를 다룬다는 부정적인 의미로 해석될 우려가 있으나, 여기서 임상이란 이론이 아닌 실제 병상에서 환자를 관찰하고 치료에 임한다는 의미로 실제 학급에서 수업 상황을 직접 관찰하면서 수업 개선을 한다는 의미로 해석되어야 한다. 즉, 임상 장학이란 장학 담당자가 실제 교실 상황에서 수업 상의 문제를 직접 확인하여 교사에게 전문적 도움을 줌으로써 수업개선을 함께 도모하는 것이다.

임상 장학의 최초 제안자인 Cogan은 효과적인 임상 장학의 단계를 다음 8단계로 구분하고 있다(Cogan, 1973).

① 1단계: 교사와 장학 담당자 간의 관계 확립
② 2단계: 교사와의 협의를 통한 수업계획 작성

③ 3단계: 수업 관찰전략 수립

④ 4단계: 수업 관찰

⑤ 5단계: 교수−학습 과정 분석

⑥ 6단계: 교사와의 협의회 전략 수립

⑦ 7단계: 교사와의 협의회

⑧ 8단계: 새로운 계획의 수립

임상 장학은 인간은 본래 일에 대한 동기와 잠재력, 책임감, 목표 성취의지를 가지고 있다는 Y이론의 입장에서 장학 담당자와 교사가 상하관계가 아닌 동료관계를 지향하고 있다는 것이 핵심이다. 장학 담당자와 교사의 지속적이며 성숙한 상호관계성의 형성과 유지가 성공적인 임상 장학의 전제조건이며, '관찰 전 계획 → 수업 관찰 및 협의회 → 수업 관찰 후 평가' 라는 순환적인 단계로 이루어진 체계적인 과정이라고 할 수 있다.

(2) 동료 장학

동료 장학이란 교사들이 자신의 전문성 개발을 위해 서로 협동하는 장학의 형태를 말한다. 일반적으로 교사들은 장학사에 의한 장학보다는 늘 함께 생활하는 동료로부터의 장학을 선호하는 편이다. 이것은 전문직으로서의 교직 특성에도 부합하는 것으로서 교사의 문제에 대하여 가장 잘 알고 도와줄 수 있는 사람들은 동료 전문가일 수 있기 때문이다. 동료 장학의 방법은 여러 가지 형태가 있을 수 있는데, 동일 교과 · 동일 학년 교사, 또는 관심 분야가 같은 교사들끼리 수업에 대한 아이디어를 공유하고 수업 준비를 돕는 것이 일반적인 형태다. 전문적인 장학 인력이 부족한 우리나라의 현실에서 가장 잘 활용될 수 있는 장학의 형태로 평가받고 있다. Alfonso와 Goldsberry(1987)는 동료 장학의 장점에 대해 다음 세 가지를 들고 있다.[1]

• 수업을 개선하기 위해 교사들이 공동으로 노력하게 함으로써 학교의 인적 자원을 최대한 활용할 수 있다.

---

1) Alfonso & Goldsberry(1987). *Readings in Educational Supervision, 2.* p. 67.

- 수업개선 전략의 설계와 시행에 대한 책임감 부여는 교사 개인이 수업 개선에 공헌할 수 있다는 인정감과 성취감을 느끼게 해 줄 뿐만 아니라 학교 개선에도 긍정적 효과를 가져 올 수 있다.
- 성공적인 수업 혁신은 동료 관계를 증진시키고 교사 간 적극적인 인간관계는 교육활동과 교사 전문성 신장에 효과적이다.

(3) 약식 장학

약식 장학이란 단위학교의 교장이나 교감이 간헐적으로 짧은 시간 동안 학급 순시나 수업 참관을 통하여 교사들의 수업 및 학급경영 활동을 관찰하고 이에 대해 교사들에게 지도 · 조언을 제공하는 활동을 말한다. 약식 장학은 단위학교에서 일상적으로 빈번하게 수행되기 때문에 일상 장학이라고도 부른다(강영삼, 1995).

약식 장학은 오랫동안 학교현장에서 이루어진 장학의 형태이지만, 비공식적으로 잠깐 들러 행해지는 이러한 활동이 교사들에게 수업 개선의 측면보다는 감시와 통제라는 관료적 장학으로 비춰지기도 했다. 그러나 단위학교를 경영하는 교장, 교감이 학교 개선을 위해 교사의 수업을 살펴보고 지도 조언하는 것은 교장, 교감의 학교 내 역할 중에서 중요한 임무 중의 하나라고 할 수 있다. 단지 수업 개선이라는 장학 본래 목적을 달성하기 위해서 다음과 같이 방법을 바꿀 필요가 있다.

첫째, 아무런 계획 없이 불시에 학급을 방문하여 관찰하는 것보다는 수업의 어떤 부분에 초점을 맞추어 관찰할 것인지, 또 어떤 특성을 가진 학급을 방문할 것인지 등 체계적인 계획을 세워서 행할 필요가 있다. 또한 가능하다면 해당 학급의 교사에게 미리 방문 목적과 관찰 대상을 알려 주는 것이 약식 장학에 대한 교사의 협조를 얻어 낼 수 있는 좋은 방법이다.

둘째, 짧은 시간 동안 수업 관찰에 집중하기 위해 기록을 하는 것이 좋다. 해당 수업에 대한 전반적인 인상, 교사-학생 간 상호작용, 학습자의 특성과 수업 모형의 적합성 등 초점을 두어 관찰했던 수업의 제 측면을 교실에서 생생하게 기록해 둔다면 추후 교사에게 피드백할 때 유용하게 사용될 수 있다.

셋째, 교사에게 해당 수업의 관찰 내용에 대한 피드백을 해 줘야 한다. 교실을 방문한 후 아무런 피드백이 없다면 해당 교사가 수업 개선 목적의 방문이 아닌 단순한 감독으로 받아들이게 될 것이다.

(4) 자기 장학

자기 장학이란 교사 개인이 자신의 전문적 발달을 위하여 스스로 체계적인 계획을 세우고 이를 실천하는 과정이라고 할 수 있다(김형관 외, 2000). 교사는 가르치는 일을 하는 전문가이므로 그 업무를 제대로 수행하기 위해서는 급변하는 사회의 정보와 지식을 끊임없이 충전하는 과정이 필요하다. 또한 전문가로서의 전문성과 자율성은 자신이 필요로 하는 정보와 지식을 선택하여 성장할 수 있는 능력을 충분히 가지고 있다고 볼 수 있다. 다만, 스스로 성장할 능력을 갖추었다고 보기 힘든 신규 교사보다는 혼자 일하기를 좋아하거나 경험이 많고 유능한 교사에게 보다 적합한 장학의 형태라고 할 수 있다.

자기 장학의 형태는 자신의 수업 녹화 후 분석, 학생들의 수업평가 분석, 대학원 수강, 수업 관련 워크숍 참여, 수업 관련 전문가의 자문과 조언 등 다양한 유형이 있으며 여러 가지 유형 중 교사 본인이 선택할 수 있도록 많은 재량권이 주어진다. 그러나 자기 장학은 자유방임을 의미하는 것은 아니며, 자신이 필요로 하는 장학에 대하여 장학 담당자와 의견을 나누고 장학이 끝난 후 결과물을 제출해야만 한다. 장학 결과물은 일지, 수업 기록, 수업 녹화 테이프, 사진, 학생들의 과제 제출물 등의 포트폴리오 형태의 자료를 의미한다. 즉, 교사에게 많은 재량권을 부여하지만 현실적인 장학 계획과 목표 수립에 대한 책임은 장학 담당자에게 있음을 의미한다. 장학 담당자는 포트폴리오 형태의 결과물을 바탕으로 하여 다음 장학에 대한 목표 설정을 한다.

2) 지구별 자율 장학

지구별 자율 장학이란 지구 내 인접한 학교들 혹은 교원들 간에 교육활동의 개선을 위하여 상호협력하는 활동이라고 할 수 있다. 주로 지구 자율장학회별로 간사 학교가 중심이 되어 지구 내 학교 간의 협의를 통해 장학활동 과제 및 과제별 주관 학교를 선정한 후 지역 특성에 맞게 자율적으로 추진한다. 간사 학교는 연간 사업 계획을 수립하고 계획의 효율적 추진을 위하여 업무의 분담 조정, 업무 추진 방법, 예산 배정 및 집행 등을 주관한다. 각 지구별 특성을 살린 역점 사업과 다양한 협동적 교육활동, 수업연구, 수업공개 등을 추진하고 그 결과를 일반화함으로써 창의적 학교경영을 하도록 하는 것이 주목적이라고 할 수 있다. 구체적인 지구별 자율 장학 활동은 다음과 같다(서울시교육청, 2010).

① 학교 간 방문 장학: 교육활동 상호 참관(공개 보고회, 공개 수업 등) 및 교육정보 교환, 학교경영 · 학습지도 · 특별활동 개선방안 협의, 학교별 우수사례 발굴 홍보 및 일반화 협의, 지구별 교육 현안과제 협의 조정, 교원 학생 상호 간 학예활동 참관 및 체육교류 활동 등

② 교육연구 활동: 수업 및 평가방법 개선을 위한 공개수업, 논술지도를 위한 협의회 · 교과협의회(학습동아리) · 방과후학교 협의회 구성 및 운영, 교육현장의 문제점 해결방안 및 공동 관심사에 관한 현장연구 발표, 교수 학습 자료 및 평가 자료 공동 제작 및 활용

③ 학생 생활지도 활동: 교내 외 생활지도 방법의 개선 협의, 초 · 중 · 고등학교 지구별 통합협의회 활동, 연말연시 방학 중 합동 교외지도, 지구별 학생선도협의회 운영, 청소년 단체 합동수련 활동 등

④ 학예활동: 문예 백일장, 미술 실기대회, 독후감 쓰기 발표대회, 특별활동 발표회 및 전시회, 기타 소질 적성 계발 및 건전한 학생문화 정립을 위한 행사

3) 학교 컨설팅

학교 컨설팅이란 학교교육을 개선하기 위해 일정한 전문성을 갖춘 사람들이 학교와 학교 구성원의 요청에 따라 제공하는 독립적인 자문 활동으로서 경영과 교육의 문제를 진단하고, 대안을 마련하며, 문제해결 과정을 지원하고, 교육 훈련을 실시하며, 문제해결에 필요한 인적 물적 자원을 발굴하여 조직화하는 일이다(진동섭, 2003). 학교 컨설팅은 경영 컨설팅 개념을 학교에 적용한 것으로, 학교의 요청에 따라 지식, 기술, 경험을 갖춘 교육 전문가가 학교에 실질적인 조언과 의견을 제공한다. 의뢰인과 학교 컨설턴트를 주요 관련자라고 할 수 있으며, 의뢰인의 요청이 있을 경우에만 자문 활동이 이루어진다. 여기서 의뢰인이란 학교 컨설팅을 요청한 사람을 말하고 학교 컨설턴트는 의뢰인의 과제를 해결하는 데 도움을 주는 전문가를 의미한다. 의뢰인과 학교 컨설턴트는 개인, 소집단, 조직 수준이 모두 가능하므로 교사 개인, 동학년 조직, 단위학교 등 학교 구성원 모두가 의뢰인이 될 수 있다고 본다.

진동섭(2003)은 학교 컨설팅을 계획하고 실시, 평가하는 준거로서 다음의 6가지 학교 컨설팅 원리를 제시하였다.

- 자발성의 원리: 학교 컨설팅의 시작은 의뢰인의 자발성에 기초해야 한다.
- 전문성의 원리: 학교 컨설팅은 전문성을 갖춘 학교 컨설턴트에 의해 이루어져야 하며, 학교 컨설턴트는 내용적 전문성과 방법적 전문성 그리고 전문 직업인으로서의 윤리를 갖추어야 한다.
- 자문성의 원리: 학교 컨설턴트는 의뢰인을 대신하여 교육 활동을 전개하거나 학교를 경영하지 않으며, 컨설팅 결과에 대한 최종 책임은 의뢰인에게 있다.
- 한시성의 원리: 학교 컨설팅은 한정된 시간 동안 이루어지는 활동이며, 학교 컨설턴트는 한정된 시간 내에 최선을 다해야 하고 의뢰인은 컨설턴트에 대한 의존도를 줄이기 위해 노력해야 한다.
- 독립성의 원리: 학교 컨설턴트는 고용 관계에 의한 의뢰인과의 관계에서 독립적이어야 하며, 상하관계나 종속관계에 있어서는 안 된다.
- 학습성의 원리: 의뢰인은 학교 컨설팅 과정에서 과제 해결에 필요한 지식, 기술, 경험을 습득하고, 학교 컨설턴트는 지원 과정에서 자신의 내용적 전문성과 방법적 전문성을 심화시킨다.

3. 자율 장학 행정

1) 장학 지도력의 권위

장학 담당자란 교사의 수업 개선과 전문적인 성장을 돕는 교육 전문가를 의미한다. 교육청의 장학관, 장학사만을 장학 담당자라 칭하지 않고, 단위 학교 내의 교장, 교감, 부장 교사, 동료 교사도 장학 담당자가 될 수 있다. 장학 담당자는 교사의 수업 개선을 위해 목표 설정, 교육 프로그램 개발, 통제와 조정, 동기 유발, 문제해결, 전문성 개발, 교육 산출에 대한 평가를 담당한다(Wiles & Lovell, 1975). 교사는 수업 개선이라는 공동의 목표를 위해 장학 담당자의 지도력에 협조하고 아이디어를 공유하며 헌신하게 된다. Sergiovani와 Strratt(2008)는 장학 담당자가 교사들을 변화시키는 권위의 근원을 다음 네 가지로 분류하고 장학의 실천이 이들 권위들 중 하나 혹은 둘 이상의 결합에 기초하여 이루어지고 있다고 하였다.

- 관료적 권위(bureaucratic authority): 명령이나 규정, 규칙, 직무, 기대 등의 형태로 표현된다. 장학의 실천이 이 권위에 기초할 때 교사들은 적절하게 부응해야 하며 그렇지 않으면 그 결과에 책임을 지게 된다.
- 개인적 권위(personal authority): 지도력 방식이나 동기부여 기술, 인간관계 기술 등의 형태로 나타난다. 장학의 실천이 이 권위에 기초할 때 교사들은 장학사의 인성이나 쾌적한 환경, 긍정적인 행동에 대한 유인책에 부응할 것으로 본다.
- 전문적 권위(professional authority): 경험이나 교수 기술의 지식, 연구 지식, 개인의 전문성 등의 형태로 나타난다. 장학의 실천이 이 권위에 기초할 때 교사들은 공동의 사회화, 실천에 관한 인정된 원칙, 내면화된 전문성에 부응할 것으로 본다.
- 도덕적 권위(moral authority): 광범위하게 공유된 가치와 아이디어, 이상으로부터 도출된 책임과 의무의 형태로 나타난다. 장학의 실천이 이 권위에 기초할 때 교사들은 의무와 공유된 헌신, 이러한 헌신으로부터 생기는 상호의존성 등에 부응할 것으로 본다.

이와 같은 장학의 권위는 모두 장학 담당자가 상황에 맞게 적절하게 사용해야 될 권위들이다. 그러나 관료적 권위는 교사들을 위계적 조직 내의 하급자로 상정하고 교사가 정해진 규정을 잘 따르고 있는지를 감독하는 것이 장학의 핵심이 된다는 점에서 장학이 단순한 소모적 행정으로 전락할 우려가 있다. 또한 개인적 권위에 의한 장학도 장학의 적합성이나 중요성에 의해서가 아니라 장학 담당자 개인의 인성이나 인간관계 기술에 의해 좌우되기 때문에 바람직하지 않다고 본다(Haller & Strike, 1986; Zalezik, 1989). 이에 반해 전문적 권위와 도덕적 권위는 전문적 가치의 공유에 기초한 장학 담당자와 교사들의 실천 공동체 속에서 상호 협력적 행위를 가능하게 한다. 전문적 권위는 장학 담당자가 수업에 대한 풍부한 지식을 가진 전문가로서 교사의 전문성 신장을 장학의 주요 과제로 본다. 장학 담당자는 전문적 가치를 명백하게 하기 위해 교사들과 대화를 촉진하고 전문적 가치를 수용한 교사들은 지시나 통제가 아닌 내면화된 책무성으로 장학을 실천한다. 실천에 대한 교사 상호 간의 책무성 요구는 전문직의 덕목으로 도덕적 속성을 지니게 되며, 학교는 공유된 가치를 공동으로 실천하는 학습 공동체가 된다. 공동체 내에서 장학사는 공유된 가치와 신념을 파악하고 명시화하는 것을 주요 전략으로 삼으며, 도덕적으로 도출된 상호 의존성으로부터 장학 담당자와 교사 간의 협력적 동료 관계가 촉진된다 (Sergiovani & Strratt, 2008).

2) 장학행정의 발전 방향

과거에는 장학이 교사 개인의 수업에 초점이 맞춰졌지만 전 세계적으로 교육에 대한 책무성이 강조되면서 점차 영역이 넓어져 교사 집단으로 관심이 확대되고 있는 추세다. 이렇게 집단에 대한 강조를 함으로써 장학 담당자는 학습 공동체로서의 교사 집단에 대한 지원을 통해 교사에게 새로운 교육과정과 그에 걸맞는 교수 학습 방법을 학습시킬 수 있고, 교사는 공동체 내의 다른 동료 교사들과의 교류를 통해 스스로 높은 발달단계로 나아갈 수 있다. 이것은 양질의 수업으로 이어져 학생들의 학업성취도 향상으로 이어지며, 궁극적으로 장학이 학교 개선의 핵심적 정책 수단으로 기능하게끔 한다. 따라서 장학의 과정은 더 이상 이전의 상위 직위의 우월한 능력을 가진 자가 하위 직위의 교사를 관찰하거나 감시하는 것(Supervision)이 아닌 슈퍼비전(SuperVision), 즉 학교 개선을 위한 좋은 교육이라는 큰 비전을 장학 담당자와 교사가 함께 공유하면서 성취해 나가는 것이 되었다.

Glickman과 그의 동료들(2004)은 전통적인 장학과 새로운 장학을 각각 '장학 I'과 '장학 II'로 구분하여 장학이 변화되어야 할 방향을 설명하였다. 이것은 원칙 중심의 장학과 교사 중심의 장학, 관료적 장학 대 전문적 장학, 통제하는 장학 대 역량 구축의 장학 등의 표현으로 사용될 수도 있다. 그들의 중립적 표현에 의하여 장학 I은 장학의 행동(behavior)을 이해하고 연구하고 개선하는 것을 강조하는 반면, 장학 II는 행위(action)를 강조한다. 행동은 표면적으로 하는 것이고 행위에는 의도성과 자유로운 선택의 의미가 내포되어 있으며, 이것은 인간의 본성에 대한 가정의 차이로 해석될 수 있다. 즉, 장학 I이 장학 담당자-교사의 위계적으로 구분된 역할 관계의 조직 구조 속에서 주어질 보상, 즉 외적 동기에 의해 자기 이익에 기초하여 장학이 이루어진다면, 장학 II는 학교가 보다 효율적으로 기능하도록 돕는 과정으로 임명된 장학 담당자뿐만 아니라 누구라도 그러한 기능을 위해 할 수 있으며, 자

표 12-2	장학 I 과 장학 II 의 차이
장학 I 이 강조하는 것	**장학 II 가 강조하는 것**
X이론 가정	Y이론 가정
행동(behavior)으로서의 교수와 학습	행위(action)로서의 교수와 학습
외적 동기 부여	내적 · 도덕적 동기 부여
자기 이익	공동선
장학의 역할	장학의 기능
장학의 구조	장학의 문화
관리	자기 경영

출처: Sergiovani & Strratt(2008). *Supervision: A Redefinition*. p. 51.

연스럽게 헌신하도록 하는 조직 문화 속에서 내적 동기에 의해 자신의 이익을 희생하면서까지 이루어지는 자기 경영으로 표현된다. 장학 II 에서 교사는 장학 과정이 내적으로 만족하는 의미 있는 행위이기 때문에 장학 담당자의 직접적인 감독 행위의 비중이 줄어들게 된다. 〈표 12-2〉는 두 장학의 특성을 비교한 것이다.

　대부분의 교사들이 장학 II 를 선호하며 장학 II 가 실시되면 장학에 대한 교사들의 거부감은 자연스럽게 사라질 것으로 보인다. 장학 II 에서 장학 담당자가 사용하는 권위는 전문적 권위와 도덕적 권위가 될 것이며, 장학 담당자의 지시는 교사들의 공유된 규범과 가치에 의한 자기 경영으로 대체될 것이다. 그러나 장학 II 를 실시할 수 있으려면 교사 개개인이 자기 경영이 가능한 성숙한 교사가 되지 않으면 안 된다. 이러한 의미에서 장학 I 은 현재 교사들의 상태를 파악하고 학교의 기존 규범을 변화시키려는 노력을 위해 필요한 것이다. 장학 담당자는 장학 I 을 통해 학습 공동체 내에서 교사들이 스스로 지도력을 발휘할 수 있는 배움의 기회를 제공해야 하며, 장학 담당자와 교사가 공동체 내의 협동할 수 있도록 교사를 성숙한 단계로 끌어올려야 한다.

　따라서 현재 이루어지고 있는 장학의 발전 방향은 장학 I 에서 장학 II 로 점차 바뀌어 가야 할 것으로 보인다. 장학에 대한 이러한 접근은 교사들로 하여금 보다 우수한 교수(teaching)로 이끌어 학교를 보다 나은 장소로 변화시킬 수 있을 것이다. 〈표 12-3〉은 장학 I 과 장학 II 의 실천을 위한 장학 전략을 정리한 것이다.

뉴스 따라잡기

수업·생활 지도 등 애로 '맞춤형 컨설팅장학'으로 해결

　대전시 교육청이 컨설팅장학으로 학교 교육의 새로운 변화를 불러일으키고 있다. 최근 교육계에는 신자유주의 개념이 도입되면서 학생과 학부모를 비롯한 교육수요자의 요구가 교육정책 및 교육활동에 반영되고 있다. 그 영향으로 교육행정의 패러다임도 지금까지 지시·감독에서 지원·조장하는 것으로 전환되고 있다. 이런 교육환경은 장학 패러다임에도 변화를 불러와 집단장학에서 개별 장학으로, 행정적·형식적 장학에서 구체적·방법적 장학으로 개선되고 있다. 다시 말해, 기존의 권위적인 장학지도에서 자발성과 전문성을 강조하는 컨설팅장학으로 바뀌고 있다. 컨설팅장학은 교수·학습, 생활지도, 교육과정, 학교경영, 교육정책 등 학교의 미흡한 점을 진단해 대안을 마련하는 장학활동이다. 시 교육청이 추진하는 컨설팅장학은 수요자 중심의 찾아가는 맞춤형 장학이라는 점에서 타 지역과 구별되고 있다.

• 수요자 중심의 찾아가는 맞춤형 컨설팅장학

　대전지역 초·중·고 292개 학교에서는 수요자 중심의 찾아가는 맞춤형 컨설팅장학을 실시하고 있다. 장학은 종전의 지도·감독 위주의 장학에서 탈피해 수요자 중심의 창의적이고 자율적인 교육활동을 지원, 교육 역량을 강화시키고 있다. 학교별 현안 문제에 대해 맞춤형 컨설팅장학을 실시, 학교 교육력을 제고하는 데 힘쓰고 있다. 또한 학교 현장과 교원의 자발적 참여를 유도해 컨설팅장학을 실시함으로써 교원 전문성 신장 및 자율적인 학교경영으로 학교경영에 대한 책무성을 더해 공교육을 최상위로 끌어올리는 데 온 힘을 기울이고 있다.

• 찾아가는 컨설팅장학과 맞춤형 컨설팅장학

　컨설팅장학은 학교와 교사의 필요와 요청에 따른 지원 중심의 장학으로 교사의 수업개선에 대한 요청과 학교의 현안사항에 대한 문제점에 대해 컨설팅을 요청하면 전문적인 컨설팅장학지원단을 구성해 지원하는 장학이다. 컨설팅장학은 6개의 영역으로 교수·학습, 교육과정, 생활지도, 학교(학급)경영, 교원능력개발, 기타 교육정책으로 구분해 실시하고 있다. 또 컨설팅장학은 학교평가 결과 '미흡'에 해당하는 학교나 교육 현안 발생학교에 대해서는 컨설턴트가 찾아가서 지원해 주는 '맞춤형 컨설팅장학'을, 교사의 수업개선에 대한 자발적인 요청에 대해 지원해 주는 '찾아가는 컨설팅장학'으로 구분해 운영하고 있다.

• 컨설팅장학지원단 구성 · 운영

컨설팅장학의 원활한 운영과 우수한 컨설턴트에 대한 체계적인 활용 및 총괄적인 지원 · 관리를 위한 '컨설팅장학지원단'을 구성해 운영하고 있다. 시 교육청에는 특성화고등학교를 지원하는 컨설팅장학지원단이 교육정책국장을 단장으로 22명이 구성돼 있으며, 지역 교육지원청에는 교육장을 단장으로 동부 · 서부 교육지원청에 각각 2개의 컨설팅장학지원단 68명이 구성, 컨설팅장학의 계획 · 운영을 지원하고 있다.

• 우수 컨설턴트 인력풀 확보

시 교육청 관내에는 570여 명의 우수한 컨설턴트 인력풀이 확보돼 있다. 이 컨설턴트는 학교의 현안 문제에 대한 지원 및 교사의 교실수업 개선을 지원하고 있다. 컨설턴트는 초 · 중 · 고 학교장 추천을 받거나 교과 전문가, 수석교사, 수업 우수교사, 교과연구회 참여 교사, 교육전문직, Top-Teacher 인증 교사, 교장 · 교감, 외부 전문가 등으로 구성돼 있다. 시 교육청에서는 우수한 컨설턴트 양성을 위해 컨설턴트 양성과정이 운영되고 있다.

• 우수 컨설턴트 양성을 위한 전문 연수과정 개설 · 지원

시 교육청은 전문성 있는 컨설턴트가 컨설팅장학의 성패를 좌우한다는 판단 아래 우수 컨설턴트 확보를 위해 노력하고 있다. 우선 교육과학기술부에서 개발한 '자신만만 컨설팅장학' 16시간 원격연수 과정을 이수한 후에 심화과정으로 대전교육연수원에서 운영하고 있는 '수업 컨설턴트 전문가 양성 직무 연수' 과정을 이수하도록 하고 있다. 이 과정에는 수업 컨설팅의 실제, 수업 컨설팅 액션러닝 등 30시간 동안 컨설팅장학을 수행하는 데 실질적으로 도움이 되는 연수를 실시하고 있다. 이 연수과정은 매 회 40여 명의 유능한 컨설턴트를 배출하고 있으며, 지난해부터 200여 명의 유능한 컨설턴트를 배출하고 있다.

• On-Line으로 이루어지는 컨설팅장학

시 교육청에는 온라인으로 컨설팅장학을 지원하는 컨설팅장학지원센터(http://sky.edurang.net)가 대전교육포털 에듀랑에 구축돼 있다. 이 컨설팅장학지원센터를 통해 교사들이 컨설팅장학의 시기, 영역, 원하는 문제 등을 자유로이 신청할 수 있으며 특히 원하는 컨설턴트도 자유로이 선택할 수 있도록 ONE-STOP으로 운영하고 있다. 센터에는 현재 컨설팅장학 후 그 결과 보고서가 500여 편이 탑재돼 있으며, 이는 컨설팅장학이 활성화되고 있다는 증거로 풀이되고 있다. 앞으로 컨설팅장학지원센터의 운영으로 교사의 전문성 신장은 물론 학교 교육 활동의 지원으로 학교의 자율성은 더욱 커지고 아울러 공교육이 신뢰받는 좋은 계기가 마련될 것으로 시 교육청은 전망하고 있다.

〈충청투데이, 2012. 6. 20.〉

표 12-3　장학 I 과 장학 II의 실천을 위한 전략

장 학	권위의 근거	구체적 모습	가 정	장학 전략
장학 I	관료적 권위	위계, 규칙과 규정, 명령	교사는 조직 위계의 하급자로 교사의 목표와 이익은 장학담당자와 같지 않다.	교사들이 정해진 기준에 잘 따르고 있는지 직접 장학하고 면밀히 감독한다.
	개인적 권위	인간관계 기술, 인간관계 지도력, 동기 기술	조화로운 인간관계는 교사를 만족스럽게 하고 교사의 목표는 장학담당자와 같지 않지만 타협할 수 있다.	화목한 학교풍토를 조성하고 교사의 욕구에 대한 보상을 해 준다.
장학 II	전문적 권위	기술적 지식과 연구결과	전문적 지식은 교사가 실천하면서 창출되며, 내부 권위는 전문인으로서의 교사의 사회화와 내면화된 가치로부터 나온다.	전문적 가치를 수용하도록 교사들과 대화를 하며 지원, 지지, 전문성 개발의 기회, 자유 재량을 제공한다.
	도덕적 권위	공유하고 있는 공동체의 가치, 아이디어, 이상	학교는 공유된 가치, 신념, 헌신의 특성을 가진 전문적인 학습 공동체이며, 동료 간 협력관계는 전문직의 덕목이다.	공동체로서의 가치와 신념을 파악하고 상호의존성에 근거한 협력적인 동료관계와 실천 공동체로서의 형성을 촉진한다.

뉴스 따라잡기

학교순회, 장학사 오는 날 사라진다

　　울산시교육청은 학습지도법 등에 대해 연구하며 현장을 지도·조언하는 '컨설팅 장학 제도'를 전면 도입한다고 13일 밝혔다. 학교를 관리 감독하는 데 치중하지 않고 수업방법과 진학지도 등 학교에 필요한 정보를 제공하고 지원하는 등의 본래의 역할에 중점을 두도록 하기 위해서다. 이에 따라 장학팀이 학교마다 순회하며 연간 1~2회 시행했던 이른바 '장학사 오는 날'이 폐지된다. 당초 장학사 제도는 교육의 목표와 내용, 학습지도법 등에 대해 연구하며 현장을 지도 조언을 하기 위해 만들어졌지만 장학사 가운데 상당수가 원래 목적과는 달리 '공공연한 암행어사'로 학교에서 막강한 위세를 떨치고 있다.

　　시교육청은 정기 장학제도를 없애는 대신 일선 학교는 자체적으로 세미나, 워크숍 등을

포함한 자율 장학 계획을 세워 이를 이행하도록 했다. 이와 함께 별도의 '컨설팅 장학팀'을 구성, 학교 측의 요청에 따라 수시로 파견하며 단위학교가 채택해 운영하고 있는 특색 있는 교육과정에 맞춘 장학지도를 제공한다. 시교육청은 특히 전체 일반계고를 대상으로 대학 진학에 초점을 맞춘 별도의 '진학 진로 지도 맞춤형 장학팀'도 운영한다. 교원을 대상으로 대학 진학 지도 및 상담 역량 강화, 학업 성적 관리, 학력평가 결과 분석 및 환류법 등을 집중적으로 지도하고 자기주도 학습전형에 대한 학부모 연수도 실시한다.

아울러 올해부터 61개 중학교와 51개 고등학교에 재임중인 전체 교사들을 대상으로 학기별 2회 이상 수업공개를 의무화하는 '중등교사 수업공개 활성화 계획'을 추진 중이다. 시교육청은 올 7월 상반기 수업공개 운영 상황을 모니터링해 연말쯤 수업 장학자료를 개발할 예정이다. 시교육청 관계자는 "앞으로 장학팀은 일선 학교를 관리 감독하는 업무를 위주로 하지 않고 학교에서 필요한 정보를 제공하고 자문하는 역할을 하게 될 것"이라며 "그러나 장학 업무를 게을리하는 일선 학교에 대해서는 집중적으로 지도할 계획"이라고 말했다.

〈국민일보, 2010. 4. 13〉

 정리하기

- 장학은 행정(administration), 경영(management), 인간관계(humana relations), 교육과정(curriculum), 수업(instruction), 지도성(leadership) 등 여러 가지에 초점을 맞춰 정의를 할 수 있지만, 모든 정의의 공통적으로 추출할 수 있는 장학의 목적은 교사의 수업개선이다.
- 장학을 바라보는 관점은 교육행정학 이론의 변천에 따라 과학적 관리장학-협동장학-교육과정개발 장학-수업장학-인간자원 장학-신과학적 관리장학의 순으로 발전되었고, 각 시대별 장학사의 역할은 각기 다르다.
- 단위학교에서 이루어지고 있는 자율 장학은 교내 자율 장학, 지구별 자율 장학, 학교 컨설팅의 유형이 있으며, 교내 자율 장학은 임상 장학, 동료 장학, 약식 장학, 자기 장학의 형태로 이루어진다.
- 장학 담당자가 가지는 지도력의 권위는 관료적 권위, 개인적 권위, 전문적 권위, 도덕

적 권위가 있으며, 장학 담당자가 상황에 맞게 적절하게 사용해야 결합하여 사용한다.
- 장학의 과정은 상위 직위의 우월한 능력을 가진 자가 하위 직위의 교사를 관찰하거나 감시하는 것(Supervision)이 아닌 슈퍼비전(SuperVision), 즉 학교 개선을 위한 좋은 교육이라는 큰 비전을 장학사와 교사가 함께 공유하면서 성취해 나가는 것이 되어야 한다.

 적용하기

1. 학교를 바라보는 다음 장학사 세 사람의 시선 중에서 당신이 가지고 있는 장학사에 대한 이미지에 가장 부합하는 사람은 누구인지 생각해 보자.

   - 장학사 A: 모든 학교 문제의 핵심은 교장이 교사들을 잘 훈련시키지 못하고 엄격하게 감독하지 못했기 때문이다. 교사의 수업과정을 면밀히 분석하여 정교한 교수체제를 개발한 후, 교사들이 기대된 방식으로 잘 가르치고 있는지를 확인하고 잘 따르는 교사에게는 확실한 보상을 해 준다면, 업무 성과가 높아질 것이다.
   - 장학사 B: 모든 학교 문제의 핵심은 학교 내 인간관계를 소홀히 했기 때문이다. 교사들을 보다 정중하게 대하고 소중한 사람으로 기억되는 느낌을 주면 만족감과 사기가 높아질 것이고 학교 일에 더욱 협력하게 될 것이다.
   - 장학사 C: 모든 학교 문제의 핵심은 교사들의 자율성에 대한 욕구와 교사로서의 유능함을 발휘할 기회를 주지 않았기 때문이다. 교사들에게 책임과 권한을 부여하면 그들의 동기가 높아져서 탁월한 업무 성과를 낼 것이다.

2. 당신의 학교는 새로운 교육과정을 적용하는 선도학교로 지정되었다. 새로운 교육과정에 맞추어 새로운 교과서가 지급되었고 교육과정에 걸맞게 새로운 교수방법을 적용해야만 한다. 전 학년에 걸쳐 교수목표를 새로 세웠으며, 교육과정 효과를 알아보기 위해 매월 학생들은 테스트를 받아야만 한다. 교수방법과 교수목표를 실천하는 교사들에게는 성과급이 지급될 예정이다. 당신이 장학 담당자로서 이 학교에 적용할 수 있는 장학 대안은 어떤 것이 있는지 구체적으로 서술해 보자.

혁신전략

● 학습 목표

- 학교경영 혁신의 개념과 특성을 이해할 수 있다.
- 혁신모형과 전략을 이해하고, 실제 학교경영 혁신 활동에 적용할 수 있는 시사점을 정리할 수 있다.
- 학교경영의 혁신 사례를 살펴보고, 혁신의 이론적 모형과 전략들 중에서 어떠한 점이 적용되었으며 개선될 점은 무엇인지 말할 수 있다.
- 학교경영 혁신과 관련된 지식이 왜 필요한지에 대해 변화된 학교교육의 역할과 관련하여 설명할 수 있다.

1. 학교경영의 혁신

학교경영이란 학생의 교육적 성장을 도모하는 학교교육의 목표를 달성하기 위해, 합리적이고 효과적인 학교운영 전략을 수립하고, 지식과 사람과 과업의 효율적 관리와 경쟁력 제고를 통해 교육성과를 극대화하는 봉사활동을 의미한다. 변화(change)의 사전적 의미는 '사물의 모양 성질 상태 등이 달라짐'이다. 이러한 정의를 학교경영에 적용하면, 이전과는 다른 활동이나 제도를 통해 보다 나은 학교교육활동을 제공하려는 노력으로 이해할 수 있다. 개선(improvement)의 사전적 의미는 '부족하거나 잘못된 점을 고치어 잘되게 함 혹은, 좋은 방향으로 고침'이다. 이러한 정의를 학교경영에 적용하면, 학교교육의 목표를 합리적이고 효과적으로 실현하는 데에서 이전 활동의 잘못된 점이나 부족한 점을 좋은 방향으로 고쳐 가는 활동으로 이해할 수 있다. 그리고 혁신(innovation)의 사전적 의미는 '이전의 상태보다 확연히 다른 긍정적인 개선을 목표로 사물, 생각, 진행상황, 행동 및 결과에서의 점진적인 혹은 급진적인 변화'다. 이러한 정의를 학교경영에 적용하면, 학교교육 목표의 합리적이고 효과적인 달성을 위하여 학교의 체제나 제도 및 구성원의 생각이나 행동 등을 이전의 상태보다 확연히 다른 방식으로 새롭게 고치는 활동으로 이해할 수 있다. 학교경영의 혁신, 학교변화, 학교개선, 학교개혁 등의 개념들은 달라짐이나 좋은 방향으로 고침, 새롭게 고침 등 약간씩 그 강조점의 차이가 있다. 그러나 기존의 제도나 활동에 새로운 변화를 주어 학교교육활동을 좋은 방향으로 고치려는 노력이라는 점에서 공통점을 찾을 수 있다.

Drucker(2006)는 혁신이란 목적과 초점을 가지고 조직의 경제적·사회적 잠재력에 변화를 일으키려는 노력이라고 하였다. Drucker는 혁신은 '자원의 생산성을 높이는 활동'이라고 정의할 수 있으며, 똑같은 자원을 투입하고도 더 많은 양을 산출할 수 있는 활동이 곧 혁신이라고 하였다. 이는 공급 측면에서의 정의라 할 수 있으며, 혁신을 수요 측면을 강조하는 관점에서 정의할 수도 있다고 하였다. 이 경우 혁신은 소비자들이 이제까지 느껴 온 가치와 만족에 변화를 일으키는 활동이라 규정할 수 있다. 이러한 정의를 학교에 적용해 보면 공급측면에서 똑같은 자원을 사용하여 이전보다 많은 양 혹은 높은 질의 교육경험을 제공하는 것이다. 수요측면에서는 학생, 학부모 및 지역사회 등 교육소비자들이 이제까지 느껴 온 가치와 만족에 긍정적인 변화를 일으키는 활동이라고 할 수 있다. 또한 교육개혁은 교육이 당면하고 있는 문제를 해결하고 교육의 기능을 효과적으로 수행하기 위하여 전통적인 방법을 개조시키는 활동이다. 교육혁신의 직접적인 계기는 교육의 위기를 해소하려는 데도 있지만, 더 나아가 보다 적극적으로 미래를 설계하여 교육 및 국가의 발전과 쇄신을 도모하려는 점도 간과할 수 없는 중요한 요인이다(신현석, 2000). 따라서 학교경영의 혁신 역시 합리적인 학교교육 목표달성에의 문제점을 해결하는 동시에, 학교교육 및 국가와 사회의 긍정적이고 지속가능한 성장과 발전을 도모하는 방향으로 이루어져야 한다.

혁신과 변화에 대한 선행연구들을 연구 주제들을 중심으로 정리하면 다음과 같다(양성관 외, 2010).

첫째, 다양한 혁신안들이나 그 혁신안들의 실행이 확산되기 위해서는 어떤 특징들이 존재하는가와 관련된 연구로는 Rogers(1995)의 혁신의 확산이 있다. Rogers(1995)는 혁신안 채택과 관련된 행동에 영향을 주는 다섯 가지 개혁의 특징들을 상대적인 이익, 복잡성, 적합성, 시도가능성 그리고 관찰가능성으로 기술하였다. '상대적 이익'은 새로운 혁신안으로 과제를 수행하는 데에서 기존의 방법보다 얼마나 많은 이점을 제공하는가에 대한 정도를 말하며, '복잡성'은 그 혁신안을 이해하고 활용하는 것이 얼마나 어려운가에 대한 것이다. '적합성'은 새로운 안을 채택할 사람들이 지닌 과거의 경험이나 가치, 요구 등과 새로운 안이 얼마나 일치하는가에 관한 개념이고, '시도가능성'은 새로운 안이 시행되기에 앞서 사용자가 미리 혁신안에 대해 시범적으로 사용할 기회를 갖는 정도를 일컫는다. 끝으로 '관찰가능성'은 그 혁신안의 결과를 다른 사람들이 관찰할 수 있는 정도를 말한다. 개혁의 채택률을 결정하는 다섯 가지 변인 유형에는 개혁의 특징, 개혁 결정의 유형, 커뮤니케이션 채널, 사회체계 성격, 개혁주도자의 추진 노력의 정도가 있다.

둘째, 혁신안이 수용자에게 제대로 전달될 수 있는 환경적 조건과 관련된 연구는 Ely(1976, 1990)의 '변화의 조건'이 있다. 이 연구에서는 변화의 주요 요건으로 현상유지에 대한 불만족, 자신의 일에 대한 충분한 지식의 소유, 변화가 필요한 부분에 대한 접근성, 자신의 일을 학습하고, 채택·통합하여 반성할 수 있는 시간적 여유, 적절한 보상, 변화과정에서 참여를 격려, 참여자의 헌신, 지도력 등을 들고 있다(Ellsworth, 2002).

셋째, 특정수준에서 변화에 찬성하거나 반대하는 사람이나 조직의 특성은 무엇인가에 초점을 둔 연구로는 Fullan(2001)의 '교육변화의 새로운 의미'가 있다. 그는 특히 교육현장에서 변화의 성격과 과정을 기술한 뒤 지역적 차원에서 변화를 담당할 사람들에 초점을 맞추었는데, 가령 교사, 교장, 지역사회, 지역교육청 등의 변화 실행자의 역할과 지위를 분석하였다. 특히 Fullan(2001)이 제시한 "교육에 있어서 변화는 교사가 무엇을 하고 어떻게 생각하는가에 달려있다."는 표현은 너무나 단순하지만 교육변화와 관련된 함축적 의미를 담고 있다고 볼 수 있다.

혁신과 변화에 관련된 선행연구들을 종합하면, 변화를 위한 혁신안이 갖는 속성에 대한 분석에서, 그 변화가 성공적으로 시행될 수 있는 환경적인 조건에 대한 분석 그리고 변화를 추진 또는 이행하는 사람, 변화를 받아들이는 사람들의 특성과 그 과정, 끝으로 변화의 전반적인 과정과 이 과정에 저항하는 이유 등이 그동안 주된 연구주제였다고 볼 수 있다.

2. 혁신모형과 전략

1) 혁신모형

혁신모형은 외부적 혁신모형 또는 환경혁신모형, 내부적 혁신모형 또는 조직혁신모형, 내부적 및 외부적 혁신을 포괄하는 모형으로 범주화할 수 있다(Fullan, 2001). 외부적 혁신모형 또는 환경혁신모형으로는 Stiles와 Robinson의 정치과정모형, 내부적 혁신모형 또는 조직혁신모형으로는 Zaltman, Duncan과 Holbek의 모형, 내부적 및 외부적 혁신을 포괄하는 모형으로는 Bennis의 협력적 대 비협력적 혁신모형을 살펴보고자 한다. 그리고 국내의 혁신모형으로는 신현석의 학교재구조화를 통한 학교경영혁신모형과 이종재의 학교혁신모형에 대해 고찰하고자 한다.

(1) Stiles와 Robinson(1973)의 정치과정모형

사회적·정치적·경제적 산출물은 정치 조직체를 강화하고 정치 조직체는 교육적 과정의 각 측면에 직접적으로 영향을 미칠 뿐 아니라, 각 측면은 서로 일련의 관계를 가지므로 정치 조직체는 간접적인 영향도 미친다. 이러한 외부적 혁신모형 또는 환경혁신모형에 속하는 Stiles와 Robinson의 정치과정모형을 살펴보면 다음과 같다(Fullan, 2001).

Stiles와 Robinson(1973)은 내부 변화를 위하여 외부 힘의 현재 형태를 반영하는 교육적 변화의 정치과정모형을 제시하였다. 5가지 기본단계는 다음과 같다.

- 제1단계 개발(development): 충족되지 못한 욕구를 가진 사람을 모으고 불만과 제안을 명료화
- 제2단계 전파(diffusion): 공공 시위와 비판을 통하여 불만 및 개선 대안을 확산
- 제3단계 정당화(legitimation): 지역수준에서 정책결정자 및 재원 배분자가 변화 필요 인식, 또는 지역수준에서의 저항수위에 따라 입법가 또는 법원에서 변화 필요 인식
- 제4단계 채택(adoption): 전문 교육자에 의한 변화 수행 책임의 수용
- 제5단계 적응(adaptation): 수정을 해 가며 또는 수정 없는 실제 변화의 실행

변화 기획자를 위한 정치과정모형의 주요 시사점은 필요한 변화를 하나 또는 그 이상의 이익집단의 필요와 연계하거나 이익집단의 바람직한 변화를 중심으로 한 발전을 자극하는 것이 중요하다는 것이다. 이익집단의 창조적 활용은 개발, 전파, 정당화 과정을 크게 가속화할 수 있다. 교육 변화의 기획자는 이러한 단계에서 정보의 전파자로서 중요한 역할을 수행할 수 있다. 각각의 단계는 다양한 유형의 정보를 필요로 하며, 변화 기획자는 전파자로서 이러한 필요를 알고 있어야 한다. 예를 들어, 개발단계에서는 문제의 속성과 심각성에 관한 정보가 강조되어야 하며, 전파단계에서는 특정 해결책 또는 개선 제안에 관한 정보가 강조되어야 한다. 학교경영의 혁신에서도 혁신의 필요성에 공감하는 선도 학교나 집단을 기초로 학교경영 혁신의 개발, 전파, 정당화가 이루어지도록 해야 한다. 이러한 과정을 성공적으로 수행한 이후에 대부분의 학교에서 새로운 형태의 학교경영 혁신을 채택하고 실행해 나가도록 관련 지식과 정보 및 자원을 제공하고 공유할 필요가 있다.

(2) Zaltman, Duncan과 Holbek(1973)의 내부적 혁신모형

많은 변화모형 또는 이론은 우선적으로 집단과정 및 변화현상에 관심을 갖는다. 이러한 모형의 대다수는 형식적 조직과 함께 형식적 집단구조 안에서 작동하는 비

형식적 과정을 고려한다. 이들은 환경적 변인의 중요성을 자주 강조하지만, 대부분 환경적 변인을 적절하게 다루지 않는다. 이러한 내부적 혁신모형 또는 조직혁신모형에 속하는 Zaltman, Duncan과 Holbek을 살펴보면 다음과 같다(Fullan, 2001).

Zaltman, Duncan과 Holbek(1973)은 변화과정에서 조직의 내부적인 환경의 영향을 검토하였다. 이 모델은 시작 및 실행이라는 두 가지 기본적 변화과정을 설정하고, 각 단계는 다시 하위단계를 갖는다.

- 시작(initiation)단계:
  - 지식 인식
  - 태도 형성
  - 의사결정
- 실행(implementation)단계:
  - 초기 실행
  - 지속적인 실행

시작단계 과정에서는 잠재적 채택자는 우선 혁신의 존재를 알아야 한다. 이러한 지식 또는 인식은 필요에 따라 혁신을 의식적으로 조사하여 알 수도 있고, 혁신의 필요가 혁신의 존재에 대한 인식에서 비롯될 수도 있다.

다음으로 조직의 구성원은 혁신에 대한 태도를 형성한다. 적극적인 또는 부정적인 태도의 형성에 영향을 미치는 요인은 혁신에 대한 개방성과 혁신의 잠재성에 대한 인식이다. 첫째 요인은 혁신을 기꺼이 검토하고자 하는 구성원의 태도와 혁신의 긍정적 기여의 가능성에 대한 인식에 영향받는다. 둘째 요인은 목표를 달성하도록 하는 헌신성과 함께, 혁신을 성공적으로 활용할 수 있는 그들의 능력에 관한 인식을 포함한다.

의사결정단계는 혁신에 관해 활용가능한 모든 정보의 처리로 구성된다. 따라서 의사소통의 효과적인 통로 확보가 필수적이다. 의사결정자가 혁신에 관한 긍정적인 태도를 개발하였다면, 이들은 실행에 관한 의사결정에 대해서도 긍정적으로 느낄 것이다. 실행의 초기단계에서 조직은 혁신을 실험적으로 활용할 것이다. 조직의 구성원이 혁신에 대한 실험적 실시를 성공적으로 인식하면, 혁신은 안정적이고 지속적으로 실행될 것이다.

　　그러나 이 모형의 연구자들은 혁신과정이 항상 정확하게 이 패턴을 따르는 것이 아니라는 것을 인정하였다. 과정은 조직의 속성 및 대상이 되어 있는 혁신의 특성에 따라 변할 수 있다. 사실 변화의 과정은 시작과 끝이 명료한 선형적인 것이라기보다는 순환적인 것이다. 새로운 의사결정 또는 산출물은 각각 하나 또는 그 이상의 선행 결과 또는 단계에 영향을 줄 수 있다. 학교 경영의 혁신에서도 다양한 학교의 상황을 반영하여 혁신 관련 지식을 제공하고, 이와 더불어 학교경영 혁신에 대한 구성원들의 긍정적 태도와 헌신을 이끌어 낼 필요가 있다. 이러한 과정은 성공적인 의사결정과 지속적인 실행으로 연결되어서, 학교경영 혁신을 바람직한 방향으로 이끌 수 있는 기반을 마련하도록 해 준다.

(3) Bennis(1966)의 협력적 대 비협력적 혁신모형

　　이 모형은 의사결정이 권위적 인물에 의해 이루어지는 정도에 따라 변화에 대한 접근법을 기술하는 설명적 모형이다. 권위적 접근법에서는 변화의 속성과 과정에 관한 의사결정이 모두 권력을 가진 개인에 의해 이루어진다. 교육영역에서 변화를 요구하는 권위적 인물이 조직 내에 있을 수도 있고(예, 교장, 학장), 외부에 있을 수도 있다(예, 학교위원회, 입법가). 교육은 변화에 대한 압력이 주로 외부에서 온다는 점이 독특하다. 그러나 양자의 경우 모두 혁신을 실행하거나 영향을 받는 사람의 의사결정 각 단계에 대한 투입이 아주 적다. 의사결정단계에서 혁신을 실행하거나 영향을 받는 사람들의 투입이 증가되는 정도에 따라 이러한 접근법을 참여적(participative)이라고 할 수 있다. 참여자 접근법의 한 예로 논의되고 있는 것은 의사결정에 대한 교사의 투입이다. 이러한 경우에 교사는 다양한 제안을 만들고, 이들 중 실행할 대안을 선택하는 데 적극적인 역할을 한다. 참여적 접근법을 택할 경우 변화가 느리게 이루어지지만, 변화에 대한 저항이 적고 변화가 지속될 가능성이 보다 크다. 이러한 내부적·외부적 혁신을 포괄하는 모형에 속하는 Bennis(1966)의 협력적 대 비협력적 혁신모형을 살펴보면 다음과 같다(Fullan, 2001).

　　Bennis(1966)는 계획된 변화와 함께 계획되지 않은 변화를 포함하여 유형화하는 보다 포괄적인 분류 틀을 채택하였다. 그는 변화과정을 협력적 또는 비협력적으로 유형화하여 다음과 같은 여덟 가지의 변화 유형을 제시하였다.

・ **계획된 변화(planned change):** 변화수행자와 변화대상자가 힘의 균형을 가지고

상호협력하여 의사결정을 도출할 때, 그 결과가 계획된 변화다.

- 계발(indoctrination): 목표와 의사결정이 모두 상호협력하여 의도적으로 결정되지만, 권한의 보다 많은 부분이 변화 주도자에게 있을 때, 이러한 변화현상이 계발로 분류될 수 있다. 예를 들어, 모든 학교 직원은 새로운 독서 프로그램이 필요하다는 점을 수긍하지만, 새로운 프로그램에 대한 정보에 대해서 독서 자문관이 대부분 독점적으로 접근할 수 있을 경우 그가 이에 대한 의사결정을 마련할 수 있는 것이다.

- 강제적 변화(coercive change): 목표가 의미 있는 협력 없이 의도적으로 결정될 경우, 이 과정을 강제적 변화라고 할 수 있다. 여기서 교사는 의사결정에서 중요하지 않은 역할을 할 수 있다. Stiles와 Robinson의 정치과정모형은 강제적 전략의 한 예라고 할 수 있다.

- 전문가적 변화(technocratic change): 여기서 변화는 자료의 수집과 분석을 통해 실행된다. 변화기획자와 대상 체제 간에 명료한 관계가 있지는 않지만, 전문가적 변화는 의도적이면서 일방적이다. 이는 어떤 영역에서의 문제가 지식의 부족에 의해 전적으로 규정될 때 일어난다. 예를 들어, 학교구에서 기존 시설을 확장하고자 하는 경우를 상정해 보자. 그들은 시설 확장 수요를 알지 못한다. 그들은 자료를 수집하여 향후 20년 동안 지역의 학령아동 인구의 변화를 추정하고자 인구통계학자에게 의뢰한다. 자료가 확보되면 지방교육기관은 시설확장 계획을 수립한다. 지식의 부족을 채우기 위한 목표는 전적으로 대상 체제 즉, 지방교육기관에 의해 결정된다. 따라서 전문가적 변화는 목표설정 차원에서 비협력적 접근이라고 할 수 있다. 변화 수행자와 대상 체제 간의 권력 비율 차원은 이러한 유형의 변화과정에는 부적절해 보인다. 이 점에서 Bennis의 유형화는 유효성을 잃게 된다.

- 상호작용적 변화(interactional change): 변화가 의도적이지 않고 상대적으로 동등한 권력분산이 있을 때, 상호작용적 변화가 일어났다고 할 수 있다. 이러한 현상이 발생했을 때 변화에 대한 관심은 대개 의식적이지 않다. 교사가 다른 교사와의 비공식적 상호작용을 통해 학급에서 징계를 덜하는 원칙을 택하도록 영향받을 수 있다. 이는 다른 교사에 의해 이러한 변화를 가져오도록 하는 의식적 노력 없이 이루어진다. 그러나 협력은 관련된 모든 당사자의 의지를 내포한다. 따라서 어떤 비의도적 변화과정을 협력적인 것으로 유형화하는 데는 문

제가 있다.

- 사회화 변화(socialization change): 이는 대등하지 않은 두 사람 간의 상호작용을 통해 이루어진다. 교육의 장에서 일어나는 사회화 변화의 예는 행정가와 교사 및 교사와 학생 간에 발견된다. 또한 신참 교사는 보다 경력 교사와의 상호작용을 통해 학교 운영에 관해 많은 것을 배운다.
- 경쟁적인 변화(emulative change): 부하가 상사의 행동을 높이 평가하고 닮고자 할 때, 경쟁적인 변화가 일어난다.
- 자연적 변화(natural change): 자연적 변화의 유형은 앞서 제시한 일곱 가지 변화 종류에 의해 분류될 수 없는 자연발생적인 것을 의미한다.

교육에서의 변화기획자는 주어진 상황에서 채택하고 있는 변화유형에 대해 의식하지 못한다 해도, Bennis가 분류한 몇 가지의 변화 유형을 택할 가능성이 크다. 따라서 Bennis 틀의 유용성은 기획자가 자신의 행동유형에 대해 인식하도록 도와주는 데 있다. 기획자는 자신이 활용하고 있는 유형을 파악하고, 주어진 상황에 적절한지에 대해 의문을 가져야 한다. 예를 들어, 시간제약이 심각하고 긴급한 결정이 필요할 경우 계발 또는 강제적 변화가 유일한 대안일 수 있다. 다른 한편, 문제가 명료화를 필요로 하고 긴급한 의사결정이 필수적이지 않을 경우에는 자료 수집과 분석에 비중을 두는 전문가적 접근이 바람직하다. 학교 경영의 혁신에서도 주요 변화 기획자인 학교장이 주어진 상황에 가장 적합한 혁신의 유형을 선택해야 한다. 특히 긴급한 상황이 아닌 경우에는 자료 수집과 분석에 비중을 두는 전문가적 접근과 상호작용적 접근, 사회화 접근을 비중 있게 활용할 필요가 있다.

(4) 신현석(2002)의 학교재구조화를 통한 학교경영혁신모형

학교재구조화는 교수 및 학습의 질 향상을 위한 교육체제의 변화를 의미한다고 정의한 신현석의 모형을 살펴보면 다음과 같다(윤종건 외, 2002). Murphy(1993)의 모형을 수정·발전시킨 신현석의 모형에서는 학교재구조화의 중심요소와 학교재구조화를 위해 채택된 전략을 중심으로 학교경영혁신에 대한 논의를 전개하고 있다. 이러한 재구조화는 일반적으로 제도화된 지배구조, 직무상 역할과 조직 상황, 교수 학습 과정상의 핵심기술, 단위학교와 외부환경과의 관계, 교육활동 과정에서 주요 집단들 간 관계의 근본적인 변화 등에서의 체계적인 변화를 수반한다(Finn &

Rebarber, 1992: 9). 이 모형에서 학생, 교사, 교장, 학부모, 교육감, 정부와 같은 다양한 집단들은 학교재구조화의 중심 요소들을 의미하며, 이해중심의 교수, 교사 활력화, 단위학교 책임경영제, 여론조성 및 학교선택 등의 개념들은 학교 재구조화를 위해 활용되는 채택된 전략을 의미한다.

학교재구조화를 보다 구체적으로 표현하면, 교사의 가르침이 학생의 성과에 가시적으로 연계될 수 있도록 필요한 교육의 지배구조를 총체적으로 변화시키는 노력이라고 할 수 있다. 특히 이 모형에서 제시한 교육의 지배구조에는 촉진자로서의 정부, 조력자로서의 교육감, 동반자로서의 학부모, 촉진자로서의 교장, 지도자로서의 교사, 실행자로서의 학생을 중심 요소로 설정하였다. 실행자로서의 학생과 지도자로서의 교사를 학교재구조화를 통한 학교경영혁신모형의 핵심에 위치시키고, 나머지 집단들 사이의 역동적이고 협조적인 상호작용을 강조하고 있다는 점에서 그 의의를 찾을 수 있다. 이러한 점은 다양한 집단들이 교육적 과정의 각 측면에 직간접적으로 영향을 미칠 뿐 아니라, 각 측면은 서로 일련의 관계를 가지고 역동적인

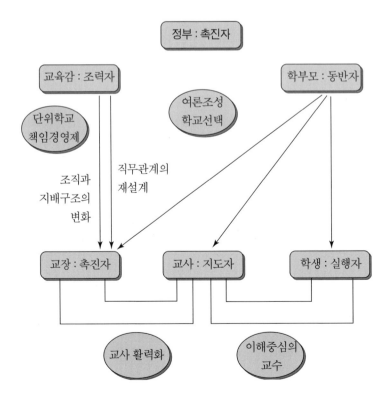

[그림 13-1] 신현석(2002)의 학교혁신모형

상호작용을 한다는 견해(Fullan, 2001)와도 일치한다.

그리고 이 모형에서는 학교재구조화의 전략으로 단위학교 책임경영제(school-based management)를 강조하고 있다. 그 이유는 단위학교 책임경영제는 해당학교가 속해 있는 지역사회, 가정 및 학생들의 독특한 요구에 더 효과적으로 반영할 수 있도록 단위학교의 자율권을 보장하는 방향으로 조직구조를 변화시켜서 학생들의 학업성취를 향상시키고 단위학교가 주도적으로 책무를 이행하도록 하는 데 그 목적이 있기 때문이다(Bryk, 1993: 2).

단위학교와 관련된 다양한 집단들이 서로 협력적이고 촉진적인 방식으로 상호작용하며, 지역사회, 가정 및 학생들의 독특한 요구를 더 효과적으로 반영할 수 있도록 단위학교의 자율권을 보장하는 방식으로 학교재구조화를 통한 학교경영 혁신모형을 제시했다는 점에서 이 모형의 시사점을 찾을 수 있다.

(5) 이종재(2005)의 학교혁신모형

학교혁신을 학교가 존재하는 이유를 드러내도록 학교를 새롭게 하는 것으로 정의한 이종재의 학교혁신모형을 살펴보면 다음과 같다. 학교혁신의 본질적 목표는 우리 학생이 '지식기반사회에 적합한 참된 학업성취(authentic achievement)'를 이룰 수 있도록 도와주는 것이다. 학생이 성취해야 할 학업성취의 내용과 질이 달라져야 한다. 이를 위해 학교에서는 학생들의 자기주도적 지성 계발, 탐구능력 계발, 실생활에 유용한 학업성취 등을 높이는 데 도움이 될 수 있도록 교사의 적극적인 교수행위, 즉 '참된 교수(authentic pedagogy)'와 '참된 평가체제'를 구축하여야 할 것이다. 또한 '참된 학업성취'를 위해 학교는 학교별로 교육의 중점을 설정하고, 이를 실천할 수 있는 전문적 공동체를 형성해야 한다. 전문적 공동체는 학교의 사명과 가치를 공유하고, 학생에 관심을 집중하며, 반성적 수업평가와 교수 투명성을 제고하고, 협동하기 위해 공동으로 노력하는 공동체다.

학교혁신모형은 학교혁신의 목적인 '참된 학업성취'를 달성하는 주요 요인을 제시하고 각 요인을 충족할 수 있는 기준과 조건을 제시한다. 학교혁신을 위해서 학교혁신모형에서 제시하는 조건과 기준에 따라 학교의 전체 상황과 그리고 주체별로 그 실천 수준을 분석하고 적절한 학교혁신의 방향과 과제를 찾아볼 필요가 있다.

학교혁신은 학교혁신모형의 전체적인 틀에 따라 순차적으로 진행할 수도 있고,

학교의 특성에 따라 특정 부분에 초점을 두고 시도할 수도 있다. 예를 들어, A 학교에서는 학업성취평가제도 개선에 초점을 둔 학교혁신을 하고, B학교에서는 교수방법 혁신에 초점을 둔 학교혁신을 진행할 수 있다. 각 학교가 처한 상황에 따라서 학교혁신의 중점과 혁신의 순서를 정하여 추진할 수 있을 것이다. 또한 학교혁신의 주요 요인들은 학교 전체 차원에서 추진할 수도 있고, 경우에 따라서 뜻을 같이하는 교사들이 자발적으로 모여 추진할 수도 있을 것이다.

'좋은 학교' 혹은 '성공적인 학교'는 무엇보다도 학생들이 합당하고도 뛰어난 학업성취를 이룰 수 있도록 도와주는 학교라고 볼 수 있다. 그렇다면 과연 무엇이 합당하고 뛰어난 학업성취인가? 단편적 지식을 암기하고 이것을 묻는 시험에 좋은 성적을 내는 것은 아닐 것이다. 이렇게 공부를 한 학생들은 지식기반 사회에서 그 역량을 발휘하기 어렵기 때문이다. 학생들은 지식을 구성하고 활용하는 지성, 덕을 실천하는 덕성, 인간의 품성을 함양하는 인성을 갖추는 학업을 이루어야 하고, 학교는 이것을 도와줄 수 있어야 한다.

학교혁신에 관한 연구들은 '전문적 공동체' 형성을 촉진하는 문화적 조건들과 구조적 조건들을 다음과 같이 정의하였다. 교장, 행정가, 교사, 학부모, 지역사회 인사들은 학교가 다음에 제시하는 조건들을 갖추도록 노력하여야 할 것이다. 학교혁신을 이룬 학교들은 문화적인 측면에서 전문적 탐구풍토, 도전의 장려, 학교에서 새로운 리더십 창조 등의 특징을 가지고 있다. 학교는 지적 문화(intellectual culture)를 형성해야 한다. 이를 위해서 교사는 개념적(conceptual) 수준과 구체적(concrete)

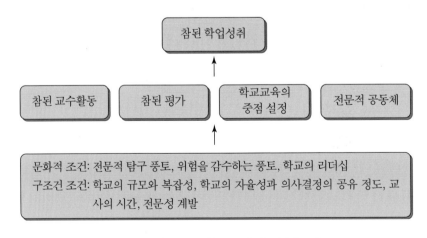

[그림 13-2] 이종재(2005)의 학교혁신모형

수준에서 교수행위를 개선하기 위해 노력해야 한다. 교장은 이를 위해 학교를 학교 외부의 사회와 연결시키는 가교 역할을 수행하여야 하며, 또한 이러한 노력들을 지원해야 한다.

참된 학업성취를 위해 새로운 교수학습을 도입하는 것은 불확실성과 실패의 위험이 있다. 또한 많은 추가적인 노력을 요구한다. 학교에서 교장은 교사의 새로운 시도를 격려하고 지원하여야 한다. 또한 교사는 동료교사의 노력을 적극적으로 지원하고 공동의 지혜를 모을 수 있도록 지원하여야 한다. 학교혁신을 위한 전문적 공동체 형성은 학교 규모, 교사 업무의 복잡성 정도, 학교의 자율성 및 의사결정의 공유 정도, 교사가 기획에 투자하는 시간, 전문성 발달을 위한 기회 제공 등의 중요한 구조적 요인에 의해 뒷받침이 된다. 이 조건들의 대부분은 정책적인 측면에서 뒷받침되어야 하지만, 현재의 학교운영체제에서 학교 자체의 노력으로 해결할 수 있는 부분도 있다.

그동안 학교교육의 문제점과 개선방안에 대한 논의들은 주로 정책적인 측면에서 국가가 어떤 제도를 고쳐야 할 것인가, 어떤 새로운 제도를 도입하여야 할 것인가, 학교에 어떠한 지원을 하여야 할 것인가에 초점이 맞추어져 있었다. 교육정책적인 측면에서 단위학교의 자율권을 확대하고, 혁신 네트워크를 구축하여 단위학교의 혁신 노력을 지원하고, 학교평가를 통하여 학교의 책무성을 강화하고, 학교혁신의 문화적·구조적 조건을 충족하기 위한 정책과제를 설정하여 추진하여야 할 것이다. 그러나 정책적인 지원이나 제도 개선과 무관하게 학교혁신을 위해서 교장과 교사들 그리고 학부모들이 나서서 할 수 있는 일들이 많다. 실제로 많은 학교에서 학교혁신을 위해서 노력하고 있다. 학교혁신모형은 교장과 교사들이 학교혁신을 위해서 무엇을 진단해야 하고 무엇을 해야 할지를 알려준다.

이종재의 학교혁신모형은 참된 교수활동의 네 가지 기준을 제시하고 있다.

- 고차적 사고과정(higher-order thinking)으로의 안내
- 심층적 이해(deep knowledge) 촉진
- 심층적 토론과 대화(substantive conversation)를 통한 설득과 자기 견해의 오류 수정 능력 개발
- 숙지한 지식을 실생활에서 활용할 수 있도록 지도하기

이러한 참된 교수활동의 기준들을 충족할 수 있도록 학교 구성원들이 전문적 공동체를 형성하여 협동적 노력을 지속함으로써 학생들이 참된 학업성취를 이루도록 하는 학교혁신의 본질적 목표를 달성할 수 있다고 하였다. 참된 교수활동에 대한 구체적이고 명확한 기준의 제시, 전문적 공동체를 통한 구성원의 참여적이고 협동적인 노력을 학교혁신의 핵심으로 논의한 점 등을 이 모형의 장점으로 들 수 있다. 이 모형은 참여적 접근법을 택할 경우 변화가 느리게 이루어지지만, 변화에 대한 저항이 적고 변화가 지속될 가능성이 보다 크다고 하는 견해(Fullan, 2001)와도 일치한다. 학교 구성원들의 전문적이고 협동적인 공동의 노력을 참된 교수활동의 구체적인 기준에 집중함으로써 학교혁신을 가져올 수 있음을 제시하여, 학교경영의 혁신에 대한 명확한 방향을 제시했다는 점에서 그 의의를 찾을 수 있다.

(6) 학교경영 혁신의 이론적 모형

교육 조직의 개혁을 유발시키는 힘은 첫째, 학교가 사회의 사회화 요구에 응해 주길 원하는 것, 둘째, 사회문제를 해결하는 데 학교를 이용하는 것이다. 그 과정이 학교 내에서 시작되든 밖에서 시작되든, 학교가 사회개혁의 강력한 도구가 될 수 있다는 것에는 의심의 여지가 없다. 교육 조직과 다른 힘, 조직, 그리고 그들이 존재하는 더 큰 사회를 위한 요구들 사이에는 밀접한 관련성이 존재한다. 예를 들어, 교육체계는 더 교육받은 대중을 필요로 하는 사회적 요구에 성공적으로 응해 주었고 이는 직업에 대한 견해가 바뀌는 데 기여했다. 사람들이 더 높은 교양수준에 도달함에 따라, 그들은 낮은 지적 활동을 요구하는 일에는 덜 만족하게 되었다. 학교프로그램의 수행에 대해 갖는 기대는 어떤 시각으로 바라보느냐에 따라 달라진다. Thomas는 세 가지 생산기능 또는 학교조직의 투입과 산출사이의 관계를 행정가, 심리학자, 경제학자의 시각에 따라 분류한다. 행정가에게 산출은 다양한 독특한 서비스단위를 가진 교육적 프로그램이고, 심리학자에게 산출은 학생 행동의 변화나 성취가 어떻게 정의되든 성취에서 가치가 증가된 것이고 , 경제학자에게 산출은 교육비 증가에 따른 추가적인 수익이다. 한 가지 추가하자면, 정책수립자에게 산출은 학생이 넓은 사회에 생산적으로 적응하는 것이다(Zaltman et al., 1977).

교육혁신위원회(2005)는 학교를 혁신한다는 것은 교사가 학생들을 이해하고, 학생들이 현재 당면한 문제를 해결할 수 있도록 지원함으로써 서로의 관계를 건강하게 유지하는 가운데 학생들의 일상적인 학습이 충실하게 이루어지도록 학교가 단계적이고 점진적으로 변화해 가는 것이라고 보았다. 또한 민들레형 학교와 해바라기형 학교 등 두 가지 학교 유형을 제시하였다. 민들레형 학교에서는 학생들의 바람직한 교육적 성장을 최우선 순위에 두고 모든 관심과 열정을 아끼지 않는다. 해바라기형 학교에서는 관리자와 승진을 목적으로 하는 일부 교사들이 결합해서 전시성 행사를 추진하고 있으며, 그 때문에 학생들이 희생되고, 학교가 지역주민들로부터 외면받았다고 하였다. 그럼에도 불구하고, 이러한 학교는 교육청 등으로부터 인정을 받았는데, 그것은 교육청 등과 같은 학교행정기관은 인력이 제한되어 있으며 담당자의 이동이 잦고, 정치적 영향을 받음으로써 항상 실적을 요구받는 등의 제약을 구조적으로 안고 있기 때문이라고 하였다. 이런 상황에서 교사들은 아이들을 위한 삶과 승진을 위한 삶 사이에서 갈등하고, 많은 교사가 승진의 길을 택하는데, 새로운 교육정책이 나올 때마다 그에 따른 실적이 필요하고 그 실적을 만들어 낼 수 있는 인력이 필요하기 때문에 달리 보상을 받을 수 없는 교사들은 승진을 택할 수밖에 없다고 하였다.

따라서 아무리 훌륭한 교육개혁의 계획이 수립되고 실행에 옮겨진다고 하더라도, 이러한 교육개혁이 전시성으로 끝나고 실적 위주로만 진행되는 것이 아니라, 학생과 교사 등의 학교구성원들이 학습활동을 통하여 보람을 느끼며 지속적으로 성장하는 삶을 살아가도록 교육개혁이 진행된다는 것에 대한 믿음이 없이는 실패가 예견된 개혁이라 할 수 있다. 교육개혁의 건전한 방향성에 대한 믿음을 확립하는 것이 모든 단계에 우선한다고 여겨진다.

교직의 독특한 특성 중의 하나가 교사들에게 아무런 보상이 주어지지 않은 채, 많은 노력과 시간과 비용을 필요로 하는 개혁에 동참하도록 요구된다는 것이다. 특히 교사들의 경우 내재적 보상에 큰 가치를 두고 있으므로(Hoy & Miskel, 2001; Conley & Levinson, 1993; 전상훈, 1994), 특정한 교육개혁이 아동의 성장과 발달에 도움이 되고 나아가 사회에 긍정적인 영향을 끼친다는 것이 제대로 인식된다면, 교육개혁의 건전한 방향성에 대한 믿음을 확보할 수 있을 것이다. 여기서의 믿음은 교육개혁에 대한 교사, 학부모, 학생, 행정가, 교육연구자 등 관련 이해당사자들 모두의 믿음을 의미한다. 특히 실행의 측면에서 교사들의 믿음 형성이 강조되고, 학교로 유입되는 자원의 측면에서 학생, 학부모, 행정가, 교육연구자의 믿음 형성이 강조된다.

내재적 보상과 관련하여 수석교사제와 유사한 경력 계단(career ladder)의 제도를 시행하는 것도 바람직할 것으로 여겨진다(Hoy & Miskel, 2001). 즉, 능력 있는 교사를 승진의 이름으로 교직에서 행정직으로 빼내는 보상이 아니라, 교직 자체에 충실하면서 능력 있는 교사들에게 학교단위 교육과정의 수립, 새로운 교수법과 자료의 개발, 학교별 장학지도 등 보다 넓은 교직업무를 배정함으로써 보상하는 경력 계단의 제도가 필요하다.

이와 같은 논의를 바탕으로 학교경영 혁신의 건전한 방향성에 대한 믿음, 고객중심개혁(customer centered innovation: CCI)과 교사중심개혁(teacher centered innovation: TCI)의 강조 등을 근간으로 하는 학교경영 혁신의 이론적 모형을 제시하면 [그림 13-3]과 같다.

여기에서 고객중심개혁은 학생, 학부모, 사회 등의 요구를 적극적으로 반영하여 학교경영 혁신을 추구하는 것을 의미한다. 교사중심개혁은 개혁의 실행 주체인 교사들의 의견과 참여를 중심으로 학교경영 혁신을 추구하는 것을 뜻한다.

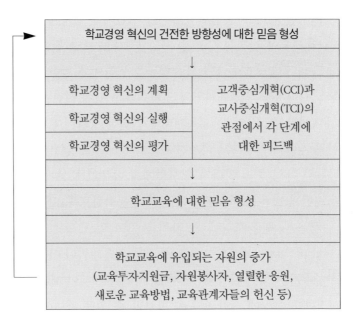

[그림 13-3] 학교경영 혁신의 이론적 모형

2) 혁신전략

혁신전략은 적절한 수행자(actors)에 의해 적절한 변화 행동을 가능하도록 하기 위해 택하는 접근법이다. 변화에 관한 문헌의 검토 결과 권력에 의한 접근, 조작적인 접근, 합리적 접근과 같은 세 가지 기본 유형으로 나누어서 고찰할 수 있다. 권력전략은 기본적 보상 및 제재의 제공 또는 적용에 기초하고 있고, 조작적 전략은 메시지와 특정 환경의 의도적인 재배치를 포함하며, 그리고 합리적 전략은 변화를 정당화하는 분명한 메시지의 제공을 포함한다(Fullan, 2001).

(1) 권력전략

권력전략(power strategies)은 이러한 세 가지 접근방법 중에서 가장 쉬운 전략에 속한다. 권력전략은 변화 과정에서 중요한 역할을 수행하는 개인이나 집단에게 의미 있는 보상과 징계의 통제, 박탈과 제재에 기초하고 있다. 이들의 만족, 편안함, 위신, 승진 등은 적절한 변화 행동에 달려 있게 된다. 권력의 행사는 변화 행동에 대한 긍정적인 보상, 부적절한 행동 또는 무관심에 대한 징계 등을 포함한다. 영향력 있는 사람은 그 권력을 자원에 대한 통제, 법적 제재 또는 심지어 지위에 대한 고려 등으로부터 만들어 낸다. 그는 원하거나 필요한 것을 주거나, 보류하거나 또는 뺏는 등의 통제력을 가진다. 권력적 전략의 주된 특징은 변화에 대한 동조 또는 동기의 이유가 변화 자체의 속성에 있지 않거나, 심지어 변화와 의미 있게 관련되는 것에 있지 않고, 보상과 연동되는 변화 목표 및 변화 과정과 관련되어 있다. 이 전략에서 강조되는 활동에는 적절한 보상 및 제재 그리고 보상과 제재가 따르는 특정 행동에 관한 의사소통이 포함된다.

교육에서 사용되는 권력적 전술에는 변화를 강제하기 위한 의안 및 법안의 통과, 재정의 보류, 의회 지도자가 제시하는 변화 방향, 물질적 보상 및 권위 또는 만족의 제공 등이 포함된다. 권력적 전략의 성공은 권력의 원천이 실제로 평가되거나 중요하거나 위압적인 정도에 의존한다. 관련된 개인 또는 집단이 충분히 동기화되어야 하며, 궁극적으로 이러한 전략은 특정 행동을 수행하고자 하는 개인의 자발성에 의존한다. 법적인 제재도 구성원이 행동을 수행하기보다 투옥되거나 벌금 물기를 개의치 않으면 효과가 없다.

(2) 조작적 전략

조작적 전략(manipulative strategies)은 변화환경의 주요 요소에 대한 통제 수단에 기초하고 있다. 여기에는 변화환경의 여러 측면을 조작하여 대상이 상황을 다르게 보도록, 즉 변화 노력을 우호적으로 또는 더 우호적으로 보도록 하는 것이 포함된다. 조작적 전략은 환경의 다른 측면이 조작되어 변화의 바람직함 또는 용이함을 강하게 제시하는 촉진적 접근법을 포함한다. 권력적 전략과 다르게 조작적 전략은 변화 자체와 의미 있게 연계된 동기유발 요소를 활용한다. 따라서 변화와 연계하여 금전적 보상이 주어지면 이는 권력적 전술이고, 변화의 실행을 지원하기 위해 재원이 제공되면 이는 조작적 전략이다. 조작적 전술은 일반적으로 변화에 보다 지원적이며, 실제로 이들은 이중적인 기능을 수행한다. 조작적 전략은 변화관련 행동을 형성하는 데 도움이 되며, 동시에 변화 관련 행동과 양립하면서 지원적이다. 조작적 전략을 실행하는 활동은 환경을 재구조화하고, 특정 방향으로 조정하며, 부가하거나 차감하는 일과 관련된다. 이러한 일을 하는 데 대한 변화 기획자의 영향은 자신의 능력에 좌우되며, 보상 및 제재에 대한 통제에 의존하지 않는다.

예를 들어, 교사가 보다 효과적인 질문기술을 사용하도록, 이러한 기술을 가르치는 단기훈련 과정을 제공하는 것이다. 설득력 있는 의사소통은 변화 쪽으로 편향된 메시지를 제시하는 것으로, 여기에는 내용적인 것(합리적인 것과 대비되는 정서적인 호소, 양면적인 것과 대비되는 단면적 메시지 제공, 강화된 주장 등) 또는 그 구조적인 것(제시 순서, 오락의 가미, 표창, 유쾌한 사교의 마련 등)이 있다. 조작적 전략의 성공은 변화가 가능하도록 환경을 조작하는 기획자의 능력과 함께 대상체제에 대한 전략가의 지식에 좌우된다.

(3) 합리적 또는 이성적 전략

합리적 또는 이성적 전략(rational or reason strategies)은 변화 자체의 속성, 즉 변화가 자신의 이익에 가장 부합한다고 보이는 정도에 기반하고 있다. 전략가는 변화에 대한 정당화를 제공한다. 조작적 전략과 마찬가지로, 합리적 전략은 대상자가 변화를 권력적 전략에서와 같이 어떤 다른 이유가 아니라 변화 그 자체로서 수용하도록 하는 데 좌우된다. 합리적 전략은 변화를 촉진하기 위해서 메시지를 선택하고 구조화하는 점에서 조작적 전략의 하위 분류로 볼 수 있다. 그러나 여기서 이들은 '합리적 변화'를 동기화하는 힘이 변화 자체와 보다 더 긴밀하게 연계되어 있다는 점에서, 즉 동인이 변화 그 자체라는 점에서 구분된다. 대상 집단은 변화가 자신의 이익에 가장 부합한다고 인식한다. 합리적 전략은 변화의 속성 및 정당화되는 사유에 관한 의사소통을 포함하는 활동을 강조한다. 메시지가 명료하고, 중요한 변화 행동자가 이에 유의하고 있다는 점이 중요하다. 따라서 변화에 지원적인 증거를 제공하고, 이 증거에 대한 명료한 메시지를 전달하는 데 적절한 활동이 강조된다.

이성에 대한 호소를 통하여 변화를 만들어 가는 데 사용되는 전술에는 교육(직전 및 현직 훈련), 지식 창출 및 정보 전파, 시범, 현장 요원(변화를 필요에 부합하게 조정)을 포함된다. 지식형성(knowledge building)과 새로운 발견에 관한 정보의 전파(dissemination of information)는 교육적 변화를 위한 합리적 전략으로 많은 지지를 받은 복잡한 과정의 양대 영역이다. 여기서의 믿음은 합리적인 필요가 다루어지고 있으며, 의사소통 채널이 적정하다면 실천가는 스스로 변화를 시작할 것이라는 것이다.

합리적 전략은 그 성공이 명백하게 변화 자체의 질에 달려 있다. 만약 대상이 되는 필요가 다루어지고, 적절한 유인이 강하게 제시되며, 경쟁적인 요소가 더 강하지 않고, 동 효과에 대한 증거가 제공될 경우 합리적 전략은 성공할 것이다. 더욱이 변화에 우호적인 태도 및 믿음이 내면화되기 때문에 변화의 다음 단계가 수월하다. 동인이 변화 그 자체이기 때문에 권력적 및 조작적 전략에서와 같이 동인이 제거되지 않는다(Fullan, 2001).

학교경영의 혁신에서도 권력에 의한 접근, 조작적 접근, 합리적 접근 등 세 가지 접근방법을 적절한 방식으로 모두 활용할 필요가 있다. 예를 들어, 학교경영 혁신 자체가 학교 구성원 모두의 이익에 가장 부합한다는 것을 이해시키는 합리적 전략을 가장 비중 있게 실행하는 동시에, 학교경영 혁신을 촉진하는 재원의 마련과 단기적 훈련의 제공과 같은 조작적 전략을 함께 활용해야 하며, 마지막으로 변화를 강제하기 위한 법안의 통과, 지도자의 명확한 변화 방향 제시, 물질적 보상 및 권위 또는 만족의 제공과 같은 권력 전략을 동시에 실천해야 할 것이다.

3. 학교경영의 혁신 사례

1) 학교단위 책임경영

학교단위 책임경영제는 단위학교가 자율권을 가지고 학교 내부의 민주적이고 합리적인 의사결정 과정을 통해 학교를 운영하며, 그 결과에 대해서 책임을 지는 학교경영체제를 의미한다(신상명, 2002). 학교단위 책임경영은 "교육청에 의한 규제 및 지시 일변도의 학교운영 방식을 지양하고, 실제 수업이 이루어지는 곳인 일선학교들에게 학교운영에 대한 모든 권한을 부여할 때 학교교육이 가장 효과적으로 이루어질 수 있다."(박종필, 2004)는 가정에 바탕을 두고 있다. 학교단위 책임경영을 위한 학교자율화 추진방안(교육과학기술부, 2009)을 살펴보면 다음과 같다.

학교단위 책임경영을 위한 학교자율화 추진방안은 교육과정 교직원 인사 등 핵심적인 권한을 단위학교에 직접 부여하여 교육수요자 중심의 학교교육 다양화를 유도하고, 다양하고 특색 있는 학교운영과 선의의 경쟁을 통하여 학교교육의 경쟁력을 제고하는 것을 목표로 하였다. 구체적으로 교육과정 자율화, 교직원 인사 자율화, 자율학교 확대를 추진하였다. 교육과정 자율화를 위하여, 국민공통기본교육과정 교과별 수업시수 20% 증감을 허용하고 재량활동과 특별활동의 통합운영을 허용하였다. 교직원 인사 자율화를 위하여, 모든 학교에 20%까지 교사초빙권을 부여하고 학교장에게 해당학교 행정직원 인사권을 부여하였다. 그리고 마이스터고등학교, 학력향상중점학교, 교육과정혁신학교 등 교과부 재정지원학교를 중심으로 자율학교를 확대하였다. 이러한 학교단위 책임경영을 위한 학교자율화 추진방안은 학교자율화를 통해 학교단위 책임경영 체제가 구축되면, 학생·학부모 등 교육수요자의 요구가 반영된 다양하고 질 높은 공교육 서비스 제공으로 사교육 부담이 경감되며, 자율학교 확대로 농산어촌이나 학업성취도가 미흡한 지역 등의 교육경쟁력 강화를 도모할 수 있을 것으로 기대하고 있다.

이러한 학교단위 책임경영은 학생·학부모 등 교육수요자의 요구가 반영된 고객 중심의 학교경영 혁신을 가능하게 한다는 점에서 그 의의를 가질 수 있다. 이러한 점은 Stiles와 Robinson(1973)의 정치과정 모형과 Murphy(1993)와 신현석(2002)의 학교재구조화를 통한 학교경영혁신모형의 강조점을 충실하게 반영한 사례로 분류할 수 있다. 그러나 이종재(2005)의 학교혁신모형에서 제시한 것과 같이, ① 고차적 사고과정으로의 안내, ② 심층적 이해 촉진, ③ 심층적 토론과 대화를 통한 설득과 자기 견해의 오류 수정 능력 개발, 그리고 ④ 숙지한 지식을 실생활에서 활용할 수 있도록 지도함과 같은 참된 교수활동 및 참된 학업성취에 대한 구체적인 논의와 공감대 형성이 부족한 점을 보완할 필요가 있다. 학교경영 혁신의 궁극적 목표인 참된 학업성취에 대한 다양한 관련 집단들의 견해와 합의의 정도를 도출하는 것이 가장 근본적이고 시급한 과제로 꼽을 수 있다.

2) 교장공모제

교장공모제는 공모 절차를 통해 교장을 임용하는 방식으로서, 학교발전과 개혁을 촉진할 유능한 교장을 임용하기 위하여 공개모집 절차를 거쳐 지원한 후보자들 가운데 일정한 심사를 거쳐 교장임용 후보자를 선발하고 임용하는 교장임용방식을 말한다. 교장공모제 4차 시범운영 계획(교육과학기술부, 2008)에 나타난 사항을 중심으로 살펴보면 다음과 같다.

교장공모제의 추진 배경은 새로운 리더십으로 학교와 지역 발전을 촉진할 유능한 교장을 임용하기 위하여, 응모자격을 완화하고 민주적이고 투명한 공모절차를 적용하는 등 교장 임용 방식을 다양화하고자 하는 것이다. 이를 위하여 2006년 11월에 발표된 '교원정책 개선방안'에 의거하여 2007년 9월부터 자율학교를 대상으로 교장공모제 시범운영을 추진하였다. 공개모집 등을 통해 능력 있는 사람이 임용되도록 교장의 임용방법을 다양화하고, 한 학교의 교장 임용기간을 좀 더 길게 하여 안정적으로 근무할 수 있도록 조치를 강구하기 위하여 교장공모제를 추진하였다. 자격기준별 구분은 다음과 같은 세 가지다. 첫째, 내부형 공모는 초·중·고교에 초중등학교 교육경력 15년 이상인 교원을 대상으로 공모함을 의미한다. 즉, 교장자격증소지 유무와 관계없이 공모가 가능하다. 둘째, 개방형 공모는 특성화 중·고등학교, 전문계고등학교, 예체능계고등학교 등 특성화 중·고등학교 및 전문계고등학교 등 자율학교를 중심으로 해당학교의 교육과정과 관련된 기관 또는 단체에서 3년 이상 근무한 경력이 있는 자를 대상으로 공모함을 의미한다. 셋째, 초빙교장형 공모는 일반 학교에 교장 자격증 소지자를 대상으로 공모함을 의미한다.

이러한 교장공모제는 학교경영 혁신을 촉진할 유능한 교장을 임용하기 위하여

뉴스 따라잡기

교장공모제 취지에 맞게 운영돼야

··· (중략) ···

유은혜 의원이 충남·대전·세종교육청으로부터 받아 분석한 자료에 따르면, 충남의 경우 2013년 이후 3학기 동안 13~20개교에서 교장공모제를 시행했으나, 교장자격이 없는 사람이 교장이 된 경우는 각 학기별 1명(5~7%)에 불과했다.

애초에 교장자격증이 필요 없는 내부형은 1~3학교(7~18%)에서만 시행하고 있어, 80%에 육박하는 초빙형에 비해 그 수가 매우 적었다. 이는 교장자격증 소지 유무와 상관없이 능력과 자질 중심으로 다양한 교장 승진 경로를 마련하겠다는 취지에 걸맞지 않는 것이다.

나머지 대다수 교장자격증 소지자는 굳이 교장공모제를 통하지 않고서도 교장이 될 수 있는 사람들임에도, 이들이 공모교장으로 임용됐다. 공모교장의 임기는 법률에서 정한 원래 교장의 임기(4년, 1회 중임)에 포함되지 않아 일찍 교장자격을 취득한 교원들의 교장 임기만 늘려주는 형국이 되고 있는 셈이다. 또 충남의 경우 단수 응모자 학교 수가 매 학기 큰 폭으로 증가하고 있었다. 2013년 1학기 때는 1개교(6.3%)에 불과했던 단수 응모자 학교 수가 불과 1년 뒤인 2014년 1학기에는 19개교(95%)로 늘어나, 교장공모제가 후보 간 '공모교장 밀어주기' 방편으로 활용되는 것이 아니냐는 의혹이 제기됐다.

특히 충남·대전·세종교육청 모두 평교사가 교장공모제를 통해 교장이 된 경우는 단한 건도 없는 반면, 애초에 교장이었던 자가 공모제를 통해 또 교장으로 임명된 경우는 매 학기 10% 이상을 기록하고 있어, 교장의 임기연장 수단으로 공모제가 활용되고 있다는 의구심을 낳고 있다.

이에 유은혜 의원은 "교육청은 공모교장제도의 취지에 입각해, 일선 학교현장에서 공모교장을 교장 임기수단으로 활용하는 사례를 방지하고, 일부 지역에서 교장들이 담합을 통해 특정 교장 후보를 밀어주기 위해 공모에 응하지 않는 등의 문제점을 개선하는 데 노력해야 한다."라고 주장했다. 교장공모제는 지난 2007년 2학기부터 시범 형태로 운영되어오다가 2011년 9월 '교육공무원법' 개정에 따라 법적 근거를 갖춘 제도다.

〈매일일보, 2014. 10. 21〉

[생각해 보기] 교장공모제는 어떤 이유로 필요한가, 어떤 장단점이 있는가?

응모자격을 완화함으로써 보다 많은 인력 풀을 대상으로 한 점과, 민주적이고 투명한 공모절차를 적용하는 등 다양한 교육 관련 집단의 참여를 가능하게 한 점에서 그 의의를 찾을 수 있다. 이러한 점은 Bennis(1966)의 협력적 대 비협력적 혁신모형에서 제안한 참여적 접근법과 일치한다. 그리고 Murphy(1993)와 신현석(2002)의 학교재구조화를 통한 학교경영혁신모형에서 강조한 주요 집단들의 상호작용을 충실하게 반영한 사례라고 할 수 있다. 그러나 교장공모제가 성공적인 학교경영혁신의 사례가 되기 위해서는 학교경영혁신의 건전한 방향성에 대한 충분한 논의와 믿음 형성과정이 요구된다. 이 점은 이종재(2005)의 학교혁신모형에서 제시한 학교교육의 중점 설정과 참된 학업성취에 대한 공감대 형성을 정교화하는 작업을 필수적으로 요구한다. 학교경영혁신의 주된 목표가 지닌 구체적인 유용성을 관련 집단 구성원들이 함께 공유하고 실행하는 과정이 반드시 추가되어야 할 것이다. 이러한 과정은 Fullan(2001)이 제시한 학교경영의 합리적 혁신전략에 해당되는 것으로, 변화에 대한 우호적인 태도 및 믿음이 내면화되기 때문에 변화의 최종 목표를 보다 수월하게 달성할 수 있게 해 준다.

3) 학교자율화

학교자율화는 교육관련 규제를 철폐하여 교육의 자율과 자치의 밑바탕을 마련하고 학교교육의 다양화를 유도하려는 목적을 가지고 있다. 학교자율화 정책(교육과학기술부, 2008b)에 대해서 살펴보면 다음과 같다.

학교자율화는 21세기에 필요한 창의력 있는 인재를 길러 내기 위해서는 학생들의 다양한 소질을 계발할 수 있는 교육이 필요하며, 중앙정부의 획일적인 규제로는 이러한 요구에 부응할 수 없다는 판단에서 추진되었다. 따라서 '4·15 학교자율화 계획'은 학교운영에 관한 권한을 시·도교육감과 학교장에게 넘겨주어 지역과 학교 여건에 맞는 다양하고 특색 있는 교육을 실현하기 위한 것이라고 할 수 있다. 학교자율화 과제는 3단계로 구분하여 추진하며 주요 내용은 다음과 같다.

1단계는 법적근거가 불명확하거나 특정 사건을 계기로 시달되어 학교의 자율성을 제한해 왔던 계기교육, 수업내용 지도 지침 등 29개 지침을 폐지하는 것이다. 또한 지역과 단위학교에 필요한 지침을 제외하고는 일괄 정비를 추진하여 다양하고 특색 있는 학교교육이 이루어질 수 있는 기반을 조성하는 것이다. 2단계는 학교에 대한 장관의 포괄적 장학지도권 폐지, 학교급별 교원 배치 기준 등 권한 행사가 형식적이거나, 지역의 요구를 반영하여 시·도에서 추진하는 것이 효율적인 것으로 판단되는 13개 업무와 관련된 9개 법령을 정비하여 교과부 장관의 권한을 시·도교육감에게 위임·이양하는 것이다. 3단계는 당장 폐지할 경우 공교육에 미치는 효과가 크고 현장의 수용여건이 조성되지 않았거나, 관계부처와의 협의·조정이 필요할 것으로 예상되는 교원 정원관련 법령·지침 등은 정책여건 등을 고려하여 단계적으로 개선방안을 마련하여 추진하는 것이다.

학교자율화와 관련된 주요 쟁점은 다음과 같다. 첫째, 4·15 학교자율화 조치는 정부의 공교육 포기 정책이 아닌가라는 쟁점에 대해서, 교육과학기술부는 4·15 학교자율화 계획은 학교운영에 관한 권한을 시·도 교육감과 학교장에게 넘겨주어 지역과 학교여건에 맞는 다양하고 특색 있는 교육을 실현하기 위한 것이며, 공교육을 포기한 것이 아님을 밝혔다. 교과부는 교육의 질 관리, 교육격차 해소 등 국가 수준의 핵심 정책과제에 역량을 집중하여 교육의 경쟁력과 만족도가 제고될 수 있도록 계속적인 노력을 기울일 것을 천명한 바 있다. 둘째, 학교자율화 조치로 0교시, 심야보충수업, 우열반 편성 등이 증가할 우려가 있는데, 이에 대한 대책 마련에 대한 요구다. 학교자율화 계획에 따라 그동안 교과부 지침으로 금지해 온 수업시간 결정 등 학사운영에 관한 결정권한이 시도교육청과 학교로 이관되어서, 교과부 지침의 폐지로 학교에서 아무런 제약 없이 0교시, 우열반을 편성할 수 있는 것이 아니라, 교육청 수준에서 이를 결정해야 함을 밝혔다. 실제로, 교과부의 학교자율화계획 발표 이후 16개 시·도 교육청 모두 학생의 건강과 인권을 보호하는 차원에서 0교시, 심야보충수업, 우열반 편성 등을 계속 금지하고 있고, 일부 학교에서 0교시 수업이나 우열반을 운영하고 있다는 지적이 있으나, 시·도 교육청에서 사후지도 등을 통해 폐지하도록 시정 조치를 취하고 있다고 하였다.

학교자율화는 무엇보다도 중앙에서 제시하는 표준화된 운영 형태에서 벗어나 해당 학교의 환경과 상황 및 특성, 학생과 학부모의 교육요구 등에 부합하는 결정을 창출해 내는 등 보다 다양한 교육에의 유연성을 발휘할 수 있게 하는 강점을 갖고 있다. 학교 스스로가 교육 변화와 혁신의 방향을 찾는 노력을 자극하고 있는 것이다. 물론 이러한 강점 기대는 과잉 경쟁에 의한 학생들과 교사들의 피로도 유발, 지나친 학력 경쟁에 의한 전인 육성 곤란, 학교 간 격차 유발 등 학교운영 자율화의 약점을 보완한다는 전제에서 가능하다(김홍주, 2008). 이러한 학교자율화는 학생들의 창의적이고 다양한 소질을 계발할 수 있도록 학교운영에 관한 권한을 시·도 교육감과 학교장에게 넘겨주어, 지역과 학교 여건에 맞는 다양하고 특색 있는 교육을 실현하기 위한 것이라는 점에서 학교경영 혁신의 사례로 꼽을 수 있다. 특히 Zaltman, Duncan과 Holbek(1973)의 혁신모형에서 강조하는 학교 구성원 집단 내에서의 혁신과정에 대한 중요성을 반영한 대표적인 사례라고 할 수 있다. 그러나 학교자율화와 같은 학교경영혁신 사례가 성공을 거두기 위해서는, 혁신을 가로막는 장애물들, 즉 과잉경쟁, 지나친 학력경쟁, 학교 간 격차 유발 등을 사전에 효과적으로 제거하는 과정이 필요하다. 이를 위해서는 다양한 집단 구성원들의 협력적인 상호작용과 학교경영 혁신의 건전한 방향성에 대한 충분한 논의와 믿음 형성과정이 요구된다.

 ## 정리하기

- 학교경영의 혁신은 학교교육 목표의 합리적이고 효과적인 달성을 위하여 학교의 체제나 제도 및 구성원의 생각이나 행동 등을 이전의 상태보다 확연히 다른 방식으로 새롭게 고치는 활동을 의미한다.
- 외부적 혁신모형(환경혁신모형)에는 Stiles와 Robinson의 정치과정(political process) 모형, 내부적 혁신모형(조직혁신모형)에는 Zaltman, Duncan과 Holbek의 모형, 내부적 및 외부적 혁신을 포괄하는 모형에는 Bennis의 협력적 대 비협력적 혁신모형이 속한다.
- 신현석의 학교재구조화를 통한 학교경영 혁신모형에서는 학교재구조화의 중심 요소와 학교 재구조화를 위해 활용되는 채택된 전략을 중심으로 학교경영혁신에 대한 논의를 전개하고 있다. 이 모형에서 학생, 교사, 교장, 학부모, 교육감, 정부와 같은 다양한 집단들은 학교재구조화의 중심요소들을 의미하며, 이해 중심의 교수, 교사 활력화, 단위학교 책임경영제, 여론조성 및 학교선택 등의 개념들은 학교 재구조화를 위해 채택된 전략을 의미한다.
- 이종재의 학교혁신모형에서 학교혁신의 본질적 목표는 우리 학생들이 '지식기반사회에 적합한 참된 학업성취'를 이룰 수 있도록 도와주는 것이다. 이를 위해 학교에서는 학생들의 자기주도적 지성 계발, 탐구능력 계발, 실생활에 유용한 학업성취 등을 높일

수 있도록 교사들의 적극적인 교수행위, 즉 '참된 교수'와 '참된 평가체제'를 구축하여야 할 것이다. 이를 실천할 수 있는 전문적 공동체를 형성해야 하는데, 전문적 공동체는 학교의 사명과 가치를 공유하고, 학생에 관심을 집중하며, 반성적 수업평가와 교수 투명성을 제고하고, 협동하기 위해 공동 노력하는 공동체를 의미한다.

• 혁신전략은 혁신의 실행자에 의한 적절한 변화 행동이 가능하도록 하기 위해 택하는 접근법을 의미한다. 혁신전략에는 권력 전략, 조작적인 전략, 합리적 전략 등이 속한다.

 적용하기

1. 혁신모형과 혁신전략의 주요 문제점과 개선방안에 대해 토론해 보자.
2. 혁신모형과 혁신전략을 실제적인 학교경영 혁신에 적용하는 방안에 대해서 토론해 보자.
3. 현행 학교단위 책임경영의 상황에 대해 기술하고 그 개선방안에 대해 토론해 보자.
4. 현행 교장공모제의 주요 문제점과 개선방안을 토론해 보자.
5. 현행 학교자율화의 주요 문제점과 개선방안을 토론해 보자.

제14장

갈등관리

1. 갈등의 이해

2. 갈등관리 전략

3. 집단갈등 관리 사례

• 학습 목표

- 갈등의 성격을 이해하고 갈등의 유형을 구분할 수 있다.
- 갈등관리에 필요한 여러 가지 전략을 알아보고, 이 전략들이 실제 정책현장에 적용되는 사례를 이해할 수 있다.
- 최근에 시행된 갈등관련 교육정책 사례 분석을 통해 실제로서의 갈등관리는 어떻게 해야 하는지를 생각해 보고, 이에 대한 자신의 의견을 비판적으로 말할 수 있다.
- 학급경영자의 변화된 역할과 관련하여 갈등관리 전략에 대한 지식들이 왜 필요한지를 설명할 수 있다.

1. 갈등의 이해

갈등은 조직이나 개인의 발전을 위해 해로운 것이므로 이를 억제해야 하는가? 아니면 이로운 것이므로 조장해야 하는가? 이러한 물음은 인간관계와 갈등이라는 야누스적 측면을 시사하고 있는 근본적인 문제라고 할 수 있다. 이와 같은 문제에 해답을 찾기 위해 학자들은 다양한 갈등의 정의를 내리고 있다. 이는 갈등의 성격과 유형을 진단하는 데 중요한 단서를 제공한다는 데서 비롯된 것이다.

1) 갈등의 정의와 성격

갈등은 조직이나 개인이 다른 개인이나 조직과 같은 집단과 상호작용을 하는 과정에서 발생하는 필연적인 현상이다. 서로 다른 배경과 성격을 가진 개인이나 조직이 다양한 관심과 입장 차이를 갖고 있다는 것은 인간이 세상에 존재하고 있는 한 지극히 당연시되는 가정이라고 할 수 있다. 따라서 갈등을 바라보는 시각은 다양하게 제시될 수 있고, 이를 통해 개념을 정의하는 방식도 학자들마다 다르다. 갈등의 정의를 주요 학자별로 정리하면 〈표 14-1〉과 같다.

이상의 갈등의 정의에서, 대립과 같은 심리성, 이해 관계의 방해와 같은 적대성, 상반된 욕구가 동시에 발생하는 비양립성의 성격을 발견할 수 있다. 갈등은 이처럼 전통적으로 부정적인 것으로 간주되어 왔다. 그러나 1970년대에 들어서면서, 갈등은 그 근원과 강도에 따라 긍정적인 결과 혹은 부정적인 결과를 낳을 수도 있음이 밝혀졌다(Brown, 1986). 갈등의 부재 시보다도 적당한 강도의 갈등은 오히려 조직에 긍정적인 결과를 가져다준다고 하였다. 이는 갈등이 별로 없는 조직은 무사안일과 자체 매너리즘에 빠져 환경적 변화에 둔감할 수 있고 과거의 성공적인 성취감에 도취한 채로 조직의 목표를 상실할 수 있는 어려움에 봉착할 수 있기 때문이다. 아울러 협동의 상실, 불만족 등과 같은 지나친 갈등은 조직의 성과를 떨어뜨리는 요인이 될 수 있다는 점에서도 갈등이 적당하게 존재하는 것은 조직에 유의미하다는 것이다.

| 표 14-1 | 갈등의 정의 |

주요학자	정 의
Boulding(1962)	잠재적인 미래 지위의 모호성을 의식하고 각 당사자가 다른 당사자의 희망과 상반되는 지위를 획득하기를 바라는 경쟁 상태로서 둘 이상의 행동 주체 사이에서 발생하는 상호작용
Pondy(1967)	연속적 진행단계로 이루어진 동태적 과정으로, 갈등원인의 형성, 갈등원인의 지각, 심리적 대립현상, 대립적 행동의 표면화로 이어지는 과정
Litterer(1970)	어떤 개인이나 집단이 다른 사람이나 집단과의 상호작용이나 활동으로 상대적 손실을 지각한 결과, 대립·다툼·적대감이 발생하는 행동의 한 형태
Thomas(1976)	조직의 한 단위가 다른 단위에 의해 자기의 관심사가 좌절되었거나 좌절될 것을 지각할 때 생기는 과정
Stoner(1978)	희소자원이나 작업 활동을 배분하게 될 때, 서로 다른 처지, 목표, 가치, 인지 등이 존재할 때 조직 내의 둘 또는 그 이상의 개인 간이나 집단 간에 일어나는 불일치
Miles(1980)	조직의 한 단위나 전체 구성원들의 목표지향적 행동이 다른 조직단위 구성원들의 목표지향적인 행동과 기대로부터 방해를 받을 때 표현되는 조건
Simon & March(1985)	의사결정의 표준 메커니즘에 고장이 생겨 개인이나 집단이 하나의 행동 대안을 선택하는 데에서 곤란을 겪게 되는 상황
Greenberg & Baron(1998)	상대방이 자신의 이해관계에 부정적인 영향을 미치는 행동을 하리라고 개인이나 집단이 지각할 때 발생하는 조직행동의 과정

출처: 백기복(2005). 조직행동연구의 내용을 수정·보완함.

2) 갈등의 유형

갈등은 다양한 상황에서 다양하게 전개될 수 있다. 왜냐하면 각 개인이 선호하는 결과가 상반되는 상황에서 발생하는 목표 갈등(goal conflict), 아이디어나 사고가 상충하는 인지 갈등(cognitive conflict), 그리고 조직 내 또는 조직간 수평적·수직적 갈등 등으로 다양하게 나타나기 때문이다. 따라서 갈등의 유형은 갈등의 정의만큼이나 논자에 따라 또는 연구방법이나 목적에 따라 다양하게 분류될 수 있다. 갈등의 종류만도 당사자(행동 주체), 갈등의 진행단계, 표면화된 대립적 행동, 갈등상황 등 매우 다양하다.

그 대표적인 예가 Simon과 March(1985)의 개인적 갈등, 조직상의 갈등 그리고 조직 간의 갈등이다. 국내 학자로는 박운성(1988)의 갈등의 유형이 대표적이라 하겠다. 박운성(1988)은 개인갈등, 조직갈등, 사회갈등, 국제적 갈등 및 문화적 갈등으로 구분하고, 이 중에서 조직갈등을 개인적 갈등(조직 내 개인의 역할갈등), 조직적 갈등으로 분류하였으며, 조직적 갈등을 세분화하여 제시하였다. 박운성에 따르면, 조직적 갈등은 외부 갈등(환경갈등), 내부 갈등, 순기능적 갈등, 역기능적 갈등으로 구분되는데, 특히 내부 갈등은 수직적 갈등과 수평적 갈등으로 분류할 수 있다. 여기서 수직적 갈등은 계층 간의 갈등을 의미하고, 수평적 갈등은 개인적 갈등, 집단, 부문 간의 갈등, 조직갈등, 공식·비공식 갈등, 스태프 간의 갈등을 내포한다.

이 장에서는 갈등의 유형을 순기능적으로 볼 것인가, 아니면 역기능적으로 볼 것인가에 대한 물음에 답을 구하는 과정으로서 주로 조직상의 관점에서 초점을 두었다. 이는 개인보다는 조직이 갈등관리라는 측면에서 설명과 이해를 용이하게 한다는 점에서 비롯된 것이다.

조직학에서 갈등은 50년 이상 연구되어 왔는데, 보편적인 연구결과는 사람들 간에 상호교류가 있는 곳에서는 어디든지 갈등이 존재하고, 갈등은 구성원들의 만족과 집단의 성과를 떨어뜨림으로써 조직에 해로운 것이라는 부정적 의견이 압도적이었다. 그러나 이러한 지배적 견해와는 달리, 어떤 경우에는 갈등이 집단의 의사결정과 전략적 기획의 질을 높이고 집단의 성과도 향상시킬 수 있다는 연구결과도 있었다(김호정, 2009). 이와 같은 맥락에서 기능적 갈등은 직무에 관한 견해의 차이로 생겨서 오히려 집단의 성과에 유익하다는 것이고, 역기능적 갈등의 시각은 개인들의 성격이나 감정 등의 관계에 얽힌 부정적 차이 등이 집단의 성과와 사기에 악영향을 미친다는 것이다. 특히 Robbins(1974)은 기능적 갈등이란 조직의 목표달성에 도움이 되고 조직성과를 높이는 데 큰 기여를 하는 건설적인 갈등 형태이고 역기능적 갈등은 언제나 문제를 유발시키므로 관리자는 이를 근절시킬 수 있는 방안을 강구해야 한다고 주장하였다. 대표적인 사례는 다음과 같다.

제너럴 일렉트릭 사(GE)의 잭 웰치 회장은 회사 내의 관리자들이 변화에 능동적으로 대처하고 생산적인 방향으로 경영관리를 할 수 있도록 건설적인 갈등을 유도하는 반면, 슈페리어오일 사의 아크만 회장은 조직의 목표보다는 인간관계에 지나치게 치중한 나머지 갈등의 역기능을 회피하는 데 초점을 둔 정책을 폈다. 결국 GE는 커다란 성공을 거두게 되었으나 슈페리어오일 사의 경우는 13명의 유능한 경영진들 중 9명이 아크만 취임 1년만에 회사를 떠나는 좋지 않은 결과를 가져오고 말았다(백기복, 2005).

이 사례에서 보면, 갈등은 조직의 경영에서 올바르게 인식하고 잘 활용한다는 전제가 보장되면 의미 있는 필요조건이 된다. 갈등연구에서 조직 내 개인 간 갈등의 유형은 본질적 갈등(substantive conflict)과 정의적 갈등(affective conflict)으로 구분되어 오다가 1990년대 중반 이후부터 직무갈등과 관계갈등을 측정하고 분석한 연구가 증가하였는데, 이는 조직관리 측면에서도 이점이 있는 것으로 확인되었다. 따라서 주로 역기능을 하는 인간관계와 관련된 갈등은 최대한 억제시키는 한편, 순기능을 할 수 있는 직무의 본질과 관련된 갈등은 여건을 조성하여 장려할 필요가 있다.

2. 갈등관리 전략

인간이 사는 곳에 갈등이 없을 수는 없다. 또 이 갈등은 인간에서 비롯되고 이들이 무리를 지어 생활하는 조직에 상존하는 것이다. 따라서 갈등은 인간에게서 초래되는 것이니 만큼 해결책도 인간 그리고 이들이 만든 조직에서 찾아야 하는 것이다. 이 같은 맥락에서 권수일(2004)은 갈등이 발생하는 원인으로 이기적일 때, 사람을 부정적으로 볼 때, 좌절이 축적될 때, 편견적인 판단을 받을 때, 심리적으로 열등감 또는 우월감에 빠질 때를 들었다. 물론 갈등의 원인이 있다고 해서 항상 갈등이 야기되는 것은 아니며, 일종의 매개변수라고 할 수 있는 갈등상황이 조성되어야 갈등이 발생한다(오석홍, 1980). 따라서 갈등관리는 인식 차이의 원인을 정확히 진단해야 할 필요가 있고, 이를 바탕으로 회피하기보다는 적극적인 자세로 해결하는 방안을 찾고자 노력하는 차원에서 그 의의를 갖는다.

갈등관리의 전략들은 지금까지 많은 학자들에 의해 연구되어 왔고, 다양한 전략적 방안들이 제시되었다. 백기복(2005)은 학자들의 연구를 바탕으로 갈등관리 기법으로서 열세 가지를 제시하였다. 즉, 직접 대면, 공동목표 설정, 자원의 확충, 갈등의 회피, 공동 관심사의 강조, 협상, 권력을 이용한 갈등해결, 행동변화유도, 조직구조의 갈등조건, 외부압력에 대한 연합 방어, 외부 인력의 영입, 조직구조의 변화 그리고 경쟁 심리의 자극이다. 집단 간의 갈등이 수용의 한계를 벗어날 정도로 악화 내지는 확대되는 것을 막고 갈등이 유리한 결과를 실현하는 데 도움을 주는 구조나 조건을 마련함으로써 갈등해소를 용이하게 해 주기 위한 과정으로서 관리전략은 중요하다. 대표적인 관리전략의 하나로 협상전략을 들 수 있다.

협상이란 서로 다른 이해관계를 가진 둘 또는 그 이상의 상호의존적인 사회 개체들이 갈등을 해소하기 위하여 공동으로 의사결정을 내리는 과정(Pruitt, 1981), 또는 사회적 상호작용의 한 형태로서 다양한 장면에서 이루어지는 갈등 해소방법으로서 타인과 상호작용을 통하여 목적을 성취해야 할 경우 필수적인 과정이다(Thompson, 1999). 다시 말해서, 거래하는 양자가 일련의 제의(offer)와 맞제의(counter offer)를 하는 가운데 서로가 만족할 수 있는 접점을 찾아가는 과정이다. Shell(1999)은 협상이란 자신이 협상 상대로부터 무엇을 얻고자 하거나, 상대가 자신으로부터 무엇을 얻고자 할 때 발생하는 상호작용적인 의사소통과정이라고 지적하였다.

협상이라는 개념은 다의적이어서 명쾌하게 하나로 개념 규정하기는 어렵다. 그러나 선행연구들을 분석하면 협상의 어의적 특징은 '상호의존적, 갈등, 논의 해결, 의사소통, 상호 작용, 토론, 합의, 대안 도출' 등으로 범주화된다. 이 점에서 Thomas(1976)의 갈등관리유형은 주목할 만하다. Thomas(1990)는 협상전략의 유형을 경쟁, 협력, 타협, 수용, 회피(Thomas, 1990; Kabanoff, 1987) 등으로 구분하였다.

- 경쟁적 전략: 협상의 가치를 최대화하려는 데 목표를 둔다. 이것은 적극적 전략으로써 상대방의 원망과 분노를 초래하는 승패 상황의 경우다. 따라서 각 개인이나 조직 등 갈등당사자들은 자신의 승리를 위해 자신의 권력기반을 이용한다. 경쟁은 상대방의 희생으로 자신의 관심사를 충족시키고자 하는 전략이다.
- 협력적 전략: 협상의 가치를 최대화함과 동시에 상대방과의 관계로 쌍방의 관심을 모두 만족시키려는 접근이다.
- 타협적 전략: 각 당사자가 다소 불만이 있으나 차선으로 상호 의견일치에 도달하고자 하는 접근이다. 이는 자신과 상대방이 모두 최적은 아니지만 서로 간에 만족을 얻을 수 있는 방법이다. 협상 쌍방이 모두 이득을 얻게 되는 쌍방승리(win-win)의 경우가 된다.
- 수용적 전략: 협상자가 성과보다 관계적 성과를 더 중요시할 때 적절하다. 이러한 방식은 상대방을 이길 수 없을 때 내일을 기약하는 전략이다.
- 회피적 전략: 수많은 전략적 협상목적의 달성을 위하여 사용되며, 주로 자신과 상대방 모두를 무시함으로써 갈등으로부터 탈피하고자 하는 방식이다. 어떠한 형태로든 갈등을 해결하려고 하지 않는 접근이다(이종수, 2007).

특히 이 중에서 수용, 경쟁, 타협은 핵심적 갈등관리 양상이라고 할 수 있다. 그 이유는 다음의 설명으로 뒷받침될 수 있다.

먼저, 수용(accommodation)은 비독단적이고 협동적인 지향성을 지닌 것으로서 자기편의 특성 하에서 다른 편의 이익을 만족시키고 달래려 한다. 이 방법은 한 편이 다른 선택안이 없을 경우, 문제가 상대방에게는 중요하고 자기에게는 덜 심각하므로 경쟁하기보다는 양보함이 바람직한 경우나 상대방의 주장이 옳을 경우 등에 적용될 수 있는 방법이다.

타협(compromising)은 어느 만큼의 독단성과 협동성을 요함으로써 쌍방 간의 욕구와 관심을 부분적으로 만족시키려는 절충적인 방법이다. 주고받는 행동으로 나타나는 이 방법은 쌍방 공통의 방법을 택할 수는 없으나 경쟁의 회피를 원하는 경우에 필요한 방법이다. 경쟁(competing)은 비협동적이고 독단적인 지향성을 지닌 것으로서 상대방의 특성 위에서 자기의 이익을 증대시키려 한다. 상대방보다 우월하게 군림하려는 이 방법은 상대방이 협동 또는 타협을 거부하거나 문제가 자기의 생존에 결정적으로 중요한 영향을 미칠 경우 등에 적용될 수 있다(김성필, 2004). 그 밖에 협동(collaborating)은 갈등을 빚는 자신과 타인이 모두 이익을 보게 되는, 소위 쌍방승리(win-win)의 경우에 해당하고, 회피(avoiding)는 직면한 문제를 피하고자 하는 것으로서 문제가 사소한 것이거나 피하는 것이 오히려 이익이 될 경우에 적합한 대안이 된다(백기복, 2005).

Gordon(1993)과 Thomas(1976)는 각기 유사한 도식을 갖고 다섯 가지 유형의 갈등해소전략을 제시하였다. 즉, 한쪽 당사자가 상대방의 이익을 고려하는 정도인 '협조성(cooperativeness)'과 자신의 이익을 만족시키려는 정도인 '독단성(assertiveness)' 등 두 가지 독립적 차원에 의한 갈등관리 전략을 회피, 수용, 강제(enforcing), 협력, 타협의 형태로 나누고 있다. 도식화하여 제시하면 [그림 14-1]과 같다.

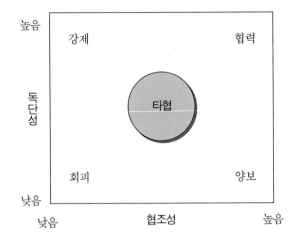

[그림 14-1] Gordon 및 Thomas의 갈등관리모형

출처: 김인철, 최진식(1999). 한국정책학회보, 8(3). p. 103.

3. 집단갈등 관리 사례

집단갈등의 사례는 여러 분야에서 발생하며 그 정도와 수준에 따라 관리의 방법
들이 제시되고 있는데, 여기서는 교육현장과 관련한 정책 중 최근 화두가 되었던 대
표적인 교원정책을 초점으로 관리전략을 살펴보고 아울러 학부모 동원과 관련하여
쟁점이 될 수 있는 정책의 사례를 중심으로 그 전략을 제시한다.

1) 현장 정책 사례 1(교원평가)

현장정책의 대표적 사례로 본 절은 교원평가를 지지하는 집단과 반대하는 집단,
절충하려는 집단들 간의 갈등에 대한 관리 전략을 다룬 신현석과 박균열(2008)의
연구를 주목하였다. 이 연구는 각 집단(교총, 전교조, 시민단체, 교육과학기술부)이 추
구하는 주된 가치와 갈등의 양상을 분석하였고, 이를 바탕으로 갈등관리 전략들을
제시하고 있다.

① **전략 1: 관련 집단들은 그들 상호 간의 존중과 배려의 자세 필요**

교원평가제를 둘러싸고 갈등을 보이고 있다. 교원들의 교원평가에 대한 회의적 인식과 시민단체들의 반대 입장 그리고 교육과학기술부가 정책을 성공적으로 추진해야 하는 부담감 사이에는 엄연한 인식의 차이가 존재하고, 이들 인식의 차이는 원인과 결과가 필연적으로 따르기 마련이다. 따라서 이와 같은 다양한 갈등의 이해관계라는 함수를 이해할 수 있는 조화의 미덕이 필요할 때가 바로 작금의 교육 현실인 것이다. 타 집단에 대한 존중과 배려는 다양성 속에서의 조화를 위한 필수적인 조건이며, 합리적인 교육혁신을 가능하게 하는 중요한 원리로 자리매김되어야 할 것이다.

② **전략 2: 합리적인 정책 추진을 위한 절차와 충분한 준비가 필요**

교원평가가 합리적인 제도 설계로서 명분을 갖고 있다 할지라도 현실을 외면하는 절차와 준비는 교육주체들 간의 끊임없는 마찰과 갈등을 촉발시킬 수밖에 없는 것이다. 예를 들어, 평가의 곤란성에 대한 문제가 제대로 해결되지 않은 상태에서 그다음의 단계가 아닌 최종국의 단계에서 이루어져야 하는 법제화의 문제를 다루는 것은 교직단체들을 설득하기에 설명력이 떨어진다고 할 수 있다. 따라서 정책결정 과정에서 파생될 수 있는 다양한 변수들에 대한 사전 검증 작업이 선행될 수 있는 충분한 시간을 확보해야만 한다.

③ **전략 3: 각 이해관계 집단들의 표출된 입장 차이를 중재할 수 있는 중립적인 중재 기구의 신설**

극한 대립과 첨예한 갈등의 양상을 해결하는 것이 쉬운 일은 아니다. 그렇지만 교육과학기술부, 교직단체, 학부모·시민단체를 포함한 다양한 교육주체들의 참여하는 실질적 중재 기구를 설치하는 일은 갈등의 봉합과 해결의 실마리를 갖게 해 준다는 점에서 의미가 있다고 할 수 있다. 이와 같은 중재 기구는 갈등을 빚고 있는 집단들이 자율적으로 문제를 해결할 수 없는 대립적인 상황에서 절충적인 대안을 제시하는 역할과 타협점을 지향할 수 있는 매개의 역할을 수행하는 것이다.

④ 전략 4: 정책목표의 명료화 요구

> 정부는 교원평가와 연계한 맞춤형 연수와 현행 추진되는 교원능력 개발평가사업과는 별개라는 점을 확실히 인지하고 교원능력 제고를 위한 인프라를 구축하여야 할 필요가 있다. 인프라 구축을 위한 교원들의 공식적인 자격 발달 경로를 추적하고 교원들의 직무를 바탕으로 실질적인 자격제도의 수준을 다양화해야 할 것이다. 물론 이 과정에서 현장의 목소리를 두루 반영하여 순기능적인 착근을 할 수 있는 전략도 함께 강구되어야 할 것이다.

2) 현장 정책 사례 2(교원성과급)

교원성과급제도는 2001년 시행 초기부터 교사집단의 집행 불응에 직면하였다(신상명, 2002). 물론 평가체제의 문제도 논쟁이 되겠지만, 무엇보다도 이를 옹호하는 집단과 반대하는 집단간의 입장 차이가 어디에서 기인한 것인지, 이에 영향을 주고 있는 변수들은 무엇인지, 또 이들은 어떤 관계를 맺고 있는지에 대한 인과관계의 규명이 핵심적 논쟁이 된다 할 것이다. 이 점에서 박균열(2009)의 연구는 교원성과급과 관련한 집단 간의 갈등을 역동적으로 분석하였다고 판단된다. 그는 교원성과급 정책에 영향을 미치는 요인들을 도출하였고, 이에 따른 갈등의 양상과 각 이해관계 집단들의 입장 관철 방법들을 흥미롭게 전개하였다. 이를 바탕으로 그는 Sabatier(2007)의 옹호연합모형을 적용하여 교원성과급 정책의 분석틀을 개발하였고, 교원성과급 정책의 갈등관리 전략으로 가장 우선순위로 삼아야 할 사안은 이해관계 집단들과 전문가 집단들의 동의와 참여를 전제로 한 평가기준의 세분화와 구체화가 선행되어야 한다고 밝혔다. 보다 구체적으로 관리 전략을 살펴보면 다음과 같다.

① 전략 1: 상여금 지급 방식으로 실시되어야 할 필요

> 교원들의 보수가 적정한 정도로 향상된 상태에서 교원성과급 정책이 추진되어야 하고, 추가적인 교육재정이 확보되어야 한다는 것을 의미한다고 하겠다. 물론 교원의 보수가 공무원 보수라는 큰 틀 속에서 논의되어야 하겠지만 일반 공무원과는 달리 교육 공무원이 특수한 직무를 수행하고 있다는 점이 고려될 필요가 있다.

이와 같은 맥락에서 교원들은 국민들의 추가적인 세금부담이 보수의 인상과 관련을 갖고 있다는 점을 인식하고 교육에 대한 책무성을 성실히 이행하는 자세를 견지해야 할 것이다. 아울러 정부는 연공서열 형태의 보수 인상이라는 경로 의존적 제약을 경계하고 교원의 자질 향상과 높은 동기부여라는 차원의 성과급 관리전략을 개발하여야 할 것이다.

② 전략 2: 객관성과 타당성을 담보한 평가체계에 의해 지급되어야 하고 이를 바탕으로 결과를 유목적적으로 활용

아무리 좋은 정책이라도 정책대상 집단의 이해와 동의를 구하지 못한다면 올바른 정착을 기대하기는 어렵다. 교원성과급 정책은 타당성 있는 평가기준의 부재와 객관적 지표의 불명확성 등으로 정책대상자인 교원들에게 그 정당성과 설득력을 제대로 설명하지 못하고 있는 실정이라고 할 수 있다. 따라서 평가기준의 타당성을 담보하기 위해서는 이해관계 집단들과 전문가 집단들의 동의와 참여를 전제로 한 평가기준의 세분화와 구체화가 선행되어야 하고, 차별적이고 객관성 있는 지표를 천착할 필요가 있다.

이와 같은 과정을 통해 교원성과급 정책은 궁극적으로 지향하는 목적을 실현할 수 있고 구성원들의 공감을 득할 수 있다. 따라서 정책활동가는 교원성과급 정책문제의 진단과 쟁점을 확인하고 사회적 합의에 바탕을 둔 정책주장들을 전개하여야 할 책무를 갖고 있어야 하며, 교원들 역시 반대를 위한 반대가 아닌 참여와 상생의 논리를 견지하는 자세로 교원성과급 정책에 적극적인 태도를 보여야 할 것이다.

3) 현장 정책 사례 3(학부모 동원)

논란이 되고 있는 학부모급식도우미제는 원래 학부모들에게 자원봉사희망서를 받고 희망자에 한하여 운영에 참여하도록 하고 있다. 최근 일부 맞벌이 주부들이 자신의 자녀가 소외되는 것이 두려워 자원봉사희망서에 희망을 하지만 이 제도에 강제성을 느끼고, 그 어려움에 대한 호소를 인터넷에 띄우며 이 제도에 대한 논란이 이슈화되었다. 또한 무보수로 강제동원이 당연시되고 있다는 부분 역시 분명한 논란거리였다. 이 점에서 전경희(2009)는 학부모들의 요구사항들을 수용할 능력 면에

서 공교육 시스템은 그 한계를 보이며 이에 대해 학부모들은 불만을 토로하고 있다고 하였다. 또한 학부모 동원에 대한 학부모들의 의견 역시 부정적이며, 이와 같은 현상에 수반된 문제점들을 해결하기 위해 학교체제 내에서의 문제규명에 대한 연구가 필요하고, 공교육현장에서의 애로사항들을 합리적으로 해결하는 방안이 모색될 필요가 있다고 하였다. 그녀는 이에 대한 관리 전략을 다음과 같이 제시하였다.

전략: 교육 환경의 개선을 요구하는 학부모들의 요구에 부응할 필요

〈갈등 상황 전개〉

- 전국교직원노동조합은 초등학교 저학년 학부모의 급식도우미 동원에 대하여 기본적으로 반대를 하고 있다. 학부모가 공교육 현장에 일을 도와주기 위해서 동원되는 것은 안 된다는 것이다. 학부모의 자발적 참여를 권장하고 있으며 저학년을 배려하는 국가적인 대책이 나와야 한다고 주장하고 있다.
- 시민단체는 학부모들이 봉사하는 마음으로 활동을 해 주는 것이 서로가 좋은 일이라고 하였다.
- 인터넷의 네티즌들은 '청소를 왜 학부모가 하냐? 배식을 왜 학부모가 하냐? 교사가 알아서 해라! 교실환경이 엉망이니 부모가 도와 주어야한다! 교육청에서 예산을 배정하라! 학교에 따라서 돈을 걷어서 용역을 쓰는 것이 어떠냐?' 등의 의견을 제시하였고, 학교와 교사에 대하여 부정적인 시각이 많았다.
- 서울시교육청은 학부모 급식도우미 강제 동원은 금지지만 자율적인 봉사는 얼마든지 가능하다고 하였다. 학부모들이 오기 힘든 경우는 운영위원회의 회의를 거쳐서 비용을 분담하거나 급식비에 용역 비용을 합산해서 걷는 방법 등을 활용하는 등 학교사정에 따라서 운영의 묘를 살리라고 하였다. 모든 사정이 어려우면 담임이 하고, 담임이 그 정도는 해야 하는 것이라고 하였다.

〈갈등 관리 전략 제시〉

교과부는 교육 환경의 개선을 요구하는 학부모들의 요구에 부응하고 열악한 교실배식의 상황을 개선하도록 하기 위한 현실적인 정책을 강구하도록 노력해야 할 것이다. 즉, 학교현장의 상황을 무시한 채 무조건 금지 지침을 내리는 일방적 통로로서의 상의하달이 아닌 보다 주도면밀한 현실적인 해결책을 제시하여야 할 것이다.

정리하기

- 갈등은 조직이나 개인의 발전을 위해 해로운 것이므로 이를 억제해야 하는가? 아니면 이로운 것이므로 조장해야 하는가?
- 갈등이 적당하게 존재하는 것은 조직에 유의미하다.
- 역기능을 하는 인간관계와 관련된 갈등은 최대한 억제시키는 한편 순기능을 할 수 있는 직무의 본질과 관련된 갈등은 여건을 조성하여 장려할 필요가 있다.
- 집단갈등관리 사례(교원정책의 사례)의 전략은 다음과 같다.

※ 현장 정책 사례 1(교원평가)의 전략
 - 관련 집단들은 그들 상호간의 존중과 배려의 자세가 필요
 - 합리적인 정책 추진을 위한 절차와 충분한 준비가 필요
 - 각 이해관계 집단들의 표출된 입장 차이를 중재할 수 있는 중립적인 중재 기구의 신설
 - 정책목표의 명료화 요구

※ 현장 정책 사례 2(교원성과급)의 전략
 - 상여금 지급 방식으로 실시되어야 할 필요
 - 객관성과 타당성을 담보한 평가체계에 의해 지급되어야 하고 이를 바탕으로 결과가 유목적적으로 활용

 적용하기

갈등은 학교운영 전반에 걸쳐서 나타나며 특히 교장·교감의 학교경영의 투명성, 인사의 공정성, 표창, 승진과 근무평정, 학교행사, 학생 생활지도, 학부모와의 관계, 교육과정 운영 등과 관련된 전반적인 문제에서 발생한다. 아울러 갈등은 정부가 교육정책을 집행할 때 정책내용에 대해 찬반 양론 입장에 처하는 상황을 일으키기도 한다. 쟁점에 따라 각자 생각한 바를 토론해 보자.

- **쟁점 1:** 교장이 고학년의 보결에 관해서 강사를 구하지 않고 저학년 교사를 활용하여 보결을 하려는 경우, 본인이 저학년 교사라면 어떻게 대처하겠는가?

- **쟁점 2:** 업무분장이나 학년 배정에서 민주적인 의견수렴 과정을 거치지 않고 교장이나 교감의 독단적 결정에 의해 이루어진 경우, 본인이 대상자라면 이를 어떻게 생각하고 받아들일 것인가?

- **쟁점 3:** 교원평가 정책에 따라 수업 공개 및 이에 따른 평가를 받는 상황에서 이해관계를 따져 교원단체나 교원노조에 가입하여 적극적으로 이익을 대변받겠는가? 아니면 순응하고 주어진 정책 방향에 따를 것인가?

- **쟁점 4:** 교원성과급 정책에 의하여 본인의 성과급과 타 교사와의 성과급이 차이를 보이고 있다. 만약 성과급 지급의 기준이 타당성과 신뢰성을 확보하지 못한다면 이를 어떻게 받아들이겠는가? 혹은 기준이 타당하고 믿을 만하다고 생각된다면 그 이유는 어떻게 설명될 수 있는가?

제15장

학교 · 학급 경영

1. 학교경영

2. 학급경영

● 학습 목표

- 학교경영 및 학급경영의 개념과 특성을 이해할 수 있다.
- 학교경영의 개념과 원리, 학교경영의 실제, 학교경영의 평가에 대한 이해를 바탕으로 효율적인 학교경영이란 어떠한 것인지 설명할 수 있다.
- 초 · 중등교육의 자율적 운영을 위한 학교공동체 구축 방안의 하나로 제안되어 시행되고 있는 학교운영위원회에 대해 알 수 있다.
- 학급경영의 개념과 원리, 학급경영의 실제, 학급경영의 평가에 대한 이해를 바탕으로 효율적인 학급경영이란 어떠한 것인지 설명할 수 있다.
- 21세기 지식기반사회에 학생들에게 필요한 자기주도 학습능력을 길러 주기 위해 교사가 해야 할 역할을 알 수 있다.
- 바람직하고 효율적인 학교경영 및 학급경영을 위해 필요한 요소들에는 어떠한 것들이 있는지 설명할 수 있다.

1. 학교경영

1) 학교경영의 이해

(1) 학교경영의 정의

학교경영(school management)이란 교육행정이 실천되는 기본 기관인 단위학교의 경영을 말한다. 일반적으로 학교경영은 단위학교가 교육목표를 설정하고 그것을 달성하기 위해 인적·물적 조건을 조성하고 그것들을 계획·실천·평가하는 일련의 봉사활동이다.

여러 학자들이 학교경영에 대해 다양한 정의를 내리고 있는데, 서정화(2002)는 학교경영을 "학교의 교육목표를 달성할 수 있도록 제반자원들을 확보하여 이를 배분하고 조정하며 평가하는 일련의 활동 내지 행위"라고 정의하였으며, 김윤태(2002)는 "교육목표를 효율적으로 달성하기 위하여 교장과 교직원 집단이 협력하여 수행하는 조직적 활동이며 총괄적 작용"이라고 정의하였다. 따라서 이러한 여러 학자들의 논의를 종합해 보면, 학교경영이란 학교를 하나의 경영단위로 하여 교육목표를 수립하고, 수립된 목표를 달성하기 위하여 인적·물적·재정적 자원 등을 효율적으로 활용하여 교육성과를 극대화하는 일련의 활동이라고 할 수 있다.

학교경영과 유사한 용어로는 학교행정(school administration)이 있는데, 대체로 학교행정은 고도의 확실성을 가지고 구조화되고 기획화된 결정을 달성하기 위한 하나의 경영관리 과정으로 비교적 객관성과 강제성을 띠고 있다. 이에 반해 학교경영은 기획되거나 구조화되어 있지 않은 하나의 결론을 매듭지어 나가는 경영관리의 과정으로 비교적 주관성과 융통성을 내포하고 있다고 할 수 있다(한공우, 황희철, 1975)

(2) 학교경영의 원리

학교경영에는 학교를 경영하는 과정에서 나타나는 문제들을 해결하는 데 필요한 이념적 준거나 지침들이 요구되는데, 이를 학교경영의 원리라고 한다. 학교경영의 원리는 여러 학자들에 의해 다양하게 제시되고 있는데, 이들의 견해를 종합해 보면, 민주성의 원리, 타당성의 원리, 자율성의 원리, 효율성의 원리 그리고 합법성의 원리 등이 있다.

① 민주성의 원리: 학교경영의 제반 과정과 영역에 교직원, 학부모, 학생 그리고 지역인사를 포함하는 학교 구성원들의 의견을 반영하여야 한다는 것을 의미한다. 이것은 학교장의 독단과 전횡을 막을 수 있고 학교구성원들의 책무성을 확보할 수 있는 이점이 있다.

② 타당성의 원리: 학교경영의 모든 과정, 즉 계획 · 실천 · 평가가 학교교육의 목적에 맞도록 타당하게 운영되어야 한다는 것을 의미한다. 즉, 학교경영은 학교교육 목표에 부합되는 활동이 되어야 한다는 의미에서 합목적성의 원리라고 할 수 있다.

③ 자율성의 원리: 학교경영은 단위학교의 효율적인 운영을 위해 외부조직이나 상부의 지시나 간섭없이 자율적으로 운영되어야 한다는 것을 의미한다. 자율적이고 창의적인 민주시민을 육성하기 위해 단위학교는 학교운영 및 정책결정에 대한 제반사항을 자율적으로 운영할 수 있어야 한다.

④ 효율성의 원리: 학교경영은 최소한의 인적 · 물적 자원의 투입을 통해 최대의 성과를 달성해야 한다는 것을 의미한다. 여기서 주의해야 할 사항은 경제적 능률성만을 중시한 나머지 민주성의 원리를 희생시켜서는 안 된다는 것이다.

⑤ 합법성의 원리: 학교경영은 국민의 교육권을 보장하고 국가예산의 효율적 집행을 위해 법에 의거하고 법이 정하는 범위 내에서 이루어져야 한다는 것을 의미한다. 학교경영과 관련된 법규에는 헌법, 교육기본법, 초 · 중등교육법, 고등교육법, 교육관련 명령, 조례 등이 있다.

2) 학교경영의 실제

(1) 학교경영 영역

교수와 학습 활동을 조장하는 중요한 역할을 하는 학교경영이 성공적으로 이루어지기 위해서는 학교경영 활동의 내용 및 영역이 구체적으로 구분될 필요가 있다. 사실 학교경영을 위한 활동들은 상호 간에 긴밀한 연관성을 갖고 있기 때문에 그 사이를 명확하게 구분하는 것은 현실적으로 어려운 일이다. 그러나 경영계획 수립, 권한과 업무의 분담, 그리고 문제의 소재 파악 등을 위해서 학교경영 활동의 내용을 영역별로 구분하는 것이 필요하다.

　학자들에 따라 학교경영의 영역이 다양하게 분류되고 있는데, Campbell 등(1968)은 행정적 과업 또는 행정의 운영 영역을 학교와 지역사회 관계, 교육과정과 수업, 학생 인사, 교직원 인사, 시설, 재정 및 사무관리 등 6개 범주로 나누었고, 정태범(2000)은 학교경영의 영역을 교육목표 관리, 학교조직 관리, 교육과정 관리, 교육조건 관리 그리고 교육성과 관리로 나누었다. 여러 학자들의 의견을 종합해 보면, 학교경영 영역은 교육목표 설정, 교육과정 운영, 학생관리, 교직원 인사, 장학, 시설 및 재정관리, 사무관리, 보건위생, 학교평가, 대외관계 등으로 구분된다.

(2) 학교경영 과정

　학교경영 과정은 학교교육 목표를 합리적이고 효율적으로 달성하기 위해 학교경영이 어떤 절차와 과정을 거쳐 수행되느냐를 일컫는 것이다. 일반적으로 학교경영은 학교경영계획을 수립하고, 실천하고, 평가하는 순환적인 과정으로 이루어진다. 학교경영 과정에 대해 여러 학자들이 다양한 의견을 제시하고 있는데, 이들의 의견은 큰 차이 없이 비슷하다. 따라서 이들이 제시한 의견들을 종합해 보면, 학교경영 과정은 미래의 행동을 예견하고 준비하는 일련의 과정인 계획단계, 교육목표를 효율적으로 달성하기 위해 지원하고 관리하는 실천단계 그리고 설정된 목표 달성도를 분석 · 검토하는 평가단계로 크게 구분된다.

① 계획단계: 학교경영목표 및 방침 설정, 학교경영목표 달성을 위한 구체적 활동계획의 수립 등이 주요내용이다. 계획은 학교경영계획, 학년경영계획, 학급경영계획으로 나뉘어 수립될 수 있다.

② 실천단계: 교육목표 달성을 효율적으로 달성하기 위해 계획에 따라 인적 · 물적 자원을 조직하고 배분한다. 그리고 이 단계에서는 교육과정 운영과 생활지도 등을 포함한 모든 교육활동들이 효율적이고 합리적으로 이루어질 수 있도록 지원, 관리 그리고 조정한다.

③ 평가단계: 평가단계에서는 설정된 목표에 비추어 학교경영 업무의 수행과정과 산출을 분석하고 검토한다. 그리고 이러한 과정을 통해 모색된 개선방안들은 다음 경영계획에 반영됨으로써 학교경영의 성과를 극대화하는 데 기여한다.

(3) 학교경영 계획

학교경영 계획은 학교의 교육목표를 합리적이고 효율적으로 달성하기 위해 학교를 어떻게 운영해야할 것인가에 대한 청사진이다. 일반적으로 학교경영 계획은 단위학교가 주체가 되어 신학년도를 대비해 학교 교육활동 전 부문을 포괄하는 종합적 교육기획이다. 학교경영 계획 활동에는 요구 및 실태 파악, 목표와 방침의 설정, 조직계획, 활동계획, 평가계획 등이 포함되는데, 각 단계별 활동을 살펴보면 다음과 같다(박병량 외, 2005; 윤정일 외, 2009).

① 요구 및 실태 파악: 학교경영계획을 작성하기 위해서는 먼저 학생, 학부모를 포함한 학교구성원들의 요구가 무엇이며, 현재 학교가 당면하고 있는 문제가 무엇인가를 분석하여야 한다. 이때에는 헌법, 교육기본법 등 관련 자료에 제시된 학교교육의 상위목표, 지역사회의 실태 그리고 학교의 여건 등을 중심으로 분석하여야 한다.

② 목표와 방침의 설정: 학교교육 목표는 장기적인 안목에서 학생들이 궁극적으로 도달해야 할 인간상을 제시하거나 그 행동특성을 종합적으로 명시한 것이다. 학교교육 목표설정은 헌법이나 교육법 등의 자료를 기초로, 국가적 당면과제나 사회적 요청을 반영하여 각 학교의 실정에 맞게 주체적으로 설정되어야 한다. 학교경영 목표는 교육목표 달성을 위해 수행되어야 할 경영상의 기본 방향을 제시한 것이므로, 이러한 경영목표는 경영활동이나 결정이 합리적인가를 판단하게 하며, 경영성과의 측정과 평가의 기준이 된다.

③ 조직계획: 학교경영 목표나 방침이 결정되면 이를 실천하기 위한 조직이 마련되어야 한다. 학생, 교직원, 지역인사들을 참여시켜 교육조직, 교무분장조직, 위원회나 협의회, 지원조직 등을 만들고 이를 통해 협동체제로서 학교경영이 이루어지도록 해야 한다([그림 15-1] 참조).

④ 활동계획: 학교조직이 경영목표를 달성하고 경영방침을 실현하기 위한 일련의 세부 활동계획이다. 활동계획은 교과지도, 특별활동, 생활지도를 중심으로 하는 교육과정 운영, 교원의 연수 및 연구 활동 등을 통한 교원의 자질과 능력 계발, 이러한 교육과정의 정상적 운영을 가능하도록 하는 교육조건 관리 활동 등을 포함한다.

⑤ 평가계획: 학교경영 계획의 마지막 단계로서, 설정된 교육목표가 달성될 수 있

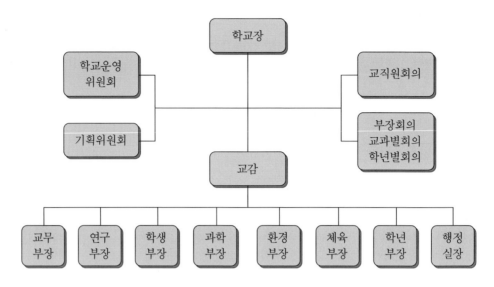

[그림 15-1] 학교경영조직표(예시)

도록 모든 체제의 하위요소가 적절하게 투입되고 그 과정에서 최적의 상호작용을 통해 그 산출을 극대화할 수 있는지를 검토하는 단계다. 또한 평가 후의 피드백(환류)에 관한 절차도 마련할 필요가 있다.

(4) 학교경영 기법

시대의 변화와 함께 사회가 다양화 · 복잡화됨에 따라 모든 조직들은 이러한 변화에 대처하기 위해 다양한 경영기법들을 활용하고 있다. 학교도 주변 상황이 변하고 이러한 변화가 가속화됨에 따라 학교교육 목표의 효율적 달성을 위해 다양한 경영기법들이 요구되고 있다. 학교조직의 목표 달성에 도움을 줄 수 있는 경영기법에는 목표관리기법, 과업평가계획기법, 기획예산제도, 비용분석, 정보관리체제 등이 있다. 학교경영에 유용성이 높은 몇 가지 기법들을 살펴보면 다음과 같다.

① **목표관리기법**(Management By Objectives: MBO): Drucker에 의하여 최초로 소개되고 Ordiorne에 의해 개념이 체계화된 경영관리 기법이다. Ordiorne(1965)는 목표관리란 상하관리자들이 협조하여 그들의 공통 목표를 설정하고, 각자의 책임의 한계를 그들에게 기대되는 결과의 측면에서 규정하며, 이것을 조직의 운영지침으로서 활용하고, 또한 그에 따라 조직구성원의 업적을 평가하는 과정이라고 정의하

1. 학교경영

였다. 즉, 목표관리기법은 명확한 목표 설정, 권한의 위임과 책임의 규정, 참여와 상하 협력 및 최종 산출의 평가 등을 통하여 조직관리 방법을 개선하고, 조직원의 참여를 통해 동기유발을 도모하는 기법이라 할 수 있다.

학교경영에서 목표관리기법은 교장과 교감 그리고 교직원의 공동 참여를 통해 교육목표를 수립하고 이를 달성해 나가는 학교경영 방식의 하나로 활용될 수 있다. 즉, 교육목표 설정에의 공동 참여, 목표달성의 노력과 성과에 대한 평가와 보상, 그리고 교직원 각자의 자기 통제를 통한 목표 도달이라는 순환적 과정을 거치는 학교 경영기법으로 활용될 수 있다(진동섭 외, 2008).

② 기획예산제도(Planning-Programming-Budgeting-System: PPBS): 1960년대 후반 미국에서 교육재정의 부족현상을 극복하기 위한 방법으로 도입된 이 제도는 사업 계획과 예산편성을 유기적으로 연결시키고 제한된 자원을 가장 적절하게 배분하여 정책 결정의 합리성을 추구하려는 기법이다. 즉, 기획예산제도는 합리적인 조직목 표를 설정하고 그를 성취하기 위한 계획과 행동 과정, 그리고 자원배분을 과학적으로 수립·설계함으로써 조직목표 달성의 효율성과 효과성을 향상시키려는 체제적 기법이다. 이는 장기적인 계획의 수립(planning)과 단기적인 예산편성(budgeting)을 실행계획(programming)을 통하여 유기적으로 통합·연결시킴으로써 정책의 기획, 집행, 평가를 합리화하고 자원배분에 관한 의사결정을 합리화하고 일관성 있게 행하고자 하는 예산제도다(유영옥, 1997).

기획예산제도는 프로그램의 여러 가지 산출의 비용을 결정하고, 비용분석에 근거하여 목표달성을 위한 모든 대안의 타당성을 검토하는 데 주안점을 둔다. 따라서 이 제도는 첫째, 조직의 각 부서 또는 활동을 위한 목표를 결정하고, 둘째, 정책대 안들을 비용과 관련시켜 그 효과를 분석하며, 셋째, 자원의 적정 배분을 통해 조직 의 목표 실현을 극대화할 수 있는 자금계획서를 작성하는 일로부터 시작된다(최희 선, 2001).

③ 정보관리체제(Management Information System: MIS): 경영자가 당면한 문제를 분석, 대안을 검토하고 합리적인 의사결정을 내리기 위해서는 각종 정보가 요구된다. 이러한 측면에서 합리적이고 효율적인 경영관리를 위해 정보를 수집·처리·보관 하였다가 적시에 정보를 제공해 주는 정보관리체제가 요구된다. 정보관리체제는 자료기기, 절차, 소프트웨어 그리고 인적 자원의 총합으로서 조직의 하부체제를 통 합해 주고, 조직운영계획 수립과 통제에 관한 의사결정에 필요한 정보를 제공해 주

표 15-1   학교예산의 과정

과 정	내 용
예산편성	학교장이 관할청의 예산편성지침을 바탕으로 학교구성원들의 의견을 수렴하여 예산을 편성하고 회계연도 개시 30일 전까지 학교운영위원회에 제출함
예산심의	학교운영위원회는 학교회계 세입·세출예산안을 회계년도 개시 5일 전까지 심의함
예산공개	학교장은 학교운영위원회의 심의를 거친 예산안을 확정하고 이를 공개함
예산집행	학교장은 확정된 세입·세출예산에 따라 집행함 새로운 회계년도가 개시될 때까지 예산안이 확정되지 않으면 학교장은 전년도 예산에 준하여 예산을 집행할 수 있음
예산결산	학교장은 회계연도마다 결산서를 작성하여 회계연도 종료 후 2월 이내에 학교운영위원회에 제출함

는 기능을 담당한다. 그리고 정보관리체제의 개발은 필요한 정보가 무엇인가를 확인하는 과정, 정보체제를 설계하는 과정, 관련 인사들의 참여, 정보체제 운영 조직, 정보체제의 운영, 정보체제의 평가 등의 과정으로 이루어진다.

정보화의 발달에 따라 학교조직도 이러한 변화에 부응해 나가야 하는데, 이러한 측면에서 정보처리의 효율화를 위한 정보관리체제는 교육기관 및 교육행정기관에서 다양하게 활용될 수 있을 것이다. 정진환(1990)은 교육정보관리체제(Management Information Systems for Education: MIS/E)를 "교육행정가 및 교육경영자의 이해를 돕고 그들의 행동을 자극하는 형태로, 그들이 정보를 필요로 할 때, 그들의 의사결정을 위해서 필요로 하는 모든 정보를 적기에 그들에게 제공하기 위한 체제"라고 하였다. 따라서 교육정보관리체제는 컴퓨터를 활용한 수업계획, 재정회계 관리, 시설 및 인사 관리, 학생들의 성적 및 기록 관리 등을 통한 자원 활용의 극대화뿐만 아니라 의사결정자가 합리적인 결정을 내릴 수 있도록 필요한 정보를 적시에 신속하고 정확하게 제공할 수 있도록 구성되어야 할 것이다.

(5) 학교예산의 편성 및 집행 기법

학교예산의 편성, 심의, 집행 및 결산은 단위학교를 관할하는 교육청이 학교장에게 예산편성지침을 통보하면 이를 바탕으로 학교장에 의해 자율적으로 이루어진다. 학교회계의 회계년도는 매년 3월 1일에 시작하여 다음 해 2월 말일에 종료된다. 편성된 예산안은 학교운영위원회에 제출되고 이를 운영위원회가 심의하며, 학교장은 심의를 마친 예산안을 공개 · 집행한다. 그리고 회계년도마다 결산서는 학교운영위원회에 제출되어야 한다. 예산편성과정에서 교사들은 교육과정 운영에 필요한 여러 교육활동과 이에 필요한 경비를 기재한 예산요구서를 작성하며, 학교장은 관할청의 예산편성지침과 학교구성원들의 의견을 바탕으로 학교예산을 편성한다.

합리적이고 효율적인 학교예산 편성 및 집행을 위해서 일반적으로 활용되는 예산제도의 다양한 기법들에 대한 이해가 요구된다. 다양한 기법들 중 품목별예산제도, 성과주의예산제도, 기획예산제도, 영기준예산제도 등과 같은 주요한 기법들을 살펴보면 다음과 같다.

① 품목별예산제도(Line-Item Budgeting System): 부정과 재정손실이 발생하지 않도록 확인하고 감독하는 통제지향적인 제도다. 즉, 예산항목을 경비의 성격과 위계에 따라 관, 항, 목, 세목 등으로 제도화함으로써 지출의 구체적인 항목을 기준으로 예산이 편성 · 운영되는 제도를 말한다. 이 제도는 한정된 재정규모 내에서 효율적인 배분을 강조하기 때문에 능률적이라는 장점이 있는 반면, 사업의 효과나 효율보다는 지출의 경비에 초점을 맞춤으로써 사업의 성과 측정에는 소홀하게 되는 단점이 있다.

② 성과주의예산제도(Performance Budgeting System): 예산의 기능을 품목별예산제도와 같은 통제중심에서 관리중심으로 전환시키면서 예산집행의 효율성을 제고시키려는 제도다. 이 제도에서는 예산과목을 사업계획별, 활동별로 분류한 다음 각 세부사업별로 단위 원가에 업무량을 곱하여 예산액을 표시하고, 그 집행의 성과를 측정, 분석, 평가하여 재정을 통제한다. 이 제도는 달성하려는 목표와 사업이 무엇인가를 표시하고 이를 달성하는 데 필요한 소요비용을 명시해 주는 장점이 있는 반면, 예산관리에 너무 치중한 나머지 너무 회계적인 측면을 강조하거나 계획을 소홀히 할 수 있다는 단점이 있다.

③ 기획예산제도(Planning Programming Budgeting System): 합리적인 조직목표를 설정하고 이를 성취하기 위한 계획과 행동과정 그리고 자원배분을 과학적으로 수립하고 설계함으로써 조직목표를 효율적으로 달성하려는 제도다. 즉, 프로그램을 통하여 장기적인 계획수립과 단기적인 예산편성을 유기적으로 결합시킴으로써 정부의 자원을 합리적 · 과학적으로 배분하려는 제도다. 이 제도는 여러 가지 대안을 서로 비교하여 가장 효율적인 대안을 선택하고 그에 상응하는 예산을 결정함으로써 예

산 지출의 효율성을 향상시킬 수 있는 반면, 합리성을 지나치게 강조함으로써 정치적 과정을 소홀히 할 수 있다는 단점이 있다.

④ 영기준예산제도(Zero Based Budgeting System): 주로 전년도를 기준으로 가감하는 방식을 지향하고 있는 종래의 예산편성방식에서 탈피하여, 전년도 사업은 전혀 고려하지 않고 학교목표에 따라 신년도 사업을 재평가하여 우선순위를 정하고 한정된 예산을 우선순위별 사업에 자원을 배분하는 제도다. 이 제도는 학교경영에 전 교직원들이 참여하도록 유도하여 창의적이고 자발적인 사업 구상과 실행을 유인할 수 있다는 장점이 있는 반면, 의사결정의 전문성 부족으로 인한 비용과 인원의 절감 실패와 사업 기각 및 평가절하에서 비롯되는 구성원들의 비협조적 풍토 야기 등의 문제점을 갖고 있다.

(6) 학교자치기구

① 학교운영위원회: 문민정부의 1995년 5 · 31 교육개혁에서 초 · 중등교육의 자율적 운영을 위한 학교공동체 구축 방안의 하나로 제안되었다. 그리고 1996년에 국공립 초 · 중등학교에, 2000학년도에는 사립 초 · 중등학교에 설치가 의무화되었다. 교육개혁위원회는 학교운영위원회의 도입 취지를 "교육의 주민자치 정신을 구현하고 단위학교의 자율성을 확대하여 학교교육을 극대화하기 위해서는 교직원, 학부모, 지역사회 인사 등이 자발적으로 책임지고 학교를 운영하는 학교공동체 구축이 절실하다."고 밝히고 있다. 따라서 학교운영위원회는 학교운영과 관련된 중요한 의사결정에 학교구성원들을 참여시킴으로써 단위학교의 교육목표를 민주적 · 합리적 · 효과적으로 달성하기 위한 집단 의사결정 기구라고 할 수 있다.

학교운영위원회의 구성, 기능, 심의사항 그리고 자격 및 선출의 내용은 다음과 같다.

- 구성: 학교운영위원회는 당해 학교의 교원 대표, 학부모 대표 그리고 지역사회 인사로 구성되며 학교의 규모 등을 고려하여 5인 이상 15인 이내의 범위 안에서 구성된다. 구성비율은 일반적으로 학부모 위원 40~50%, 교원위원 30~40% 그리고 지역위원 10~30%의 범위 내에서 구성된다.
- 기능: 국공립학교에 두는 학교운영위원회는 초 · 중등교육법 제32조 제1항에 명시된 사항을 심의하고, 학교발전기금의 조성 · 운용 및 사용에 관한 사항에

대하여 심의·의결한다. 그리고 사립학교의 경우는 학교운영위원회가 자문기능을 가진다.

- **심의사항**: 국공립학교의 학교운영위원회는 학교헌장 제·개정, 학교예산, 교육과정, 교원인사, 기타 영역에 대해 심의 권한을 가지며, 학교발전기금 조성·운영에 관한 사항은 심의·의결 기능을 가진다. 사립학교 경우, 학교헌장 및 학칙 제정·개정에 관한 사항은 학교법인의 요청이 있는 경우에 한하며, 초빙교원의 추천에 관한 사항을 제외한 사항들에 대하여 학교운영위원회는 자문기능을 가진다.

- **자격 및 선출**: 교원위원은 당해 학교에 재직하는 교원(교장은 당연직 위원)으로 교직원 전체회의에서 무기명 투표로 선출되며, 학부모 위원은 당해 학교에 자녀를 둔 학부모로서 학부모 전체회의에서 직접 선출된다. 그리고 지역위원은 당해 학교가 소재하는 지역을 생활근거지로 하는 자로서 학부모위원 또는 교원위원의 추천을 받아 학부모위원과 교원위원의 무기명 투표로 선출된다. 그리고 학교장은 학교운영위원회의 당연직 교원위원이 된다.

② **학부모회**: 부모는 아동의 교육권의 대리자로서 자녀를 교육하고 보호할 권리와 의무를 자연법 및 실정법으로 인정받고 있다. 자연법은 부모의 교육권을 "신으로부터 양친에게 주어진 인간성으로부터 유래하는 불가침, 불가양의 교육권"으로 보고 있으며, 실정법인 민법은 "친권자는 자(子)를 보호하고 교양할 의무가 있다."(민법 제913)라고 규정하고 있다. 또한 교육기본법에서는 "부모 등 보호자는 그 보호하는 자녀 또는 아동의 교육에 관하여 학교에 의견을 제시할 수 있으며, 학교는 이를 존중해야 한다."(교육기본법 제13조 제2항)라고 규정하고 있어 학부모는 학교교육에 대해 요구권과 발언권을 갖고 있다고 볼 수 있다.

현재 학교에는 학교 교육활동에 대한 폭넓은 의견교환과 여론수렴 그리고 학교교육에의 참여를 위해 학교운영위원회와 더불어 학부모회가 조직되어 운영되고 있다. 학교단위에서 학부모회는 일반적으로 전체 학부모회, 학년별 학부모회, 학급별 학부모회 등으로 조직되어 활동하고 있다. 교육부문의 여러 현안들을 해결하기 위해 학부모회가 수행해야 할 역할에는 다음과 같은 것들이 있다(주삼환 외, 2009).

- 학부모회는 앞으로 정부가 펼쳐 나갈 교육개혁의 방향을 감시하고 비판 및 협

표 15-2 학교운영위원회와 학부모회의 차이점

구 분	학교운영위원회	학부모회
설치 근거	초 · 중등교육법	학부모회 규약(자율조직)
성 격	심의 · 자문기구	의결 및 집행 기구
조직 권한	중요한 학교운영사항 심의 · 자문	학부모회 활동에 관한 사항 결정
구성원	교원위원, 학부모위원, 지역위원	학부모
목 적	학교운영에 필요한 정책결정의 민주성, 투명성, 타당성 제고	학교교육활동을 위한 지원활동 및 상호 친목 도모

출처: 주삼환(2009: 262)을 재구성.

력할 수 있는 기능을 수행해야 한다. 이를 위해서는 교육문제에 대한 학부모들의 연구가 필요하다.

• 학부모회는 보다 다양한 단체와 네트워크를 형성하며 교육개혁의 과제를 수행할 수 있어야 한다. 이를 위해 학부모회는 학부모들이 학교운영에 적극적으로 참여하려는 의욕을 갖도록 지원하여야 한다.

• 지역사회의 교육환경 개선에 관심을 가져야 한다. 예를 들어, 청소년 유해 업소, 등하교 시 안전문제, 자연환경의 훼손 문제 등의 문제해결을 위해 노력해야 한다.

• 학부모 활동을 조직적이고 효과적으로 할 수 있도록 학부모 교육에 관심을 가져야 한다.

3) 학교경영의 평가

(1) 학교경영 평가의 개념 및 의의

학교경영에 대한 교육소비자들의 관심이 고조되고 교육기관에 대한 책무성이 강조되면서 학교교육의 질 관리를 위한 학교경영 평가의 중요성이 점점 더 부각되고 있다. 학교경영 평가는 학교가 추진하는 교육활동들이 어떠한 교육적 가치를 창출하고 있으며 학교구성원들은 본연의 역할을 잘 수행하고 있는지 점검함으로써 그동안 추진해 온 교육목표의 달성 정도를 확인하고 발전을 위한 전략을 수립하는 데 기여한다.

학교경영 평가란 학교를 교육활동이 수행되는 하나의 단위로 보고, 그 속에서 학생에게 기대되는 지적·정의적·신체적 발달이 학교 내부에서의 교육활동을 통해 어떻게 나타나는가를 중심으로 측정되어지는 학교효과 평가다. 여기서 학교효과는 학교의 교육활동에 관계된 변수들이 학생의 행동발달에 미치는 영향이라고 할 수 있다(주삼환 외, 2009).

학교효과는 1960년대 중반부터 지금까지 교육학자들에게 주요 논쟁의 대상이 되어 왔다. 1970년대 이전에는 학생 가정의 사회경제적 배경요인 때문에 학교효과는 거의 없다는 논의들이 있었는데, 1970년대 중반 이후 학교효과에 관한 논의는 학교효과가 존재한다는 것에 동의하면서 효과적인 학교의 특징을 밝혀내는 데 초점이 맞춰져 있다.

학교를 효과적으로 만드는 요인으로는 더 나은 결과를 달성하고자 하는 결정, 실제 유효 학습시간의 극대화 그리고 구조화된 수업을 들 수 있다. 그리고 이들 요인을 뒷받침하는 보충요인으로는 학급에서의 효과적인 교수를 위한 전제조건을 조성하기 위해 내적으로 응집된 학교조직과 경영, 효과적인 교수를 위한 전제조건을 보장하기 위해 외적으로 결속된 학교조직과 경영, 학교를 효과적으로 만들기 위한 주위 환경의 자극이 있다.

(2) 학교경영 평가의 과정

학교경영 평가는 일반적으로 평가계획 수립, 평가실시, 평가결과 활용이라는 과정을 거치게 된다. 즉, 학교경영 평가는 평가의 기준이나 준거를 설정하고, 그 기준에 따라 평가를 실시하고, 그 결과를 분석하여 개선안을 마련하는 일련의 과정을 따르게 된다. 평가계획 단계에서는 평가위원회 구성, 평가목표 설정, 평가 준거 개발 등이 이루어지고, 평가실시 단계에서는 자료수집, 자료처리 그리고 자료 해석 등이 이루어진다. 그리고 평가결과 활용 단계에서는 평가결과를 이후의 교육활동에 반영하도록 하는 활동이 이루어진다.

(3) 학교경영 평가의 영역

학교경영 평가의 영역은 일반적으로 투입평가, 과정평가 그리고 산출평가로 구분되는데, 이를 살펴보면 다음과 같다.

① **투입평가**: 교육목표 달성의 적정 수준 결정을 위하여 필요한 정보를 얻는 데 그 목적이 있으며, 평가요인으로는 교육목표 요인, 학교조직 요인, 교육과정 요인, 교육조건 요인 그리고 교육평가 요인이 있다.

② **과정평가**: 교육계획을 실천하는 과정에 필요한 정보를 얻는 데 그 목적이 있으며, 일정 기간 동안 각종의 교육활동이 순조롭게 잘 진행되고 있는가를 확인하는 평가다. 투입평가, 과정평가, 산출 평가 등 매 과정에 대한 평가가 이루어져 학년 초에 세운 계획이 합리적으로 실천되고 있는가를 파악하는 실천 평가다.

③ **산출평가**: 학교경영 계획에서 설정한 학교경영 목표가 어느 정도 달성되었는가를 판정하는 데 그 목적이 있다. 보통 산출평가의 단위는 학교평가, 학년평가 그리고 학급평가를 포함하며, 학교 구성원을 중심으로 수행되는 자체평가와 학교 외부의 전문기관이나 사람에게 의뢰하는 외부평가로 나뉜다.

(4) 학교평가의 실제(서울특별시교육청 사례)

학교평가는 학교교육의 질 향상을 위한 학교운영의 책무성 제고, 단위학교 교육활동 개선 지원 및 교육정책 효과 진단 그리고 학교 교육활동 우수사례의 발굴·보급을 통한 일반화를 목적으로 현장에 실시되고 있다(서울시교육연구정보원, 2010). 초·중등교육법 제9조 제2항은 "교육과학기술부장관은 교육행정의 효율적 수행을 위하여 필요한 경우에는 지방자치단체의 교육·과학·기술·체육·기타 학예에 관한 사무를 관장하는 지방행정교육기관과 학교에 대하여 평가를 실시할 수 있다." 라고 규정하고 있는데, 이는 학교평가의 추진근거가 된다.

① **평가방법**: 학교평가는 자체평가, 서면평가, 방문평가, 지역청평가 그리고 종합평가로 이루어진다. 자체평가는 학교평가 자체평가표에 의해 단위학교가 작성하는 것이며, 서면평가는 평가자가 학교교육계획서, 자체평가보고서, 만족도 설문조사, 학교 홈페이지 등에 기초하여 평가하는 것이다. 방문평가는 평가자가 학교를 방문하여 관찰 및 면담자료 등 질적 자료를 중심으로 평가하는 것이며, 지역청평가는 지역청 장학결과에 의해 이루어지는 평가다. 그리고 종합평가는 평가단에 의한 평가와 지역교육청의 평가를 종합하여 이루어지는 평가다.

② 평가절차: 일반적으로 학교평가는 단위학교에 학교평가 편람을 확정·통보하는 것으로 시작해 평가결과의 환류로 이어지는 다음과 같은 절차를 따른다.

> 학교평가 편람 확정 통보 → 학교자체평가보고서 작성 제출 → 서면평가, 설문지 분석 → 현장 방문평가 → 학교우수사례 발굴 및 제출 → 종합평가 → 평가결과 발표 → 우수학교(교사) 표창, 포상금 배부 → 평가결과 환류(피드백)

③ 평가결과 및 환류: 학교평가 과정을 통해 발굴된 우수사례는 적극 개발·홍보하고 나타난 문제점이나 부진한 부분은 개선하거나 적극적으로 지원하는 활동을 한다. 그리고 학교평가 결과 우수학교로 선정된 학교에는 포상 및 포상금을 지급하고 평가결과가 부진한 학교는 다음년도 교육활동 개선지원금을 추가 지원한다.

④ 학교평가의 내용: 서울시교육청 '2014학년도 학교평가 기본계획'에 따르면, 학교급별 평가영역과 학교평가 지표(중학교)는 다음과 같다(〈표 15-3〉〈표 15-4〉 참조).

표 15-3　학교급별 평가영역

영 역	초	중	고				특수학교
			일반고	특성화	특목고	자율고	
Ⅰ. 교육계획 및 교육과정	○	○	○	○	○	○	○
Ⅱ. 교육활동	○	○	○	○	○	○	○
Ⅲ. 학교 운영 및 지원	○	○	○	○	○	○	○
Ⅳ. 교육성과	○	○	○	○	○	○	○
Ⅴ. 학교특성별 교육활동				○	○	○	○

표 15-4 학교평가 지표(중학교)

영 역	평가지표	지표유형	자료출처
I. 교육계획 및 교육과정	I-1. 서울교육 방향 반영	정성	학교
	I-2. 교육과정 편성의 충실도		
	I-2-1. 교과 교육과정	정성	학교
	I-2-2. 창의적 체험활동	정성	학교
	I-2-3. 학교 자체평가 내실화	정성	학교
II. 교육활동	II-1. 수업 · 평가 등 교육활동 개선 노력		
	II-1-1. 수업 개선 노력	정량/정성	교육청/학교
	II-1-2. 과정중심 평가방법 내실화	정량	교육청
	II-1-3. 컨설팅장학	정량	교육청
	II-2. 진로 체험교육 프로그램 운영	정량	교육청
	II-3. 방과후학교 활성화		
	II-3-1. 방과후학교 참여율	정량	교육청
	II-3-2. 학생 · 학부모 만족도	정량	교육청
	II-4. 학교 특색 활동		
	II-4-1. 중점 교육활동	정성	학교
	II-4-2. 일반 교육활동	정성	학교
	II-4-3. 학교운영	정성	학교
III. 학교운영 및 지원	III-1. 안전한 학교		
	III-1-1. 학교폭력 예방 및 근절 노력	정량	교육청
	III-1-2. 안심 서비스 운영 여부(초등)	해당 없음	
	III-2. 학생인권 보호 및 인권교육 강화	정량	교육청
	III-3. 교권보호 및 교원 사기 진작	정량	교육청
	III-4. 교원 직무연수 실적	정량	교육청
	III-5. 교육복지 및 지역사회 연계		
	III-5-1. 초등돌봄교실 운영(초등)	해당 없음	
	III-5-2. 학부모대상 연수 운영 시간	정량	교육청
	III-5-3. 지역사회 연계 교육기부 활용 실적	정량	교육청
	III-6. 청렴도	정량	교육청
IV. 교육성과	IV-1. 기초학력 미달학생 감소 노력	정량	NEIS
	IV-2. 학생건강체력 증진		
	IV-2-1. 학생 신체활동 7560+ 운동 활성화	정량	교육청
	IV-2-2. 학교스포츠클럽 등록률	정량	NEIS
	IV-3. 학업중단 학생 감소 노력	정량	NEIS
	IV-4. 학교공동체 만족도	정량	온라인설문

뉴스 따라잡기

경기도 내 학교평가 '외부평가' 폐지

　경기도교육청(교육감 김상곤)이 올해부터 학교평가를 외부평가단에 의한 현장방문 평가를 폐지하고, 자체평가로 전환한다. 이를 위해 도 교육청은 3월 중에 학교평가 매뉴얼을 제작해 보급하고, 학교평가 역량을 강화하기 위해 설명회와 워크숍, 컨설팅 등을 지원하기로 했다.

　도 교육청은 28일 학교평가 시 '참여 · 소통 · 반성'을 보완한 '2012학년도 학교평가 기본계획'을 발표했다. 이 계획에 따르면 올해부터 경기도 내 학교평가는 100% 자체평가로 바뀐다. 지난해까지 진행해 왔던 외부평가단에 의한 현장방문 평가는 완전히 폐지된다. 그동안 학교평가는 학교현장에서 ▲형식적인 평가 ▲평가를 위한 평가 ▲보고서 서류 만드는 평가 ▲교육공동체 만족도와 무관한 평가라는 지적을 받아왔다. 또 올해부터 모든 학교가 매년 학교평가를 실시한다. 그동안 학교평가는 매년 도내 전체 초 · 중 · 고의 3분의 1을 대상으로 시행해 왔다. 도내 학교들은 3년에 1회씩만 학교평가를 받아 왔던 셈이다. 도 교육청은 다만 평가 결과에 근거한 학교 서열화는 하지 않기로 했다. 학교의 특성과 여건을 존중한 조치로 풀이된다.

　도 교육청은 자체평가를 위해 3월 중에 학교평가 매뉴얼을 제작 · 보급한다. 학교평가 역량을 강화하기 위한 설명회, 워크숍, 컨설팅 등도 지원한다. 학교평가 매뉴얼은 단위학교가 교육철학을 갖고 구현전략을 세워 학교구성원의 자율적인 참여 속에서 학교교육과정 운영성과를 정확하게 진단할 수 있도록 지원하는 내용으로 구성된다는 게 도 교육청의 설명이다. 도내 학교는 자체평가를 위해 교원, 학부모, 학생, 지역인사 등 교육공동체가 참여하는 자체평가위원회를 구성하고, 학교 당면과제에 근거해 평가지표 등을 선정하고 학교평가를 실시해야 한다. 자체평가 역량이 부족하다고 판단되는 학교는 희망에 따라 한국교육개발원 등 학교평가 전문기관의 심층 컨설팅을 요청할 수 있다. 학교는 이 같은 자체평가 결과를 바탕으로 1년 동안의 학교 교육활동을 반성하고, 다음해 교육활동의 개선방향을 모색하게 된다. 또한 평가결과를 학교홈페이지와 정보공시 사이트에 공개, 학교 교육의 책무성과 신뢰성을 제고한다.

　도 교육청 관계자는 '이번 평가제도 변경은 파격적이고 선진적인 조치'라며 "학교 교육활동의 개선에 초점을 맞추고, 학교 교육력을 강화하며 '모두가 행복한 학교'를 만들기 위해 추진하는 제도인 만큼 기대가 크다."고 말했다. 경기도교육연구원은 학교평가 혁신을 위해 지난 해 11월 미국의 학교평가 전문기관 AdvancED 초청 '학교평가 국제포럼'을 개최하고 학교현장의 의견을 수렴하는 등 다양한 노력을 전개해 왔다.

〈아시아경제, 2012. 2. 28〉

[생각해 보기] 학교경영을 평가하는 '외부평가' 방식과 '자체평가' 방식의 장단점을 알아보고, 효율적이고 효과적인 학교평가 운영방식에 대해 생각해 보자.

2. 학급경영

1) 학급경영의 이해

학급은 교육목표 달성을 위한 교수-학습조직의 기본 단위일 뿐만 아니라 교육이 직접적이고 구체적으로 이루어지는 중요한 교육조직의 하나다. 학교 및 학생교육 발전의 기반이 되는 학급경영의 개념, 실제 그리고 평가 등에 대해 살펴보면 다음과 같다.

(1) 학급경영의 개념

학급이란 교육활동을 조직적이고 계속적으로 수행하기 위한 최소의 교육단위다. 그리고 일반적으로 경영은 어떤 집단이나 조직체의 목적을 효과적으로 달성하기 위해 그 집단이나 조직 구성원들의 협동적 행위를 합리적으로 조정하는 활동으로 정의된다. 따라서 학급경영(classroom management)은 학급을 단위로 하여 교육의 목표를 효과적으로 달성하기 위한 협동적 과정이다. 즉, 학급경영은 학급에서 담임 교사가 교육목표 달성을 위해 교육활동을 계획 · 조직 · 실행하고 평가하는 제반 활동을 의미한다고 볼 수 있다.

학급을 관리하고 운영하는 활동인 학급경영을 개념적으로 파악하는데 학자마다 조금씩 의견을 달리하고 있다. Johnson과 Bany(1970)는 학급경영을 "교육목적의 달성을 위해서 (학급)집단의 내적 환경과 학급의 제반 조건을 확립하고 유지하는 과정"이라고 하였으며, Doyle(1986)은 학급경영을 근본적으로 학생의 문제행동이나 학습문제를 개별적 수준에서 해결하는 활동이라기보다는 집단활동을 통해서 해결하는 과정으로 보고 "학급 내 질서(order in a classroom)의 문제를 해결하기 위해 교사가 사용하는 행동과 전략"이라고 정의하였다. 그리고 윤정일 등(2008)은 학급경영을 "학급을 대상으로 교육목표 달성을 위한 교육계획을 수립하고 계획 실행에 필요한 인적 · 물적 조직을 정비하고, 계획을 실행, 학생을 지도하며, 교육활동을 평가하는 일련의 교육활동이다."라고 정의하였다. 그는 또한 교수-학습과 생활지도가 효율적으로 이루어질 수 있도록 도와주는 교육지원활동이라고도 하였다.

이와 같이 학급경영은 그 강조점을 어디에 두느냐에 따라 다양한 개념으로 정의되고 있다. 여러 학자들이 제시한 정의들에 포함되어 있는 학급경영의 의미를 유사한 관점으로 분류해 다음과 같이 세 가지로 나눌 수 있다(박병량, 2006).

① 질서유지로서의 학급경영이다: 가장 오래된 학급경영관으로, 학급경영을 학급활동의 질서를 유지하기 위해 교사가 학급에서 행하는 모든 활동으로 보는 관점이다. 이 학급경영관은 다시 세 가지 갈래로 나누어지는데, 학급이나 학교에서 발생하는 문제행동을 다루는 일이라고 보는 훈육과 동일시하는 관점, 학생의 문제행동을 예방하고 선도하는 일이라고 보는 생활지도의 관점 그리고 학급상황에 따라 요구되는 행동을 수행하도록 하는 일이라고 보는 학급 행동지도의 관점이다.

② 조건정비로서의 학급경영이다: 훈육의 차원에서 벗어나 '수업을 위한 학습환경 조성'이라는 관점에서 학급경영을 파악한다. 이 관점에서는 학생들이 교육목적을 달성할 수 있도록 보조교사 활동, 교실환경 구성, 학습자료 제공 등과 같은 인적·환경적 요소들을 조직하여 효율적인 수업환경을 조성하는 데 초점을 두고 있다.

③ 교육경영으로서의 학급경영이다: 교육경영으로서의 학급경영의 관점은 경영학의 경영개념을 학급조직과 같은 교육조직에 그대로 적용하는 입장이라고 할 수 있다. 이 입장에서는 경영을 목표성취에 필요한 조정과 협동에 관심을 갖는 조직의 기능으로 정의한다. 주요 조직 기능으로 계획·조직·지시·통제·의사소통을 포함시키고, 이러한 조직기능을 수행하는 교사의 활동으로 학급경영을 규정한다(Johnson & Brooks, 1979).

요약하면, 학급경영은 중앙정부 및 시·도 교육청의 교육정책과 학교관리자의 지도에 따라 담임교사가 학급의 교육목표를 효과적으로 달성하기 위해 인적·물적 자원을 활용하여 계획·조직·지도·통제·평가하는 일련의 학급운영 활동이라고 할 수 있다.

(2) 학급경영의 의의

학급은 교육목표달성을 위해 교육과정을 바탕으로 교사와 학생들 사이에 교수-학습이 이루어지고 학생들이 하루의 대부분의 시간을 학교 구성원들과의 집단생활을 통해 다양한 사회적 · 심리적 경험을 하는 공간이다. 따라서 교사들의 학급경영 능력은 교육의 질적 향상 및 학교 교육성과와 밀접한 관계를 가진다. 학급경영의 의의를 보다 구체적으로 살펴보면 다음과 같다(박병량, 2006).

① 학급은 교육이 실제로 이루어지는 곳이다: 교육 관련 기관과 조직은 교육과학기술부를 비롯하여 층층이 많이 있지만, 학생교육을 직접적이고 구체적으로 수행하는 곳은 학급이다. 따라서 학급에서 교육이 어떻게 이루어지느냐에 따라 교육의 질과 성과가 결정된다고 하여도 과언이 아니므로 학급경영은 중요하다.

② 학급은 학생들이 매일 생활하는 장소다: 따라서 학급교실 내의 경험은 학생들의 하루의 삶 자체이며, 학급 경험의 질이 곧 그들의 삶의 질이 된다. 이러한 매일의 학급생활 경험이 누적되어 그들의 인격과 인생의 삶의 질을 결정하게 되므로 학급에서의 경험은 중요하다.

③ 학급경영 방식이 학생의 학업성취와 인격형성에 크게 영향을 미친다: 학급경영과 수업은 분리하기 어렵지만, 분리하는 입장의 연구들도 수업보다 교사의 학급경영 방식이 학생의 학업성취와 사회성 발달에 크게 영향을 미친다는 점을 밝히고 있다. 교사의 학급경영 방식이 학생의 교육적 성과와 인격형성에 크게 영향을 미친다는 점에서 학급경영은 중요하다.

④ 학급은 교사의 전문성을 신장 · 발전시키는 곳이다: 교사는 학급에서 그의 전문적 지식과 기술을 사용하여 학급을 경영하고 학생을 지도하며, 또한 이들 경험과 연구를 통해서 그들의 전문적 지식과 기술을 발전시킨다는 점에서 학급경영은 매우 중요하다.

⑤ 학교교육의 발전은 학급을 기반으로 한다: 학급의 바람직한 변화를 수반하지 못한 교육개혁은 진정한 교육개혁이라고 할 수 없다. 따라서 진정한 교육개혁은 교육이 실제로 이루어지는 학급의 변화를 통해서 가능하게 된다는 점에서 학급경영은 중요하다.

(3) 학급경영의 원리

학급경영을 효과적이고 성공적으로 수행하기 위해서는 그 과정에서 지키고 따라야 할 기본적인 원리들이 있다. 이러한 학급경영의 원리에 대해 학자들마다 조금씩 다른 견해를 가지고 있다. 남한식(1991)은 학급경영의 원리로 자주성, 창의성, 정의

성, 협동성, 규율성 및 질서성의 원리를, 그리고 남정걸(1992)은 타당성, 개별화, 자율화, 사회화, 종합화 및 전문화의 원리를 들었다. 또한 김영돈(1983)은 학급경영의 원리를 종합적으로 체계화하여 여덟 가지 원리를 제시하고 있는데, 이들을 구체적으로 살펴보면 다음과 같다.

① 자유의 원리: 학생의 인격을 존중하고 그들의 개성을 발전시킬 수 있도록 생활 조건을 조성해 줌으로써 자연적 발달을 조장할 수 있는 여건을 마련해 주어야 한다. 여기서 자유는 학생의 선택이 교육적인 가치를 지닐 때에 한해 허용되는 자유다.

② 흥미의 원리: 학습활동이 흥미를 가질 수 있도록 주변환경을 새롭게 해 주고, 자율적인 활동을 통해서 성공감과 자신감을 맛볼 수 있는 조건을 제공해야 한다.

③ 협동의 원리: 학급집단의 안전과 이익을 위해서 지나친 경쟁이나 대립 또는 성적 경쟁을 조장해서는 안 된다. 협동을 통해 문제를 해결하는 경험을 제공함으로써 학생에게 협동의 가치와 필요성을 인식시켜 주도록 한다.

④ 요구의 원리: 당면한 학생의 요구, 가정의 요구 그리고 사회적 요구 등을 찾아서 교육적으로 가치가 인정될 경우 가급적 충족시켜 주도록 노력한다.

⑤ 접근의 원리: 학급은 교사와 학생, 학생과 학생들 사이에 상호작용하는 장이다. 따라서 서로 존경하고 인격적으로 대하게 함으로써 학급구성원 전체의 발전을 도모하도록 지도해야 한다.

⑥ 발전의 원리: 교사는 학급경영활동에 대한 지속적인 점검과 반성, 평가 등을 통해 학급이 보다 발전적인 방향으로 변화하도록 하여야 한다.

⑦ 창조의 원리: 학급 내외적인 생활에서 과학하는 과정과 방법을 지도하고, 실제 활동에서 그러한 기회를 제공하여야 한다.

⑧ 노작의 원리: 학습활동이나 특별활동을 통해 유형과 무형의 창작물이 표현되고 실현될 수 있는 기회를 제공해야 한다.

또한 학급경영의 실천적 원리로는 타당성, 민주성, 효율성, 현실성, 전문성, 통합성의 원리 등이 제시되고 있는데, 구체적으로 살펴보면 다음과 같다(서울시교육연구정보원, 2010).

① **타당성의 원리**: 학급경영은 교육의 원리, 상위 교육 시책 및 교육운영 방향, 사회적 요구, 학생의 특성과 요구 등에 비추어 타당하고 일관성이 있어야 한다.

② **민주성의 원리**: 학급경영 및 기획 과정에는 학생 및 학부모의 광범위한 협조와 이해 및 지지를 바탕으로 운영되는 것이 바람직하다.

③ **효율성의 원리**: 최소의 노력(투입)으로 교육 목표 달성(산출)을 극대화하면서 학생의 만족도를 충족시키도록 계속적인 평가와 피드백이 이루어져야 한다.

④ **현실성의 원리**: 학급경영은 예산, 실시 방법, 적용 시기 및 범위 등의 실현 가능성과 구성원의 욕구 충족, 사기 앙양, 교육 활동 개선 등의 실용성이 있어야 한다.

⑤ **전문성의 원리**: 학급경영 계획과 프로그램 작성 및 실천과 결과의 평가에 대한 주도권과 궁극적 책임은 학급 경영의 전문가인 담임교사가 가지고 행해야 한다.

⑥ **통합성의 원리**: 다양한 요구, 원리, 과업들의 상호 연계가 모순되지 않도록 교과 지도, 특별 활동, 생활지도 등이 통합 운영되어야 한다.

이와 같은 학급경영의 원리들은 학급에 실제로 적용하기에는 많은 어려움이 따를 수 있으므로, 현장 교사들은 학자들이 제시한 학급경영의 원리를 충분히 이해하고 자신이 직접 이를 적용 · 실천하는 과정에서 학급경영의 원리를 체득하여야 한다.

2) 학급경영의 실제

(1) 학급경영 영역

학급경영의 영역을 설정하는 데는 견해를 달리하는 두 가지 입장이 있다. 그 하나는 수업활동과 경영활동을 분리하여 수업활동을 제외한 모든 학급활동을 학급경영의 영역으로 보는 입장이고, 다른 하나는 수업활동과 경영활동을 구분하지 않고 학급활동 전체를 학급경영의 영역으로 보는 입장이다(김명한 외, 1998).

수업활동과 경영활동을 분리하는 입장은 학급경영을 수업활동과 별개의 활동으로 규정하고 학급경영활동을 조장활동(facilitation activities)과 유지활동(maintenance activities)으로 구분한다(Johnson & Bany, 1970). 학급을 협동적 체제로 발전시키는 활동인 조장활동은 학급집단의 통합적이고 협동적인 관계의 수립, 학급에서의 행동기준이나 규칙의 확립과 과업수행 절차의 조정, 문제해결 방식에 의한 학급체제 내의 조건개선, 학급체제의 조건을 수정하거나 변화시키는 일 등이 포함된다. 그리고 학급집단의 인간관계에서 발생되는 문제를 조정하는 활동인 유지활동은 학급구성원의 갈등 해소, 사기 진작 그리고 환경의 변화에 대한 적응력을 키워 주는 활동 등이 포함된다.

다음으로 수업활동과 경영활동을 통합하여 학급활동 전체를 학급경영으로 보는 입장은 수업활동이 교사의 역할 중에서 가장 중요하기 때문에 수업활동을 적극적으로 도와주는 것이 경영활동의 중요한 임무라고 규정한다. 즉, 이들은 학급경영을 교육과정을 계획하고, 학급활동의 절차와 자원을 조직하고, 환경을 정비하고, 그리고 학급에서 발생하는 문제들을 예측하는 활동 등을 통해 학급활동 전체를 조화시키는 활동으로 본다. 이러한 관점은 학교급별에 따라 다를 수 있는데, 특히 초등학교의 경우 학급전담제를 채택하고 있기 때문에 이 관점은 타당성을 가진다. 그러나 교과전담제를 채택하고 있는 중등학교의 경우는 현실적으로 수업활동과 경영활동의 분리가 어느 정도 가능하다고 볼 수 있다.

학급경영의 영역에 어떠한 내용을 포함시킬 것인가에 대해서는 학자와 관점에 따라 다양한 견해가 있다. 그러나 일반적으로 학급경영의 영역에는 교과지도, 생활지도, 사무관리 등이 포함되는데, 구체적인 영역과 각 영역별 주요 활동을 살펴보면 다음과 같다.

① 교과지도 영역: 교과지도, 특수아 및 부진아지도, 가정학습지도
② 특별활동지도 영역: 클럽 및 자치활동 지도, 학교행사, 단체활동
③ 생활지도 영역: 인성지도, 진로지도, 건강지도, 안전지도
④ 시설 환경 관리 영역: 시설 및 비품 관리, 게시물 관리, 물리적 환경 관리
⑤ 사무처리 영역: 각종 장부 관리, 성적 관리, 각종 잡무 처리
⑥ 대외관계 영역: 학부모 및 지역사회와의 관계유지, 봉사활동

(2) 학급경영 계획

학급경영 과정은 계획(planning)-실천(implementation)-평가(evaluation)로 이어지는 연속적인 순환과정이다. 여기서 학급경영 계획은 학급을 합리적이고 효율적으로 운영하는 일차적인 과제라 할 수 있다. 학급경영 계획은 앞으로의 학급활동을

구상하고 준비하는 활동으로, 학급을 효과적으로 운영하기 위해서는 체계직으로 계획을 수립하고 이를 실천할 필요가 있다.

학급경영 계획은 일반적으로 학급경영 목표 및 방침 결정, 학급경영에 필요한 기초자료의 수집, 학급조직 계획, 학급환경 구성 계획, 학생 지도계획, 학급경영 평가계획 그리고 학급경영안 작성의 절차를 거쳐 수립된다.

① 학급경영 목표 및 방침 결정: 학급경영 목표는 교육목표를 달성하기 위해 전개되어야 할 경영상의 목표로 효과적인 학급경영을 위해서 우선 명확하게 설정되어야 한다. 학급경영의 목표는 학교목표, 학년목표 그리고 교육방침 등과 일관성을 유지해야 하며, 학급의 교육수준과 학생실태 등의 교육여건 파악을 기초로 하여 설정되어야 한다. 그리고 학급경영 방침은 각 교과지도, 생활지도, 학급사무 등 영역별로 목표달성을 위해 실천 가능한 내용을 중심으로 구체적으로 진술되어야 한다.

② 기초자료의 수집: 학급경영 계획을 잘 수립하고 학급경영 목표를 효과적으로 달성하기 위해서 우선 학생에 대한 기초조사가 이루어져야 한다. 학생에 대한 자료는 가정환경조사서, 학생생활기록부, 건강기록부나 학생과의 면담, 설문조사 등을 통해 확보할 수 있다. 자료의 수집과정에서 전 학년도 담임교사를 통해 정보는 얻는 것도 좋은 방법이지만 해당 교사의 주관적 판단이 반영된 의견일 수 있으므로 신중을 기할 필요가 있다.

③ 학급조직 계획: 학급을 잘 운영하기 위해서는 학급 내 조직을 구성하는 계획이 요구된다. 학급경영에 필요한 조직으로는 학급회조직, 특별활동조직, 봉사활동조직, 생활지도조직, 분단조직 등이 있다. 학급조직은 학급 구성원 모두가 자발적으로 참여하고, 자신들의 의견이 충분히 수렴될 수 있도록 구성되어야 한다. 이를 위해 교사와 학생들이 함께 학교운영조직을 구성하는 것이 바람직하다.

④ 학급환경 구성 계획: 교실은 학생들이 학교생활의 대부분을 보내는 공간이므로 학급 담임교사는 환경 구성에 세심한 배려를 하여야 한다. 환경 구성은 계절 및 시기를 고려하여야 하고, 학습동기를 자극할 뿐만 아니라 학습활동에 직접 도움이 될 수 있는 내용으로 구성하여 학생들이 학급생활에 애착을 느낄 수 있도록 하여야 할 것이다.

⑤ 학생지도 계획: 학생지도 계획에는 학급 학생들을 어떤 방식으로 지도할 것인가에 대한 구체적인 내용을 담아야 한다. 이를 위해 학생지도 계획은 교과지도, 생활지도, 특별활동지도, 건강지도, 기타 사항 지도 등으로 세분화하여 구체적으로 수립하여야 한다. 특히 교사가 하는 일 중에서 가장 중요한 활동인 교과지도의 경우, 교과별 시간 배당기준에 따라 수업계획을 구체적으로 수립하고 체계적으로 지도활동을 수행해야 한다. 그리고 생활지도의 경우, 기본예절, 질서생활, 문제학생, 결손가정학생, 다문화 및 새터민 가정의 학생 등에 유의하여 지도계획을 수립하여야 한다.

⑥ 학급경영 평가계획: 학급경영 평가계획에서는 학급경영의 성과를 진단·평가할 수 있는 방법을 구체적으로 계획하고, 교사 자신에 의한 평가뿐만 아니라 교사와 학생이 공동으로 평가하는 방안을 포함시키는 것이 바람직하다. 계획과 실천 그리고 평가는 연속적인 순환과정이므로 평가결과는 계획의 수정과 보완 그리고 차기 계획 수립에 활용하여야 한다.

⑦ 학급경영안 작성: 학급경영안의 작성은 학급경영과 관련하여 구상되고 구체화된 학급경영 계획을 일정한 양식에 따라 기록 작성하는 일이다. 학급경영안은 통일된 일정한 양식에 따라 작성할 수도 있고, 교사 자신이 별도의 양식을 개발해 작성할 수도 있다. 학급경영안에 포함되는 주요한 내용은 학교경영목표, 학급경영목표 및 방침, 학급현황, 학생지도 계획, 교육활동 계획, 학생발달 평가, 학급경영 평가 및 반성, 기타 참고자료 등이다.

(3) 학급운영 조직

학년초 구성되는 학급운영 조직은 이후의 1년간 학급생활에서 중요한 의미를 갖게 된다. 따라서 학급조직은 학급 구성원 모두의 자발적이고 적극적인 참여를 유도하면서 교수-학습을 통해 학교교육을 효율화하고 극대화할 수 있는 방향으로 조직되어야 한다. 이를 위해서는 학급조직을 구성할 때 학생들의 교육적 수준, 선호도와 적성 그리고 교우관계 등을 미리 세심하게 파악한 후 이를 고려하여 편성하여야 한다. 그리고 담임교사는 학생들의 의견을 충분히 수렴하는 과정을 거쳐 효과적인 학급운영 조직을 구성하는 것이 바람직하다.

효과적인 학급조직 구성은 교사와 학생들의 원활한 상호작용을 높여 교육적 효과를 극대화시킬 수 있다. 이러한 학급조직 구성을 위해 고려할 사항을 제시하면 다음과 같다(Otto & Sanders, 1964).

- 학급편성은 학생이 자신에 대해 행복감을 갖고 살아갈 수 있게 하고 학생의 전인적 발달을 도모할 수 있는 방향으로 이루어져야 한다.
- 학급편성은 집단의 다양성을 확보하는 데 충분할 정도의 개인차를 지닌 집단이 되도록 하여야 한다. 그러나 학생들은 비슷한 욕구를 가지고 함께 조화롭게 작업할 수 있는 충분한 동질성도 가져야 한다.
- 학급편성은 학생들이 다른 급우들과 함께 상호 만족감을 가지고 생활하는 것을 배울 수 있는 기회를 제공하여야 한다.
- 학급편성은 교사가 그가 가르치는 모든 학생들을 상세히 파악할 수 있어야 한다.
- 학급편성은 융통성 있고 적응적이어서, 필요할 경우 개인의 이동이 가능하도록 허용해야 한다.

학급은 교수학습이 이루어지는 학습집단이면서 동시에 생활집단이므로 사회적 발달에 필요한 적정한 학생 수로 구성될 필요가 있다. 그런데 학급규모가 어느 정도 되어야 적당한지에 대해서는 학자들 간에 다양한 의견들이 있다. 미국교육연합회의 조사에 따르면, 교사들의 능력이 하위인 경우에는 20명, 중위인 경우에는 25명 그리고 상위인 경우에는 35명이 적당한 것으로 나타났다(윤정일 외, 2009). 그리고 김영철 등(2001)은 교원을 대상으로 한 설문조사를 통해 적정한 학급규모를 초등학교 23.9명, 중학교 23.8명 그리고 고등학교 25.4명이라고 보고하였다.

(4) 담임교사의 역할과 자질

① 담임교사의 역할: 학급 담임교사는 학생들의 교과지도, 생활지도, 특별활동지도 등 다양한 부문에서 학생들의 학습과 경험에 지대한 영향을 미치기 때문에 그 역할과 자질은 매우 중요하다. 따라서 학급의 모든 학생들을 직접 책임지고 교육하는 학급경영 담당자로서 담임교사의 역할은 학급목적을 달성하기 위하여 경영목표를 세우고 학급이 수행할 제반 과업을 계획 · 지도 · 평가하며, 학생들의 전인교육을 위해 학급을 충실히 발전시켜 나가는 것이다. 학급 담임교사가 수행해야 할 역할을 구체적으로 제시하면 다음과 같다(서울특별시교육연구정보원, 2010).

- **교육과정 편성 및 평가**: 학급교육과정편성 및 운영, 교육과정의 평가, 학생의 학업성취도평가
- **교과지도**: 담당교과에 대한 전문성 확보 및 학습지도, 교수학습 지도계획 수립 및 운영, 가정학습지도
- **교과외 활동지도**: 특별활동 및 재량활동 지도
- **생활지도**: 올바른 가치관 정립 및 인성지도, 학생 상담 및 진로 지도, 건강 및 여가 지도
- **학교 학급경영 직무수행**: 학급 학습 환경 조성, 학사 및 각종 사무관리, 시설 및 비품관리
- **사안처리**: 학생사안 발생시 1차적 책임자로서 사안 발생 사전 예방 교육, 사안 발생 시 해당 부서를 경유하여 학교장에게 즉시 보고 후 지시에 따라 처리
- **대외관계 및 기타**: 직원 간 인화 단결 및 업무 협조, 지역사회 및 교육관련 기관과의 유대 형성, 학부모와의 바람직한 관계 형성 및 교사의 품위 유지

② 담임교사의 자질: 오늘날 사회가 요청하는 교사는 전문적인 지식이나 기능뿐만 아니라 학생의 전인적 성장 발달을 돕는 참된 인간성과 지도력을 갖춘 인물이다. 여러 학자들이 바람직한 교사의 자질을 제시하고 있는데, 이종재 등(1981)은 이상적인 교사의 자질에 대한 조사에서 우리나라 사람들은 집단별로 다소의 차이를 보이고 있으나, 교육자로서 신념을 지닌 교사, 학생에 대한 깊은 관심과 사랑을 지닌 교사, 그리고 인생에 대한 자세를 가르쳐 주는 교사를 바람직한 교사상으로 보고하였다. 그리고 미국에서 실시한 교육에 대한 갤럽 여론조사에서 바람직한 교사의 특성은 이해와 의사소통의 가능성을 지닌 교사, 어린이에게 공정한 원칙을 지닌 교사, 높은 도덕적 특성을 지닌 교사, 헌신적인 교사 등의 순으로 나타났다(Brainard, 1997). 이와 같은 내용을 바탕으로 바람직한 담임교사의 자질을 살펴보면 다음과 같다(서울특별시교육연구정보원, 2010).

- **인성적 자질**: 교육은 인격적인 만남과 따뜻한 인간관계를 바탕으로 가르치고 배우는 활동이다. 교사의 따뜻한 인간미는 학생과의 관계를 더욱 친밀하게 만들어 교사와 학생 간의 상호작용 활동을 활발하게 해 준다. 그러므로 교사의 정서활동을 포함한 인간적인 자질은 모든 교수활동에서 가장 중요한 위치를 차

표 15-5   바람직한 담임교사의 자질

인성적 자질	전문적 자질	지도자적 자질
• 존경과 신뢰감 • 유머 • 감정이입과 감수성 • 상대적 가치관 • 정열 • 성실성 • 문제 대처 능력 • 풍부한 자원 • 창의성	• 폭넓은 교양 • 교직의 전문성 • 교수 기술 • 교육과정에 관한 명확한 인식 • 지도성 기술	• 건실한 국가관과 인생관 • 교육개혁의 의지 • 의사 결정의 민주성 • 업무에 대한 기획, 평가 능력 • 왕성한 책임 의식 • 적정한 과업 지향 • 원만한 인간관계 • 상황에 대한 통찰력

출처: 전라남도교육청(2008). 교직실무 매뉴얼-중등 신규교사편. p. 5.

지한다.

• 전문적 자질: 일반적으로 교직을 전문직이라고 한다. 그리고 1966년에 유네스코(UNESCO)와 세계노동기구(ILO)가 공동으로 작성·발표한 '교원의 지위에 관한 권고'에서 기본원칙의 하나로 교직의 전문성을 언급하고 있다. 이에 따르면, 교직은 엄격하고도 계속적인 연구를 통하여 습득·유지되는 전문적 지식과 전문화된 기술을 필요로 하는 공공적 업무를 수행하는 직종이기 때문에 전문직으로 간주되어야 한다. 따라서 교직이 전문직이라면 교사는 교과지도뿐만 아니라 생활지도 등에 대한 전문가적인 자질을 갖춤으로써 전문적인 소임을 다할 수 있다.

• 지도자적 자질: 교사는 교육하는 위치에 따라 학급이나 전교생을 상대로 지도적 역할을 수행해야 할 경우도 있고, 때로는 지역사회나 학부모를 상대로 지도적 역할을 수행해야 할 경우도 있다. 따라서 지도성은 미래사회를 이끌어 갈 학생들을 지도하는 교사가 갖추어야 할 중요한 자질이다.

③ 자기주도 학습능력 신장: 21세기 지식기반사회는 스스로 끊임없이 학습해야만 성공적으로 살아갈 수 있는 사회다. 따라서 교사는 주입식 교육에서 탈피하여 학습자가 스스로 배워 가는 자기주도 학습능력을 기를 수 있도록 교육하여야 할 것이다. 자기주도 학습(self-directed learning)이란 개인 스스로 자신의 학습요구를 진단하고, 학습목표를 결정하며, 학습에 필요한 인적·물적 자원을 탐색하여 적절한 학습

전략을 선택·시행하고, 학습결과를 평가하는 과정을 말한다(Knowles, 1975). 즉, 자기주도 학습은 학습자 스스로가 학습의 참여여부에서부터 목표설정, 프로그램 선정, 평가에 이르기까지의 전 과정을 자발적 의사에 따라 선택·결정하고 수행하는 학습형태다.

학생들에게 자기주도적 학습능력을 길러 주기 위한 학습과정은 5단계, 즉 목표의 설정, 계획수립, 자기과제의 실행 및 해결, 평가 및 검토 그리고 수정단계로 나눌 수 있다. 그리고 자기주도 학습에서 교사의 역할은 다음과 같이 세 가지 측면에서 살펴볼 수 있다(배장오, 2009).

- 교사는 공동학습자로서의 역할을 수행한다. 학습자와 동등한 입장에서 상호존 중하며, 학습활동을 함께 진행하여야 한다.
- 자기주도 학습에서 교사의 임무는 학습조력자 또는 자원 인사(human resource) 로서의 기능을 수행하는 데 있다. 학습자의 자율적인 학습이 이루어질 수 있도 록 상담해 주고, 조언해 주며, 촉진시켜 주는 사람이 되어야 한다. 이를 위하여 교사는 학습자의 특성이나 학습방법 등에 대하여 전문적이고 실제적인 지식을 갖추고 있어야 한다.
- 교사는 학습자의 학습경험을 계획·실시·평가하는 데 참여하여야 한다. 그러 기 위해서는 학습자와 협동적이고 신뢰할 수 있는 관계를 형성하고, 관찰자, 진단자 그리고 기록자로서의 역할을 담당하여야 한다.

3) 학급경영의 평가

학급경영의 평가는 학급을 합리적으로 운영하는 데 필요한 활동으로, 학급운영 의 성공 여부를 판단하고 그 원인을 분석함으로써 이후의 학급경영을 위한 개선자 료로 활용하기 위한 과정이다. 즉, 학급체제의 효과성과 효율성을 유지하기 위해 학급경영 개선에 필요한 유용한 자료를 학급경영자에게 제공하여 그들의 합리적인 의사결정을 돕는 과정이라고 할 수 있다.

학급경영 평가의 기능, 과정, 영역 그리고 평가표 등을 살펴보면 다음과 같다 (박병량, 주철안, 2005; 서울특별시교육연구정보원, 2010).

(1) 학급경영 평가의 기능

학급경영 평가는 학급경영의 결과를 알아보고, 잘못된 점은 개선하고 잘된 점은 발전시킬 수 있는 기능을 가지고 있다. 이러한 기능들을 구체적으로 살펴보면 다음과 같다.

- 학급 경영 활동의 성취도 확인
- 학급 경영의 문제점 진단
- 교사 및 학급 구성원의 동기 유발
- 학급 경영의 개선을 위한 정보 제공
- 학급 경영의 책무성 확인
- 학급 경영에 대한 제반 의사결정에 도움

(2) 학급경영 평가의 과정

평가를 계획하고 실시하고 평가결과를 해석하는 데에는 평가과정에 대한 이해가 필요하다. 학급경영 평가의 과정은 평가의 일반적 과정을 따르는데, 그 과정은 다음과 같다.

> 평가목적 설정 → 평가 대상 및 영역 확정 → 평가의 준거 및 기준 설정 → 준거와 기준에 관련된 자료 수집 → 준거자료에 비추어 사정 → 평가대상의 가치 판정 → 평가결과의 활용(환류)

(3) 학급경영 평가의 영역

학급경영 평가의 영역은 일반적으로 투입평가, 과정평가, 산출평가 그리고 총합평가로 분류된다. 여기서 투입평가는 학급경영 활동에 투입된 요소들의 질과 양이 평가된다. 투입평가의 대부분의 내용은 학기 초 학급경영 계획을 세울 때 미리 분석한다. 과정평가는 학급경영 계획을 실천하는 활동이 평가되는데, 여기서는 각 영역별 활동이 세분화되어 평가되고 분석된다. 산출평가는 학급의 산출, 곧 교육목표가 어느 정도 달성되었는가를 판단하여 학급경영의 효과를 측정하는 평가다. 총합평가는 투입평가, 과정평가 및 산출평가의 결과를 결합시키거나 종합하여 학급경영 전반을 총괄적으로 평가하는 것이다.

(4) 학급경영 평가의 실제

평가의 유형에는 자체(자기)평가, 동료평가 그리고 외부평가가 있다. 최근 교원의 능력과 전문성 향상을 목적으로 현장에 교원능력개발평가제가 전면 도입되어 동료교원에 의한 평가, 학생 및 학부모에 의한 만족도 조사가 이루어지고 있다. 학생의 경우, 초등학교 4학년 이상 고등학교 3학년까지 참여하며, 개별교사의 교육활동(학습지도와 생활지도)에 대해 해당 학급 학생 전체가 만족도 설문에 응답하도록 되어 있다. 그리고 학부모의 경우, 자녀의 학교생활 전반에 대해 개별 교원을 대상으로 만족도 설문에 응답하도록 되어 있다.

교육과학기술부(2013)의 학생 만족도 조사지(예시)와 학부모 만족도 조사지(예시)를 제시하면 〈표 15-6〉, 〈표 15-7〉과 같다. 그리고 서울특별시교육연구정보원(2010)의 교사 자신이 학급경영활동을 직접 평가해 볼 수 있는 학급경영 평가표(예시)를 제시하면 〈표 15-8〉과 같다.

표 15-6 학생 만족도 조사지(담임교사용) 예시

대상자: ○○○ 선생님

연번	평가지표	자녀의 학교생활에 대한 학부모 만족도 조사 문항	만 족 도				
			매우 그렇다	그렇다	보통 이다	그렇지 않다	매우 그렇지 않다
1	교사의 태도	선생님은 골고루 관심을 갖고 공평하게 대해 주십니다.					
2	교사-학생 상호작용	선생님은 활발하게 발표할 수 있는 분위기를 만들어 주십니다.					
3	수업의 진행	선생님은 학습 내용을 쉽게 이해할 수 있도록 가르치십니다.					
4	개인문제 파악 및 창의 · 인성 지도	선생님은 학생들이 무엇을 좋아하는지 알고 지도하십니다.					
5	학교생활적응 지도	선생님은 학교폭력 및 따돌림이 없도록 관심을 갖고 지도하십니다.					

■ 선생님의 좋은 점

■ 선생님께 바라는 점

출처: 교육과학기술부(2013). 교원능력개발평가 매뉴얼(초등학교용)

표 15-7   학부모 만족도 조사지(담임교사용) 예시

대상자: ○○○ 선생님

연 번	평가지표	자녀의 학교생활에 대한 학부모 만족도 조사 문항	만 족 도					
			매우 그렇다	그렇다	보통 이다	그렇지 않다	매우 그렇지 않다	잘 모르 겠다.
1	교사의 태도	선생님은 차별 없이 지도하십니다.						
2	교사-학생 상호작용	선생님은 칭찬과 격려를 많이 하십니다.						
3	수업의 진행	선생님은 수업을 재미있게 하십니다.						
4	개인문제 파악 및 창의 · 인성 지도	선생님은 교우관계에 관심을 갖고 지도하십니다.						
5	학교생활적응 지도	선생님은 학교폭력이나 따돌림이 없도록 지도하십니다.						

■ 선생님의 좋은 점

■ 선생님께 바라는 점

출처: 교육과학기술부(2013). 교원능력개발평가 매뉴얼(초등학교용)

표 15-8 교사 자신의 학급 경영 평가표

평가영역	평가관점	평가척도				
		5	4	3	2	1
기본관점 (10점)	학급의 독자적 특성이 조성되고 있는가?					
	학급의 일에 전 학생이 참여하고 있는가?					
학급경영계획 (10점)	학급경영계획은 학교의 교육계획과 일관성을 가지고 있는가?					
	학급경영계획은 꾸준히 재구성 · 보완되고 있는가?					
교과학습지도 (25점)	기본학습 태도가 잘 이루어졌는가?					
	학생의 학습 개별상담 지도가 잘 되고 있는가?					
	부진학생 지도가 잘 이루어졌는가?					
	가정과 연계한 가정학습지도가 잘 이루어졌는가?					
	학습 기자재는 잘 정비되어 교수-학습에 효과적으로 쓰일 수 있는가?					
특별활동 (10점)	학생 자치활동과 역할분담 활동은 효과적으로 운영되고 있는가?					
	5대 영역이 균형 있게 이루어지고 있는가?					
재량활동 (5점)	재량 활동 시간이 창의적이고 다양하게 이루어지고 있는가?					
생활지도 (30점)	기본생활습관 지도가 잘 이루어지고 있는가?					
	예절생활지도는 잘 이루어지고 있는가?					
	부적응 학생 지도는 잘 이루어지고 있는가?					
	교외생활지도는 잘 이루어지고 있는가?					
	안전생활에 대한 지도가 잘 이루어졌는가?					
	건전한 소비생활 교육은 잘 이루어지고 있는가?					
기타 (10점)	게시물과 학급비품은 잘 정비되어 있는가?					
	학급사무 및 분장 사무는 신속하고 정확하게 처리되고 있는가?					
계 (100점)						

출처: 서울특별시교육연구정보원(2010). 2010 교육실무 편람. p. 98.

정리하기

- 학교경영의 원리에는 민주성의 원리, 타당성의 원리, 자율성의 원리, 효율성의 원리 그리고 합법성의 원리가 있다.
- 학교경영의 영역은 교육목표 설정, 교육과정 운영, 학생관리, 교직원 인사, 장학, 시설 및 재정관리, 사물관리, 보건위생, 학교평가 및 대외관계로 구분된다.
- 학교경영 계획 활동에는 요구 및 실태파악, 목표와 방침 설정, 조직계획, 활동계획 그리고 평가계획이 포함된다.
- 학교경영기법에는 목표관리기법, 과업평가계획기법, 기획예산제도, 비용분석, 정보관리체제 등이 있다.
- 학교운영위원회는 1995년 5 · 31 교육개혁에서 초 · 중등교육의 자율적 운영을 위한 학교공동체 구축의 일환으로 도입되어 시행되고 있는 제도다.
- 학교경영 평가는 학교경영의 실제를 반성하고 끊임없이 개선하기 위한 수단이다.
- 학급경영은 질서유지로서, 조건정비로서 그리고 교육경영으로서의 의미을 갖는다.
- 학급경영의 원리에는 자유의 원리, 흥미의 원리, 협동의 원리, 접근의 원리, 창조의 원리, 발전의 원리, 노작의 원리 등이 있다.
- 효과적인 학급조직 구성은 교사와 학생들의 원활한 상호작용을 높여 교육적 효과를 극대화시킬 수 있다.
- 바람직한 담임교사의 자질은 인성적 자질, 전문가적 자질 그리고 지도자적 자질로 구분하여 살펴볼 수 있다.
- 자기주도 학습(self-directed learning)이란 개인 스스로 자신의 학습요구를 진단하고, 학습목표를 결정하며, 학습에 필요한 인적 · 물적 자원을 탐색하여 적절한 학습전략을 선택 · 시행하고, 학습결과를 평가하는 과정을 말한다.
- 학급경영 평가는 학급을 합리적으로 운영하는 데 필요한 활동으로, 학급운영의 성공 여부를 판단하고 그 원인을 분석함으로써 이후의 학급경영을 위한 개선자료로 활용하기 위한 과정이다.

적용하기

1. 학창시절 가장 기억에 남는 교장선생님의 학교경영 능력과 특징을 말해 보고, 바람직한 교장이 갖춰야 할 능력과 자질에는 어떠한 것들이 있는지 함께 토론해 보자.

2. 학창시절 가장 기억에 남는 담임교사의 학급경영 능력과 특징을 말해 보고, 바람직한 교사가 갖춰야 할 능력과 자질에는 어떠한 것들이 있는지 함께 토론해 보자.

3. 학급경영에서 교사의 교과지도 능력뿐만 아니라 생활지도 능력이 중요한 이유에 대해 함께 토론해 보자.

4. 학교운영위원회를 정상화하고 활성화시킬 수 있는 방안들에 대해 함께 토론해 보자.

5. 훌륭한 교사가 되기 위해 대학시절 준비해야 할 것들에 대해 함께 토론해 보자.

제5부

교육행정의 과제

제16장

사회변화와 한국 교육행정의 과제

1. 탈근대화와 교육행정

2. 지식기반사회화와 교육행정

3. 평생학습사회화와 교육행정

4. 유비쿼터스화와 교육행정

5. 글로벌화와 교육행정

● 학습 목표

• 사회변화의 각 개념을 이해하고 변화 동향 설명할 수 있다.

• 사회변화의 동향이 교육에 미치는 영향을 설명할 수 있다.

• 사회변화의 동향에 따른 교육행정의 과제를 설명할 수 있다.

교육행정체제는 개방체제로서 사회변화에 민감하게 반응한다. 교육에 관한 행정
은 사회체제 속에서 이루어지는 것이기 때문에 사회변화를 적극적으로 수용하여
교육을 지원하는 활동을 수행해야 하는 것이다. 미래연구자들에 의하여 논의되는
현재의 사회변화 동향은 탈근대화, 지식기반사회화, 평생학습사회화, 유비쿼터스
화 그리고 글로벌화로 요약할 수 있다. 이러한 변화 동향과 그에 따른 교육의 변화
그리고 교육행정의 과제를 살펴보면 다음과 같다.

1. 탈근대화와 교육행정

1) 탈근대화

근대사회는 르네상스 이후 신이 지배하던 시대가 인간의 이성이 지배하는 시대로
전환되면서 이성 중심의 사회, 즉 인간의 이성이 대규모의 코드화된 정전을 창출하
고, 그것에 의해 질서가 유지되고 지배되는 집합체로서의 특징을 갖는다. 그러나
20세기 후반부터 범세계적으로 정치, 경제, 사회, 문화 등 전면에서 이루어지고 있
는 새로운 흐름은 기존의 가치관과 세계관을 변화시킬 정도로 빠르게 대규모로 진행
되고 있다. 이 흐름은 일반적으로 이성의 작용을 통해 설정된 고착된 단일의 가치와
절대적인 규범을 벗어난다는 의미의 '탈정전화'를 추구한다. 각 사회가 구현하고자
하는 기존의 본질적이고 보편적인 가치로서의 정전은 이제 무의미하고, 결국 부
정 · 해체되어 탈근대화 시대에서는 다양한 생활양식, 다양한 가치, 다양한 도덕규
범이 인정되고 수용되는 다원주의적이며 상대주의적인 문화논리를 추구하게 된다
는 것이다(목영해, 1994). 우리는 이러한 변화의 물결을 탈근대화(postmodernization)
현상이라 부른다.

탈근대화는 주로 지금까지 문학과 예술의 영역에서 근대주의적 관점을 탈피한
활동을 총칭하는 문예적인 개념이었다. 그러나 20세기 후반부에 기존의 조직화되
고 성문화된 방식을 탈피하고자 하는 인간의 새로운 생활양식을 설명하고 정당화
하기 위한 문화논리로서 탈근대주의(postmodernism)가 등장한 이래, 현대사회의
다국적 자본주의화, 후기 산업사회화, 소비사회화, 정보사회화라는 성격변화를 체
계적으로 설명하는 철학적 사회적 논리로서 자리 잡아 가고 있다. 탈근대화의 특징

은 다음 세 가지로 요약할 수 있다.

① 다원주의적 경향: 근대사회는 으뜸인 하나의 일원적인 가치가 인간의 생활방식을 지배했지만 탈근대 사회에서는 이 전체를 지배하는 사고가 해체되어 다원화되고 다양한 가치에 의한 개성 있는 삶이 펼쳐지게 된다.

② 상대주의적 경향: 근대사회에서는 이성적 사고의 주체로서 자아가 창출해 낸 절대적이고 보편적인 진리를 추구하고 이에 의존하고 있다면, 탈근대 사회에서는 이성적 사고는 오히려 주관적이어서 사고의 주체로서 절대적 자아를 탈피하는 상대주의적인 사고 경향을 띠게 된다.

③ 비결정성의 경향: 근대사회에서는 미리 구안된 틀에 따라 전체가 한꺼번에 움직이는 합리적 계획과 이의 실행에 의한 예정된 결과의 필연성을 가정하는 데 비해, 탈근대 사회에서는 계획된 질서보다는 상황의 유동성 때문에 임의적이고 우연성에 의해 결정되어 예기치 않은 결과가 초래되는 경우가 많다.

2) 교육행정의 과제

탈근대화의 논리가 교육의 영역에 등장한 것은 1980년대 후반으로, 탈근대주의 논리의 교육적 적용은 다민족으로 구성된 교육대상자들에게 다문화 교육(multicultural education)이 필수적인 과제로 등장한 미국에서 특히 많은 관심 속에 진행되어 오고 있다. 교육적 관점에서 탈근대주의는 근대 공교육 제도의 성립 이래 지속되어 온 근대 학교교육의 문제점을 반성적으로 비판하는 데 탁월한 함의를 갖는다. 탈근대주의자들에 따르면, 종래의 공교육은 학생의 다양한 가치와 생활방식을 존중하여 교육목표를 설정하고, 교육내용을 구성하기보다는 국가적·사회적으로 권력기반을 선점하고 있는 집단에 의해 기획된 교육목표와 내용에 의해 이루어진다. 즉, 이러한 권력집단은 권력 유지와 지배를 위해 사회적 합의를 가장한 의도적인 제도를 활용하여 교육목표와 내용을 결정하고, 이를 교육활동의 근간으로 삼는다. 이 과정에서 권력집단이 목적 달성을 위해 내세우는 이성적 사고는 옳고 그름의 가치판단을 그들의 의도대로 보편화시키는 통제 기제로서 기능한다. 따라서 학생들은 자신의 관심이나 출신 배경에 관계없이 정치적 의도가 깃든 교육목표와 내용을 일률적으로 학습하게 되고, 이로부터 벗어난 사고나 의문은 옳지 않으며 비이성적이라는 비난을 받게 된다. 교육적 관점에서 이런 식의 공교육은 상식적으로 학생의 창의성을 둔화시키는 것은 물론이고, 반성적 사고를 마비시켜 실제 생활과 유리된 채 주류적 보편을 무조건 따르게 하는 경향이 있다.

교육행정학의 영역에서도 탈근대주의가 논의된 것은 1980년대 후반으로 주로 학교행정과 지도성 분야에서 중심적으로 논의되어 왔다. 그리고 교육행정 연구자들 사이에서도 그 인식의 폭이 점차 확대되어 가는 시점에 있다(Hoy & Miskel, 2008). 아직은 소수이지만 탈근대주의는 교육행정철학의 관점에서 교육행정에 대한 논리적 근거와 함의가 논의되고 있고(신현석, 1994), 교육지도성 분야에서는 권위와 전체성의 상징으로서 지도성의 해체와 분산에 대한 연구가 활발하게 진행되어 오고 있다. 그러나 탈근대주의의 문화적·철학적 논리가 교육행정적으로 향후 얼마나 활발하게 적용될 수 있을지는 예단하기 힘들다. 탈근대화의 시대적 상황에서 교육행정의 방향과 역할은 무엇인지에 관해 국내외의 논의는 아직 의견이 분분한 실정이다. 특히 탈근대주의가 지향하는 논리는 현재까지 교육행정이 지향해 왔던 기본 가정과 원리 그리고 실제를 부정할 정도로 극단적이다.

교육행정의 목적은 교육목표를 달성하기 위하여 필요한 인적·물적 자원을 효율적으로 정비하여 교육활동을 지원하는 데 있다. 그리고 교육조직을 효율적으로 운영하는 것은 교육행정의 중요한 목표 중 하나다. 교육조직의 효율성을 제고하는 과정에서 개인의 요구와 관심은 전체를 위하여 무시되기 쉽다. 개인보다는 집단의 논리가 중요하고 교육조직을 운영하고 업무를 추진하는 과정에서 필요한 교육관련 법규는 조직의 질서와 위계를 강조하기 때문에 이에 반하는 탈이성적인 개인 행위는 용납되지 않는다. 그러나 탈근대화의 경향은 조직에 유입되는 사람의 생각과 행동에 영향을 미쳐 전통적으로 조직 내에서 요구되는 규범과 명령 그리고 개인의 성격과 기질 간에 많은 갈등이 유발되곤 한다. 우리는 이를 단순히 세대차에 의한 갈등이라고 부르지만, 이면에는 탈근대화와 같은 사회변화의 조류가 내재해 있는 것이다.

이와 같이 오늘날 교육행정은 법규와 규범과 같은 정전으로부터 탈피하려는 경향, 질서를 보장하고 전체를 강조하는 체제에 대한 저항, 위계적 권위에 대한 지속적인 도전 등과 같은 탈근대적 상황에 지속적으로 노출되어 있다. 과연 이러한 탈근대적 상황에서 향후 교육행정이 어떻게 존재해야 하는지, 탈근대화 논리의 교육행정 적용 가능성과 한계는 무엇인지에 대해 심도 있게 논의되어야 할 것이다.

2. 지식기반사회화와 교육행정

1) 지식기반사회화

최근에 우리사회에서 시대적인 변화의 핵심적인 모습은 소위 '지식기반사회 (knowledge-based society)'라는 말로 가장 빈번하게 회자되고 있다. 지식기반사회라는 용어는 후기산업사회에 관한 논쟁이 한창이던 1960년대 중반에 처음으로 등장하였다(교육부·한국직업능력개발원, 1999: 4). 이후 Bell(1973), Toffler(1980), Drucker(1993) 등은 명칭은 다르지만 공히 산업사회이후의 변화 양상에 대하여 토지·노동·자본과 같은 유형 자원을 기반으로 하는 사회로부터 지식·정보통신·기술 등 무형자원을 기반으로 하는 사회로의 전환이 불가피하다고 역설하였다.

사회상의 시대적 전환이라는 의미가 내포된 지식기반사회는 주로 사회경제적인 면의 변화 동인에 의해 설명되곤 한다. 농업사회, 산업사회에 이어 지식기반사회가 인류문명 물결 간의 갈등을 통해 새로운 승자로 탄생되었고, 자본주의 발전 단계의 새로운 패러다임으로 지식기반사회가 20세기 후반의 세계 자본주의를 지배하게 된다는 것이다(Toffler & Toffler, 1994). 이런 점에서 지식기반사회는 지식기반경제 (knowledge-based economy)라는 말로 빈번하게 대치되거나 혹은 이들을 통합하여 지식기반경제사회라고 통용되기도 한다.

지식기반사회화란 지식이라는 무형자원을 바탕으로 사회와 경제가 형성·발전되어 가는 경향을 말한다. 지식기반사회의 키워드는 아무래도 지식이다. 물론, 농경사회나 산업사회에서도 지식은 중요하게 취급되었지만, 지식기반사회에서 활용되는 지식은 그 이전 사회의 지식과 내용과 형태가 다르다. 지식기반사회에서의 지식은 정태적이고 관조적인 소수 엘리트들의 지식이 아니라 역동적이고 실천지향적이며, 대중에 의해서도 생산될 수 있는 지식이다. 따라서 지식기반사회에서 지식은 전통적인 교과서 지식과는 달리 폭발하는 정보와 지식의 신속성, 다양성, 복잡성, 중첩성 등을 조직하고 관리하는 '연계망적 지식(networking knowledge)'을 의미하며, 거대한 양의 정보와 지식을 다루는 데 관련된 '문제해결을 위한 지식(problem-solving knowledge)'이 중시된다(이돈희 외, 1998). 이러한 지식에 대한 구체적인 설명은 지식을 "이성적 판단이나 경험적 결과를 제시하는 사실이나 개념에 관해 조직화한 진술의 집합체로서 어떤 체계적인 형태로 전달매체를 통하여 제3자에게 전달되는 것"(Bell, 1995: 176)으로 보는 명시적 지식(explicit knowledge) 혹은 도구적 지식(impersonal knowledge)의 수준을 넘어선다. 즉, 지식기반사회의 지식은 어떤 형태의 지식이든 그것을 다양하고 창의적인 방식으로 활용하여 부가가치를 창출해 내는 능력과 관계된 지식으로서 일종의 변혁적 지식(transformational knowledge)을 일컫는다(유현숙 외, 1999: 47). 이러한 관점에서 볼 때, 지식기반사회는 인간의 삶이 조직되고 정련된 지식을 생산·보급하고, 활용·교환하며, 다시 정비하여 재구성할 때 새롭게 창출되는 생산력과 사회적 가치에 의존하게 되는 사회를 말한다.

2) 교육행정의 과제

지식기반사회에서 국가 교육정책의 목표는 다양한 분야의 인적자원개발에 초점이 모아진다. 이에 따라 국민의 정부 이래 "어떻게 하면 지식창출을 가능하게 하는 창의력 있는 인재를 양성할 수 있을까?"는 국가 교육목표 설정에서 주요 관심사였다. 그만큼 인적자원의 개발을 통한 국가경쟁력의 제고는 이 시대의 당위적 명제이며, 국가생존전략의 핵심 사안으로서 전 세계 국가사이에서 폭넓게 자리 잡고 있다(한국직업능력개발원, 2000: 9). 이에 따라 교육체제도 기존의 평준화·획일화·균등화를 통한 교육의 평등성 강조에서 특성화·다양화·차별화를 통한 교육의 수월성 중심으로 변모해야 할 필요성이 제기되고 있다. 경쟁을 통한 인적 자원의 질 제고와 교육의 수월성 추구 논리가 전통적인 교육논리와 부분적으로 갈등 양상을 노정하고는 있지만, 시대적인 당위성에 편승하여 교육정책의 최우선 과제로서 그 위상이 점차 강화되고 있다.

지식기반사회의 교육정책 목표가 인적자원개발에 주어질 때, 교육행정은 이에 대한 실천과 지원의 수단으로서 기능한다. 이에 따라 교육행정은 다음과 같은 역할에 따른 과제를 수행해야 한다.

- 국가 교육정책의 우선권이 인적자원개발에 있을 때 교육행정은 인적자원개발 실천의 장으로서의 역할을 수행해야 한다. 즉, 교육행정은 국가 인적자원개발 정책의 방향에 따라 교육의 장에서 실천될 수 있는 정책과제들이 교육현장에서 성공적으로 추진될 수 있도록 필요한 추진체계를 정비하고 집행하는 과업

을 수행해야 한다.

- 지식기반사회에서 교육활동의 방향이 학습과 삶의 연계에 두어짐에 따라 교육 행정은 이러한 교육활동을 조장하고 지원하는 역할을 담당해야 한다. 이를 위해 학교행정은 학교교육에서 교육내용이 실제 삶의 현장과 연계될 수 있도록 교육과정을 운영해야 한다. 더 나아가 학교교육이 미래의 직업세계와 유기적으로 연결될 수 있도록 새로운 교육내용과 방법을 갖추는 데에서 수단적 지원을 아끼지 말아야 한다.

- 지식기반사회에서 요구되는 인적자원은 '창의력 있는 인재'이므로 교육행정은 창의력 개발이라는 교육목표를 달성하는 데 필요한 조건정비적 역할을 담당해야 한다. 창의력 개발은 개별학습과 맞춤학습을 강조하기 때문에 전체와 효율성을 강조하는 종래의 교육행정과 부합하지 않을 수 있다. 이런 점에서 지식기반사회의 교육행정은 학교에서 창의력 있는 인재들이 양성될 수 있도록 관련 제도 및 법규를 개선해야 하고, 필요한 인적 물적 자원의 공급과 적재적소 배치가 필요하다.

3. 평생학습사회화와 교육행정

1) 평생학습사회화

지식기반사회에서는 보다 독창적이고 창의적인 아이디어, 기존의 지식을 활용하는 지식이 중요하다. 뿐만 아니라 지식이 생성·성장·활용되는 장소는 학교의 울타리를 넘어 사회의 전 분야, 인간의 전 생애에 걸쳐 있다. 이렇게 볼 때 지식산업체로서 학교는 분명 학생들에게 가르침을 통해 지식을 배양하고 보급하는 장소이긴 하지만, 광범위한 지식의 학습이 이루어지는 거시적인 맥락하에서 보면 학교는 평생학습체제의 일부분에 불과하다. 이런 점에서 지식기반사회는 "평생 동안 일을 하면서 또 여가를 즐기면서도 학습을 지속적으로 해야 하는 사회, 즉 평생학습사회" (권대봉, 1996: 16)라고 할 수 있다. 따라서 기존의 교육은 학교와 사회, 학교 간의 경계가 유연화되는 평생학습으로 확장·전환되는 경향이 나타나게 되는데, 이를 평생학습사회화라고 한다.

평생학습사회에서 교육이 확장된다는 의미는 전통적인 학령에 속한 학생을 대상으로 하는 학교교육뿐 아니라 성인을 대상으로 하는 기업체 및 각종 사회단체 등을 통한 평생교육이 보다 강화된다는 뜻이다. 왜냐하면 사회구성원들은 다양한 네트워크를 통해서 지속적으로 학습해 나갈 수밖에 없는 환경 조건에 처해지기 때문이다. 특히, 대학은 성인학습자를 지속적으로 받아들일 수밖에 없고 온라인을 통한 학습이 발달되어 평생학습사회를 구축하는 데 중요한 역할을 하게 될 것이다. 또한 평생학습사회에서의 교육은 지식의 개념 전환이 불가피해짐에 따라 종래의 모습과는 다른 양상으로 전개될 수밖에 없다. 사람들은 생활 그 자체에서 필요한 지식과 정보가 폭증함에 따라 타인과의 정보교환과 공유가 불가피해지고 이에 따라 상호 유기적인 관계 형성을 통한 연계 · 협력이 항상 필요하다. 이런 상황에서 존재하는 교육은 시공간의 장애를 벗어나서 다양한 형태, 다양한 연계망을 통해서 유연하게 이루어질 것이며, 교육과 노동 및 문화의 구별이 점점 줄어들게 된다(김영철 외, 1999).

2) 교육행정의 과제

평생학습사회에서 교육 개념이 확장된다고 해서 학교교육의 중요성이 반감되는 것은 아니다. 간혹 교육의 장이 평생에 걸쳐 학교라는 장벽을 넘어 전방위적으로 펼쳐지기 때문에 학교교육 혹은 학교위기론이 대두되기도 한다. 그러나 학교는 평생학습사회의 주인공으로서 학생들을 준비시키고, 지역사회의 학습센터로서 혹은 지식의 교환과 전달의 중심 연계망으로서의 진가를 발휘할 수 있는 절호의 기회이기 때문에 오히려 그 위상이 보다 강화될 수 있는 여지가 있다. 물론 이러한 존재적 가치가 온전히 보전되기 위해서는 학교(교육)에 대한 근본적인 패러다임의 변화가 전제되어야 한다. 주입식 교육으로부터 벗어나 창의적인 자기주도적 학습이 이루어져야 하고, 획일적인 교육내용과 전근대적인 교육방법으로부터 벗어나 다양성에 기반을 둔 내용과 개별화된 교육방법을 도입하며, 폐쇄적인 학교운영으로부터 벗어나 사회학교간 지식공유 연계망 형성에 주안점을 두어야 한다(매일경제 지식프로젝트팀, 1998). 이를 위한 평생학습사회에서의 교육은 그 활동 면에서 학습과 인간의 삶을 유기적으로 연계시키는 교육으로 거듭나야 할 것이다.

현대의 평생학습사회화 경향 속에서 교육행정의 역할도 변화되어야 한다. 평생

학습사회의 교육행정은 다음과 같은 과제를 수행할 것으로 기대된다.

- 정부에서는 학교교육과 직업세계 간의 연계가 지식기반사회에서 평생학습체제 구축을 위한 중요 정책과제의 하나로 인식하고, 이를 실현하기 위한 청사진의 마련과 정책과제 도출에 심혈을 기울여야 한다. 과거 김대중 정부에서는 대통령 교육자문기구를 통해 지식기반사회에서 학습과 삶의 실제를 연결하는 교육의 중요성을 인식하고 평생학습체제의 구축을 위한 정책 방안을 제시하였다 (새교육공동체위원회, 1999).
- 직업세계에서 필요한 기술과 기능의 혁신에 도움이 되는 방향으로 교육과정이 운영될 수 있도록 지원하고 조장하는 역할을 해야 한다. 과거 삶과 유리된 지식의 학습에 대한 회의적인 시각과 학교졸업 후 직업을 통한 삶이 인생의 2/3를 차지한다는 현실을 감안할 때 평생학습사회에 부합하는 보다 현실적인 학습과 훈련이 학교에서부터 이루어질 수 있도록 교육행정의 지원이 절실하다.
- 모든 교육활동이 인간의 삶과 연계될 필요와 요구를 충족시킬 수 있도록 평생학습체제가 개별 맞춤형으로 운영될 수 있도록 전략을 구상해야 한다. 평생학습사회에서 필요한 학습은 개인이 처한 상황에 따라 다르기 때문에 행정편의를 위해 학습체제를 일괄처리 방식으로 운영해서는 안 된다. 따라서 평생학습체제의 운영은 개별적인 학습자의 요구와 필요를 파악하여 이들의 교육 요구를 수용할 수 있는 다양한 맞춤형 프로그램 제공을 통해 수요자 만족도를 높여 가는 방식으로 이루어져야 한다.

4. 유비쿼터스화와 교육행정

1) 유비쿼터스화

현대사회에서 정보통신기술의 발전은 단순히 정보가 특정 분야에서 중요하게 이용되는 정보화의 단계를 넘어 개인이 시공을 초월하여 컴퓨터나 네트워크에 '언제, 어디서나 접근할 수 있는' 유비쿼터스(Ubiquitous) 컴퓨팅 환경을 창출하였다. 1974년 MIT 대학교 교수인 Negroponte가 미래에는 유비쿼터스적이고 분산된 형태의 컴퓨터를 보게 될 것이라고 예언한 이래, 미국 제록스 사의 Mark Weiser가 유비쿼터스 컴퓨팅이라는 용어를 사용하면서 유비쿼터스라는 말이 일반화되었다. 언제 어디서나 존재한다는 뜻의 유비쿼터스는 유비쿼터스 통신, 유비쿼터스 네트워크 등과 같은 형태로 쓰이기도 하지만, 일반적으로 어떤 전자기기나 사물에 컴퓨터를 집어넣어 커뮤니케이션을 가능하게 해주는 정보기술 환경 또는 정보기술 패러다임을 뜻한다. 이러한 환경이 조성되면 수많은 컴퓨터가 한 명의 사람을 위해 존재하는 세계가 펼쳐지는 셈이다. 유비쿼터스 사회에서는 언제(anytime), 어디서라도(any where), 어떤 기기를 가지고서라도(any device), 어떤 네트워크에 접근하여(any network), 어떤 서비스(any service)라도 주고받는 것이 가능하다. 이러한 경향이 심화되는 경향을 우리는 우리 사회가 유비쿼터스화되어 간다고 말할 수 있다.

오늘날 컴퓨터의 보급이 일반화되어 있고, 인터넷 활용이 일상화되어 있는 우리 사회는 이미 어느 정도 유비쿼터스화되어 있다고 말할 수 있다. 어느덧 유비쿼터스 환경의 심화는 개인의 삶의 양식, 집단의 생활방식, 의사소통의 방법, 여가생활에 이르기까지도 변화시키고 있는 중이다. 유비쿼터스 기술의 확산은 교육에서도 과거와는 다른 형태의 교육방법을 가능하게 한다. 우선 기술적 자율성을 통하여 교육자 또는 교사가 없는 교육환경의 구축이 가능하게 되었다. 인터넷 매체를 활용하여 언제 어디서든지 원격학습과 반복학습 그리고 지연학습이 가능해졌다. 그리고 지식 전달에 집중했던 소위 Teaching 1.0 시대와 비교할 때, 커뮤니티와 학습자 중심의 학습을 통해 지식창조를 강조하는 Teaching 2.0 시대에는 교수자와 학습자 간, 학습자 상호 간에 참여와 소통이 활성화되는 블로그, RSS(Rich Site Summary), 가상교실(virtual classroom), 동영상 공유, 사진 공유, Podcasting을 활용한 학습이 활성화될 것이다(채재은 외, 2009). 이러한 상황을 반영하여 최근에 대통령직속 미래기획위원회에서는 교육정보화 관련 기관과 전문가들이 협력하여 '2020 국가 유비쿼터스 학습국가 체제 구축 비전 및 전략'을 작성하기도 하였다(안선회 외, 2010).

2) 교육행정의 과제

정보통신기술의 획기적 발전과 확산, 인터넷 중심의 사회구조, 새로운 기술의 교육적 활용 요구가 증대되는 유비쿼터스 사회에서는 전통적인 교육과는 전혀 다른 새로운 방식의 교육체계를 필요로 한다(정보통신부, 2006; 교육혁신위원회, 2007). 구체적으로, 유비쿼터스 시대의 교육은 다음과 같은 특징을 보여 주게 될 것이다.

첫째, 학습공간이 다원화될 것이다. 교수–학습의 공간이 종래의 학교 울타리를 넘어 가정, 지역사회, 전 세계 등으로 확대될 것이다. 학생들은 학교에서 인터넷 접속을 통하여 실시간으로 다양한 공간 및 기관에 대한 학습이 가능하고, 역으로 이들 공간과 기관은 교사를 대신하여 교수자로서의 기능을 할 수도 있을 것이다. 유비쿼터스 기술의 발달에 따라 많은 부분의 교육은 사이버공간을 이용하며 온라인의 단점을 보완해 주는 형태의 오프라인과 혼합되는 온오프라인 연계학습 방향으로 가리라고 예측된다.

둘째, 지적 능력 보강 프로그램을 통한 맞춤형 개별교육과 개별학습이 가능하게 될 것이다. 학부모는 일반적으로 학교가 학생들의 개별성을 존중하여 개인의 요구나 욕구 그리고 능력에 따른 개별 맞춤학습을 제공해 주기를 원한다. 유비쿼터스 기술의 발달은 학생의 특별한 요구나 능력을 파악하기 위한 다양한 시뮬레이션 프로그램을 통해 학생의 요구와 흥미 그리고 지적능력에 맞춘 맞춤프로그램을 개발하여 가르칠 수 있게 할 것이다.

셋째, 거미줄 통신망에 기반을 둔 학습 활동이 가능할 것이다. 학습 활동은 초고속 광대역 통신망을 통해 이루어질 것이다. 깨끗한 화질로 지구촌 전문가의 원격수업을 듣고 상호 간에 원격 회의가 가능해질 것이다. 또한 학습결과를 실생활에 적용하기 위하여, 각 지역에 있는 전문가들과 손잡고 보다 양질의 공동의 프로젝트를 수행할 수 있고, 거리와 시간의 제약에서 벗어나 디지털 작업대, 가상현실과 같은 정보환경 등을 이용하여 보다 효율적이고 심도 깊은 공동의 프로젝트를 수행할 수 있게 된다.

유비쿼터스 사회에서 교육환경이 변함에 따라 교육활동을 지원하는 교육행정의 역할도 당연히 새롭게 설정되어야 한다. 새로운 역할에 따른 교육행정의 과제를 제시하면 다음과 같다.

첫째, 다양한 공간에서 학습이 가능하도록 유비쿼터스 컴퓨팅 환경에 부합하는 정보통신기술의 지원과 네트워크의 개발이 필요하다. 기술의 지원과 네트워크의 개발은 학습자가 효율적으로 학습할 수 있는 환경 조성에 주안점을 두어야겠지만 이에 못지않게 집단 간, 계층 간 정보격차(digital divide)가 발생하지 않도록 평등한 접근성에도 주의를 기울여야 한다. 특히, 단위학교에서도 미래형 유비쿼터스 학습 시설을 확보하고 지속적으로 개선하는 노력을 기울여야 한다.

둘째, 모든 국민이 각자의 필요에 따라 누구나 언제 어디서나 원하는 교육을 받을 수 있는 개방적인 학제를 구축하여야 한다(김영철, 2006). 유비쿼터스 기술이 확산되면서 학습자는 전 국민이 되어야 할 것이며, 이들이 교육받는 시기와 기간, 교육의 영역과 내용 등을 필요에 따라 자유롭게 선택할 수 있도록 다양한 방식으로 새로운 학교교육제도 운영을 모색할 필요가 있다.

셋째, 학교행정은 학생에 대한 맞춤형 학습관리, 학습지원에 보다 주안점을 두어야 한다. 종래 학교관리자는 조직 및 시설 설비관리 등 주로 하드웨어 관리, 교육 관리에 치중했으나 유비쿼터스 환경에서의 학교행정은 학습자와 그들의 학습과정 관리에 좀 더 초점을 맞출 필요가 있다. 학습자의 자기주도적 학습력을 키워 주고, 개별 맞춤형 학습관리가 가능한 학교교육 시스템을 갖추어야 한다.

또한 지나친 개별 학습으로 인해 학습자의 감성이 메마르지 않도록 협동학습, 공동학습 등과 같은 감성학습의 설계와 관리에 주안점을 두어야 한다. 뿐만 아니라 유비쿼터스 통신망을 통한 학습과정 관리가 쌍방향으로 이루어지는 가운데 교육과정 표준화와 학습의 질 관리를 위해서도 최선을 다해야 한다.

5. 글로벌화와 교육행정

1) 글로벌화

오늘날 세계는 지구촌이라 할 정도로 급속도로 가까워지고 있다. 이러한 원인으로 교통 및 정보통신기술의 발달을 우선 들 수 있겠지만 무역 교류에 의한 경제적인 측면에서의 국가 간 빈번한 접촉을 빼놓을 수 없다. 실물상품, 생산요소, 서비스의 국제이동으로 국가 간 경제 통합이 심화되면서 경제 성장을 이끌어 가는 세계경제의 구조 변화가 숨 가쁘게 이루어지고 있다. 이에 따라 전 세계 국가에서 세계무역기구(WTO)를 중심으로 한 다자차원의 경제통합과 자유무역협정(FTA)을 중심으로 한 지역차원에서의 경제통합이 빠르게 진행되고 있다. 바야흐로 세계 지구촌 시대가 열리게 된 것이다. 세계의 국가들은 이제 환경보존과 같은 지구 공동의 관심사에 대해 함께 논의하기에 이르렀고, 자국의 이익을 존중하면서도 세계 평화와 안위를 해치는 사안에 대해 공동으로 대처하고 협력을 도모하기에 이르렀다.

글로벌화(globalization)란 국경을 가로지르며 인구, 문화, 아이디어, 가치, 지식, 기술, 경제의 유동이 증가함으로써 세계가 더욱 서로 연결되고 상호의존적인 상태가 되는 과정을 말한다(Knight, 2006). 글로벌화는 각 나라에 다양한 영향을 미친다. 각 나라가 소유하고 있는 고유한 역사, 전통, 문화, 영토, 자원에 따라 긍정적이면서도 부정적인 결과를 동시에 초래할 수 있다. 교육은 글로벌화에 의해 영향을 받는 하나의 영역이다.

2) 교육행정의 과제

글로벌화에 따라 교육에 나타나는 현상은 다음 네 가지로 압축할 수 있다.

① 교육인구의 국가 간 이동 심화: 소위 국가 간 경계를 넘나드는 교육(cross-border education)이 보편화되면서 더 좋은 교육을 찾아서 외국으로 떠나는 유학생과 우리 학교에서 교육을 받기 위해 입국하는 외국인 유학생이 점점 증가하게 된다.

② 다문화 교육 요구: 우리 사회는 글로벌화에 따라 사업, 취업, 결혼, 유학 등에 의한 이동성의 강화로 외국인의 유입이 증가하면서 단일 민족사회에서 다문화 사회로의 이행 과정에 있다. 다문화 사회에서는 타문화 체험교실 운영, 다문화 교과편성 운영과 같은 타문화에 대한 배려 교육이 필요하다.

③ 외국어 교육의 강화 필요: 글로벌화는 학생들로 하여금 더 많은 시간을 외국어 학습에 집중하도록 한다. 그만큼 국가 간에 다방면의 교류가 빈번하게 이루어지기 때문에 세계 공용어인 영어는 물론 제2외국어에 대한 교육이 강화될 필요가 있다.

④ 교육의 국제화 현상: 지금까지 교육은 자국의 특성을 반영하여 독립적으로 운영되어 왔으나 글로벌 시대에서는 교육제도 및 운영에서 국제적 표준(global standards)의 도입이 불가피하다. 이러한 국제화 경향은 의무교육으로 묶여 있는 초·중등교육보다는 고등교육 분야에서 활발하게 나타나고 있다.

글로벌화의 진전에 의한 교육활동의 변화는 종래의 교육행정에도 많은 영향을 미친다. 이에 따른 교육행정의 과제를 제시하면 다음과 같다.

① 교육제도의 국제적 표준 도입에 따른 학제 정비: 예를 들면, 유럽국가들은 볼로냐 프로세스(Bologna Process)를 통해 학력과 학위의 호환성 및 고등교육의 질 보장을 강화하기 위한 목적으로 유럽대학 간에 서로 협력하는 '유럽고등교육지역(European Higher Education Area)'을 구축하였다. 우리나라도 학제 정비 차원에서 OECD 기준에 맞추어 대학원 과정을 석사과정 2년, 박사과정 3년으로 통보하였다.

② 국가 간 이동에 따른 교육 규제 완화: 정부는 교육시장 개방 차원에서 고등교육 단계의 교육서비스에 대한 양허안을 제출한 이래 지속적으로 교육 규제의 완화 내지는 철폐를 위해 노력해 오고 있다. 그러나 아직까지 제한적으로 고등교육 시장이 개방된 상황에서 교육인구의 국제적 이동에 대한 규제는 여전히 상존하고 있다.

③ 외국인 학생들을 위한 별도의 관리 및 행정서비스 제공: 대학의 경우이긴 하지만, 외국인 유학생을 별도로 관리하는 시스템이 영세하거나 부실하여 학생들의 학적 및 학사 관리가 제대로 안 되는 경우가 많다. 정부 차원에서 외국인 학생관리를 위한 관련 법규가 우선 정비되어야 하고, 각 대학에서는 국제교류처(부) 등의 행정부서를 확대 개편하여 실질적인 행정 및 관리서비스를 제공할 수 있어야 한다.

뉴스 따라잡기

속담을 통한 다문화 교육

필리핀에는 '아바카가 아무리 질기다 하더라도 한 가닥은 쉽게 끊어진다'라는 속담이 있다. 아바카는 '마닐라 삼'이라 불리는 바나나 과에 속하는 식물로, 여기서 뽑아낸 실은 유연하면서도 내구성이 강해 필리핀에선 선박의 닻을 고정하는 밧줄 재료로 쓰인다. 즉, 이 속담은 아바카에서 뽑아낸 실이 아무리 질기더라도 한 올 한 올 분리돼 있다면 큰 힘을 못 쓴다는 의미다. 우리나라의 '백지장도 맞들면 낫다', 혹은 '외손뼉이 못 울고, 한 다리로 가지 못한다'란 속담과 비슷하다.

우즈베키스탄엔 이동수단으로 자주 쓰이는 당나귀를 소재로 한 속담이 많은데, 그 중 '당나귀보다 고삐가 더 비싸다'란 게 있다. 우리 식으로 보자면 '배보다 배꼽이 더 크다'는 뜻. 샤머니즘 전통이 강한 몽골엔 '모르는 부처님보다 아는 마귀가 낫다'는 속담이 있다. '먼 사촌보다 가까운 이웃이 낫다'는 의미. 속담은 이처럼 그 나라의 풍습과 정서가 담겨 있어 한 나라의 문화를 이해할 수 있는 좋은 출발점이 된다. 또 그 표현 방식은 다양해도 의미는 대동소이해 모든 인류가 비슷한 가치를 지향한다는 것을 알 수 있게 해 준다.

유네스코 아시아태평양 국제이해교육원(이하 유네스코 아태교육원)이 11일 문화다양성 선언 10주년을 맞아 초·중학생을 위한 '유네스코와 함께 떠나는 다문화속담 여행'을 펴낸 것은 바로 이런 배경에서다. 우즈베키스탄, 인도, 태국, 베트남, 필리핀, 중국, 몽골, 일본 등 8개 국가의 속담을 소개하면서 그 속에 나타난 음식, 옷, 집, 기후, 동·식물, 풍속 등 문화를 함께 다뤘다. ……유네스코 아태교육원은 이 책을 전국의 다문화가족지원센터와 교육과학기술부가 지정한 다문화 거점학교, 연구학교, 전국 시·도 교육청의 도서관에 보급하는 한편, 이 책과 관련한 교사 지도서를 만들어 아태교육원 홈페이지에서 무상으로 내려받을 수 있도록 했다.

〈연합뉴스, 2011. 2. 11〉

 정리하기

- 탈근대화 시대에서는 다양한 생활양식, 다양한 가치, 다양한 도덕규범이 인정되고 수용되는 다원주의적이며 상대주의적인 문화논리를 추구하게 된다. 탈근대화의 특징은 다원주의적 경향, 상대주의적 경향 그리고 비결정성 경향으로 요약할 수 있다.

- 탈근대주의가 지향하는 논리는 현재까지 교육행정이 지향해왔던 기본 가정과 원리 그리고 실제를 부정할 정도로 극단적이다. 탈근대적 상황에서 향후 교육행정이 어떻게 존재해야 하는지, 탈근대화 논리의 교육행정 적용 가능성과 한계는 무엇인지에 대해 심도 있게 논의되어야 한다.

- 후기산업사회에서는 토지·노동·자본과 같은 유형 자원을 기반으로 하는 사회로부터 지식·정보통신·기술 등 무형자원을 기반으로 하는 사회로의 전환이 불가피하다. 지식기반사회는 인간의 삶이 조직되고 정련된 지식을 생산·보급하고, 활용·교환하며, 다시 정비하여 재구성할 때 새롭게 창출되는 생산력과 사회적 가치에 의존하게 되는 사회를 말한다.

- 지식기반사회에서 교육행정은 ① 인적자원개발 실천의 장으로서의 역할을 수행, ② 교

육활동의 방향이 학습과 삶의 연계에 두어짐에 따라 이러한 교육활동을 조장하고 지원하는 역할, ③ 창의력 개발이라는 교육목표를 달성하는 데 필요한 조건정비적 역할을 담당해야 한다.

- 평생 동안 일을 하면서, 또 여가를 즐기면서도 학습을 지속적으로 해야 하는 사회를 평생학습사회라고 한다. 기존의 교육은 학교와 사회, 학교 간의 경계가 유연화되는 평생학습으로 확장·전환되는 경향이 나타나게 되는데, 이를 평생학습사회화라고 한다.
- 평생학습사회의 교육행정은 ① 평생학습체제 구축을 위한 청사진의 마련과 정책과제 도출, ② 직업세계에서 필요한 기술과 기능의 혁신에 도움이 되는 교육과정이 운영될 수 있도록 지원하고 조장, ③ 평생학습체제가 개별 맞춤형으로 운영될 수 있는 전략의 구상 등의 과제를 안고 있다.
- 현대 사회에서 정보통신기술의 발전은 단순히 정보가 특정 분야에서 중요하게 이용되는 정보화의 단계를 넘어 개인이 시공을 초월하여 컴퓨터나 네트워크에 '언제 어디서나 접근할 수 있는' 유비쿼터스(Ubiquitous) 컴퓨팅 환경을 창출하였다.
- 유비쿼터스 사회에서 교육행정의 과제는 ① 다양한 공간에서 학습이 가능하도록 유비쿼터스 컴퓨팅 환경에 부합하는 정보통신기술의 지원과 네트워크의 개발, ② 모든 국민이 각자의 필요에 따라 누구나 언제 어디서나 원하는 교육을 받을 수 있는 개방적인 학제의 구축, ③ 맞춤형 학습관리와 지원 중심의 학교행정으로 요약할 수 있다.
- 글로벌화(globalization)란 국경을 가로지르며 인구, 문화, 아이디어, 가치, 지식, 기술, 경제의 유동이 증가함으로써 세계가 더욱 서로 연결되고 상호의존적인 상태가 되는 과정을 말한다.
- 글로벌화의 진전에 따른 교육행정의 과제는 ① 교육제도의 국제적 표준 도입에 따른 학제 정비, ② 교육인구의 국가간 이동에 따른 교육 규제의 완화, ③ 외국인 학생들을 위한 별도의 관리 및 행정서비스 제공 등이다

 적용하기

1. 사회변화 동향 가운데 어떤 동향이 가장 교육과 교육행정에 극심한 변화를 초래할 것인지 하나를 선택하고, 그 이유는 무엇인지 설명해 보자.
2. 학교현장에서 나타나는 탈근대화 현상을 구체적으로 제시하고, 이에 대한 학교행정의 대응방식은 적절한지 예를 들어 설명해 보자. 만일 적절하지 않다면 어떻게 대처하는

것이 바람직한지 방안을 제시해 보자.

3. 사회변화가 교육에 미치는 영향을 긍정적인 측면과 부정적인 측면으로 나누어 설명해 보자.

4. 사회변화에 따라 교육행정은 어떻게 변해야 하는지 기존의 모습과 바뀐 모습을 서로 대비하여 비교해 보자.

5. 사회변화에 따라 미래의 학교는 어떻게 변할 것인지 학교교육의 목표, 학습내용, 교수방법, 평가방식을 나누어 제시해 보자. 그리고 자신이 학교장이라면 이런 학교를 어떻게 운영할지 서로 토론해 보자.

| 참고문헌 |

강성국 외(2005). 한국교육 60년 성장에 대한 교육지표 분석. 한국교육개발원.

강성철, 김판석, 이종수, 최근열, 하태권(2008). 새인사행정론. 대영문화사.

강영삼(1995). 장학론. 도서출판 하우.

강인수(1989). 교육법연구. 문음사.

강인수, 박재윤, 안규철, 안기성, 정태수, 표시열(1995). 교육법론(교육행정학 전문서 8). 도서출
판 하우.

고려대학교 교육문제연구소편(2007). 알기쉬운 교육학용어사전. 원미사.

공은배, 송기창, 우명숙, 천세영(2007). 한국교육재정 구조개편 방향 설정연구(연구보고 RR 2007-
4). 한국교육개발원.

곽영우 외(1994). 교육행정 및 교육경영. 과학과 예술, 99.

곽영우, 최준렬, 반상진, 김명수(2003). 교육경제학. 도서출판 하우.

교육과학기술부(2008a). 교장공모제 4차 시범운영 계획.

교육과학기술부(2008b). 학교 자율화 추진계획 보도자료.

교육과학기술부(2009a). 2010년도 회계연도 예산안 교육과학기술부 소관 예산안 검토보고.

교육과학기술부(2009b). 학교단위 책임경영을 위한 학교자율화 추진방안.

교육과학기술부(2009. 10. 27). 교사의 수업전문성 제고로 교실수업 중심의 학교문화를 조성
한다.

교육과학기술부(2010a). 2010학년도 교원능력개발평가 표준매뉴얼.

교육과학기술부(2010b). 교원능력개발평가 표준매뉴얼.

교육과학기술부(2010. 2). 2010 교육공무원 성과상여금 지급 지침.

교육과학기술부(2010.11.28 보도자료). 교육의 질을 높이는 출발점, 교육정보공시 대국민 서
비스 실시 -12월 1일부터 학교 홈페이지를 통해 학교 주요정보 공개-.

교육과학기술부(2011). 2011년 교원능력개발평가제 시행 기본계획.

교육과학기술부(2011. 6. 29). 30년 교육계 숙원 사업, 수석교사제 드디어 법제화.

교육과학기술부(2012. 2. 14). 교사 신규채용제도 개선방안 주요 내용.

교육과학기술부(2013). 2013년 교원능력개발평가 시행 기본계획.

교육부(1997). 지방교육자치에 관한 법률개정안의 주요 쟁점. 교육월보, 1997년 4월호.

교육부(1997. 9). 교육기본법안 설명자료.

교육부, 한국직업능력개발원(1999). 지식기반사회의 교육: 독일교육연구부의 델파이 조사보
    고서.

교육인적자원부(2007. 5. 25). 개정 「교육공무원승진규정」 공포.

교육인적자원부(2007. 9. 28). 교사 신규임용 시험제도 개선 발표 보도자료.

교육혁신위원회(2007). 미래 교육비전 2030.

권건일(2004). 교육학개론-인간과 교육의 만남. 양서원.

권기욱(2001). 교육행정 및 교육경영. 대구대학교 출판부.

권기헌(2009). 정책학. 박영사.

권대봉(1996). 평생학습사회교육. 학지사.

권대봉, 강인수, 남승희(2004). 학습권보장 및 학교행정의 효율화를 위한 '학교의 정보공개에
    관한 법률 제정'에 관한 연구. 교육위원회정책연구개발과제 2004-5.

권수일(2004). 갈등의 발생원인 및 갈등관리 방법. 경희대학교 언론정보대학원 주최 스피치포
    럼 전문과정(제15기).

김갑성, 정미경, 전제상, 신상명, 강순나(2010). 교원 관련 평가 시스템 재정립 방안 연구. 연구보
    고 RR 2010-10. 한국교육개발원.

김규태(2005). 교육의 책무성. 원미사.

김남순(2002). 단위학교 수준에서 교육변화의 실체와 생존 전략. 지방교육경영, 7.

김동석(2006). 한국의 교육선발과 경쟁. 문음사.

김명한, 박종렬(2001). 교육행정 및 학교경영. 형설출판사.

김성필(2004). 조직 내 효율적 갈등관리에 관한 실증적 연구. 연세대학교 행정대학원 석사학
    위논문.

김수영, 전제상(2005). 신 교육행정의 이해. 양서원.

김신일(2009). 교육사회학(제4판). 교육과학사.

김영돈(1983). 학교경영의 이론과 실제. 의문사.

김영식, 최희선(1988). 교육제도 발전론. 성원사.

김영천(1997). 학교 교육현상 탐구를 위한 질적 연구의 방법과 과정. 교육학연구, 35(5).

김영철 외(1999). 지식기반경제사회가 요구하는 인재양성방안. 한국교육개발원.

김영철(2006). "학제 개편의 필요성 및 주요 쟁점." 미래사회 변화 전망과 과제. 제1회 학제연
    구 정책 토론회, 한국교육개발원.

김영철, 박영숙(2001). 학급규모에 따른 교육효과 분석. 교육개발원 연구보고서.

김운상(2005). 교육학개론. 창지사.

김윤태(2001). 교육행정·경영신론. 배영사.

김윤태(2006). 교육행정·경영의 이해. 동문사.

김인철, 최진식(1999). 지방정부간의 갈등과 협상에 관한 연구. 한국정책학회보, 8(3).

김정한, 박종흡, 우정기, 최청일(2004). 교육행정 및 경영의 이해. 형설출판사.

김종철(1980). 신정 교육행정의 이론과 실재. 교육과학사.

김종철(1990). 한국교육정책연구. 교육과학사.

김종철(1992). 교육행정의 이론과 실제. 교육과학사.

김종철, 이종재(1994). 교육행정의 이론과 실재. 교육과학사.

김진환(2005). 교육학의 이해. 학지사.

김창걸(1997). 교육행정학신강. 형설출판사.

김창걸(2001). 교육행정 및 교육경영의 이론과 실제의 탐구. 형설출판사.

김철수(2002). 헌법과 교육. 교육과학사.

김철수(2009). 헌법학원론. 박영사.

김태완, 최원희, 고대혁, 박선형, 박인심(2008). 교원 양성 및 임용의 다양화 방안 연구, 교육과학
　　　기술부 정책연구.

김형관, 오영재, 신현석(2000). 신장학론. 학지사.

김형관, 오영재, 신현석, 박종필 공역(2003). 교육행정-이론·연구·실제. 원미사.

김호정(2009). 갈등과 신뢰 및 조직효과성과의 관계. 한국행정학보, 43(1).

김홍주(2008). 학교자율화 추진계획, 그 명과 암. 교육개발, 통권164호.

김희규, 조홍순(2008). 학교에서의 학습조직화 구축방향 탐색. 인력개발연구, Vol.10, No.1.

나민주, 이차영, 박상완, 김민희, 박수정(2009). 교장공모제 공모교장 직무수행에 대한 효과
　　　분석. 교육행정학연구. 27(3).

남정걸(1992). 교육행정 및 교육경영. 교육과학사.

남정걸(1993). 교육조직행위론. 교육과학사.

남정걸(1999). 장학의 이론과 실제. 교육과학사.

남정걸(2006). 교육행정 및 교육경영(4판). 교육과학사.

남정걸(2008). 교육행정 및 교육경영. 교육과학사.

남한식(1991). 학교와 학급경영총론. 형설출판사.

대통령자문교육혁신위원회(2005). 학교혁신 사례 발굴과 확산을 위한 네트웍 구축 방안 연구.

대통령자문교육혁신위원회(2006). 교육력 제고를 위한 교원정책 개선방안.

류성수(2007). 농어촌 교육 개혁방안 연구. 전북대학교 행정대학원 석사학위논문.

매일경제 지식프로젝트팀(1998). 지식혁명 보고서. 매일경제신문사.

목영해(1994). 후 현대주의 교육학. 교육과학사.

박경원, 김희선(2002). 조직이론강의-구조, 설계 및 과정. 대영문화사.

박균성(2002). 제2판 행정법총론. 박영사.

박균열(2009). 옹호연합모형(ACF)을 활용한 교원 성과급 정책변동 분석. 한국교육, 36(1).

박근석(2009). 교원단체의 이해, 2009초등교육 임용후보자 전문직직무연수Ⅰ. 서울특별시교육연수원.

박내회(1996). 현대 리더쉽론. 법문사.

박병량(2006a). 학교발전과 변화: 이론 연구 실제. 학지사.

박병량(2006b). 학급경영. 학지사.

박병량, 주철안(2005). 학교 학급경영. 학지사.

박선형(2003). 변혁적 지도성에 대한 바판적 고찰: 분산적 지도성을 중심으로. 교육행정학연구, 21(4).

박성식 편역(1994). 교육조직이론. 양서원.

박세훈, 권인탁, 고명석, 유평수, 정재균(2008). 교육행정 및 교육경영. 학지사.

박운성(1988). 현대조직행동론. 박영사.

박정주(2007). 학교조직의 교육행정정보시스템 수용 요인에 관한 구조적 분석. 고려대학교 박사학위논문.

박종렬 외(2004). 신교육행정학개론. 형설출판사.

박종복(2007). 경영조직론. 법학사.

박종필(2004). 학교단위책임경영제. 원미사.

박종흠, 심영주(1998). K고등학교의 교육개혁실천사례에 대한 분석. 지방교육경영, 3(2).

박천오, 강제상, 권경득, 조경호, 조성한, 박홍엽(2010). 현대인적행정론. 법문사.

반상진(2008). 고등교육경제학. 집문당.

반상진(2010). "한국 지방교육재정의 구조와 운영 측면". 한국 지방교육의 진단과 발전과제. 한국지방교육연구센터 창립 2주년 기념 학술대회 자료집.

반상진, 김환식, 오호영, 채창균(2006). 고등교육재정 지원제도 개선 방안 연구. 교육인적자원부, 학술연구조성비 지원 연구보고서.

배성근(2010). 40여년만의 변신 : 「하급행정청」에서 「교육지원청」으로. 교육정책포럼 제207호. 한국교육개발원.

배장오(2009). 평생교육개론. 서현사.

배종근(1992). "교육경제학: 개념과 배경설명", 한국교육재정경제의 과제. 지암 배종근박사교육논선집.

배종근, 정진환, 곽준규, 이미나(1988). 교육에 대한 국민의식 분석. 1986년도 학술진흥재단 자유과제 학술연구지원기금 지원 연구보고서.

백기복(2005). 조직행동연구. 창민사.

백일우(2000). 교육경제학. 학지사.

사토 마나부(1999). 손우정 역(2009a). 교육개혁을 디자인한다: 교육의 공공성과 민주주의를 위하여. 학이시습.

사토 마나부(1999). 손우정 역(2009b). 수업이 바뀌면 학교가 바뀐다. 에듀케어.

새교육공동체위원회(1999). 21세기 지식기반사회에 대비한 일과 학습의 연계체제 구축방안 연구.

서울대학교 사범대학 교육연구소(1981). 교육학용어사전. 배영사.

서울시교육청(2009). 2010학년도 서울특별시 공립 중등학교 교사 임용후보자 선정경쟁시험 시행 공고.

서울시교육청(2010). 2010학년도 중등 장학 계획.

서울특별시교육연구정보원(2010). 2010 교직실무 편람.

서울특별시교육연수원(2009). 2009 초등교육전문직 임용후보자 직무연수.

서정화 외(1980). 교육행정제도 개선 연구. 한국교육개발원.

서정화 외(2002). 교장학의 이론과 실제. 교육과학사.

설동근(2003). 5. 31 교육 개혁의 현장 착근도에 대한 교원의 인식 연구. 동아대학교 석사학위 논문.

성병창(1994). 학교조직구조론. 양서원.

세계일보(2007. 08. 17.) 교사자격 갱신제 도입 바람직하다.

세계일보(2010. 4. 26). '민감한 교육정보' 잇단 공개 논란/"국민 알권리 충족" vs "교권 과도한 침해"

소병희(2004). 공공부문의 경제학. 박영사.

손희권, 김지희(2006). 교육행정및 교육경영. 원미사.

송기창(2006). "교육위원 제도의 쟁점과 과제", 교육행정학연구, 제24권 제4호(통권 제65호).

신두범(1985). 행정학원론. 박영사.

신상명(2002a). 교원성과급의 쟁점과 과제. 한국교육평론2001. 한국교육개발원.

신상명(2002b). 학교단위책임경영론. 교육과학사.

신유근(2002). 경영학원론-시스템적 접근. 다산출판사.

신중식(1999). 학교조직발전론. 국민대학교출판부.

신중식, 강영삼(2004). 교육행정 · 경영론. 교육출판사.

신현석(1994). 교육행정학연구의 주류 패러다임과 포스트모더니즘적 반성. 교육행정학연구, 12(3).

신현석(1995). 교육지도성, 김성렬 외. 교육행정 및 교육경영. 삼광출판사.

신현석(2000a). 장학의 개념적 성격에 관한 고찰. 안암교육학연구, 6(1).

신현석(2000b). 한국의 교육개혁정책. 학지사.

신현석(2001). 교육여건개선사업과 교원수급정책: 쟁점의 분석. 한국교원교육연구, 18(3). 한국교원교육학회.

신현석(2005a). 교육개혁업무의 추진과정에서 나타난 학교 조직에서의 행정행태 분석연구. 한국교육학연구, 11(1).

신현석(2005b). 한국의 고등교육 개혁정책. 학지사.

신현석, 박균열(2008). 교원평가의 정치학: 쟁점에 대한 이해관계 집단들의 입장변화분석을 중심으로. 한국교육, 35(2).

신현석, 한유경 공역(2007). 교육정책의 이론과 실제(제2판). 아카데미프레스.

신현직(2003). 교육법과 교육기본권. 청년사.

안선회(2010). 사교육비 경감정책 평가연구. 고려대학교 대학원 박사학위논문.

안선회 외(2010). 2020 유비쿼터스 학습국가체제 구축 비전 및 전략에 관한 연구. 대통령직속 미래
        기획위원회.

안영진 외(1995). 주객관식 경영학 연습. 삼영사.

양성관, 이승덕, 전상훈(2010). 학교변화 수용에 대한 교사의 인식 연구. 교육정치학연구, 17(2).

연합뉴스(2006. 05. 26.) 日 교사자격증 갱신제 도입, 급여 삭감.

오석홍(1980). 조직이론. 박영사.

오석홍(2008). 인사행정론. 박영사.

오석홍(2009). 조직이론(제6판). 박영사.

오석홍 편(2005). 행정학의 주요이론. 법문사.

오영재(2006). 한국 학교조직 질적연구. 학지사.

오영재, 신현석, 양성관, 박종필(2009). 교육행정: 이론, 연구, 실제. 아카데미프레스.

왕기항 외(2000). 교육조직론 탐구. 학지사.

우명동(2007). 재정학. 해남.

우천식 외(2004). 사교육의 효과, 수요 및 그 영향요인에 관한 연구(2004-17). 한국개발연구원.

유영옥(1997). 재무행정론. 학문사.

유현숙, 김동석, 이만희, 김이경(1999). 지식기반사회에서의 한국교육정책방향과 과제. 한국교육
        개발원, 연구보고 RR 99-10.

윤정일 외(1999). 교육행정학원론. 학지사.

윤정일 외(2002). 신교육의 이해. 학지사.

윤정일(2003a). 교육행정학원론. 학지사.

윤정일(2003b). 한국 교육정책의 쟁점. 교육과학사.

윤정일(2004). 교육재정학원론. 세영사.

윤정일, 송기창, 조동섭, 김병주(2007). 교육행정학원론. 학지사.

윤정일, 송기창, 조동섭, 김병주(2008). 교육행정학원론. 학지사.

윤정일, 송기창, 조동섭, 김병주(2009). 교육행정학원론(5판). 학지사.

윤종건(2006). 21세기의 학교조직 경영론. 원미사.

윤종건, 허병기, 주철안, 김재웅, 신현석(2002). 전환시대의 한국교육행정. 원미사.

이경호(2010). 학교정보공시제 정책분석과 합리적 운영방안 탐색. 교육정치학연구, 17(2).

이군현(2001). 교육행정 및 경영-조직이론적 접근-. 형설출판사.

이기우(1997). "敎育自治란 무엇인가?" 지방자치, 1997년 1월호.

이기우(2005). "교육자치의 본질과 과제" 민주주의법학연구회, [민주법학] 통권 27호.

이돈희(1983). 교육철학개론. 교육과학사.

이돈희(1993). 교육적 경험의 이해. 교육과학사.

이돈희 외(1998). 대학원 수준에서의 교원양성방안. 한국교육개발원.

이명주(2003). 교육행정의 이론과 실제. 학지사.

이병진(2003). 새로운 교육의 패러다임 교육리더십. 학지사.

이병헌(2006). 연구학교 운영에 대한 담당교사와 일반교사의 인식과 갈등. 신라대학교 석사학위
　　논문.

이병환(2002). 신자유주의 교육개혁의 성격과 전망. 지방교육경영, 7.

이병희 외(2005). 교육과 노동시장 연구(연구보고서 2005-2). 한국노동연구원.

이상기, 옥장흠(2007). 교육행정 및 교육경영. 형설출판사.

이윤식(2002). 교장의 수업지도성에 관한 최근 연구와 시사. 한국교원교육연구, 19(2).

이윤식(2007). 지도성론, 진동섭 외. 교육행정 및 학교경영. 교육과학사.

이종수(2007). 민간택지개발 협상사례 분석. 지방행정, 56(648).

이종재(2005). 학교혁신의 관점과 모형. 교육개발, 통권151호.

이종재 외(1981). 한국인의 교육관. 한국교육개발원.

이학종, 신동엽, 강혜련 외(2008). 21세기 매니지먼트 이론의 뉴패러다임. 위즈덤하우스.

이형행, 고전(1998). 교육행정론-이론 · 법제 · 실제. 양서원.

임연기(1998). 교육에 대한 국민의식 조사 연구(수탁연구 CR 98-2). 한국교육개발원.

임창희(2004). 신 인적자원관리. 명경사.

임창희(2009). 조직행동. 비엔엠북스.

장래찬(2009). 교육행정 및 교육경영의 이해. 태영출판사.

전경희(2009). 학부모 동원에 관한 정치적 행위의 질적 분석. 고려대학교 석사학위논문.

전라남도교육청(2008). 교직실무 매뉴얼 – 중등 신규교사편.

전상훈(1994). 교원의 직무동기수준에 관한 연구: 기대이론을 중심으로. 서울대학교 석사학위논문.

전현곤, 한대동(2007). 수업협의회에 기초한 배움의 학교공동체 형성에 관한 연구. 교원교육연
　　구, 24(3).

정범모(1968). 교육과 교육학. 배영사.

정보통신부(2006). 미래국가발전전략 수립을 위한 IT기반미래기술 전망 연구 결과. IT미래기
　　술전망위원회, 2006.12.19

정윤길(2000). "지방교육자치제의 쟁점과 개혁방향" 아태공법연구. Vol. 7, No. 0.

정일환(2000). 교육정책론. 원미사.

정정길 외(2010). 정책학원론. 대명출판사.

정정길, 최종원, 이시원, 정준금(2004). 정책학원론. 대명출판사.

정진환(1990). 교육경영정보체제. 정민사.

정책기획위원회(2008). 사법제도 개혁: 사법의 선진화, 민주화를 위한 참여정부의 여정. 참여
　　정부 정책보고서.

정태범(1996). 장학론. 교육과학사.

정태범(2000). 학교경영론. 교육과학사.

조남두 외(2006). 교육행정론. 원미사.

조석훈(2002). 학교와 교육법. 교육과학사.

조선일보(2010.7.2). '교내외 집회 허용' 법학자들 찬반 갈려.

조선일보(2010.7.2). "교내외 집회의 자유보장 학생인권조례 도입할 것".

조영달(1998). 학교의 일상성과 한국교육의 개혁. 교육인류학연구, 1(2).

조혜진(2007). 교원 정책 결정의 딜레마 연구: 교원평가제와 교원성과급제를 중심으로. 고려대학교대
        학원 석사학위논문.

주삼환(2003). 장학의 이론과 기법. 학지사.

주삼환(2006). 교육조직 연구. 한국학술정보(주).

주삼환, 신재흡(2006). 학교경영의 이론과 실제. 학지사.

주삼환 외(2003). 교육행정 및 교육경영. 학지사.

주삼환 외(2009). 교육행정 및 교육경영. 학지사.

주삼환, 천세영, 명제창, 신붕섭, 이명주, 이석열(2007). 교육행정 및 교육경영. 학지사.

주영효 외(2009). 분산적 지도성의 이론적 탐색. 교육행정학연구, 27(2).

지방교육자치에 관한 법률(2010. 2. 26 일부개정, 법률 제10046호)

진동섭(2003). 학교 컨설팅. 학지사.

진동섭(2008). 교육행정 및 학교경영의 이해. 교육과학사.

진동섭 외(2005). 한국 학교조직 탐구. 학지사.

진동섭, 이윤식, 김재웅(2007). 교육행정 및 학교경영의 이해. 교육과학사.

진동섭, 이윤식, 김재웅(2008). 교육행정 및 학교경영의 이해. 교육과학사.

진미석(1995). 교육조직의 이론과 실제. 길안사.

차병권(1987). 재정학개론. 박영사.

천세영(2001a). "교육과 임금". 한국교육재정경제학회(편). 교육재정경제학 백과사전. 도서출판
        하우.

천세영(2001b). 한국교육과 교육재정연구. 학지사.

최강식(1997). "교육이 경제성장에 미친 효과 분석." 교육재정경제연구(제6권 제1호). 한국교육
        재정경제학회.

최봉기(1991). 한국의 지방자치와 행정. 대영 문화사.

최석태(2007). 참여정부의 사립학교 개혁정책 분석과 대안 연구. 한국외국어대학교 석사학위논문.

최창호(1996). 지방자치학. 삼영사.

최희선 외(1992). 지방교육자치제도정착을 위한 종합대책연구, 교육부 지방교육자치발전 연구위
        원회.

최희선(2001). 학교 학급경영: 이론과 실제. 형설출판사.

최희선(2006). 교육정책의 탐구논리. 교육과학사.

통계청(2004, 2008). 사회조사보고서.

표시열(2008). 개정판 교육법 -이론과 판례-. 박영사.

한경수(1987). "지방자치제도 개선방안에 관한 고찰", 건국대학교 논문집, 제21집.

한공우, 황희철(1975). 교육과 경영. 진명출판사.

한국거버넌스학회(2005). 참여정부의 여성정책과 지방분권정책의 평가. 한국거버넌스학회 하계학술대회 논문집.

한국교육개발원(1999). [지방교육자치제도 재구조화 방안 탐색] 교육정책토론회 자료집.

한국교육개발원(1999). [지방교육자치제도 재구조화 연구] 한국교육개발원.

한국교육개발원(2006). [미래사회에 대비한 학제개편방안], 한국교육개발원.

한국교육재정경제학회(2001). 교육재정경제학 백과사전. 하우동설.

한국교육행정학회(1990). 교육정책론. 도서출판 하우.

한국교육행정학회(1995a). 교육재정론. 교육행정학전문서 6. 도서출판 하우.

한국교육행정학회(1995b). 교육조직론. 한국교육행정학회 교육행정학 전문서 3.

한국교육행정학회(1995c). 장학론. 도서출판 하우.

한국일보(2012. 9. 13). "학교폭력 기재, 기본권 침해, 교육적 필요?"

한국직업능력개발원(2000. 9). 21세기 지식기반사회를 대비한 주요국의 인적자원개발 정책동향.

한만길, 박삼철, 안선회, 박영숙(2005). 교원승진제도와 연수제도 개선안에 대한 쟁점사항의 재분석과 대안. 대통령자문교육혁신위원회.

허영주(2004). 평화교육 관점에서의 학교교육 개혁 방안에 관한 연구. 성공회대학교 석사학위논문.

허재욱(1996). 교육법규론. 형설출판사.

헌법재판소결정 1992. 4. 28. 90헌바27-34, 36-42, 44-46, 92헌바15(병합)

황홍규(2000). 교육기본법상 학습권 도입의 배경 및 의의. 교육법학연구 제12호.

角替弘志(1983). こどもと教師. 眞野宮雄 (編). 現代教育制度. 東京: 第一法規出版.

木田 宏(1983). 教育行政法. 東京: 良書普及會.

桑原敏雄(1983). 教育權. 眞野宮雄 (編). 現代教育制度. 東京: 第一法規出版.

神田 修, 兼子 仁(1995). 教育法. 東京: 北樹出版.

窪井 修(1996). 教育法と教育行政の展開. 東京: 法律文化社.

Ajzen, I., & Fishbein, M. (1980). *Understanding attitudes and predicting behavior.* Englewood Cliffs, N. J.: Prentice Hall.

Albrow, M. (1970). *Bureaucracy.* London: Pall Mall.

Anderson, J. E. (1984). *Public Policy-making. 3rd ed.* New York: Holt.

Arai, Kazuhiro (1998). *The economics of education: An analysis of college-going behavior.* New York: Springer.

Argyris, Chris (1957). *Personality and organization.* N. Y.: Harper & Row.

Avolio, B. J., & Bass, B. M. (1995). Individual Considmation Viewed at Multiple Levels of

Analysis: A Multi-level Framework for Examining the Diffusion of Trans formational Leadership. *Leadership Quarterly, 6*(2), 199-218.

Barnard, C. (1938). *The functions of the executive.* Cambridge, MA: Harvard University Press.

Barnard, C. I. (1938). *Functions of an Executive.* Cambrige, MA: Harvard University Press.

Bell, D.(1973). *The coming of post-industrial society.* New York: Basic Books.

Bell, D.(1995). *The impact of intellectual society.* New York: Basic Books.

Bennis, W. G. (1966). *Changing Organizations.* N. Y.: McGraw-Hill.

Blau, P. M. & Richard Scott, W. (1962). *Formal O, Organization: A Comparative Approach.* San Francisco: Chandler.

Bobbit, F. (1913). The supervision of city schools: Some general principles of management applied to the problems of city school systems. *Twelfth yearbook of the national society for the study of education.* Bloomington, IL: NSSE.

Bok, Derek (2003). *Universities in the marketplace; The commercialization of higher education.* NJ; Princeton University Press.

Brainbard, E. (1997). *An analysis of public attitude toward education: The annual gallup polls on education.* The Journal of Research and Development in Education.

Bridges, E. M. (1967). A Model for Shared Decision Making in the School Principalship. *Educational Administration Quarterly, 3*, 49-61.

Brown, L. D. (1986). *Managing conflict at organizational interfaces, Reading.* MA.: Addision-Wesley Publishing Co., Inc.

Brunello, G., & Comi, S. (2004). "Education and earnings growth: evidence from 11 European countries." *Economics of Education Review, 23*, 75-83.

Burrel, G. and Morgan, G. (1979). *Sociological Paradigms and Organizational Analysis.* London: Heinemann.

Campbell, R. (1971). *NCPEA-Then and now.* National Conference of Professors of Educational Administration Meeting, University of Utah.

Campbell, Roald F., John E. Corbally & John A. Ramseyer. (1968). *Introduction to Educational Administration.* Boston: Allyn and Bacon, Inc.

Campbell, R., Fleming T., Newell, L., & Bennion, J. (1987). *A history of thoughts & practice in educational administration.* Teachers College Press, 김형관, 신현석, 양성관, 박종필(역)(2002). 미국교육행정사. 원미사.

Carlson, R. O. (1964). "Environment Constraints and Organizational Consequences: The Public School and Its Chents", *Behavioral Science and Educational Adiministration,* The 63th Yearbook of NSSE, Part II. Chicago: University of Chicago Press. pp. 262-278.

Carnoy, M. (1995). "Education, economic growth, and technical change." In M. Carnoy (ed.), *International encyclopedia of economics of education (2nd ed.)*. N. Y.: Pergamon Press.

Chapman, J. D., Sackney, L. E., & Aspin, D. N. (1999). Internalization in educational administration: policy and practice, theory and research, In J. Murphy & K. S. Louis(ed.), *Handbook of research on educational administration (2nd ed.)*, San Francisco, CA: Jossey–Bass Inc.

Clegg, S., & Dunkerley, D. (1980). *Organization, class, and control.* Routledge & Paul. 김진균, 허석렬(역) (1987). 조직사회학: 조직, 계급, 통제. 서울: 풀빛.

Cobb, R. W., & Charles D. E. (1972). *Participation in American Politics: The Dynamic of Agenda Building.* Boston: Allyn and Bacon, Inc.

Cogan, M. L. (1973). *Clinical Supervision.* Boston: Houghton Mifflin Co.

Cohen, M. D., March, J. G., and Olsen, J. P. (1972). A Garbage Can Model of Organizational Choice. *Administrative Science Quarterly, 17*(1), 1–25.

Cohn, E., & Geske, T. G. (1990). *The economics of education* (3rd ed.), New York: Pergamon Press.

Coleman, J. S. (1988). "Social Capital in the Creation of Human Capital." *American Journal of Sociology* (94): S95–S120.

Coleman, J. S., et al. (1966). *Equality of educational opportunity.* Washington D.C.: Government Printing Office.

Compeau, D., & Higgins, C. (1995). Application of social cognitive theory to training for computer skills. *Information Systems Research, 6*(2), 118–143.

Davis, F. (1989). *Perceived usefulness, perceived ease of use, and user acceptance of information technology.* Management Information Science Quarterly, September, 319–340.

Davis, F., Bagozzi, R., & Warshaw, P. (1989). User acceptance of computer technology: Comparison of two theoretical models. *Management Science, 35*(8), 982–1003.

Denison, E. F. (1979). *Accounting for slower economic growth: The United States in the 1970s.* Brookings Institute, Washington, DC.

Denison, E. F. (1985). "Accounting for slower economic growth: An update." In Kendrick, J. W. (ed.), *International comparisons of productivity and causes of the slowdown.* Ballinger, Cambridge, Massachusetts.

Doyle, W. (1986). *Classroom Management Techniques and Student Discipline.* Arizona.

Drucker, P. F. (1989). 새로운 현실(*The New Realities*), 시사영어사.

Drucker, P. F.(1993). *Post-capitalist society.* New York: Harper Business.

Dunn, W. N. (1994). *Public Policy Analysis: An Introduction, 2nd ed*. Englewood Cliffs, NJ: Prentice-Hall.

Ellsworth, J. (2002). *Surviving change: A survey of educational change models*. Syracuse, N. Y.: ERIC Clearinghouse on Information & Technology.

Etzioni, A. (1961). *A comparative Analysis of Complex Organizations*. N. Y.: Free Press.

Etzioni, A. (1964). *Modern Organizations*. Englewood Cliffs, N. J.: Prentice-Hall.

Etzioni, A. A. (1964). Mixed-Scanning: A third approach to decision-making. *Public Administration Review, 27*, 385-392.

Everett, M. Rogers. (1962). *Diffusion of Innovations*. N. Y.: The Free Press of Glencoc.

Fenstermacher, G. D. Soltis, J. F. 이지현 역(1994). 가르치는 일이란 무엇인가? 교육과학사.

Fowler, F. C. (2009). *Policy Studies for Educational Leaders: An Introduction, 3rd ed*. Boston: Allyn and Bacon, Inc.

Fullan, M. (1999). *Change Forces: the sequal*. London: Falmer Press.

Fullan, M. (2001). *The new meaning of educational change* (3rd ed.). New York, N. Y.: Teachers College Press.

Gary, Harry (ed), (1999). *Universities and the creation of wealth*. Boston, Philadelphia, PA: SRHE and Open University Press.

Getzels, J., & Guba, E. (1957). Social behavior and administrative process. *School Review, 65*, 423-441.

Getzels, J., & Thelen, H. (1960). The classroom group as a unique social system. In N. Henry (ed.), *The dynamics of instructional group, The 59th Yearbook of NSSE, Part 2*(pp. 53-82), Chicago: University of Chicago Press.

Glickman, C. D., Gordon, S. P., & Ross-Gordon, J. M. (2010). *Supervision and Instructional Leadership(8th ed.)*. M. A.: Pearson Education Inc.

Goldhammer, R., Anderson, R. H., & Krajewski, R. (1980). *Clinical Supervision(2nd ed.)*, Holt, Rinehart, and Winston.

Goodson I., Moore S., & Hargreaves, A. (2006). Teacher nostalgia and the sustainability of reform: The generation and degeneration of teachers' missions, memory, and meaning. *Educational Administration Quarterly, 42*(1), 42-61.

Gordon, J. (1993). *A diagnostic approach to organizational behavior (3rd ed.)*, Boston: Allyn and Bacon.

Gouldner, A. (1959). Organizational analysis. In R. Merton, L. Broom, & C. Cottrell(eds.), *Sociology today* (pp. 400-428), New York: Basic Books.

Grace, Gerald, & Lawn, Martin.(eds.), (1991). *Teahcer Supply and Teacher Quality: Issues for the 1990s*. Philadelphia, MD: Multilingual Matters LTD.

Greiner, L. E. (1972). "Evolution and Revolution As Organizations Grow", *Harvard*

Business Review, Jul-Aug.

Hall, G. & Hord, S. (2006). *Implementing change: Patterns, principles, and potholes (2nd ed.)*. New York: Allyn and Bacon.

Hall, R. H. (1991). *Organizations: Structure and Process, 5th ed*. Prentice-Hall.

Haller, E. J., & Strike, K. A. (1986). *An Instruction to Educational Administration: Social, Legal and Ethical Perspectives*. Longman.

Halpin, A. W. & Croft, D. B. (1962). *The Organizational Climate of Schools*. Washington, D. C.: US Office of Education, Research Project.

Hargreaves A., & Goodson, I. (2006). Educational change over time? The sustainability and nonsustainability of three decades of secondary school change and continuity. *Educational Administration Quarterly, 42*(1), 3-41.

Hargreaves, A. (2003). *Teaching in the knowledge society: Education in the age of insecurity*. Open University Press.

Harris, M. (1968). *The rise of anthropological theory*. New York: Crowell.

Hersh, R. H., & Merrow, J. (2005). *Declining by degrees: Higher education at risk*. New York: Palgrave Macmillan.

Hicks, N. L. (1995). "Education and economic growth." In M. Carnoy (ed.), *International encyclopedia of economics of education (2nd ed.)*. NY: Pergamon Press.

Hoenack, Stephen A. (1990). "An economist's perspective on costs within higher education institutions", In Stephen A. Hoenack & Eileen L. Collins (ed.), *The Economics of American Universities*. Albany, NY: SUNY Press.

Hoy, W. K. & Miskel, C.(2008). *Educational administration: Theory, research, and practice*. New York: McGraw-Hill.

Hoy, W. K. & Tarter, C. J. (1997). *The Road to Open and Healthy Schools: A Handbook for Change Elementary Edition*. Thousand Oaks, CA: Corwin Press.

Hoy, W. K. Miskel. C. G. (2001). *Educational Administration-Theory, Research, and Practice, 6th ed*. McGraw-Hill International Edition.

Hoy, W. K., & Miskel, C. G. (2008). *Educational Administration: Theory, Research, and Practice(8th ed.)*. N. Y.: McGraw-Hill.

Hoy, W. K., Tarter, C. J. & Kottkamp, R. (1991). *Open Schools/Healthy Schools: Measuring Organizational Climate*. Beverly Hills., CA: Sage.

Hughes, R. L., Ginnett, R. C., & Curphy, G. J. (2006). *Leadership: Enhancing The Lessons of Experience (5th ed)*. N. Y.: McGraw-Hill/Irwin.

Institute for Higher Education Policy (2005, Feb.). *The investment payoff; A 50-state analysis of the public and private benefits of higher education*.

Jenkins-Smith, H. C., & Sabatier, P. (1993). *The Study of the Public Policy Process*. In

Sabatier, P., & Jenkins-Smith, H. C. (eds.). Policy Change and Learning: An Advocacy Coalition Approach. Boulder: Westview Press, 1-12.

Johns, G., & Johns, J. (ed.), (2004). *International Handbook on the Economics of Education*. N. Y.: Edward Elgar Publishers.

Johnson, L. V., & Bany, M. A. (1970). *Classroom Management: Theory and Skill Training*. N. Y.: MacMillan Co.

Johnson, M., & Brooks, H. (1979). *Conceptualizing Classroom Management*, In D. L.

Jones, C. O. (1977). *An Introduction to the Study of Public Policy, 2nd ed.* north Sccituate: Duxbury Press.

Kabanoff, B. (1987). "Perdictive validity of the MODE instrument," *Jouurnal of Applied Psychology*, 72: 160-163.

Katz, D., & Khan, R. L. (1978). *The Social Psychology of Organizations, 2nd ed.* N. Y.: John and Sons, Inc..

Kerr, D. H. (1976). *Educational Policy: Analysis, Structure, and Justification*. New York: David Mckay, 40-50.

Kezar, A. J., Chambers, T. C., & Burkhardt, J. C. (2005). *Higher education for the public good; Emerging voices from a national movement*. San Francisco, CA: Jossey-Bass Inc..

Knight, J.(2006). Higher education crossing borders: A guide to the implications of the General Agreement on Trade in Services(GATS) for cross-border education. UNESCO.

Knowles, M. (1975). *Self-Directed Learning*. Chicago: Follet.

Kulik, C. T., & Ambrose, M. L. (1992). Personal and situational Determinants of Referent Choice. *Academy Management Review, 17*, pp. 37-212.

Larry Selden., & Ian C. MacMillan. (2006). *Manage Customer-Centric Innovation Systematically*, Harvard Business Review, April.

Lasswell, H. (1956). *The decision process*. College Park: University of Maryland, Bureau of Governmental Research.

Lasswell, H. (1963). *The decision process: Seven categories of functional analysis.* In Polsby, Dentler, & Smith (Eds.), Politics and social life. Boston: Houghton Mifflin.

Leithwood, K, & Louis, K. S. (1998). *Organizational Learning in Schools*. Lisse: Swets and Zeitlinger.

Leslie, Larry L., & Brinkman, Paul, T. (1988). *The economic value of higher education.* N. Y.: MacMillan Publishing Co.

Leslie, Larry L., Johnson, G. P., & Carlson, J. (1977). "The impact of need-based student aid upon the college attendance decision." *Journal of Education Finance, 2.*

Lewin, K. (1935). *A dynamic theory of personality*. New York: McGraw-Hill.

Lewin, K. (1951). *Field theory in social science*. N. Y.: Harper & Row.

Lewis, P. V. (1975). *Organizational Communication: The Essence of Effective Management*. Columbus, OH: Grid.

Lindblom, C. E. (1965). *The Intelligence of Democracy: Decision Making Through Mutual Adjustment*. NY: The Free press.

Lowi, T. J. (1972). Four Systems of Policy, Politics and Choice. *Public Administration Review, 19*(1), 79-88.

Luft, J. (1969). *Of Human Interaction*. Palo Alto, CA: National Press. Retrieved from http://www.noogenesis.com/game_theory/johari/johari_window.html#open.

Lunenburg, F. C., & Ornstein, A. C. (2008). *Educational Administration: Concepts and Practice (5th ed.)*, Belmont: Thomson Higher Education.

March, J., & Simon, H. (1958). *Organization*. New York: Wiley.

Marks, H. M., & Nance, J. P. (2007). Contexts of accountability under systemic reform: Implications for principal influence on instruction and supervision. *Educational Administration Quarterly, 43*(1), 3-37.

McLaughlin, M., & Talbert, J. (2001). *Professional communities and the work of high school teaching*. Chicago: University of Chicago Press.

Meyer, J. W. & Rowen, B. (1983). "The Structure of Educational Organizations", In Meyer, J. W & Scott, R., *Organizational Environments*. Califonia: Sage Publications, Inc.

Miles, M. (1965). "Planned Change and Organizational Health: Figure and Ground", *Change Processes in the Public School*. Eugene, Oregon: The University of Oregon.

Mintzberg, H. (1979). *The Structuring of Organizations*. Englewood Chiffs, NJ: Prentice Hall.

Mintzberg, H. (1983). *Designing Effictive Organizations*. Englewood Chiffs, NJ: Prentice Hall.

Morgan, G. (1997). *Images of Organization* (2th.ed.). Thousand Oaks: SAGE.

Mosher, R. L., & Purpel, D. E. (1972). *Supervision: The Reluctant Profession*. Houghton Mifflin Co.

Murphy, J. (1993). *Restructuring schools: Capturing and assessing the phenomena*. N. Y.: Teachers College Press.

Nakamura, R. T. (1987). Textbook policy process and implementation research. *Review of Policy Research, 7*(1), 142-154.

National Citizens Commission for the Public Schools. (1954). *How Can We Get Enough Good Teachers.*: A Guidebook.

NEA. (1986). *Teacher Supply and Demand.* West Haven. CT: The NEA Professional Library.

Nigro, Felix A., & Nigro Lloyd G. (1976). *The New Public Personnel Administration*, P.E. Peacock Publishers, Inc., p.28.

Northouse, P. G. (2007). *Leadership: Theory and Practice (4th ed.).* CA: Sage Publications, Inc.

Northouse, P. G. (2009). *Introduction to Leadership: Concepts and Practice.* CA: Sage Publications, Inc.

Odden, Allan R., & Picus, L. (2005). *School finance: A policy perspective.* N. Y.: McGraw-Hill, Inc.

OECD(2006, 2007, 2008). *Education at a Glance.* Paris: OECD.

Ordiorne, G. S. (1965). *Management by objective.* N. Y.: Pittman.

Otto & Sanders (1984). *Elementary School Organization and Administration (4th ed.),* N. Y.: Appleton-Century-Crofts.

Ouchi, W. G. (1981). *Theory Z: How American Business Can Meet the Japan Challenge.* MA.: Addison-Wesley.

Owens, R. (2004). *Organizational behavior in education: Adaptive leadership and school reform (8th ed.).* Boston, MA: Allyn and Bacon.

Owens, R. G., & Steinhoff, C. R. (1976). *Administrative Change in Schools.* Englewood Cliffs, N.J.: Prentice-Hall.

Owens, R. G., & Valeskey, T. C. (2007). *Organizational Behavior in Education: Adaptive Leadership and School Reform(9th ed.).* N. Y.: Pearson Education Inc.

Parsons, T. (1956). Suggestions for a sociological approach to the theory of organizations. *Administrative Science Quarterly*, 1, 63-85, 225-239.

Parsons, T. (1960). *Structure and Process in Modern Society.* N. Y.: Free Press.

Peter, F. Drucker. (2006a). Peter F. Drucker on Innovation. 권영설, 전미옥(역). 피터드러커의 위대한 혁신. 서울: 한국경제신문.

Peter, F. Drucker. (2006b). The Essential Drucker(Vol. I -III). 이재규(역). 변화 리더의 조건. 서울: 청림출판.

Peters. R. S. 이홍우 역(1984). 교육적 경험의 이해. 교육과학사.

Polsby, N. (1969). *Policy analysis and Congress.* An analysis and evaluation of PPBS (Vol. 30. Washington, DC: U. S. Government Printing Office.

Presthus, R. (1962). *The Organizational Society: An Analysis and a theory.* New York: Vintage Books.

Pruit, D. G. (1981). *Negotiation Behavior.* N. Y.: Academic Press.

Psacharopoulos, G. (1985). "Returns to education: A further international update and implications." *Journal of Human Resources, 20*(4), 583–604.

Psacharopoulos, G.(1994). "Returns to investment in education: A global update." *World Development, 22*(9), 1325–43.

Psacharopoulos, G. & Patrinos, H. A. (2002). *Returns to investment in education: a further update.* Policy research working paper, The World Bank.

Razik, T. A., & Swanson, A. D.(2001). *Fundamental Concepts of Educational Leadership (2nd ed.)*, N. Y.: Prentice-Hall.

Ripley, R. B., & Franklin, G. A. (1986). *Policy Implementation and Bureaucracy, 2nd ed.* Homewood: Dorsey.

Roald F. Campbell, John E. Corbally, & John A. Ramseyer, *Introduction to Educational Administration*, 3rd ed.(Boston: Allyn and Bacon Inc., 1968).

Robbins, S. P. (1974). *Managing organizational conflict: A nontraditional approach*, Englewood Cliffs. N. J.: Prentice-Hall.

Robbins, S. P. (1998). *Organizational Behavior Concepts, Controversies, Applications.* Upper Saddle, NJ: Allyn and Bacon.

Roethlisberger, F., & Dickson, W. (1939). *Management and the worker.* Cambridge: Harvard University Press.

Rogers, E. (1995). *Diffusion of innovation* (4th ed.). New York, N. Y.: Free Press.

Ron, Adner. (2006). *Match Your Innovation Strategy to Your Innovation Ecosystem*, Harvard Business Review, April.

Sabatier, P. A. (2007). The Need for Better Therories. In Sabatier, P. A.(eds.), *Theories of the Policy Process* (pp. 3–17). Westview Press.

Schein, E. (1992). *Organizational culture and leadership: A dynamic view* (2nd ed.). San Francisco: Jossey-Bass.

Schmidt, G. L. (1976). Job satisfaction among secondary school administrators, *Educational Administration Quarterly, 12.*

Schultz, T. W. (961). Investment in human capital. *American Economic Review, 51*(March), 1–17.

Schwartz, H. M. & Davis, S. M. (1981)."Matching Corporate Culture and Business Strategy", *Organizational Dynamics*, Summer.

Selznick, P. (1957). *Leadership in Adiministration: A Sociological Interpretation.* Ill.: Row, Peterson and Co.

Senge, P. (1990). *The fifth discipline: The art and practice of the learning organization.* New York: Doubleday.

Sergionvanni, T., Kelleher, P., McCarthy, M., & Fowler, F. (2009). *Educational governance and administration (6th ed.).* Allyn & Bacon.

Sergiovanni, T. J. (1967). Factors which affect satisfaction and dissatisfaction of teachers, *The Journal of Educational Administration, 5*, 66-82.

Sergiovanni, T. J. (2006). *The Principalship: A Reflective Practice Perspective (5th ed.)*, N. Y.: Pearson Education Inc.

Sergiovani, T. J. & Strratt, R. J. (2008). *Supervision: A Redefinition*. McGraw-Hill.

Sethia, N. K., & Glinow, M. A. (1985). "Arriving at Four Cultures by Managing the Reward Systems", In Ralph H. Kilmann et al.(Eds), *Gaining Control of The Corporate Culture*. San Francisco: Jossey-Bass.

Sharon Conley and Ralph Levinson. (1993). Teacher Work Redesign and Job Satisfaction, *Educational Administration Quarterly, 29*(4).

Shell, G. R. (1999). *Bargaining for Advantages: Negotiation Strategies for Reasonable People*, Vikin, p. 6.

Silver, P. (1983). *Educational Administration*. N. Y.: Harper & Row.

Simon, H. (1947). *Administrative behavior*. New York, NY: Macmillan.

Simon, H. A. (1957). *Administrative Behavior*, A Study of Decision-Making Processes in Administrational Oraganization.(2nd ed.), N.Y.: The Macmillan.

Spillane, J. P. (2006). *Distributed Leadership*. CA: John Willey & Sons, Inc.

Spradley, J. (1979). *The ethnographic interview*. New York: Holt, Rinehart and Winston.

Steinhoff, C. R. & Owens, R. G. (1976). "The Organizational Culture and Assessment Inventory: A Mataphorical Analysis of Organizational Culture in Educational Setting", *Juurnal Of Educational Adiministration, 27*(3).

Stephen, P. R. (1988). *Organizational Behavior*. Englewood Cliffs, N. J.: Prentice-Hall.

Stiles, L. J., & Robinson, B. (1973). *Change in Education*, In Process and Phenomena of Social Change, ed. Zaltman, G. et al. N. Y.: Wiley Interscience.

Stogdill, R. M. (1974). *Handbook of Leadership: A Survey of Theory and Research*, N. Y.: The Free Press.

Strike K. A. (1984). *Educational Policy and the Just Society*, University of Illinois Press.

Tagiuri, R. & Litwin, G. H. (1968). *Organizational Climate*. Boston: Harvard Gradua School of Business Adiministration.

Taylor, F. (1911). *The principles of scientific management*. New York & London: Harper & Brothers Publishers.

Taylor, S., & Todd, P. (1995). Understanding IT usage: A test of competing models. *Information System Research, 6*(2), 144-176.

Thomas, K. W. (1976). Conflict and Conflict Management in M. D. Dunnette(ed.): *Handbook of Industrial and Organizational Psychology*. Chicago, IL: Rand McNally.

Thomas, K. W. (1990). Conflict and Negotiation Process in Organizations, in M. D. Dunnette, (ed.), *Handbook of Industrial and Organizational Psychology (2nd ed.)*, Chicago: Rand McNally.

Thompson, J. (1967). *Organization in action*. New York: McGraw-Hill.

Thompson, L. L. (1999). "Negotiation Behavior and Outcomes: Empirical Evidence and Theoretical Issues," *Psychological Bullitin, 108*(3).

Toffler, A.(1980). *The third wave*. New York: Bantam Books.

Toffler, A. & Toffler, H.(1994). *Creating a new civilization*. Atlanta, GA: Turner Publishing.

Vedder, R. (2004). *Going broke by degree; Why college costs too much*. Washington D.C.: The AEI Press.

Vroom, V. H., and Yetton, P. W. (1973). *Leadership and Decision Making*. Pittsburgh: University of Pittsburgh Press.

Vroom, V. H., & Jago, A. G. (1988). On the validity of the Vroom-Yetton Model. *Journal of Applied Psychology, 63*, 151-162.

Weber, M. (1946). "Bureaucracy" in Max Weber, *Essay in Sociology*, ed. and trans. by H. H. Gerth & C. W. Mills. New York: Oxford University Press.

Weber, M. (1947). *The Theory of Social and Economic Origanizations*. In T. Parsons (Ed.), A. M. Henderson and T. Parsona(Trans.). New York: Free Press.

Weick, K. E. (1976). "Educational Organizations as Loosely Coupled System", *Adiministrative Science Quarterly, 21*, pp. 1-19.

Wiles, J., & Bondi, J. (1980). *Supervision: A guide to Practice*. Charles E. Merrill Publishing Co.

Wiles, K., & Lovell, J. (1975). *Supervision for Better Schools* (4th ed.). Prentice-Hall Inc.

Williams, W. (1980). *The Implementation Perspective*. Berkeley, CA: University of California Press.

Willower, D. J., Eidell, T. L., & Hoy, W. K. (1967). *The School and Pupil Control Ideology*. University Park: Penn State University.

Yukl, G. (2002). *Leadership in Organization (5th ed.)*. N. Y.: Prentice-Hall.

Zalezik, A. (1989). *The Managerial Mystique: Restoring Leadership in Business*. Harper & Row.

Zaltman, G., & Duncan, R. (1977). *Strategies for Planned Change*. N. Y.: Wiley Interscience.

Zaltman, G., Duncan, R., & Holbek, J. (1973). *Innovations and Organizations*. N. Y.: Wiley.

Zaltman, G., Florio, H. D., & Silorski., A. L.(1977). *Dynamic Educational Change*. N. Y.: The Free Press.

| 찾아보기 |

저자 소개

대표 저자

신현석(申鉉奭, Shin, Hyun-Seok)
University of Wisconsin-Madisin, 교육학박사
University of Texas 연구원
한국교원교육학회 회장
고려대학교 고등교육정책연구소 소장
현재 고려대학교 교육학과 교수
　　한국교육행정학회 부회장
e-mail: hsshin01@korea.ac.kr

안선회(安善會, An, Sun-Hoi)
고려대학교 대학원 교육학과 박사
대통령자문 교육혁신위원회 상임전문위원 역임
한국교육연구소 부소장 역임
고려대학교 연구교수
대통령직속 미래기획위원회 자문위원
현재 중부대학교 교육행정경영학과, 진로진학
　　컨설팅학과 교수
　　　교육부 정책자문위원
e-mail: goright21@naver.com

공동 저자

김동석(金東錫, Kim, Dong-Seok)
서울대학교 대학원 교육학과 박사
한국교육개발원 연구위원 역임
현재 한남대학교 교육학과 교수
　　한남대학교 교육연구소장
e-mail: dskim0126@hannam.ac.kr

김보엽(金甫燁, Kim, Bo-Yup)
고려대학교 대학원 교육학과 박사
대구광역시교육청 법무계장 역임
교육과학기술연수원 총무과장 역임
현재 교육과학기술부 교원정책과 과장
e-mail: kimby@mest.go.kr

박균열(朴均烈, Park, Kyun-Yeal)
고려대학교 대학원 교육학과 박사
고려대학교 연구교수 역임
현재 한국교육개발원 연구위원
e-mail: pk724@kedi.re.kr

박정주(朴侹姝, Park, Jung-Joo)
고려대학교 대학원 교육학과 박사
고려대학교 강사
현재 서울특별시교육청 장학사
e-mail: imp0406@hanmail.net

반상진(潘相振, Ban Sang-Jin)
미국 University of Wisconsin-Madison,
대학원 교육행정학과 교육학박사
대통령자문 정책기획위원회 전문위원 역임
교육인적자원정책위원회 상임전문위원 역임
현재 전북대학교 사범대학 교육학과 교수
e-mail: sjban@jbnu.ac.kr

변기용(卞基溶, Byun, Ki-Yong)
미국 University of Oregon 교육학박사
OECD(파리) IMHE 프로그램 Consultant 역임
교육과학기술부 기획담당관 역임
현재 고려대학교 교육학과 교수
e-mail: byun0905@korea.ac.kr

양성관(梁聖寬, Yang, Sung-Kwan)
미국 University of Texas-Austin, 교육행정
　학과 교육학박사
신라대학교 사범대학 교육학과 전임강사 역임
현재 건국대학교 사범대학 교직과 교수
e-mail: just4kid@konkuk.ac.kr

엄준용(嚴俊鎔, Uhm, Joon-Yong)
고려대학교 대학원 교육학과 박사
한국교육행정학회 사무국장 역임
한국직업능력개발원 연구원 역임
현재 중부대학교 교육행정경영학과 교수
e-mail: jyum94@kedi.re.kr

이강(李剛, Lee, Ghang)
고려대학교 대학원 교육학과 박사
2 · 3주기 교원양성기관 평가위원 역임
초당대학교 교무위원 역임
현재 초당대학교 인문사회계열 교수
　　초당대학교 교직과정지원센터장
e-mail: klee@chodang.ac.kr

이경호(李京浩, Lee, Kyoung-Ho)
고려대학교 대학원 교육학과 박사
고려대학교 연구교수 역임
현재 고려대학교 교육대학원 겸임 교수
e-mail: nlboman@daum.net

이일권(李一權, Lee, Il-Kweon)
고려대학교 대학원 교육학박사
교육인적자원부 정책자문위원 역임
현재 서울한천초등학교 교사
　　한국외국어대학교 겸임교수
e-mail: dregon9696@hanmail.net

이정진(李正鎭, Lee, Jung-Jin)
고려대학교 대학원 교육학과 박사
공군대학 교수 역임
미국 University of Oregon 객원교수 역임
미국 University of Texas at San Antonio 객
　원연구원 역임
현재 고려대학교 연구교수
e-mail: af-jjlee@hanmail.net

전상훈(全相薰, Jeon, Sang-Hoon)
고려대학교 대학원 교육학과 박사
한국교총 정책전문위원 역임
한국교육정치학회 편집간사 역임
현재 고려대학교 강사
e-mail: krfinger@hanmail.net

조흥순(曺興純, Cho, Heung-Soon)
고려대학교 대학원 교육학박사
한국교원단체총연합회 사무총장 역임
EBS 이사 역임
현재 중부대학교 교육행정경영학과 교수
e-mail: hscho@Kwu.ac.kr

학습사회의
교육행정 및 교육경영(2판)

2011년 10월 1일 1판 1쇄 발행
2013년 8월 30일 1판 4쇄 발행

2015년 3월 10일 2판 1쇄 발행
2021년 8월 20일 2판 5쇄 발행

지은이 • 신현석 · 안선회 외 공저
펴낸이 • 김 진 환
펴낸곳 • (주) 학지사

　　　　04031 서울특별시 마포구 양화로 15길 20 마인드월드빌딩 5층

대표전화 • 02) 330-5114　　　팩스 • 02) 324-2345

등록번호 • 제313-2006-000265호

홈페이지 • http://www.hakjisa.co.kr
페이스북 • https://www.facebook.com/hakjisabook

ISBN 978-89-997-0626-4 93370

정가 20,000원

이 도서의 국립중앙도서관 출판시도서목록(CIP)은 서지정보유통지원시스템
홈페이지(http://seoji.nl.go.kr)와 국가자료공동목록시스템(http://www.nl.go.kr/kolisnet)
에서 이용하실 수 있습니다.
(CIP제어번호: CIP2015003742)

출판 · 교육 · 미디어기업 학지사

간호보건의학출판 학지사메디컬 www.hakjisamd.co.kr
심리검사연구소 인싸이트 www.inpsyt.co.kr
학술논문서비스 뉴논문 www.newnonmun.com
원격교육연수원 카운피아 www.counpia.com